AF307873

Anne Mueller von der Haegen

Die Darstellungsweise Giottos mit ihren konstitutiven Momenten,
Handlung, Figur und Raum
im Blick auf das mittlere Werk

HowaldtPress

Die Deutsche Bibliothek – CIP-Einheitsaufnahme

Mueller von der Haegen, Anne:
Die Darstellungsweise Giottos mit ihren konstitutiven Momenten Handlung, Figur und Raum im Blick auf das mittlere Werk / Anne Mueller von der Haegen.
Braunschweig: HowaldtPress;
[Norderstedt] : [Libri Books on Demand], 2001
 Zugl.: Würzburg; Univ., Diss., 1995
 ISBN 3-8311-1255-X

INHALT

VORWORT 5

I.   EINLEITUNG 7
I.1   Darstellungsweise und ihre konstitutiven Momente 10
I.2   Das Mittlere Werk 22

II.   DIE *RAUMSCHAFFENDE* FIGUR UND
          DAS ZENTRUM EINER *ERZÄHLENDEN* BILDERFINDUNG 31
II.1   Die Arena-Kapelle 34
II.1.1   Die Heimsuchung...37
II.1.2   Vielfigurige Darstellungen 40
II.1.3   Architektonische Räume...46
II.1.4   Landschaftsdarstellungen 52
II.2   Bezüge zu Assisi und Florenz..56

III.   DER *FIGURUMSCHLIEßENDE* RAUM UND
          DAS ZENTRUM EINER *ERZÄHLENDEN* BILDERFINDUNG 65
III.1   Die Peruzzi-Kapelle 65
III.1.1   Stand der Forschung...66
III.1.2   Die Darstellungen aus dem Leben von Johannes Baptista 74
III.1.3   Die Darstellungen aus dem Leben von Johannes Evangelista................84
III.2   Die Magdalenenkapelle der Unterkirche von San Francesco zu Assisi 91
III.2.1   Stand der Forschung...93
III.2.2   Die Malereien der Magdalenenkapelle 100
III.3   Chronologische Einordnung der Peruzzi- und Magdalenenkapelle..........110

IV.   DER *FIGURUMSCHLIEßENDE* RAUM UND DAS *ALLEGORISCHE*
          ZENTRUM EINER *ERZÄHLENDEN* BILDERFINUNG 117
IV.1   Die *Navicella*..117
IV.1.1   Stand der Forschung...121
IV.1.2   Die Jünger im "Schiffchen" 148
IV.1.3   Die Petrus-Christus-Gruppe 160
IV.1.4   Der Bildaufbau 166
IV.2   Deutung und Datierung des Römischen Mosaiks 178

V.   DIE *RAUMSCHAFFENDE* FIGUR UND
          DAS ZENTRUM EINER *HIERATISCHEN* BILDERFINDUNG 197
V.1   Die Ognissanti-Madonna...199
V.1.1   *Iustitia*, Arena-Kapelle...204
V.1.2   Taddeo Gaddi: *Maestà*, Castelfiorentino..211
V.1.3   Simone Martini: *Maestà*, Siena 213

VI. DER *FIGURUMSCHLIEßENDE* RAUM UND
DAS ZENTRUM EINER *HIERATISCHEN* BILDERFINDUNG 217
VI.1 Das Römische Polyptychon – der Stefaneschi-Altar 218
V1.1 Stand der Forschung 220
VI.1.2 Die Petrus-Seite 227
VI.1.3 Die Christus-Seite 240
VI.1.3.1 Die Mitteltafel 241
VI.1.3.2 Das Paulusmartyrium 254
VI.1.3.3 Das Petrusmartyrium 261
VI.2 »Miniaturist tendency« 265
VI.2.1 Meister des Corsi Kruzifixes 266
VI.2.2 Jacopo del Casentino 268
VI.2.3 Simone Martini 270
VI.2.4 Die Berliner Kreuzigungstafel 272
VI.3 Datierung und Stiftung des Polyptychons 274

VII. DER *FIGURUMSCHLIEßENDE* RAUM UND
DAS ZENTRUM EINER *ERZÄHLENDEN* ALLEGORIE 285
VII.1 Die Vierungsfresken der Unterkirche von San Francesco in Assisi 285
VII.1.1 Stand der Forschung 286
VII.1.2 Die Ordenstugenden 298
VII.1.2.1 Hochzeit des heiligen Franziskus mit *Paupertas* –
Allegorie der Armut 299
VII.1.2.2 Weg zur heiligen *Castitas* –
Allegorie der Keuschheit 309
VII.1.2. Eintritt unter das Joch der *Oboedientia* –
Allegorie der Gehorsams 312
VII.1.3 Gloriosus Franiscus 315
VII.2 Vergleichsbeispiele 319
VII.2.1 San Francesco in Pistoia 319
VII.2.2 San Francesco in Pisa 321
VII.2.3 Santa Chiara in Assisi 321
VII.3 Fresken der Querarme in der Unterkirche San Francesco in Assisi 322
VII.4 Ausblick auf die Bardi-Kapelle in S. Croce zu Florenz 335
VII.5 Datierung und Deutung der Vierungsfresken in Assisi 341
VIII. SCHLUß 365

LITERATURVERZEICHNIS I

VORWORT

Diese Arbeit wurde am Institut für Kunstgeschichte der Universität Carolo-Wilhemina zu Braunschweig begonnen und 1994 an der philosophischen Fakultät der Julius-Maximilians-Universität zu Würzburg als Dissertation eingereicht.

Martin Gosebruch war der Lehrer, dem ich die Grundlagen meines kunsthistorischen Wissens verdanke. Auch meine eigene Sicht auf den Zusammenhang der Werke Giottos entwickelte sich in vielen Gesprächen und konstruktiven Auseinandersetzungen mit ihm. Nach seinem frühen Tod konnte ich die Arbeit an der Braunschweiger Universität nicht zu Ende führen.

Stefan Kummer danke ich herzlich, daß er sich des "Braunschweiger Themas" in Würzburg annahm und mich als Doktorvater durch Höhen und Tiefen begleitete. Mein Dank gilt auch Gosbert Schüssler, der als Korreferent durch zahlreiche Anregungen die Drucklegung der Arbeit beförderte. Für die Veröffentlichung wurden die neueren Aufsätze zu den Stefaneschi-Stiftungen eingearbeitet, jedoch auf eine Ausweitung der Forschungsdiskussion verzichtet.

Dreiundsechzig Jahre nach der für die Giotto-Forschung so außerordentlich wichtigen Ausstellung von 1937 fand während der Drucklegung wieder eine Giotto-Ausstellung in Florenz statt. Dies zeigt die Aktualität, die die Beschäftigung mit dem Werk heute wieder hat. In Katalog und Ausstellung werden insbesondere Zuschreibungs- und Werkstattfragen diskutiert, so daß einmal mehr die Notwendigkeit zur Erarbeitung einer stilkritischen Grundlage deutlich wird. Eine solche wird mit der ausführlichen Neubeleuchtung des sogenannten mittleren Werks Giottos hier vorgelegt. Sie erscheint ohne Abbildungen, da die analysierten Werke in gut zugänglicher Weise an anderer Stelle publiziert worden sind.

Viele haben das Werden dieser Arbeit in mannigfaltiger Weise unterstützt, so die Mitarbeiter und Mitarbeiterinnen der Braunschweiger Bibliotheken, denen für die stets freundliche Beschaffung auch entlegener Literatur gedankt sei. Für manch wichtigen Hinweis danke ich Claudia Echinger-Maurach, Irene Hueck, Helmtrud Köhren-Jansen, Margrit Lisner und Joachim Poeschke, Philipp Fehl für klugen Rat und herzliche Begleitung, dem Freundeskreis für immer offene Ohren und Augen sowie Johanna, die ihre Kindheit mit "meinem" Giotto verbracht hat, für ihre unerschöpflichen Fragen.

Sommer 2000   A.M.v.d.H.

I. EINLEITUNG

E l'altro, il cui nome fu Giotto, ebbe uno ingegno di tanta eccellenzia, che niuna cosa dalla natura, madre di tutte le cose, e operatrice col continuo girare de' cieli fù, che egli collo stile e con la penna, o col pennello non dipignesse, sì simile a quella, che non simile, anzi più tosto d'essa paresse, in tanto, che molte volte nelle cose da lui fatte si truova, che il visivo senso de gli uomini vi presse errore, quello credendo esser vero, che era dipinto. E perciò avendo egli quell' arte ritornata in luce, che molti secoli sotto gli errori d'alcuni, che più a dilettar gli occhi de gl' ignoranti, che a compiacere all' intelleto de' favj dipignendo, era stata sepolta, meritamente una delle luci della fiorentina gloria dir si puote.[1] Der Einsicht der Verständigen genügt also die Kunst Giottos. Was bedeutet dies anderes, als daß Boccaccio die Vernunft, die den Darstellungen nur durch die Nachahmung der Natur innewohnt, hervorhebt? Auch Vasari verweist in seiner Giotto-Vita auf dieses Lob durch Boccaccio und hebt hervor, daß die Malerei Giotto ebensoviel zu verdanken hätte wie der Natur selbst.[2]

In den berühmten Versen des Purgatorio stellt Dante Cimabue und Giotto gegenüber: *Credette Cimabue nella pittura / Tener lo campo, ed ora ha Giotto il grido.*[4] Vasari schreibt Cimabue den Beginn der Erneuerung in der Malerei zu, stellt ihn an den Anfang seiner »Vite« und sah in ihm ein Licht, das nur durch ein noch größeres, das des Giotto, überstrahlt werden konnte.[5]

Bei der Ausmalung der Oberkirche von San Francesco zu Assisi begegnen sich mit großer Wahrscheinlichkeit beide Künstler.[6] Obwohl das Fresko der *Kreuzigung* im süd-

---

[1] Giovanni Boccaccio: Il Decamerone, Giornata VI, novella 5. Alle societa di Londra real degli antiquari delle arti e del commercio Vinzenzio Martinelli, London MDCCLXII, S. 325-326. Vgl. dazu Baxandall (1971), S. 74-75.

[2] Vasari (Milanesi), Bd. 1, S. 372.

[3] Purgatorio XI, 94-95.

[4] Purgatorio XI, 94-95.

[5] Vasari (Milanesi), Bd. 1, S. 172.

[6] Dokumentarisch ist nur sehr wenig von Cimabue überliefert. Seine Tätigkeit in Assisi ist aufgrund stilkritischer Untersuchungen opinio comunis. Vgl. dazu Belting (1977); Scarpellini (1982), S. 375-426; Poeschke (1985), S. 71-72. Der Anteil Giottos bei der Ausmalung der Oberkirche hingegen wird bis heute sehr unterschiedlich beurteilt. Während die Annahme Thodes (1885/1934), S. 256-259, die erste Tätigkeit Giottos in den ersten beiden Jochen des Langhauses anzusetzen, selten ernsthaft bezweifelt wurde [vgl. Poeschke (1985), S.76-77], ist die Zuschreibung der Franzlegende »schon ein ehrwürdiges Thema der Giotto-Forschung« [Poeschke (1985), S. 84]. Die »idealen«, »freien« Fresken der Arena-Kapelle mit ihrer »inneren Übereinstimmung« ließen Rintelen (1912/1923) die Franzlegende in Assisi als »starr«, »unfrei« und »von imposanter Feierlichkeit« er-

lichen Querarm der Oberkirche, das als Altarbild eines davor errichteten Altars zu verstehen ist, durch den Umschlag des Bleiweiß stark verändert ist, läßt sich an ihm doch Grundlegendes der Malerei Cimabues erkennen.[7] Die Bildanlage ist einer klaren Vertikal- und Horizontalgliederung unterworfen.[8] In der Mitte ragt der gewundene, "überlebensgroße" Leib des Herrn am Kreuz weit über die tief angelegte Bodenlinie und die sich rechts und links fest zusammenschließenden Figuren, deren Köpfe sich in die Höhe staffeln. Scharfkantige Gesichter und gratige Falten der Gewänder lassen beide Gruppen vor Erregung zitternd erscheinen. Die Emotionen entladen sich ganz dicht am Kreuz: wie "geschleuderte Blitze" durch die emporgerissenen Arme Maria Magdalenens als Trauer und zweier Männer der anderen Seite als Aggression.[9] Während sich die emotionale Beteiligung der ins Relief gestaffelten Figurengruppen auf den Gesichtern und an den expressiven Gebärden dieser Einzelfiguren ausdrückt, kommt den zwölf Engeln, die die himmlische Region bevölkern, eine entfesselte Aufregung zu. Auch sie haben diese scharfkantigen Gewänder und die weit "weggeworfenen" Armbewegungen, die ihr expressives Verhalten betonen.

Sieht man dagegen auf das Kreuzigungsfresko Giottos in der Arena-Kapelle[10], so eröffnet sich ein gewaltiger Unterschied, auch wenn manch Formales – die überragende Mittelstellung des Kreuzes, die es umkreisenden Engel und die blockhaften Figurengruppen, selbst die kniende Figur am Kreuz – vergleichbar ist. Die Figuren, selbst die klagenden Engel, sind gesammelter in ihren schweren Körpern und Gebärden. Nur die Vordersten der beiden Gruppen unter dem Kreuz werden durch die Gesichter individu-

---

scheinen. Rintelen wandte sich mit dieser Einschätzung explizit gegen Thode (1885/1934). Die scheinbare Alternative, entweder die von Kastenraum und Figurenpräsenz geprägten Isaakbilder oder die »narrativen« Bilder der Franzlegende Giotto zuzuschreiben, fußen bis heute auf der Stilcharakterisierung Rintelens. Vgl. zur Forschungslage Poeschke (1985), S. 84-85; Belting (1977); Scarpellini (1982), S. 399-426 u. 427-455; und Antonic (1992), die über einen Vergleich der immanten Zeit- und Bewegungsabläufe zwischen den Arena-Fresken und der Franzlegende letztere einem schwächeren Künstler als Giotto geben möchte.

[7] Poeschke (1985), Abb. 75, zur Beurteilung der Farbwertverteilung sehr hilfreich als Negativaufnahme bei Chiellini (1988), S. 32.

[8] Poeschke (1985), S. 25 hebt die Begrenzung an den Rändern durch die Rahmung, die das Bildfeld wie im Ausschnitt vor die Augen treten lasse, hervor. Die Dominanz der Rahmung bewirke auch die planmäßigere Anlage der Komposition. Gerade darin unterscheide sich Cimabue von dem älteren Franziskusmeister der Unterkirche, der von den Figuren ausgehe und sie vielfach von der Rahmung überschneiden lasse.

[9] Zurecht stellt Poeschke (1985), S. 25, fest, daß die Gesamtanlage und der seelische Ausdruck mit dem Sieneser Kreuzigungsrelief Nicola Pisanos vergleichbar sei.

[10] Mueller von der Haegen (1998), Abb. 93.

ell. Dort drückt sich auf der einen Seite die Aufregung in den Drehungen der Körper, im Hin- und Her von Köpfen und Gesten aus. Im Zusammenbrechen der Mutter auf der anderen Seite werden Trauer und Schmerz ganz ins Individuelle zurückgenommen. Auch die Engel sind wie die Figurengruppen mehr mit sich selbst beschäftigt. Dies zeigt sich z.B. daran, daß sie hier anders als in Assisi nirgends den Kreuzesbalken überschneiden. Der Gekreuzigte erscheint dadurch erhabener und einsamer, obwohl er nicht so weit wie bei Cimabue über die Figurengruppen hinausragt und seine Körpergröße den Stehenden annähernd entspricht. Die größte Nähe und Emotionalität kommt auch in Padua Maria Magdalena zu. Sie kniet vor dem Kreuz, berührt die Füße des Herrn und beugt sich, um sie zu küssen. Aber wieder ist es eine ganze verschlossene Gebärde, nicht das blitzartige Emporreißen der Arme wie in Assisi. Dort weist die Gebärde direkt auf Christus, hier unterstreicht ihr Gefühlswert die Erhabenheit und die Verletzlichkeit des Gekreuzigten.

Die ansichhaltenden, mit Schwere ausgestatteten Figuren vollführen eine ihnen entsprechende, in sich geschlossene, eindeutige Handlung, die den Kern des Bildes, das Zentrum *prima vista* erkennen läßt. Auch bei Cimabue bezieht sich zwar alles sofort auf die zentrale Gestalt des Gekreuzigten, aber während da durch Gewandfalten und Gebärden wie mit Pfeilen auf die große Gestalt des Herrn gewiesen wird, machen in Padua zwei Figurengruppen den Raum frei, aus dem das Kreuz emporsteigt.

Nicht erst in Padua, auch schon in den frühen, am Obergaden des Langhauses in Assisi vermutlich durch Giotto ausgeführten Fresken gibt es diese Geschlossenheit der Handlung, die in einem räumlich definierten Bildfeld durch Figuren vollzogen wird, deren Gebärden dichter an den Körper gebunden sind. Blickt man etwa auf das Fresko der *Beweinung Christi*[11], so sieht man die hartkantigen Gewandfalten, die eher an Cimabue als an den Paduaner Giotto erinnern. Zugleich erkennt man aber, daß die Figuren vereinzelter als auf den Fresken des Älteren stehen und dabei gegeneinander gewendet und im Bildraum gestaffelt sind. Ihre Körperbewegungen sind knapp und auf eine Achse im Inneren bezogen, die Gesten sind entsprechend wenig ausgreifend und immer wieder an den Körper zurückgebunden. Dennoch bezieht sich jede Drehung, jede Geste in einem gemeinsamen Auf-und-Ab der Gesamtkomposition auf den hingestreckten Körper Christi. Auf diese Weise wird im Ganzen die Dramatik der Situation und an jedem Einzelnen seine innere Erregung ausgedrückt.

Würde man diese *Beweinung* neben das Mosaik *Marientod* von Cavallini in S. Maria Trastevere stellen oder würde den *Tod des heiligen Franziskus* aus der Folge der Franzlegende der Oberkirche[12] bzw. die entsprechende Darstellung aus der Bardi-Ka-

---

[11] Mueller von der Haegen (1998), Abb. 8 und 10.

[12] Poeschke (1985), Abb. 180.

pelle in Florenz[13] oder die *Beweinung* aus der Folge der Arena-Fresken[14] neben die Berliner *Beweinung* von Simone Martini[15], so würden jeweils die *Einheit der Handlung*, die *Festigung der Figuren* und ihr *Verhältnis zu einem Bildraum* die Unterschiede zu den Vergleichsbeispielen ebenso wie zu der Bilderfindung Cimabues beschreiben können. Sehr genau sagt Salvini von den Isaakbildern der Oberkirche, was an ihnen neu wirke sei »nicht allein oder nicht genau – wie man immer geschrieben hat – die Deutlichkeit der Raumverhältnisse in Bezug auf die Figuren, sondern [...] das dreifache Verhältnis: Raum, Figuren, Handlung.«[16]

I.1 Darstellungsweise und ihre konstitutiven Momente

"Beginn einer neuen Bildauffassung" und ähnliche Umschreibungen, die besonders um einen sehr unterschiedlich aufgefaßten Raumbegriff, um einen ebenfalls weit gefaßten Begriff von Individualität und um das Schlagwort "narrativ" kreisen, finden sich zur Charakterisierung dieser Bilder in der Forschung.[17] Abhängig vom zeitgenössisch ästhetischen Empfinden[18] und vom Blickwinkel der Betrachtenden wird die Kunst Giottos mal unter dem Gesichtspunkt der beginnenden Renaissance – dann liegt die Betonung auf der "Natürlichkeit" der Figuren[19] oder der Perspektivkonstruktion des Bildraums[20] – mal unter der Prämisse einer Einbindung dieser Kunst in die mittelalterliche Politik bzw.

---

[13] Mueller von der Haegen (1998), Abb. 142.

[14] Mueller von der Haegen (1998), Abb. 94.

[15] Abb. de Castris (1989), S. 121.

[16] Salvini (1970), S. 175.

[17] Vgl. dazu Gabrielli (1981) und sehr instruktiv Pochat (1973). Dennoch setzt die Literatur zur Perspektive nach einem kurzen "giottesken" Vorlauf erst mit Lorenzetti ein. Diese Haltung entsteht durch die Fehleinschätzung des mittleren Giotto-Werkes, und zieht ihre Begründung aus einem Paradigmenwechsel der Vorstellungen und Zielsetzungen der Auftraggeber, also von Kirche und Orden bzw. der erstarkenden Städte. Vgl. zur Renaissanceinterpretation Baxandall (1971).

[18] Gosebruch (1962), S. 17-77, hat die »Geschichte der Giottointerpretation« in ihrer Abhängigkeit zur jeweils zeitgenössischen Ästhetik dargelegt.

[19] Baxandall (1971) zeigt, in welcher Weise seit dem späten Trecento in schriftlichen Äußerungen Giottos Kunst als "klassisch" rezipiert wurde.

[20] »[...] in der Tat sind es die beiden großen Maler, [...], die die modernere perspektivische Raumanschauung begründet haben: Giotto und Duccio. In ihren Werken zeigen sich zum ersten Mal wieder geschlossene Innenräume [...]. Mit dieser Leistung [...] beginnt die Überwindung des mittelalterlichen Darstellungsprinzips.« Panofsky (1927/1964), S. 115-116. Panofsky konstatiert hier eine grundlegende Leistung Giottos, die er dann aber am Beispiel Ambrogio Lorenzettis ausführt. Dies ist bezeichnend für alle Literatur, die sich mit der Perspektive beschäftigt.

Philosophie[21] gesehen. Diese nicht unberechtigt erscheinenden Interpretationen verdeutlichen gerade in ihren Divergenzen die Nahtstelle des geschichtlichen Moments, an dem Giotto innerhalb einer Gesamtentwicklung steht.[22]

In einen scholastischen Umkreis stellt zum Beispiel Panofsky die Malerei Giottos. Dabei sieht er die Kunst, die Mystik und die Philosophie des späten 13. Jahrhunderts bis zur Mitte des 14. Jahrhunderts in einer analogen Entwicklung. Der gemeinsame Beziehungspunkt liege in einem Subjektivismus, der »seinen bezeichnendsten Ausdruck in der Entstehung perspektivischer Rauminterpretation [findet], die mit Duccio und Giotto begonnen hatte und seit den dreißiger und vierziger Jahren des 14. Jahrhunderts allerorten übernommen wurde.«[23] Die Perspektive beschreibe »nicht nur was man sieht, sondern auch, wie man etwas unter bestimmten Bedingungen sieht. Sie fixiert, um Occhams Begriff zu verwenden, den direkten *intuitus* vom Subjekt zum Objekt.«[24]

Die sich ausdehnenden Dinge – das sind alle Figuren in einem Raum – und ihr Verhältnis zur jeweiligen Umgebung ermöglichen in dieser Anschauung offenbar, die von Boccaccio hervorgehobene "Nähe" zur Natur abzulesen. *Wie* aber konkretisiert sich in der Malerei Giottos eine solche Raumdarstellung, mit der die Dinge in ihrer subjektiven Ansicht, also als "natürliche" Dinge, zur Anschauung kommen und dadurch objektiviert werden?

Badt versucht in seiner Schrift »Raum und Raumillusionen« den abstrakten Raum näher zu fassen, nämlich als die »[...] Tatsächlichkeit des Nahen und Fernen in ihrer Verbundenheit und ihrem Gegensatz [...].«[25] Raum werde deutlich an dem Verhältnis von Figuren bzw. Körpern zueinander. Die Einheit einer solchen Darstellung werde erreicht durch den kontinuierlichen Zusammenhang zur Erdoberfläche. Badts Untersuchungen umfassen vor allem die entwickelte Renaissancemalerei, der die theoretisch erfaßte Perspektive zugrunde liegt. Dennoch sind seine Einsichten begriffsklärend, denn auch bei den Bildfindungen Giottos wird das Verhältnis der Körper zueinander zu untersuchen sein, um Raum zu beschreiben.[26]

---

[21] Die Wandmalerei unter dem Gesichtspunkt der Ordenspropaganda [Blume (1983)] oder die Arena-Kapelle als Mnemotechnischer Domus [Mieth (1992a)] sind hier als exemplarische Beispiele zu nennen.

[22] Vgl. dazu Boeder (1980).

[23] Panofsky (1951/1989), S. 9-12.

[24] Panofsky (1951/1989), S. 15-16.

[25] Badt (1963), S. 47.

[26] Gerade wegen der Feststellung, daß »schon oft von dem Raume als Merkmal giottesker Bildkomposition gesprochen worden [ist], und ebenso oft wegen der Mehrdeutigkeit des Begriffes "Raum" als taugliches Mittel einer Einordnung und Zuschreibung verworfen worden [ist].« Schmer-

Die nach hinten und nach vorne abgeschlossene "Szene" in der Malerei Giottos beschreibt Hetzer zurecht als deren eigentümlichen »Bildcharakter«[27]. Dieser Anschauung liegt eine Vorstellung von Raum zugrunde, in der der Raum als Anordnung auf der Fläche aufgefaßt wird und durch ein mathematisches Liniensystem erklärt werden kann. Das wesentliche Stilmerkmal liegt dabei in der geschlossenen Bildhaftigkeit, die Hetzer an der Arena-Kapelle exemplarisch erkannt hat. Hetzer greift in seinen Überlegungen auf Rintelen zurück, der ebenfalls von diesen Fresken ausging. Rintelen sieht die Absicht Giottos, »in der Haltung des Körpers ein individuelles Stück Raum mit Schärfe abzugrenzen«[28], und betont die Neuartigkeit dieser Erfindung in der einheitlichen Figurendarstellung. Mit einem auf die Ästhetik der "Neuen Sachlichkeit" vorausweisenden Blick beschreibt er die kubischen, klaren Körper im Bildraum als Selbstzweck ohne konkrete Anbindung an die Bedeutung der Bildaussage. Die Erfindung Giottos erscheint hier nicht als kompositorische Qualität zur Lösung einer bestimmten künstlerischen Aufgabe, was Entwicklungs- und Variationsmöglichkeiten zur Folge hätte, sondern bleibt statisch festgeschrieben. Dennoch ist die Analyse Rintelens für die Einschätzung der Werke Giottos besonders aus einer mittleren Schaffensphase überaus folgenreich gewesen.[29]

Auch Salvini betont die Errungenschaften Giottos in der Malerei, indem er den von Giotto erfundenen Raum hervorhebt und ihn von dem der Frührenaissance unterscheidet. Während in der späteren Malerei die Betrachter mit der Fortsetzung des realen Raums in das Bild mit einbezogen würden, werde der giotteske Raum primär durch den Rauminhalt, d.h. den umschlossenen Körper und die darin spielende Handlung, bestimmt. Selbst bei klarer Wiedergabe der dritten Dimension erhalte dieser kein Eigenleben, sondern bleibe an die »plastische Tragweite« der Figur gebunden.[30]

Gosebruch betont die Figur als das wesentliche Element der giottesken Malerei.[31] Sie »ist aber bei Giotto nicht bloß der plastisch eindrucksvolle Kubus, für den sich seit Rintelen der Betrachter des XX. Jahrhunderts begeistert hat, auch nicht bloß das Element der *Verspannung* mit mehreren seinesgleichen [wie oben Raum genannt wurde] innerhalb der umfassenden Einheit der *Bildfläche*«.[32] »Nicht im "Mittel über die Fläche" sind solche Bilder zu lesen, sondern als thematisch geprägte Einheiten des Mannigfaltigen. Die Figur ist das Urbild jener Idee von der Einheit des Mannigfaltigen [...]. Der

---

sahl (1970), S. 253.

[27] Vgl. Hetzer (1941/1981), S. 37f.

[28] Rintelen (1912/1923), S. 88.

[29] Im weiteren wird auf diesen wichtigen Einschnitt in der Giottoforschung noch eingegangen werden.

[30] Vgl. Salvini (1970), S. 172.

[31] Gosebruch (1970), S. 13.

[32] Gosebruch (1970), S. 13.

Gestus ist es, durch den eine Figur sich als *diese*, als eine thematisch entschiedene besonders ausspricht.«[33] Weiter schließt Gosebruch die »durch den Gestus konkret bestimmte Figur«[34] an die höhere Einheit der Figurengruppe und diese an die »umfassende Einheit der Konfiguration des Bildes«[35] an. Die Ausformung der einzelnen Figur und ihres Gestus sind die Kriterien, anhand derer Gosebruch Autorschaft bestimmt und eine Entwicklung innerhalb des Giotto-Werks beschreibt. Der *Raum* und das *Verhältnis der Figuren zu ihm* werden in diesen Überlegungen allerdings ebensowenig eigens thematisiert wie ihre Modifikationen durch unterschiedliche Themen der Darstellung.

Gioseffi hingegen beschränkte sich gerade auf die Raum- und Architekturdarstellungen.[36] Er faßte das Raumgefüge von den frühen Arbeiten Giottos in Assisi über die mittleren bis hin zu den Florentiner Kapellen als Entwicklung vom Innenraum als Kastenraum zur Kohärenz von Innen- und Außenraum.

Das spezifisch Neue an der Malerei Giottos gegenüber vorgängiger Malerei und deren Stil versuchten die hier exemplarisch angeführten Autoren zu klären. Sie nannten bei ihren Analysen mehr oder weniger deutlich auch die Begriffe *Figur* und *Raum*, ohne damit ein Verhältnis zu beschreiben und ohne an dessen Veränderungen gegebenenfalls eine Entwicklung innerhalb des Werkes oder/und ein Spezifikum der Darstellungsweise sehen zu wollen. Am weitesten in diese Richtung geht Gosebruchs Untersuchung mit der Feststellung der »Einheit von Form und Inhalt als [...] Substanz der Bilder und damit [als] ihre Bedeutung im vollen Sinne [...].«[37] Hierbei geht es Gosebruch vor allem um das gemeinsame Grundprinzip innerhalb des Giotto-Werkes und weniger um dessen Modifikationen innerhalb der künstlerischen Entwicklung Giottos. Gosebruch verdeutlicht das Grundprinzip des giottesken Schaffens wie schon Rintelen und Hetzer an den Fresken der Arena-Kapelle, allerdings ohne die frühen Arbeiten in Assisi zu vernachlässigen. Für beide älteren Autoren waren die bildnerischen Mittel wichtigstes Kriterium für das Prinzip der Kunst Giottos, dessen Werk sie durch diese verengte Betrachtungsweise erheblich dezimierten. Gosebruch hingegen eröffnete wieder den Blick auf ein umfangreicheres Giotto-Werk durch eine komplexere Bestimmung des malerischen Grundprinzips, das auf der durch den Gestus bestimmten Figur und deren höherer Einheit in der Figurengruppe beruhe. Gerade bei einem gemeinsamen Grundprinzip im Gesamtwerk muß aber die Frage nach den konstitutiven Momenten der unterschiedlichen Themen und den Kriterien einer chronologischen Entwicklung gestellt werden. Es

---

[33] Gosebruch (1970), S. 14.

[34] Gosebruch (1970), S. 15.

[35] Gosebruch (1970), S. 15.

[36] Besonders in Gioseffi (1960).

[37] Gosebruch (1970), S.15.

sind die Modifikationen des Verhältnisses von Figur und Raum zueinander[38], gebunden
an die jeweilige Handlung, die einerseits eine Entwicklung innerhalb des Werks deutlich machen und andererseits die jeweils spezifische Bildgestaltung konstituieren. Die
Entwicklung unterschiedlicher Darstellungsweisen und ihre Kohärenz mit der jeweiligen
Themenstellung sowie die hierzu notwendige künstlerische Erfindung sind Gosebruch
bei seiner Analyse, die vor allem auf die an Grundprinzipien der Figurendarstellung
orientierte Restituierung des reichen Giotto-Werkes abzielt, nicht relevant geworden.
Um einerseits zur Klärung des Gesamtwerks und seiner Chronologie und andererseits
zur Verdeutlichung einer sich neu entwickelnden Darstellungsweise einen Beitrag zu
leisten, soll gerade dies zur Frage werden.

Die Veränderung der Malerei, die die vorgenannten Autoren jeweils auf ihre Weise an
den Bildern Giottos konstatierten, stellte Panofsky, wie eingangs erwähnt, in eine analoge Beziehung zu den Geistesströmungen der Zeit, sah eine Parallelentwicklung mit
gegenseitigem Einfluß auch in bezug auf die politischen Verhältnisse.[39] Besonders durch
Belting und seine Schüler wird die kausale Ursache für die Veränderungen in der Malerei in einem veränderten individuellen Auftraggeberwillen bzw. der öffentliche Propaganda in Einheit mit neuen politischen Strukturen, beispielsweise der erstarkten Stadtkultur, gesehen.[40] Für Belting ist erst die Malerei "Kunst" zu nennen,[41] welche eine
neuartige Verfassung, nämlich eine »rhetorische Verfassung« hat.[42] Kunst in diesem
Sinn entsteht nach Auffassung Beltings in der Dantezeit. Der städtische Auftrag zur
Darstellung des »Guten und schlechten Regimes« erscheint paradigmatisch für die
»rhetorische Verfassung« der »neuen« Kunst.[43] Obwohl die giottesken Werke gegenüber
dieser »Malerei der Stadtkultur« eher als Marginalien behandelt werden, deutet Belting
in einer kurzen Abhandlung über die Ordensallegorien und einem Rückgriff auf die

---

[38] In diesem Sinne deutet Wundram (1991) an dem Verhältnis Figur und Raum eine Entwicklung
innerhalb des Werkes Jan van Eycks an. Die zeitliche Folge bestimmt er anhand der größer werdenden Kohärenz der beiden Faktoren. Allerdings geht er nicht auf einen möglichen Zusammenhang mit
der jeweiligen Darstellungsaufgabe ein.

[39] Panofsky (1951/1989), S. 18.

[40] Belting (1989a u. b) und Blume (1983). Panofsky sah schon die Entwicklung der Stadtkultur
innerhalb der Parallelentwicklung.

[41] Vgl. Belting (1990).

[42] Belting (1989a), S. 8. Er erläutert diesen Begriff anhand eines Bildes in Form einer »gemalten
Wandzeitung«, die Cola di Rienzo in Auftrag gab, um seine Politik mit einer Rede über das Bild
bzw. die Wandzeitung zu erklären.

[43] Kempers (1989): Gesetz und Kunst, Ambrogio Lorenzettis Fresken im Palazzo Pubblico in Siena,
in: Belting (1989), S. 71. Auch den anderen Beiträgen dieses Bandes liegt diese These zugrunde.

Navicella zumindest an, daß die Veränderung des Darstellungsmodus in besonderer Weise auf die Werke Giottos zutrifft und die Sieneser Fresken in dieser Hinsicht Nachfolgewerke seien.[44] Daß sich zur Mitte und deutlich in der zweiten Hälfte des 14. Jahrhunderts eine Veränderung der politischen Verhältnisse in Italien ebenso manifestiert wie Veränderungen in der Malerei, die mit Giotto begonnen haben, ist evident.[45] Bei einer eher kulturgeschichtlichen Betrachtungsweise, deren Ausgangspunkt z.B. die Stadtkultur ist, bleiben Zuschreibungs- und Datierungsfragen von untergeordneter Bedeutung, da das Kunstwerk selbst eher als Reflex und Zeichen für einen Zustand oder für eine Entwicklung außerhalb seiner selbst benutzt wird. Ähnlich wie in der Literatur zur Perspektive, zur Landschafts- oder Portraitmalerei wird man also unter einem solchen Gesichtspunkt die Werke als Beispiel heranziehen, in denen die Neuerungen voll ausgebildet und unmittelbar anschaulich sind, nicht aber die teilweise noch "verpuppten" Anfänge bei Giotto betrachten.

Bologna und Ciardi Dupré dal Poggetto erkannten in der Person des Auftraggebers und dessen politischen, religiösen und sonstigen persönlichen Beweggründen den Schlüssel für ikonographische Untersuchungen.[46] Vor diesem Hintergrund betrachteten sie die stilistischen Unterschiede der Werke im Giotto-Umkreis. Während da die Erfindung und Eigenleistung des Künstlers zumindest als betrachtenswertes Moment eine Rolle spielt, kann bei einer soziologisch-politischen Fragestellung die »Wandmalerei als Ordenspropaganda«[47] in einer »rhetorischen Verfassung« als Ausdruck einer veränderten, städtischen Kultur ein politisches Ausdrucksmittel neben anderen – z.B. der öffentlichen Rede – werden. Die Leistung des Künstlers reduziert sich auf die Erfüllung der vermeintlichen Auftraggeberwünsche, die, sofern keine dezidierten Verträge vorliegen, aus den Kunstwerken selbst abgeleitet werden müssen.

»Weckt Giottos Kunst diesen Bedarf, oder machten die neuen Aufgaben Giotto erst zu dem Neuerer, der er war? [...] Mag sein, daß wir niemals eine Formel zu entwickeln vermögen, die erklärt, "warum" die Wirklichkeit damals [gemeint ist die Zeit um und nach 1300] so rasant in die Malerei hineindrängte«[48] Schwarz will das »Problem der zunehmenden Wirklichkeits-Aneignung«, das gleichermaßen Ausgangspunkt von

---

[44] Belting (1989a), S. 7-12.

[45] Vgl. u.a. Gene Brucker: Florenz in der Renaissance. Stadt, Gesellschaft, Kultur, Hamburg 1990.

[46] Bologna (1969); Ciardi Dupré dal Poggetto (1981) stellt den Auftraggeber Kardinal Stefaneschi in den Mittelpunkt einer Untersuchung, die die Absicht verfolgt, dem Meister des Georg-Kodex ein Werk zuzuordnen. Ihre Arbeit steht in einer Reihe, die diesen Kardinal als Mäzen zum Gegenstand haben und die vorläufig bei Kempers/Blaauw (1987) endet.

[47] Titel des 1983 erschienenen Werks von D. Blume.

[48] Schwarz (1993), S. 57.

stilkritischen und soziologisch-politischen Untersuchungen ist,[49] weder auf eine »revolutionäre Künstlerpersönlichkeit« noch auf eine gewandelte Frömmigkeit« reduzieren.[50] Er erhofft sich eine Klärung der Diskussion, »wenn auch die konkreten Lebensumstände der wichtigsten Auftraggeber und ihre wirtschaftlichen, gesellschaftlichen und ideologischen Interessen in ihrer jeweiligen Einmaligkeit konsequente Berücksichtigung finden.«[51] Ist es nicht eher so, daß Künstler und Auftraggeber in derselben Gegenwart mit ihrer sozio-kulturellen Struktur leben, wenn auch in unterschiedlichen gesellschaftlichen Zusammenhängen – stellt man Bankiers, Franziskaner und Giotto in eine Reihe? Wird man nicht eher in der Philosophie der Zeit oder bei den Philosophen, die sich mit dieser Zeit befassen, eine Antwort auf die Frage nach dem "Warum" der Wirklichkeitsaneignung finden können und sich damit außerhalb dessen befinden, was die Kunstgeschichte zu leisten vermag? Der Auftraggeber - ob Peruzzi, Bardi, Scrovegni, Stefaneschi oder der Konvent in Assisi – wird sich jeweils den Künstler suchen, den er bezahlen kann und von dem er sich die beste Erfüllung seiner Vorstellungen verspricht. Die Erfüllung dieser Aufgabe, d.h. die Erfindung des Künstlers, die allein überliefert ist, findet ihren ersten Anstoß durch die Rahmenbedingungen des Auftrags, aber bleibt letztlich abhängig von der Leistung und eingebunden in die ganz bestimmte, persönliche Entwicklung des Künstlers. Gerade auf die Erfindung sah Boccaccio. Auf sie rekurrierten Vasari oder Alberti in ihrem Urteil über Giotto. Belting verweist auf Dante, um den Begriff der »rhetorischen Verfassung« der Malerei zeitgenössisch zu belegen. Dante befaßt sich in der zitierten Stelle des *Purgatorio* mit der Erfindung und dem Vermögen des Künstlers, das seine Grenze an der göttlichen Kunst finde.[52]

»Rhetorische Verfassung« leitet Belting von dem Dante-Wort »visibile parlare« ab, das im Purgatorio Vers 10.95 genannt wird und dessen Zusammenhang Gmelin in seinem Kommentar wie folgt beschreibt[53]: »Mit dem zehnten Gesang beginnt die große, klare Straf- und Erziehungsordnung des eigentlichen Läuterungsberges. Die Seelen müssen der Reihe nach, gemäß den sieben Todsünden [...], die sieben Terrassen des Berges durchlaufen [und für ihre Geisteshaltung büßen...]. Die Buße besteht mit regelmäßiger Wiederkehr auf allen Stufen [...] in einer Meditation und in einer Strafe [...]. Und der Meditation dienen [...] jeweils drei Beispiele der gegenteiligen Tugend und drei

---

[49] In einer Spanne von Rintelen (1912/1923) über Antal (1948) bis Belting (1989b).

[50] M. V. Schwarz (1993), S. 57.

[51] M. V. Schwarz (1993), S. 57.

[52] Belting (1989b), S.38: »Dante bringt die [von den Auftraggebern] gewünschte rhetorische Verfassung der bildenden Kunst im 'Purgatorio' auf den Begriff. Dort sieht er in reliefierten Wandbildern Figuren, die zu sprechen scheinen [...]. Nur Gott vermochte hervorzubringen, was keinem irdischen Künstler gelingt, das 'sichtbare Sprechen' ('visibile parlare': 10.95).«

[53] Gmelin (Dante), S. 173f.

Beispiele bestrafter Sünde [...]. Der zehnte Gesang umfaßt zusammen mit dem elften und zwölften den Bereich der Superbia [...]«.[54] »Die Bußübung der Meditation geschieht bei den Hochmütigen durch Werke der Skulptur, Reliefbilder, die die Innenwand der Terrasse umsäumen und Beispiele der Demut darstellen, und im zwölften Gesang Reliefbilder am Boden, die das Gegenteil, Beispiele bestraften Hochmuts, darstellen.«[55] »Der elfte Gesang ist das Mittelstück der drei Hochmutsgesänge [...]. Er bringt [...] die persönlichen Seelenbegegnungen.«[56] Als Beispiele des Hochmuts hat Dante drei Gestalten aus der Toskana ausgewählt. Die Mitte bildet die Begegnung mit dem Miniaturenmaler Oderisi da Gubbio, als Beispiel für den Künstlerstolz. Ein "Exkurs" zum irdischen Ruhm ist darin eingeflochten, »der im Inferno ein Ansporn zur Leistung, [...] sich hier im Lichte des Purgatorio in seiner ganzen Fragwürdigkeit und Vergänglichkeit«[57] enthüllt.

Den irdischen Ruhm genießt in vollem Umfang Giotto: *Credette Cimabue nella pittura / tener lo campo, e ora ha Giotto il grido, / sì che la fama di colui è oscura.*[58] Deutlich wird die Fragwürdigkeit dieses Ruhmes nach Dante an dem Maßstab, der angelegt werden muß, und über dessen Unerreichbarkeit sich die Stolzen erheben. Denn die wahre Kunst, die Dante in den Demutsbildern beschreibt, sei so vollkommen, daß sie nicht nur Polyklet, sondern auch die Natur beschämt hätte (10, 31). *Colui che mai non vide cosa nova / produsse esto visibile parlare, / novello a noi perchè qui non si trova* (10, 94-96). Auf Erden sei sie nicht zu finden, da Gott dieses »sichtbare Gespräch« schuf. Von den Werken im 12. Gesang heißt es ab Vers 64: *Qual di pennel fu maestro o di stile, / che ritraesse l'ombre e i tratti ch'ivi / mirar farìeno ogn' ingegno sottile? / Morti li morti, e i vivi parean vivi: / non vide me' di me chi vide il vero / quant'io calcai, fin che chinato givi.* Die gestalteten Figuren sind natürlich wie das Leben - *morti li morti, e i vivi parean vivi* (12,67). Sie sind so wahr, daß *non sembiava imagine che tace* (10,38). Aber ihre Lebendigkeit kann kein purer Verismus sein, sondern muß hier als Dienerin einer höheren Aufgabe interpretiert werden, denn sie sind Meditationsbilder der Buße und Vergil sagt: *Qui si conviene usare un poco d'art* (10,10).[59]

Visibile parlare ist bei Dante der zusammenfassende, charakteristische Ausdruck für die höchste Kunst. Das »sichtbare Sprechen« beinhaltet hier wohl mehr, wenn nicht sogar das Gegenteil, als den genauen Ausdruck der »rhetorischen Verfassung der Malerei«. Die Gestaltung der natürlichsten und schönsten Gesichter und Körper nennt

---

[54] Gmelin (Dante), S. 173.

[55] Gmelin (Dante), S. 177.

[56] Gmelin (Dante), S. 188.

[57] Gmelin (Dante), S. 189.

[58] 11. Gesang, Vers 93-94.

[59] Hier ist »arte« im Sinne von Geschicklichkeit gebraucht, weißt aber voraus auf die Gestalten der Kunst, die dann weiterleiten.

Dante zuerst. Sie erfüllt den Inhalt, d.h. das Thema der einzelnen Szenen, mit Leben. Er wiederum erfährt durch die Abfolge des Dargestellten und dessen Ort seine Bedeutung im Ganzen. Erst weil dies alles Gestalt wird zur selben Zeit und im selben Raum und so ein mannigfaltiges Ganzes ausmacht, ist es ein *visibile parlare*. Diese Gestaltung unterscheidet sich von der bekannten Kunst, denn sie ist, wie Dante sagt, *novello a noi perchè qui non si trova* (10,98). Sie ist also die höchste, göttliche Kunst. Nur diese kann in solcher vollkommenen Weise Natürlichkeit und Gehalt verbinden – eine Aufgabe, so muß gefolgert werden, die den Künstlern gestellt ist, deren Erfüllung sie sich aber nur annähern können. Dem Inhalt und seiner Bedeutung muß also die Ausführung in ihrer mannigfaltigen Lebendigkeit angemessen sein, darin liegt die Schönheit der Kunst, die Dante beschreibt.[60]

Aus dem zeitgenössischen Subjektivismus, wie Panofsky sagt, oder aus der allgemeinen Stadtkultur, wie Belting ausführt, entsteht ein Streben nach Natürlichkeit, deren lebendige Darstellung Dante an den Demutsbildern hervorhebt. Hier entspringen neue Anforderungen formaler und inhaltlicher Art für den Künstler, wobei es unerheblich erscheint, ob der Auftraggeber oder der Künstler das Streben nach Natürlichkeit zuerst entdeckt hat, der Ausführende bleibt der Künstler.[61] So lautet die Frage dieser Arbeit: Wie wird diese *Natürlichkeit* konkret und wie läßt sich mit diesen Mitteln religiöser Inhalt, *Überzeitlichkeit*, darstellen?

Mit dem Blick auf die »Perspektive als bezeichnendster Ausdruck des Subjektivismus« bei Panofsky[62] und, damit in diesem Horizont bleibend, mit dem Blick auf die

---

[60] Schon in dem wahrscheinlich 1303-1304 entstandenen Werk *De Vulgari Eloquentia* erläutert Dante die Angemessenheit der Ausführung an bestimmte Themata und unterscheidet, allerdings bezüglich der Dichtung, den hohen, mittleren und niedrigen Stil, der für die unterschiedlichen Inhalte anzuwenden sei. Vgl. Friedrich (1964), S.88-92. Nach diesen literarischen Kriterien beurteilt z.B. Cecchi (1937) die Freskenzyklen Giottos. Dies wird auf dem Kunsthistorikerkongreß, Wien 1983 von Bellosi wiederaufgegriffen und direkt auf danteske Stillagen bezogen. Akten des XXV. Internationalen Kongresses für Kunstgeschichte Wien 1983, Wien 1986, S. 162-163. Vgl. auch Janitschek (1892) zur Kunstlehre Dantes; u. Bartig (1984), S. 108-112, der die *Convenienza* von Geist und Sinnlichkeit, die beide »in ihrer höchsten Äußerung, in ihrer höchsten Form« dargestellt sein müssen, als wichtigstes Ziel der dantesken Kunst beschreibt.

[61] Belting (1989b), S. 38-39 spricht denn auch vom Ideal, das Dante für die bildende Kunst formuliert. Wenn Dante, wie Belting (S. 38) sagt, die von den Auftraggebern gewünschte Verfassung der Malerei auf den Begriff bringt, und die Auftraggeber möglicherweise, wie Schwarz (1993, S. 57) nahelegt, bei Giotto die Naturnähe aus ideologischen Gründen "bestellten", dann drängt sich doch die Frage auf, welchen Hintergrund wiederum diese Ideologie hat, und weshalb Dante gerade auf dieses »Ideal der bildenden Kunst« kommen konnte.

[62] Panofsky (1951/1989), S. 9-12.

Raumdarstellungen, die "kubischen Figuren" bei Rintelen,[63] die "linearen Verspannungen" bei Hetzer,[64] und den "Bildcharakter" bei Salvini[65] wird versucht, die Seite der neuen Natürlichkeit in den Bildern Giottos anzusprechen. Prägender Ausgangspunkt dieser Untersuchungen ist letztlich die Aufmerksamkeit Vasaris und Albertis auf den Künstler, der "die Malerei des Mittelalters überwand" und dadurch den Grundstein für "ihre", nämlich die Renaissancekunst legte.[66] Belting und Baxandall dagegen sprechen vom neuen Gehalt der Darstellung durch eine größere Emotionalität der narrativen Bilderzählung, die dadurch über die "wahren Fakten" hinaus Bedeutung gewinne.[67] Dies führe zur Allegorie, zur politischen oder profanen Allegorie, zu der die gesprochene Rede oder die Bildunterschrift gehöre.[68] Mit der Betonung einzelner Charakteristika wird die danteske Anbindung der Schönheit und Natürlichkeit an die Bedeutung des Inhalts vernachlässigt, während die Betonung der soziologischen, politischen oder auch philosophischen Bestimmtheiten die künstlerische Ausbildung nicht in den Blick nimmt. In der Tat erscheinen die erzählenden Darstellungen Giottos in unterschiedlichen Bedeutungsebenen, schon durch ihren Gesamtzusammenhang als Folgen, aber auch in jedem einzelnen Bild durch die so und nicht anders erfolgte Bilderfindung. Die Parallelisierung von Bild und Text kritisiert Bätschmann zurecht als Einbahnstraße, die die Erfindung vernachlässige.[69] Ebenso bleibt es eine methodische Entscheidung, ob eine kunstgeschichtliche Untersuchung den mutmaßlichen Auftraggeberwillen bzw. die politischen Verhältnisse in den Vordergrund stellt und mit diesem Kontextdenken gegebenenfalls einen möglichen Rahmen für die Kunst wahrscheinlich machen kann,[70] oder ob sie die jeweils notwendigen künstlerischen Erfindungen, wie sie sich in der Geschichte der Kunst darstellen, zum Mittelpunkt macht.[71] Hier soll letzteres geschehen, ohne dabei den Kontext außer acht zu lassen.

Wie also konnte Giotto so lebendig darstellen, daß der Renaissancekünstler Alberti seine eigenen Anfänge in dieser Kunst entdeckte? Wie konnte Giotto bei einer solchen Natürlichkeit die Angemessenheit an die inhaltliche Bedeutung im Sinne Dantes wahren? Nicht das "Wie" eines puren Verismus, sondern die kompositorischen Qualitä-

---

[63]   Rintelen (1912/1923).

[64]   Hetzer (1941/1981).

[65]   Salvini (1970).

[66]   Alberti (ed. Janitschek), S. 123 und Vasari (Milanesi), Bd.1.

[67]   Belting (1985) und Baxandall (1971).

[68]   Vgl. Belting (1989).

[69]   Bätschmann (1986).

[70]   Ebenfalls Bätschmann (1986).

[71]   Vgl. Gosebruch (1970).

ten, in denen konkrete Mittel die Geschlossenheit der Bildgestalt und die klare Aussage des Gehalts konstituieren, sind gefragt.

Vergleicht man die Darstellung *Traumes Innocenz des III.* von Taddeo Gaddi in der Galleria dell'Accademia zu Florenz[72] mit der Darstellung derselben Szene in der Oberkirche von Assisi[73] oder an der Predella des Franziskus-Altarblattes im Pariser Louvre,[74] wird deutlich, daß Taddeo Gaddi bei aller Übernahme giottesker Bilderfindungen die Realisierung eines einheitlichen Raums, in den man durch den gerahmten Ausschnitt blickt, mit einem Kontinuum an erzählender Handlung zu verbinden sucht. In den beiden älteren Darstellungen ist dagegen die "irrationale" Sphäre des Traumgeschehens in eine widerständige Beziehung zur "rationalen" Sphäre der Realität gebracht. Mit großer suggestiver Kraft wird auf diese Weise der Inhalt des Geschehens deutlich.

Auch die Darstellung der *Erscheinung in Arles* von Taddeo Gaddi[75] zeigt den Blick in einen Raum hinter der Rahmung. Hier befindet sich ein Architekturraum, in dem das Geschehen stattfindet. In der Anlage dieser Architektur und der Komposition der Figuren wird das Vorbild der giottesken Darstellung in der Bardi-Kapelle[76] überdeutlich. Während Taddeo Gaddi bei der sehr eng zusammengerückten Komposition den heiligen Franziskus in der Bildmitte als schmale Gestalt schweben läßt und so das Wunderbare des Geschehens andeutet, wird der Wesensunterschied des Heiligen gegenüber den anwesenden Mönchen auf dem Florentiner Fresko durch die Handlung der Figuren, ihre Reaktionen und ihre Stellung im Raum sowie durch die klar komponierte Architektur, insgesamt durch die zwingende Einheit dieser Darstellungselemente, erreicht. Dabei wird Menschliches und Göttliches in ein Gefüge gebracht, ohne daß "Göttliches" verloren gegangen wäre, d.h. ohne Verweltlichung der Bildaussage.

Die Figuren sind so in die Handlung eingebunden, daß sie deren Zentrum besonders betonen, und sich dabei den Raum, in dem sie handeln, erschließen. Ein unterschiedenes Verhältnis dieser Elemente *Handlung*, *Figur* und *Raum* zueinander ermöglicht die Unterschiede in der Darstellungsweise:[77] So sind z.B. Einzelfresken einer erzäh-

---

[72] Abb. 12 bei Gabrielli (1981). Vgl. zu diesen Tafeln Rave (1984).

[73] Abb. S. 151 bei Poeschke (1985). Das "Assisi-Problem" ist nicht Gegenstand dieser Arbeit. Lediglich zum besseren Verständnis der Arena-Fresken wird im Anschluß an das entsprechende Kapitel ein kurzes "Streiflicht" auf einige Fresken der Franzlegende geworfen. Vielleicht kann die Analyse der Werke zwischen der Arena-Kapelle und der Bardi-Kapelle aber doch auch für dieses Problem einen neuen Gedanken erbringen.

[74] Abb. 11 bei Gabrielli (1981). Vgl. zur Louvre-Pala Gardner (1982).

[75] Abb. 38 bei Gabrielli (1981).

[76] Abb. 143 bei Mueller von der Haegen (1998).

[77] Wobei es bei der Untersuchung solcher Unterschiede der Schwierigkeit zu begegnen gilt, etwas, das

lenden Bildfolge wie bei der Franzlegende oder in der Arena-Kapelle anderen Anforderungen unterworfen als die Darstellung eines Altarbildes wie der Ognissanti-Madonna oder die Darstellung einer Allegorie wie den Franziskanertugenden in der Vierung der Unterkirche von San Francesco zu Assisi.

Auf dem Fresko mit der Darstellung der *Stigmatisation des heiligen Franziskus* am ersten Südwandjoch der Oberkirche von San Francesco in Assisi[78] befindet sich der Heilige auf einem Felsplateau, das so organisiert ist, daß es die Einsamkeit der Situation oder, anders gewendet, die Individualität des Heiligen in vollkommener Hingabe an den von Seraphimsflügeln eingehüllten Christus hervorhebt. In der Weite der Landschaft und zwischen den beiden kleinen Kapellen erscheint Franziskus freigestellt und isoliert wie der Gekreuzigte auf dem Kreuzigungsfresko der Arena-Kapelle.[79] Die *Stigmatisation* in Santa Croce ist anders angelegt.[80] Bedrohlicher und enger wird der Raum, in dem der Heilige an die vordere Kante der Bildfläche gedrängt ist. Auch auf dem Fresko der *Erscheinung in Arles* wirkt im Vergleich zu derselben Darstellung in Assisi[81] der Raum für die Figuren gedrängter, da die Architektur nicht schräggestellt, wie in Assisi, sondern bildparallel in klarer Perspektive sich nach hinten staffelt. Während in Assisi die Architektur an der Deckenkonstruktion perspektivisch und räumlich angelegt ist, am Boden aber die Figuren die räumlichen Verhältnisse verdeutlichen und zu den Betrachtenden hin abgrenzen, geschieht die Verdeutlichung des räumlichen Gefüges in Florenz ganz durch die Architektur, in der die Figuren dann ihren vorgegebenen Raum einnehmen können. In dieser Weise nimmt auch der Franziskus der *Stigmatisation* den ihm vorgegebenen Raum ein. Trotz des knappen Raums ist dieser Heilige sehr viel beweglicher als jener in Assisi. Tiefe Versenkung und freudige Annahme liegt in der Haltung des Franziskus auf dem Fresko in Assisi, dramatischen Bewegungsumbruch, Überraschung und fast Erschrecken zeigt die Darstellung in Florenz.

Unterschiede in der Organisation des Raums, in der Beweglichkeit der Figuren in diesem Raum und in ihrem Verhältnis zur Handlung tun sich zwischen den beiden Fresken der *Erscheinung in Arles* auf. Es sind Unterschiede, die einen zeitlichen Abstand verdeutlichen, die aber auch – von der Chronologie nicht trennbar – zu unterschiedlichen Darstellungsweisen gehören. Diese stehen wiederum im Wechselverhältnis zu den Erfordernissen der Aufgabenstellung. So stehen die einzelnen Fresken der Franzlegende in

---

[78] unmittelbar zusammen gesehen und zusammen erfunden wurde, im Nacheinander zu beschreiben. Abb. 33 bei Mueller von der Haegen (1998).

[79] Auch die Felsstruktur und die Erschließung des Raums ist sehr vergleichbar mit Fresken der Arena-Kapelle, z.B. dem *Traum des Joachim*. Vgl. Abb. 68 bei Mueller von der Haegen (1998).

[80] Abb. 144 bei Mueller von der Haegen (1998).

[81] Abb. 143 bei Mueller von der Haegen (1998) bzw. Abb. 176 bei Poeschke (1985).

Assisi in Beziehung zu den jeweils vorangegangenen bzw. folgenden Fresken, während in der Bardi-Kapelle das Einzelfresko nicht in eine durchgehende Folge eingebunden ist und dennoch die Summe einer Gesamtheit durch die *Stigmatisation* außerhalb der Kapelle hergestellt wird.[82] Als Einzelbild an der Triumphbogenwand von S. Croce erscheint seine Bedeutung extrem gesteigert gegenüber einem Bild innerhalb einer erzählenden Folge. In dieser Hinsicht ist die Florentiner *Stigmatisation* vergleichbar mit der Monumentalisierung und Vereinzelung der Darstellung des *Seewandels Petri* auf dem römischen Mosaik der *Navicella* und erfordert wie diese eine entsprechende Darstellungsweise.

I.2 Das Mittlere Werk

An den Arbeiten des sogenannten *Mittleren Werks* zeigt sich dieser Zusammenhang der konstituierenden Mittel besonders ausgeprägt, da in dieser Schaffensphase erzählende, hieratische und allegorische Darstellungen gleichermaßen ausgeführt wurden. Gosebruch prägte 1958 den Begriff vom *Mittleren Werk*.[83] Er subsumierte unter diese Werkgruppe zwei Komplexe: erstens die römischen Stefaneschi-Stiftungen, d.h. das Polyptychon und das nur noch fragmentarisch erhaltene Mosaik der *Navicella*; zweitens einige Fresken der Unterkirche von Assisi, nämlich die *Vele* mit den allegorischen Darstellungen in der Vierung und den Zyklus der *Jugendgeschichte Christi* im rechten Querschiff. Die Untersuchung der Werke nach den Paduaner Fresken wird erweisen, daß die Peruzzi-Kapelle in S. Croce zu Florenz ebenfalls der mittleren Schaffensphase Giottos zugeordnet werden muß. Gosebruch bezeichnete 1970 die Werke der Unterkirche von Assisi als *das reife Mittlere Werk*[84] und verband sie mit einem Datum »nach 1313, bzw. um 1320«. Die Zeitspanne zwischen den dokumentierten Paduaner Werken und den Fresken in S. Croce zu Florenz, für die der ebenfalls belegte Aufenthalt in Neapel ab 1328 als *terminus ante quem* angenommen wird, soll auf diese Weise faßbar werden. Genauer also erscheint das *Mittlere Werk* als eine Werkgruppe, mit der die Lücke im Werk Giottos geschlossen werden soll zwischen den Fresken des wahrscheinlich Dreißigjährigen und den nicht eindeutig datierten bzw. verlorengegangenen, aber dokumentierten Arbeiten des Künstlers ab dem vierzigsten Lebensjahr.

Erst zu Beginn unseres Jahrhunderts manifestiert sich diese Lücke in einem Werkzusammenhang, der bis dahin mit einigen Ausnahmen von der Forschung über-

---

[82] Vgl. Gardner (1982), S. 234: »It serves a frontispiece and *summa* to a cycle of the life of Saint Francis.«

[83] Gosebruch (1958).

[84] Gosebruch (1970).

einstimmend anerkannt war. Entstanden ist sie durch das Ausscheiden einer ganzen Werkgruppe und durch divergierende Datierungen der verbliebenen Arbeiten. Restituierung oder Ablehnung eines mittleren Werks weisen gleichermaßen auf die großen Schwierigkeiten bei der Verifizierung einer eindeutigen Chronologie hin. Zugleich können der eine wie der andere Blick auf die Werke in der Forschung nur auf den stilistischen Gemeinsamkeiten der ausgeschiedenen bzw. der notwendigerweise wieder einzubeziehenden Arbeiten beruhen. Zu dieser Werkgruppe gehören in erster Linie das Altarwerk von Alt-St. Peter, das von Poeschke als Schlüsselwerk für den mittleren Giotto bezeichnet wurde,[85] und die Vierungsfresken in der Unterkirche von Assisi, die verknüpft sind mit denen des rechten Querschiffes. Das Mosaik der *Navicella* als gesichertes, aber in seiner Datierung umstrittenes Werk komplettiert das in Frage stehende Konvolut. Die Datierung und Interpretation dieses prominenten Werks lassen Rückschlüsse auf die Zusammenhänge und die jeweils unterschiedlichen Zuordnungen der anderen Werke zu, die letztlich zur Entstehung der "Lücke" geführt haben.

Das monumentale Mosaik mit der Darstellung *Seewandel Petri* nach dem Matthäus-Evangelium (14, 24-25) wurde für das Atrium von Alt-St. Peter geschaffen. Durch mehrere Versetzungen im Zusammenhang mit dem Neubau der Kirche wurde es im Verlaufe des 17. Jahrhunderts zerstört.[86] Heute geben nur noch Zeichnungen, auf die ursprüngliche Darstellung zurückgehende Werke und eine barocke Kopie Aufschluß über das ursprüngliche Aussehen des Mosaiks. Die früheste Quelle über die Autorschaft Giottos an diesem und an dem zweiten römischen Werk, den Altartafeln, ist der Nekrolog auf den 1341 verstorbenen Kardinal Jacopo Stefaneschi im *Martyrologium benefactorum basilicae Vaticanae*.[87]

Mit drohender Zerstörung des Mosaiks erwachte im 17. Jahrhundert das archivalische Interesse an ihm. Es sind vor allem die Autoren Grimaldi, Torrigio, Mancini und Baldinucci, die den Grundstein für eine divergierende Datierung und Interpretation der *Navicella* und damit auch der römischen Altartafel legen.[88] Der vatikanische Archivar Jacopo Grimaldi befaßte sich mit den beiden großen Stefaneschi-Stiftungen: Aufgrund

---

[85] Poeschke (1985), S. 43.

[86] Vgl. hierzu Kapitel IV.

[87] Das *Martyrologium benefactorum basilicae Vaticanae* des Archivio Capitolare von St. Peter, ist in zwei Handschriften, H 56 und H 57 fol. 87, erhalten.

[88] J. Grimaldi (ed. Niggl), *Descrizione della Basilica antica di San Pietro in Vaticano*, Biblioteca Apostolica Vaticana, Cod. Barb. lat. 2733, fol. 146r - fol. 149r und *Index omnium ac singulorum librorum Bibliotecae Sacrosanctae Vaticanae Basilicae Principis Apostolorum*, 1603, fol. 121r, Biblioteca Apostolica Vaticana, Mss. 405; Torrigio (1618) u. (1639); Mancini (ed. Schudt) 1626; Baldinucci (1681).

einer verlorengegangenen Inschrift datierte er die Altartafeln »circa 1320«.[90] Da Altar und *Navicella* zusammengesehen wurden, übertrug man dieses Datum in der Folge auch auf die *Navicella*.

Torrigio hingegen sah in der Abwehr eines manichäischen Kults eine theologische Begründung und in dem 1300 durch Papst Bonifaz VIII. ausgerufenen Jubeljahr die historisch-politische Notwendigkeit für die Auftragsvergabe der *Navicella*.[91] Mancini präzisierte das Entstehungsdatum des Mosaiks auf 1298.[92] Mit dem ersten gedruckten Werk über diese Zusammenhänge wurde dann durch Baldinucci[93] aus dieser *opinio corrente* ein quasi dokumentiertes Datum für die *Navicella* - ein Datum, das zweifelsfrei auch für das Altarwerk zu gelten schien.

Somit gab es für das Mosaik und für den Stefaneschi-Altar zwei bis heute kontrovers diskutierte Datierungen: eine Spätdatierung »circa 1320« und eine Frühdatierung 1298 bzw. um 1300. Besonders letztere erbrachte Schwierigkeiten für die stilistische Einordnung. Nur schwer ließ sich die feine Malerei der Altartafeln vor die Fresken der Arena-Kapelle einordnen. Dies führte ab dem späten 19. Jahrhundert letztlich zu der zwiespältigen Beurteilung des *Mittleren Werks*.[94]

Als A. Venturi die Tafeln des Stefaneschi-Altars demselben Meister zuschrieb, der die Ordensallegorien in der Unterkirche von San Francesco zu Assisi geschaffen hat, und in diesem gegen die auf Vasari beruhende Tradition nicht Giotto sah, fielen zwei prominente Werke aus dem bisherigen Werkzusammenhang heraus und die Schwierigkeiten einer stilistischen Ordnung schienen leichter lösbar.[95] Eine Datierung in die 20er Jahre des Trecento und die Zuschreibung an den anonymen »Maestro delle Vele« für beide Werke galten seitdem als nahezu sicher. Die Lücke im Giottowerk war entstanden. Manifestiert wurde sie durch Rintelens Analyse eines bestimmten Giottostils, der vor allem durch schwergewichtige Körper geprägt sei.[96]

Der durch Rintelen hergestellte Werkzusammenhang von gesicherten Arbeiten umfaßt neben der Paduaner Kapelle, der Ognissanti-Madonna und den beiden Florentiner Kapellen nur die *Navicella*, deren zu rekonstruierende Struktur für Rintelen in der Entwicklung Giottos vor der Arena-Kapelle stehen mußte. Damit gelang es Rintelen, das "tradierte" Datum 1298 für die *Navicella* mit stilkritischen Argumenten zu festigen und

---

[89] J. Grimaldi (ed. Niggl), fol. 121.

[90] J. Grimaldi (ed. Niggl), fol. 121.

[91] Torrigio (1618), S. 91.

[92] Mancini (ed. Schudt),), S. 13 u. 112.

[93] Baldinucci (1681), S. 45f.

[94] Vgl. Frey (1892), S. 209-237; Rintelen (1905).

[95] A. Venturi (1906), S. 19-34 und 1907, S. 462-486.

[96] Rintelen (1905) u. (1912/23).

zugleich eine Chronologie der Giotto-Werke herzustellen, deren Kontinuum nach der Ognissanti-Madonna (gleich nach 1305, den Paduaner Fresken) bzw. der Florentiner Peruzzi-Kapelle (vor 1328 in den zwanziger Jahren) unterbrochen ist.[97]

Erst nach der philologischen Arbeit L. Venturis, der das "tradierte" Datum für die *Navicella* auf Abschreibefehler und die gegenreformatorische Vorliebe für das erste Jubeljahr zurückführte,[98] nach der Veröffentlichung eines Dokuments, das einen Romaufenthalt Giottos vor Dezember 1313 belegte,[99] und nach der Florentiner Giottoausstellung von 1937, in der unter anderem das Frühwerk neu entdeckt wurde, konnte von einer »Wende der Giottoforschung«[100] gesprochen werden. Die Franzlegende der Oberkirche von San Francesco zu Assisi und einige Tafeln, die ebenfalls von Rintelen zu den »Giotto-Apokryphen« geordnet wurden, fanden neue Beachtung, ebenso die römischen Werke - das Mosaik und die Altartafeln.

Schon 1941 erschien dann die grundlegende Monographie Paeselers zur *Navicella*, in der der von Rintelen als Quelle verunglimpfte Nekrolog wieder ernst genommen, das Dokument von 1313 mit der Arbeit an dem Mosaik verbunden und durch eine Untersuchung der politischen Situation ein Datum von 1310 wahrscheinlich gemacht wurde.[101] Aber erst 1958 wurden durch Gosebruch das römische Altarwerk und die Fresken der Unterkirche des »Maestro delle Vele« wieder als Giotto-Werke betrachtet.[102] 1961 folgte, ebenfalls durch Gosebruch, die erste gründliche stilistische Einordnung des Stefaneschi-Altars in das *Mittlere Werk* Giottos und eine Bestätigung des schon früher von Grimaldi für die Altartafeln vorgeschlagenen Datum von 1320 für beide römischen Werke aufgrund ikonographischer und historischer Untersuchungen.[103] Nach einer Restaurierungskampagne in der Unterkirche von Assisi, die die Aufmerksamkeit auf die dortigen Malereien verstärkte, setzte Gosebruch seine Arbeit an der Restituierung des *Mittleren Werks* 1969 mit einem Aufsatz zu den Fresken der Vierung und des rechten Querschiffes fort.[104]

---

[97] Welche Wirkung der Eingriff Rintelens hatte, zeigt vielleicht am prägnantesten der Unterschied zwischen der ersten Auflage von *Pittura Italiana del Rinascimento* (1896), in der Berenson noch ein Vasari vergleichbares, reiches Giottobild entwirft, und der "gereinigten" Fassung von 1936. Schon 1928 hat Luzzatto (1928), S. 11f., allerdings zurecht, die große Leistung Rintelens herausgearbeitet, indem er betont, daß erst jetzt die Interpretation mit rein stilkritischen Kriterien erfolgt.

[98] L. Venturi (1918), S. 229-235.

[99] Chiapelli (1923), S. 132-136.

[100] Oertel (1943), S. 1f.

[101] Paeseler (1941).

[102] Gosebruch (1958), S. 288-291.

[103] Gosebruch (1961), S. 104f.

[104] Gosebruch (1979), zuerst 1969, zitiert nach der zweiten Auflage.

Während die *Navicella* in der Forschung fast einheitlich als Giotto-Werk angesehen wird[105] und sich aufgrund von Kontextforschung eine Datierung nach den Paduaner Fresken durchzusetzen scheint,[106] werden die Altartafeln und die Unterkirchenfresken auch weiterhin hinsichtlich Datierung und Zuschreibung kontrovers diskutiert.[107] Die strikte Unterscheidung von »Giotto und Giotto-Apokryphen« wurde allerdings durch die subtileren Abstufungen Giotto, »parente di Giotto« und »bottega di Giotto«[108] abgelöst. Letztlich blieb aber die stilistische Dualität von freier Monumentalität und dekorativer »miniaturist tendency«[109] bestehen. Weiterhin bestimmen, unabhängig von Datierungsvorschlägen, die von Rintelen für den "reinen" Giotto und von A. Venturi für den »Maestro delle Vele« festgelegten Merkmale das Urteil über ein *Mittleres Werk*.

Vierzig Jahre Differenz innerhalb der zeitlichen Bestimmungen und die stilistische Qualifizierung der Darstellungen als miniaturhaft oder puppenhaft-starr einerseits und monumental oder architektonisch andererseits prägen immer noch das Giottobild und verhindern die Vorstellung einer vielfältigen, dennoch kontinuierlichen Entwicklung des Gesamtwerks. Dies könnte nur eine deutliche Eingliederung einiger Hauptmonumente in das *Mittlere Werk* ermöglichen. Untersuchungen der politischen Verhältnisse, des Auftraggeberwillens oder der Ikonographie[110] konnten zwar Hinweise auf ein Gesamtbild der ersten Jahrzehnte des italienischen Trecento geben, aber ebensowenig wie die nützlichen Einzeluntersuchungen zu Fragen der Rahmung,[111] der Mode[112] oder der

---

[105]   Eine Ausnahme bilden Kempers/de Blaauw (1987), S.83-113. In Anm. 26 befinden sie auch von der *Navicella*: »[...] and that it was possibly made by Cavallini, may be even after 1328«.

[106]   Vgl. z.B. Ciardi Dupré dal Poggetto (1981), S. 78f. oder Lisner (1994), S. 45-95 .

[107]   Für den Stefaneschi-Altar reichen die Datierungsvorschläge von 1300 mit einer Zuschreibung an Giotto [Gardner (1974)] über 1320 mit einer Zuschreibung an Giotto und seinen Mitarbeiter den *Maestro del Codice di San Giorgio* [Ciardi Dupré dal Poggetto (1981)] bis zu einer Datierung in die dreißiger bis vierziger Jahre und der Annahme einer sienesischen Autorschaft [Kempers/de Blaauw (1987)]. Die Literatur zu den Unterkirchenfresken ist geprägt von der seit L. Venturi bestehenden Abneigung, eine größere Nähe zu Giotto als "Schule" oder "Werkstatt" zu konstatieren. Die Datierungsvorschläge setzen bei 1315/16 an und reichen bis zu Daten in den vierziger Jahren.

[108]   So unterteilte Previtali (1967/1974) die irgendwie in den Umkreis Giottos gehörenden Werke. Vgl. dazu die Rezension von Gosebruch (1969), S. 261f.

[109]   Als Schlagwort für "narrative" Werke mit beweglicheren und feineren Figuren, zu denen der Stefaneschi-Altar ebenso wie die *Vele* in Assisi gerechnet werden, ging diese Charakterisierung der Franzlegende durch Offner (1930-1962), vol. I, S. XV-XVIII, S. 259-268; u. (1939/1968), S. 96-113; in die Forschungsliteratur ein.

[110]   Thomas (1983) u. (1984) und Blume (1983).

[111]   Cämmerer-George (1966).

[112]   Bellosi (1977a) u. (1977b).

Tagwerksabfolge[113] eindeutige Zuschreibungen oder Datierungen für die infrage stehenden Werke. Mit einem zu sehr auf die Arena-Fresken als dem "eigentlichen" Giotto-
Werk fixierten Blick konnte keine Einheit mit den übrigen Werken gesehen werden, da
das in Padua sichtbare Kompositionsprinzip als unveränderlich erschien. Weder in Einzeluntersuchungen noch in Überblickswerken wurde die Möglichkeit von Modifikationen des Kompositionsprinzips durch künstlerische Entwicklung im Zusammenhang
mit den spezifischen Aufgabenstellungen, die Giotto im zweiten Jahrzehnt des Trecento
offenbar zu bewältigen hatte, bedacht.

Die Fresken der Arena-Kapelle in Padua sind unbestritten in der Zuschreibung an Giotto
und in die ersten Jahre des Trecento zu datieren.[114] Als zweites "Standbein" einer stilkritischen Untersuchung muß der ebenfalls als Giotto-Werk nie angezweifelte Zyklus in der
Florentiner Peruzzi-Kapelle herangezogen werden.[115] Diese Malereien werden im allgemeinen zusammen mit denen der Florentiner Bardi-Kapelle in das Spätwerk Giottos
eingeordnet. Dagegen soll durch einen Vergleich mit den Fresken der Magdalenen-
Kapelle in der Unterkirche von Assisi, die häufig als stilistische Vorstufe der Florentiner
Malereien genannt werden, eine Zuordnung des Peruzzi-Zyklus` zum *Mittleren Werk*
überprüft werden.[116] Aus dieser anhand des Kompositionsprinzips und seiner Modifikation geführten, vergleichenden Untersuchung sollen Kriterien zur Beurteilung der umstrittenen Werke und zu einer inneren Chronologie des *Mittleren Werks* entwickelt
werden. Da auch das Mosaik der *Navicella* ein unzweifelhaftes Giotto-Werk ist, kann
ein Vergleich dieses Mosaiks mit den Fresken der Arena- und der Peruzzi-Kapelle weiteren Aufschluß über eine mögliche Entwicklung Giottos geben. Auch für das römische
Mosaik fehlen, wie bei der Peruzzi-Kapelle, weitgehend die Dokumente, die eine ganz
sichere Datierung ermöglichen könnten. Immerhin ist durch das von Chiapelli 1923

---

[113] Tantillo-Mignosi (1975).

[114] Die Tradition der Zuschreibung beginnt 1310 durch Francesco Barberino [(Egidi), Teil II, S. 165]
und 1312 durch Riccobaldo Ferrarese [(Muratori), S. 235]. Für die Datierung sind das Weihedatum
1305 und die Rezeption der letzten Bilder des Zyklus` in einem Antiphonar, das 1306 datiert ist, der
Biblioteca Capitolare in Padua, ms. B. 14, entschedend. Vgl dazu: Gioseffi (1963a), S. 34-47 u.
Tav. VI u. VII; Bellinati (1965), S. 5; u. ders. (1974), S. 23-30, Kat. Nr. 99; Bistoletti (1989), S.
63-64.

[115] Auch hier gibt es wie bei der Arena-Kapelle keine Urkunden, sondern "nur" eine Tradition der
Zuschreibung, die später als bei dem Paduaner Werk einsetzt. Die erste Nachricht stammt von Ghiberti (ed. Schlosser), S. 36. Vgl. dazu: M. V. Schwarz (1993), S. 25-26.

[116] Die Datierungsvorschläge zur Magdalenen-Kapelle schwanken, vergleichbar mit denen zur *Navicella,* zwischen 1300 und 1320, diejenigen zur Autorschaft zwischen »Giotto« und »Giotto-
Schule«. Vgl. dazu das entsprechende Kapitel u. Scarpellini (1982), S. 242-243.

veröffentlichte Dokument ein längerer Romaufenthalt Giottos vor 1313 belegt.[117] Die Logik, mit der stilkritisch gewonnene Erkenntnisse, vorhandene Dokumente und historische Einsichten verbunden werden, muß bei der Erstellung eines möglichst genau zusammengefügten "Geflechts" weiterhelfen, um eine innere Chronologie, gebunden an äußere Fixpunkte, wahrscheinlich zu machen.[118] Den drei unbestrittenen Giotto-Werken wird ein viertes mit der Madonnen-Tafel der Florentiner Uffizien hinzugefügt. Von diesem Tafelbild ausgehend und mit den gewonnen Erkenntnissen aus den anderen Werken soll das römische Altarwerk betrachtet und dem Giotto-Werk zugeordnet werden. Auch bei diesem Werk, wie bei der *Navicella,* wird das historische Umfeld die stilkritische Einordnung präzisieren. Der letzte in Frage stehenden Komplex, die allegorischen Darstellungen in der Vierung der Unterkirche zu Assisi, wird sich aufgrund stilistischer Kriterien anschließen. Auch hier wird durch historische Ereignisse der Entstehungszeitraum einzugrenzen sein.

Während die *Stigmatisation des heiligen Franziskus* als monumentales und vereinzelt gesetztes Fresko in S. Croce zwar für sich steht, aber – wie schon gesagt – doch die "Summe" der in der Bardi-Kapelle dargestellten Szenen aus dem Leben des Heiligen zum Ausdruck bringt, bleibt die Darstellung des *Seewandels Petri* mit dem Mosaik der *Navicella* ohne jegliche Anbindung an einen erzählenden Zyklus. Es ist deshalb zu erwarten, daß diese ganz besondere Aufgabenstellung auch eine ganz besondere Darstellungsweise erforderte. Auch aus diesem Grund wird die *Navicella* eine wichtige Position einnehmen müssen, wenn wir nach der Darstellungsweise und den sie konstituierenden Mitteln fragen. Gerade in der *Navicella* gewinnt die so lebendig gestaltete Geschichte durch Monumentalisierung und eine der Lebendigkeit unmittelbar entgegengesetzte Darstellung Christi eine allegorische Bedeutung, die über den immanenten Gleichnischarakter biblischer Erzählungen und ihrer Darstellungen hinausgeht.

Es eröffnet sich dadurch eine Spanne zwischen lebendig-naturhafter Erzählung und hieratischer Darstellung innerhalb einer Bildfindung. Es zeigt sich, daß innerhalb einer solchen Spanne Darstellungen entwickelt werden können, in denen Personifikati-

---

[117] Chiapelli (1923), S. 132-136.

[118] Previtali spricht im Zusammenhang mit der Magdalenen-Kapelle von der Logik, die bei mangelhafter Dokumentenlage weiterhelfen muß; vgl. Previtali (1979), S. 99. »Historische Probleme dieser Art lassen sich am besten mit einem jener Geduldsspiele vergleichen, in dem ein Bild aus Fragmenten zusammengesetzt werden soll. Wir besitzen eine Anzahl von Beweisstücken urkundlicher oder visueller Art, die wir zusammenzubringen haben, und das geht nur, wenn wir einen sinnvollen Zusammenhang zwischen ihnen herstellen können.«, so Gombrich in: *Neues über alte Meister,* (Zur Kunst der Renaissance, Band IV), übersetzt von Lisbeth Gombrich, Stuttgart 1988, S. 10 (zuerst: Burlington Magazine, CXXI, Aug. 1979, S. 471-481).

onen abstrakter Begriffe als individualisierte Figuren erscheinen. Solcherart Darstellungen, die im folgenden als *erzählende Allegorien* bezeichnen werden, schmücken das Vierungsgewölbe der Unterkirche von San Francesco zu Assisi. Bedenkt man, daß sich spätestens mit den Fresken Ambrogio Lorenzettis für den Palazzo Pubblico in Siena solche Allegorien als Darstellungsmodus manifestieren, bedenkt man weiterhin, daß nach Vasaris Aussage die inzwischen verlorengegangenen Fresken Giottos in Florenz, aber auch die in Neapel Allegorien darstellten, erscheint es notwendig, *Navicella* und Unterkirchenallegorien zu datieren, in das übrige Giotto-Werk einzuordnen und die kompositorische Qualität dieser Arbeiten zu analysieren, um einen Ausgangspunkt für weitere Betrachtungen auf die Malerei dieser Zeit zu gewinnen. Dies wird gerade im Hinblick auf neuere Publikationen deutlich: Weder Belting und seine Schüler[119] noch Köhren-Jansen,[120] die z.B. die *Navicella* als allegorische Darstellung auffassen, gehen auf die Fragen nach dem "Wie" einer solchen Darstellung und nach einer Entwicklung innerhalb des Giotto-Werks ein, sondern datieren vollkommen unabhängig von einem Werkzusammenhang oder "benutzen" das einzelne Werk hinsichtlich seines Beispielcharakters für gesellschaftliche und andere Zusammenhänge.

Es scheint sich ein Weg abzuzeichnen von der "unmittelbar" lebendig erzählenden Franzlegende in Assisi, über die Darstellung von Erhabenheit innerhalb einer neuartig erzählten Geschichte in der Arena-Kapelle und in einer neuen Art von hieratischer Bilderfindung wie bei dem Tafelbild der Ognissanti-Madonna oder des Stefaneschi-Altars, zur Darstellung des allegorischen Zentrums einer erzählenden Bildfindung auf dem römischen Mosaik und zu den erzählenden Allegorien der Franziskanertugenden in der Unterkirche von Assisi. Die künstlerische Ausformung dieses Spannungsfeldes zwischen lebendiger Natürlichkeit und bedeutungsmäßigem Gehalt der Darstellung – wie sie auch in der Dante-Stelle als Aufgabe der Kunst angedeutet ist – wird durch Giotto mit dem ihm eigenen Kompositionsprinzip erreicht. Diese Ausformung und entsprechend das Kompositionsprinzip sind innerhalb des Giotto-Werkes modifiziert. Anhand der konkreten Mittel, die die Darstellungsweise konstituieren, lassen sich diese Modifikationen, eingebunden in die künstlerische Entwicklung, aufzeigen. Da gerade das von Gosebruch restituierte *Mittlere Werk* die ganze Breite der unterschiedlichen Darstellungsweisen umfaßt, steht dieses "Werk" im Mittelpunkt der Betrachtung.

Durch die Untersuchung der konkreten Mittel, die Giotto anwendet zur einheitlichen Darstellung von Natürlichkeit *und* Bedeutung, und durch die Analyse der Modifikationen dieser Darstellungen wird eine Grundlage zur Datierung und zur Einordnung in das *Mittlere Werk* Giottos geschaffen. Diese Mittel lassen sich aus dem Verhältnis von

---

[119] Belting (1989).

[120] Köhren-Jansen (1993).

Figur und Raum, das, eingebunden in die jeweilige Handlung, zu einer geschlossen Bildgestalt führt, erschließen. Dazu erscheint es notwendig, einen sicheren Anhaltspunkt im unangezweifelten Giotto-Werk zu finden, der durch eine Untersuchung der Arena-Fresken und der Peruzzi-Wandmalereien gegeben ist. An ihnen wird das Grundprinzip der giottesken Komposition verdeutlicht. Von diesem Punkt ausgehend, wird das künstlerische Prinzip Giottos auch auf frühere Werke hin betrachtet, und zugleich die Entwicklung im *Mittleren Werk* deutlich gemacht. Die Grenze zum Spätwerk werden die *Vele* der Unterkirche und die Bardi-Kapelle in Florenz bilden.

Bei einem "Spiel" mit so vielen Unbekannten sind Zirkelschlüsse nicht immer zu vermeiden. Darüber hinaus muß der Schwierigkeit begegnet werden, die das analysierende Schreiben immer gegenüber dem erfindenden Malen hat: unmittelbar Zusammengehörendes – Form und Inhalt – gerät ihm auseinander. Die Untersuchung des Inhalts, die nach dem "Gehalt" der Darstellung fragt, berührt sich mit der Form-Analyse, indem gefragt wird, wie ein *überzeitliches* Moment in die individualisierte Darstellung von Figuren integriert werden kann und wie aus solcher Integration die Möglichkeit einer erzählenden Allegorie entspringt. Es soll die inhaltliche Entwicklung als künstlerische Entwicklung in Korrespondenz mit der Aufgabenstellung an eine Entwicklung von Handlung, Figur und Raum als konstitutive Momente der Darstellungsweise gebunden werden.

II. DIE *RAUMSCHAFFENDE* FIGUR UND DAS ZENTRUM EINER *ERZÄHLENDEN* BILDERFINDUNG

Boccaccio und Vasari haben die Malerei Giottos mit dem Beginn einer neuen Zeit identifiziert. »The frescoes painted by Giotto in the Arena Chapel at Padua, about the year 1305, mark an entirely new stage in the development of empirical perspective, as in that of every other aspect of pictorial art. In this depiction of human figure the emphasis on weight and volume is as striking as his concentration, as a story-teller, upon the dramatic essentials.«[1] Imdahl beschreibt das außerordentlich Neue der Malerei in der Arena-Kapelle als »Ereignisbild«[2]: »Das heilsgeschichtliche Ereignisbild besteht in Relation zu einem a priori schon bekannten Ereignis, welches sprachlich, nämlich in der Form eines narrativen Textes überliefert ist.«[3] »Jedes Ereignisbild ist [...] bezogen auf Phänomene der visuellen Gegenstandswelt, selbstverständlich auf Figuren, aber auch - wie in den Ereignisbildern Giottos - auf Dinge und Raumzusammenhänge.«[4] Den »Doppelcharakter von dramatischer Aktualität und transzendenter Notwendigkeit in den Bildern [...] sucht [Imdahl] aufzulösen [, indem er] unterscheidet [...] zwischen Raumprojektion, szenischer Choreographie (d.h. der Konstellation der »dramatis personae« untereinander) und planimetrischer Ganzheitsstruktur, also Komposition.«[5] Salvini betont in seiner Rezension der Strukturanalyse Imdahls, daß es auch »in der Macht des Künstlers läge, die Verhältnisse zwischen Figurengröße und Bildformat, die Abstände zwischen Figuren und Gegenständen sowie dann auch vom Bildrahmen, die Lokalisierung der Hauptpersonen und der Haupthandlung, den Grad der plastischen Dichte der Form usw. zu bestimmen. [...] Tatsache ist, daß der Eindruck der Notwendigkeit, des So-sein-müssens und des Nicht-anders-sein-könnens in der Komposition ein Ergebnis ist der künstlerischen Gestaltungskraft, d.h. der errungenen Einheit zwischen (lyrischem) Inhalt und (visueller) Form [...]«,[6] wobei das bloße Sujet »noch nicht ein Inhalt [ist], sondern sozusagen nur ein Vorwand, der erst durch die lyrische Regung, mit der der Künstler die gegebene Szene belebt, zum Inhalt des Ausdrucks wird.«[7] Von den Isaak-Bildern der Oberkirche San Francesco zu Assisi - und dies kann auch auf die Paduaner Fresken bezogen werden - sagt Salvini, daß die Gleichzeitigkeit von aktuellen Gebärden, in deren Emotionalität

---

[1] White (1957), S. 57. Zu Zuschreibungstradition und Datierung vgl. Kapitel I.

[2] Imdahl (1980), S. 7f.

[3] Imdahl (1980), S. 8.

[4] Imdahl (1980), S. 7f.

[5] Salvini (1984), S. 126-127.

[6] Salvini (1984), S. 127.

[7] Salvini (1984), S. 124.

Belting einen wesentlichen Aspekt der Neuerung der Kunst sieht,[8] ins Verhältnis gesetzt werde zur Handlung und beide wiederum ins Verhältnis zum erfundenen Raum.[9] Auf diese Weise werde der klare Ausdruck von Dramatik erzeugt. Deswegen erschließe sich das Neue und der eindeutige und zwingende Ausdruck der Bilder Giottos in dem dreifachen Verhältnis: Raum, Figuren, Handlung. Auch Imdahl betont die »nicht nur räumliche, sondern auch zeitliche Aussagekraft der Art der Anordnung im Bild«,[11] bezieht sie aber ausschließlich auf die Arena-Fresken. Aufgenommen werden seine Erkenntnisse von Antonic, um die Franzlegende der Oberkirche von Assisi im Vergleich zu den Paduaner Fresken aus dem Giotto-Werk auszuschließen,[12] während Salvini gerade darin ein Kriterium sucht, um die Obergadenfresken und die Franzlegende Giotto zuzuschreiben.[13] Es erscheint also notwendig, die Darstellungsweise der Arena-Fresken noch einmal neu zu überdenken, um Kriterien für eine Entwicklung innerhalb des Giottowerks zu erhalten. Die Erkenntnis Salvinis von dem neuartigen dreifachen Verhältnis "Handlung, Figuren, Raum" wird dabei Richtschnur sein.

Salvini unterscheidet den von Giotto erfundenen Raum von dem der Frührenaissance, der als Fortsetzung des realen Raums in das Bild gedacht sei.[14] Mit diesem Unterschied scheint Salvini zunächst an Hetzers Vorstellungen anzuknüpfen. Nach diesen gründet das giotteske Kompositionsprinzip auf einem mathematischen Liniensystem, welches den »Bildcharakter«[15] bzw. die diesen wesentlich mitkonstituierende Abgeschlossenheit einer Szene nach hinten und besonders nach vorne erzeuge. Diesem »Bildcharakter« liegt zwar ein Begriff von Raum zugrunde, kann aber in seiner Anschauung nicht erklärt werden durch das rein flächige Liniensystem Hetzers. Dagegen sieht Salvini den giottesken Raum primär durch den Rauminhalt bestimmt, d.h. durch die darin spielende Handlung und den umschlossenen Körper. Der Raum selbst erhalte trotz

---

[8] Belting (1985), S. 151.

[9] Salvini (1970), S. 175.

[10] Imdahl (1980), S. 36.

[11] Imdahl (1980), S. 36.

[12] Antonic (1992).

[13] Salvini (1970), S. 177.

[14] Vgl. Salvini (1970), S. 172. Die Scheinkapellen in Padua, sowie die "Übergriffe" in den realen Raum, die an den figürlichen Darstellungen im Dekorationssystem um die *Velen* zu sehen sind und dann bei Pietro Lorenzetti im linken Querschiff der Unterkirche ebenso wie in der Martinskapelle des Simone Martini wieder auftreten, stellen hier ein beachtenswertes Sonderproblem dar; denn bei diesen Fresken wäre erneut die Frage nach der Nähe zur Frührenaissance zu stellen.

[15] Vgl. Hetzer (1941/1981), S. 37f. Auch v. Simson (1970), S. 229, hebt den Bildcharakter hervor. Die Einzelgestalten seien jeweils tradierte, aber erst Giotto habe ihnen in der Bilderfindung die Allgemeingültigkeit geben können. Erst bei ihm sei das Bild wichtig.

klarer Wiedergabe der dritten Dimension im Gegensatz zum Raum der Frührenaissance kein Eigenleben, sondern bleibe an die »plastische Tragweite«[16] der Figur gebunden. Vor Salvini sah schon Rintelen das Bestreben Giottos, »in der Haltung des Körpers ein individuelles Stück Raum mit Schärfe abzugrenzen«.[17] Während die unmittelbar früheren Künstler nur auf einen »plastischen Eklat«[18] durch die »Abtastbarkeit der einzelnen Körperteile«[19] hinarbeiten würden, läge die Neuartigkeit giottesker Erfindung in einer einheitlichen Figurendarstellung. Die »plastische Tragweite« bzw. individuelle »Haltung« der Figur entwickelt Gosebruch inhaltlich durch die Untersuchung des »Gestus« weiter.[20]

Als gesicherte Giotto-Werke und wegen ihrer "Klassizität" sowie der einzigartigen Geschlossenheit ihrer Erfindung sind die Fresken der Arena-Kapelle allen genannten Forschern wichtige Grundlage für die Erkenntnis der Kunst Giottos gewesen. Das *Verhältnis* zwischen den ausfüllenden Volumina und dem Raum, der durch die Figuren erst

---

[16] Vgl. Salvini (1970), S. 170f. Weiter sieht Salvini dennoch im Dekorationssystem eine Analogie zur Frührenaissance.

[17] Rintelen (1912/1923), S. 88. Rintelen nimmt für sich in Anspruch, das Prinzip der giottesken Malerei dargelegt zu haben. Er entwickelt es an den Arena-Fresken, ordnet ihnen die Ognissanti-Madonna zu, sieht als Vollendung des giottesken Schaffens die Fresken der Peruzzi-Kapelle und als Höhe- und Schlußpunkt die der Bardi-Kapelle. Alle anderen Werke, als deren Urheber Giotto belegt oder angesehen wurde und wird, gelten ihm als geschichtlicher Strang neben dem epochemachenden Eingriff Giottos in die Entwicklung der Malerei. »Das Bild und die Erzählung« und »Der Raum und die Figur« sind die Wortpaare, mit denen Rintelen in seiner mehr emphatischen denn konkreten Schrift den Grundstein zu einer Beurteilung der Arena-Fresken und damit des ganzen Giottowerks zu legen glaubt. Er beobachtet dabei im Vergleich zwischen Giotto und den Sienesen Duccio und Simone Martini grundlegende Phänomene, so daß Hetzer (1941/1981) und Imdahl (1980) hier ihren Ansatzpunkt der »Bildhaftigkeit« finden und die giotteske Figur als plastische gegenüber der malerischen Figur zum Allgemeinplatz geworden zu sein scheint, ohne das Wechselverhältnis dieser Phänomene innerhalb der giottesken Komposition zu sehen und ohne den Raum eigenständig in seiner Entwicklung über das »räumliche Moment« der »kubischen Gewichte« hinaus, die in einer »energischen Beziehung« zueinander stehen, zu bestimmen. Insofern liegt das Gewicht der Beurteilung Rintelens ganz auf der Untersuchung der Paduaner Fresken und dabei auf der Figur im Bild. Anknüpfend an die von Rintelen erkannten Erscheinungen wird das Verhältnis von Figur und Raum zum zentralen Gegenstand der Überlegungen.

[18] Rintelen (1912/1923), S. 88. Zwar findet man bei Duccio und Cavallini den Versuch, Räumlichkeit darzustellen, was nach dem Kastenraum der Isaakszenen am Obergaden von Assisi die »neue Richtung« (vgl. Dante, Commedia, Purgatorio XI, 94-100) war, doch bleibt Raum bei Cavallini und Duccio mehr Einsprengsel als Lösung des Bildraums.

[19] Rintelen (1912/1923), S. 88.

[20] Vgl. Gosebruch (1970), S. 7f.; u. (1962), S. 80f.

seine volle Bedeutung erhält, und dem als drittes die Handlung zuzufügen ist, kann hinsichtlich dieser seiner Momente an den Fresken der Arena-Kapelle entwickelt werden. Dadurch wird bei den Arena-Fresken ein fester Ausgangspunkt geschaffen, von dem aus die Unterschiede zu den späteren Giotto-Werken gefaßt werden können.

Das *Kompositionsprinzip* der Arena-Fresken soll am Beispiel der *Heimsuchung* exemplarisch analysiert werden. Weiter soll geprüft werden, ob innerhalb dieses Kompositionsprinzips das Verhältnis von *Figur und Raum* modifiziert wird. Deswegen werden ein Fresko mit größerem *Figurenreichtum*, Fresken mit *Innenraumdarstellungen* und Fresken mit stärkerem *Landschaftsanteil* untersucht. Daran werden aufgezeigt die verschiedenen, jeweils an die Handlung gebundenen Möglichkeiten des Verhältnisses von Figur und Raum, die im Gesamtwerk charakteristisch bleiben und in den römischen, florentinischen, aber auch den Werken Giottos oder seines Umkreises in Assisi weiterentwickelt werden. Die Chronologie der Paduaner Fresken wird nicht thematisiert.[21] Es soll lediglich ihr allgemeines Gestaltungsprinzip als Grundlage für Überlegungen zu späteren Werken erarbeitet werden.

Ein sich anschließender, vergleichender Rückblick auf die Franzlegende in Assisi, deren Zuschreibungsproblematik nicht das Thema dieser Arbeit berührt, und ein Ausblick auf die Peruzzi-Kapelle, der in der Folge ein gesondertes Kapitel gewidmet wird, zusammen mit Seitenblicken auf die Bardi-Kapelle und das rechte Querschiff der Unterkirche in Assisi sollen die Erkenntnisse, die an den Arena-Fresken gewonnen werden, befestigen und zugleich die möglichen Vorgaben für diese bzw. ihre Weiterentwicklung verdeutlichen.[22]

II.1 Die Arena-Kapelle

In der einschiffigen, tonnengewölbten Arena-Kapelle errichtet Giotto ein ideelles Gebäude der Glaubensinhalte. Über den Tugenden und Lastern als "Fundament" in der Sockelzone und unter dem gestirnten Himmel am Gewölbe fügen sich die drei Register der Seitenwände mit den Zyklen der Mariengeschichte, der Jugendgeschichte Jesu, der Passion und des Jüngsten Gerichts zu einem komplexen Gedankengebäude.[23] Geordnet

---

[21]   Vgl. dazu Gioseffi (1963), S. 120-122; Borsook (1979), S. 165. Zur Datierung: Gioseffi (1963), S. 114-118.

[22]   Weder die Bardi-Kapelle noch das rechte Querschiff in Assisi sind explizit Gegenstand dieser Arbeit, werden aber im Zusammenhang mit den Darstellungen der Ordensallegorien noch einmal zur Sprache gebracht.

[23]   Zur Ikonographie vgl. Schlegel (1957), S. 135f.; Thomas (1975), S. 47-97; Mieth (1992) u. (1992a). Neuere weiterführende Literatur findet sich bei Previtali (1967/1974); Brandi (1981) und

in der Umfassung des Rahmensystems und der Decke, ist die Ausmalung rhythmisch vom Kleinen zum Großen gegliedert: Wie in Dantes *Commedia* schließen auch hier Bögen die Geschichten zusammen,[24] werden mit Anfangs- und Endbildern in den Registern ausgespannt und umfassen so die Einzelszenen mit ihren Beginn- und Schlußfiguren. Dadurch ist jede einzelne Figur, jedes Einzelbild und jede Bilderfolge einer einzelnen Geschichte mittelbar auf das Ganze, unmittelbar jedoch auf das jeweils nächst höhere Ordnungsgefüge bezogen. »Es ist gleichsam so, als läge die mit der 'Vertreibung Joachims aus dem Tempel' beginnende und mit dem 'Pfingstwunder' endende Vitenerzählung auf einer in absteigender Richtung verlaufenden, dreimal gewundenen Helix. [...] die beschriebene Helix-Struktur [ist] als eine ideale, mnemotechnische Domus zu deuten und zu gebrauchen [...], welche die einzelnen Szenen einer sinnerschließenden, die Chronologie der Erzählung weit hinter sich lassenden Ordnung unterwirft.«[25] Hier sei noch einmal auf Salvini verwiesen, der zurecht feststellt, daß ein Sujet noch keinen »Inhalt, sondern sozusagen nur ein Vorwand [ist], der erst durch die lyrische Regung, mit der der Künstler die gegebene Szene belebt, zum Inhalt des Ausdrucks wird.«[26] Das scholastische Gebäude, das mit den Fresken in der Arena-Kapelle errichtet wird, ist auch zunächst Sujet, äußere Hülle, die ihren Inhalt erst durch die Bilderfindung erhält.[27]

Innerhalb des Gefüges beinhaltet jedes einzelne Fresko eine klar definierte und abgeschlossene Geschichte. Auch wenn immer der Bezug zum nächsten gewahrt, wenn sozusagen der Stab weitergereicht wird, hat jede Einzelerzählung ihr eigenes Zentrum. Dieses Zentrum liegt allerdings nicht unbedingt in der Bildmitte, sondern stellt sich durch Gesten, Blickrichtung und Figurenanordnung innerhalb der jeweiligen Handlung jeweils neu her. Lebendiger und vielfältiger Ausdruck wird so erreicht und zugleich der Folge der Erzählungen und ihrem Zusammenhang im Ganzen Genüge getan.

Ausgangspunkt der gesamten Fresken in der Arena-Kapelle und zugleich Höhepunkt der Triumphbogenwand ist die Darstellung des *Prologs im Himmel* oberhalb des Chordurchgangs.[28] Unter ihm beginnt, deutlich abgesetzt, aber noch im selben Bildrah-

---

Bistoletti (1989).

[24] Vgl. Gosebruch (1961), S. 32f.

[25] Mieth (1992), S. 244.

[26] Salvini (1985), S. 128.

[27] In die mittelalterliche Scholastik eingebunden kann die Bilderfindung dennoch über diese hinausweisen. So entspricht das »Gebäude« der *Divina Commedia* mittelalterlicher Tradition, während ihre inhaltlichen Erfindungen schon neuzeitlichen Charakter haben. Vgl. dazu Friedrich (1964), S. 84f. Ein vergleichbares Phänomen wird sich bei den Vierungsfresken der Unterkirche in Assisi zeigen.

[28] Thomas (1975), S. 48, weist darauf hin, daß diese Darstellung, die er "Aussendung Gabriels" oder "Ratschluß Gottes" nennt, in der Kunst äußerst selten ist und ihre Erklärung bei Bonaventura findet.

men,[29] das irdische Geschehen mit der *Verkündigung*. In besonderer Weise wird bei diesem Fresko die gebaute Architektur mitsprechend in die Bilderfindung einbezogen: Maria und der Engel werden zunächst durch den Rundbogen der Choröffnung getrennt. Die axialsymmetrische Architekturdarstellung greift aber von beiden Seiten über den Bogen, so daß der gebaute Architekturbogen verbindende Brücke zwischen Engel und Maria wird.[30]

Die gesamte Szenerie dieser Bogenwand erhält durch die Anordnung der Bilder, Komposition jedes einzelnen Bildes und die Ikonographie einen eigenen, über die reine Abfolge der Geschichten hinausgehenden Sinn[31]: Während die Seitenwände die irdische Gegenwart Christi als Mensch zeigen und die Ausgangswand mit dem *Jüngsten Gericht* seine Wiederkunft, stellt die Triumphbogenwand, vom *Prolog im Himmel* ausgehend, die Menschwerdung Christi dar. Gleichzeitig sind die Bilder des Triumphbogens jedoch auch auf die ihnen entsprechenden Register der Seitenwände bezogen: Während sich die *Verkündigung* aus der Darstellung des Marienlebens herauslöst, weil sie als deren besonderer Endpunkt mit dem *Prolog im Himmel* verbunden ist, fassen die *Heimsuchung*

---

[29] Diese wichtige Position entspricht dem Patrozinium der Kapelle, die der Verkündigungsmadonna geweiht ist. Die Ablaßurkunde vom 1. März 1304, ausgestellt von Benedikt XI., spricht allerdings von »Mariae Virginis de Caritate« als Patronin. Vgl. Grandjean (Regesten), Sp. 294 Nr. 435; Supino (1920), Textband S. 118 u. Thomas (1975), S. 53f.

[30] Die Erker des Verkündigungsgebäudes befinden sich an den Seiten hinter dem Ornamentband, aber zur Mitte hin überragen sie die Ornamenteinfassung der Architektur; sie treten also in den realen Raum hinein. Das entspricht den Scheinkapellen an der Basis dieser Wand. Hier ist ein Illusionismus angelegt, den Maginnis (1982) erst für den Lorenzetti des linken Querschiffs der Unterkirche von San Francesco in Assisi gelten lassen will. In Padua begonnen wird er aber im rechten Querschiff der Unterkirche und in den figuralen Elementen der Vierung in Assisi fortgeführt. Dieses Moment der Triumphbogenwand ist vergleichbar mit dem Fresko der *Stigmatisierung* - außerhalb der Bardi-Kapelle - in Florenz. (Vgl. Gy-Wilde [1930], S. 77f.) Der geteilten Bilderfindung entsprechend sind nicht nur die beiden Scheinkapellen, deren Sockel gemalte Marmorplatten bilden (leider ist das ursprüngliche Bild durch die neueren Einbauten etwas unklar geworden), sondern auch der *Judasverrat* (unter dem Verkündigungsengel) und die *Heimsuchung* (unter Maria) über den Chordurchgang hinweg durch Farbgebung und Bildaufbau deutlich aufeinander bezogen. Zur Farbe: vgl. Hetzer (1941/1981), S. 172-195 u. Strauss (1972), S. 113-130. Zur Farbikonographie: Lisner (1990), S. 309-375.

[31] Zur Ikonographie der Arena-Kapelle und besonders zur neuen Bilderfindung des integrierten Judasverrats auf der Triumphbogenwand als Buße für die Wucherei des Stiftervaters vgl. Schlegel (1957), S. 125f. u. Thomas (1975), S. 73-77, der von antithetischer Vergleichbarkeit bezüglich des *Judasverrats* und der *Heimsuchung* spricht. Eine Interpretation im Sinne der »Meditationes vitae Christi« des Pseudo-Bonaventura und dem daraus zu folgernden emotionalen Miterleben des Beschauers unternimmt Imdahl (1980).

und der *Judasverrat* wie Anfangs- und Endpunkte die im entsprechenden Register dargestellten Lebensgeschichte Jesu bis zur Passion ein.[32]

II.1.1 Die Heimsuchung

Schon auf den ersten Blick wirkt Maria dominant in der Darstellung der *Heimsuchung*[33] - das rote Gewand zeichnet sie vor allen anderen aus und die von ihr bestimmte Achse im Bildfeld wird von der darunterliegenden Scheinkapelle ebenso wie von der Verkündigungs-Maria darüber aufgenommen, dadurch betont.[34] Zugleich mit der Gestalt Mariens wird man aber auch des Kerns der Handlung gewahr, nämlich des anhaltenden Blicks, in dem die Begegnung Mariens mit Elisabeth kulminiert. Beide Frauen sind umgeben von Mägden, die durch ihre Anwesenheit die Intensität der Begegnung besonders zum Vorschein bringen.

Die schweren, scheinbar zu Architektur gewordenen Figuren der beiden Mägde links von Maria sind durch starke Überschneidung so miteinander verbunden, daß sie einen gemeinsamen Kontur haben. Wie das Gebäude am rechten Bildrand bilden auch sie einen Winkel aus, der zwar weicher - dem Unterschied des Gegenstandes gemäß - gebildet ist, aber an der Stellung ihrer Gesichter zueinander doch deutlich wird. Aus diesem Figurenwinkel ist Maria, noch mit den Mägden verbunden und durch die vordere überschnitten, heraus in die Bildmitte getreten. Ganz knapp beugt sie sich zu Elisabeth und umfaßt diese. Mariens Verbeugung ist im Vergleich zu der Elisabeths nur angedeutet durch die leichte Neigung des Kopfes gegenüber dem Nimbus und durch den Winkel ihres Oberkörpers gegenüber den senkrechten Achsen der Mägde. Ihre eigentliche Bewegung liegt im Ausgreifen der Arme und wird vorbereitet durch die Geste der vorderen Magd.

Entsprechend ist die Seite Elisabeths aufgebaut. Wie dort die Mägde, ist es hier die Portikusarchitektur, die das Bild nach hinten abschließt und einen Winkel bildet, aus dem Elisabeth vorgetreten zu sein scheint. Sie beugt sich tief gegen Maria und blickt sie von unten an. Das Maß ihrer Bewegung wird verdeutlicht an der Schräge ihres Oberkör-

---

[32] Mit der *Verkündigung* als »Einzug in den Weiheort« wird der Kreis des Marienlebens geschlossen zu dem »Verstoß aus dem Weiheort«, der direkt daneben dargestellt wird (Vgl. Thomas [1975], S. 58), während die »Handlung vor der Verkündigung«, die *Verkündigung* und die *Heimsuchung* in drei Schritten die »Reparatio Mariens« darstellen. So ist die »Reparatio« mit Auftrag, Botschaft und Einwilligung nach Bonaventura, Sermo I., In Annuntiatione Dominica, der »Suggestio« des Falles vergleichbar (Thomas [1975], S. 61).

[33] Abb. 63 bei Mueller von Haegen (1998).

[34] Abb. 40 bei Mueller von Haegen (1998).

pers im Verhältnis zu den Senkrechten der Portikussäulen und der hinter ihr stehenden Magd. Diese Hausmagd erscheint wie ein architektonischer Block. Fest steht sie mitten im Winkel des Gebäudes und ist unverrückbar in die Fläche zwischen den Säulen eingespannt. Durch ihre unterschiedlich gehaltenen Arme bereitet auch sie eine im Bildzentrum gesteigerte Gebärde vor. Ihr zurückhaltender Gestus gelangt bei Elisabeth in der Umarmung Mariens zur vollen Ausführung.

Die Gewandschalen der beiden Zentralfiguren schließen das eigentliche Bildzentrum, die Begegnung der Blicke und die Gesten der sich verschränkenden Arme, zu den Seiten hin ab.[35] Auf diese Weise wird die insgesamt ruhige, gravitätisch wirkende Figurenbildung noch einmal besonders betont. Es ist eine Figurenbildung, die schon erfahrbar wird in den gradlinigen, beschwerenden Gewandfalten und den relativ knappen Bewegungsausschlägen, deren Graduationen an den Senkrechten - der Mägde links und der Architektur rechts - gemessen werden kann. Elisabeth kommt hier die heftigste Bewegung zu. In ihr drückt sich eine leidenschaftlichere Gemütsverfassung aus, der gegenüber Maria gemessener, vornehmer wirkt. Dabei wird wie im Kontrast der Gesichter - dem dunklen Teint Elisabeths und dem weißen Mariens - die natürlichere und lebendigere Emotionalität einer Erhabenheit entgegengesetzt, die gerade in diesem Gegensatz über das rein menschliche Maß hinauszugehen scheint.

Von beiden Seiten her ordnet sich das Bild nach dem Maß der verzahnten und gestaffelten, die Schwere des natürlichen Körpers zeigenden Senkrechten und in der Rhythmisierung gleichgerichteter Gebärden, die sich in der Weite des Greifens und der dazu nötigen Kraft auf das Zentrum hin steigern und dort erst zu ihrer vollen Ausführung kommen. Das *Kompositionsprinzip* dieses Fresko ist also die durch Figuren gebildete, am Maß der Senkrechten ablesbare rhythmische Steigerung der Gesten in ein Zentrum.

Räumlichkeit suggeriert auf den ersten Blick die Portikusarchitektur. Da das Gebäude allerdings oben und rechts am Bildrand anstößt, wird hier möglicher Raum in die *Fläche* gespannt und nach hinten abgeschlossen. Es wird nicht gezeigt, wie oder daß sich die Architektur noch in die Tiefe erstreckt. Die Untersicht läßt den Portikus selbst lediglich in seiner *plastischen Tragweite* als »räumliches Moment« des »kubischen Gewichts« erscheinen.[36] Der eigentliche Raum als Handlungsraum wird erst dadurch

---

[35] Die Kostbarkeit und die Farben der Gewänder heben das Zentrum hervor. Auch die räumlich dargestellten Nimben trennen sie von der Umgebung und ermöglichen den Gesichtern der Frauen die größte Nähe. Auf dem Tafelbild aus Ognissanti werden die Heiligenscheine planimetrisch dargestellt. Dies kann ein Indiz sein für eine veränderte Raumdarstellung, bzw. für neue Möglichkeiten der Heraushebung des Zentrums und der Beweglichkeit von Figuren im Raum.

[36] Rintelen (1912/1923), S. 62.

gebildet, daß die Hausmagd im Winkel zwischen Portikus und Hauswand steht und so zwei plastische Gebilde zueinander in Beziehung treten. Auch die beiden Begleiterinnen Mariens wirken mit ihren schweren Körpern als plastische Gebilde[37] und entsprechen in dieser Hinsicht der Architektur. Der Raum, der durch sie erschlossen wird, wird hier erfahrbar, weil Maria aus eben diesem Winkel herausgetreten ist und zugleich mit den Mägden verbunden bleibt.

Das Verhältnis von *Figur und Raum* wird also bestimmt von einer plastischen Figur in einer Figurengruppe, die durch ihr Handeln den Handlungsraum erst bildet.[38] Es gibt nur jeweils soviel Raum, wie ihn die Figurengruppe durch die plastischen Werte der einzelnen Figur schafft. Der Raum ist nicht vor den Figuren da,[39] sondern deren Plastizität und Gruppierung erzeugt ihn, ebenso wie der Rhythmus der Erzählfolge. So sind es *raumschaffende* Figuren, weil sie gleichzeitig in den Zusammenhang der dargestellten Geschichte gehören.[40]

Das Fresko der *Heimsuchung* befindet sich am Triumphbogen und insofern in einem noch anderen Zusammenhang als die übrigen Szenen der Mariengeschichte, der Kindheit Jesu und der Passionsgeschichte auf den Seitenwänden. Anders als diese fast quadratischen Fresken, hat die *Heimsuchung* ein leichtes Hochformat, so daß die wenigen Figuren hier ebenso wie auf dem gleichformatigen Fresko *Judasverrat* noch gedrängter wirken. Schon aus dem breiteren Format kann sich also die Möglichkeit ergeben, daß der Figurenrhythmus der Szenen mit reicherer Figurenzahl bei gleichem Kompositionsprinzip mannigfaltiger im Ausdruck ist. Dies soll im folgenden geprüft werden.

---

[37] Von »Menschen wie Türme« spricht Gosebruch (1961), S. 32f., bei dem Vergleich »ragender« Figuren in Dantes *Commedia* und Giottos Paduaner Figuren.

[38] Wenn Rintelen (1912/1923), S. 62, sagt, Giottos »Verlangen ist, [...] ein besonderer, allein mit der vorgeführten Realität verbundener Raum, [...] kubisches Gewicht [...und] energische Beziehung von Körper zu Körper« darzustellen, dann drückt sich darin eben dieses Verhältnis von Figur und Raum aus. Die Entwicklung Giottos erbringt nach Rintelen keinerlei Modifikation dieses Verhältnisses, wohl aber eine Perfektion.

[39] Hierauf gründet Hetzer (1980), S. 37f., seine Definition von »Bild«, an die Imdahl (1980), S. 52f., anschließt. Vgl. zum letzteren die Rezension von Salvini (1984), S. 126-131.

[40] Die Einzelfigur bleibt also an das Gruppengeschehen gebunden und findet einen weiterführenden Zusammenhang erst in der Gesamtabfolge der Bilder. Schlegel (1957), S. 127-146, erklärt das Gesamtprogramm der Kapelle als Wiedergutmachung des Stifters an der Lebensweise seines Vaters, der als Wucherer bekannt war, während hier ein Gehalt intendiert ist, der sich stärker auf die innere Struktur der Bildabfolge bezieht.

II.1.2 Vielfigurige Darstellungen

Das Fresko mit der Darstellung der *Marienhochzeit*[41] schließt an die beiden Szenen der Werbung um Maria an.[42] Innerhalb der Handlung der einzelnen Szenen sind die Figurengruppen so angeordnet, daß sich von der *Präsentation Mariens im Tempel* ein Bewegungszug bis zur *Marienhochzeit* entwickelt, dessen Mitte - das *Gebet der Freier*[43] - durch die knienden Rückenfiguren ein konzentrierendes, retardierendes Moment hat.[44] Die Werbungsszenen und die Hochzeitsszene haben einen wesentlichen, kompositorischen Sammelpunkt in der offenen, exzentrisch gesetzten Kapellenarchitektur, mit deren dreifacher Wiederholung die Folge des Geschehens noch einmal betont wird. Nach dieser Dreierfolge ist der *Hochzeitszug*[45] dargestellt als Überleitung zum Abschluß der eigentlichen Mariengeschichte, nämlich der dann symmetrisch aufgebauten *Verkündigung*, mit der zugleich die Kindheitsgeschichte Jesu beginnt. Obwohl diese Fresken so deutlich in eine Folge gestellt sind, haben sie doch je für sich ein Zentrum, auf das die innere Ordnung ihrer Darstellung ausgerichtet ist.

Auf dem Fresko der *Marienhochzeit*[46] leiten die geschlossenen Komplexe zweier Figurengruppen - hinter Joseph die Schar der abgewiesenen Freier und hinter Maria die begleitenden Frauen - von den Seiten auf das zentrale Geschehen hin. Die Brautleute stehen sich gegenüber, zwischen ihnen vermittelt der Priester, der ihre Hände zusammenführt. Gegen die exzentrische Architektur ist diese Dreiergruppe zur Bildmitte hin

---

[41]   Abb. 73 bei Mueller von der Haegen (1998).

[42]   Abb. 71 u. 72 bei Mueller von der Haegen (1998).

[43]   Abb. 72 bei Mueller von der Haegen (1998).

[44]   Hetzer (1941/1981), S. 43, sagt von den Rückenfiguren zurecht, daß sie zumeist Zuschauer seien: »Ihre Stellung zur Handlung entspricht unserer eigenen, und sie machen es ganz deutlich, daß ein fundamental neues Verhältnis zum Bild eingetreten ist: eben das des Zuschauers, des Betrachters.« Weil die Handlung in sich selbst auf diese Weise vollkommen abgeschlossen sei, spiele sie sich vor unseren Augen ab und wir nehmen in einer stilleren, nachdenklicheren Weise, nicht mehr überwältigt und in die Knie gezwungen an dem Geschehen teil. Hetzer spricht zwar von Rückenfiguren, die weniger am Geschehen beteiligt sind, als auf der Darstellung des *Gebets der Freier* die Knienden, dennoch führen auch sie in das Bild hinein und nehmen die Haltung der Betrachtenden auf. Fast erscheint es, als wäre ein Platz vor dem Altar für den Betrachter frei. Die "Hineinnahme" der Betrachtenden in das Bild wird wichtiger beim Stefaneschi-Altar durch die Gegenwart des Stifters. In diesem Sinne werden Betrachtende und Handlung miteinander verbunden.

[45]   Abb. 74 bei Mueller von der Haegen (1998).

[46]   Abb. 73 bei Mueller von der Haegen (1998).

versetzt, so daß allein Maria in der Mittelachse der Konchenkapelle kompositorisch betont steht.[47]

Die durch die Rahmung überschnittene Männergruppe erfüllt auf der linken Seite dieselbe Funktion wie die ebenfalls angeschnittene Architektur auf der rechten: Beide schließen jeweils das Bildfeld nach hinten ab und tragen etwas von dem vorhergehenden bzw. folgenden Fresko in sich. Gebildet ist die Gruppe durch eine Vielzahl angeschnittener Köpfe als kräftiges, einheitliches Volumen. Nur in der vorderen Reihe sind die Männer durch Mimik und Gestik individuell differenziert. Nur da sind auch Füße sichtbar, die zusammen mit der plastischen Entfaltung dieser vorderen Figuren eine Raumdefinition ermöglichen und es dadurch sinnvoll erscheinen lassen, daß einer aus der Gruppe herausgetreten ist. In dieser Einzelfigur erscheint die Emotion der Gruppe, ausgedrückt in den Gesichtern und Gesten der Männer, noch einmal zusammengefaßt und zugleich als erregte, freudig konnotierte Bewegung gesteigert, die bis zum Zentrum hineingetragen wird. Durch sein vorstoßendes Profil und die erhobene Hand führt dieser Mann direkt zu Joseph. Betont weitergetragen wird seine Bewegung durch den Arkadenbogen des Kapellenseitenschiffs. Zugleich bleibt er aber an die Architekturkante gebunden, die seine Plastizität in die Bildfläche zurückspannt und als strenge Senkrechte der schnellen Bewegung Einhalt gebietet. Vollständig gesammelt erscheint nach dieser Vorbereitung die Haltung Josephs. Seine Haltung ist durch die Architektur eigens gefestigt, die Bewegung aber durch den Faltenzug seines Mantels in das Zentrum weitergeführt. Auch hier wird also, wie bei der *Heimsuchung* beschrieben, rhythmisch gesteigert.

Verhaltener als der vorgetretene Jüngling, aber beteiligter als die zurückbleibenden, abgewiesenen Männer sind die drei Begleiterinnen Mariens. Sie stehen dicht hinter Maria wie eine Wand, vom Bildrand schräg in den Raum hinein bis zu dem bärtigen Alten, der diesem Zug in die Tiefe fast rechtwinklig, dadurch parallel zur Bildfläche, entgegen gestellt ist und ihn zum Zentrum hin umbricht. Die Armhaltungen der Mägde, auch ihre Gesichter und Blicke fangen die Bewegung der anderen Seite auf und reflektieren Geste und Gesichtsausdruck Mariens, bzw. bereiten sie vor wie die Mägde der *Heimsuchung*. Hier ist ihnen aber mehr Individualität verliehen, und der Rhythmus im Auf und Ab der Hände ist vielfältiger. Die Gebärde der ersten Magd ist mit ihrem doppelten Aspekt von Hinführen und Ansichhalten als Anfangsposition wichtig und korrespondiert zugleich in Farbe und Haltung mit der des Jüngling gegenüber. In der Mitte wird das retardierende Moment betont, das in der nächsten Position nochmals aufgegriffen wird. Mit der offenen Gebärde der dritten Magd wird die Mariengeste vorbereitet.

---

[47] Ähnlich exzentrisch aufgebaut ist die Vermählung des heiligen Franziskus mit der heiligen Paupertas durch Christus, wobei die Armut in der Mittelachse steht. Vgl. Poeschke (1985), Abb. 245-246.

Diese Magd drängt auch am meisten nach vorne. Neugierig reckt sie den fast ins volle Profil gedrehten Kopf nach vorne und äußert so ihre Beteiligung von allen am unverhohlensten, wie es ihrem jugendlichen Alter entspricht.

Durch die Farbgebung werden Beziehungen zwischen den Gruppen geschaffen, es wird das Zentrum umkreist und auf das Zentrum hingeführt - besonders deutlich durch die weiße, grünabschattierte Gewandfarbe der dritten Magd, die dem Gewand Mariens und dem Untergewand des Priesters, damit dem bestimmenden Farbton der Zentralfiguren, vorgreift. In ähnlich rhythmischer Weise steigern sich die Arm- und Handhaltungen - in vergleichsweise heftigem Auf und Ab die "lauten" der aktiven und extrovertierten Männer und voller Innerlichkeit die "leisen", verhaltenen Frauen - auf das Zentrum, in dessen engstem Kreis vier Hände zusammentreffen.

Auf der Frauenseite wird die Folge von Händen und von immer stärker vordrängenden Köpfen durch den Alten abgeschlossen, der parallel zur ihm farbverwandten Architektur steht und eine Eckposition zur "Wand" der Frauen einnimmt. An dieser Gelenkstelle wird mit seiner zusammenfassenden Gebärde eine Zäsur im Zug auf das Zentrum gesetzt und zugleich neu angehoben in der Steigerung auf das zentrale Geschehen hin; denn Kopfhaltung, Physiognomie und vor allem der Blick dieses alten Mannes auf der Frauenseite sind Reflex und Vorbereitung auf den Priester. Mit kahler Schädeldecke und geteiltem Bart steht der alte Priester in der Mitte zwischen Maria und Joseph und blickt auf den Bräutigam. Joseph beschließt den Kreis und sieht als Einziger Maria an, die keusch das Haupt gesenkt hält.

Josephs Gebärde und Blick sind durch die Gruppe der jungen Männer hinter ihm im Wechsel von steigernden und retardierenden Momenten vorbereitet. Sein Blick ist nicht mehr zudringlich wie der des Jünglings mit der erhobenen Hand, sondern seinem Alter und seiner Bestimmung entsprechend zurückgenommen, gebunden durch eine Senkrechte in der Architektur, die sein Gesicht, das bei ihm ein weniger volles Profil hat, nur fast berührt. Dieses Verhältnis von Joseph-Profil und Architekturkante in der Bildfläche stellt ein räumliches und dynamisierendes Moment dar. Gerade das *Fast-Berühren* birgt die Möglichkeit, über die Schranke der Senkrechten hinweg den Blick zu intensivieren. Diese Gestaltung der knappen Maße führt zu einer Steigerung, die den Blick vergleichbar erscheinen läßt mit dem von Anna und Joachim an der Goldenen Pforte oder dem Blick Mariens in der Geburtsszene.[48]

Die eigentliche Handlung wird durch diesen Blick auf Maria eröffnet. Er ist die "Ausführung" einer Reihe von Blicken, begonnen bei dem grüngekleideten Alten, weitergeführt durch den Priester auf der einen Seite und vorbereitet durch den Jüngling auf der anderen Seite. Mit diesen Blicken, den Gebärden und der Anordnung der eng mit-

---

[48]   Abb. 69, 75 und 77 bei Mueller von der Haegen (1998).

einander verzahnten Figuren wird Maria umkreist, aber nicht berührt. Nur der Priester faßt ihre Hand und führt sie zu Josephs Hand, die er am Handgelenk, weniger zart, eher bestimmend, ergriffen hat. Die Hände des Brautpaars und des Priesters werden noch mal als innerstes Zentrum auf der Fläche "überdacht" und zusammengefaßt von dem roten Priestergewand, das sich über seiner Brust öffnet und wie ein Zelt zu den Seiten herabfällt.[49] Joseph hält den Ring zwischen Zeigefinger und Daumen, will ihn Maria überstreifen auf den Finger, der ihm von dem Priester entgegengehalten wird, und so die Vermählung besiegeln. Die Gebärde ist nicht ausgeführt, es bleibt hier bei einem *Fast-Berühren*, das die Intensität des Geschehens steigert und darüber hinaus die Unberührtheit Mariens betont.

Zugleich birgt dieses *Fast-Berühren* im Bereich der zentralen Handlung in besonderer Weise ein *Zeitmoment*. Auch auf anderen Bildern des Arena-Freskenzyklus wird Zeit dargestellt, und zwar durch verschiedene Phasen eines Bewegungsablaufs, kontrastiert durch eine Gegenrichtung - etwa in der Deklination der Arme bei der *Überreichung der Stäbe*[50] oder der Menschen, die Jesus beim *Einzug in Jerusalem*[51] begrüßen, und der ihnen entgegentretenden Jünger. Es soll hier kurz auf die Darstellung von Zeit, die ja gerade einer erzählenden Handlung innezuwohnen scheint, eingegangen werden, um die Darstellungsweise dieser Bilderfindungen genauer zu fassen.

Imdahl beschreibt die Spanne zwischen einem übergänglichen und einem innehaltenden Moment einer dargestellten Handlung am Beispiel des Freskos *Einzug in Jerusalem*[52]: »Das augenblicklich plötzliche Innehalten des Petrus bedeutet ein sehr bestimmtes und unverwechselbares Jetzt gegenüber dem reitenden Jesus, der ein offensichtlich transitorisches, im Spielraum eines Woher-Wohin auf auch andere, frühere und spätere Momente offenes Jetzt figuriert. Kein Zweifel, daß diese Spannung zwischen Stillstands- und Bewegungsjetzt die Gesamtszene dramatisiert.« Das Zusammenfassen dieser Momente in der Zentralfigur wird demselben Autor am Fresko der *Erweckung des Lazarus*[53] deutlich: »Einerseits, das heißt im Kontext der [...] Gesamtkomposition verbildlicht die Jesusfigur ein überzeitliches, Sukzessionen übergreifendes Immerdar, indem ihre Gebärde mit jener das Bildganze vereinheitlichenden und simultanisierenden Grabhügellinie anschaulich zusammenwirkt. Als sie selbst jedoch, das heißt im Ausdruck ihrer Bewegungskulmination, verbildlicht die Jesusfigur momentane Aktualität,

---

[49] Die Farbe seines Untergewandes verbindet ihn mit Maria, die in keusches Weiß gewandet ist.

[50] Abb. 71 bei Mueller von der Haegen (1998).

[51] Abb. 85 bei Mueller von der Haegen (1998).

[52] Imdahl (1980), S. 64.

[53] Abb. 82 bei Mueller von der Haegen (1998).

indem der Kulminationsausdruck immer auch der Ausdruck eines aktuellen Eben-Jetzt ist.«[54] Aus der Feldlinienstruktur der Fläche entwickelt Imdahl seine Beschreibung der Spanne zwischen Aktualität und Überzeitlichkeit.

Diese Betrachtungsart erfaßt zwar in sehr genauer Weise das Phänomen eines Zusammentreffens zweier Zeitebenen, bleibt dabei aber statisch und beschreibt weder Modifikationen der Integration von Überzeitlichkeit und Aktualität noch Entwicklungen über die Arena-Kapelle hinaus in Wechselbeziehung zu den angewandten bildnerischen Mitteln.[55] Nimmt man die von Salvini betonte Gleichzeitigkeit der Gebärden,[56] vollführt durch die »drammatis personae« einer Handlung, und deren Gebundenheit an den Raum auf und fügt dies zusammen mit dem an der *Heimsuchung* erläuterten Kompositionsprinzip, können möglicherweise die Unterschiede innerhalb der Freskenfolge in Padua - zum Beispiel zwischen dem *Einzug in Jerusalem* und der *Marienhochzeit*[57] - und zwischen früheren und späteren Werken - zum Beispiel der *Bestätigung der Ordensregel* in Assisi und in Florenz[58] sowie dem *Einzug in Jerusalem* in Padua - besser erfaßt werden.

In der Darstellung des *Einzugs in Jerusalem* wird eine Abfolge von gleichzeitigen Gebärden dargestellt, die im Gegeneinander zweier Gruppen auf ein Zentrum gerichtet ist.[59] Das Kontinuum der Bewegung wird durch retardierende Momente unterbrochen und so rhythmisiert. Dies erzeugt eine Steigerung auf den zentralen Christus, der dann, freigestellt wie bei der *Erweckung des Lazarus,*[60] in Blick und Geste die Kraft hat, die unterschiedlichen Bewegungsrichtungen zu binden. Die Geschichte der Marienhochzeit ist dagegen durch das Fast-Berühren, also das *Innehalten einer Bewegung auf ihrem Höhe- bzw. Umschlagpunkt*, so in der Zeit erzählt, daß sie von diesem Augenblick ausgehend alles Vorausgegangene ebenso enthält wie das Kommende: Das rhythmische Hinleiten der Farben und Bewegungen von beiden Seiten auf das Zentrum betont, daß diese "angehaltene" Bewegung der Angelpunkt der gesamten ausgewogenen Komposition ist. Mehr noch wird dieses Fast-Berühren durch die "Figurenkonche", die der Priester und das Hochzeitspaar in betonender Wiederholung zur Architekturkonche bilden, als Mittelpunkt bestimmt. Die vorangegangenen Geschichten werden im Zerbrechen des Stabs durch den einen Jüngling hinter Joseph aufgenommen und das zukünftige Geschehen ist mitgestaltet in der demütigen Haltung Mariens, explizit in ihrer auf den Leib gelegten Hand.

---

[54] Imdahl (1980), S. 73.

[55] Auf diese Statik der Betrachtungsweise wies auch schon Salvini (1985) hin.

[56] Salvini (1970), S. 176.

[57] Abb. 81 und 65 bei Bellosi (1981).

[58] Abb. 24 und 141 bei Mueller von der Haegen (1998).

[59] Abb. 85 bei Mueller von der Haegen (1998).

[60] Abb. 82 bei Mueller von der Haegen (1998).

Maria befindet sich zwar nicht im Bildmittelpunkt, wird aber durch das kompositionelle Zusammenspiel in Farben und Gesten in ein ideelles Zentrum gerückt, das durch die Mittelachse der Architektur zusammenfassend betont wird. Obwohl sie direkt am Geschehen beteiligt ist, erscheint sie isoliert - wie es ihrer Bestimmung entspricht, ohne dabei freigestellt zu sein wie etwa Jesus beim *Einzug in Jerusalem*, der durch die Anordnung der Figuren über die anderen Anwesenden hinausragt. Sie scheint der Lebendigkeit, die die übrigen Figuren prägt, und damit auch der aktuell erzählenden Geschichte um einen gewissen Grad enthoben. Dies wird durch die Gesamtkomposition der Figurengruppen vorbereitet, aber erst im Gestalten des *Fast-Berührens* erreicht. Durch diesen Stillstand der Bewegung gerät die erzählende Darstellung außerhalb der immanenten Zeit und Maria erhält einen ausgezeichneten Charakter, der am sinnvollsten als ein überzeitliches Moment der *Erhabenheit* bezeichnet werden kann.

Auch die Maria der *Heimsuchung* erschien gegenüber der bewegteren, lebendigeren Elisabeth *erhaben*. Was auf diesem Fresko der Begegnung der beiden Frauen innewohnt und vor allem durch die relativ kontraststarke Charakterisierung der Frauen ausgedrückt wird, erscheint auf dem figurenreicheren Fresko der *Marienhochzeit* erweitert in der Spanne von transitorischem Augenblick einer erzählten Handlung und überzeitlichem *Immerdar*. Diese Mehrschichtigkeit des Gehalts geht zusammen mit einer Modifikation des Verhältnisses von Figur und Raum:

Zwar haben hier wie dort die "Architekturen" Versatzstückcharakter und sind nur als Körper mit *plastischen Tragweite* erfahrbar, ohne etwa Innenraum als Handlungsraum auszubilden, aber die streng bildparallele Anordnung der Tempelarchitektur der *Marienhochzeit* ermöglicht, anders als die abschließende Eckbildung der Portikusarchitektur auf dem Heimsuchungsfresko, die Ausbildung einer langgestreckten, schmalen Vordergrundsbühne für die handelnden Figuren. Auch auf diesem farblich begrenzten Bühnenstreifen wird zwar der eigentliche *Handlungsraum* wie auf dem Heimsuchungsfresko erst dadurch gebildet, daß die kubischen Körper der handelnden Figuren zueinander in Verhältnis treten, aber dies gilt hier in besonderem Maße für die seitlichen Figurengruppen und weniger für die zentrale Mittelgruppe. Durch die breitere Anlage und die Begrenzung nach hinten können die eng miteinander verbundenen Frauen- und Männerreihen wie architektonische Schranken Raum erschließen und für die zwischen ihnen agierenden Figuren Raum vorgeben, d.h. diese Figuren müssen sich ihren *Handlungsraum* nicht in demselben Maß wie die Heimsuchungsfiguren schaffen. Dadurch erreichen sie den Grad an Freiheit, der es ermöglicht, das zentrale Geschehen in dem spannungsreichen Bewegungsumbruch des Fast-Berührens herauszuheben und Maria eine besondere Betonung zu geben.

Am Fresko der *Heimsuchung* konnte die allgemeine Struktur der Komposition und das grundsätzliche Verhältnis von Figur und Raum der Schaffensphase gezeigt werden, die die Arena-Kapelle im Giotto-Werk repräsentiert. Am Beispiel der vielfigurigen *Marienhochzeit* wurde deutlich, wie bei gleichem Kompositionsprinzip Möglichkeiten zur Modifikation dieses Verhältnisses angelegt sind durch einen Raum, der um einige Grade erweitert ist, und Figuren, die um einige Grade "flüssigere" Bewegungen haben. Zugleich konnte festgestellt werden, daß diese Modifikation zusammengeht mit einer Bereicherung der Erzählfolge um das überzeitliche, über die Augenblicklichkeit der Erzählzeit hinausgehende Moment der Erhabenheit.

II.1.3 Architektonische Räume

Auf den vielfigurigen Darstellungen und auf der *Heimsuchung* hatte die Versatzstückarchitektur keinen spezifischen Einfluß auf die Bildung des Handlungsraums. Zu prüfen ist also, ob dies durch ausgeprägtere Architekturen der Fall ist. Das besondere Interesse soll dabei dem Verhältnis von Figur und Raum bei Innenraumdarstellungen gelten, da hier die Architektur per se anders als bei den bisher besprochenen Fresken angelegt sein muß.

Auf den Fresken der *Verkündigung an Anna* und der *Geburt Mariens* ist dasselbe Haus dargestellt.[61] Dieses Haus ist ein Kubus mit abgenommener Vorderwand, der so in die Bildfläche gesetzt ist, daß sein Satteldach mit Scheingiebeln und seine Eingangswand mit Altan von außen zu sehen sind. Auf diese Weise wird das Haus als plastisches Gebilde mit Innen- und Außenseite erfahrbar. Neben der Eingangstür und unter dem Altan, "wörtlich" also außerhalb des Hauses, sitzt auf dem Fresko der *Verkündigung an Anna* eine spinnende Magd. Allerdings ist dieser, der Magd zugewiesene Ort vollkommen von Architektur umfangen und wirkt deshalb eher als ein dem Hauptraum angegliederter, weiterer "Innenraum", ohne daß eine Verbindung zwischen beiden Räumen hergestellt wird. Auf dem Fresko der *Geburt Mariens* begegnen sich unter dem Altan zwei Mägde. Die eine ist von außen herangetreten,[62] die andere ist im Inneren der Türöffnung zu sehen und greift heraus.[63] Auf diese Weise scheinen Vorraum und Innenraum vonein-

---

[61] Abb. 66 und 70 bei Mueller von der Haegen (1998). Da diese Ereignisse am selben Ort stattfinden, entspricht die Wiederholung der Häuser dem Fortgang der Geschichte wie bei den *Hochzeitsszenen*. Zugleich wird über dazwischenliegende Szenen hinweg ein deutlicher Bogen gespannt.

[62] Ihr über den Haussockel fallender Mantelsaum verdeutlicht das Herantreten. Ihre Bewegung kann gemessen werden an den Senkrechten der Pfeiler, zwischen denen sie eingespannt ist. Hinsichtlich ihrer Stellung im Raum ist sie vergleichbar mit der *Hausmagd* auf dem Fresko der *Heimsuchung*.

[63] Solches "In-der-Tür-Stehen" gibt es vor Padua in einer der Isaakszenen am Obergaden der Oberkir-

ander abgegrenzt und zugleich zueinander ins Verhältnis gesetzt. Nun ist die herausgreifende Magd ausschließlich in der Türöffnung, nicht aber im Inneren sichtbar, dort wird ihr Rücken ganz von der Wand überschnitten, an die das Bett der Anna ohne erfahrbaren Zwischenraum direkt anstößt. Die Kuben der Körper - Magd, Bett und Hauswand - sind hier so zusammengeführt, daß zwischen ihnen kein Raum erfahrbar wird. Auf diese Weise wirkt die Architektur bzw. der Blick auf die Architektur geteilt in einen Außenblick, der die Magd im Türrahmen erfassen kann und in einen Innenblick, der ganz dem Geschehen um Anna gewidmet ist. Beide Raumeinheiten werden nicht tatsächlich miteinander verbunden, da die "Türrahmenmagd" nur Zeichen einer solchen Vermittlung bleibt und nicht deren Erfüllung wird. Die Integration verschiedener Räume, auch Außen- und Innenräume, wird erst nach Padua bei einem veränderten Verhältnis von Figur und Raum in der Florentiner Peruzzi-Kapelle erreicht.[64]

Obwohl auf beiden Fresken eine Architektur dargestellt ist, deren Außenseite teilweise sichtbar ist, und obwohl mit der Treppe, die auf den Balkon führt, oder auch mit dem Mantelsaum der angekommenen Magd, der über die Eingangsstufe fällt, und mit dem hereinschwebenden Engel ein Umfeld jenseits dieser Architektur angedeutet ist, wird dieses nicht erfahrbar gemacht.[65] So wie der verkündende Engel und die Magd ihre plastische Qualität jeweils in dem Raum, in dem sie erscheinen, und innerhalb des Gruppenrhythmus haben, so erfüllt diese Architektur ihre Aufgabe in der Umfassung des Geschehens und im Abschließen des von den Figuren gebildeten Handlungsraums. So wie die beiden Räume - unter dem Altan und eigentlicher Innenraum - nicht der Logik der Handlungsfolge entsprechend miteinander verbunden sind, so bleibt ein Hintergrundsraum als Möglichkeit nur angedeutet. Auch diese Möglichkeit wird erst in der Peruzzi-Kapelle und den späteren Werken für die Darstellung genutzt werden.

Die beiden einander sehr ähnlichen Architekturen des *Abendmahls* und der *Fußwaschung* sind als Kastenräume wie bei den beiden oben genannten Fresken mit abge-

---

che in Assisi. Vgl. Abb. 13 bei Mueller von der Haegen (1998).

[64] Vgl. Gioseffi (1963a), S. 59f., und das entsprechende Kapitel der vorliegenden Arbeit.

[65] Auch auf dem Fresko der *Weihnachtsfeier in Greccio* (Abb. 166 bei Poeschke [1985]) wird mit dem Kruzifix, das von hinten aus dem Altarraum zu sehen ist, und mit der Kanzel ein möglicher Raum hinter dem abgeschlossenen Raum, in dem das Geschehen stattfindet, angedeutet. Es bleibt aber, wie in Padua, bei einer "Spur", wie White (1957), S. 37, sagt, da der blaue Grund, der bis zur Rahmung geführt ist, kein Raumgefüge zuläßt. Die beiden perspektivisch ausgeführten, plastischen Elemente sind vielmehr sprechende Teile des ganzen Bildes, die vom Herkommen der hereindrängenden Frauen und von der Weitergabe des Geschehens zeugen. Sie sind vergleichbar mit der Baldachinarchitektur auf der Darstellung der *Präsentation Mariens im Tempel* (Abb. S. 72 bei Bistolletti [1989]).

nommener Vorder- und Seitenwand leicht über Eck gestellt.[66] Das Geschehen findet hier aber nur im Innenraum statt, der fast die gesamte Bildfläche ausfüllt. Lediglich im oberen Drittel ist durch die Aufsicht auf Dach und Gesims ein Außenraum angedeutet, in dem die Architektur steht. Durch die perspektivische Ansicht, die Anschnitte der Schmuckelemente und ihr spannungsvolles Verhältnis zum Bildrahmen, unterstützt durch die Lichtverhältnisse und besonders durch das Hintergrundsblau, das durch die offenen Fenster zu sehen ist, scheint diese Architektur einen Innenraum zu schaffen und zugleich im Unterschied zum Gehäuse der beiden "Anna-Fresken" einen Außenraum erfahrbar zu machen. Den Figuren scheint hier der Handlungsraum vorgegeben.

Wird aber der so klar konstruierte Raum auch im Bereich der Figuren erfahrbar? Auf dem Abendmahlsbild entsteht kein "Luftraum" zwischen der parallelen Staffelung von Wand, Rückbank, Tisch und vorderer Sitzbank. Nähme man die Figuren weg, schlössen sich diese Dinge zu einer Fläche zusammen. Wände, Bänke und letztlich auch das Dach begleiten als feste Einheit den festen Zusammenschluß der Jünger und Christi bei ihrem letzten Beisammensein. D.h. durch ihre plastische Präsenz und ihre Bewegungen schaffen sich diese Figuren ihren Handlungsraum in der sie umschließenden Architektur. Dies entspricht den Erfahrungen, die am Fresko der *Heimsuchung* gewonnen wurden.

An das Gehäuse, in dem die *Fußwaschung* stattfindet, ist man quasi näher herangetreten, der Ausschnitt hat sich gegenüber dem Abendmahlsraum verändert. Der Blick fällt unmittelbar in den Raum und auf die zentrale Christusfigur, während beim *Abendmahl* die Rückenfiguren der Jünger das Gebäude vor den Betrachtenden verschließen. Bei der *Fußwaschung* wird durch die "Wände" der seitlichen Apostelreihen mehr räumliche Freiheit für die zentrale Figur Christi gewonnen. Dies geschieht in Einheit mit der Dynamik des unerhörten Geschehens gerade im Unterschied zu dem festgefügten *Abendmahl*. Obwohl Christus im dichten Kreis der Jünger kniet, erhält er eine herausragende Stellung: Durch die Positionen der Körper im Raum bzw. durch die Zurücknahme der Hände in die Gewänder und die Verschränkung der Hände unmittelbar vor Christus wird eine *Isolation* erreicht. Diese *Isolation* wird mit dem intensiven Blick zwischen dem Herrn und Petrus - betont und gesteigert durch die harte Profilstellung der Gesichter - überwunden in eine Verbindung der *aktuellen Erzählzeit* und der *überzeitlichen Anwesenheit*. In dieser Hinsicht steht hier das Verhältnis von Figur und Raum der *Marienhochzeit* etwas näher als der *Heimsuchung*.

In einem reinen Innenraum, d.h. ohne Außenwandangaben, findet die Szene *Der zwölfjährige Jesus im Tempel*[67] statt. Für Hetzer gilt dieser Innenraum als Beispiel einer

---

[66] Abb. 84 und 85 bei Bellosi (1981).

[67] Abb. 81 bei Mueller von der Haegen (1998).

»neuen Raumgestaltung«: »Die Architektur gerade dieses Raumes fällt innerhalb der Arena-Fresken auf durch den weichen Fluß ihrer Rundbogenarkaden [...und schafft...] die Voraussetzung für die sprachliche und klangliche Belebung [...des Bildes, so daß...] der Ton rund, mild und voll aus dem Mund des wundervollen Kindes [...kommt, er...] wird aufgenommen von dem Rund des Nimbus, geht über den weichen Schwung der Arkaden, bis schließlich das ganze Bild davon erfüllt ist.«[68] Zurecht betont Hetzer die Mitsprache der Architektur innerhalb dieses Geschehens.

Der Blick fällt in eine flachgedeckte Basilika, in der sich die Schriftgelehrten um den 12jährigen Jesusknaben versammelt haben. Die architektonische Konstruktion wird perspektivisch wiedergegeben mittels der verkürzten Kassettendecke, der durch die Rundbogenarkaden angeschnittenen Kreuzrippengewölben in den Seitenschiffen, die den Raum zu den Seiten erweitern sollen, und der drei Apsiden, die ebenfalls kassettiert sind; dadurch wird ihre plastische Wirkung gerade gegenüber den glatten Chor- und Mittelschiffswänden gesteigert. Wie bei der *Vorführung Christi vor Kaiphas*,[69] die ebenfalls in einem bildparallelen Raum mit verkürzter Holzdecke stattfindet, oder wie bei der Darstellung des *Abendmahls* wird dieser im Deckenbereich so klar konstruierte Raum im Bereich des Fußbodens zur Fläche, so daß sich die Figuren nicht in einem vorgegebenen Raum bewegen können.[70] Auf dem Paduaner Disputa-Fresko wird die Architektur, von den Figuren ungenutzt, auf ihr plastisches Moment reduziert und der mögliche Raum durch eine Sitzbank in den Bildvordergrund, d.h. stärker in die Fläche gedrängt, wo dann die Figuren weitgehend den Handlungsraum wie auf den anderen Fresken schaffen.

Vergleichbar mit der Reihe der Jungfrauen auf dem Fresko der *Marienhochzeit*[71], führen auch hier von beiden Seiten die Reihen der sitzenden Pharisäer, unterstützt durch die Bogenarchitektur, in die Bildtiefe hinein bis zur Eckposition, die zum Zentrum mit dem 12jährigen Jesusknaben überleitet. Zur Rechten des Knaben ist die Konzentration der Sitzenden durch das dazugetretene Elternpaar, das auf den Sohn weist, aufgebrochen. Die ruhig sich steigernde Abfolge auf das Zentrum hin wird hier um einige Grade heftiger als auf der anderen Seite, wo die Schriftgelehrten in äußerster Sammlung sitzen.

Da die beiden Gelehrten in den Eckpositionen, die die Reihe der anderen durch Gebärde und Blick mit dem Jesusknaben verbinden, in einem gehörigen Abstand zu

---

[68]   Hetzer (1941/1981), S. 168.

[69]   Abb. 89 bei Mueller von der Haegen (1998).

[70]   Eher bei der Thronanlage der Florentiner Maestà, deutlich mittels der perspektivisch verkürzten Fußbodenkacheln auf den Mitteltafeln des Stefaneschi-Altares und sehr stringent bei den Räumen der Bardi-Kapelle wird Raum auch im Bodenbereich gestaltet. Vgl. die entsprechenden Kapitel dieser Arbeit.

[71]   Abb. 73 bei Mueller von der Haegen (1998).

diesem gesetzt sind, ist Jesus als zentrale Figur von den anderen Figuren freigestellt - vergleichbar mit seiner Position beim *Einzug in Jerusalem*[72]. Dieser Effekt der Isolation wird durch die axialsymmetrische Architektur besonders betont, die nicht auf die Gebärde des Knaben hin steigert, sondern diesen überhöht und einzeln einfaßt. Nur in sehr zurückhaltender Weise wird hier das Kompositionsprinzip, das an der *Heimsuchung* und der *Marienhochzeit* beschrieben wurde, eingesetzt. Die rhythmische Steigerung auf das Zentrum wird in stärkerem Maße als auf den anderen Fresken von der mit der Figur gleichgestellten Architektur, von ihren Senkrechten und weitertragenden Rundbögen übernommen.[73] Es muß geprüft werden, ob die Weiterentwicklung der Architekturdarstellung die Verhältnisses von Figur und Raum verändert und ob sich dadurch für die Zentralfigur neue Aspekte eröffnen.

Der Innenraum der *Disputa* in Padua unterscheidet sich von allen anderen Gehäusen auf den dortigen Fresken, da er nicht als "Kastenraum" mit abgenommenen Wänden von außen betrachtet wird. Der 12jährige Jesusknabe mit den Schriftgelehrten befindet sich vielmehr in einem Sakralraum, in den auch der Betrachterstandpunkt gelegt ist. Die Blickrichtung verläuft mit der Längsachse des Mittelschiffs gegen den Chor - wobei die Sitzbank die lange Raumflucht eingrenzt. Auch an den Seiten wird der Raum durch Sitzbänke verknappt. Auf diesen seitlichen Bänken, die der perspektivischen Anlage gehorchend wie die Architektur schräg auf das Zentrum zulaufen, sitzen die Pharisäer und bilden eine geschlossene Reihe. Sie sind vergleichbar mit den seitlichen Figurengruppen auf der *Marienhochzeit* oder den sitzenden Jüngern der *Fußwaschung*. Wie dort schaffen auch hier diese beiden Reihen Raum in ihrer Mitte, der allerdings ungenutzt bleibt, aber die Vereinzelung des Jesusknaben befördert - auch dies ist mit der Maria des Hochzeitbildes vergleichbar.

Der Jesusknabe ist in der Mittelachse hervorgehoben durch die überhöhte Apsis und durch den Abstand zu den anderen Figuren. Es ist nicht nur eine räumlich-flächige Distanz, auch die stummen, unbewegten Gesichter und die verschlossenen Gebärden isolieren ihn. Lediglich einer, rechts neben dem Knaben, erhebt seine Hand und scheint auf das bewegte Sprechen zu antworten. Hier wird der Knabe in den Gruppenrhythmus eingebunden, denn die Gebärde des Pharisäers vermittelt zwischen dem hereindrängenden Elternpaar, zwischen den bittend ausgestreckten Armen der Mutter und der erklärenden Geste des Zwölfjährigen. Durch die Abfolge von Händen - von der weisenden Hand Josephs über die weit vorgreifenden Hände Marias und die erhobene Rechte des Schriftgelehrten bis zur antwortenden Hinwendung des Knaben – wird dessen Isolie-

---

[72]   Abb. 85 bei Mueller von der Haegen (1998).

[73]   Gerade deswegen konnte Hetzers (1941/1981), S. 168, emphatisches Wort von der Architektur durchaus einen Kern der Darstellung treffen.

rung, die durch sein freies Sitzen und die Überhöhung mittels der Architektur gestaltet und durch die abweisende Phalanx der Schriftgelehrten betont ist, zu einem Moment der Erhabenheit innerhalb einer erzählten und in ihrer Natürlichkeit nacherlebbaren Handlung.

Auch bei einer Weiterentwicklung der Architekturdarstellung, die ihren Ausdruck in einem reinen Innenraum und in der starken Mitsprache dieser Architektur innerhalb der Handlung findet, bleibt das Verhältnis von Figur und Raum ebenso wie die besondere Hervorhebung der Zentralfigur also gegenüber der *Marienhochzeit* unverändert.

Bei einigen Fresken mit dominantem Architekturanteil sind die Kuben von Figur und Architektur als gegeneinander gestellte Blöcke raumschaffend - wie auf dem Fresko des *Kindermords* und vergleichbar mit dem Fresko der *Heimsuchung*.[74] Bei anderen gibt es einen "flüssigeren" Figurenrhythmus - wie auf dem Fresko der *Marienhochzeit*, der eingebunden ist in eine raumschaffende Figurengruppe, die sich zur Architektur wie eine gestaffelte Fassade zum Baukörper verhält - dies ist zum Beispiel auf dem Fresko der *Wechsleraustreibung*[75] zu sehen, aber auch die Innenraumdarstellungen folgen diesem Prinzip - etwa bei der Figurenanordnung der *Fußwaschung*.

Im ganzen muß festgehalten werden, daß auch auf den Fresken mit ausgeprägten Architekturen der Raum nicht vor den Figuren da ist, sondern von deren Plastizität und Gruppierung erzeugt wird, selbst wenn die Perspektivkonstruktion einiger Räume - wie zum Beispiel des Abendmahlsraums oder des Kirchenraums der *Disputa* - vorgegebenen Raum andeutet. Es bleibt bei der erahnten Möglichkeit einer Integration auch im Verhältnis des dargestellten Gehäuses zu seiner Umgebung oder zweier Räume zueinander. Hier soll keinesfalls den Darstellungen in der Arena-Kapelle ein "Mangel" unterstellt werden, sondern betont werden, daß das Hauptgewicht innerhalb dieser Darstellungen auf den in ihrer natürlichen Körperschwere erscheinenden Figuren liegt, während die "Natürlichkeit" der Architektur, deren raumbildende Kraft der Körperschwere adäquat wäre, angedeutet bleibt. *Die Figuren sind raumschaffend und sind Handlungsträger. Es wird sich zeigen, daß sich erst in späteren Werken ein größeres Gleichgewicht zwischen Figuren und Raum entwickelt, das u. a. zusammengeht mit einem stärker emotionalen Ausdruck der Figuren.*

---

[74] Abb. 80 u. 63 bei Mueller von der Haegen (1998).

[75] Abb. 96 bei Mueller von der Haegen (1998).

II.1.4 Landschaftsdarstellungen

Gerade im Hinblick auf die römischen Werke Giottos, die *Navicella* und den Stefaneschi-Altar, sollen am Ende dieser Untersuchung der Paduaner Fresken diejenigen stehen, auf denen nicht die Architektur in einen Zusammenhang mit der Figur gebracht wird, sondern die Landschaft. *Die Zurückweisung des Opfers Joachims*[76] zeigt trotz des größeren Architekturanteils gegenüber der *Heimsuchung* das daran beschriebene Verhältnis von Figur und Raum, das geprägt ist von den plastischen Momenten der Körper in Spannung zur Bildfläche, auf die immer wieder zurückgeführt wird, und zum Raum, der durch die Figuren in Einheit mit der Handlung jeweils hergestellt wird.[77] Solche Architektur, die plastisch wirkt, ohne Körper im Raum zu sein oder Raum zu bilden, ist auch im *Tempelgang Mariens*[78], den beiden Werbungsszenen um Maria und deren Hochzeit zu sehen, ebenso innerhalb der Christusgeschichte bei der *Darstellung im Tempel*[79] mit dem kleinen Baldachin und der *Vertreibung der Wechsler*[80] mit der großen, nach hinten abschließenden Gebäudefront.

Dieses erste Joachim-Fresko ist Anfangsbild für den Beginn der Mariengeschichte.[81] Mit der Architektur, die in Einheit mit der Handlung nach rechts weist, nämlich in die Richtung, in die Joachim ins Ungewisse geschickt wird, setzt ein Bogen an, mit dem im großen der ganze Zyklus überspannt, und im kleinen zu *Joachim unter den Hirten*[82] hingeleitet wird.

Joachim unter den Hirten ist dagegen ein "Landschaftsbild", bei dem der Handlungsraum durch ein Felsmassiv, der Bildraum von der blauen Hintergrundsfläche nach hinten abgegrenzt wird. In seiner abschließenden Funktion gleicht dieses Felsmassiv den Kastenräumen oder der Tempelarchitektur beim Fresko der *Vertreibung der Wechsler*. Auch hat es dieselbe plastische Präsenz, die an der Licht-Schattengebung besonders deutlich wird, wie diese Architekturen und wie die handelnden Figuren. Vergleichbar

---

[76] Abb. 64 bei Mueller von der Haegen (1998).

[77] Hier besonders deutlich an dem hinteren Balkon, zu dem der Treppenaufgang führt. Durch Verkürzungen, Schattierungen und Untersicht wird die Plastizität dieses Architekturteils in eine Spannung zu der glatten Hintergrundsfläche gesetzt. Wäre der hintere der Baluster, die den Balkon bekrönen, verkürzt zu sehen, von den tragenden Säulen auch die Basis angedeutet und nicht durch Joachim verdeckt, gewänne die Darstellung hier Tiefe und räumliche Weite.

[78] Abb. S. 72 bei Bistoletti (1989).

[79] Abb. S. 77 bei Bistoletti (1989).

[80] Abb. S. 81 bei Bistoletti (1989).

[81] Abb. 64 bei Mueller von der Haegen (1998).

[82] Abb. 65 bei Mueller von der Haegen (1998).

mit der Felsformation im Hintergrund der *Beweinung*[83] oder der *Erweckung des Lazarus*[84] verengt der massive Felsen den möglichen Handlungsraum der Figuren und steht in seiner Gestaltung in vollkommener Einheit mit der Handlung.[85] Anders als in den beiden genannten Fresken und eher vergleichbar mit einem Kastenraum eröffnet hier das Felsmassiv zusammen mit dem schräg nach vorne stoßenden Schafstall ein abgegrenztes, perspektivisch angelegtes Gebiet für die Figuren, das auch an der Grundebene erfahrbar ist und von den Figuren eingenommen wird.

Dagegen ist in der folgenden Darstellung *Opfer Joachims*[86] der Altar trotz seiner Übereckstellung so mit dem Felsen in eine Fläche gebracht, daß er nicht als Gebilde im Raum diesen auch erschließen kann. Das entspricht den Felsen der *Geburtsszene*[87] oder der *Flucht nach Ägypten*[88], die plastisch wirkend doch mit der Rahmung wieder in die Fläche gebracht werden. Es entsteht kein anderer Raum als auf dem Fresko der *Heimsuchung*. Anders als in diesen Beispielen ergibt sich in der Darstellung *Joachim unter den Hirten*[89] durch die vollplastische, nicht nur nach vorne sichtbare Wirkung des Felsens und durch seine versatzstückartige Anordnung die Möglichkeit, im Vordergrund Raum vorzugeben. Zwar sind die Menschen auch hier wie in der *Heimsuchung* schwere plastische Körper, die in kräftigen Winkeln zueinander gestellt ihren Handlungsraum selbst bilden, aber die Tiere erschließen sich ein räumliches Gefüge, das ihnen vorgegeben ist. Während die Tiere, die die Hirten auf dem Fresko der *Geburt Christi* begleiten, eine festgefügte Gruppe bilden, um als geschlossener Kubus im Verhältnis zu den anderen Körpern Raum zu schaffen, bewegen sich diese Tiere "flüssiger", fast spielerisch.

Noch konsequenter in der Erschließung von Raum durch die Landschaft ist die Darstellung *Traum des Joachim*[90]. Über beide Diagonalen in Raum und Fläche ist das Bild aufgebaut. Am rechten unteren Bildrand ist der schwere und entspannte Körper Joachims zusammengesunken. Der Schafstall hinterfängt und überhöht ihn. Er vermittelt

---

[83] Abb. 94 bei Mueller von der Haegen (1998).

[84] Abb. 82 bei Mueller von der Haegen (1998).

[85] Vergleicht man die *Beweinung* des Obergadens von Assisi (Abb. 8 bei Mueller von der Haegen [1998]) mit der Paduaner *Beweinung*, so wird die selbständig mitsprechende und abschließende Eigenschaft des Felsens in Padua ganz besonders deutlich. In Assisi ist der Felsen quasi als Figur zwischen die handelnden Personen geschoben. Wie ein Pfeil verstärkt der Felsen die Richtung des Engels und läßt den Körper Christi noch niedergedrückter erscheinen. Darin ist dieser "Figurenfelsen" den richtungsweisenden Architekturgliedern der Franzlegendendarstellungen sehr ähnlich.

[86] Abb. 67 bei Mueller von der Haegen (1998).

[87] Abb. 75 bei Mueller von der Haegen (1998).

[88] Abb. 79 bei Mueller von der Haegen (1998).

[89] Abb. 65 bei Mueller von der Haegen (1998).

[90] Abb. 68 bei Mueller von der Haegen (1998).

in die Tiefe und in die Höhe zu dem Felsen an dieser Bildseite, der steil ansteigt und in einem schmalen Plateau endet. Hier erfolgt also in der Fläche eine Steigerung von der breitlagernden Figur bis zur Bergspitze und zugleich eine Staffelung durch perspektivische Anschnitte und Schattengebung. Der Berg ist so gestaltet, daß er an der Spitze in dynamischer Weise den vor ihm liegenden Raum aufnimmt. Denn in der Diagonale der Bildfläche und zugleich in der Raumdiagonalen stehen ihm zwei Hirten als Pendant gegenüber. Für diese beiden ist er Zielpunkt ihrer Blickrichtung. Als Paar antworten sie ihm durch ihre Gestaltung - der eine durch den Hut verschlossen, aber in der Gebärde offener, der andere fester zusammengefaßt im Körper, aber mit offenem Blick - und sind auf das wunderbare, nicht sichtbare Geschehen bezogen.

Sie stehen auf derselben Vordergrundsebene wie Joachim. Von ihm als Sammelpunkt aus öffnet sich mit der Landschaft der Raum wie eine Schere - durch das schwarze und weiße Schaf nochmals aufgegriffen - einerseits zu den Hirten, andererseits über die zweite Raumdiagonale mit den leicht ansteigenden, zerklüfteten Felsen zum linken Bildhintergrund. Hier wird tatsächliche *Weite* dargestellt, nicht im Sinne von Unendlichkeit, sondern von vorgegebenem, durchaus begrenztem Raum, der von den handelnden Figuren dann eingenommen werden kann, im Gegensatz zum Raum, den die Figuren durch ihre Stellung zueinander als plastisch erscheinende Volumina in einem Handlungszusammenhang erst selbst bilden. Diese Weite wird durch den Rhythmus der ebenen und steigenden Felsflächen, durch das maßvolle Verhältnis der beiden Hirten zwischen diesen Felsen und dem Bildrahmen auf der Fläche und vor allem durch den schwebenden Engel, dem selbst nur wenig Plastizität anhaftet, erreicht: Dieser Engel ist zwischen den Felsen und den oberen Rahmen genau so vor den blauen Hintergrund gesetzt, daß er zwar in die Bild*fläche* gespannt ist, aber so viel Abstand hat, daß sein Ort im Bild*raum* definiert bleibt. Besonders hier entsteht eine Raum-Flächenspannung, die räumliche Entfernungen erfahrbar werden läßt.

Auf dem Fresko der *Marienhochzeit* konnte unter dem Kompositionsprinzip, das die Erfindung der *Heimsuchung* bestimmte, und in Einheit mit dem für das Zentrum *erweiterten Raum*, der von den "Flanken" der jeweiligen Begleiter gebildet wurde, die Bewegung inne halten. Das eigentliche Geschehen konnte durch die Darstellung *des Moments der absoluten Ruhe* im Umschlagpunkt der Bewegung erfaßt und so Maria als Mittelpunkt jenseits der Augenblickszeit mit einem überzeitlichen Moment der Erhabenheit dargestellt werden. Auf der Darstellung *Traum des Joachim* ist nur der Engel in Bewegung und auch er hält eigentlich inne, um seine Botschaft zu verkünden. Anders als bei der *Verkündigung an Anna*, der *Verkündigung an Maria* oder auch bei der Darstellung *Opfer Joachims* gibt es hier keinen direkten Blickkontakt zwischen Joachim und dem Engel. Dennoch entsteht über diese relativ große Entfernung eine Spannung, die sichtbar macht, daß Joachim die Engelsbotschaft erhält. Dies wird erreicht durch die

Bildkonstruktion, in der Raum und Fläche von einem Knotenpunkt in der *leeren Mitte* des Bildes aus entwickelt und dort zugleich in Spannung zusammengehalten werden. Diese leere Mitte ist das Äquivalent zu dem Innehalten der Bewegung auf dem Hochzeitsbild. Sie entspricht formal dem inhaltlichen Zentrum des nicht sichtbaren Traumgeschehens und betont die poetische Ruhe des Bildes.

Die Tendenz, dem zentralen Geschehen bzw. der zentralen Figur ein Moment des Entrückens aus der dargestellten Folge zu geben, die Tendenz zur stärkeren Individualisierung der Gesichter und zur kontinuierlicheren Bewegungsfolge, ebenso zur ausgeprägten Emotionalität von Nähe und Trauer, etwa in der *Beweinung*, ist an den Fresken der Arena-Kapelle in Einheit zu sehen mit den sich stärker aus der Fläche lösenden, raumerschließenden Architekturen oder Landschaften, die den Figuren größere Selbständigkeit ermöglichen und an die spätere Werke dann anschließen.[91]

Das Moment der *Erhabenheit* im Geschehen der *Marienhochzeit* wurde im *Inne-Halten der Bewegung* durch das Fast-Berühren der zentralen Figuren deutlich. Die Unberührbarkeit Mariens wird so anschaulich. Die Hervorhebung des Zentrums durch *Isolation im Raum* war an der Darstellung der *Disputa* aufgefallen. Dort entwickelte sie sich organisch aus den Gebärden und der Architektur, so daß der 12jährige Jesusknabe freigestellt wurde als Zentrum der sich steigernden Bewegungen. Ihre *Besonderheit*, ihr Außer-der-Zeit-Sein, erhält die heilige Figur in Padua im Rhythmus der Gebärden und nicht durch den Symbolcharakter der Attribute; d.h. es wird der "natürlichen" Körperschwere entsprechend "Heiligkeit" an den Figuren selbst erfahrbar.

Bei größerem Landschaftsanteil und erweitertem Raum konnte in der Spannung über eine *leere Mitte* ein imaginäres Geschehen dargestellt und präsent werden. Eine Darstellung wie *Traum des Joachim* ist nicht denkbar ohne den dazu einheitlich erfundenen, über den von den Figuren geschaffenen, *erweiterten* Raum der Landschaft hinaus, der die Möglichkeiten beispielsweise der Darstellungen *Joachim unter den Hirten*, der *Anbetung der Könige* oder auch der *Erweckung des Lazarus* weiterentwickelt.[92] Auch die Möglichkeiten zur stärkeren Individualisierung der Gesichter und kontinuierlicheren Bewegungsfolge, ebenso zur ausgeprägten Emotionalität von Nähe und Trauer, etwa in der *Beweinung*, entstehen zusammen mit den sich stärker aus der Fläche lösenden, raumerschließenden Architekturen oder Landschaften, die die Figuren größere Selbständigkeit schaffen.

Dabei bleibt an allen Fresken das bestimmende Kompositionsprinzip eine rhythmische Steigerung in ein Zentrum, die durch die Figuren gebildet und am Maß der

---

[91] Dies geschieht vor allem bei den Darstellungen der "zentralen Wunder".

[92] Abb. 68, 65, 76 u. 82 bei Mueller von der Haegen (1998).

gereihten, die natürliche Schwerkraft zeigenden Senkrechten ablesbar ist. Durch die Beziehung der plastischen Werte - Figur, Fels oder Architektur - zueinander entsteht der Handlungsraum. Trotz einiger Modifikationen wird das Verhältnis von Figur und Raum bei allen Darstellungen in der Arena-Kapelle dominiert von der raumschaffenden Figur in einer Figurengruppe.

II. 2 Bezüge zu Assisi und Florenz

Ohne auf die Forschungslage der Franzlegende in Assisi einzugehen,[93] erscheint es doch sinnvoll gerade im Hinblick auf die *leere Mitte*, die für *Traum des Joachim*[94] konstitutiv ist, und im Hinblick auf die raumschaffenden Gruppenkonstellationen einige Fresken dieses Zyklus zu betrachten. In Übereinstimmung mit dem weitaus größten Teil der Forschung wird dabei angenommen, daß die Franzlegende in Assisi vor dem Paduaner Zyklus entstanden ist.[95] Es soll gezeigt werden, daß die Bilderfindungen der Arena-Fresken ihre Voraussetzungen in denen der Franzlegende haben. Andererseits soll schon hier die Spanne zu den späteren, Florentiner Arbeiten Giottos eröffnet werden, um wiederum die Arena-Fresken als Schritt einer Entwicklung aufzuzeigen.

Es ist oft bemerkt worden, daß mit dem scheinarchitektonischen Rahmensystem der Franzlegende in der Oberkirche zu Assisi über einen Rückgriff auf die Antike etwas Neues geschaffen wurde.[96] Die Abfolge der Fresken wird durch dieses architektonische Rahmensystem zu einer Einheit verschmolzen und schon dadurch auch als Folge in der Zeit dargestellt; zugleich wird die plastische Erscheinung der Rahmung von der Ebene der Bilder klar getrennt. Allein eine solche Gesamtanlage zeigt schon die besondere Darstellungsweise. Zwischen den gedrehten Säulen und unter der Kassettendecke blickt man auf die einzelnen Stationen der Franzlegende. Dies geschieht nicht mit einem "Blick durch ein Fenster" wie in der Renaissance, denn räumlich und inhaltlich sind die Ebenen zumindest durch den rot-grünen Saum, der die Einzelbilder umfaßt, klar unterschieden, aber wie auf ein Bühnenbild, das sich planparallel am Ende eines Raums befindet. Es scheint, als könne so unmittelbar den Gläubigen nur das Leben eines Hei-

---

[93]   Dazu verweise ich auf Gioseffi (1963a), bes. S. 101-108 und bzgl. der Chronologie bes. S. 108-114; Poeschke (1985), S. 84-85, Bellosi (1985), und Bistoletti (1989), S. 14-40.

[94]   Abb. 68 bei Mueller von der Haegen (1998).

[95]   Daß zugleich nahelegt wird, die Franzlegende Giotto zuzuschreiben, ist nicht wesentlich für den Fortgang der hier vorliegenden Arbeit. Darauf genauer einzugehen, bedürfte es einer eingehenden Untersuchung, die den Rahmen dieser Arbeit sprengen würde.

[96]   Vgl. Gioseffi (1963b); Kruft (1971); Poeschke (1985).

ligen gezeigt werden, der noch keine hundert Jahre tot war, dessen lebendige Präsenz also in den Erzählungen der Menschen noch gegenwärtig sein konnte. Über die Aktualität hinaus forderte auch die Heiligkeit dieses Menschen ihre Darstellung. Dies geschieht einerseits mit dem erwähnten Bruch zwischen illusionistischer Rahmenarchitektur und deutlicher Bildhaftigkeit der Fresken und andererseits in den Darstellungen selbst, wenn etwa die Gegenstände der nur für Franziskus sichtbaren Träume eine plastische Dignität erhalten, die sie faßbarer werden läßt als die umgebenden Personen.

Andererseits wird besonders in den "landschaftlichen" Bildern deutlich, etwa der Darstellung der *Vogelpredigt* oder des *Quellwunders*[97], »wie in fast allen Bildern der Franzlegende [...] mit dem Geschehen selber zugleich der Eindruck, den das Geschehen auf Außenstehende, nur als Zuschauer beteiligte Personen macht, zur Darstellung gebracht.«[98] Dies wird erreicht bei der *Vogelpredigt* durch den begleitenden Mönch und beim *Quellwunder* durch die beiden überrascht reagierenden Mönche. Jeweils sind diese Figuren nicht in der dem Zyklus zugrunde liegenden Legende von Bonaventura erwähnt und zeigen, wie auf den Fresken der Arena-Kapelle in den begleitenden Figuren - z.B. den Frauen- und Männerreihen der *Marienhochzeit* –, den Reflex und die Hinführung zum zentralen Geschehen. Hier wird in der Darstellung selbst die aktuelle Präsenz thematisiert, die auch durch die perspektivische Anlage der Rahmenarchitektur vermittelt wird. Auf den Paduaner Fresken ist das aktuell präsentische Moment der kommentierenden Figuren[99] aufgegriffen. Sie werden aber als das Zentrum reflektierende und zu ihm hinführende Gestalten stärker als in Assisi in die Gesamthandlung und in einen Gruppenrhythmus integriert.

Vogelpredigt und *Quellwunder* stellen wie der *Traum des Joachim* ein nicht unmittelbar sichtbares Geschehen dar. Es wird deutlich in der Reaktion der Begleiter und durch die Intensität der Gebärden um eine *leere Mitte*: Der predigende Franziskus eröffnet mit seinen sprechenden Händen den Zugang zu den Vögeln. In der knappen Spanne des Raums, der - wie in der Arena-Kapelle - nur durch die Haltung der Figuren, an ihrem Abweichen aus der Senkrechten und ihrem Winkel zueinander erkennbar ist, erfüllt sich das Geschehen.

Eine felsige Landschaft bildet auf dem Fresko des *Quellwunders*, vergleichbar mit der *Traum des Joachim*, die Umgebung. Die beiden Franziskus-Begleiter, deren Stellung zueinander jeweils in den Felsen auf ihrer Seite wiederholt und verstärkt wird, bilden den Angelpunkt eines "Fächers". Von ihnen aus erstrecken sich die Felsbänder waage-

---

[97] Abb. 171 bzw. 167 bei Poeschke (1985) bzw. 28 u. 32 bei Mueller von der Haegen (1998).

[98] Poeschke (1985), S.91. Dort heißt es weiter, daß diese kommentierenden Figuren »im höchsten Maße für Giotto kennzeichnend« seien.

[99] Vgl. Poeschke (1985), S. 91.

recht, dann schräg ansteigend bis zu dem Gipfel, der an der rechten oberen Bildseite mit dem gegenüberliegenden korrespondiert und mit dem der Bogen geschlagen wird um die Mitte, aus der die Bewegung des Heiligen wegführt. Die Felsen steigern begleitend eine Folge, die von der fast waagerechten Haltung des trinkenden Bauern zu dem knienden Franziskus führt und in dessen erhobenen, bittenden Händen zusammen mit dem Blick nach oben gipfelt, zugleich aber weiter weist. Denn das eigentliche Wunder, dessen Ergebnis die Quelle ganz am Bildrand ist, liegt zwischen dem Blick des Heiligen und dem rechten oberen Felsen - nicht darstellbar, aber erahnbar durch diese Komposition.

Die Darstellung der *Stigmatisation des Franziskus*[100] in Assisi ist noch enger an *Traum des Joachim* anzuschließen. »Ungeachtet der geringen räumlichen Distanz erscheint doch Franziskus weit abgerückt von dem in der unteren Ecke sitzenden Bruder, der in ein Buch vertieft ist und von dem Geschehen [...] nicht das Geringste wahrnimmt.«[101] Der Oberkörper des Heiligen ist weit zurückgelehnt, »gleichsam als würde er nur mit Mühe der Wucht, mit der ihn die Wundmale treffen, standhalten.«[102] Dabei ist die ganze Figur von einem Ausdruck »passiver Ergriffenheit«[103] geprägt. »Zu dem derart Gebannten [...] steht in bewußtem Gegensatz der frei schwebende, weit die Arme öffnende [...] Christus, dem dann wiederum der von der Vision innerlich so weit entfernte lesende Mönch entgegengesetzt ist.«[104]

Während auf den vorgenannten Darstellungen die Begleiter des Heiligen eine Reaktion verdeutlichen, wird hier durch den Gegensatz des mit sich selbst beschäftigten Mönchs zu dem gebannten, entrückten Franziskus die Ungeheuerlichkeit des Geschehens veranschaulicht. Franziskus ist eingebunden, auf der Fläche "gebannt" durch die Architekturen und die Felsenlandschaft, von denen er vollkommen hinterfangen wird. Der hinter ihm aufsteigende Felsen hat soviel plastische Qualität und durch die Bäume angegebene Räumlichkeit - wie die Felsen auf dem Arena-Fresko -, daß sich zwischen ihm und der Bildrahmung bzw. der unteren Kapelle scheinbar ein Raum eröffnen kann, in dem Christus als Seraph schwebt. Doch schwebt der Seraph in dieser fast symmetrisch ausgewogenen Komposition nicht so frei wie der Engel, der Joachim die Botschaft bringt. Da seine Flügel die Rahmung berühren, ist der Seraph stärker in der Fläche gebunden. Aber dennoch ist eine Intensität in der Raum-Flächenspannung erreicht, die die *leere Mitte* mit soviel Potential auflädt, daß die Strahlen, die von den Wundmalen

---

[100] Abb. 177 bei Poeschke (1985); Abb. 33 bei Mueller von der Haegen (1998).

[101] Poeschke (1985), S. 93.

[102] Poeschke (1985), S. 93.

[103] Poeschke (1985), S. 93.

[104] Poeschke (1985), S. 93.

Christi ausgehen, nur sichtbarer Ausdruck dieses Potentials sind, das dem Heiligen seine Entrücktheit gibt.

Hier erweist sich eine große, prinzipielle Nähe zwischen den Oberkirchen- und den Arenafresken, die ein Abqualifizieren der "narrativen" Franzlegende gegenüber den "idealen" Paduaner Arbeiten nicht mehr einleuchtend erscheinen läßt. Festgehalten werden sollte, daß Möglichkeiten der Raumdarstellung und der Hervorhebung der jeweiligen Besonderheit des Geschehens in der Franzlegende angelegt sind, die in der Arena-Kapelle durch größere Bodenschwere der Figuren und in knapperen Maßen ihres Aufeinandertreffens zu einer Intensivierung des Verhältnisses von Figur und Raum sowie des Verhältnisses von Aktualität und Überzeitlichkeit entwickelt werden.

Am Fresko der *Auferweckung der Drusiana* in der Peruzzi-Kapelle von S. Croce zu Florenz[105] kann die Entwicklung über die Arena-Fresken hinaus und damit auch der Schritt von der Franzlegende zu den Paduaner Fresken noch einmal deutlicher werden. Wie auf den verglichenen Darstellungen der *Regelbestätigung durch Innocenz III.* in Assisi und in Florenz, der Darstellung *Christus vor Kaiphas* und der *Erweckung des Lazarus* in Padua stehen sich hier zwei Gruppen gegenüber.[106] Zwei große zusammenhängende Architekturkomplexe - die Kirche mit dem romanischen Rundbogenfries und mit den venetianisch-byzantinischen Kuppeln und die beiden wehrhaften Türme des Stadttors - werden durch die umfassende Stadtmauer und den durchgängigen Blickwinkel als Stadtganzes zusammengeschlossen. Durch die klare, kontinuierliche Perspektive wird diese vielfältige Architektur vereinheitlicht zu einer ruhigen Umgebung. Eine klare, auch atmosphärische Unterscheidung der Stadt und dem Bereich vor der Stadt, in dem das Geschehen sich abspielt, wird erzeugt.

Der Raum, in dem die Szene dargestellt ist, wird durch die Schrägführung der Stadtmauer erschlossen. Damit ist der Handlungsraum vor den Toren der Stadt vorgegeben. In ihm bilden die beiden Menschengruppen, die ihrer Masse und ihrem Charakter nach in derselben Weise unterschieden sind wie die Architekturen, eine Gegenschräge zur Stadt. Auf diese Weise erhält das Gegenübertreten der Gruppen eine besondere Dynamik. Das eigentliche Ereignis, der Moment, in dem der lebendigmachende Funke von der ausgestreckten Hand des Johannes auf die empfangende Drusiana überspringt, wird von der Architektur unterstützt. Dieses imaginäre Zentrum wird von den beiden Menschengruppen einerseits reflektiert, zugleich steigern sie die Spannung auf es hin. Dieses Kompositionsprinzip, das auch die Arena-Fresken bestimmt, findet hier seinen Ausdruck an flüssiger deklinierten, selbständigeren Figuren:

---

[105] Abb. 120 bei Mueller von der Haegen (1998).

[106] Abb. 24, 141, 89 u. 82 bei Mueller von der Haegen (1998).

Die *leere Mitte*, die Zusammenführung der Leben gebenden und Leben empfangenden Hände, erhält ihre bestehende Kraft durch die beteiligten Figuren. Dies geschieht, wenn etwa die Hand des Evangelisten, wie die Hand Christi auf dem Paduaner Erweckungsbild, über die Köpfe der Knienden hinwegfährt. Dies geschieht aber auch durch die beteiligte Architektur, wenn die Stadtmauer genau an der zentralen Stelle am weitesten zurückweicht, aber die Mauerteile zugleich so gewinkelt werden, daß jeweils die Hände mit- und so zusammengeführt werden. Während in Padua die Figuren zu plastischen Elementen wie die Architektur wurden und dieselbe raumschaffende Aufgabe in den Bezügen zueinander zu erfüllen hatten, ist hier durch die Architektur ein Raum für die Figuren vorgegeben. Das setzt die Auseinanderlegung dieser beiden Glieder in ihre jeweilige Selbständigkeit voraus, in der sich die Figuren als Handlungsträger und die Architektur als raumschaffend und das Geschehen begleitend zeigen.[107]

Hier ist eine komplementäre Einheit von Geben und Nehmen geschaffen, die auch auf Fresken in Padua und in Assisi bei sich gegenüberstehenden Gruppen deutlich wird: Vergleicht man die *Bestätigung der Ordensregel* aus dem Zyklus der Franzlegende in Assisi mit der Darstellung desselben Themas in der Bardi-Kapelle zu Florenz, dann wird die Zwischenposition eines Freskos wie *Christus vor Kaiphas* in Padua deutlich.[108]

In einem kostbar ausgestatteten Innenraum knien Franziskus und seine Gefährten vor dem thronenden Innocenz III. und dessen Gefolge. Der einfache Kastenraum ist im oberen Bereich durch Konsolen und Rundbögen prägnant gegliedert und plastisch belebt. Perspektivisch werden die Raumverhältnisse verdeutlicht, die an den Wänden durch den gemusterten Vorhang schon leicht flächig sind und am Fußboden lediglich durch die Anordnung der Figuren erfahrbar werden. Dieselbe disparate Situation ergibt sich auf dem Paduaner Fresko zwischen Perspektivanlage der Decke und einfarbig flachem Boden. Der Fußboden des Freskos in Assisi wird darüber hinaus ähnlich wie beim Fresko der *Predigt vor Honorius*[109] durch ein nicht perspektivisch aufgefaßtes Muster wie eine hochgeklappte Fläche gewirkt haben.[110] Im Florentiner Fresko dagegen knien die Franziskaner auf einem Teppich, der in seiner perspektivischen Verkürzung der Kassettendecke des schlichten Raums entspricht.[111] Schon die streng bildparallele Anlage

---

[107] Auf die Möglichkeit, "weite" Natur darzustellen, wird im Zusammenhang mit dem Stefaneschi-Altar und der *Navicella* noch eingegangen werden.

[108] Abb. 24, 141, 89 bei Mueller von der Haegen (1998).

[109] Abb. 173 bei Poeschke (1985).

[110] Vor dem Thron des Papstes sind noch Reste des Musters zu entdecken. Auf dem Fresko der Predigt ist am linken Bildrand - zu Füßen des Heiligen - deutlich der Ansatz zur perspektivischen Bodenbildung zu sehen, was an dieser Stelle besonders schön der Eckposition und Fußstellung des Heiligen entspricht.

[111] Dies ist ein Gegenbeispiel zur Behauptung Panofskys (1927/1964), S. 116-117, daß es vor allem

hat, wie die Konchenarchitektur der *Marienhochzeit*,[112] einen unbedingten Charakter und wird durch die Perspektivkonstruktion noch zwingender.

Die Reihe der stehenden Begleiter des Papstes auf dem Fresko in Assisi bildet einen Winkel zu der Wand hinter ihr. So bereitet sie die noch stärker schräg geführte Reihe der Sitzenden vor. Der von der Architektur im oberen Drittel "angebotene" Raum wird auf diese Weise zugunsten einer Dynamisierung der auf Franziskus gerichteten Gebärde des Papstes verknappt. Der Handlungsraum wird dabei nicht von der Architektur vorgegeben, sondern von den Figuren selbst in Einheit mit der Handlung gebildet. Auf dem Paduaner Fresko *Christus vor Kaiphas*[113] ist die Figurenreihe der erschrocken zuschauenden Juden zwar in Kohärenz mit der Schrägführung der Seitenwand an dieser nach hinten gestaffelt, aber der Sitz des Hohepriesters und seines Beisitzers an der gegenüberliegenden Wand ist im Winkel zu ihr gebildet und verknappt wie in Assisi den "angebotenen" Raum. Das Aufeinandertreffen der offen aggressiven Soldaten und der antwortenden Priester wird auf diese Weise enger und dadurch explosiver. Gerade von der "Wand" der Zuschauerreihe weg entwickelt sich ein Zug der Figuren, der stark durch Winkelstellungen raumschaffend wird und in einem Auf-und-Ab der Gesten gestaffelt ist. Gegen diese allgemeine und gegen seine eigene Bewegung wendet Christus das Haupt zurück - es kommt zu einem Stillstand. Hier wird ein *Immerdar* in das *Eben-Jetzt* integriert.

»Geben und Nehmen, Segnen und Schauen ergänzen sich [auf dem Fresko in Assisi] zu komplementärer Einheit, und das Bedeutsame dieser die beiden einander gegenüberstehenden Figurenblöcke verbindende Handlung wird [...] hervorgehoben durch eine offene Mitte zwischen den Figuren.«[114] Diese »offene Mitte« entspricht der Gegenwendung Christi auf dem Kaiphas-Fresko und dem Anhalten der Zeit durch das *Fast-Berühren* auf dem Hochzeitsfresko. Sie ermöglicht in vergleichbarer Weise auf einigen Fresken der Arena-Kapelle, gesehen auf dem Fresko *Traum des Joachim*, die Verwandlung des Augenblicks in ein bedeutsames *Außerhalb-der-Zeit-Sein*. Das Kompositionsprinzip einer Rhythmisierung der Gesten in Einheit mit der Handlung als Steigerung auf ein

---

die Brüder Lorenzetti seien, die die Darstellung des Bodens derselben Perspektive wie der Decke unterwürfen. Auch die Annahme, daß die Verkündigung Ambrogios dadurch bedeutsam wäre, daß hier »zum erstenmal die sichtbaren Ortogonalen der Grundebene [...] ohne Zweifel mit vollem mathematischen Bewußtsein auf einen Punkt orientiert wären«, übersieht die Konstruktion des Stefaneschi-Altars (Abb. 101 u. 102 bei Mueller von der Haegen [1998]), die den Darstellungen in der Bardi-Kapelle vorangeht.

[112] Abb. 73 bei Mueller von der Haegen (1998).

[113] Abb. 89 bei Mueller von der Haegen (1998).

[114] Poeschke (1985), S. 88.

Zentrum gilt für das Fresko in Assisi ebenso wie für das Fresko in Padua. Auf diesen Fresken ist auch die *Raum-Flächen-Spannung,* die durch die genaue Perspektive der Decke einerseits und andererseits durch das "Verziehen" dieser Perspektive im Bereich der Figuren, in dem der Raum von den Handelnden jeweils selbst "hergestellt" wird, vergleichbar. Allerdings nutzen die Figuren des Arena-Freskos die Standfläche durchgängiger, erkennbar an der Staffelung der Figuren, die in Assisi in die Höhe geschichtet und in Padua, der Perspektive entsprechend, mit starken Überschneidungen in die Tiefe erfolgt. Diese veränderte Standfestigkeit ermöglicht eine stärkere Rhythmisierung in der Stellung der Figuren zueinander und in den von Figur zu Figur gänzlich unterschiedenen Gesten. Die Gesten sind eingebunden in eine Handlung und bezogen auf deren Kernpunkt, aber zugleich vollständig an die jeweils individuelle Figur und nicht unabhängig von ihr gerichtet auf ein Zentrum, wie es bei den knienden Mönchen hinter Franziskus der Fall ist. Die Individualität der Figuren und ihre gewichtige Standfestigkeit scheint in dem Maße größer zu sein, wie die Architektur einheitlicher und zurückgenommener ist.

Von der zwingenden Klarheit der Architektur auf dem Florentiner Fresko ist schon gesprochen worden. Allein durch die Perspektivkonstruktion, die sich hier auf Decke und Standfläche bezieht, wird ein einheitlicher Innenraum gebildet, der in seiner Stringenz und Raumhaltigkeit (vielleicht muß man von "Lufthaltigkeit" sprechen) über die Darstellung auf dem Arena-Fresko hinausgeht. Diesen Raum nehmen die Figuren ein, während sie ihn auf dem Kaiphasfresko - jedenfalls im Bereich der Handlung - selbst schaffen. Die Figurengruppen in Florenz sind derselben Perspektivkonstruktion unterworfen wie die Architektur, wodurch ein paralleles Verhältnis von Raum und Figur erreicht wird. Auch hier ergänzen sich Geben und Nehmen der beiden aufeinander bezogenen, sehr homogenen Figurengruppen zu einer Einheit wie in Assisi.

Auch hier wird durch Gesten und Haltung der Figuren rhythmisiert und gesteigert auf das bedeutsame Geschehen wie in Assisi und in Padua. In den Blicken, die sich bei der segnenden Hand des Papstes treffen und deren Intensität von den strengen Profilgesichtern unterstrichen wird, liegt der Zentralpunkt des Geschehens. Es ist auch hier die *offene Mitte,* die das Bedeutsame der Handlung hervorhebt, wie auf *Traum des Joachim.* Auch *Die Huldigung auf dem Marktplatz in Assisi*[115], also das von der Erzählung her erste Bild der Franzlegende, zeigt eine Spannung über die Bildmitte hinweg, die mit dem *Traum Joachims* vergleichbar ist, allerdings von der Tempelarchitektur eingenommen. Ebenso kann man die *Lossagung vom Vater*[116] und, wie oben ausgeführt, das

---

[115]   Abb. 20 bei Mueller von der Haegen (1998).

[116]   Abb. 150 bei Poeschke (1985).

Quellwunder oder die *Stigmatisation* hinsichtlich eines solchen Spannungsbogens zum Vergleich anführen.[117]

Für die Paduaner Fresken war gegenüber den Beispielen der Franzlegende in Assisi festgestellt worden, daß die Figuren an natürlichem Gewicht gewonnen haben, mit dem sie sich einen Handlungsraum schaffen. In diesem steigern sie die Spannung auf das Zentrum hin und zugleich wird dem Zentrum ein Moment jenseits der aktuell erzählten Geschichte verliehen. Am Beispiel der Bardi-Kapelle kann festgestellt werden, daß, auf dem Kompositionsprinzip der Arena-Fresken aufbauend, die Architektur sowie die Figurensprache sparsamer und die Handlung vereinheitlicht werden, um den Kernpunkt nur um so intensiver zum Vorschein zu bringen.

Die vorgegebene Raumhaltigkeit erlaubt auf dem Fresko der *Auferweckung der Drusiana* die Figurengruppen ruhiger, die Figuren mit gemesseneren Gesten und die Architektur gleichmäßiger zu gestalten. Die Kohärenz von Raum und sehr beweglich handelnder Figur ermöglicht auf dem Fresko der Bardi-Kapelle eine Verdichtung des Ausdrucks, der über die Möglichkeiten in Padua hinaus geht, aber auf denselben Grundprinzipien wie dort basiert.[118]

Die Untersuchung der späteren Giotto-Werke wird weiter erweisen, daß gerade die in der Darstellung der *Marienhochzeit* beschriebene, den Gehalt der Geschichte steigernde Erhabenheit weiterentwickelt worden ist. Dabei wird sich zeigen, daß ein erweiterter Raum und eine sich darin freier bewegende Figur, gesehen sowohl auf dem Fresko der *Auferweckung der Drusiana* wie auch auf dem Fresko der *Bestätigung der Ordensregel*, konstitutiv werden für die Möglichkeit, auch inhaltlich die Darstellungsebene zu erweitern. Diese Entwicklungsmöglichkeit wird schon im Unterschied zwischen den Fresken in Assisi und Padua, aber auch zwischen den Paduaner Fresken der *Marienhochzeit* und der *Heimsuchung* deutlich.

An den erzählenden Fresken der Arena-Kapelle ist gesehen geworden, daß mit der Erfahrung aus der Franzlegende Szenen dargestellt werden, deren handelnde Figuren mit natürlicher Körperschwere und Volumen ausgestattet sind, sich aber ihren Handlungsraum durch ihr je spezifisches Verhältnis zueinander, das durch die jeweilige Handlung bestimmt ist, jeweils schaffen. Durch die rhythmische Steigerung in Gebärden, Blicken und Körperhaltung im Wechselspiel mit der gleichberechtigten Architektur wird auf ein

---

[117] Vgl. Poeschke (1985), S. 86 u. 87, Abb. 142 u. 150.

[118] Man könnte diesen Vergleichen weitere hinzufügen, etwa der Darstellungen der *Feuerprobe vor dem Sultan* in Assisi und S. Croce einer- und z.B. der Darstellung des *Kindermordes* in Padua andererseits.

jeweiliges Zentrum hingeleitet. Das Zentrum bilden wiederum handelnde Figuren mit natürlicher Körperlichkeit, die nach der Vorbereitung der Begleitfiguren deren Bewegung vollenden. Aus dem Ablauf in der Zeit, den in der erzählenden Bilderfindung die vorbereitenden Figuren verkörpern, sind die Zentralfiguren herausgenommen; erkennbar wird dies an den knappen Maßen der skandierenden Senkrechten sowie der Überschneidungen und besonders an der Spannung, die durch das Fast-Berühren erzeugt wird, aber auch an den Reflexen in der Umgebung. Auf diese Weise wird das Übernatürliche, das die Zentralfiguren der Geschichte als Heilige von den Begleitfiguren unterscheidet, ihnen nicht zeichenhaft hinzugefügt, sondern als Moment ihrer selbst und der Handlung gestaltet und vollkommen zur Anschauung gebracht.

III. DER *FIGURUMSCHLIEßENDE* RAUM UND DAS ZENTRUM EINER *ERZÄHLENDEN* BILDERFINDUNG

III.1 Die Peruzzi-Kapelle

Die Formanalyse Rintelens stützt sich vor allem auf die Arena-Fresken und die Wandmalereien der Peruzzi-Kapelle zu S. Croce: »So klar uns Giotto also in der Paduaner Kapelle als der entgegentritt, der er im Verhältnis zu seiner Zeit und zur Geschichte überhaupt gewesen ist, sich selbst spricht er dort noch nicht vollständig aus. Darum darf man es eines der glücklichsten kunstgeschichtlichen Ereignisse nennen, daß um die Mitte des 19. Jahrhunderts in der herrlichen gotischen Franziskanerkirche S. Croce zu Florenz unter der Tünche, die das Barockzeitalter darüber gestrichen hatte, Gemälde zum Vorschein gekommen sind, die uns gerade das bringen, was wir in der Arena vermissen: den Stil des völlig sich abgeschlossenen, frei mit den künstlerischen Mitteln waltenden Giotto.«[1] Andere Möglichkeiten eröffnen sich Giotto in der Peruzzi-Kapelle, stellt Bellosi fest, denn »die großflächigen Wandfelder bieten Raum für größere Vielteiligkeit im Bildinhalt als in Padua, und die eindrucksvollen, stattlichen Gestalten genießen uneingeschränkte Bewegungsfreiheit im architektonischen Gefüge und dem eigenen Bildraum.«[2]

Im vorangegangenen Kapitel wurde das Wandbild der *Auferweckung der Drusiana*[3] aus der Florentiner Peruzzi-Kapelle zum Vergleich herangezogen, um die Entwicklungsmöglichkeiten zu verdeutlichen, die sich aufgrund der Darstellungen der Paduaner Arena-Kapelle eröffnen. Dabei wurde gesagt, daß zwar die schwergewichtigen Körper der handelnden Figuren vergleichbar seien, daß aber durch die einheitliche, perspektivische Architekturführung der Handlungsraum in der Florentiner Darstellung für die beiden Figurengruppen vorgeben werde und dadurch das Kompositionsprinzip der Arena-Darstellungen in modifizierter Form Anwendung finde. Um nun genauer zu klären, welchen Entwicklungsschritt diese Florentiner Malereien gegenüber den Paduanern darstellen, um weiterhin deutlich zu machen, in welcher Weise die erzählenden Bilderfindungen auch innerhalb dieses Zyklus` modifiziert worden sind und um drittens hierin einen Anhaltspunkt für weitere nach den Arena-Fresken entstandene Werke zu finden, sollen auch die anderen Szenen der Peruzzi-Kapelle im folgenden Gegenstand der Untersuchung sein.

---

[1]   Rintelen (1911/1923), S. 113-114.

[2]   Bellosi (1981), S. 65.

[3]   Abb. 120 bei Mueller von der Haegen (1998).

III.1.1 Stand der Forschung

Der Bau der zweiten Kapelle des rechten Querschiffs von S. Croce geht auf den einfluß-
reichen Bankier Donato di Arnoldo Peruzzi zurück, der testamentarisch 1299 weiteres
Geld für diese Gedächtniskapelle hinterließ.[4] Wahrscheinlich stiftete sein Enkelsohn
Giovanni di Rinieri Peruzzi die Wandmalereien zu Ehren der beiden Heiligen Johannes
Evangelista und Johannes Baptista.[5] Die Zusammenstellung der beiden Johannes-Zyklen
birgt nach Codell eine Mischung von religiöser und profaner Ikonographie.[6] Den Szenen
aus dem Leben des Evangelisten Johannes, Namenspatron des Stifters Giovanni di Ra-
nieri Peruzzi, auf der einen Wand stehen Szenen aus der Lebensgeschichte Johannes des
Täufers, Patron der Stadt Florenz und des heiligen Franziskus, gegenüber.[7] Über einer
einfachen Sockelzone und unter dem Gewölbe mit den apokalyptischen Evangelisten-
symbolen nehmen, gerahmt von Schmuckbändern, jeweils zwei querrechteckige Bildfelder die ganze Breite der Seitenwände und jeweils ein halbkreisförmiges die abschließenden Lünettenfelder ein.[8] Es entsprechen sich von unten nach oben: die *Himmelfahrt
des Evangelisten* und der Tod des Täufers im Fresko des *Festmahls bei Herodes*, die
Auferweckung der Drusiana und die Doppelszene der *Geburt und Namensgebung des
Täufers*, sowie die *Vision auf der Insel Patmos* und die *Verkündigung an Zacharias* in
den Lünetten.[9] Im Eingangsbogen erscheinen Prophetenbüsten in Sechspässen[10] und an

---

[4] Rechts und links des Chores schließen sich jeweils fünf kleine Privatkapellen mit gleichem
längsrechteckigem Grundriß an. Zwischen Chor und Peruzzi-Kapelle befindet sich die Bardi-Kapelle, deren Malereien vielfach ebenfalls dem Oeuvre Giotto zugerechnet werden. Der Bau wurde
am 3. Mai 1295 begonnen. Wie Villani in seiner Chronik ausführt, blieb die alte Kirche noch bis zur
Vollendung der Chorteile bestehen. 1314 wurden Reliquien der Humiliana de Cherchi überführt. Zu
diesem Zeitpunkt waren wohl das Querhaus und die ersten Joche des Langhauses vollendet. Zur
Baugeschichte von S. Croce vgl. Paatz (1955) Bd. 1, S. 505, Blume (1983), S. 147-150, Conti
(1972), S. 247f., zu den Stifter Borsook/Tintori (1965), S. 6-10.

[5] Borsook/Tintori (1965), S. 6-10.

[6] Codell (1988), S. 583.

[7] Borsook/Tintori (1965), Schneider (1972), S. 91-104 und Codell (1988), S. 583-613 befassen sich
mit dem Stifter. M.V. Schwarz (1993), S. 26-27, geht sicherlich zurecht davon aus, daß das Patronat
vor dem Bau der Kapelle in Einklang mit den übrigen Patrozinien von den Franziskanern festgelegt
wurde: »Johannes der Täufer war Namenspatron von Franziskus, und dieser wurde zuweilen mit
dem Engel des sechsten Siegels identifiziert, den Johannes der Evangelist auf Patmos gesehen hatte.«
(S. 26). Vgl. Hueck (1976), S. 267.

[8] Zur Wandgliederung vgl. Isermeyer (1937), S. 20f.

[9] Abb. Bellosi (1981), S. 64 u. 66.

[10] Borsook/Tintori (1965), Tav. 8 u. 9; S. 26 identifiziert Borsook einige der Propheten aufgrund von
fragmentarischen Inschriften als Malachias, Elias, Ezechiel, Daniel und David.

der Fensterwand einige weitere apokalyptische Darstellungen, etwa im Scheitel des Fensterbogen das apokalyptische Lamm.[11]

Gerade wegen der Darstellung des apokalyptischen Lammes müsse man nach Borsook beide Zyklen unter dem Gesichtspunkt der Apokalypse sehen, die dem franziskanischen Gedankengut und insofern einer Kapelle in der florentinischen Hauptkirche der Franziskaner entspräche.[12] Eine herausragende Bedeutung der Apokalypse für die Interpretation der Malereien wird zwar auch von Schneider aufgenommen,[13] aber die eigentliche Basis der Ikonographie sei die Beziehung der drei Figuren - Täufer, Evangelist und Christus, die das Lamm evoziere.[14] Der gemeinsame, für die Kapellendekoration einer Begräbniskapelle angemessene Oberbegriff sei in der Auferstehung zu sehen, auf die Johannes Baptista als Vorläufer Christi hinweise, die Johannes Evangelista nach Christi Tod predige und mit der Vision in Patmos als erneute Wiederkehr des Herrn voraussage.[15] »John the Baptist prophecied and prefigured the arrival of the first Church through the person of Christ while John the Evangelist foretold his second coming, the New Jerusalem.«[16]

Nach Codell ist das Thema der Apokalypse - als Referenz an die Franziskaner -, verbunden mit dem Thema der Auferstehung - als Bezugspunkt zur Begräbniskapelle - und mit Themen des städtischen Lebens, zu dessen mitbestimmenden Familien sich die Peruzzi rechnen konnten.[17] In den Fresken sei die sonst in Franziskaner-Kirchen übliche Betonung der Armut unterblieben zugunsten einer Hervorhebung der bürgerlichen und brüderlichen Liebe, die direkt auf die Probleme der Florentiner Kommunität um die Jahrhundertwende anspiele und die Hoffnung auf inneren Frieden und Gemeinsamkeit gerade unter dem Aspekt äußerer Bedrohung ausdrücke.[18] Auch Previtali glaubt, daß sich in den Fresken eine neue Sicht städtischen Lebens im Gefühl der Selbstbestimmung und der Dominanz ökonomischer wie sozialer Aktivitäten ausdrücke.[19] Ablesbar sei dies, so Codell, an der dargestellten Auswirkung der Wunder auf das tägliche Leben und der

---

[11] Diese Teile der Ausmalung sind in buon fresco gearbeitet. Vgl. Borsook/Tintori (1965), S. 26.

[12] Borsook/Tintori (1965), S. 23, 25-28.

[13] Schneider (1972), S. 91.

[14] Schneider (1972), S. 92. Auch Bologna sieht im Lamm eine Beziehung zu beiden Johanni einerseits und zur Apokalypse bzw. Auferstehung, d.h. zu Christus andererseits. Vgl. Bologna (1969), S. 51-56.

[15] Schneider (1972), S. 91.

[16] Schneider (1972), S. 102.

[17] Codell (1988), S. 590f.

[18] Codell (1988), S. 598-599 u. 607.

[19] Previtali (1967/1974), S. 11.

differenzierten menschlichen Antwort darauf.[20] M. V. Schwarz hebt ebenfalls auf die »Wirklichkeits-Aneignung«[21] besonders in der Darstellung der *Auferweckung der Drusiana* ab, möchte diese allerdings eher durch die Selbstdarstellung der Auftraggeber bewirkt sehen, als durch die Logik der künstlerischen Entwicklung.[22] Diese Wirklichkeitsnähe steht in deutlicher Beziehung zu den Fresken der Arena-Kapelle, an denen die Integration des Heiligen in die individuell menschliche Welt und zugleich dessen Besonderung oder, anders gewendet, die Verbindung des Überzeitlichen mit dem Hier und Jetzt der erzählten Geschichte beschrieben wurde. Wenn auch nach anderen Gesichtspunkten, so ist doch immer gesehen worden, daß die Peruzzi-Fresken auf denen der Arena-Kapelle aufbauen.

Von der Mitte des 18. Jahrhunderts bis zur Mitte des 19. Jahrhunderts blieben die Malereien der Peruzzi- und der Bardi-Kapelle in S. Croce unter einer weißen Tünche verborgen, so daß sie der Forschung erst seit der zweiten Hälfte des 19. Jahrhunderts, allerdings in der Interpretation der damaligen Restauratoren, zur Verfügung standen.[23] Forscher wie Toesca, der 1929 meinte, »die Fresken der Capella Peruzzi [müsse] man, an des Meisters Stil gemessen als verloren betrachten« blieben die Ausnahme.[24] Aber die auf Ghiberti zurückgehende Zuschreibung der Fresken an Giotto ist zurecht in der kunstgeschichtlichen Forschung bis heute nie grundsätzlich bezweifelt worden.[25] Die voluminösen, schwergewichtigen Körper, die die Darstellungen besonders des Evange-

---

[20] Codell (1988), S. 596.

[21] M.V. Schwarz (1993), S. 57.

[22] Vgl. M.V. Schwarz (1993), S. 28-46. Als beispielhaft bezeichnet M. V. Schwarz die »realistische« Darstellung von Ephesos, die er als Legitimierung des gesellschaflich inkriminierten Levante-Handels verstehen möchte, oder als Betonung der Missionstätigkeit der Franziskaner in derselben Gegend. Diese Identifizierung erscheint sehr einleuchtend, die Übermittlungswege sind allerdings nur zu vermuten, und die Schlußfolgerung birgt den Mangel, daß wir zwar die »Äußerung« Giottos, aber keine der Peruzzi haben. Die Darstellung zeigt nicht nur einen möglichen Handelsplatz, sondern eben auch die Grabeskirche des Evangelisten Johannes. Ob man als Grund für die »Ephesos-Vedute« den Auftrag oder das »Wollen des Malers« (S. 45) annehmen muß, kann nicht geklärt und m.E. auch nicht von einander unterschieden werden – zumindest solange sich keine diesbezüglich eindeutigen Dokumente gefunden haben.

[23] Zur Restaurierung des 19. Jahrhunderts: Gy.-Wilde (1930), S. 58ff.; über mögliche frühere Restaurierungen, möglicherweise schon im 15. Jahrhundert, aufgrund der Überschwemmungen, die S. Croce von 1333 bis 1557 heimsuchten, und über den Zustand der Malereien bis zur Restaurierung des 19. Jahrhunderts: Borsook/Tintori (1965), S. 29-40.

[24] Toesca (1929), S. 41.

[25] Ghiberti (ed. Schlosser), S. 36. Borsook/Tintori (1965) bringt im Anhang B (S. 97-103) eine Auflistung der Beschreibungen; Anhang A (S. 95-96) enthält Dokumente und Notizen zur Kapelle.

listenzyklus auszeichnen und mit der Figurenbildung auf den Arena-Fresken in Einklang gesehen wurden, machten in der Giotto-Forschung die Autorschaft Giottos zur Selbstverständlichkeit.[26] Auch über die nachpaduanische Entstehung, die im allgemeinen mit der Gesamtorganisation der Bildfelder, der kohärenteren Perspektive und dem einheitlicheren Raumgefüge begründet wird, herrscht Übereinstimmung.[27] Die frühen Quellen sprechen eher summarisch von vier Kapellen in S. Croce, die Giotto ausgemalt habe.[28] Auf dieser Basis konnte die Tradition entstehen, die beiden erhaltenen Kapellen - der Familien Bardi und Peruzzi - ungefähr in denselben Zeitraum zu datieren.[29] Nach der Ausgliederung der *Vele* in der Unterkirche von Assisi und des Stefaneschi-Altares, die bis zu Beginn unseres Jahrhunderts als Hauptwerke Giottos galten und den Verlust der lediglich nachrichtlich bekannten Alterswerke in Neapel, Florenz und Mailand ersetzen mußten, erscheint es folgerichtig, daß die Bildwerke der beiden Florentiner Kapellen als das die frühen Arena-Fresken ergänzende Spätwerk angesehen wurden. Hierauf konnte Rintelen den schroffen Gegensatz von authentischem und apokryphem Werk aufbauen, der die einfache, kubische Figur auf der einen Seite und die feinere, bewegte Figur auf der anderen Seite postuliert.[30] Da bei der Betrachtung der Malereien von der süßlichen Übermalung des 19. Jahrhunderts abstrahiert werden mußte - dies leistete 1930 in beeindruckender Weise Gy.-Wilde[31] - und auch nach der gründlichen Restaurierung in den 50er Jahren unseres Jahrhunderts die Oberfläche der Secco-Malereien nicht wieder hergestellt werden konnte,[32] konzentrierte sich die Forschung hauptsächlich auf die Raumgestaltung innerhalb der Darstellungen.[33]

Nach der Restaurierungskampagne erschien 1965 die bisher einzige monographischen Darstellung der Malereien in der Peruzzi-Kapelle durch Tintori und Borsook.[34] Sie

---

[26] Dies drückt sich u.a. sehr deutlich bei Rintelen (1911/1923), S. 113-114 aus.

[27] Vgl. dazu z.B. Rintelen (1911/1923), S. 114ff.; White (1957), S. 72-77; Gioseffi (1963a), S. 56ff.; Borsook/Tintori (1965); Previtali (1967/1974), S. 11ff.; Schneider (1972), S. 11; Bellosi (1981), S. 65; Brandi (1983); Codell (1988), S. 583; Bistoletti (1989), S. 104.

[28] Borsook/Tintori (1965), S. 97 listet die frühen Zeugnisse auf.

[29] Wobei mehr oder weniger deutlich die Bardi-Kapelle als "entwickelter" angesehen wird: Vgl. Rintelen (1911/1923), S. 135; Gy.-Wilde (1930), S. 45ff.; Hetzer (1941/1981), S. 126; White (1957), S. 76; Gosebruch (1962), S. 143-150.

[30] Rintelen (1912/1923).

[31] Gy.-Wilde (1930).

[32] Tintori (1965) liefert den genauen Restaurierungsbericht, Borsook (1965) leistet imselben Band den kunsthistorischen Beitrag. Vgl. auch Borsook (1961), S. 89-107 u. Borsook (1966), S. 30-38.

[33] Vgl. White (1957), S. 72-77. Zum Erhaltungszustand vor der Restaurierung vgl. Procacci (1937), S. 377-389.

[34] Borsook/Tintori (1965).

enthält den genauen Restaurierungsbericht und eine kunsthistorische Untersuchung. Borsook schlägt eine Datierung vor, die die Täuferseite, als früher entstanden, einige Jahre von der Evangelistenseite trennt.[35] Für die Täuferseite ermittelt sie die Berufung Giottos an den Hof von Neapel 1328[36] als *terminus ante quem*, da sowohl Andrea Pisano 1330 für die Florentiner Baptisteriumstür Bildungen dieses Zyklus aufgenommen habe[37] als auch Ambrogio Lorenzetti in einem Wandbild für die Kirche San Francesco in Siena.[38] Borsook stellt fest, daß es Reflexe lediglich der Täuferseite,[39] aber nicht der Evangelistenseite gäbe, woraus sie schließt, daß möglicherweise die Evangelistenseite erst später entstanden sei.[40] Als Datum der Fertigstellung der Kapelle nimmt Borsook das Jahr 1335 an, da in diesem Jahr die Peruzzi an den Konvent in S. Croce Geld für ein Fest zu Ehren Johannes des Evangelisten am 27. Dezember bezahlten - es ist eine Ausgabe, die sich von da an regelmäßig jährte. Dies entspreche der starken Betonung der Apokalypse in der Ikonographie der Kapelle, wohingegen es Nachrichten über eine Beziehung der Peruzzi zu Johannes dem Täufer nicht gäbe. Außerdem sei der 1336 gestorbene Bruder des Stifters in dieser Kapelle beigesetzt worden.[41]

Weiterhin hebt Borsook die gemeinsame Datierung von Bardi- und Peruzzi-Kapelle auf, indem sie für die erstere eine Entstehungszeit kurz nach 1310 annimmt.[42] Zwar wurde die divergierende Datierung der beiden Zyklen in der Peruzzi-Kapelle durch die Forschung nicht weiter verfolgt, aber die Datierung der Fresken, auch die zeitliche Folge

---

[35] Borsook/Tintori (1965), S. 10-14.

[36] Vasari (Milanesi), I, S. 389; Davidsohn (1908), Bd. III, S. 543; Borsook/Tintori (1965), S. 43 Anm. 45.

[37] Die Bronzetür ist inschriftlich datiert. Vgl. Davidsohn (1908), III, S. 464 u. I. Toesca: Andrea e Nino Pisano, Florenz 1950. Auch Gy.-White (1930); White (1957); Gioseffi (1963a); u. Gosebruch (1962) operieren mit der Berufung Giottos nach Neapel als *terminus ante quem* wegen der Bezüge zur Baptisteriumstür, wobei die genannten Autoren im Unterschied zu Borsook (1965), die die Bardi-Kapelle sehr viel früher ansetzen und nur im Entwurf Giotto zutrauen möchte [Vgl. S. 10 u. 14-15], wegen der Darstellung des kanonisierten Ludwig v. Anjou in der Bardi-Kapelle 1317 als frühest mögliche Datum der Entstehung beider Kapellen annehmen.

[38] Borsook/Tintori (1965), S. 10. Borsook erkennt die beiden "Zuschauer" aus dem Herodesgastmahl auf dem undatierten Wandbild *Ludwig von Toulouse vor Bonifaz VIII.* wieder. Vgl.Borsook/Tintori (1965), S. 43 Anm. 46.

[39] Weitere Beispiele solcher Reflexe: Borsook/Tintori (1965), 28-29.

[40] Borsook/Tintori (1965), S. 14.

[41] Borsook/Tintori (1965), S. 14.

[42] Borsook/Tintori (1965), S. 10. Auf die Bardi-Kapelle, ihre Zuschreibung und ihre Datierung wird in Kapitel VIII. eingegangen.

der beiden Kapellen blieben umstritten.[43] Während Gosebruch an seiner 1962 entwickelten Datierung beider Kapellen ins dritte Jahrzehnt festhielt[44] und dabei mit Rintelen, Gy.-Wilde, Hetzer, White und Gioseffi einer Meinung war,[45] datierte Previtali die Malereien der Peruzzi-Kapelle auf 1310 und die der Bardi-Kapelle auf 1325.[46] Über eine enge Verbindung zwischen Arena- und Peruzzi-Fresken, zugleich aber auch über eine Weiterentwicklung in der Dynamik der Figurengruppen, der Expressivität des Ausdrucks und der Architekturdarstellung bei den Florentiner Darstellungen ist man sich in der Forschung einig, allerdings weder über die notwendige Zeit noch das auslösende Moment für diese Entwicklung. Für Previtali sind die späteren Darstellungen unmittelbar aus der Arena-Kapelle ableitbar, wohingegen Gosebruch die römischen Werke als notwendigen Zwischenschritt auf diesem Weg ansieht. Auch für Bologna stellt 1969 das Mosaik der *Navicella* die Voraussetzung der Peruzzi-Fresken dar; da er allerdings dieses Werk, anders als Gosebruch, an den Anfang des zweiten Jahrzehnts datiert, erscheint ihm eine Entstehung dieser Fresken um 1317 einleuchtend.[47] Stubblebine hingegen vertritt eine Spätdatierung, da diese Malereien mit ihrem komplexen Raumgefüge die Maler der dreißiger und vierziger Jahre des Trecento beeinflußt hätten.[48] Auch die Untersuchung von Schneider basiert auf dem Datierungsvorschlag von Borsook, d.h. auf der Zeitspanne zwischen 1327 und 1335.[49]

»Eine neue Menschheit erblickt man in der Peruzzi-Kapelle. Schwere Stoffe umhüllen wuchtige Gestalten, breite Köpfe sitzen auf kurzen Hälsen über hohen, plastisch sich wölbenden Schultern. Kein lineares System bedingt [...] den Fall der Draperien. Die gehäuften Knicke an den Mänteln der Frauen der "Geburt des Täufers" oder an denen der Männer hinter der Bahre der Drusiana, der geknotete Mantel des Bahrenträgers u.a. geben zum erstenmal das Gefühl von greifbarer Stofflichkeit, das die Künstler des Quattrocento [...] sich zum Ziel gesetzt haben. Aus solchen Gestalten sind in der Peruzzikapelle jene klaren Gruppen aufgebaut, die sich mit den plastisch reich gegliederten Architekturen zu einer neuen Bildform verbinden, deren geheimes Gesetz nicht mehr in der ikonographischen Bedeutsamkeit, sondern im Gleichgewicht ponderoser

---

[43] Vgl. zur Chronologie der Fresken beider Kapellen Gilbert (1968), S. 192-197.

[44] Gosebruch (1962), S. 143-150; (1970) u. bes. (1961a).

[45] Rintelen (1912/1923) S. 113-146; Gy.-Wilde (1930), S.75-78; Wilde (1957), S. 76; Gioseffi (1963), S. 56f.

[46] Previtali (1967/1974).

[47] Bologna (1969), S. 51-56. Vgl. zu den unterschiedlichen Datierungen der *Navicella* Kapitel IV.

[48] Stubblebine (1985), S. 88-98.

[49] Schneider (1972), S. 91. Auch Gardner (1971b), S. 105-106 datiert die Bardi-Fresken zwischen 1315 und 1320, die Peruzzi-Fresken hingegen hält er erst 1334 für vollendet.

Massen liegt.«[50] schrieb Gy.-Wilde 1930 und rückblickend auf Padua urteilt sie: »Schon in den Arenafresken hat Giotto mit dem Problem der Gruppenbildung gerungen. Im dichten Gedränge hat er dort in herkömmlicher Weise nur die vordersten Figuren durchgeformt, die hinteren durch übereinandergestellte Köpfe nur angehängt.«[51] Nur in den reifsten Bildern habe Giotto durch Aktionsverbindungen der Figuren in verschiedenen Tiefenschichten versucht, die Massen zu durchdringen, und nur in wenigen Fresken sei eine andere Lösung angebahnt - etwa bei der *Geißelung*, wenn die Peiniger Christus von allen Seiten umschließen.[52] In der Peruzzi-Kapelle seien diese Versuche verwirklicht: »die unklare Menge der hinten Stehenden ist verschwunden, denn alle Figuren sind um kubische Raumzentren gesammelt, so daß ihre gegenseitige Stellung ihre Körpermasse anzeigt. Sie alle können sich nun frei bewegen, sie alle füllen aber auch den verfügbaren Raum.«[53] Die Autorin beschreibt das im vorangegangenen Kapitel für die Arena-Fresken entwickelte Verhältnis von Figur und Raum, das mit dem Begriff *raumbildende Figur* gefaßt wurde, und deutet auch dessen Modifikation an. Das in der Peruzzi-Kapelle veränderte Verhältnis von Figur und Raum zeigt sich schon in der Feststellung der freien Beweglichkeit der handelnden Figuren. Diese Veränderung wird die Untersuchung der Bilderfindungen bestätigen und wird in dem Begriff *figurumschließender Raum* Ausdruck finden.

Gy.-Wilde schließt in ihren Überlegungen an Rintelen an, der zur selben Problematik bemerkt: »Giotto besitzt zwar auch jetzt noch keine so ausgebildete Perspektive, daß die hinteren Figuren mit den vorderen das gleiche Maß an Sichtbarkeit teilen könnten, aber [...] von jeder glaubt man, daß sie dort wirklich stehen kann, wo sie steht [...]. Die klarere räumliche Durchbildung macht den Künstler natürlich auch beweglicher in der rhythmischen Gliederung seiner Gruppen.«[54] Die Feststellung der freieren Beweglichkeit bei größerer räumlichen Durchbildung hat Rintelen offenbar bei der Einordnung verschiedener Werke als »Giotto-Apokryphen« wieder vergessen - liegen doch gerade in der Bildung des *figurumschließenden Raums* die Entwicklungsmöglichkeiten zu feineren Figuren und zu komplexen Bilderfindungen.

Auch White hebt auf die Raumbildung ab und erkennt in den Florentiner Darstellungen einen Schritt auf die Perspektive des 15. Jahrhunderts zu, da Giotto - am deutlichsten in der *Auferweckung der Drusiana* und in der Landschafts- bzw. Seedarstellung des *Johannes auf Patmos* - »tries [...] to emancipate the idea of space from the tyranny of

---

[50] Gy.-Wilde (1930), S. 76-77.

[51] Gy.-Wilde (1930), S. 76.

[52] Gy.-Wilde (1930), S. 76. Abb. 90 bei Mueller von der Haegen (1998).

[53] Gy.-Wilde (1930), S. 76.

[54] Rintelen (1912/1923), S. 128.

solid object.«[55] Dagegen meint Gioseffi über dreißig Jahre nach Rintelen, man könne bei den isolierten, kubischen Gebäuden dieser Malereien noch nicht von einer wirklichen »integrazione spaziale« und einer genauen Korrelation in einer räumlichen Umgebung sprechen.[56] Vielmehr sei das Neue gegenüber den Paduaner Fresken der vielfältige Einsatz eines »schema angolare-quasi frontale« nach dem der Saal des *Gastmahl des Herodes* zum Beispiel in konsequenter Konvergenz zweier Fluchtpunkte konstruiert sei und so eine überzeugende Perspektive entstünde.[57] Allerdings käme es erst in der Bardi-Kapelle zu vollkommener Kohärenz von Figur und Architektur, d.h. zu einer räumlichen und perspektivischen Integration aller Teile und des Ganzen.[58] Nach Gioseffi führt der Weg dahin von Padua über die Magdalenenkapelle in Assisi zur Peruzzi-Kapelle, dann über die *Jugendgeschichte Christi* im rechten Querschiff der Unterkirche von Assisi und den römischen Stefaneschi-Altar zur Bardi-Kapelle, der die Franziskuswunder und dann die Vierungsfresken der Unterkirche von Assisi folgen.[59] In der Magdalenenkapelle werde die »spazialità larga e continua« der Drusiana-Erweckung vorbereitet.[60] Ähnlich sieht Bellosi die Schritte nach der Tätigkeit in Padua, wenn er zur Peruzzi-Kapelle sagt: »Giotto führt hier die schon in der Magdalenenkapelle spürbaren Bemühungen um monumentale Bildordnung erfolgreich fort.«[61]

Hier sollen nun wie schon bei den Arena-Fresken Figur, Raum und Handlung als die konstitutiven Momente der Bilderfindung aufgezeigt werden. Dabei soll deutlich werden, wie sich das Verhältnis dieser Momente zueinander geändert hat und in welcher Weise sich diese Veränderung auswirkt auf die Integration des Heiligen in die erzählte Geschichte, auf das Zusammenspiel von Erzählzeit und Überzeitlichem im Sinne von Wundern, die mitten in menschlicher Aktivität stattfinden.[62] An diesen in der Forschung als Giotto-Werk unbestrittenen Malereien soll gezeigt werden, welche Modifikationen es nach Padua gibt und welche Möglichkeiten der Bildfindung sich daraus entwickeln können. Nach der Untersuchung der Bildfelder wird auf die Magdalenenkapelle in Assisi eingegangen werden, um die vielfach vorgenommene Zuschreibung an Giotto einerseits und ihr Verhältnis zu den Florentiner Bildfeldern andererseits zu prüfen. Dieser Vergleich wird einen Hinweis auf die Datierung der Peruzzi-Kapelle erbringen können und zugleich auf das römische Mosaik der *Navicella* verweisen.

---

[55] White (1957), S. 76.

[56] Gioseffi (1963a), S. 57.

[57] Gioseffi (1963a), S. 57.

[58] Gioseffi (1963a), S. 58 u. 59

[59] Gioseffi (1963a), S. 55.

[60] Gioseffi (1963a), S. 56.

[61] Bellosi (1981), S. 65.

[62] Vgl. Codell (1988), S. 593.

III.1.2 Die Darstellungen aus dem Leben von Johannes Baptista

Alle sechs Bildfelder der Kapellendekoration sind kompositorisch auf einen Betrachterstandpunkt am Eingang der Kapelle hin ausgelegt. Von hier aus sieht man schräg in die dargestellten Architekturen hinein, bei denen es sich, mit Ausnahme der Stadtmauer,[63] um vorn oder seitlich offene Gehäuse in Übereckstellung handelt.[64] Konsequenterweise sieht man die jeweils dem Kapelleneingang zunächst liegenden Seitenwände von außen, die jeweils hinteren von vorne.

Die Geschichte Johannes des Täufers beginnt mit der *Verkündigung an Zacharias* im Lünettenfeld der linken Kapellenwand.[65] Auch hier sind zwei Gebäude unterschiedlichen Charakters, eine Art Tabernakel und ein schmales Stadthaus, schräg und gegeneinander versetzt mit leichter Untersicht in die Bildfläche gebaut. Ihre Dächer werden vom Lünettenrahmen überschnitten und so dem betrachtenden Blick entzogen. Zugleich gerät dadurch ihre aufstrebende Form und ihr plastisches Volumen in Spannung mit der realen Architektur, und ein hinter dem Bogen liegender Raum wird suggeriert. Es ist ein Raum, den die Architekturen im Bereich der Figuren für deren Handlung eröffnen und dynamisch strukturieren.

Von drei musizierenden Männer begleitet ist der Priester Zacharias in den Tempel getreten, um das Rauchopfer zu verrichten. Hier schwenkt er vor dem Altar das Weihrauchfäßchen. Mitten in dieser Bewegung schrickt er zurück vor der Erscheinung eines Engels, der, von der anderen Seite kommend, die Hand zum Verkündigungsgruß erhoben hat. Das Unerwartete und Plötzliche dieses Geschehens wird betont durch die ins Gespräch vertieften Frauen und den Musikerzug auf der anderen Seite.[66] An den Frauen vorbei scheint der Engel Gabriel in den Tempel gekommen zu sein. Von seiner Bewegung zeugen noch der rechte erhobene Fuß und der hochflatternde Gewandzipfel am Arm. Mit seiner ganzen Energie wendet er sich Zacharias zu und dringt mit erhobener Hand gegen ihn vor, worauf dieser zurückweicht. Die heftige Bewegung der beiden Zentralfiguren wird besonders deutlich meßbar an den Senkrechten der Ziboriumssäulen. Beide erscheinen jeweils zwischen zwei Säulen: Die massige Gestalt von Zacharias wirkt eingeklemmt, wodurch er als Reagierender besonders gekennzeichnet wird. Der Engel bewegt sich hingegen frei zwischen "seinen" Säulen. An den Überschneidungen werden Innen und Außen ebenso wie Vor und Zurück deutlich. Dadurch erhält das Ge-

---

[63] In Auferweckung der Drusiana.

[64] Abb. 113 bei Mueller von der Haegen (1998).

[65] Bellosi (1981), S. 64, Abb. 128; Borsook/Tintori (1965), Tav. 14 u. 15, vor bzw. nach der Restaurierung. Geschichte der Verkündigung an Zacharias Lukasevangelium 1,5-23.

[66] Abb. 114 u. 115 bei Mueller von der Haegen (1998).

schehen seine Dynamik und das Innere des Ziboriums wird mit Energie aufgeladen, die durch die Distanz zwischen den Zentralfiguren auf dem höchsten Punkt des Spannungsbogens angehalten zu sein scheint. So wird auch hier wie auf den vergleichbaren Paduaner Fresken durch den "Kunstgriff" der spannungsreichen *leeren Mitte* das unerhörte Wunder zur Anschauung gebracht.

Fast unbemerkt von außen geschieht die Verkündigung an Zacharias, aber eben doch nur fast, denn auch hier gibt es wie auf den Fresken der Arena-Kapelle reflektierende und hinführende Gesten. Die Männer, die Zacharias begleitet haben, beschreiben einen Bewegungsbogen von links und aus dem Hintergrund auf das Zentrum der Handlung zu.[67] Besonders deutlich wird dies an dem Verhältnis der beiden hinteren Musiker zueinander respektive zum Lünettenrahmen.[68] Das Ende des Zuges wird von einem rotgewandeten, jugendlichen Flötenbläser gebildet. Noch ist dieser nicht dem Zentrum zugewandt, noch steht er abgewandt, schräg zu diesem, von seinem Vordermann beinah verdeckt und bläst hingebungsvoll, ganz in sich versunken mit vollen Wangen sein Instrument. Sein Gesicht wird vom Lünettenrahmen, der in dieser Richtung Halt gebietet, knapp angeschnitten, und sein Gewand flattert leicht auf, als ob er tanzt. Beides verleiht dieser Figur etwas Übergängliches, Momentanes. Die nächste Station auf dem Weg wird von dem mittleren, in warmem Gelb gekleideten Musiker eingenommen. Dieser ist umgewandt, weiter vorgetreten, aber noch nicht in voller Profilstellung wie der nächste. Dennoch scheint ihn das Geschehen im Tempel schon zu erreichen, denn er hat aufgehört zu spielen, hält die Flöte vor sich und richtet den erstaunten Blick über die Schulter des Vordersten auf den Rücken des Priesters. Der erste in dieser Musikerdreierreihe ist ein bärtiger, grüngekleideter Leierspieler. Er ist dicht hinter Zacharias, unmittelbar vor den Tempelstufen stehengeblieben. In ihm hat sich das Momentane des ersten Flötenspielers schließlich zu ruhigem Stehen gewandelt. Nur sein streng gerichteter Blick und das hoch gehaltene Instrument, das Zacharias in seinem Zurückweichen beinah berührt, zeugen von seiner Erregung. Damit wird Zacharias nicht nur durch die Säulen, sondern auch von außen eine Grenze gesetzt.

Auch auf der anderen Seite des Ziboriums befindet sich ein Menschenzug. Weniger geschlossen und nicht so zielgerichtet bewegen sich hier Frauen hinter und vor dem Stadthaus, das weiter im Hintergrund schräg im Raum steht. Leider kann man die Gruppe nicht mehr genau genug erkennen, da die Oberfläche stark beschädigt ist.[69] Wahrscheinlich hat sie, vergleichbar mit der Musikergruppe, das zentrale Geschehen von dieser Seite vorbereitet. Ein wandelndes Frauenpaar befindet sich direkt vor dem Stadt-

---

[67] Borsook/Tintori (1965), Tav. 16.

[68] Abb. 114 bei Mueller von der Haegen (1998).

[69] Abb. 114 und 115 bei Mueller von der Haegen (1998).

haus. Sie wenden sich, ins Gespräch vertieft, die Köpfe zu und nehmen scheinbar keine Notiz vom zentralen Geschehen.[70] Aber bei aller Verschlossenheit, die sich in ihrer Gewandung und der Neigung zueinander ausspricht, hat doch die eine aufmerksam weisend die Hand erhoben und lenkt den Blick der anderen auf den Engel. So wird auch hier ein Bewegungszug vollendet, der hinter dem Stadthaus beginnt und zur Begegnung in der Mitte führt.

Waren die Figurengruppen der Arena-Fresken bildparallel in einer ruhigen Folge gestaffelt, etwa beim *Hochzeitszug Mariens*,[71] so bewegen sie sich hier mit größerer Freiheit auf dem vorgegebenen Raum. Die Bodenangabe ist gegenüber dem Hintergrundsblau de facto nicht größer als in Padua. Allerdings ist sie rechts und links der Musikergruppe sichtbar. Dadurch kann - hier anders als in Padua - der Raum ausgemessen werden, der den Figuren zwischen der hinteren Ziboriumskante und der vorderen Rahmung zur Verfügung steht. Im Vergleich zu den Figuren der festgefügten Frauen- oder Männerreihe des Paduaner Hochzeitbildes, die in ihrer Gesamtheit einen Kubus bilden, sind diese Männer, je für sich unterschieden in ihrer Bewegung und ihrem Ausdruck, eher als Einzelne zu einer Gruppe zusammengefügt. Ebenso bilden die Frauen auf der anderen Seite ein von der Architektur und dem Geschehen unabhängiges Paar und sind doch auf die Architektur und den Engel bezogen.[72]

Die Gruppen werden aufeinander zugeführt, die Gesten antworten aufeinander und die Handlung unterliegt dem Rhythmus, durch den auf den ersten Blick das zentrale Geschehen erkannt werden kann - diese Gestaltungsmerkmale sind schon von den Fresken der Arena-Kapelle bekannt. Es ist das Kompositionsprinzip der durch die Figuren gebildeten, an den Senkrechten ablesbaren, rhythmischen Hinführung auf das zentrale Geschehen. Durch die Modifikation des Verhältnisses von Figur und Raum von der raumschaffenden Figur zu dem figurumschließenden Raum wird der Rhythmus schwingender, die Figurenbewegung fließender und erscheint das Unerhörte, das Wunderbare in seiner Besonderheit integriert in die Umgebung.

Einen Kreis um den verspotteten Christus bilden auch die Häscher auf dem Fresko der *Geißelung* in Padua.[73] Hier findet man die größte Nähe zu der Beweglichkeit im Raum, wie sie an den Florentiner Figuren zu sehen ist, da hier der Raum durch die strenge Frontalität der Architektur und ihre perspektivische Anlage den Figuren zum

---

[70] Abb. 115 bei Mueller von der Haegen (1998).

[71] Abb. 74 bei Mueller von der Haegen (1998).

[72] Diese Unabhängigkeit und Vereinzelung im Raum kann so nur im Vergleich zu Padua und noch mehr im Vergleich zu früherer Malerei gesagt werden und muß, wie schon Rintelen [Rintelen (1912/1923), S. 128] betonte, unterschieden werden von den frei im mathematisch-perspektivischen Raum stehenden Figuren Masaccios.

[73] Abb. 89 bei Mueller von der Haegen (1998).

großen Teil vorgegeben ist. Deutlich erscheint aber auf dem Florentiner Fresko die Selbständigkeit der Figur, die sich als einzelne zur Gruppe findet. Die einzelne Figur ist weicher, aber nicht weniger kräftig und zugleich an ihrem Standort selbstverständlicher, so daß sie sich, wie der Flötenspieler, "natürlicher", fließender bewegen kann. Die harten Bewegungen und kantigen Falten sind verschwunden. Dies geht einher mit einer veränderten Gewandung, sie ist weich fallender, »antikischer« geworden. Es ist, als wenn der Bildhauer zum Maler geworden sei.[74]

Das wandelnde Frauenpaar in der *Verkündigung an Zacharias* kann ebenso wie die Frauen vor Zacharias auf der Darstellung der *Namensgebung* mit den Figurenbildungen der augusteischen Ara Pacis verglichen werden.[75] Es scheinen also Begegnungen mit römischer Antike zwischen der Entstehung der Arena-Fresken und diesen Florentiner Werken zu liegen. Hierin liegt sicherlich ein erster Hinweis auf den Romaufenthalt Giottos.

Geburt des Täufers und Namensgebung sind in dem mittleren Bildfeld zusammengefügt.[76] Ein Doppelgemach teilt und vereint diese beiden Szenen. Anders als auf dem vergleichbaren Fresko in Padua, der *Mariengeburt*,[77] ist hier der Bildausschnitt enger genommen, so daß weniger vom Äußeren des Gebäudes zu sehen ist. Die Zweiteilung des Bildes, die im Lünettenbild durch die Architekturen und die seitlichen Figurengruppen angedeutet ist, wird hier auf dem mittleren Bildfeld eindeutig betont und in der letzten, unteren Szene, dem *Herodesgastmahl*, als dramatischer Akzent eingesetzt.

Vieles an dieser offenen Architektur erinnert an die Arena-Innenräume ebenso wie die Figurengruppe vor dem stummen, alten Zacharias an Paduaner Formationen denken läßt. Allerdings hat sich das Verhältnis der Figuren zum Raum verändert: An der *Mariengeburt* in der Arena-Kapelle war gezeigt worden, wie die Dinge aneinanderstoßen und dadurch Plastisches flächig wird - hier ist davon nichts mehr zu sehen, hier nehmen

---

[74] Selbst bei gleicher Gewandung ist doch der Unterschied erheblich. Etwa liegt das Kopftuch der Maria in der *Darstellung im Tempel* fest über dem Haupt, verschmilzt mit dem plastischen Gebilde und fällt so auf die Schulter herab, daß die kräftige kubische Form wie bei einer Skulptur hervortritt. In Florenz hingegen umschmeichelt das Tuch Haupt und Schulter, fällt weich und frei über den seine Plastizität nicht mehr so bedeutend darbietenden Körper. Vgl. dazu auch Dittmann (1987), S. 37-38, der ebenso wie Strauss (1983), S. 79, besonders an der Wandlung der »Schattenbahnen« zu »Schattenlagen« die Veränderung der Malerei in der Peruzzi-Kapelli gegenüber der in der Arena-Kapelle beschreibt.

[75] Borsook führt diesen Vergleich durch. Vgl. Borsook/Tintori (1965), S. 26 u. Abb. 12. Abb. 115 u. 117 bei Mueller von der Haegen (1998).

[76] Abb. 117 bei Mueller von der Haegen (1998).

[77] Abb. 70 bei Mueller von der Haegen (1998).

die Figuren beziehungsweise Dinge wie das Bett Elisabeths den vorgegebenen Raum ein. Die rotgewandete Rückenfigur zu Füßen Elisabeths steht zum Beispiel ganz knapp vor der Trennwand beider Räume, berührt diese fast, scheint sich aber nahezu von ihr abzustoßen. Auf diese Weise werden die räumlichen Verhältnisse geklärt. Zugleich wird die Figur mit einer großen Bewegungsenergie aufgeladen.

Mit dieser Rückenfigur wird ein Kreis von Gesten und Blicken bis zu Elisabeth eröffnet und zugleich der Bezug zur senkrechten Trennwand hergestellt. Wie Rintelen sehr schön beschreibt, wird hier getrennt und verbunden durch eine »Pause« im Rhythmus: »Die Pause in der Malerei beruht [...] darauf, daß zwei Körpergruppen mit aller Entschiedenheit voneinander getrennt sind, aber zugleich auf irgendeine Weise in rhythmischer Beziehung gehalten werden«[78] Das "Pausenzeichen" wird gesetzt durch die Wand. Die "reale" Verbindung zwischen beiden Räumen wird durch die Tür angezeigt - die Verbindung auf der Bildebene schaffen die Figuren. Hier sind es zwei Frauen, die gestaltet sind wie zwei Ansichten von ein und derselben Figur - einmal in rot von hinten und einmal in gelb von vorne. Pausen im Gruppenrhythmus auf das Zentrum zu, gesetzt durch senkrechte Elemente, die fast berührt werden und von da aus einen stärkeren Impuls auf das Zentrum ausschicken, konnten an den Fresken der Arena-Kapelle beobachtet werden. Hier, auf dem Florentiner Geburtsbild, wird in dieser eigentümlichen *leeren Mitte* stilles Einverständnis beider Seiten gesammelt. Nicht im "Aufeinanderzu" wie auf dem Lünettenfresko, sondern im "Voneinanderweg" liegt hier die Verbindung. Auf diese Weise werden die beiden Frauen zum Gegenüber der jeweilige Hauptpersonen, die an den äußersten Seiten der Gesamtarchitektur ihren Ort haben. Die Frau am Fußende der Lagerstatt Elisabeths ist rot gekleidet wie Zacharias und blickt die Mutter des Johannes an. Ihr Pendant im anderen Raum ist gelb gekleidet wie die Decke der Elisabeth und blickt auf Zacharias über die Schulter der Frau, die Johannes trägt, hinweg. Die Farben verschränken die beiden Bildteile nochmals miteinander und betonen auf diese Weise die Verbundenheit des alten Ehepaars.

Gosebruch beschreibt die erwartungsvolle Gruppe vor Zacharias, die dem Vater das Kind zeigt, das Beschneidungswerkzeug reicht und von ihm doch "nur" einen anderen Namen als den erwarteten Namen "Zacharias" erhält.[79] Leider ist das Gesicht Elisabeths zerstört. Seine Frontalität und exponierte Stellung hätte vermutlich eine über Farbgestaltung und Architektur noch hinausgehende Verbindung zu Mann und Sohn hergestellt, die die leere Mitte mit Leben ausgefüllt haben wird. Insgesamt ist das Ein-

---

[78] Rintelen (1912/1923), S. 122.

[79] Gosebruch (1970), S. 110-114. Gosebruchs Identifizierung des Geräts, das Zacharias gereicht wird und ebenso der beiden Johannes berührenden Hände, eine männliche und eine weibliche unter den Achseln des Knaben, erscheint mir sehr einleuchtend. Vgl. S. 112-113.

verständnis der beiden Alten im Wissen um ihren Sohn in der Verbindung beider Seiten gestaltet. Es ist ein stummes Einverständnis.

Zu sprechen scheinen nur die Frauen um Elisabeth und die Menschen vor Zacharias. Von diesen getrennt, in sich versunken sitzt Zacharias in der Ecke des Raums und erfüllt die Forderung, die der Engel im Tempel an ihn stellte. Direkt über ihm steht in einer Wandnische ein Wasserkrug, dem ein zweiter, halb verdeckt von den Frauen, zugeordnet ist. Zunächst erscheint dieser Krug als gewöhnlicher Haushaltsgegenstand, aber in Verbindung mit Zacharias und vor allem mit dem Johannesknaben, der, sich frei bewegend, zum Mittelpunkt dieses Raumes wird, erscheint der Wasserkrug als Hinweis auf die zukünftige Berufung des Kindes als Täufer und Verkünder Christi.[80] Im Johannesevangelium 1, Vers 23 antwortet Johannes Baptista auf die Frage, wer er denn sei: »Ich bin die Stimme eines Rufenden in der Wüste.« Die so nachdrücklich dargestellte Stummheit des Zacharias hat in der beredten Lebendigkeit des Knaben ein Gegenüber. Der alltägliche Krug verweist auch auf die Verbindung der beiden, die im Wissen der Bestimmung des Knaben als "Stimme" liegt und deutet dadurch das Ende der Stummheit des Zacharias an.

Matthäus und Markus schildern das Geschehen um den Tod des Täufers beim *Gastmahl des Herodes*.[81] Mit dieser Darstellung wird die Dreierfolge auf der linken Wandseite nicht nur inhaltlich, sondern auch formal beschlossen: Es werden dieselben Farben wie auf den beiden anderen Fresken verwendet, allerdings in anderer Gewichtung; wieder erstreckt sich über das ganze Bildfeld ein architektonisches Gefüge, allerdings differenzierter als auf dem Mittelfeld und aus verschiedenen Gebäudeteilen zusammengesetzt, wie es mehr dem Lünettenfeld entspricht. Auch die Zweiteilung, die in beiden vorhergehenden Darstellungen auf ganz unterschiedliche Weise zum Tragen kommt, findet sich hier wieder: In gegenläufigen Bewegungsrichtungen wie im Lünettenfeld, in der architektonischen Gliederung wie im Mittelfeld, aber vor allem zeitlich durch das doppelte Erscheinen der Salome und des Johanneshauptes. In der unteren rechten Ecke, die auch in den oberen Darstellungen die "Frauenseite" ist, thront Herodias. Sie ist erhöht und auffallend rot gekleidet, als wäre sie ein Pendant zu Zacharias, der in der Diagonalen darüber seinen Ort hat und dem - wiederum diagonal versetzt - der Engel im Lünetten-

---

[80]   Gosebruch (1970), S. 114, hat auf diese Verbindung hingewiesen, auch Codell (1988), S. 595. Codell sieht in Namensgebung und Geburt die Darstellung eines öffentlichen und komunalen Ereignisses, das in einer noblen und reichen Familie, wie die der Peruzzi, stattfindet. Hierin erkennt sie den Hintergrund des Auftrages der Peruzzi, die sich wiederfinden konnten in diesem Willen zur Gemeinschaft und zur verwandtschaftlichen Gruppenbildung, der *consorteria*, die eine wichtige Stütze des städtischen Gemeinwesens war.

[81]   Matth. 14, 3-12 und Markus 6, 21-29. Abb. 118 bei Mueller von der Haegen (1998).

feld entspricht. Ihm wird der Knabe Johannes gezeigt. Vor Herodias kniet Salome und reicht ihr das Haupt des Täufers wie eine Opfergabe. Damit ist der Schlußpunkt des Zyklus` gesetzt, der mit der *Himmelfahrt* auf der gegenüberliegenden Seite einen neuen Akzent erhält.

Schon die Stringenz dieser Beziehungen über die ganze Wandfläche hinweg spricht gegen eine grundlegende Veränderung während der Restaurierung des Quattrocento, die Borsook aufgrund der zahlreichen Überschwemmungen annimmt.[82] Für die Originalität spricht auch die Logik in der dramatischen Abfolge des Geschehens, die so deutlich den Prinzipien der Arena-Fresken mit den schon am Lünettenbild gesehenen Modifikationen folgt: Genau in der Ecke zwischen Gefängnisturm - durch das Gitter fällt der Blick auf den Rumpf des Johannes - und Festraum steht der Geiger, vergleichbar mit der Hausmagd auf dem Paduaner Fresko der *Heimsuchung*.[83] Während dort die Magd fest zwischen die Architekturglieder eingespannt ist und nur durch ihr Volumen Raum schafft, steht hier der Geiger frei in einem Raum, den er für sich behauptet, der aber von der Architektur vorgegeben ist. Anders als der sonst sehr ähnliche Geiger in der Paduaner Darstellung *Hochzeitszug Mariens*[84] steht dieser Festtagsgeiger des Herodes mit durchgedrücktem, fast ins Hohlkreuz gebogenem Rücken, erhobenem Haupt und kräftig angewinkeltem Arm. Nun kann zurecht gesagt werden, daß der Paduaner Geiger gerade den Bogen nach unten, der andere den Bogen nach oben streicht, also verschiedene Phasen des Spiels dargestellt seien. Aber würde der Paduaner den Arm anwinkeln, käme er in Kollision mit den beiden Männern hinter ihm, denn er hat nicht den Raum für eine solche Bewegung. In Florenz ist ein anderer Ausdruck gewollt, aber für den lauteren, selbstbewußteren gegenüber dem demütigen, versunkenen bedurfte es ein verändertes räumliches Gefüge und nicht nur eines veränderten Inhalts.

Während der Kopf des Geigers die trennende Architektursenkrechte des Festraums nur fast berührt, reichen Bogen und Instrumentenhals in diesen Raum hinein. Sie geben quasi den Auftakt für eine Abfolge von Blicken und Gesten, die in schneller und subtiler Weise auf die brutale Wirklichkeit des Festmahls führen. "Neben" dem Geiger sitzt an der Festtafel ein Mann und neigt sich dem Musiker zu. Seine rechte Faust liegt auf dem Tisch, in ihr ein großes Messer, das senkrecht aufragt und fast seinen Bart berührt - Vorahnung und Reflex auf das grausame Geschehen. Die andere Hand hat er beschwichtigend erhoben, als wenn er dem Spieler Ruhe bedeuten wolle. Diese Hand verzögert für einen Moment den Rhythmus. Stärker noch setzt gleich daneben die vor-

---

[82] Borsook/Tintori (1965), S. 29.

[83] Abb. 63 bei Mueller von der Haegen (1998).

[84] Abb. 74 bei Mueller von der Haegen (1998).

dere Säule der Architektur eine Zäsur.[85] Hier werden die Schichten im Raum zusammengezogen, und es wird für den erneuten Einsatz der Figuren eine Basis geschaffen. Die Säule gibt der Bewegung des uniformierten Schergen ihre Stoßkraft, so wie die Bewegung Elisabeths auf dem Paduaner Heimsuchungsfresko oder auch die Bewegungen von Gabriel und Zacharias im Lünettenfresko in ihrer Heftigkeit an den senkrechten Säulen meßbar werden.

Von der Säule an verläuft das Geschehen vor und hinter der Festtafel.[86] Hier wird der uniformierte Scherge von dem mittleren an der Tafel Sitzenden hinterfangen, wird so in die Tischgesellschaft miteinbezogen. Als Ausführender der Tat ist er martialischer Reflex Salomes, die sich gleich ihm vor dem Tisch befindet und tanzt. Der Scherge reicht Herodes das Johanneshaupt auf einer Schale. Im Profil liegt es da mit wallenden, über den Schüsselrand fallenden Haaren, nur durch den Nimbus von der Umgebung getrennt. Fast wirkt der Helm mit dem Nackenschutz, den der Scherge trägt, wie dieses wallende Haar - Opfer und Täter werden vergleichbar. Die Blicke des Sitzenden, des Uniformierten und des Herodes sind auf das Johanneshaupt gerichtet. Das Zentrum wird weiter verdichtet: Mit flacher Hand reicht der Scherge die flache Schüssel zu Herodes, dabei berührt er fast dessen geöffnete, selbst wie eine Schüssel über seinen Teller gehaltene Hand. Diese dichte Folge von übereinanderliegenden "Schalen" läßt die Beiläufigkeit, mit der das Haupt des Heiligen als "Speise" gereicht wird, in seiner ganzen Brutalität erscheinen. Herodes nimmt die "Gabe" an, aber über die knappe Senkrechte des Kerzenleuchters,[87] der diesem zentralen Moment eine vorübergehende Abgeschiedenheit gibt, weist der König zugleich weiter zu Salome.

Salome tanzt vor dem Tisch. Die Bewegung ihrer Arme wird vorbereitet durch die Gesten der beiden Beobachter, die direkt am Durchgang zu dem zweiten, Herodias vorbehaltenen Raum stehen. Diese Beobachter, aneinander geschmiegt und verschränkt, haben ihre lüsternen Blicke auf Salome geheftet, die deren verschränkte Gebärden in ihrem Tanz zur offenen Ausführung bringt. Diese Beobachter sind nicht die Wissenden, die sich anblicken wie in dem Bild der *Namensgebung* die beiden Frauen oder auf den Arena-Fresken z.B. die Hirten, zu denen Joachim tritt,[88] es sind nicht die Beobachter, die die Wirkung des Geschehens reflektieren, denn diese haben es noch gar nicht bemerkt - hier scheint sich die Gesellschaft noch vor der Tat zu befinden, ihr Anlaß ist dargestellt.

---

[85] Abb. 118 bei Mueller von der Haegen (1998).

[86] Abb. 116 bei Mueller von der Haegen (1998).

[87] Möglicherweise kann der »Kerzenhalter« auch als Kelch gelesen werden. Damit könnte sich eine weitere, auf die Abendmahlsfeier zielende Bedeutungsebene eröffnen.

[88] Abb. 65 und 117 bei Mueller von der Haegen (1998).

Die Vollendung der Tat ereignet sich dann in dem kleinen, tonnengewölbten, grün-blauen Nebenraum: Salome überreicht ihrer Mutter Herodias das Haupt des Johannes. Getrennt durch die Architekturkante und doch verbunden mit dem übrigen Geschehen mittels der beiden Beobachter und der ineinanderübergehenden Gewänder der Salome findet die Szene statt. Auch hier sind es vor allem die Blicke und die Gesten, die eine Einheit zwischen den Frauen herstellen, in deren Zentrum der Kopf des Johannes liegt. Beinahe außerhalb der Architektur gesetzt, erscheint Herodias in ihrem roten Gewand wie der Turm am anderen Bildrand. Dort liegt der Körper und hier das Haupt des Johannes; dazwischen wird seine Geschichte in ihren unterschiedlichen Phasen erzählt.[89]

Gegenüber den anderen Darstellungen der Täufergeschichte, aber besonders gegenüber den Darstellungen der Evangelistenseite ist das Verhältnis der Figuren auf dem *Gastmahl des Herodes* zur umgebenden Architektur verändert. Die Figuren sind kleiner, dadurch auch "natürlicher", in die Architektur gesetzt und die Architektur selbst ist mit mehr Zierat ebenfalls kleiner in die Bildfläche gesetzt. Borsook kann sich vorstellen, daß Giotto diese Szene Gehilfen überließ und sich daraus diese andere Proportionierung erkläre.[90] Warum nur eines der Bildfelder diese Proportionierung hat, also nur eines offenbar ganz einem Gehilfen überlassen wurde, bleibt ungeklärt. Gegen eine selbständige Ausführung von Gehilfen, die wohl vorausgesetzt werden müßte, spricht m.E. aber zumindest die Genauigkeit der Maße und der präzise, dramatisierende Rhythmus. Erscheint es nicht sinnvoller, einen inneren Grund für die hier veränderte Proportionierung anzunehmen?

Bei Nachahmungen,[91] besonders des *Gastmahl des Herodes* etwa auf dem Predellenbild des Louvre,[92] das einem Nachfolger Agnolo Daddis zugeschrieben wird, und auf einem weiteren in der Londoner National Gallery,[93] das 1387 datiert und Pietro Gerini zugeschrieben wird,[94] fällt auf, daß ein die Gegenwart betonendes, erzählerisches Moment aufgegriffen und weiter ausgebaut wird. Die Sammlung um das Haupt des Johan-

---

[89] Gerade diese beiden äußersten Kompartimente der Darstellung übernimmt Andrea Pisano auf zwei getrennten Relieftafeln der Florentiner Baptisteriumstür.

[90] Borsook/Tintori (1965), S. 22-23.

[91] Borsook/Tintori (1965), S. 45, Anm. 72 listet die "Kopien" des 14. Jahrhunderts auf.

[92] Paris, Louvre Nr. 188. Vgl. Borsook/Tintori (1965), S. 45, Anm. 72 und Abb. 31.

[93] London National Gallery (Nr. 597). Vgl. Bomford (1989), S. 188. Borsook/Tintori (1965), Nr. 32b.

[94] Auch bei Ambrogio Lorenzetti, der die beiden Beobachter in die gänzlich andere Szene *Ludwig von Toulouse vor Bonifaz VIII.* (Wandbild in S. Francesco in Siena) einfügt, wirken diese beiden sehr zeitgenössisch (Abb.72). Vgl. Borsook/Tintori (1965), S. 27. Vgl. auch Péter (1940/1968), S. 3-8.

nes, die Steigerung durch die genauen Maße und die präzis gesetzten Gesten im Erzählfluß sind dabei allerdings verloren gegangen.

Giotto läßt die feierliche Gesellschaft in einem mit antiken, heidnischen Darstellungen bekrönten Palast stattfinden. Die Palastarchitektur kann auf die historische Zeit der biblischen Geschichte hinweisen und zugleich auf die von Codell ausgeführte Identifikation der Stadt Florenz mit Rom, in die sich die Stifter miteinbezogen.[95] In dieser Architektur des Fresko *Gastmahl des Herodes* findet anders als in den Szenen der Vorgeschichte des Täufers kein Wunder statt, sondern die eher profane Geschichte von Mord und unterschiedlichen Leidenschaften. Deshalb erscheint die Erzählzeit in die verschiedenen Phasen der Handlung gedehnt. Nur in der unmittelbaren Umgebung des Johanneshauptes tritt für einen Moment Ruhe durch starke Konzentration von Blicken und Gesten ein. Das heilige Haupt erscheint so der weltlichen Festgesellschaft - die auch die zeitgenössische Florentiner Gesellschaft sein könnte - entrückt. Die Proportionierung der Figuren untereinander und zur Architektur läßt die Szenen des Täuferzyklus` natürlicher wirken als die des Evangelistenzyklus`.

Während nur Matthäus und Lukas in ihren Evangelien die Umstände und den Tod des Johannes beim Gastmahl des Herodes schildern,[96] wird im Johannesevangelium der Tod des Täufers von diesem selbst angedeutet: »Jener muß wachsen, ich aber muß abnehmen«[97] sagt er von Jesus, von dem er bei der ersten Begegnung erkannte »Siehe, das Lamm Gottes, das die Sünde der Welt wegnimmt. Dieser ist es, von dem ich gesagt habe: Nach mir kommt einer, der mir voraus ist, weil er vor mir war.«[98] Im Johannesevangelium ist Johannes nicht der Asket, der einen Mantel aus Kamelhaaren trug und sich von Heuschrecken und wildem Honig ernährte, von dem Matthäus berichtet,[99] sondern der, der »kam zum Zeugnis, damit er Zeugnis ablege über das Licht.«[100] Das Johannesevangelium gibt den Hinweis auf den Zusammenhang zwischen dem Täufer und dem apokalyptischen Lamm - »Siehe, das Lamm Gottes«, dargestellt im Scheitel der Fensterwand -, und schließt nicht die Apokalypse des Evangelisten Johannes, die die Wiederkunft prophezeit, an das Paradoxon des Täufers »Nach mir kommt einer, der mir voraus ist, weil er vor mir war.« an?

---

[95] Vgl. Codell (1988), S. 587 u. 600.

[96] Matth. 14, 3-12 und Markus 6, 21-29.

[97] Joh. 3, 29.

[98] Joh. 1, 29-30.

[99] Matth. 3, 4.

[100] Joh. 1, 7.

Sicherlich ist die Widmung der Kapelle an Johannes den Evangelisten eine Referenz an den Stifter, diejenige an den Täufer eine an die Stadt Florenz. Darüber hinaus scheinen sich beide Seiten wie zu einem Leben zusammenzuschließen - zu einem Leben, dessen Aufgabe es war, Zeugnis abzulegen und die Ankunft des Herrn zu verkünden. Dies ist vollkommen kongruent mit der Bestimmung der Kapelle als Begräbniskapelle und widerspricht nicht der Feststellung Codells, daß sich in Auswahl und Gestaltung dieser Fresken durch Giotto eine über die traditionelle Verbindung zwischen Altem und Neuem Testament hinausgehende Erfindung zeige, die dem zeitgenössischen Geschichtsverständnis entspräche.[101]

III.1.3 Die Darstellungen aus dem Leben von Johannes Evangelista

Auf der Täuferseite wurde schon im Lünettenbild ein eher fließender Erzählrhythmus angeschlagen, der seinen Höhepunkt in der Darstellung *Gastmahl des Herodes* mit dem dort synchron gezeigten Ablauf mehrerer Ereignisse hat. Die drei Evangelistenbilder dagegen sind ganz klar um ein mittig gesetztes Handlungszentrum aufgebaut. Der andere Ton der Erzählweise dieser Bilder wird auch hier im Lünettenfresko mit der visionären Schau des zentralen, in sich versunkenen Johannes auf der Insel Patmos deutlich. Diese Unterschiede trennen die beiden Kapellenseiten jedoch nicht, sondern machen sie überhaupt erst zu einer Einheit. Denn ganz offenbar sollten nicht die Leben der beiden Johannes jeweils für sich und abgeschlossen dargestellt werden, sondern einander ergänzen zu einem übergeordnetem Dritten. Auf beiden Seiten "fehlen" die Szenen, in denen die Heiligen Jesus begegnen. Allerdings gewinnt in der Darstellung des apokalyptischen Lammes die im Leben der Heiligen immanente Präsenz Christi ihren Ausdruck. Jenseits einer aktuellen Zeit, eines empirischen Lebens ist dies eine immerwährende Anwesenheit. Darin scheinen die beiden Seiten zu kulminieren.

In diesem Sinne erscheint es folgerichtig, daß die *Himmelfahrt des Evangelisten* an den Tod des Täufers anschließt.[102] Beide Wandbilder befinden sich in Augenhöhe des Betrachters einander gegenüber. Bei der Darstellung der *Himmelfahrt* greifen Konstellation der individuellen Figuren, Architekturaufbau und Wandstruktur besonders deutlich ineinander. Die geöffnete Architektur der Grabeskirche des Heiligen in Ephesos ist so in den Bildrahmen gestellt, daß ihre kontinuierliche Perspektive wie bei der Stadtarchitektur des Erweckungsbilds den Blick lenkt und den handelnden Figuren Richtung und Halt gibt. Durch sie wird der Raum für die Figuren vorgegeben. Während in Padua bei den schräggestellten Häusern, z.B. dem Gehäuse der *Geißelung*, die Perspektivkon-

---

[101]   Codell (1988), S. 563-613.

[102]   Abb. 122 bei Mueller von der Haegen (1998).

struktion lediglich im Dachbereich konsequent und raumschaffend eingesetzt ist, wird hier in allen Bereichen Raum geschaffen. Die Architektur ist kongruent mit den Figuren so gestaltet, daß die Mitte mit dem eigentlichen Geschehen - Aufsteigen des Evangelisten und dessen Aufnahme durch Christus - besonders betont wird. In der Verbindung von raumschaffender Architektur und handelnder Figur wird eine Figurengruppe gebildet, die nicht wie eine geschlossene Phalanx auf das Hauptereignis zuführt, sondern in der jede Geste und jedes dadurch ausgedrückte Gefühl aktuell an die je einzelne Person gebunden ist. So entwickelt sich die Freiheit des individualisierten Gefühlsausdruck. Von der einzelnen Figur wird der Impuls an die nächste weitergegeben und so der Bogen weiter bis ins Zentrum gespannt. Dies gilt für alle Darstellungen in der Peruzzi-Kapelle: Während z.B. den Schwestern des Lazarus auf der Paduaner *Erweckung des Lazarus*[103] durch die gleichgerichtete Doppelung Intensität verliehen wird, erscheinen die Fürbittenden vor dem Evangelisten der *Auferweckung der Drusiana*[104] durch ihre individuelle Stellung im Raum persönlicher in ihrem Tun.

Einem Fächer im Raum vergleichbar ist die Figurenanordnung der linken Gruppe, die der *Himmelfahrt des Evangelisten* beiwohnt. Mit den schweren Körper wird Zug um Zug ein Bewegungsablauf in Raum und Zeit dargestellt, ohne an den einzelnen Figuren übergänglich zu erscheinen.[105] Aus den harten Anschnitten, Drehungen und Beugungen in Padua hat sich hier eine Beweglichkeit entwickelt, die schon an den Figuren der Täuferseite aufgefallen ist und deren Geschmeidigkeit über die Möglichkeiten der Arena-Figuren hinausgeht.

Schon im Zusammenhang mit den Paduaner Fresken wurde die *leere Mitte* als spannungsvolles Inne-Halten einer Bewegung im Zentrum betont. Der Vergleich mit der *Auferweckung der Drusiana*[106] zeigte, daß auch hier eine komplementäre Einheit von Geben und Nehmen geschaffen wurde, deren Spannungshöhepunkt in der *leeren Mitte*, dem unsichtbaren Überspringen des lebenspendenden Funkens von Johannes zu Drusiana liegt. Weiterhin zeigte sich aber auch, daß die größere Kohärenz von Figur und Raum einen gemesseneren, langsameren Rhythmus der handelnden Figuren erlaubte, und das Inne-Halten der Bewegung auf dem Erweckungsbild nicht plötzlich, sondern langsam geschieht, so daß die *leere Mitte* weiter und noch betonter wird. Auf dem Verkündigungsbild der gegenüberliegenden Seite steigert sich der gemächliche Rhythmus der umgebenden zu den heftigen Bewegungen der zentralen Figuren, so daß die weitge-

---

[103] Abb. 82 bei Mueller von der Haegen (1998).

[104] Abb. 120 bei Mueller von der Haegen (1998).

[105] Gosebruch erläutert solche Figurendarstellung als »Deklination« an der *Auferweckung der Drusiana*. Vgl. (1962), S. 146 und (1971), S. 108.

[106] Abb. 120 bei Mueller von der Haegen (1998).

spannte *leere Mitte* innerhalb des Ziboriums mit der notwendigen Energie aufgeladen wird, in der das Wunder für den Betrachter anschaulich wird. Dem entspricht auf dem Himmelfahrtsfresko das Freistellen des Hauptereignisses durch die Teilung der Architektur und der Figurengruppen. Aus der Handlung der Personen und der in Einheit damit erfundenen Architektur erfolgen Zentralisierung und Freistellung des bedeutsamen Ereignisses: Geblendet fahren die einen zurück, verdecken sich die Augen und werden sogar zu Boden geschleudert, die anderen starren entsetzt und erstaunt auf das leere Grab - die *Himmelfahrt des Evangelisten* entzieht sich dem irdischen Verständnis wie die Auferstehung Christi, auf die das leere Grab hindeutet. So wird denn auch die Aufnahme des Evangelisten durch Christus in den Kreis seiner himmlischen Begleiter von den Anwesenden mittels der Architektur ausdrücklich getrennt. An den Reaktionen der Irdischen wird das Unfaßbare des Ereignisses gezeigt: Der massige Körper des Evangelisten überwindet die Schwerkraft, wie durch den zu Boden Gefallenen konterkariert und an den durch die Architekturglieder vorgegebenen Maßen verdeutlicht wird. Christus greift an das Handgelenk des Evangelisten, aber die eigentliche Anziehung scheint in dem Blick zwischen Herrn und Apostel zu liegen.[107] In dieser Spanne, dem Zudringen der Irdischen entzogen, erfüllt sich die Himmelfahrt des Evangelisten.[108]

Im Vergleich mit der Paduaner *Himmelfahrt Christi*[109] wird die außerordentliche Dramatik der Florentiner *Himmelfahrt* deutlich: Auf dem Paduaner Fresko ist der Boden, auf dem die Apostel und Maria als Zurückbleibende knien, nur ganz knapp angegeben. Christus ist weit in den Himmel entrückt und begleitet von himmlischen Heerscharen. Zwei Engel, die über dem Boden schweben, schaffen die Verbindung zwischen den Knienden, die selbst schon mehr in den Himmel hineinragen, als der Erde zugeordnet sind, und dem entschwebenden Christus. Auf dem Florentiner Bild dagegen findet das Geschehen inmitten der irdischen Sphäre statt. Was in der Legende erzählt wird, ist hier anschaulich, "real" geworden: Die überzeitliche Sphäre des göttlichen Geschehens

---

[107] Abb. 123 bei Mueller von der Haegen (1998). Mit einem solchen "Griff ans Handgelenk" faßt traditioneller Weise Christus auf Darstellung des *Abstiegs in die Vorhölle* Adam an. Vgl. Duccio, *Abstieg in den Limbus*, Weber (1997), Abb. 93. Zurecht unterscheidet Barasch (1987), S. 128-144, diesen Griff, der auch auf oströmischen Anastasis-Darstellungen zu finden ist, von der Handreichung Christi gegenüber Petrus auf der *Navicella*. Vgl. Kapitel IV.

[108] Die häufig abgebildete Zeichnung Michelangelos aus dem Pariser Louvre, die die gerade Stehende und rechtwinklig abgeknickte Figur aus der linken Gruppe zeigt (Abb. 40a bei Borsook/Tintori [1965], S. 82), bekundet das Interesse des Renaissance-Künstlers an dieser Darstellung. Auch das Entschweben des Evangelisten, angezogen durch den Blick des Herrn, müßte Michelangelo bewegt haben, werden doch seine Seligengestalten des *Jüngsten Gerichts* ebenfalls durch Blicke oder eine unsichtbare Kraft angezogen.

[109] Bellosi (1981), Abb. 93, S. 51.

wird integriert in eine Welt der gebauten, perspektivisch konstruierten Architektur, in eine Welt der schweren Körper und des individuellen Gefühls.

Stellt man für einen Moment dieselbe Szene, dargestellt in der Nachfolge Pietro Lorenzettis[110] auf einem Dreiflügelaltar im Städelschen Kunstinstitut, Frankfurt, daneben, so springt ins Auge, daß gerade die knappen Maße des Entrücktseins im Zusammenklang mit Architektur und handelnden Personen die beschriebene Integration ausmachen. Sie lassen das unsichtbare Geschehen nicht als Zeichen erscheinen, sondern veranschaulichen es tatsächlich. Neben dem *figurumschließenden Raum*, der sich darin bewegenden Figur und der Möglichkeit zur *individuellen Gefühlsäußerung* ist es diese *Integration verschiedener Sphären*, die die Ausmalung der Peruzzi-Kapelle bestimmt und eine Weiterentwicklung gegenüber den Fresken der Arena-Kapelle anzeigt.

Das Lünettenfresko mit der Darstellung der *Johannes auf Patmos*[111] ist besonders wegen der Landschaftsdarstellung häufig mit dem Mosaik der *Navicella* verglichen worden.[112] Da die *Navicella* Gegenstand des nächsten Kapitels sein wird, soll dieses Lünettenfresko ausführlicher betrachtet werden. Wie bei den anderen Darstellungen ist die Oberfläche stark beschädigt,[113] dennoch sind Figurenbildung, Raumerfindung und Gesamtkomposition erkennbar.

In sich versunken, den Kopf auf die rechte Hand gestützt, sitzt der Evangelist Johannes auf dem Eiland Patmos. Er ist nicht so verschlossen wie Joachim in *Traum des Joachim* der Arena-Kapelle, eher schlafend wie Joseph auf dem dortigen Fresko der *Geburt Christi*.[114] Mit diesen beiden traditionellen Figuren[115] verbindet den entrückten Johannes das Zukunftsweisende der Situation. Er ist jedoch deutlich aktiver dargestellt: Während Joachim seinen Kopf auf den Händen über dem Knie birgt und Joseph wie ein geschlossener Block, aus dem nur das Gesicht herausschaut, auf dem Boden kauert, scheint die Haltung des Evangelisten darauf angelegt zu sein, alle Konzentration in das zur Seite geneigte Haupt zu steigern. Das angewinkelte Bein auf dem Boden und der ebenfalls quer geführte, linke Arm schaffen Breite und Bodenschwere. Darüber baut sich mit geradem Rücken die Figur des Sitzenden auf. Das hochgestellten Knie des anderen Beins wird Basis für den rechten Arm. Mit dem Ellenbogen stützt sich Johannes auf, der Ärmel ist heruntergerutscht, so daß anders als bei Joseph die bloße Hand das Gesicht

---

[110] Abb. 15 bei Borsook/Tintori (1965), S. 31.

[111] Abb. 119 bei Mueller von der Haegen (1998).

[112] Vgl. Paeseler (1941), auch Gioseffi (1963a), White (1957) und Köhren-Jansen (1993), Abb. 111 bei Mueller von der Haegen (1998).

[113] Vor der Restaurierung Abb. 68, nach der Restaurierung Abb. 69 bei Borsook/Tintori (1965).

[114] Abb. 68 u. 75 bei Mueller von der Haegen (1998). Bellosi (1981): Abb. 59 u.. 72.

[115] Vgl. zur Ikonographie Rave (1984), S. 47-54.

hält. Das offene Sitzen, das Hin-und-Her von Schrägen durch die Arm- und Beinhaltung und die so hervorgerufenen Falten beruhigen sich erst im Gesicht, das ganz in sich gekehrt doch den Betrachtenden zugewandt ist. Schon durch die Figurenbildung wird das Evangelistenhaupt "aktiver Sammelpunkt", durch die Bildkonstruktion ist es Mittelpunkt der Vision, die ihm entspringt und zugleich ihm widerfährt.

Nur aufgrund der Schräglage ist dieses Haupt aus dem geometrischen Mittelpunkt verschoben. Dadurch erhöht sich die dynamische Beziehung zur Umgebung, was schon bei Frontalsicht, stärker aber noch vom vorgesehenen Blickpunkt, vom Eingang aus, deutlich wird. Die apokalyptischen Gestalten scheinen um den Fixpunkt, zu dem dieses Haupt wird, zu kreisen. Von ihm aus werden sie in Raum und Fläche als Gesamtheit der Vision aufgefächert, so stark scheint seine Anziehungskraft, und so genau ist die Komposition gerade darauf ausgerichtet. Damit entspricht diese in ihrer Anlage der Gruppenbildung um Johannes auf dem Erweckungsbild.

Die Wasserfläche um die Insel ist im Vordergrund und an den Bildseiten durch Land eingerahmt und befestigt. Wie Eckpunkte eines Gevierts in Fläche und Raum wirken die vier Engel, die die vier Winde binden.[116] Ihre Aktivität scheint dem Apostel auf seiner Insel Ruhe zu verschaffen. Ihre Haltung wiederum lenkt den Blick der Betrachtenden genau auf diesen Mittelpunkt der Vision: Die vorderen Engel wenden sich Johannes zu. Die hinteren grenzen unterhalb der Horizontlinie - die der Mittellinie entspricht - den irdischen vom himmlischen Bereich ab. Zugleich schafft ihre gebeugte Haltung eine Verbindung von der Tiefe der Landschaft zur Mitte, nämlich zu Johannes.

Im Halbrund des Himmels befinden sich zweimal zwei Gestalten, zu Paaren fast unmerklich so angeordnet, daß die Mittelachse, in der Johannes sitzt, frei bleibt. Von der Mittelachse aus beginnt dann der Bewegungsimpuls nach rechts bzw. nach links: Der mehrköpfige Drache bedroht die Frau, deren neugeborenes Kind in einer Wiege neben ihr liegt und die sich von ihrem Wolkenlager halb aufrichtet, um das Drachentier abzuwehren.[117] Auf der anderen Seite thront auf einer Wolke der, der dem Menschensohn ähnelt, mit einer Sense über dem Schoß.[118] Links neben diesem, dicht an der Rahmung, erscheint ein Engel, der ebenfalls ein Schnittinstrument trägt.

Motive und Komposition dieser Apokalypsen-Darstellung werden in der Lünette der Castellani-Kapelle in S. Croce gegen Ende des 14. Jahrhunderts von einem Künstler aufgegriffen, der in der Nachfolge von Agnolo Gaddi steht.[119] Dieser Künstler versucht, einen weiten Raum, der sich hinter der realen Architektur eröffnet, darzustellen. Dabei

---

[116] Apokalypse 7, 1.

[117] Apokalypse 12,1 f.

[118] Apokalypse 14,14 f.

[119] Abb. 25 bei Borsook/Tintori (1965), S. 53.

gerät ihm die Darstellung zu einer nur flüchtig zusammengehaltenen Anhäufung einzelner Motive. Die deutliche Einbeziehung des Lünettenrahmens und die klare Zentrierung der giottesken Erfindung auf das Johanneshaupt wurden der scheinbaren Erweiterung geopfert, so daß auch die innere Kraft der Darstellung verloren ging: Während auf der Darstellung durch Giotto die knappe Angabe des Festlands auch am vorderen Bildrand die Insel Patmos als festes, unverrückbares Gebilde deutlich in die Mitte des Bildes rückt, treibt die andere Insel wie ein unbefestigter Eisberg der Meerenge am vorderen Bildrand entgegen. Diese Insel ist kleiner und wirkt fast verloren gegenüber den breiten Landstreifen rechts und links, auf denen die Engel die Winde binden. Diese Engel sind, anders als in der Peruzzi-Kapelle, völlig gleich gestaltet und symmetrisch gesetzt. Dort in Florenz befinden sie sich ganz knapp an der Rahmung, von der ihre Flügel sogar überschnitten werden. Auf diese Weise entsteht eine Raum-Flächen-Spannung, die durch Blick- und Bewegungsrichtung, also durch die Handlung, umgesetzt wird in eine Beziehung zum Bildzentrum.

Wie bei den erzählerischen Bildern wird so das Zentrum betont, geradezu eine Steigerung auf es hin erreicht: Für das Visionsbild bedeutet dies, daß Ohr und Stirn des Johannes mit Spannung erfüllt scheinen, und seine visionäre Schau so sinnfällig wird. Dagegen kann auf der späteren Darstellung zwischen dem dort völlig in sich zusammengesunkenen Johannes auf seiner kleinen, abdriftenden Insel und den vervierfachten, aber in ihrem Handeln isolierten Engeln keinerlei Beziehung entstehen. Entsprechendes gilt auch für die am Himmel auftauchenden Apokalyptischen Gestalten: In der Peruzzi-Kapelle sind sie genau so gesetzt, daß eine konzentrierte Spannung zwischen ihnen und dem Heiligen entsteht - sie scheinen sich um das Haupt des Johannes zu drehen. Die genauen Maßverhältnisse - etwa die Plazierung auf den Diagonalen oder der knappe Abstand von der Rahmung - bewirken diesen Eindruck. In der Castellani-Kapelle hingegen sind die Abstände weiter gefaßt, die Beziehungen lockerer gehalten, so daß nicht diese spannungsreiche Präsenz in der Darstellung erreicht wird.[120] Auch wenn die Giotto-darstellung von *Johannes auf Patmos* den "Buchstaben nach" wiederholt wird, entsteht nicht derselbe innere Zusammenhang. In Giottos Erfindung ist die Vision des Evangelisten nicht einfach nur wie ein Text ablesbar, sondern als das Ereignis gestaltet, das diesem Individuum widerfährt. Auf diese Weise wird die als Text überlieferte apokalyp-

---

[120] Schon bei den spättrecentesken Wiederholungen des *Herodes-Gastmahls* wurde bemerkt, daß die erzählerische Komponente in nahezu wörtlicher Wiederholung aufgegriffen, aber die strenge Komposition Giottos, die erst den Ausdruck schafft, nicht mehr verstanden wurde. Dies ist ebenso deutlich in der zweiten Lünette der Castellani-Kapelle von S. Croce zu sehen [Abb. 24 bei Borsook/Tintori (1965), S. 53]. Die *Verkündigung an Zacharias* ist da in einer offensichtlichen Mischung aus der entsprechenden Darstellung der Peruzzi-Kapelle und der Lünettendarstellung der Bardi-Kapelle *Lossagung vom Vater* dargestellt.

tische Vision, die Allegorie auf das Ende der Zeiten, sinnfällig und vergegenwärtigt. Durch das Verhältnis der Kompositionselemente "Raum, Figur und Handlung" zueinander entsteht also eine Darstellungsweise, die hier eine literarische Allegorie in derselben Weise verkörpert wie die anderen Szenen der Kapelle eine "historia".[121]

An den erzählenden Wandbildern der Peruzzi-Kapelle ist deutlich geworden, daß Szenen dargestellt werden, deren handelnde Figuren, wie auf den Fresken der Arena-Kapelle, mit natürlicher Körperschwere und Volumen ausgestattet sind. Aber anders als in Padua sind diese Figuren von einem Raum umgeben, der mittels kontinuierlicher Perspektive der Architektur und der mit ihr korrespondierenden Figurengruppen gebildet wird. Er wird erfahrbar durch die Figuren selbst und ihr je spezifisches Verhältnis zueinander, das von der jeweiligen Handlung bestimmt ist. In diesem erweiterten Raum ist die einzelne Figur freier bewegt und individuell mit einem je aktuellen Gefühlsausdruck versehen. Der Handlungsrhythmus durch Gebärden, Blicke und Körperhaltungen im Wechselspiel mit der Architektur und ihren skandierenden Senkrechten ist wie in bei den Paduaner Fresken auf den Kernpunkt der Handlung hinführend, aber fließender gestaltet.

Hier gilt wie schon für die Paduaner Fresken, daß handelnde Figuren mit natürlicher Körperlichkeit das Zentrum bilden. Aus dem Ablauf in der Zeit, den in der erzählenden Bilderfindung die vorbereitenden Figuren verkörpern, sind die Zentralfiguren herausgenommen. Auf diese Weise wird das Übernatürliche, das die Zentralfiguren der Geschichte als Heilige von den Begleitfiguren unterscheidet, ihnen nicht zeichenhaft hinzugefügt, sondern als Moment ihrer selbst und der Handlung gestaltet und vollkommen zur Anschauung gebracht.

Das veränderte Verhältnis von Figur und Raum zueinander, von der raumschaffenden Figur auf den Paduaner Fresken zu dem figurumschließenden Raum auf diesen Bildern geht zusammen mit der Möglichkeit zu Modifikationen der Integration des Unerzählbaren in eine Erzählung. Hier wird die Erzählzeit durch die Darstellung verschiedener Phasen der Handlung gedehnt wie bei *Gastmahl des Herodes* oder auf den Augenblick einer Vision wie bei *Johannes auf Patmos* konzentriert. Das unerzählbare Überzeitliche scheint einmal auf als Ziel- und Höhepunkt der dargestellten Handlung und einmal als spannungsvoller Ausgangspunkt des Geschehens. Solche Unterschiede konnten an den Fresken der Arena-Kapelle nicht beobachtet werden.

---

[121] In dieser Hinsicht wird die Patmos-Darstellung im *Navicella*-Kapitel noch wichtig.

III.2 Die Magdalenenkapelle der Unterkirche von San Francesco zu Assisi

Während Borsook mit dem Vergleich der Frauenfiguren im Fresko der *Namensgebung* und der augusteischen Ara Pacis eine Antikenerfahrung als Grund für die Weiterentwicklung Giottos reklamiert, verweisen Tantillo-Mignosi und Bellosi auf die Magdalenenkapelle der Unterkirche von Assisi, deren Fresken stilistisch den entscheidenden Schritt zwischen der Arena-Kapelle und der Peruzzi-Kapelle markieren würden.[122] Um zu prüfen, ob tatsächlich diese Unterkirchenfresken vor den Florentiner Bilderfindungen entstanden und für deren Entwicklung relevant sind, soll im folgenden auf sie eingegangen werden.

Die Magdalenenkapelle ist eine Seitenkapelle im Winkel zwischen rechtem Querhausarm und Langhaus der Unterkirche von Assisi. Der Haupteingang befindet sich gegenüber dem Fenster, an der Südseite zum Schiff hin. Zwei kleinere Durchgänge führen im Westen zum Querschiff bzw. im Osten zur anschließenden Antoniuskapelle. Bis zur Sohlbank des großen Fensters reicht die Sockelzone, die teils farbig gefaßt, teils mit Marmorprofilen und Inkrustationen belegt ist. Dieser Schmuck wirkt altertümlich und teilweise grob gestückelt. Darüber sind die Wände, die Laibungen der Durchgänge und des Fensters sowie das Deckengewölbe mit Fresken verziert: Die einzelnen Bildfelder und die Gewölbekappen sind umrahmt von Bordüren. Die figurale Malerei hat unterschiedliche Formen. Der Sternenhimmel der Gewölbekappen umgibt Medaillons mit Brustbildern von Christus, Maria Magdalena, Martha und Lazarus. Brustbilder von Engeln und Propheten umfassen die Mehrpässe der breiteren Borten, die an den Laibungen des Fensters und der Nebendurchgänge angebracht sind und außerdem die Bildfelder im Arkadenbogen waagrecht trennen. Man findet am Arkadenbogen in jeweils zwei nebeneinander angeordneten, rechteckigen Feldern einzeln stehende Heilige, ebensolche sind rechts von den beiden anderen Durchgängen angebracht und an der schmalen Fensterwand unter Spitzbögen. Die Seitenwände und die drei Lünetten sind den erzählenden Szenen in vier großen Bildfeldern vorbehalten: jeweils zwei auf den gegenüberliegenden Wänden, und drei Lünetten, davon eine über dem Eingang. Unter den Fresken der Seitenwände befinden sich, analog zu den stehenden Heiligen, jeweils rechts noch zwei Bildfelder, auf denen der Stifter Pontano kniet: einmal als Bischof vor dem ersten Bischof von Assisi, dem heiligen Rufinus, und einmal als einfacher Franziskaner vor Maria Magdalena.

Dieser Heiligen ist die Kapelle geweiht. Die erzählenden Fresken stellen Episoden aus ihrer Legende dar, die, wie seit Gregor dem Großen üblich, mit der Legende

---

[122] Vgl. Borsook/Tintori (1965), S. 26; Tantillo-Mignosi (1975), S. 129-142; Bellosi (1981),S. 65.

anderer Marien vermischt ist.[123] Die Abfolge der Szenen beginnt an der Westwand mit dem Gastmahl bei dem Pharisäer Simon, bei dem Christus und einige Jünger anwesend sind, während Maria Magdalena dem Herrn die Füße mit Tränen benetzt und mit den Haaren wieder trocknet. Die Schwestern Martha und Maria von Bethanien sind anwesend bei der nächsten Szene, der Erweckung ihres Bruders Lazarus. Die *Noli me tangere*-Szene befindet sich an der gegenüberliegenden Wand. In dieser Szene trifft die durch Christus von Dämonen befreite Sünderin Maria Magdalena Christus am Morgen der Auferstehung. Die Geschichte von Maria, die mit ihrer Schwester Martha und ihrem Bruder Lazarus in Begleitung des heiligen Bischofs Maximim und des blinden Cinodas nach führerloser Irrfahrt, auf die sie von den Juden geschickt wurden, den Hafen von Marseille erreicht, ist in der folgenden Szene mit der Legende des Königs Peregrinus verknüpft. Dieser fleht Maria Magdalena um Fürbitte zur Erfüllung eines Kinderwunsches an. Aus Dankbarkeit fuhr er mit seiner inzwischen schwangeren Frau nach Rom. Unterwegs gebar diese einen Sohn und starb. Die Tote und das Neugeborene wurden von Peregrinus auf der Insel zurückgelassen und, wiederum durch Unterstützung Magdalenens, während der Rückfahrt lebend aufgefunden. Nicht in der Eingangslünette, sondern direkt über dieser Szene wird das Leben der Heiligen als Einsiedlerin in der Provence (vermischt mit der Legende der Maria Ägyptia, die ebenfalls nur mit langen Haaren bekleidet in einer einsamen Höhle lebte und als hagere Heilige neben dem Fenster der Kapelle dargestellt ist) weitererzählt. Ohne Essen kommt Maria Magdalena aus, da ihr das tägliche Gespräch mit Engeln Nahrung genug ist - in der Darstellung wird sie von ihnen emporgehoben. Über dem Eingang befindet sich die Szene der Einkleidung durch den Bischof Maximim, und auf der ersten Wand endet dann die Erzählung mit Magdalenens Kommunion und Himmelfahrt.[124]

Die Abfolge der Fresken ist eigentümlich, sie beginnt in der Mitte, wird dann aber nicht kontinuierlich weitergeführt, sondern springt an derselben Wand nach oben. Dadurch sind die Lünettenbilder so angeordnet, daß die Öffnung zum Mittelschiff durch die sehr erdenschwere Darstellung der *Einkleidung durch Zosimas* einen Abschluß erhält, während beide Darstellungen, in denen die Heilige gen Himmel schwebt - *Gespräch mit den Engeln* und *Kommunion* -, auf den Sternenhimmel des Gewölbes bezogen werden und kein anderes Fresko über sich haben. Zugleich kann ein inhaltlicher Bezug zwischen den letztgenannten Lünettenfresken und den jeweils darunterliegenden Darstellungen hergestellt werden. Previtali konstatiert ein tiefes Verständnis für die Verbindung zwi-

---

[123] Vgl. Die Legenda Aurea des Jacobus de Voragine, übers. v. R. Benz, Darmstadt [10]1984, S. 470-482. Zur Ikonographie der heiligen Magdalena vgl. Kirschbaum (1971), S. 516-542; zur Kapelle vgl. Schwartz (1991), S. 32f.

[124] Abb. 214a bis 222 bei Poeschke (1985).

schen gegebener Architektur und Erzählung, das er niemand anderem als dem Maler der Scheinkapellen in der Arena-Kapelle zutrauen möchte.[125]

III.2.1 Stand der Forschung

Bis zum Ende des 18. Jahrhunderts lagen die Fresken der Magdalenenkapelle unter einer dicken Rußschicht. 1912 wurden sie dann ein zweites Mal gereinigt und 1967 gründlich restauratorisch behandelt.[126] Dabei wurde die Putzschicht befestigt und die Oberfläche gesäubert. Der Erhaltungszustand der Wandbilder und der Dekoration des Arkadenbogens ist sehr gut, während die Fresken an der Fensterseite stark angegriffen und in der Fensterlaibung fast ganz zerstört sind. Nach der ersten Restaurierung gab es Forscher, die in diesen Fresken Arbeiten von Giotto erblickten, dennoch diese Kapelle eher als Marginalie innerhalb des Œuvres behandelten. Dies änderte sich auch nach der zweiten Restaurierung bis in die späten 40er Jahre nur geringfügig. Datiert wurden die Fresken in der Forschung, bis auf wenige Ausnahmen, in die 20er Jahre, d.h. in dieselbe Zeit wie die Florentiner Kapellen.

Erst 1949 unterstreicht Coletti die Wichtigkeit dieses Monuments und versucht die Fresken in eine Entwicklungsgeschichte Giottos einzubinden.[127] Besonders in den Lünettenfresken könne man die Meisterschaft erkennen. Hier spüre man den weiten Atem der Formen und des Raums, ein Zusammenspiel der Gesten und ein Ausdruck des Gefühls - insgesamt eine Klassizität, wie man sie in den Jahren der Meisterschaft Giottos wiederfinde. Dem widerspricht 1951 Toesca, der zwar die Qualität der Fresken anerkennt, aber den insgesamt novellistischen Geist nicht mit einer Eigenhändigkeit Giottos verbinden kann und in den Bogenfiguren den Einfluß zeitgenössischer gotischer Skulptur sieht. Daraufhin datiert er in die Zeit von 1314-1317.[128] Diese Datierung findet sich in der folgenden Forschung immer wieder, wenn auch mit unterschiedlicher Begründung. Wie Gnudi 1958 erkennt auch Gioseffi 1963 eine direkte Beteiligung Giottos an den Fresken und betont die bemerkenswerte Weitung der Umgebung, die er auf den Romaufenthalt Giottos 1313 zurückführt, auf den Venturi schon 1922 wegen der *Navicella*-Nähe verwiesen hatte.[129] Jedenfalls sei die Magdalenenkapelle zwischen der Arena-Kapelle in Padua und der Peruzzi-Kapelle in Florenz entstanden: »La Resurrezione di Lazzaro della Capella Pontaniana [nach dem Stifter der Magdalenenkapelle Bischof

---

[125] Previtali (1965/1974), S. 87-94, Abb. 63 bei Mueller von der Haegen (1998).

[126] Zu den Restaurierungsarbeiten vgl. den Bericht von Rotondi (1968), S. 75-86.

[127] Coletti (1949), S. 51-52.

[128] Toesca (1951), S. 611-612.

[129] Gnudi (1958), S. 180-186; Gioseffi (1963a), S. 55-57 u. 123-124; L. Venturi (1922), S. 67-68.

Pontano] è in verità un pezzo maestro. E già prelude alla spazialità e continua della Resurrezione di Drusiana nella Capella Peruzzi«[130]

Auch Previtali datiert die Fresken der Magdalenenkapelle nach Padua und unmittelbar vor Florenz, wobei er die Peruzzi-Kapelle 1310-1313 ansetzt und dadurch die innere Chronologie der Unterkirche – Nikolaus-, Magdalenenkapelle, Querhaus – bestätigt findet.[131] Er leitet eine Flut von Händescheidungen ein, die immer unter der Maßgabe der Leitung Giottos, des eigenhändigen Eingriffs bzw. Entwurfs und teilweiser Ausführung steht. Previtali entdeckt zwei wichtige Künstler: Der eine male in warmen Farben runde, wohlgeformte Gestalten in geweiteten Räumen, dieser sei mit Giotto in einer Phase nach Padua zu identifizieren. Ihm kämen die Lünettenszenen, ein großer Teil des Gastmahlsfresko, das Lazarus-Bild, Teile des *Noli me tangere*, die Dedikationsbilder und manche Heilige im Bogen zu. Der andere spiele eine untergeordnete Rolle, sei unfarbig und »vitaminarm«. Dieser habe die Menschen im Boot bei der Überfahrt nach Marseille, die Engel im *Noli e tangere*, die Diener beim Gastmahl, den bärtigen Apostel im Erweckungsbild und noch andere Kleinigkeiten gemalt. Alles andere hätten weitere Mitarbeiter ausgeführt, die teilweise, wie dieser auch, schon in Padua dabei gewesen seien: So habe das Lazarus-Tondo der *Maestro delle Vele* gemalt, der dann den größten Teil der *Vele* gearbeitet habe.[132] Zu datieren sei diese Kampagne vom Ende des ersten bis Anfang des zweiten Jahrzehnts. Martinelli veröffentlichte 1973 ein Dokument aus dem Jahr 1309, aus dem hervorgeht, daß ein Mitarbeiter Giottos Geldforderungen für Arbeiten in Assisi stellte.[133] Dieses Dokument belegt nur, daß Giotto in San Francesco tätig war, aber nicht genau wann und wo.

Scarpellini faßt 1982 seine Beobachtungen und die Literatur zusammen: Die Fresken der Magdalenenkapelle seien von allen Unterkirchenfresken am meisten giottesk, die Beziehung zu Padua evident. Die dortige plastische Form sei mehr ins Malerische befreit – eine Tendenz, die in der Peruzzi-Kapelle weitergeführt sei, deren Patmos-Darstellung sich in den hiesigen Lünetten ankündige. Diese wiederum seien deutlich eine Erfindung Giottos, dessen verhältnismäßig großer Anteil über eine nur allgemeine Erfindung hinausginge. Scarpellini kann mehrere Meister unterscheiden, die er in der anderen Unterkirchendekoration wiederentdeckt. Die Magdalenenkapelle sei eine Schmiede junger Giottomitarbeiter, die im rechten Querarm und der Vierung dann

---

[130]   Gioseffi (1963a), S. 56.

[131]   Previtali zuletzt (1974), S. 87-94.

[132]   Nach diesem Identifizierungsversuch einzelner Künstler gibt es für nahezu jeden Flecken in der Kapelle mehrere Meister, die von den Augen der Forscher, sei ihr eigenhändiges Stück in der Magdalenenkapelle noch so klein, in größeren Werken der Unterkirche wiederentdeckt werden.

[133]   Martinelli (1973), S. 193-208.

selbstständig hätten arbeiten dürfen. Ein Datum um 1308 oder etwas später aufgrund des oben genannten Dokuments erscheint Scarpellini unwahrscheinlich, da die Stifterdarstellung durch Giotto doch einen altersschwachen, abgemagerten Mann zeige, dem man nicht zutrauen möchte, noch zwanzig Jahre im Amt zu sein.[134]

Poeschke schlägt eine Datierung um 1320 und die Ausführung durch eine nicht näher bezeichnete Giottoschule vor. Giottos Hand will Poeschke nirgends erkennen, da diese Fresken eine eher kopistische Nähe zu den Paduanern aufwiesen. Die auffällige Gedehntheit der Komposition sieht er begründet in den Giottoarbeiten des zweiten Jahrzehnts und nennt als Beispiel die *Navicella*.[135] Auch Gosebruch erachtet die Qualität der Fresken als nicht hinreichend genug, um in Giotto den ausführenden Maler zu sehen. Ihm erscheint eine nachpaduaner Entstehung wahrscheinlich, ohne daß der Schritt Giottos, den er mit dem Mosaik der *Navicella* geleistet hat, in ihnen einen Niederschlag hätte finden können, da Gosebruch die *Navicella* um 1320, die Magdalenenkapelle aber, sich Previtali anschließend, in die Jahre 1308-1310 datiert.[136]

Aufgrund fehlender Dokumente ist schon die Baugeschichte der Magdalenenkapelle umstritten.[137] Sie gehört mit zu dem Erweiterungsprogramm der Unterkirche, im Zuge dessen die Kirche bis in den Chorbereich für die Laien geöffnet wurde, d.h. der Lettner oder die Chorschranken abgebrochen und ein Südeingang errichtet wurde.[138] Damit änderten sich Struktur und Funktion der Unterkirche.[139] Fest steht, daß die Magdalenenkapelle erst nach Abbruch des Lettners gebaut werden konnte, da dieser mit der Durchgangsarkade in Kollision geraten wäre, und die abgebrochenen Marmorplatten des Lettners als Dekoration der Sockelzone in der Kapelle Wiederverwendung fanden.[140] Hueck konnte 1984 nachweisen, daß der Lettnerabbruch nicht vor 1297 vollzogen wurde, denn in der Biographie der seligen Angela von Foligno, genauer in einem Teil, der nach der 1297 genehmigten Autobiographie entstand, wird berichtet, daß die selige Angela zusammen mit neun Gefährten »an einem Altar auf dem *pulpitum*«[141] die Kom-

---

[134] Scarpellini (1982), S. 250-252.

[135] Poeschke (1985), S. 99-101.

[136] Gosebruch (1970), S. 82-83.

[137] Zusammenfassung der Literatur bei Scarpellini (1982), S. 242-243 u. Nessi (1982), S. 353-355.

[138] Vgl. Hueck (1984a), S.173-201; Schenkluhn (1991), S. 76-80; Wiener (1991), 156-162; M.V. Schwarz (1993a), S. 17.

[139] Zu der Baugeschichte und den damit zusammenhängenden Fragen der Rekonstruktion einerseits und der Funktionsänderung andererseits vgl. Schenkluhn (1991), bes. S. 60-124, Wiener (1991), der sich mit der Bauskulptur beschäftigt.

[140] Vgl. Hueck (1984a); Schenkluhn (1991), S. 69-80; Wiener (1991), S. 156-162 und S. 262-264.

[141] Hueck (1986), S. 83 u. Anm. 10.

munion empfing.[142] Dadurch ist die von Simon wieder aufgegriffene These Fra Ludovicos, daß der 1252 gestorbene Pietro di Barro diese Kapelle gestiftet hätte, widerlegt. Die selige Angela starb 1306, bis dahin kann der Lettner zumindest noch gestanden haben.[143] Jedenfalls wurde mit Sicherheit der Bau der Kapelle erst begonnen, nachdem dem Franziskaner Teobaldo Pontano das Bistum von Assisi 1296 übertragen wurde. Ebenso sicher ist, daß auf diesen Pontano die Stiftung der Wandmalereien in der Magdalenenkapelle zurückgeht, denn sein Wappen ist mehrfach dort zu sehen. Insofern ist die Magdalenenkapelle auch mit der Grabkapelle des Bischofs, von der in Briefen Johannes` XXII. gesprochen wird, zu identifizieren.[144]

Hueck beschäftigt sich ausführlich mit Bau und Patronat der Unterkirchenkapellen und veröffentlicht den päpstlichen Brief von 1332, der über Schwierigkeiten bei der Finanzierung der Magdalenenkapelle Auskunft gibt.[145] Nach Hueck ist zuerst die Nicolauskapelle als Grabkapelle für den während des Konklave in Perugia 1294 verstorbenen Gian Gaetano Orsini gebaut und bis 1297 fertiggestellt worden.[146] Spätestens um 1300, nach Fertigstellung der Ausstattung in der Oberkirche sei dann, wegen der Pilgerströme zum Grab des Heiligen, der Plan zur Unterkirchenerweiterung verwirklicht worden. Der Franziskaner-Konvent habe die Kapellen gebaut und Patrozinien teilweise aufgrund älterer Altäre festgelegt, ohne zuvor Stifter für die Kapellen gewonnen zu haben – so bei der Katharinen-, Ludwigs- und Magdalenenkapelle.[147]

Teobaldo Pontano wurde 1296 Bischof in Assisi, nachdem er zuvor Bischof in Castellammare di Stabia, einer Diözese im Königreich von Neapel, war.[148] 1314 wurde er in seinem Amt in Assisi bestätigt und hatte dies bis zu seinem Tod 1329 inne.[149] Ein

---

[142] Hueck (1984a), S. 174.

[143] Wiener (1991), S. 263.

[144] Hueck (1984), S. 92.

[145] Hueck (1983), S. 187-193 zur Nikolaus-Kapelle; (1984), S. 191-196; (1986), S. 81-103.

[146] Hueck (1983), S. 187-193 u. (1986), S. 88-91. Aus dem Befund des Stiftungsbildes, das einmal grundlegend verändert wurde, leitet sie ab, daß das Patronat zuerst von allen beim Konklave anwesenden Kardinälen, die während der Sedisvakanz auch für die Basilika zuständig gewesen seien, getragen worden sei. Mit der Absetzung der Colonna 1297 durch Bonifaz VIII. hätte Napoleone Orsini das Stiftungsbild ändern, d.h. die Colonna entfernen lassen und das alleinige Patronat übernommen. Auch das Grabmahl über dem Altar wäre ohne das Vorbild des Grabmahls, das Bonifaz VIII. für sich 1297 in St. Peter errichten ließ, nicht denkbar. Aus diesen Überlegungen ist zu folgern, daß die Malereien der Nicolaus-Kapelle, zumindest das Stifterbild, vor 1297 fertig gestellt worden sei.

[147] Hueck (1986), S. 93-94, 101-103.

[148] Vgl. Hueck (1986), S. 92 und Schwartz (1991), S. 32f.

[149] Vgl. Kleinschmidt (1915), S. 121.

Brief von Papst Johannes XXII. aus dem Jahr 1332 macht deutlich, daß der Papst den Bischof von Assisi, Teobaldo Pontano, persönlich für die Aufbewahrung des Papstschatzes und somit auch für dessen Raub durch die Ghibellinen 1319 verantwortlich machte.[150] Pontano habe aber bis zu seinem Tod noch nicht die volle gestohlene Summe zurückgezahlt. Weiter geht aus dem Brief hervor, daß Pontano auch Schulden bei den Franziskanern hatte. Diese hatten ihm 600 Goldflorenen zum Bau der Kapelle als Kredit gewährt, von denen er bis 1319 nur 100, später weitere 350 zurückgezahlt hatte. Neben diesen Restschulden meldeten sie Anspruch auf Paramente und Altargerät aus dem beschlagnahmten Besitz des verstorbenen Bischofs an, die dieser offenbar für seine Grabkapelle gestiftet hatte. Aus der großen Einfachheit des Kapellenbaus, für dessen Schmuck die Lettnerreste zusammengestückelt worden sind und »nicht einmal die vorspringende Basis des östlichen Torrione der Wandfläche angeglichen« worden ist, leitet Hueck ab, daß die Magdalenenkapelle vom Konvent vorfinanziert worden sei, da Pontano bei Baubeginn im Jahr 1300 zahlungsunfähig gewesen sei.[151] Dieser hätte sich deswegen auch mit dem Patrozinium, das sich von einem der Lettneraltäre ableite, lediglich einverstanden erklären können.[152]

Entgegen der Annahme von Hueck ergibt sich - wie Wiener überzeugend darlegt[153] - weder aus dem Lettnerbeleg durch die Biographie der Angela von Foligno noch aus dem päpstlichen Brief eine Frühdatierung des Kapellenbaus und der Ausstattung. Wiener erläutert, daß einerseits der Lettner noch bis zum Tod der Angela 1306 gestanden haben könnte, andererseits die große Stückelung der wiederverwendeten Teile eher für eine längere, unvorsichtige Lagerung als für eine zeitgleich mit dem Abbruch beabsichtigte Wiederverwendung sprächen.[154] Weiterhin scheint ihm die Summe von 100 Goldflorenen für die angenommene Rückzahlungszeit - selbst wenn es sich bei dem Schuldner um einen ärmeren Bischof handelte - zu gering, zumal die definitive Finanzschwäche des Bischofs erst nach dem Ghibellinenüberfall 1319 eingetreten sei.[155] Mit dieser Zahlungsunfähigkeit habe der Konvent nicht rechnen können, weshalb dies nicht der Grund für die Verwendung der »schäbigen Spolien« sein könnte.[156] Wiener datiert den Bau der Magdalenenkapelle, wie den aller Seitenkapellen der Unterkirche, in das zweite Tre-

---

[150] Hueck (1984), S. 191-196, veröffentlichte und interpretierte diesen Brief.

[151] Hueck (1986), S. 94.

[152] Hueck (1986), S. 84. Zur Vergabe der Patrozinien und der Einflußnahme des Stifters auf das Programm vgl. Wiener (1991), S. 269-273.

[153] Wiener (1991), S. 262-263.

[154] Wiener (1991), S. 262-263.

[155] Wiener (1991), S. 263.

[156] Wiener (1991), S. 263, Anm. 708.

centojahrzehnt aufgrund der Bauskulptur.[157] Schwarz hingegen schließt sich 1993 mit einem *terminus ante quem* 1308 an Stubblebine an.[158] Schwarz folgert dieses »mühsam und zugegebenermaßen recht hypothetisch« erarbeitete Datum aus dem von Martinelli publizierten Dokument des Jahres 1309 und einer Nähe zwischen den Fresken der Magdalenenkapelle und denen der Arena-Kapelle.[159]

Schwarz` Überlegungen betreffen die Zerstörung der Langhausfresken durch den Einbau der Kapellen und deren "mehrschichtige" Wiederherstellung, einerseits tatsächliche Restaurierungen, andererseits die Aufnahme ihres Sinnzusammenhangs durch die Malereien der Kapellen, die ja vom Schiff eingesehen werden können[160]: »Man kann [...] sagen, daß die Ausgestaltung der Magdalenenkapelle, speziell [...] an der Westwand, manches ersetzt, was der Einbau der Kapelle zerstört hat. Die Motivik des Emmausmahls erscheint im "Gastmahl beim Pharisäer" aufgehoben. Die Sinnschicht "Auferstehung" tritt mit den beiden anderen Szenen hinzu. Allerdings ist die Magdalenenkapelle eine Grabkapelle und das Auferstehungsthema entsprechend naheliegend.«[161] Durch weitere Beispiele, nämlich der Stanislaus- und der Martinskapelle, versucht Schwarz zu zeigen, daß dies kein Zufall sei.[162] Wenn das Patrozinium von Bischof Pontano lediglich akzeptiert worden ist, wovon Hueck ausgeht, dann liegt eine Bestimmung der Ausmalung durch den Sacro Convento zumindest nahe. Allerdings bemerkt Hueck selbst zurecht, daß dieser Bischof als einziger Stifter die Möglichkeit gehabt hätte, die Malerei permanent zu überwachen und mitzubestimmen, da nur er am Ort anwesend gewesen sei.[163] Deswegen sei der Zyklus auch »so angeordnet, wie es für eine Grabkapelle am sinnvollsten war«.[164] Während bei allen anderen Kapellen die Ausmalung auf Franziskus und seinen Orden Bezug nähme, sei dies ausgerechnet beim Franziskaner Pontano nicht der Fall, dafür aber sei am konsequentesten auf »denjenigen interpretiert, der hier bestattet werden wollte.«[165] Mir scheint gerade diese Konsequenz gegen eine gewollte Sparsamkeit von Seiten des Konvents zu sprechen, ebenso wie die Beobachtungen von Schwarz eher auf eine Kooperation hindeuten, als auf eine gewisse Spannung, die durch die von vorne herein bestehende Zahlungsunfähigkeit des Bischofs unterlegt wäre.

---

[157] Wiener (1991), S. 219-273.

[158] M.V. Schwarz (1993a); Stubblebine (1985).

[159] M.V. Schwarz (1993a), S. 18; Martinelli (1973), S. 193-208.

[160] M.V. Schwarz (1993a), S. 1-27.

[161] M.V. Schwarz (1993a), S. 10.

[162] M.V. Schwarz (1993a), S. 12-17.

[163] Hueck (1986), S. 95.

[164] Hueck (1986), S. 95.

[165] Hueck (1986), S. 95.

1980 versucht L. C. Schwartz, die Zusammenhänge der Magdalenenkapelle zu klären.[166] Sie faßt 1991 die Fragen des Patronats und der Ikonographie noch einmal zusammen[167] und weist darauf hin, daß das Patrozinium zusammenhängen kann mit dem Grab der Beata Giacoma dei Settesoli, das sich im Langhaus gegenüber dem Kapelleneingang befindet, direkt unter der Darstellung *Tod und Exequien des heiligen Franziskus*. Giacoma gehörte zu den Freunden der ersten Ordenstage, sei von Franziskus als "frate Giacoma" bezeichnet und an seinem Totenbett zur "altera Magdalena" geworden - eine Parallelität, die in späterer Franziskanerliteratur aufgegriffen werde.[168] Durch diesen Zusammenhang werde der ohnehin durch die Bußfertigkeit und Kontemplation der Heiligen bei den Franziskanern verankerte Magdalenen-Kult noch stärker gestützt.[169] Die Darstellung des Dionysius Areopagita gäbe innerhalb des Kapellenprogramms einen deutlichen Hinweis auf französische Einflüsse und hänge mit dem Stifter Pontano zusammen[170]: Denn für diesen habe während seiner Zeit in Castellammare di Stabia die Gelegenheit bestanden, mit den Anjou, auf deren Gebiet die Reliquien der Magdalena gefunden wurden, in Verbindung zu treten.[171]

Auf diesen Zusammenhang - Maria Magdalena, Anjou, Pontano - wird nach Schwartz durch zwei kleine Kronen angespielt, die sich neben dem Stadtwappen von Assisi auf den Wimpeln der Schiffe im "Hafen von Marseille" befinden.[172] Diese Kronen möchte die Autorin auf Ludwig von Toulouse, den 1317 heilig gesprochenen Sohn Karls II. von Neapel, beziehen.[173] Dies sei der deutlichste Hinweis auf die langjährige Verbindung zwischen Bischof Pontano und dem Hause Anjou. Allerdings hätte es einen solchen Hinweis auf Ludwig von Toulouse schon vor dessen Heiligsprechung geben können, da der Franziskanische Orden stolz auf dieses prominente Mitglied gewesen sei.[174] Sieht

---

[166] Schwartz (1980).

[167] Schwartz (1991), S. 32-36.

[168] Schwartz (1991), S. 35.

[169] Schwartz (1991), S. 32-33

[170] Schwartz (1991), S. 34.

[171] Schwartz (1991), S. 34; auch (1980), S. 196, betont sie die Verbundenheit der Anjou zu dieser Heiligen: So sei Karl II. am Fest der Heiligen 1288 aus vierjähriger aragonesischer Haft entlassen worden und habe daraufhin aus Dankbarkeit den Magdalenen-Zyklus in S. Lorenzo Maggiore in Neapel gestiftet. Zu den Beziehungen zwischen dem Bischof und den Anjou auch Nessi (1982), S. 222-223.

[172] Schwartz (1980), 193-198.

[173] Ludwig von Toulouse war 1288-95 als Geisel für seinen Vater in Aragon und Barcelona, verzichtete auf sein Erstgeburtsrecht und trat 1296 dem Franziskaner Orden bei. 1297 starb er und 1317 erfolgte die Heiligsprechung. Vgl. Kirschbaum (1971).

[174] Schwartz (1980), S. 197-198.

man die Ereignisse in Rom in den Jahren 1312-1313 in Zusammenhang mit dieser Verbundenheit Bischofs Pontano und der Franziskaner zum Hause Anjou, dann könnte sich ein direkter äußerer Anlaß zur Stiftung der Malereien ergeben: Karl von Anjou verhinderte 1312 die Kaiserkrönung Heinrichs VII. in St. Peter, so daß diese in der Lateransbasilika erfolgen mußte. Karl von Anjou wurde daraufhin von Clemens V. verdächtigt, an der Vertreibung des Kaisers und an dem darauf folgenden römischen Volksaufstand beteiligt gewesen zu sein. Es erfolgte eine Untersuchung und eine Bann-Androhung, die erst 1314 wieder aufgehoben wurde.[175]

III.2.2 Die Malereien in der Magdalenenkapelle

Die Datierung der Malereien schwankt zwischen 1300 und 1320, die Zuschreibungen zwischen Giotto und Giotto-Schule. Die Eingrenzung erfolgt hauptsächlich mit der Argumentation des "weiten Raums" als Weg zur Peruzzi-Kapelle bzw. der kopistischen Nähe zu den Paduaner Fresken. Im folgenden sollen die Frage "Giotto oder Nicht-Giotto" und die Beziehungen zur Arena- bzw. Peruzzi-Kapelle geprüft werden. Händescheidungen und Zuschreibungen an anonyme Meister werden dabei unberücksichtigt bleiben, denn schon ein Blick in die Forschungsliteratur überzeugt schnell, daß die "Werkgruppen" der einzelnen Anonymi in sich zusammenfallen und nur durch mehr oder weniger große Nähe zu Giotto und seiner Werkstatt charakterisierbar sind.

Die Weite und die Gedehntheit der Figurendarstellung werden in der Forschungsliteratur als Charakteristika für diese Fresken genannt und durch eine Entwicklung Giottos begründet. An den Figurenkonstellationen wird der gedehntere Rhythmus und an den Landschaftskompositionen die Weite geprüft werden. Dabei soll durch Vergleiche mit Paduaner Fresken und solchen der Peruzzi-Kapelle, die Frage der Eigenhändigkeit Giottos und der möglichen zeitlichen Einordnung untersucht werden.

Zuerst soll die *Weite der Landschaft* anhand einer der Lünetten geprüft werden, da gerade diese immer wieder für Giottowerke gehalten worden sind. Gegenstand der Untersuchung soll die Darstellung *Maria Magdalena im Gespräch mit den Engeln* sein.[176] Zunächst sei auf die besondere malerische Qualität dieses Freskos, die auch die Darstellungen des Erweckungs- und des Osterbilds prägt, hingewiesen: Am auffallendsten ist die Gestalt Maria Magdalenas, die von zwei Engeln auf einer dünnen Wolke emporgetragen wird. Ihr Körper ist nur von den langen, welligen, roten Haaren bedeckt, zwischen denen die weiße Haut hindurchschimmert. Sehr reizvoll umschmeicheln die dün-

---

[175] Vgl. zu diesen Ereignissen u.a. Bologna (1969), S. 71.

[176] Poeschke (1985), Abb. 220a und in Farbe (beschnitten) bei Bistoletti (1989), S. 97.

nen Haare den vorgewölbten Bauch der Heiligen. Es ist eine Sinnlichkeit, der auf dem Erweckungsbild der Reiz des Kontrastes von Lazarus' schwarzen Augen gegen sein weißes Totentuch oder der Darstellung des schwarzen Knaben entsprechen.[177] Ganz unabhängig von Gegenstand und Aussage kommt dieser malerische Sinn auch im Umgang mit Licht und Schatten an den Felsen und den zarten Modellierungen der Engelskörper zum tragen.

Zwei Engel heben Maria Magdalena über eine Felsenlandschaft, die von einem erhöhten Standpunkt aus gesehen ist, zu zwei weiteren, hinter dem Lünettenbogen hervorschwebenden Engeln. Vollkommen gleichmäßig, nahezu heraldisch ist die Anordnung der Engel jeweils zu Paaren, ebenso gleichmäßig ist die Anordnung der Felsen, jeweils zwei auf jeder Seite, große helle im Vordergrund und begleitende, kleine, bläulich gefärbte, die die Tiefe der Landschaft angeben. Das Tal zwischen den Erhebungen ist leicht aus der Mittelachse gesetzt, ebenso wie die schwebende Magdalena. Wie als Gegengewicht erscheint im linken Felsen die Grotte, der Wohnort der Heiligen. Felsgrotten dieser Form findet man in den Darstellungen der *Stigmatisation des heiligen Franz* der Oberkirche und in S. Croce in Florenz.[178] Hier neigt sich deren Form leicht nach rechts, als wenn sie auf das Hauptgeschehen in der Luft hinweisen soll. Dies ist die einzige Art von Mitsprache, die die Landschaft gegenüber dem Geschehen hat. Wie bei den anderen Fresken der Magdalenenkapelle gibt der Felsen den Ort an und begleitet das Geschehen lediglich gleichmäßig. Landschaft auf den Arena-Fresken dagegen kann kontrastierend zur Gebärde gesetzt sein, z.B. verstärkt der Felsen auf dem Erweckungsbild gerade in seiner Gegenläufigkeit die Gebärde Christi.[179]

Wie Landschaft das Geschehen mitbestimmen kann, ist anhand der Paduaner Darstellung *Traum des Joachim*[180] erläutert worden. Durch die Mitsprache der die Bildkonstruktion mitkonstituierenden Felsen wird dort das wunderbare Geschehen in der Spanne über die *leere Mitte* erfahrbar. Die Landschaft ist sozusagen aktiv am Geschehen beteiligt, wohingegen sie auf der Darstellung in der Magdalenenkapelle Ortsangabe bleibt. Es ist eine Ortsangabe, deren zweifelsohne vorhandener Reiz in dem vielfältigen Spiel von Licht und Schatten liegt, die aber durch die spannungslose Anordnung gegenüber der Rahmung und den Figuren auf diesen Reiz reduziert ist.

In diesem Umgang mit Landschaft zeigt sich kein Entwicklungsschritt Giottos, wie ein Vergleich mit *Johannes auf Patmos* verdeutlicht: Auch hier ist der Bildaufbau grundsätzlich von dem in der Magdalenenkapelle unterschieden. Die Weite der Meer-

---

[177] *Auferweckung des Lazarus* Abb. 127 bei Mueller von der Haegen (1998).

[178] Abb. 144 bei Mueller von der Haegen (1998).

[179] Abb. 82 bei Mueller von der Haegen (1998).

[180] Abb. 68 bei Mueller von der Haegen (1998).

landschaft, in der die Insel Patmos liegt, steht nicht für sich, sondern ist - wie beschrieben - so in das Bildfeld eingebunden, daß sich alles um das Haupt des Evangelisten dreht. Man kann also feststellen, daß sowohl in Padua wie in Florenz die Landschaft genau wie die Architektur immer mitsprechend in die Handlung eingebunden ist und insofern adäquat zu den Figuren gebildet wurde.

In gewissem Sinn ist auch die beschriebene Landschaft aus der Magdalenen-Kapelle adäquat den Figuren, denn sie wiederholt die Paarbildung der Engel. Aber spannungslos wie schon die Felsen im Verhältnis zur Rahmung sind, so sind auch die beiden oberen Engel, die teilweise vom Lünettenrahmen überschnitten werden. Vergleicht man diese Engel mit dem Engel der Patmos-Darstellung, dann wird deutlich, wie entfernt die Bildung in Assisi von einer Autorschaft Giottos ist: Besonders durch die Körperdrehung des Engels entsteht in Florenz zwischen Engel und Lünettenrahmung eine Raum-Flächenspannung, die dem himmlischen Wesen Bewegung gibt und das Aufflattern des Gewandes rechtfertigt. In Assisi hingegen wiederholen beide Engel der Lünette mit ihrer Körperhaltung die Form der Rahmung. Darüber hinaus sind sie bildparallel gesetzt, so daß keine Spannung zwischen Raum und Fläche entstehen kann. Der linke Engel erscheint in der Haltung des Johannes auf der Lazarus-Darstellung und hat keinen richtigen Bezugspunkt. Der rechte Engel dagegen ist bewegter, stark angeschnitten, als ob er vor Magdalena hätte zurückweichen müssen und erinnert mit seiner Rechten an den auferweckenden Christus, mit der zurückgenommenen Linken an den Engel in der Peruzzi-Kapelle, dessen ganze Haltung vorbildhaften Charakter für diesen zu haben scheint.

Figuren und Landschaft scheinen an einer Entwicklung im Giottowerk, die zu den Florentiner Darstellungen geführt hat, eher zu partizipieren, als sie mitzubestimmen. Für die "erweiterte" Landschaft in der Magdalenen-Kapelle muß festgestellt werden, daß sie - anders als die giottesken Landschaften - nicht an die Handlung gebunden ist.

In Assisi wie in Padua bildet eine Felslandschaft die Bühne für die Begegnung Maria Magdalenas mit Christus am Ostermorgen.[181] Weiterhin sind beide Darstellungen des *Noli me tangere* auch durch die Figurenordnung - Magdalena und Christus rechts, die Engel als Wächter auf dem steinernen Sarkophag links - vergleichbar. Allerdings sind beide Gruppen in Assisi weiter auseinandergesetzt und durch die Bildung der Felsformation eigens gegeneinander isoliert, während in Padua Maria Magdalena noch mit dem Steingrab und den erdenschweren, schlafenden Soldaten verbunden ist, sich ihre Gebärde gerade daraus entwickelt. Das Paduaner Bild ist deutlich so gebaut, daß als erstes die Begegnung der Hauptpersonen Magdalena und Christus, in der zugleich die Unbe-

---

[181] Bistoletti (1989) S. 85 bzw. S. 97.

rührbarkeit Christi und sein Verlassen der irdischen Welt gestaltet ist, in den Blick kommt. Auf diese Begegnung als zentrales Geschehen weisen die Gebärden der Engel und die Schräge des Felsens hin. Vom Felsen hinterfangen, mit der Erdenschwere der schlafenden Soldaten und des steinernen Sarkophags in Gestalt und Farbe verhaftet, versucht sich Maria Magdalena aus dieser zu lösen, indem sie sehnsuchtsvoll Blick und Hände zu Christus erhebt. Von dieser Bewegung sagt Barach: »it is a climax, and it is strikes in as timeless; we find it hard to imagine what she will do next.«[182] Auf den Ausdruck dieser Sehnsucht hin wird durch die Gebärden und Bewegungen gesteigert, deren Heftigkeit auch hier, wie wir bei den anderen Paduaner Fresken gesehen haben, abzulesen ist an den rhythmisierenden Senkrechten, zuletzt an dem krassen Winkel, den der Mantel Magdalenens und ihre Arme bilden. Christus wird nicht vom Felsen hinterfangen, er erscheint isoliert am rechten Bildrand. Er ist im Begriff das Bild zu verlassen, die abschüssige Felskante treibt ihn voran, und doch wendet er sich um, sieht zu Magdalena und hebt abwehrend die rechte Hand gegen sie. Im Hin und Her dieser Bewegung ist seine Haltung vollständig ausponderiert.[183] In den sich antwortenden Gesten und Blicken der sich Begegnenden, deren Bewegungen jeweils die Ruhe des Umschlagpunktes erreicht haben, scheint das Bild selbst zu ruhen und die Übergänglichkeit der Erzählung aufgehoben.

In Assisi ist der Anteil des Felsen sehr viel größer und gleichmäßig hinter alle Figuren gesetzt, so daß die Dynamik der absteigenden Linie hier entfällt. Der Weg Christi und seine Gegenwendung werden nicht in derselben Weise kontrastiert wie in Padua. Magdalena stürzt Christus auf den Knien entgegen, sie ist weiter vorgebeugt als auf dem Paduaner Fresko und wirkt nicht so mit der Umgebung verwurzelt, eher zufällig an ihrem Ort. Bei fast wörtlicher Wiederholung des Paduaner Gestus erreicht sie mit ihren Händen die strahlende Aureole, die Christus von allem Irdischen entrücken soll. Vom Paduaner Fresko ist die Haltung der gekreuzten Beine Christi aufgenommen, aber nicht ausponderiert, sondern in ein übergängliches Zurückweichen gebracht. Die Bewegung ist so heftig, daß ein Gewandzipfel aufffliegt, der einen gewissen kompositorischen Ausgleich schafft. Beinahe entsetzt hebt Christus die Hand gegen Maria Magdalena, während zwei Engel über ihm den weiteren Weg weisen. Zwischen diesem Auferstandenen und seiner Jüngerin findet keine Begegnung statt wie in Padua, denn Blicke und Gesten antworten nicht aufeinander, sondern gleiten aneinander vorbei - etwa sieht Christus nicht auf Magdalena hinab, sondern ins Leere über sie hinweg. War in Padua

---

[182] Barasch (1987), S. 179.

[183] Barasch (1987), S. 179-180, weist auf diese ungewöhnliche Haltung hin, die in der Ikonographie des *Noli me tangere* keine Vorbilder habe. Er bezieht sie auf das rhetorische *contraposto*. Eher scheint mir die Bewegung Christi im Einklang mit der naturhaften Darstellung der Begegnung.

die ganze Komposition so anlegt, daß der Unterschied zwischen Christus und Magdalena ebenso wie das Erkennen dieses Unterschieds durch die Handelnden selbst verkörpert und in ihrer Begegnung gestaltet wurde, so findet hier keine Begegnung statt und die Handelnden sind lediglich an ihren "Zeichen" unterschieden.

Thomas und auch Imdahl betonen, daß den Paduaner Fresken die *Mediationes vitae Christi* unterlegt wurden.[184] Demgegenüber scheint in Assisi etwas anderes erzählt zu werden. Obwohl sich die Gesten beider Darstellungen gleichen, wird in Assisi schon durch die "Vertauschung" der Engel, durch die Trennung Magdalenens vom Sarkophag, ihre Loslösung von den schlafenden Wächtern eine Hervorhebung der Gestalt dieser Heiligen versucht. Dies ist durch das Patrozinium der Kapelle gerechtfertigt, gerät aber in der Darstellung zu einem gleichmäßigen und beinah beliebigen Fluß der Erzählung. Denn ohne An- und Abschwünge, den Rhythmus bestimmende Senkrechten erscheinen die Figuren wie auf der Felsenfläche appliziert. Dazu paßt der Flächenausgleich durch die Engel über dem Haupt Christi.[185]

Schon dieser Vergleich läßt nicht mehr die Autorschaft Giottos für die Bilderfindungen in der Magdalenen-Kapelle vermuten, selbst wenn man annehmen kann, daß dieselbe Erzählung durch den unterschiedlichen Widmungszusammenhang unterschiedlich dargebracht werden muß oder kann. Hinsichtlich der Weite zwischen den Figuren, die als »Weg Giottos von Padua nach Florenz« angesehen wurde, soll die *Erweckung des Lazarus*, die Gioseffi ein Meisterstück nannte,[186] ebenfalls im Vergleich mit der Darstellung gleichen Themas in Padua geprüft werden.[187]

Auf den ersten Blick erkennt man das Gemeinsame, das die einen veranlaßt, Giottos Hand in dem Assisi-Fresko wiederzuentdecken, die anderen, zumindest einen Karton - vielleicht sogar den Paduaner Karton - zugrunde zu legen, und die dritten, eine erhebliche Entfernung von Giotto gerade wegen der kopistischen Nähe festzustellen: Vor einer Felslandschaft stehen sich zwei Figurengruppen gegenüber. Die eine ist versammelt um Christus, der die Hand hebt, die andere umringt Lazarus, der in seine Leichentücher gewickelt ist. Maria und Martha, fast liegend bzw. kniend, vermitteln zwischen beiden Gruppen, und zwei Jungen versuchen die Platte des Felsengrabes zur Seite zu schaffen. So knapp läßt sich zunächst das reine Bildmotiv, das auf beiden Fresken dasselbe ist, summarisch wiedergeben.

---

[184] Imdahl (1980), S. 50-51; Thomas (1989), S. 25-29.

[185] Als ob auch die Engel gegenüber der Magdalenen-Christus-Gruppe nicht genug Gewicht haben, sind sie durch vergoldete, stuckierte Köpfe beschwert.

[186] Gioseffi (1963a), S. 56.

[187] Abb. 82 u. 127 bei Mueller von der Haegen (1998).

Zuerst sei das Paduaner Fresko genauer betrachtet: Die Begleiter Christi sind stehengeblieben. Er selbst hat sich aus der Gruppe gelöst - noch zeigen Fußstellung und Gewandfalten die Bewegungsrichtung an, aber schon hat sich alle Energie in der emporgehobenen Hand mit den befehlenden Fingern und im Blick gesammelt. Den feinen, aber wesentlichen energetischen Unterschied, den Giotto zwischen einer befehlenden, wunderwirkenden Gebärde und einer segnenden macht, zeigen die Gebärden Christi auf diesem Erweckungsbild bzw. beim *Einzug in Jerusalem.*[188] Dort scheint für einen Moment der ganze Zug gestoppt in der knappen, fast senkrecht abgewinkelten Hand.[189] Bei der Lazarus-Erweckung ist der Arm ausgreifender, die Segensfinger sind nach vorn gerichtet und so hoch gehoben, daß der Blick Christi gerade noch über sie hinweg geht. Blick und Gebärde haben hier ein direktes, eindeutiges Gegenüber - die Begrüßenden vor den Toren der Stadt bleiben dagegen allgemeiner.

Geste und Blick Christi gelten nur einem einzigen Gegenüber: Es sind die fahlen, toten Augenhöhlen des Lazarus, nur sie liegen mit den Christusaugen auf einer Höhe. Das nicht faßbare Geschehen zwischen diesen beiden, dem Agierenden und dem Empfangenden, ist die ganze Handlung. Der lebensspendenden Energie, die von der Christusfigur ausgeht, antworten die Gesten der teilnehmenden Menschen im Umkreis des Lazarus, als wenn sie früher als der Tote etwas davon spüren und es ihnen durch die Glieder zuckt. Diese Gesten sind so angeordnet, daß sie wie eine rhythmische Welle, ausgelöst durch die Gebärde Christi, erscheinen. Zurecht bemerkt Imdahl von dieser Gebärde, daß in ihr, die frei vor den Himmel gesetzt und kontrastiert ist durch die abfallende Linie des Felsens, die Aktualität des Ereignisses so kulminiere, daß sie zugleich über die Aktualität hinaus Gültigkeit erfahre.[190] Dagegen beziehen sich die unmittelbaren Gebärden der Menschen in ihrer Lebendigkeit auf das momentane Geschehen und greifen damit dem neuen Leben des Lazarus vor. Die Figur des Lazarus hat hingegen nichts Übergängliches, obwohl doch gerade er vom Tod wieder ins Leben übergehen soll. Vielmehr erscheint er - wie Christus selbst - isoliert von der Gruppe und ganz ruhig vor seiner Grabkammer.

Die Gruppe hinter Christus ist auf dem Fresko in Assisi breiter angelegt. Sie umfaßt mehr Personen, die, wie die Felsen oder Menschengruppen in der Darstellung des *Noli me tangere*, sehr gleichmäßig auf der Fläche verteilt sind. Auch hier steht Christus wie auf dem Paduaner Fresko vor der Jüngergruppe. Während dort an den beiden vorderen Köpfen und Körpern der Christusbegleiter ein leichter Winkel ausgebildet wird, der jugendliche Johannes mit einer knappen Geste seine eigene Bewegung stoppt

---

[188]   Abb. 85 bei Mueller von der Haegen (1998).

[189]   Vgl. dazu Kapitel II.

[190]   Imdahl (1981), S. 73; vgl. Kapitel II.

und damit zugleich die Geste Christi vorbereitet, sehen wir hier auf dem Fresko in Assisi eine Folge von Profilen, die von dem Profil Christi nur durch die Distanz unterschieden sind. Die Entfernung Christi von der Gruppe könnte ein Spannungsmoment erwirken - dazu bedürfte es aber einer gegenläufigen Bewegung, eines Widerstandes, statt dessen geht der erhobene Arm Christi in die langestreckte Hand über. Diese Kontinuität wird weiterhin nicht gebrochen, sondern aufgenommen in der Felskante, die wie eine Verlängerung der Gebärde um die Lazarusgruppe geführt ist.

Während in Padua schon durch die Bodenstufe der mögliche Raum für die Handlung stark eingeschränkt ist und über diese Stufe hinweg die Schwestern Christus anflehen und sogar sein Gewand berühren, knien Magdalena und Martha auf der Darstellung in Assisi weit von Christus entfernt. Seine Gebärde reicht über sie hinaus, ohne an ihnen Widerstand zu haben und ohne daß eine Spannung zwischen ihnen entsteht. Die Nähe, die in der Darstellung des *Noli me tangere* zwischen Christus und Magdalena gesucht ist, ist hier vermieden. Es scheint, als wenn sich der Maler in Assisi die jeweils andere Haltung Magdalenens in Padua zum Vorbild gewählt hätte, um sein Fresko interessanter zu machen und Magdalena hervorzuheben.

Auf der Christus-Seite sind in Assisi mehr unterstützende Figuren versammelt als in Padua, um Lazarus scharen sich dagegen weniger, aber enger mit ihm verbundene. Es scheint sich hier eine spätere Phase des Geschehens zu ereignen: Lazarus hat die Augen schon geöffnet und beide Figuren rechts und links können sich schon betulich um ihn kümmern. Die hochgerissenen Arme des Bärtigen wirken dann auch eher als Ausdruck des Erstaunen über den neuen Zustand des Gestorbenen, als des heiligen Schreckens über das Wunder, dem die Gruppe in Padua beiwohnt. Die Dramatik des Geschehens liegt bei dem Paduaner Bild darin, daß genau der Augenblick dargestellt wird, indem das Wunder geschieht, also der Umschlagpunkt zwischen vorher und nachher oder noch und schon. Dazu gehören die erregten und rhythmisch, wie eine stehende Welle geordneten Gesten als Ausdruck des Hier und Jetzt gegenüber dem Anhalten der Zeit in der Spanne zwischen Christus und Lazarus. In Assisi ist der Augenblick des Wunders schon vorbei, die Bewegungen sind übergänglich und die Gebärde Christi findet keine Antwort im Gegenüber. Die innere Distanz, die den Paduaner Christus seiner Umgebung gegenüber auszeichnet, ist übertragen worden in eine ihm äußerliche. Als wenn der Maler sich des Unterschieds der beiden Darstellungen bewußt gewesen wäre, betont er die Tätigkeit Christi durch den begleitenden Schriftzug - *Foras veni Lazare* -, der die Geste sozusagen verbal unterstützen soll.[191]

---

[191] Schon Toesca (1951), S. 611-612, hält einen Schriftzug in so "tragender" Rolle oder vergoldete, stuckierte Köpfe (auf dem Ostermorgenfresko) mit einer Autorschaft Giottos für vereinbar.

Wenn in der Literatur *Weite und gedehnter Rhythmus* als Charakteristika für dieses Fresko genannt werden, wenn weiter gesagt wird, daß sich hier die feste Form des Paduaner Giotto sich in die malerische Weichheit befreit hätte und so das Florentiner Spätwerk der Peruzzi-Kapelle vorbereitet würde, dann muß die *Auferweckung der Drusiana* der Peruzzi-Kapelle zum Vergleich herangezogen werden.[192] Schon zur Klärung der Grundzüge des giottesken Kompositionsprinzips im Kapitel über die Arena-Fresken wurde auf die kontinuierliche Perspektive und die schräggeführte Mauer hingewiesen, mit der die vielfältige Architektur des Florentiner Erweckungsbildes vereinheitlicht, der Handlungsraum geschaffen und die Konfrontation der beiden Menschengruppen dramatisiert werden.[193]

Das Verhältnis zwischen Architektur und Figurengruppen hat nicht den plötzlichen Staccato-Charakter wie in Padua. Dies gehört mit zu dem Phänomen, das immer wieder als gedehnterer Rhythmus bezeichnet und als weiter Raum beschrieben wird. Wie auf dem Fresko in der Magdalenenkapelle sind die Menschengruppen hier zahlenmäßig größer als etwa auf dem Paduaner Erweckungsbild. Aber von diesen vielen Gestalten, zum Beispiel der rechten Gruppe, erhalten nicht nur - wie in Padua - die vordersten ein individuelles Gesicht, sondern alle. Jeder einzelnen kommt auf dem Florentiner Bild ihre eigene Gefühlsregung zu, ausgelöst von dem Ereignis, das sie miterlebt. Wegen dieses Miterlebens sind sie als Individuen auf das Zentrum bezogen: So bilden die Figuren der rechten Gruppe einen Halbkreis um den Bahrenträger, und die Erregung innerhalb der Gruppe steigert sich von ruhigem Stehen und aufmerksamen Schauen mit gelassener Handhaltung über die gesammelt zusammengelegten Hände in der Mitte bis zum erschreckten Aufzucken und schützendem Abwenden. Eine Steigerung, die sich entlädt in dem gebeugten Rücken des Trägers, der den Spannungsbogen an die Drusiana weitergibt. Ähnlich könnte man auch die linke Gruppe beschreiben, die ebenfalls aus Menschen mit individuellen Gesichtern zusammengesetzt ist und deren Spannung an die Hand des Evangelisten weitergeben wird.

In den Paduaner Darstellungen und hier der Florentiner wird deutlich gemacht, daß das eigentliche Geschehen unsichtbar ist und nur in seiner Wirkung auf die Umgebung offenbar wird. Hier ist es der lebenspendende Funke, der zwischen den Händen im Zentrum überspringt. Eine solche *leere Mitte* mit Spannung aufzuladen und nicht, wie auf dem Fresko der Magdalenenkapelle, einem horror vacui nachzugeben, bedarf eines

---

[192] Abb. 120 bei Mueller von der Haegen (1998).

[193] Vgl. zur "Mitsprache" dieser Architektur: Gosebruch (1970), S. 106. Zur Architektur: Codell (1988), S. 602-603, sieht in ihr die Wiedererweckung der Stadt Ephesus, aber zugleich das zeitgenössische Florenz und das neue Jerusalem. M.V. Schwarz (1993), S. 28-48, hält diese Stadtansicht für eine realistische Ansicht der Stadt Ephesos. Vgl. oben.

konsequenten Bildaufbaus, der sich vor allem an den Figuren der Handlung zeigt. Die rhythmische, auf das Zentrum gerichtete Steigerung durch Haltung und Gesten bewirkt, daß der Ausgriff des Johannes weit sein kann und doch so energiegeladen, daß er die Distanz zu der Toten überwindet. Um die mächtige Figur des Evangelisten sind Frauen auf die Knie gesunken und flehen ihn mit erhobenen Händen an. Ganz dicht an ihm bilden sie einen Kreis, so daß sein Ausgriff gerade im Kontrast zu dieser Gegenbewegung an Energie zunimmt und über sie hinweg die Tote anzieht.[194]

Gerade diesen weiten Ausgriff des Florentiner Evangelisten findet man in der Magdalenenkapelle am erweckenden Christus wieder. Angefangen von der Fußstellung über die Faltengebung des Mantels, die Haltung der linken Hand bis zu dem langgeführten rechten Arm und der ausgestreckten Hand ist der Christus der *Erweckung des Lazarus* eine Kopie dieses Johannes. Daß die Haltung und die Geste dennoch nicht in derselben Weise kraftvoll wirken, liegt auch an der Mischung dieses Vorbilds mit dem Paduaner Christus.[195] Der Künstler in Assisi versucht, den schmalen Oberkörper aus Padua mit dem mächtigen, aus Florenz entlehnten Unterkörper zu verbinden. Dort bewegt der Evangelist sein Haupt gemeinsam mit dem Arm nach vorne, Kinn und Schulter berühren sich fast, und diese Vorwärtsbewegung erhält in dem über die Schulter gezogenen Mantel eine Gegenrichtung und dadurch ein Maß. Dagegen soll der Christus in Assisi so zart und erhaben wirken wie der in Padua und wird dadurch im Oberkörper zu schwach für seine ausgreifende Gebärde.

Es ist gesagt worden, daß die Haltung Magdalenens auf beiden Fresken an die des jeweils anderen Freskos in Padua erinnert. Mehr noch scheint der Maler der Magdalenenkapelle von den Figuren zu Füßen des Johannes auf dem Florentiner Bild beeindruckt gewesen zu sein. Ist nicht deren Knien in der "stürzenden" Haltung weitergetrieben und hält nicht die Magdalena auf dem Erweckungsbild in gleicher Weise die Arme vor der Brust gekreuzt, wie man es schon beim Knienden neben dem Florentiner Johannes findet? Erst von der *Auferweckung der Drusiana* aus betrachtet, ergeben die geöffneten Augen des Lazarus in Assisi Sinn. Erst wenn man sich verdeutlicht, wie die tote Drusiana von der Anziehungskraft des Evangelisten bewegt wird, die Augen öffnet und ihm die betenden Hände entgegenreckt, erscheint die Darstellung in Assisi in einem anderen Licht: Nicht ein anderer Moment als in Padua soll gezeigt werden, sondern dem Wunder Anschaulichkeit gegeben, die Anziehungskraft Christi gezeigt werden. Aber wie

---

[194] Abb. 126 bei Mueller von der Haegen (1998).

[195] Vgl. Abb. 124, 125, 126 bei Mueller von der Haegen (1998).

schon bei der Figur Christi selbst wird die Darstellung geschwächt durch die Vermischung der Vorbilder und durch das Anekdotische der Erzählfreude.[196]

An der Figuren- und Landschaftsdarstellung zeigte sich, daß Giotto die Figurengruppen innerhalb der Handlung so komponiert, daß der Kernpunkt des Geschehens zu einem dramatisierten Moment wird, der in seiner aktuellen Wirkung auf die Umgebung sichtbar, aber selbst dieser Aktualität enthoben ist. Dies wurde an den Darstellungen in der Arena- ebenso wie in der Peruzzi-Kapelle deutlich. Im Vergleich dieser beiden Werkkomplexe konnte gezeigt werden, daß sich die Komposition in den späteren Darstellungen dem Prinzip nach nicht verändert, sondern dieses variiert wird. Die Variation liegt in einer größeren Individualisierung, die im Zusammenhang mit einem gedehnteren Rhythmus und mehr Räumlichkeit steht. In den Magdalenenfresken wird gerade die Dehnung, die die Peruzzi-Wandbilder auszeichnet, aber nicht deren Rhythmisierung, d.h. nicht das Kompositionsprinzip, aufgegriffen. Die Dehnung des Rhythmus wird in Assisi als Weite in der Landschaft sichtbar, die hier aber, anders als in den giottesken Erfindungen, nicht an die Handlung gebunden ist, sondern flächenfüllend und ausgleichend eingesetzt wird. Während das giotteske Kompositionsprinzip auf Spannung beruht, wird hier gerade der Ausgleich gesucht. Dies zeigt in aller Deutlichkeit, daß der in der Magdalenenkapelle tätige Künstler nicht Giotto ist. Aus dem Vergleich der Erweckungsbilder der drei hier behandelten Zyklen konnte weiter mit aller Entschiedenheit gegen die bisherige Forschung hervorgehen, daß der Weg nicht von dieser Kapelle in Assisi zur Peruzzi-Kapelle, sondern umgekehrt vollzogen wurde.[197]

---

[196] Anekdotisch wirkt das Abwickeln der Leichenbinden, das im Unterschied zu der Paduaner Darstellung hier einen ausgesprochen transitorischen Charakter hat, ebenso wie die beiden Grabplattenträger. Während sie in Padua raumbildend und als dumpfer Kontrast zu den erregten Gesten eingesetzt sind, blickt der eine hier hoch – die Beobachterposition, die man so oft in Padua findet, ist hier aufgegriffen -, und der andere bleibt in seiner übergänglichen Tätigkeit. Dieser ist nicht auf Raum-, sondern auf Farbwirkung komponiert: Seine schwarze Haut bildet einen wunderschönen Kontrast zu dem weißen Linnen des Lazarus. Der Maler zeigt hier seinen Sinn für Farben und übergängliche Handlungen.

[197] Von den Charakteristika der Magdalenenkapellen-Fresken ausgehend, nämlich der gedehnten Figurenfolge in einer begleitenden, ausponderierenden Landschaft oder erweiternden Überschaulandschaft, dem Sinn für das Anekdotische und für den malerischen Glanz sowie die reizvollen Kontraste, wird man einige Darstellungen des rechten Querschiffes der Unterkirche, in dem nach Scarpellini die Giotto-Schüler endlich selbständig arbeiten konnten [Scarpellini (1982), S. 250-252], besser von den Darstellungen unterscheiden können, die näher zu Giotto gehören, weil sie stärker dessen Syntax folgen. Stellt man etwa die Darstellung der *Flucht nach Ägypten* neben die der *Disputa*, so wird man bei der ersten die Merkmale des Malers der Magdalenenkapelle, hingegen

III.3 Chronologische Einordnung der Peruzzi- und Magdalenenkapelle

Nimmt man wie Hueck an, daß die Seitenkapellen des Langhauses der Unterkirche in Assisi um 1300 erbaut, die Magdalenenkapelle als erste errichtet und gleich anschließend ausgemalt wurde,[198] dann hat der ausführende Künstler die Arena-Fresken unmittelbar vor Augen gehabt, kann vielleicht sogar dort verworfene Kartons verwendet haben.[199] Diese Annahme wirft die Frage auf, ob ein Maler, der so spannungslos gestaltet und den meisten Wert auf den farblichen Reiz legt, sich so deutlich im Giotto-Werk bedienen und aus sich heraus die Figurenfolge in der gezeigten Weise dehnen würde. Die Antwort dürfte schwer genug fallen. Aber noch weitere Schwierigkeiten birgt die Annahme einer Datierung kurz nach oder um 1300:

Die Darstellung der *Landung in Marseille*[200] an der Ostwand der Magdalenenkapelle wurde bei den obigen Betrachtungen nicht erwähnt. Oft ist gerade diese Darstellung wegen des Seethemas zum Vergleich mit dem römischen Mosaik der *Navicella* herangezogen worden.[201] Auf das im wesentlichen nur durch eine Leinwandkopie und Graphiken überlieferte, monumentale Werk wird im folgenden Kapitel ausführlich eingegangen werden.[202] Für die Darstellung in der Magdalenenkapelle sind der von Gioseffi als "realistisch" charakterisierte Meereshorizont des römischen Mosaiks,[203] die Hafenarchitektur, die sich links am Mosaikrand befand, und ein Angler, der friedlich am Ufer ebenfalls auf der linken Seite saß, wichtig.[204]

Maria Magdalena und ihre Begleiter landen mit ihrem Boot in einem Hafen, dessen Einfahrt mit einem kleinen Turm gekennzeichnet ist. Die Gestaltung der Hafenarchitektur als Pol irdischer Sicherheit ist vergleichbar mit der *Navicella*-Architektur. Darüber hinaus ist in einer Nebenszene dieses Freskos ein seefahrender Pilger als genaues Abbild des giottesken Anglers dargestellt: Auf einer Insel, dargestellt in der linken unteren Bildhälfte als Gegengewicht zu dem Landanteil der Hafeneinfahrt, liegt eine Frau mit ihrem kleinen Kind. Nach der Legende wurde die tote Mutter mit ihrem Säug-

---

bei der *Disputa* eher das giotteske Kompositionsprinzip finden.

[198] Hueck (1986), S. 93-94.

[199] Vgl. Hueck (1984), S. 191-196; Gioseffi (1963a), S. 55-57, kann sich Zeichnungen von Giottos Hand als Vorlage vorstellen.

[200] Poeschke (1985), Abb. 219.

[201] Z.B. von Gioseffi (1963), S. 56.

[202] Abb. 111 bei Mueller von der Haegen (1998).

[203] Gioseffi (1963), S. 56.

[204] Die Zeichnung von Parri Spinelli des Metropolitan Museum of Art in New York, Slg. Pembroke, überliefert den Angler am deutlichsten. Köhren-Jansen (1993), Abb. 74, u. 112 bei Mueller von der Haegen (1998). Vgl. Paeseler (1941), S. 139; Köhren-Jansen (1993), S. 126-127.

ling dort während einer Pilgerfahrt nach Rom von dem Ehegatten zurückgelassen, der sie durch den Beistand Maria Magdalenas auf der Rückfahrt lebendig wiederfand. Die Ankunft des Ehemannes auf der Insel wird dargestellt: Das Boot, von der Rahmung zur Hälfte überschnitten, stößt gegen den felsigen Grund des Eilands. An der Spitze sitzt der Pilger und weist mit einer Hand auf die beiden liegenden Figuren.

In Kleidung und Haltung entspricht er sehr genau dem Angler der *Navicella* - wie ihn Parri Spinelli überliefert.[205] Die Haltung des Pilgers ist aus seiner Tätigkeit nicht ganz verständlich; auch entsteht ein etwas unglückliches Verhältnis zu den anderen Elementen dieser Nebenszene. Die Darstellung erschließt sich erst als Zitat der *Navicella*. Ganz deutlich wird hier, daß dieses Fresko in der Nachfolge der *Navicella* entstanden sein muß, wenn man nicht annehmen will, Giotto habe ausgerechnet diese heterogene Darstellung zum Vorbild für das römische Mosaik genommen.

Die eigentümlich bruchstückhafte Aufnahme des Anglers der *Navicella* in den Bildzusammenhang des Magdalenenfreskos gibt schon einen deutlichen Hinweis auf die Chronologie beider Werke. Darüber hinaus ist die gesuchte Weitläufigkeit in allen Bildfeldern der Kapelle sicherlich nicht ohne den Schritt, den Giotto mit der *Navicella* macht, zu denken. Es ist gut möglich, daß die Weite der Meerlandschaft und die ursprünglich auf dem Mosaik vorhandene Hafenarchitektur dem Freskanten in Assisi als Anregung gedient haben. Aber von dem rhythmischen Bildaufbau, der im Kernpunkt des Geschehens kulminiert, oder von der Unterscheidung zwischen bloß beteiligten und entscheidenden Figuren durch Gestaltung und Figurenordnung, wie in der Paduaner und der Florentiner Darstellung, ist in Assisi nichts zu finden. Eher sind Bildelemente der *Navicella* anekdotenhaft übernommen – etwa die Hafenarchitektur, am deutlichsten aber der Angler. Dieser scheint dem römischen Mosaik entsprungen und von einem friedlichen Angler zum König Peregrinus mutiert zu sein.

Die Datierung der *Navicella* ist durch kein Dokument bezeugt. Nach kontroverser Diskussion schien sich eine Datierung zwischen 1310 und 1320 in der Forschung durchzusetzen, bis jüngst Köhren-Jansen die alte Tradition, die das Mosaik mit dem Jubeljahr 1300 in Verbindung brachte, wieder aufleben ließ.[206] Nimmt man die Datierung der Magdalenenkapelle "kurz nach 1300" an, dann wäre die Frühdatierung der *Navicella* zu fordern. Gleichzeitig müßte man eine schlüssige Erklärung finden, warum Giotto römische Erfahrungen, die Scarpellini auch den Magdalenenkapellen-Fresken ansieht,[207] wohl in der Florentiner Kapelle einbringt, nicht aber in der Paduaner.

---

[205] Vgl. Anm. oben; Abb. 112 bei Mueller von der Haegen (1998).

[206] Köhren-Jansen (1993). Zu Forschungsdiskussion und Datierung des Mosaiks vgl. Kapitel IV.

[207] Scarpellini (1982), S. 250.

Noch ein weiteres Werk in Rom, mit dem sich die vorliegende Arbeit ebenfalls in einem späteren Kapitel befassen wird, steht in enger Beziehung zur Magdalenenkapelle und ließe sich nur unter größten Schwierigkeiten so früh datieren: Es handelt sich um das doppelseitige Polyptychon der Vatikanischen Pinakothek, das aufgrund der Portraitdarstellungen seines Stifters eindeutig mit dem von Kardinal Stefaneschi an St. Peter gestifteten zu identifizieren ist.[208] Einerseits kann die Landschaft der Darstellung *Maria Magdalena im Gespräch mit den Engeln* sehr gut mit der Landschaft auf einer der Seitentafeln dieses Altars verglichen werden,[209] andererseits sind es die Portraitdarstellungen, die die Magdalenenkapelle und den Stefaneschi-Altar in eine Beziehung zueinander bringen. Auf der einen Seite des Altars kniet, anempfohlen von seinem Titelpatron, Kardinal Stefaneschi im vollen Ornat des Kardinaldiakons vor dem thronenden Petrus und überreicht diesem seine Stiftung.[210] Auf der anderen Seite kniet derselbe Kardinal im einfachen Klerikergewand und ohne anempfehlenden Beistand, aber im Kreis von Engeln, vor Christus.[211] Zweimal ist auch in der Magdalenenkapelle der Stifter Teobaldo Pontano dargestellt – ebenfalls einmal in offizieller und einmal in einfacher Gewandung gekleidet.[212]

Vor Rufinus, dem heiligen Vorgänger im Amt des Bischofs von Assisi, kniet Pontano in bischöflichem Gewand und Rufinus hat die Hand auf die Mitra gelegt.[213] Diese Geste wertet Hueck als Hinweis auf eine erst kürzlich erfolgte Investitur.[214] Die Investitur Pontanos erfolgte 1296 – sollten die Fresken, wie Hueck annimmt, in den ersten Trecentojahren entstanden sein, dann läge die Investitur schon einige Zeit zurück, wäre also nicht »kürzlich« erfolgt. Kann die Geste des Rufinus nicht ebenso gut, vielleicht sogar erheblich einfacher, auf die Wiederwahl Pontanos im Jahre 1314 bezogen werden? Die andere Darstellung zeigt Maria Magdalena. Seitlich vor ihr kniet der Bischof in einem einfachen Ordensgewand und faßt ihre Hand.[215]

---

[208] Abb. 103 u. 104 bei Mueller von der Haegen (1998); vgl. dazu Ciardi Dupré dal Poggetto (1981), S. 122-126 u. 134-140.

[209] Genauer zur *Paulusmarter*: Abb. 108, 109 bei Mueller von der Haegen (1998) Auch die stehenden Figuren im Arkadenunterbogen haben eine Beziehung zu diesem Altar, zu den stehenden Aposteln der Seitentafeln auf der Petrus-Seite. Einen solchen Zusammenhang sah auch schon Tantillo-Mignosi (1975): Abb. Bellosi (1981), Abb. 143.

[210] Bellosi (1981), Abb. 143 u. Abb. 104 bei Mueller von der Haegen (1998).

[211] Bellosi (1981), Abb. 142; u. Abb. 103 bei Mueller von der Haegen (1998).

[212] Abb. 214a u. 214b bei Poeschke (1985).

[213] Abb. Poeschke (1985), 214a. Die Darstellung befindet sich an der Seite zur Nicolauskapelle, links der Arkade.

[214] Vgl. Hueck (1984), S. 191-196.

[215] Diese Darstellung befindet sich diagonal gegenüber der ersten Stifterdarstellung an der Seite zur

Ohne auf die Gestaltung dieser beiden Stifterbilder, die zum besten gehört, was in der Magdalenenkapelle zu finden ist, einzugehen, soll hier nur betont werden, daß ihr Auftreten nicht aus dem Programm der Kapelle abzuleiten und außerordentlich ungewöhnlich ist. Auf dem römischen Altar hingegen ergibt das zweifache Auftreten des Stifters durch dessen Doppelseitigkeit und auch innerhalb des Programms einen Sinn: Eine Seite stellt Petrus, den Patron der Kirche, in den Mittelpunkt. Hier erscheint Stefaneschi als Kanoniker dieser Kirche im offiziellem Ornat und mit seiner Stiftung. Auf der anderen Seite beherrscht Christus die Mitteltafel. Der Kardinal erscheint vor ihm in demütiger Haltung und einfacher Gewandung.

Ein Zusammenhang zwischen den Darstellungen auf dem römischen Polyptychon und denen der Magdalenenkapelle scheint augenfällig. Es ist einleuchtender die Altartafeln mit ihrer klaren inneren Logik als Vorbild für die rein repräsentativen Fresken anzunehmen als umgekehrt. Von Gosebruch ist sehr wahrscheinlich gemacht worden, daß auf dem Stefaneschi-Altar der heilige Petrus von Morrone dargestellt ist.[216] Da dieser erst 1313 kanonisiert wurde, ist eine Datierung der Fresken in der Magdalenenkapelle an den Anfang des Trecento nur schwer möglich: Das Verhältnis der Erfindungen wäre umgekehrt, was m.E. nicht möglich ist, oder der müßte Altar frühdatiert und dafür nicht nur die Identifizierung des Heiligen schlüssig geändert werden.

Selbst wenn man *Navicella* und Stefaneschi-Altar an den Anfang des Trecento datieren wollte, was, wie oben geschildert, zu erheblichen Schwierigkeiten führe, dann erscheint es durch die Vergleiche mit den Fresken der Arena-Kapelle und denen der Peruzzi-Kapelle doch ausgeschlossen, daß die Fresken der Magdalenenkapelle vor diesen entstanden sind. Vielmehr setzen sie diese voraus. Allerdings ist es sehr unwahrscheinlich, daß der Bau der Peruzzi-Kapelle in den ersten Trecentojahren schon vollendet war.[217] Es zeigt sich also, daß ein Entstehungsdatum der Magdalenenfresken in den ersten Trecento-Jahren ausgeschlossen werden kann.

Als nächst mögliches Datum wurde 1308 vorgeschlagen, und zwar von denjenigen, die das Dokument vom 9. Januar 1309 auf die Magdalenenkapelle beziehen.[218] Da aber das Dokument diesen Bezug weder eindeutig ein- noch ausschließt und in bezug auf die römische Werke dieselben Schwierigkeiten entstünden, die oben angeführt wurden,

---

[216] Antoniuskapelle, links vom Durchgang. Poeschke (1985), Abb. 214b.

Gosebruch (1970a), S. 119f. Auf den Altar und dessen Autorschaft wird später eingegangen.

[217] Vgl. oben; u. Paatz (1955), Bd. 1, S. 505.

[218] Zuletzt M.V. Schwarz (1993a), S. 18. Dokument vom 9. 1. 1309, von Martinelli (1973), S. 193-208, veröffentlicht. Dieser führt aus, daß sich weder eine längere Anwesenheit Giottos, noch deren Zeitrahmen aus diesem Dokument ableiten lasse, was Belting z.B. dazu veranlaßte, dieses Dokument auf Tätigkeiten in der Oberkirche zu beziehen. Belting (1977), S. 235.

müßte die Peruzzi-Kapelle dann zwischen 1305/6, dem Ende der Paduaner Arbeiten, und 1308 entstanden sein.

Dem widerspricht der oft zitierte Passus aus der *Compilatio cronologica* des Riccobaldo Ferrarese, der als Giotto-Arbeiten neben der Arena-Kapelle gerade die Arbeiten der Franziskaner-Kirchen in Assisi, Rimini und Padua, aber nicht in Florenz, nennt.[219] Gnudi konnte nachweisen, daß die Chronik 1312/13 entstanden ist.[220] Man kann wohl davon ausgehen, daß Riccobaldo Ferrarese Wert darauf gelegt hat, die großen Wandmalereizyklen und nicht Einzelstücke zu erwähnen.[221] Sollten 1312/13 die Malereien der Peruzzi-Kapelle schon fertiggestellt gewesen sein, wäre es zumindest befremdlich, daß sie in der Chronik nicht Erwähnung gefunden hätten.[222] Selbst wenn man gewillt wäre, dieses Schweigen hinzunehmen, blieben noch die Momente, die - wie die Frauen vor Zacharias - einen Romaufenthalt Giottos voraussetzen, und die, die sich - wie etwa der Meerhorizont - eng an die *Navicella* anschließen. Man müßte also eine Datierung des römischen Mosaiks vor den Arena-Fresken annehmen und zugleich auch dann konstatieren, daß die an ihm gemachten Erfahrungen nicht in der Arena-, wohl aber in der Peruzzi-Kapelle ihren Niederschlag fanden.

Chiapelli veröffentlichte ein Notariatsprotokoll aus dem Florentiner Staatsarchiv vom 8. Dezember 1313, das die Rückforderung von Haushaltsgegenständen aus Rom durch Giotto zum Gegenstand hat.[223] Aus diesem Protokoll kann eindeutig geschlossen werden, daß sich Giotto vor Dezember 1313 für längere Zeit in Rom aufgehalten haben muß. Erkenntnisse, die Giotto an römischer Antike einerseits und durch seine eigene Tätigkeit in Rom andererseits gewonnen hat, könnten den Unterschied der Fresken in der Arena-Kapelle und denen der Peruzzi-Kapelle, der durch die obige Untersuchung evident geworden ist, plausibel erklären.[224] Eine Entstehungszeit der Johannes-Zyklen ab 1313 würde die Datierung der Malereien in der Magdalenenkapelle in die zweite Hälfte des zweiten Trecentojahrzehnts und später rücken.

Dies entspräche den Erkenntnissen, die Wiener aus der Bauskulptur für die Kapellen der Unterkirche gewonnen hat.[225] Da Teobaldo Pontano 1314 zum Bischof von Assisi wiedergewählt wurde, hätte er zu diesem Zeitpunkt ebensoviel Grund gehabt, seine Grabka-

---

[219] »Joctus pictor florentinus agnoscitur. Qualis in arte fuerit testantur opera facta per eum in ecclesiis minorum Assisii Arimini Padue et in ecclesia Arene Padue.« Zitiert nach Gnudi (1959b), S. 28.

[220] Gnudi (1959a), S. 26-30.

[221] Vgl. Köhren-Jansen (1993), S. 41-42.

[222] Dazu schon Previtali (1974).

[223] Chiapelli (1923), S. 132/133. Vgl. Kapitel IV.

[224] Paeseler (1941), S. 118-120, sieht in der *Navicella* die Voraussetzung für die Darstellung *Vision auf Patmos*.

[225] Wiener (1991), S. 216-269.

pelle zu stiften, wie zum Zeitpunkt seiner ersten Investitur. Die Kreditvergabe durch den Sacro Convento und die Rückzahlung von nur 100 Florenen bis 1319 erscheinen einleuchtender bei diesem späteren Baubeginn.[226] 1314, also im Jahr der Wiederwahl Pontanos, wurde der päpstliche Bann gegen Robert von Anjou aufgehoben.[227] Da Pontano, wie Schwartz ausführt,[228] eng mit den Anjou verbunden war, und die Anjou ab diesem Zeitpunkt den Kult der Maria Magdalena, deren Reliquien sich auf ihrem Herrschaftsgebiet befanden,[229] politisch auszunutzen begannen,[230] fügen sich auch die äußeren Umstände mit den stilistischen Befunden eher zu einem einheitlichen Bild zusammen, wenn die Magdalenenkapelle zwischen 1314, der Wiederwahl des Bischofs, und 1319, dem Ghibellinenüberfall, datiert wird.

Die Malereien der Peruzzi-Kapelle und der Arena-Kapelle folgen demselben Kompositionsprinzip der durch die Figuren gebildeten, an den Senkrechten ablesbaren, rhythmischen Hinführung auf das zentrale Geschehen. Durch die Modifikation des Verhältnisses von Figur und Raum von der raumschaffenden Figur in Padua zu dem figurumschließenden Raum in Florenz wird der Rhythmus schwingender, die Figurenbewegung fließender, und es erscheint das Unerhörte, das Wunderbare in seiner Besonderheit integriert in die Umgebung. Der Raum wird gebildet durch die kontinuierliche Perspektive der Architektur und die mit ihr in Korrespondenz tretenden Figurengruppen. Erfahrbar wird er an den Figuren selbst und an ihrem je spezifischen Verhältnis zueinander, das durch die jeweilige Handlung bestimmt ist. In diesem erweiterten Raum ist die einzelne Figur freier bewegt und individuell mit einem je aktuellen Gefühlsausdruck versehen.

Das veränderte Verhältnis von individualisierter Figur und erweitertem Raum zueinander geht zusammen mit der Möglichkeit zu Modifikationen der Integration des Unerzählbaren in eine Erzählung. Einerseits kann in die Dehnung der Erzählzeit ein Moment des Überzeitlichen, andererseits in die Konzentration der Erzählzeit, bis in den angehaltenen Augenblick hinein, die Vision des Überzeitlichen integriert sein. Es können also Extreme gestaltet sein, die jeweils für sich im Einzelbild vollkommenen zur Anschauung gebracht werden und zugleich auch in ihrer Zusammenführung, jenseits

---

[226] Darauf wies zurecht Wiener (1991), S. 263, hin.

[227] Schwartz (1980), S. 196, u. (1991), S. 34; auch Nessi (1982), S. 222-223. Zu den politischen Ereignissen u. a.: Bologna (1969), S. 71.

[228] Schwartz (1991), S. 34.

[229] Schwartz (1980), S. 196.

[230] Schwartz (1980), S. 183f.; Hueck (1986), S. 84, die dies anmerkt, aber glaubt vernachlässigen zu können.

einer "historischen" Chronologie und einer Ikonographie der unterschiedlichen Heiligenleben, ihre gestaltete Notwendigkeit erhalten.

Figurumschließender Raum, selbständiger bewegte Figuren mit individuellem Gefühlsausdruck und gedehnter Bewegungsrhythmus, zugleich weichere Gewänder und eine malerische Figurenbehandlung, die oft als klassisch empfunden wurde, sind die "Schlagworte" der Charakterisierung der Peruzzi-Fresken. Der Vergleich mit der Magdalenenkapelle hat deutlich gemacht, daß die Peruzzi-Kapelle dieser vorausgehen muß.[231] Zugleich konnte gezeigt werden, daß diese Malereien in Assisi nicht von Giotto ausgeführt wurden: In keiner Weise wurde bei ihnen das Kompositionsprinzip der Paduaner bzw. Florentiner Malereien befolgt. Eklektizistisch ist aus dem Giottowerk geschöpft, Ponderation sowie schöne Oberfläche als wichtigste Momente gestaltet worden. Daß dieser Kapelle in Assisi auch noch das Mosaik der *Navicella* vorausgegangen sein muß, legt schon die Existenz des Fischers auf der Darstellung *Ankunft in Marseille* nahe. Zugleich bietet die Arbeit an der *Navicella* die beste Möglichkeit, die Weite des Raums und die Darstellung der Seelandschaft in Florenz als römische Erfahrung zu verstehen. Ob eine Datierung der *Navicella* zwischen die Arena-Fresken und Ende 1313 zu verifizieren ist, wird im folgenden geklärt.

Das in der Arena angelegte Problem von Figur und Raum hat in der Peruzzi-Kapelle eine bestimmte Lösung gefunden. Diese kann wie bei Darstellung *Johannes auf Patmos* zur größten Innerlichkeit in der Gestaltung einer Allegorie, eines doch immerhin eher abstrakten Gedankens, führen. In dieser Richtung wird weitergedacht werden müssen, zumal uns durch Vasari und Ghiberti überliefert ist, daß Giotto zumindest in Florenz Allegorien schuf - ganz zu schweigen von dem, was möglicherweise für Neapel von ihm geschaffen wurde.

---

[231] Previtali (1974), Anm. 16 weist auf die technische Ähnlichkeit dieser beiden Zyklen hin. Auch die Magdalenenfresken sind weitgehend "a secco" gemalt und haben Tagwerksaufteilungen, die der Halbierung der Fläche in den Peruzzi-Wandbildern sehr nahe kommen. Zum technischen Befund: vgl. Rotondi (1968), S. 75-86.

IV. DER *FIGURUMSCHLIEßENDE* RAUM UND DAS *ALLEGORISCHE* ZENTRUM EINER *ERZÄHLENDEN* BILDERFINDUNG

IV.1 Die Navicella

Mit der Untersuchung der Arena-Fresken und der Malereien in der Peruzzi-Kapelle konnten an "gesicherten" Giotto-Werken das Kompositionsprinzip, die Möglichkeiten von dessen Modifikation und dadurch eine Entwicklungsspanne gezeigt werden. Zugleich wurden Anhaltspunkte für eine Datierung dieser Werke deutlich. Im Zusammenhang der Magdalenenkapelle wurde das Mosaik der *Navicella* schon als dort zitiertes Werk angesprochen. Das römische Mosaik ist also Voraussetzung für die Fresken in der Magdalenenkapelle. Auch die Wandmalerei der Peruzzi-Kapelle scheint nach dem Stilvergleich der in Assisi vorauszugehen. Wie aber stellt sich das zeitliche und stilistische Verhältnis zwischen dem Mosaik und den Malereien der Peruzzi-Kapelle beziehungsweise denen der Paduaner Kapelle dar? Ergibt sich eine "innere Chronologie«? Läßt sich eine genaue Datierung der *Navicella* verifizieren?

Das schnell über die Grenzen Roms hinaus berühmt gewordene Mosaik[1] ist heute lediglich in einer Nachahmung des 17. Jahrhunderts durch Manenti als Schatten seiner selbst in der mittleren Vorhallenlünette von St. Peter zu sehen.[2] Aus den zahlreichen Nachzeichnungen und Repliken muß eine einigermaßen verläßliche Grundlage zur stilistischen Beurteilung des ursprünglichen Giotto-Werks geschaffen werden.[3] Auf dieser Grundlage sollte es möglich sein, die Entwicklung Giottos von den Paduaner zu den Florentiner Wandmalereien neu zu überdenken und darüber hinaus aufzuzeigen, welche Möglichkeiten sich Giotto an einem Einzelmonument im Unterschied zu Zyklen sowohl hinsichtlich des Verhältnisses von Figur und Raum wie hinsichtlich der Allegorisierung einer erzählenden Bilderfindung schafft.

Auf dem ursprünglichen Mosaik, das sich an der westlichen Schauseite des Atriums am Ostabschluß des St. Peterhofes befand, war der *Seewandel Petri* dargestellt. Die Geschichte wird im Matthäus-Evangelium (14, 24-32) erzählt:

---

[1]   Vor allem die wahrscheinlich schon 1320 entstandene *Navicella* in Straßburg, St. Pierre-le-Jeune, zeigt, wie schnell das römische Mosaik auch nördlich der Alpen bekannt wurde. Vgl. dazu Körte (1942), S. 97-104.

[2]   Abb. 1 bei Köhren-Jansen (1993).

[3]   Die Zeichnungen und Repliken sind von Köhren-Jansen in ihrer 1993 publizierten Disseration zusammengestellt worden. Vgl. Köhren-Jansen (1993).

>»Das Boot war aber schon mitten auf dem Meer und wurde von den Wellen bedrängt, denn es war Gegenwind. Um die vierte Nachtwache aber kam er auf sie zu, über den See schreitend. Als ihn aber die Jünger über den See schreiten sahen, entsetzten sie sich und meinten, es sei ein Gespenst, und vor Furcht schrien sie auf. Er aber redete sie sogleich an und sprach: "Mut! Ich bin es. Fürchtet euch nicht." Da antwortete ihm Petrus und sagte: "Herr, wenn du es bist, so heiße mich zu dir auf das Wasser kommen." Er aber sprach: "Komm!" Und Petrus stieg aus dem Boote und schritt auf dem Wasser hin und kam auf Jesus zu. Als er aber den Wind sah, fürchtete er sich, und als er zu sinken begann, schrie er: "Herr, rette mich!" Sogleich streckte Jesus die Hand aus, ergriff ihn und sprach zu ihm: "Du Kleingläubiger, warum hast du gezweifelt?" Und als sie ins Boot gestiegen waren, legte sich der Wind.«

Matthäus spricht von der Angst der Jünger auf dem See Genezareth, von dem Erscheinen des Herrn, dem vertrauensvollen Schritt Petri auf das Wasser, von seinem angstvollen Zweifel und der Rettung durch Jesus. Die Bilderfindung Giottos, die dieses dramatische Geschehen zusammenfaßt, soll zum besseren Verständnis der Literaturdiskussion vorgreifend beschrieben werden. Die 1628 von Francesco Berretta erstellte Leinwandkopie des Mosaiks tritt bei der Beschreibung an die Stelle des verlorenen Originals.[4] Obwohl der Forschung seit Auflösung des Museo Petriano nach dem Zweiten Weltkrieg nur Fotografien zur Verfügung standen und die Kopie verschollen schien, galt die Arbeit von Berretta als das Grundlagenmaterial.[5] Erst 1985 wurde sie, getrennt in vier auf Keilrahmen gespannte Teile, in einem der St. Peterpfeiler wiederentdeckt und dann 1998 farbig publiziert.[6] Jetzt kann diese sogenannte Berretta-Kopie zur Beurteilung erneut herangezogen werden.

Durch widrige Winde wird das Segel über dem Horizont kräftig aufgebläht und das Boot der Jünger auf dem bewegten Wasser in Schräglage gebracht. Keiner der Gefolgsleute Christi bleibt in dieser Gefahr gelassen - je nach Temperament reagieren die Männer in ihrem "Schiffchen": Während der Steuermann noch verhältnismäßig ruhig am

---

[4] Abb. 111 bei Mueller von der Haegen (1998). Daß zum Zeitpunkt der Anfertigung dieser Kopie nicht mehr alle Teile des Mosaiks vorhanden waren, wird im folgenden diskutiert werden.

[5] Die von Paseler (1941) publizierte Alinari-Abbildung wurde immer wieder reproduziert.

[6] 1985 begann meine Suche nach der Berretta-Kopie im Zusammenhang des Sommerkurses der Bibliotheca Hertziana zum frühen Trecento in Rom. Durch diese Initiative spielten noch im selben Sommer das Erinnerungsvermögens eines Großmarschalls der Schweizer Garde, die Unterstützung seitens der Bibliotheca sowie die Energie von Köhren-Jansens, die zu diesem Zeitpunkt an ihrer Dissertation über die *Navicella* schrieb, so zusammen, daß die Leinwände gefunden wurden. Vor allem Magrit Lisner hat sich seitdem ausführlich mit der Berretta-Kopie befaßt. Ihr Aufsatz [Linsner (1994)] erschien erst nach Fertigstellung der hier vorliegenden Arbeit und wurde zur Drucklegung eingearbeitet. Die neuen Farbaufnahmen bei Mueller von der Haegen (1998).

Ruder steht, schlägt ein anderer voll Todesangst die Hände vors Gesicht, ein dritter kauert am Boden, wieder ein anderer gestikuliert aufgeregt und ein fünfter weist voll Entsetzen auf das neue, rettende und zugleich wiederum Schrecken hervorrufende Geschehen auf dem Wasser. Jesus erscheint auf den Wogen. Groß, majestätisch und fast unbewegt ist er nicht gegen die bedrängten Jünger, sondern - wie außerhalb des Geschehens stehend - frontal den Betrachtenden zugewandt. Die Darstellung erfaßt den Moment, in dem Petrus droht, in den Fluten zu versinken, ihn aber die hilfreiche Hand des Herrn errettet.

In der oberen Bildhälfte entfachen rechts und links personifizierte Winde - kleine geflügelte Dämonen - den widrigen Sturm. Sie werden jeweils von einem Prophetenpaar "begleitet". Deren Halbfiguren in den Wolken geben dem Bildaufbau in der oberen Bildhälfte Festigkeit. Auch die tobenden Wasser erhalten Grenze und Befestigung: Ein Uferstreifen säumt den See am unteren Bildrand. Unterhalb der Christusfigur ist noch eine Büste zu erkennen. Dieses Figurenfragment ist der 1628 noch erhaltene Rest der ursprünglich hier, außerhalb des Bildgeschehens, aber noch innerhalb des Bildfeldes knienden Figur des Stifterkardinals Stefaneschi. Auf der anderen Seite sitzt ein Fischer, friedlich angelnd - ihn erreichen die Winde nicht. Sie bedrohen auch nicht den Hafen mit seinem festen Leuchtturm auf derselben Bildseite, von dem aus die Jünger einmal aufgebrochen sein mögen. Auch vom Hafen sind nur noch wenige Reste auf der Berretta-Kopie zu erkennen. Stifterfigur und Hafenanlage sind überliefert durch Zeichnungen und Stiche nach dem damals noch vollständiger erhaltenen Mosaik.[7] Weg von dem heimischen Hafen strebt die Bewegung des Schiffes und ebenso, innerhalb der Bootswände, die Bewegung der Jünger hin zu dem wahrhaft bergenden Ort, zu Christus. »In der weitesten Distanz zum Pol der Geborgenheit erscheint auf den Wassern Christus und verheißt eine neue Art von Schutz, die nicht selbstverständlich gewährt wird [...]. Sie zu erlangen setzte die gläubige Selbstaufgabe voraus, zu der Petrus fähig war, als er sich auf Christi Aufforderung hin dem Meer anvertraut hatte, ohne doch diesen Mut durchzuhalten.«[8] »[...]das Schiff als Stätte der physischen Festigkeit [vermag Giotto] zu charakterisieren und den hochaufragenden Christus als ein Ziel der geistigen Festigkeit, so daß dazwischen das Intervall, in das sich Petrus begeben hat, wahrhaftig den Abgrund der Bodenlosigkeit bedeutet.«[9] Mit dem Verlassen des schützenden Hafens setzt also

---

[7] Auf die Abbrucharbeiten, die zu den Verlusten führten, wird noch eingegangen. Den vollständigeren Bestand zeigen u.a. der Stich von Nicolas Betrizet (Paris, Bibliothèque Nationale) und die Zeichnung von Giacomo Grimaldi (Vatikan, Biblioteca Apostolica Vaticana, Cod. Barb. lat. 1733, fol. 146v-147r); Abb. 79 u. 81 bei Köhren-Jansen (1993).

[8] Gosebruch (1962), S. 128.

[9] Gosebruch (1962), S. 128-129.

eine Bewegung ein, deren Ziel Christus ist. Sie wird vollführt durch das Schiff mit seinem aufgeblähtem Segel, im Boot noch gesteigert durch die Gesten der Jünger und aufgegriffen durch Petrus, der das noch schützende Schiff verläßt und durch Christus gerettet wird. »Es liegt an dieser Abfolge, daß die höchste Gottesmacht mit der äußersten - ganz buchstäblichen - Hinfälligkeit des Menschen an der entscheidenden Stelle zusammentrifft und eine extrem gesteigerte Spannung gnadenhaft Auflösung findet.«[10]

Wegen der naturhaften Darstellung des "Schiffchens", nach dem das Mosaik eben die *Navicella* genannt wurde, und wegen der Mannigfaltigkeit der Gemütsbewegungen der Jünger galt es als das wichtigste Werk Giottos: Es war so berühmt, daß Benedetto da Maiano auf dem Ehrenepitaph Giottos im Florentiner Dom den Künstler nicht als Maler, auch nicht als Architekten, sondern als Mosaizisten präsentiert hat. Im Quattrocento hoben Villani[11] und Ghiberti[12] die *Navicella* hervor, und der Renaissancekünstler Alberti[13] fand - neben einem antiken Werk - kein wichtigeres Beispiel für eine mannigfaltige Gemütsbewegung als die erschreckten und angstvollen Jünger, die Giotto in ihrem Boot darstellte.[14] Auch Vasari,[15] der, wie schon Boccaccio,[16] sein Augenmerk auf die beginnende Naturnachahmung richtete, beurteilte gerade die *Navicella* als exemplarisch für die, wie Dante sagt, »neue«, die naturhafte Kunstauffassung Giottos.[17] Wie die Guidenschreiber und Künstler in den ersten Würdigungen des Mosaiks, durch Skizzen, Nachzeichnungen oder direkte Zitate,[18] betonten auch diese Renaissance-Theoretiker die Besonderheit der Erfindung und die Meisterschaft Giottos, ohne jedoch Auftraggeber, Datierung oder Werkzusammenhang zu thematisieren.

Die Skizzierung der Forschungslage wird im folgenden die Probleme der Datierung und der Rekonstruktion veranschaulichen. Die Datierung wird über die stilistische Einordnung und über den Bezug zum Auftraggeber des Mosaiks, zu Kardinal Stefaneschi, abzusichern sein.

---

[10] Gosebruch (1962), S. 129.

[11] Vgl. v. Schlosser (1964), S. 371.

[12] Ghiberti (ed. Schlosser), S. 36.

[13] Alberti (ed. Janitschek), S. 123.

[14] Vgl. dazu Köhren-Jansen (1993), S. 231-236; Köhren-Jansen (1993), S. 237, zitiert auch die betreffende Stelle aus dem Dante-Kommentar Cristoforo Landinos von 1484, die aus demselben Kunstverständnis wie Alberti schöpft.

[15] Vasari (ed. Milanesi), Bd. 1, S. 386-387; in der ersten Ausgabe der "Vite" ging Vasari nur mit einem kurzen Satz auf die *Navicella* ein: Vasari (ed. Bettarini), Bd. 2, S. 106.

[16] Boccaccio, *Decamerone*, Giornata VI, Novella V.

[17] Dante, *Commedia*, Purgatorio, Canto XI, V. 94.

[18] Bei L. Venturi (1922), S. 49f.; Paeseler (1941), S. 56f., u. Köhren-Jansen (1993), S. 259-267, sind diese Aufnahmen der *Navicella* am ausführlichsten zusammengestellt.

IV.1.1 Stand der Forschung

Erst mit dem Abriß von Alt-St. Peter und der damit verbundenen Zerstörung des Mosaiks erwachte das Interesse an genauerer Kenntnis über die Stiftung[19]: So nennt Grimaldi den Auftraggeber und den Künstler gemeinsam, indem er 1605 in seinem Inventar der erhaltenen Gegenstände von Alt-St. Peter[20] die bis heute für diesen Zusammenhang wichtigste Quelle zitiert, den Nekrolog auf den Kardinal Stefaneschi aus dem *Martyrologium benefactorum basilicae Vaticanae*:

> »Obiit sancte memorie dominus Jacobus Gaytani de Stephanescis, S. Georgii diaconus cardinalis et canonicus noster, qui nostrae Basilicae multa bona contulit. Nam tribunam eius depingi fecit, in quo opere quinquentos auri florenos expendit. Tabulam depinctam de manu Jocti super eiusdem Basilicae sacrosantum Altare donavit, que octigentos auri florenos expendit. In paradiso eiusdem Basilicae de opere mosayco historiam, qua Christus beatum Petrum Apostolum in fluctibus ambulantem dextera ne mergeretur erexit, per manus eiusdem singularissimi pictoris fieri fecit, pro quo opere duo millia et ducentos florenos persolvit, et multa alia [...]«[21]

Der Kardinal Stefaneschi wird in diesem Nekrolog als Stifter mehrerer Werke genannt, von denen zwei direkt mit dem Namen Giotto verknüpft sind, ohne Hinweise auf eine innere oder äußere Chronologie zu geben.[22] Auch in seinem Inventar der Vatikanischen Bibliothek befaßt sich Grimaldi mit den Werken, die in Zusammenarbeit dieses Stifters mit Giotto entstanden sind, hier ohne auf den Nekrolog einzugehen.[23] Zum ersten Mal

---

[19] Oben wurde schon auf den Abriß von Alt-St. Peter und seine Dokumentation bzw. die Inventarisation der wichtigsten Kunst- und Kultgegenstände hingewiesen.

[20] Grimaldi, Cod. Barb. lat. 2733, fol. 146r - fol. 149r ist der *Navicella* gewidmet: Es beginnt mit einer Bezeichnung der dann folgenden kolorierten *Navicella*-Darstellung, dann einige Worte zum Leben des Auftraggebers Stefaneschi, gefolgt vom Nekrolog und den Inschriften, der neuen und der originalen. Dieser Codex wurde als Faksimile herausgegeben: Grimaldi (ed. Niggl), S. 182-185.

[21] *Martyrologium benefactorum basilicae Vaticanae* des Archivio Capitolare von St. Peter H 56 fol. 87 (ed. Niggl). Grimaldi zitiert diese Stelle zum ersten Mal [Grimaldi (ed. Niggl), S. 184], aber wahrscheinlich benutzte sie schon Ghiberti in den *Commentarii* aus dem Jahr 1450. Kardinal Stefaneschi ist 1341 in Avignon gestorben, der Nekrolog also zumindest nach 1342 abgefaßt. Vgl. zur Datierung des Nekrologs Hueck (1977a), S. 219-220: Hueck nimmt eine Entstehungszeit im Jahr 1361-62 an.

[22] Das Fehlen einer Datierung betont zuerst v. Schlosser (1912), S. 112.

[23] Grimaldi, *Index omnium ac singulorum librorum Bibliotecae Sacrosanctae Vaticanae Basilicae Principis Apostolorum*, 1603, fol. 121r, Biblioteca Apostolica Vaticana, Sala di consultazione Mss. 405. Vgl. De Nicola, S. 339, Anm. 4; Gosebruch (1961), S. 105; Gardner (1974), S. 57;

nennt Grimaldi im Zusammenhang mit den Arbeiten, die Giotto im Auftrag des Kardinals ausführte, ein Datum - die Altartafeln seien ungefähr 1320 entstanden: »Tabulae ex nuce Indica in utraque facie manu Jotti pictoris eximii circa annum Dñi MCCCXX depicta.«[24] Ausgehend von der gleichzeitigen Entstehung des *Stefaneschi-Altars* und der *Navicella* übertrug man diese Datierung auch auf das Mosaik.[25]

1618 versucht Torrigio,[26] die Stiftung der *Navicella* theologisch zu begründen - hier beginnt die Forschung nach der Intention der Auftragsvergabe des Mosaiks, die bis heute aktuell ist und sich inzwischen zur kirchenpolitischen bzw. zur auftraggeberbezogenen Kontextforschung gewandelt hat. Torrigio greift in seiner Beschreibung der Vatikanischen Grotten auf die von Grimaldi veröffentlichte Nekrolognotiz zurück und verbindet diese mit einer Bemerkung Serranis[27]: Dieser beschreibt den unter Leo dem Großen im 5. Jahrhundert entstandenen Sonnenkult als Ursache vieler Bauten. Noch lange Zeit hätte der heidnische Brauch, sich nach Osten zur aufgehenden Sonne hin zu verneigen, weiterbestanden, obwohl versucht worden sei, ihn durch christliche Inhalte abzumildern. Die großen Pilgerströme, die das erste, von Bonifaz VIII. ausgerufene Jubeljahr nach Rom brachte, erscheinen Torrigio, ganz im Sinne von Serrani, ein ausreichender Anlaß, mit einem großen Mosaik diese heidnische Sitte durch eine christliche Szene umzudeuten. Denn die *Navicella* beherrschte ursprünglich die Westwand des im Osten gelegenen Atriums, und so fiel der Blick beim Verlassen der Basilika oder beim Verbeugen gen Osten auf das Mosaik. Torrigio verbindet also die *Navicella* mit dem Datum des ersten Jubeljahrs um 1300.

Nach Abbruch und Neuanbringung des Mosaiks korrigiert Torrigio 1639 in der zweiten Auflage seiner »Beschreibungen« das Datum der *Navicella* auf das Jahr 1309. Er zitiert die Inschrift unter dem 1629 im Inneren von St. Peter neu angebrachten Mosaik bzw. unter der Berretta-Kopie, die ebenfalls 1629 in der Kapuzinerkirche S. Maria della Conzione ihren Platz fand.[28] Dennoch wird in der nachfolgenden Literatur an seiner theologischen Interpretation und dem daraus scheinbar folgerichtigen Zusammenhang mit dem ersten Jubeljahr festgehalten. Die Datierung "um 1300" bleibt bestehen und wurde 1626 durch Mancini sogar auf das Jahr 1298 "präzisiert", dies beruhte allerdings

---

Hausenstein (1923), S. 147 u. 151.

[24] Grimaldi (1603), fol. 121. Zitiert nach Köhren-Jansen (1993), S. 32, Anm. 120; vgl. auch Supino (1920), S. 62; Kempers/de Blaauw (1987), S. 106, Anm. 32.

[25] U.a. L. Venturi (1918), S. 235; Gosebruch (1962), S. 105.

[26] Torrigio (1618), S. 91.

[27] Serrani (1575), S. 16. Vgl. dazu auch Paeseler (1941), S. 57.

[28] »Huius picturae exemplar, quod ante annos CCCXX a Jotto Florentino celebri pictore opere musivo elaboratum est, Urbanus VIII. Pont. Max. ex Area Vaticana in Basilicam Principis Apostolorum transtulit anno salutis MDCXXIX. Torrigio (1639), S. 162.

auf einer Reihe von Fehlinterpretationen.[29] 1681 stützt sich Baldinucci in dem ersten gedruckten Werk, das diese Zusammenhänge behandelt, auf Torrigio und Mancini.[30] Dabei verbindet er den Nekrolog mit dem "präzisierten" Entstehungsdatum und der theologischen Begründung der Auftragsvergabe. Baldinucci lieferte so die Grundlage für ein Datum der *Navicella*, das sich, unterstützt durch die gegenreformatorische Neubewertung des Papstes Bonifaz VIII. im 18. Jahrhundert, bis ins 20. Jahrhundert hinein als "dokumentiertes" Datum tradiert hat.[31]

Gegen Ende des 19. Jahrhunderts mehren sich die Versuche, dieses Datum der *Navicella* auch stilkritisch zu begründen. Dies ist der zweite Strang in der Beschäftigung mit der *Navicella*, der zwar für die Einordnung des Mosaiks in das Gesamtwerk Giottos kaum relevant geworden ist, der aber erhebliche Folgen hatte für das *mittlere Werk*, genauer für die Altartafeln und die Vierungsmalereien der Unterkirche von San Francesco in Assisi.[32] Die feste Annahme, daß das Mosaik um 1300 zu datieren und damit ein noch vor den Fresken der Arena-Kapelle entstandenes Frühwerk Giottos sei, stand im Widerspruch zu der aus dem Grimaldi-Text abgeleiteten Verbindung des Mosaiks mit den römischen Altartafeln, deren feine Malerei einer anderen Stilstufe anzugehören schien. Dies führte zur Unsicherheit in der Beurteilung des ganzen Stefaneschi-Giotto-Komplexes.[33] A. Venturi löste dieses Problem, indem er das römische Altarwerk und die Vierungsmalereien der Unterkirche von Assisi aufgrund stilistischer Verwandtschaft zu einer eigenen Werkgruppe zusammenfaßte und diese als zu dekorativ und miniaturhaft aus dem Giotto-Werk ausklammerte.[34] Mit einem Rückgriff auf Grimaldi datierte er

---

[29]   Vgl. dazu Mancini (ed. Schudt), S. 13 u. 112. L. Venturi (1918), S. 234, zeigt, daß dieses Datum durch die falsche Lesart einer Inschrift und die Annahme entstanden ist, die Fresken von San Clemente seien von Giotto gleich nach der *Navicella* 1299 in Vorbereitung auf das Jubeljahr 1300 begonnen worden. Venturi (1918), S. 229-235., u. Paeseler (1941), S. 57f., verweisen auf vorgängige Fehldatierungen: So kommt 1588 Ugonio durch einen Übertragungsfehler, der bei Platina 1479 seine Wurzeln hat und über da Bergamo 1483 und Albertini 1510 tradiert wurde, auf ein Todesjahr Giottos von 1303/04.

[30]   Baldinucci (1681), S. 45, kommt in seinen Künstlerviten ausdrücklich auf den religiösen Hintergrund des Mosaiks zu sprechen. Köhren-Jansen (1993), S. 33, Anm. 128, zitiert die entsprechende *Navicella*-Stelle von Baldinucci nach der Ausgabe von 1845, Bd. 1, S. 104.

[31]   Auch später kann etwa Bellosi (1981), S. 6, die erhaltenen Originalfragmente der *Navicella* mit dem Kruzifix von Santa Maria Novella vergleichen, oder ders. (1985), S. 131, eine Verbindung zwischen dem Fresko der Verkündigung des Jubeljahres von 1300 und der *Navicella* herstellen.

[32]   Vgl. die entsprechenden Kapitel dieser Arbeit.

[33]   Vgl. C. Frey (1892), S. 209-237; Zimmermann (1899); Rintelen (1905).

[34]   A. Venturi (1906).

diese Gruppe in das Jahr 1320 und schrieb sie, gegen die oben zitierte Nekrolognotiz, einem »Maestro delle Vele« zu.[35]

Der danach von Rintelen mit seiner Unterscheidung in »Giotto und Giotto-Apokryphen« konstatierte Werkzusammenhang von gesicherten Arbeiten umfaßt neben der Paduaner Kapelle, der Ognissanti-Madonna und den beiden Florentiner Kapellen nur die *Navicella*.[36] Die zu rekonstruierende Struktur des Mosaiks stand für Rintelen in der Entwicklung Giottos vor der Arena-Kapelle. Mit stilkritischen Argumenten schien Rintelen das tradierte Datum 1298 zu sichern und konnte eine innere Chronologie der Giotto-Werke herstellen. Auf diese Weise wurden beide Stränge der Forschung zu diesem Thema scheinbar fest verbunden.

Erst L. Venturi durchbrach mit einer philologischen Arbeit diese Datierung, die, wie er zeigte, durch Abschreibefehler und Fehlinterpretationen entstehen konnte und durch die Vorliebe des 17. und 18. Jahrhunderts für das erste Jubeljahr immer weiter tradiert wurde.[37] Er beruft sich auf den Stefaneschi-Nekrolog und die Schriften Grimaldis als wichtigste Quellen. Eine Entstehung im Jahr 1320 glaubt er, durch die von Bonanni überlieferte Version der Inschrift unter der *Navicella*-Kopie zu untermauern.[38]

---

[35] A. Venturi (1906), S. 19-34. Damit waren ein großer Teil der strittigen Werke mit einem Namen ausgestattet und für die Trecentoforschung ein zusammenhängendes Ganzes geschaffen, mit dem leichter als mit einem differenzierten Giotto-Werk umgegangen werden konnte und noch wird.

[36] Rintelen (1912).

[37] L. Venturi (1918), S. 229-235. Die klare Analyse Venturis wirkt sich offenbar nicht auf die stilkritischen Argumente für eine Datierung der *Navicella* auf die Zeit des ersten Jubeljahrs aus. So trennt Supino (1920) gegen Rintelen den Altar nicht von der *Navicella* und datiert beide »um 1300«, ebenso wie Serafini (1924) und auch Suida (1924). Muñoz (1924), S. 433-443, veröffentlicht die Dokumente über den Abriß von St. Peter und stellt die Fragmente so in die Nähe von Cavallini, daß sie nur um 1300 entstanden sein können.

[38] Die Inschrift unter der Berretta-Kopie in der Version von Bonanni 1696 (^{2}1715), S. 107 lautet: »Huius pictura exemplar, quod ante annos CCCX a Jotto Florentino celebri pictore opere musivo elaboratum est, Urbanus VII. Pont. Max. ex area Vaticana in Basilicam Principis Apostolorum transtulit anno salutis 1629«, woraus sich eine Entstehungszeit der *Navicella* um 1319 ergibt. L. Venturi (1918), S. 234, zitiert die Bonanni-Version der Inschrift nach Cascioli (1916), S. 19. Torrigio hingegen überliefert diese Inschrift 1639, (S. 162) [oben zitiert], also nur zehn Jahre nach ihrer Entstehung, mit »ante annos CCCXX [...] transtulit anno salutis MDCXXIX«. Hieraus ergibt sich ein *Navicella*-Datum von 1309. Auf diese Stelle weist Paeseler (1941), S. 62, gegen L. Venturi (1918), S. 234, hin. Letzterer zitiert nach Cascioli (1916), S. 19. Paeseler (1941), S. 62 u. 85, diskutiert diese beiden Versionen und entscheidet sich für die ältere von Torrigio mit den beiden Argumenten, daß erstens Torrigio die Anbringung der Kopie selbst erlebt hätte und durch diese Inschrift sich selbst korrigiert, zweitens scheint es Paeseler wahrscheinlicher, ein »X« wegzulassen als hinzuzufügen. Beide Argumente träfen auch auf die dritte Version »ante annos CCC« zu, die Sua-

Wenige Jahre später veröffentlichte Chiapelli das früheste Dokument zu einem Romaufenthalt Giottos:

>»Item die (MCCCXIII. Ind. XII. die VIII. decembris) et loco (Actum Florentia) predictis.
>Presentibus testibus Guardino Iunte et Puccio Tancredi.
>Giottus pictor filius condam Bondonis populi S. Marie Novelle Florentia fecit et constituit suum verum et legitimum procuratorem, negotiorum gestorem, actorem et defensorem Benedictum condam Pacis merciarium Florentinum qui moratur Rome ad petendum, exigendum, confitendum et recipiendum a Lippa seu Filippa de Rieti que morari consuevit Rome in contrata turris del conte et a quibuscumque personis eas habentibus omnes et singulos pannos laneos et lineos lectos et masseritias et superlectilia et res ad ipsum Giottum quomodolibet pertinentibus, et dictam Fillipam et omnes et singulas alias personas eas habentes cogi, petendo et faciendo ad restituendum easdem in iudicio et extra dicto Giotto et sibi procuratori pro eo inde quod se pagatum vocandum finem et refutationem faciendum, iura, nomina et actiones cedendum et pretium pro iurium cessione confitendum et recipiendum, ad agendum quocumque, causandum etc., contra omnem personam etc., coram quocumque domino etc., libellum dandum etc., et in predictis et de predictis omnibus fieri faciendum publica instrumenta cum omnibus promissionibus, cautionibus, obligationibus bonorum, penarum adiectionibus, et preceptis generaliter etaliis consuetis et oportunis ad sensum sapientum ea recipiendum et ad beneplacitum dicti procuratoris, et generaliter etc., promittens etc., et obligans etc., daus et concedeus eidem procuratori suo plenum, liberum et generalem mandatum cum plena libertate etc.«[39]

Das Notariatsprotokoll des Florentiner Staatsarchivs vom 8. Dezember 1313 bestätigt auf nüchterne Weise einen längeren Romaufenthalt des Künstlers.[40] In diesem Dokument

---

resius (1675), fol. 8r, überliefert. Auf letztere weist Köhren-Jansen (1993), S. 254, hin, sie folgert aus den drei verschiedenen Versionen, daß keine so richtig ernstzunehmen sei.

[39] Chiapelli (1923), S. 132-133.

[40] Hierauf wurde schon im Zusammenhang der Datierung der Magdalenenkapelle hingewiesen und wird bei der Datierung der *Navicella* noch einmal eingegangen werden. Auch Köhren-Jansen (1993), S. 40, erwähnt dieses Dokument. Allerdings diskutiert sie in keiner Weise die möglichen Folgen für eine Datierung, sondern stellt das Dokument in eine Reihe mit unterschiedlichen Datierungen zwischen 1309 und 1318 einerseits, und mit dem schon zitiertem Passus der *Compilatio cronologica* des Riccobaldus Ferrarese, aus dem irrigerweise z.B. L. Venturi (1918), S. 235, einen *terminus post quem* ableitete. Auf diese Weise insinuiert Köhren-Jansen eine Irrelevanz des Notariatsprotokolls, ohne diese zu begründen. Vgl. Köhren-Jansen (1993), S. 40-42.

verlangt Giotto von einer Römerin Gegenstände seines Hausrats zurück, d.h. Giotto hatte vor Ende 1313 in Rom einen Hausstand, hielt sich also längere Zeit dort auf.[41] Eine Datierung der römischen Giottoarbeiten konnte mit Veröffentlichung dieses Dokuments neu überdacht werden.

Nachdem ferner in der Florentiner Giottoausstellung 1937 das giotteske Frühwerk gegen die radikale Reinigung durch Rintelen neu entdeckt wurde,[42] spricht zuerst Oertel von einer »Wende der Giottoforschung«[43] und die *Navicella* fand mit zwei ausgestellten Engelsfragmenten zuerst durch Körte neue Beachtung.[44] Der Schwerpunkt der Untersuchungen Körtes lag, wie oben schon erwähnt, auf der Rekonstruktion der *Navicella*. Hinsichtlich der verlorengegangenen und auf keiner Nachahmung verifizierbaren Rahmung erkannte Körte auf einem der beiden noch erhaltenen Engelsfragmente Mosaiksteinchen, die deutlich zeigen, daß die Tondi in einer umlaufenden Rahmung ihren Platz gefunden hatten.[45] Allerdings sah Körte, ungeachtet des Florentiner Dokuments, den Stil

---

[41] Der von Vasari herangezogene, anonyme Dantekommentar, der sogenannte *Ottimo*, der zwischen 1330/33 und 1337 geschrieben wurde, konnte bis dahin als die früheste bekannte literarische Quelle für den Romaufenthalt Giottos gelten. Der Kommentar muß geschrieben sein nach dem bezeugten Aufenthalt in Neapel und vor dem Tod Giottos. Vasari zitiert den Kommentar zum 11. Gesang des Purgatorio, in dem die Reihe der wichtigsten Werke Giottos von der *Navicella* angeführt wird, nach einer verlorengegangenen Handschrift in der Cimabue-Vita (ed. Milanesi), Bd. 1, S. 257. Vgl. Rambaldi (1937a), S. 357369.

[42] So fanden das von Rintelen (1912) aus dem Giotto-Werk ausgeschiedene Kruzifix von S. Maria Novella, die Franziskuslegende in der Oberkirche von Assisi und einige Altartafeln als eigenhändige Werke wieder stärkere Beachtung.

[43] Oertel (1943), S. 1-27.

[44] Bistoletti (1989), S. 52.

[45] Das für Körte maßgebliche Engelsfragment befindet sich in den Vatikanischen Grotten. Allerdings kann der von Körte gefundene Bordürenzwickel nur noch anhand von guten Abbildungen [z.B. Paeseler (1941), S. 89, Abb. 68] überprüft werden, da dieses Fragment nach einer Restaurierung unkenntlich ist. Zur Ausstellung "Roma 1300-1875. L'Arte degli Anni Santi", Rom, Palazzo Venezia, 1984/85, erschien dieser Engel in einer byzantinisierenden Umgestaltung mit Armen und einem Kreuz. Vgl. dazu Kheel (1989), S. 484-485. Das zweite Engelsfragment befindet sich in Boville Ernica, San Pietro Ispano, Capella Simoncelli [Köhren-Jansen (1993), Abb. 5] vermauert in einem Altar. Nachdem Stevenson (1887) dieses Fragment zuerst publizierte, Liberati (1888) auf die Zugehörigkeit dieses Engels und Torrigio schon (1639), S. 93-94, des vatikanischen zur *Navicella* hinwies, erläuterte Muñoz (1911), S. 164-165, als erster, daß dieses Mosaik unmittelbar nach dem Abbruch der *Navicella* 1610 durch den Geheimkämmerer des Papstes Paul V., Bischof Simoncelli, in dessen Heimatkirche gekommen sei und zusammen mit dem vatikanischen Mosaik zur Rahmung der *Navicella* gehört habe. Vgl. dazu Paeseler (1941), S. 88-89. Das Mosaik in Boville Ernica ist heute in einem erheblich besseren Zustand als das vatikanische. Allerdings weist Köhren-Jansen

der *Navicella* gegenüber den Fresken der Arena-Kapelle als weniger vollendet an und bestätigte damit die Ausführungen Rintelens. Dabei schien ihm das Datum des Jubeljahres für die Entstehung der *Navicella* unumstößlich, trotz der konsequenten philologischen Untersuchung L. Venturis, die diesen Zusammenhang als nur scheinbaren deutlich gemacht hatte.[46] Erst Paeseler beschäftigte sich 1941 ausführlich und detailliert mit Neudatierung und Neuinterpretation der *Navicella*.[47]

Paeseler fügte der Bedeutung des Ortes als Sammelplatz für Pilger und Devotionalienhändler die traditionelle politische Bedeutung der Kapelle von S. Maria in Turri, die sich innerhalb der Toranlage befand, hinzu.[48] In ihr wurden Kaiserkrönungen vollzogen - somit verschmelzen hier gegenüber der musivisch geschmückten Fassade von Alt-St. Peter, insbesondere in dem monumentalen Mosaik der *Navicella*, weltliche und kirchliche Macht. Aus dieser Bedeutung des Ortes, der gewaltigen Größe des Mosaiks[49] und der für das Trecento ungewöhnlichen Technik, nämlich die Smalten wie Farbpigmente gemischt zu setzen,[50] sah sich Paeseler veranlaßt, in dem giottesken Mosaik die Wieder-

---

(1993), S.35, Anm. 135, mit Recht auf frühere Restaurierungen hin: Vgl. ihre Abb. 6 u. bei Stevenson (1887), Tav. V, 3, auf der dieser Engel in einem äußerst schlechten Zustand erscheint. Die häufig in der Literatur erörterten stilistischen Unterschiede dieser Fragmente können aufgrund der Restaurierungen nur noch schwer verifiziert werden.

Cascioli (1916), S. 131, rekonstruiert die Engelstondi zu Seiten der Inschrift, die sich unter dem Mosaik befand. Diese Rekonstruktion halten Brandi (1983), S. 124, Gnudi (1958), S. 247, und Gosebruch (1970), S. 76 für wahrscheinlich. Im Grunde spricht die Untersuchung Körtes nicht gegen diese Annahme, denn aus dem von ihm gefundenen Zwickel kann lediglich geschlossen werden, daß die Rahmenborte nach oben weiterlief, aber nicht der tatsächliche Ort der erhaltenen Fragmente oder das tatsächliche Aussehen der Rahmung. Köhren-Jansen (1993), S. 19-20, vergleicht, wie Paeseler (1941), S. 89-92, die Rahmung mit anderen trecentesken Rahmungen und vermutet neben Engeln auch Propheten in den Tondi.

[46] L. Venturi (1922).

[47] Paeseler (1941).

[48] Paeseler (1941), S. 64-77.

[49] Paeseler (1941), S.62-65, schließt aus dem Stich von Giovanni Falda (um 1673), dem von Natale Bonifazio 1589/90 gestochenen Grundriß und dem Durchmesser der Engelsfragmente auf eine Gesamtbreite des Mosaiks von ca. 18 Metern. Das Mosaik erstreckte sich danach über die ganze Breite des dreitorigen Vorbaues. Körte (1938), S.228-230 und 257-258, geht von derselben Breite des Torbaues, aber von einer geringeren des Mosaiks aus, während in jüngerer Zeit Frommel (1983), S.133-135, eine geringere Breite der Architektur, aber dasselbe Verhältnis zwischen Mosaik und Architektur annimmt. Das Größenverhältnis scheint sich also wie von Paeseler, die Maße sich aber wie von Körte rekonstruiert verifizieren zu lassen. Weitere Literatur zu Rekonstruktion des Atriums und Größe des Mosaiks bei Köhren-Jansen (1993), S. 15-23.

[50] Paeseler (1941), S. 54; Matthiae (1967b), S. 393-394. Aufgrund der starken Restaurierung der

holung, bzw. Wiederherstellung einer musivischen Darstellung aus dem späten 4. oder frühen 5. Jahrhunderts zu sehen. Durch die Legende des 1590 gestochenen Grundriß-plans, in der es ausdrücklich »[...] de novo Navicula Principis Apostulorum [...]« heißt, sieht Paeseler diese Annahme ebenso bestätigt, wie durch einige Quellen, die von einem Christusbild oberhalb der Kapelle S. Maria sprechen.[51] Er untermauert diese These mit einer Reihe von ikonographischen Vergleichen[52] und einer Interpretation des altchristlichen Sinngehalts: Über Darstellungen auf Taufbecken[53] und die christliche Missionstätigkeit unter dem Symbol des Fischfanges - wobei die antike Idylle des Fischers zum Symbol wird - erläutert Paeseler die Matthäusszene im Sinne von Jonasdarstellungen: Petrus als passiver Protagonist gleicht Jonas und erhält hier eine zweite Taufe[54] und durch Christus die Berechtigung, selbst zu taufen, d.h. Menschen aus dem feindlichen Meer des Unglaubens zu ziehen.[55]

Ohne Zweifel ergibt die Annahme eines spätantiken Vorbildes der *Navicella* einen einleuchtenden Erklärungsgrund für einzelne Bildelemente, möglicherweise auch für die antikisierende Mosaiktechnik und die gegenüber anderen römischen Mosaiken veränderten Bildauffassung. Auf diese Weise könnte die lange Tradition einer Verbindung des giottesken Mosaiks mit dem ersten Jubeljahr ebenso einfach erklärt werden, wie die Stiftung durch einen Kardinal.[56] Paeseler geht davon aus, daß die *Navicella* quasi eine

---

Originalfragmente kann die Mosaiktechnik kaum beurteilt werden. Entsprechend Köhren-Jansen (1993), S. 282, Anm. 1.

[51] Paeseler (1941), S. 65-66 u. 160-162.

[52] Diese Vergleiche werden von Köhren-Jansen (1993), S. 47-79, unter der Maßgabe der »Bildtradition des Seewandels Petri bis 1300« aufgenommen und um einige erweitert.

[53] Z.B. Taufbecken in Grottaferrata, Abb. Paeseler (1941), S. 153, u. Köhren-Jansen (1993), Abb. 33.

[54] Tertullian, De baptismo, cap. IV, interpretiert so diese Matthäusszene. Vgl. Paeseler (1941), S. 156, u. Köhren-Jansen (1993), S. 49.

[55] Analoge Darstellungen, etwa im Baptisterium von Ravenna, zieht Paeseler zur Bestätigung heran. Paeseler (1941), S. 157-158, u. Köhren-Jansen (1993), S. 55.

[56] Im Zusammenhang der oben erwähnten Sonnenkultlegende stellt Severano fest, daß das Mosaik von Giotto wohl kaum das erste gewesen sei, das diesem Zweck gedient habe. Er hielt ein Salvator-Mosaik für das an dieser Stelle ursprünglich vorhandene (Parte Prima, 1630, S. 55-58). Vgl. dazu: Köhren-Jansen (1993), S. 131. Mit dem Salvator-Mosaik setzt sich Paeseler (1941), S. 160, auseinander. Er nimmt an, daß es sich nur um eine sehr viel kleinere Darstellung als die der *Navicella* gehandelt haben könne und schon deswegen eher eine vorgängige, monumentale *Navicella*-Darstellung zum Zwecke der Umdeutung des Sonnenkultes anzunehmen sei.

Im Zusammenhang mit einer Vision der Katharina von Siena konstatiert Köhren-Jansen (1993), S. 133: »Das Beispiel zeigt, daß die allgemeine Metapher des Schiffes der Kirche durchaus auch zeithistorische Relevanz besaß, daß man sie auf konkrete Situationen deutete.« Ihre eigene Interpretation hebt dann aber auf eine enge Verbindung zwischen der »Primatstheorie« und Bonifaz

Replik Stefaneschis, d.h. der bonifizianischen Partei,[57] auf den triumphalen Auftrag der
Colonna-Kardinäle an Rusuti zur Wiederherstellung des S. Maria Maggiore-Mosaiks,

---

VIII., gegen eine zeithistorische Interpretation, konkret gegen einen bestimmten Anlaß, ab. Vgl.
Köhren-Jansen (1993), S.80-134. Geht man auf die nicht ausschließlich an Bonifaz VIII. gebundene
»Primatstheologie« ebenso ein wie auf die von Köhren-Jansen unterlegte »Traditio legis«-
Ikonographie und bringt dies zusammen mit einer »zeithistorischen Relevanz« dann könnte man
durchaus vermuten, daß Stefaneschi zu einem bestimmten Zeitpunkt Anlaß hatte, eine
frühchristliche Tradition zu erneuern. Daß sich kein eindeutiger Niederschlag eines wie auch immer
ähnlich gestalteten Mosaiks in den mittelalterlichen Bildwerken zeigt, wie Köhren-Jansen [(1993),
S. 282] sagt, gibt sicher einen Hinweis gegen die Vermutung Paeselers (1941), aber scheint sie mir
nicht tatsächlich zu entkräften, zumal Wollesen (1977), S.17f., für die Darstellung des
»Seewandels« in S. Piero a Grado gerade das spätantike Mosaik als Vorbild vermutete. Vgl. dazu
Köhren-Jansen (1993), S. 76-78 u. Abb. 22.

Im übrigen spräche die Annahme eines spätantiken-frühchristlichen "Vorläufers" noch nicht für eine
»antikisch interpolierte Interpretation Giottos« wie Wollesen [(1977), S. 17] behauptet.
Komposition und Figurenbildung fügen sich so gut in das Giotto-Werk, daß es sich höchstens um
eine Neuschaffung mit Reminiszenzen handeln könnte. Weniger für die künstlerische Gestaltung als
vielmehr für die Auftragsvergabe-Konstruktion, die Köhren-Jansen entwickelt, hätte die Vermutung
Paeselers Konsequenzen.

[57] Verwandtschaftliche Beziehung, persönliche Verpflichtung und politische Überzeugung machten
Stefaneschi zu einem Vertreter der bonifazianischen Partei, d.h. zu einem Vertreter der Einheit und
Unabhängigkeit der römischen Kirche, wie sie in den Augen Stefaneschis ihre Höhepunkte in der
Krönung von Papst Bonifaz VIII. und dem von diesem ausgerufenen Jubeljahr hatte. Jacobus Johannis Stephani mit dem Beinamen Gaetani war der Sohn des römischen Senators Pietro di Stefano
und Perna Orsinis. Mütterlicherseits war Stefaneschi also mit dem mächtigen Geschlecht der Orsini
verwandt und durch diese Linie schon traditionell eng mit der Kurie verbunden: Eine Schwester
seines Großvaters heiratete einen Bruder des späteren Bonifaz VIII., zu dessen Familie entfernte
verwandtschaftliche Beziehungen schon bestanden. Der Bruder des Großvaters, Giovanni Gaetani,
wurde im Jahr 1277 als Nicolaus III. Papst. Der Großvater mütterlicherseits, Gentile Orsini, war
auch Vater des Kardinals Matteo Roso Orsini. Dieser enge Vertraute des Hauses Aragón, später vor
allem der entschiedene Vertreter der bonifazianischen Partei unter den italienischen Kardinälen,
wurde für Jacopo Stefaneschi nach eigenen Aussagen dann auch Symbol der Konstanz der Kirche in
Rom, wie sie sich ihm unter Bonifaz VIII. gezeigt hatte.

Stefaneschi konnte also seinen Anspruch auf einen Sitz im Kardinalskollegium in erster Linie aus
seiner mütterlichen Familientradition ableiten, ohne ihn auf eine äußerst entfernte Verwandtschaft
mit Benedikt Caetanus, dem späteren Papst Bonifaz VIII., zu gründen. Nachdem er schon 1291 von
Nicolaus IV. zum Subdiakon ernannt wurde und in der entsprechenden Bulle zwar auf seine
Verbindung zu Matteo Roso Orsini sowie auf seine juristischen Studien eigens hingewiesen wurde,
ernannte ihn der Gaetani-Papst zum Kardinal. Diesem Papst fühlte sich Stefaneschi im Einklang mit
seinem Onkel Matteo Roso Orsini weiterhin so verbunden, daß er es nie abgelehnt haben wird, auch

nach ihrer Wiedereinsetzung in alle Ämter sei[58] und schließt auch deshalb auf ein spätantikes Mosaik.[59] Indem er die vermeintliche Motivation des Auftraggebers, den Nekrolog,[60] die philologische Arbeit von L. Venturi und das Dokument von 1313 zusam-

---

als »nepote di Bonifacius« bezeichnet zu werden. Vgl. *Opus metricum* (ed. Seppelt), S. 3-10; Langlois (Regesten) n. 6359-6360; Caetani (1920), Taf. A-XXXVII. u. Nr. 9, Tafl. LXV-A.; Frugoni (1950a), S. 399, 403-405; Egidi (1908); Kirsch (1895), S. 102.

[58] Die römische Familie der Colonna, insbesondere die beiden Kardinäle, gehörten zu den Anhängern von Papst Coelestin V. Obgleich sie dessen Rücktritt zugestimmt hatten, vertraten sie die Meinung, Bonifaz VIII. sei ein unrechtmäßiger Nachfolger. Nach einer von ihnen verfaßten Denkschrift 1297 enthob Bonifaz VIII. die beiden Kardinäle ihrer Ämter. Eine Allianz zwischen den Colonna-Kardinälen, den radikalen Franziskanern und dem König von Frankreich, Philipp dem Schönen, führte im September 1303 zu einem Attentat auf Bonifaz VIII., der nach seiner Flucht an den Folgen des Anschlags einen Monat später starb.

Zwar sah sich der nachfolgende Papst Benedikt XI. gezwungen, eine Aussöhnung mit dem unter Acht stehenden König herbeizuführen [vgl. Grandjean (Regesten), Bulle vom 25. März. 1304], aber den Colonna-Kardinälen wurden lediglich Strafen erlassen, in ihre Ämter wurden sie nicht wieder eingesetzt [vgl. Grandjean (Regesten), Bulle vom 30. Dez. 1303]. Das nächste Konklave 1304 und die Amtszeit des neu gewählten Clemens V. waren geprägt von dem Konflikt zwischen den Kardinälen: Die Rehabilitation der Colonna erschien nur erreichbar über eine Rechtfertigung des Attentats auf Bonifaz VIII. Um dieses aber zu legitimieren, mußte er als unrechtmäßiger Papst verurteilt werden. Flankiert wurde dieses Ansinnen von der Forderung nach Heiligsprechung des Vorgängerpapstes Coelestin V. Im Februar 1306 nahm Clemens V. die Maßnahmen gegen die Colonna zurück und stimmte auch einer Untersuchung gegen Bonifaz VIII. zu. Der Prozeß wurde 1311 eingestellt und Coelestin V. als Einsiedler Peter vom Morrone 1313 heilig gesprochen. Vgl. zu Bonifaz und Philipp d. Schönen Finke (1902, S. 77ff; zum Rücktritt Coelestins Herde (1981); zu Benedikt XI. Funke (1891); Seppelt (1956), III, S. 56-60; Willemsen (1927/1965), 11f.; zur Kanonisation des Eremiten: Procès verbal du dernier consistoire secret preparatoire à la canonisation du Pierre Celestin, in: Analecta Bollandiana, XVI, Brüssel 1897, S. 475-487; Herde (1981), S. 184.

[59] Paeseler (1941), S. 63.

[60] Paeseler (1941), S. 51f., geht davon aus, daß dieser Nekrolog im Sterbejahr oder gleich danach geschrieben wurde. Er wendet sich (S. 55) gegen die Diffamierung einer so eindeutigen Quelle durch die Trennung des Werkkomplexes der Stefaneschi-Stiftungen, die A. Venturi (1906), S. 19f., und Rintelen (1912) sowie deren Nachfolger vollzogen haben und die ihren Grund in stilkritischen Vorbehalten gegenüber dem in der Quelle erwähnten Altar hat. Hueck (1977a), S. 219-220, geht davon aus, daß der Nekrolog erst 1361-62 entstanden sei und vermutet Auftrieb für diejenigen, die an der Autorschaft Giottos für das Altarwerk zweifeln. Schon Rintelen (1912) vertrat die Meinung, daß hier der Name Giottos nur auftauche, weil man 1362 den berühmtesten Künstler nennen wollte, was dann auch für das ebenfalls erwähnte Altarbild für Alt-St. Peter gelten könnte. Trotz einer Datierung des Nekrologs auf 1361-62 bleibt er die wichtigste Quelle für die Verbindung der Namen Giotto und Stefaneschi. Lassen sich also im folgenden stilistische Gründe für eine Einordnung der

menbringt, eröffnet Paeseler den Horizont einer Neudatierung - um 1310 -, die er stilkritisch gegen Körtes Datierung festigt.[61] Das Vorhandensein eines christlich-spätantiken
Vorläufer-Mosaiks mit narrativem Inhalt läßt sich allerdings nicht verifizieren.[62]

Nach der Monographie von Paeseler ging über Jahrzehnte keiner der Giotto-Auto-
ren ausschließlich oder ausführlich auf die *Navicella* ein. Sie stand seitdem immer nur
im Zusammenhang mit anderen Themen oder wurde in den Giotto-Monographien zum
Beispiel von Bellosi,[63] Previtali[64] und Brandi[65] als Werk neben den Obergadenfresken in
Assisi oder als Voraussetzung der Peruzzi-Kapelle erwähnt.

Durch Gosebruch, der sich wesentlich auf den Stefaneschi-Nekrolog bezieht, und
durch seine Konstituierung eines "mittleres Werkes", das die *Navicella* und die Altartafeln miteinschließt, finden diese Werke wieder stärkere Beachtung, die sich etwa in
den Forschungen von Gioseffi und Poeschke niederschlägt.[66]

»Stefaneschi-Werke« in das Œuvre Giottos angeben, dann wiegen die spitzfindigen Zweifel
Rintelens an dem Wahrheitsgehalt des Nekrologs und die Datierung des Nekrologs weitaus weniger
als es zunächst scheint.

[61] Gegen Körtes (1938), S. 242-258, »noch nicht« gegenüber den Arena-Fresken, setzt Paeseler
(1941), S. 118-120, einen Vergleich mit der *Vision des Johannes auf Patmos* aus der Florentiner
Peruzzi-Kapelle. Hierauf wird noch zurückzukommen sein.

[62] Vgl. Lisner (1994), S. 80: sie erwägt im Unterschied zu Paeseler als Vorgängermosaik eine
repräsentative Komposition, deren stilistische Merkmale nach Renovierungen nicht der Spätantike,
sondern eher dem 12. Jahrhundert entsprächen. Mit diesem verlorenen Vorbild könnten, so Lisner,
die frontale Christusgestalt und Farbunterschiede in der Apostelgewandung gegenüber den Arenafresken erklärt werden [Lisner (1994), S. 81-85]. Es wird darauf zurückzukommen sein.

[63] Bellosi (1981), S. 6, erwähnt die *Navicella* nur knapp im Zusammenhang des Obergadens von
Assisi.

[64] Previtali (1967/1974) breitet in seiner großen Monographie des Giotto-Werks wieder ein sehr viel
reicheres Giottobild aus und unterscheidet sehr penibel zwischen »Giotto«, »parente« und »bottega«,
was den eigentlichen Werkzusammenhang und die Dignität der Giottoerfindungen dann allzu leicht
verwischt, aber doch neue Sichtweisen eröffnet. Vgl. dazu die Rezension von Gosebruch (1969), S.
261f.

[65] Brandi (1981), S. 122-124, beruft sich bei der Beurteilung der *Navicella* auf Paeseler (1941). Wie
schon vor ihm Previtali (1967/1974), S. 370, und Bologna (1969), S. 70-72, hält er es zurecht nicht
für möglich, daß der Name Stefaneschi mit dem Mosaik verknüpft wäre, wenn es unter Bonifaz
VIII. entstanden wäre. Entsprechendes gelte für die Inschrift. Hierauf wird später noch eingegangen
werden. Obwohl diese Ansichten der von Köhren-Jansen präferierten Datierung entgegenstehen,
setzt sie sich nicht mit ihnen auseinander.

[66] Gosebruch, der die Giotto-Interpretation bis in die späten fünfziger Jahre unseres Jahrhunderts
analysiert (1962), S. 17-66, eröffnet immer wieder den Blick auf den "mittleren Giotto" Vgl.
(1961a), S. 104f.; (1962), S. 118f.; (1970), S. 73f.; (1971), S. 233f. Auch Gnudi (1959), S. 185f.,

In den späten 1960er Jahren versuchen dann Matthiae[67] und besonders Bologna,[68] der an Battisti[69] anknüpft, eine neue Interpretation der *Navicella* auf Grund der historisch-politischen Zusammenhänge. Die anderen römischen Werke, die noch für Gosebruch[70] als Giotto-Werke in einem Zusammenhang mit der *Navicella* standen, werden bei ihnen gänzlich vernachlässigt. Beide Autoren sehen in der *Navicella* lediglich einen Schritt zur Stilstufe der Peruzzi-Kapelle in Florenz mit einer stilistischen Verbindung zu der zweiten Paduaner Phase, also zu den verlorengegangenen Fresken des Palazzo communis in Padua und der Chorausmalung durch die Giotto-Schule in der Arena-Kapelle. In der *Navicella*, vor allem in der frontalen Christusfigur konkretisiere Giotto, so Matthiae, »verborgene Zeichen« einer theologischen Aussage und der zugrunde liegenden zeitgenössischen Begebenheiten der Kurie in Frankreich.[71] Konkreter noch sieht Bologna die *Navicella* als persönliche Botschaft des Auftraggebers unmittelbar nach dem Rückzug des Kaisers aus Rom im Jahr 1312.[72]

---

der einen Zusammenhang zwischen der Magdalenenkapelle und der *Navicella* herstellt, bringt neue Gedankengänge in die Datierungs»frage der *Navicella*. Aber die Vorstöße Gosebruchs, auch die feinsinnigen Unterscheidungen von Previtali (1967/1974); (1979), S. 93f., in Giotto-Schule, Giotto-Werkstatt und Giotto, die Arbeiten von Gioseffi (1963a) und (1971), S. 221f., und Poeschke (1985) erlauben und erfordern einen neuen Blick auf die Werke des »maestro delle Vele« [A. Venturi (1906), S. 19ff.] und damit auf die *Navicella*.

[67] Matthiae (1967a), S. 247f.; (1967b) S. 391-395, bes. 392/93. Die hieratisch aufgebaute Christusfigur ist der "Stein des Überlegungsanstoßes". Giotto konkretisiere in der theologisch-rhetorischen Figur verborgene Zeichen und den Geist der Commedia Dantes. Zugrunde lägen zeitgenössische Begebenheiten im Konflikt zwischen Frankreich und der Kurie, besonders das Avignoneser Exil. Stilistisch wegen der Weite des Raums entspreche die *Navicella* der zweiten Paduaner Phase und sei somit gut mit dem Dokument von 1313 zu verbinden.

[68] Bologna (1969), S. 63-79.

[69] Battisti (1960a), S. 33-36. Auch Kemp (1967) ist hier zu nennen.

[70] Gosebruch (1961a), S. 129 und (1962), S. 118f.

[71] Matthiae (1967b), S. 391-394. Matthiae datiert das Mosaik auf 1310.

[72] Bologna (1969), sieht die *Navicella* stilistisch zwischen Padua und Peruzzi-Kapelle angeordnet. Unter dieser Maßgabe versucht er eine Datierung über die römischen Verhältnisse um 1310, S. 67-69: Das Engagement der Colonna nach dem Brand der Lateransbasilika 1308, das von Papst Clemens V. gewürdigt worden sei und in Zusammenhang mit der Anwesenheit Heinrich VII. von Luxemburg 1312 anläßlich seiner Kaiserkrönung im Lateran stehe (da St. Peter von den Guelfen unter Robert von Anjou besetzt war), hätte Stefaneschi als entschiedener Vertreter der bonifizianischen Partei, also Gegner der Colonna, nicht einfach hinnehmen können. Als sich 1310 eine Gelegenheit zu einem Kontrakt mit Heinrich VII. ergab, hätte Stefaneschi eine Allianz zwischen Heinrich und Robert von Anjou, mit der Aussicht einer Rückkehr der Kurie nach Rom favorisiert. Als unzweifelhafter Guelfe hätte er einer übereilten Krönung in Abwesenheit des Papstes und nur in der

Hier knüpft zuletzt, fast zwanzig Jahre später, Ciardi Dupré dal Poggetto wieder an.[73] Sie verbindet die Person des Auftraggebers, seine Schriften und die gestifteten Werke allerdings unter dem Blickwinkel der Zusammenarbeit des Kardinals mit dem »Maestro del codice di San Giorgio«. Um zu einer Chronologie der neu zusammengestellten Werkgruppe dieses Mitarbeiters in der *Navicella*-Werkstatt Giottos zu gelangen, trennt sie Auftragsvergabe und Ausführung des Mosaiks, die 1312/13 bzw. 1315-18 erfolgt sein sollen.[74]

Über vierzig Jahre nach der Monographie Paeselers erschien die schon mehrfach erwähnte Arbeit von Köhren-Jansen zur *Navicella*.[75] In diesen vierzig Jahren kam man von der eher theologischen Begründung Torrigios immer mehr zur Berücksichtigung kirchenpolitischer Verhältnisse und Absichten des Auftraggebers. Dabei mußte die scheinbar feste Datierung auf die Zeit des ersten Jubeljahrs immer häufiger späteren Daten weichen. Stilkritische Überlegungen blieben bei den Datierungsversuchen uner-

---

Nähe des angestammtes Sitzes nicht zustimmen können. Die Ernennung Stefaneschis zum Commendatorio von Santa Maria in Trastevere geschah plötzlich nach der Niederlage Heinrich VII., der am 20. August 1312 Rom verläßt, und trifft zusammen mit einem Übergewicht der guelfischen Partei. Bologna legt nahe, daß damit eine von Roberto von Anjou favorisierte Versöhnung der bonifazianischen Partei und Colonna beschleunigt werden sollte. Gestützt auf dieses Einvernehmen der Orsini und Colonna entstand wenig später eine römische Volkserhebung, deren Führer ein Mitglied aus dem Hause Stefaneschi war: Jacopo, Sohn des verstorbenen Giovanni di Arlotto, ein Adliger, der nicht in Streitigkeiten verwickelt war und nicht als Ghibelline gelten kann. So wertet Bologna (S. 69) die Ernennung Stefaneschis zum "Commendatorio" als sicheres Indiz für die wiederaufgenommenen römischen Aktivitäten des Kardinals. Gleich nach dem Rückzug Heinrichs VII. sei die *Navicella* also ein fühlbares Zeichen, die Aufmerksamkeit wieder auf St. Peter zu lenken. Eine solche Datierung träfe sich auch mit den Dokumenten für die Anwesenheit Giottos in Rom bzw. in Florenz.

[73] Ciardi Dupré dal Poggetto (1981), S. 78-83.

[74] Ciardi Dupré dal Poggetto (1981), S. 78-83, bestätigt im Grunde die These Bolognas (1969), geht aber davon aus, daß Stefaneschi 1313, als er Commendatore von S. M. in Trastevere wurde, das erste Mal wieder in Rom gewesen sei und zu diesem Zeitpunkt den Auftrag hätte vergeben können. Da Giotto Ende 1313 in Florenz nachgewiesen sei, aber für die Zeit von 1315-1318 keine solchen Dokumente vorhanden seien, sei es wahrscheinlich, daß die Ausführung der *Navicella* dann erst erfolgte, was gut mit der Peruzzi-Kapelle zusammenstimmen würde. Ihre Interpretation der *Navicella* bzw. besonders der frontalen Christusfigur als ein Dokument der immerwährenden Anwesenheit Christi in Rom - gegen das Avignoneser Exil der Kirche - führt die Autorin allerdings eher auf persönliche Glaubensüberzeugung als auf politische Implikationen zurück. Eine späte Datierung bestätige besser den Zusammenhang des »Maestro del Codice di San Giorgio«, dessen Werkzusammenhang das Hauptinteresse der Autorin gilt.

[75] Köhren-Jansen (1993).

heblich, abgesehen von wenigen Ausnahmen, von denen die Gosebruchs zum *mittleren* Werk Giottos nochmals eigens erwähnt seien. Köhren-Jansen setzt diese Reihe fort, indem sie an die von Torrigio begründete Tradition anknüpft, den vermeintlichen Auftraggeberwillen damit verbindet und den Blick auf das Gesamtwerk Giottos vermeidet. Über die ikonographische Tradition einzelner Bildelemente - hier wird größtenteils der von Paeseler erarbeitete Katalog aufgenommen und präzisiert - kommt die Autorin zu einer Interpretation der *Navicella* als programmatischem, monumentalem Sinnbild der "traditio legis" und des Primats der "ecclesia romana". Unter dem Gesichtspunkt dieser Interpretation führt Köhren-Jansen die Rezeptionsgeschichte aus, denn erst aus der Bedeutung des Sinnbildes erwachse das Interesse, das zu den vielen Nachahmungen und Zeichnungen geführt habe[76] und das im Barock Anlaß war, die *Navicella* möglichst zu erhalten. Das »speziell bonifazianisch-hegemoniale Gedankengut«,[77] das sich in dem Mosaik ausdrücke, weise auf eine Idee Bonifaz' VIII. und somit auf eine Entstehung im Zusammenhang des ersten Jubeljahres hin. Die Autorin greift somit auf die alte Datierung zurück. Da aber nicht Bonifaz VIII. oder ein ihm folgender Papst, sondern der Kardinal Stefaneschi als Stifter auf dem Mosaik dargestellt war, nimmt sie Stefaneschi als »stellvertretenden Auftraggeber« an. Der Kardinal sei möglicherweise erst ideell, dann auch finanziell eingesprungen, weil Bonifaz nicht in Rom anwesend, später sein Nachfolger zu kurz im Amt war und schließlich eine lange Sedisvakanz keinen pontifikalen Stifter mehr erlaubte.[78]

Auf die Person des Stifters Stefaneschi wird im Zusammenhang mit "Deutung und Datierung" der *Navicella* eingegangen werden. Dabei wird deutlich werden, daß die Interpretation der Darstellung Giottos vor dem Horizont des römischen Primats[79] dem Gedankengut des Kardinals ebensowenig widerspricht, wie eine spätere Datierung, die dieser Interpretation dann eine aktuelle Komponente gibt, ihr entgegensteht.

Die Konsequenzen, die sich aus der Frühdatierung der *Navicella* für eine stilistische Entwicklung innerhalb des Giotto-Werks ergeben, werden bei der Betrachtungsweise von Köhren-Jansen nebensächlich. Mit Kardinal Stefaneschi als Berater »erfülle« der »innovative Künstler« Giotto die Idee des Initiators - wahrscheinlich Bonifaz VIII. - einer programmatischen Allegorie, indem er verschiedene tradierte Elemente neu zusammensetze und monumentalisiere.[80]

---

[76] Hier sind nach der Unterscheidung der »Repliken«, die die Autorin trifft, die aus »theologisch-metaphorischen« Gründen entstandenen gemeint.

[77] Köhren-Jansen (1993), S. 157-158.

[78] Köhren-Jansen (1993), S. 149-158.

[79] Köhren-Jansen (1993), S. 80-134.

[80] Köhren-Jansen (1993), S. 141-148.

Die *Navicella* scheint demnach beinahe wie ein "Puzzle", zusammengefügt zum Zwecke einer grundlegenden kirchenpolitischen Aussage, ausgeführt durch einen Künstler, der in der Oberkirche von Assisi und an der Benediktionsloggia in Rom seine allegorischen Fähigkeiten unter Beweis gestellt habe. Da Köhren-Jansen das Hauptaugenmerk ihrer Untersuchung auf den rhetorischen Aussagewert des Mosaiks legt,[81] wird die *Navicella* als Kunstwerk lediglich gestreift. Aber selbst noch die Leinwand-Kopie dieses Werkes, das in der Tat eine *historia* zu einer *allegoria* wandelt,[82] verrät eine atemberaubende Dichte und Präsenz. Es ist zu fragen, wie diese entstehen und auf welche Weise die Darstellung einer biblischen Geschichte mit allegorischem Gehalt aufgeladen wird. Weiterhin stellt sich die Frage, ob nicht jenseits der allgemeinen Möglichkeiten Giottos, mit dieser Erfindung ein bestimmbarer Entwicklungsschritt erreicht ist. Durch die Arbeit von Köhren-Jansen wurde hinsichtlich der Rekonstruktion, der Kopienkritik und der Ikonographie eine Basis geschaffen, die es ermöglicht, sich weitgehend auf diese eben genannten Fragen zu konzentrieren.

Ein Jahr nach der Arbeit von Köhren-Jansen erschien der große Aufsatz von Margrit Lisner, »Das Mosaik der Navicella in der Kopie des Francesco Berretta«, als erster Teil von »Giotto und die Aufträge des Kardinals Jacopo Stefaneschi für Alt-St. Peter«.[83] Nach ihrer Untersuchung zu »Farbgebung und Farbikonographie in Giottos Arenafresken«[84] setzt Lisner damit die Überlegungen zu den Gewandfarben Christi und der Apostel hier »im römischen Mosaik vom 4. Jahrhundert bis zum Beginn des Trecento« fort. Für die Analyse der *Navicella* stützt sich Lisner auf die Berretta-Kopie, deren Glaubwürdigkeit sie unter anderem durch die Wiedergabe der Schiffsornamentik, die den Schmuckformen in der Arena-Kapelle und den Florentiner Kapellen entsprechen, bestätigt sieht.[85]

Mittels der Farbikonographie kann Lisner die Apostel identifizieren, was sich mit meinen Überlegungen zum Figurenrhythmus und Figurentypus als übereinstimmend

---

[81] Mit diesem Ansatz folgt die Autorin den Überlegungen Beltings. Vgl. Belting (1989b).

[82] Schon Belting (1989b), S. 42, nennt die *Navicella* eine Allegorie, wenn auch »nicht als "allegorische Fiktion" erfunden [...], sondern als biblisches Ereignis [nacherzählt].« Dem folgt Köhren-Jansen (1993).

[83] Lisner (1994). 1995 folgte der zweite Teil »Der Stefaneschi-Altar - Giotto und seine Werkstatt in Rom« [Lisner (1995)]. Beide Aufsätze wurden zur Drucklegung eingearbeitet. Aus stilistischen Gründen ordnet Lisner die *Navicella* im Giotto-Werk nach den Arena-Fresken und der Ognissanti-Madonna, aber vor die Peruzzi-Fresken. Aufgrund des Notariatsprotokolls von 1313 und der politischen Verhältnisse sieht sie eine Entstehungszeit des Mosaiks zwischen 1309 und 1311, die Vollendung spätestens im Frühjahr 1313 [Lisner (1994), S. 93-94].

[84] Lisner (1985).

[85] Lisner (1994), S. 48-49.

erweist und worauf im folgenden zurückgegriffen wird. Weder aus der Entwicklung der Gewandfarben im römischen Mosaik noch aus Giottos eigenem Werk lasse sich allerdings die Farbgestaltung der Christusfigur erklären. Diese Frage sei von der im Giottowerk ebenfalls befremdlich wirkenden Haltung Christi nicht zu trennen.[86] Ein vom Auftraggeber gewollter »Rückgriff auf die Mosaiken der Außen- und der Innenfassade von S. Maria in Turri in dem Zustand des 12. Jahrhunderts« könne hierfür die Erklärung sein.[87] Mit dieser Hypothese gelingt es Lisner, das Mosaik Giottos einerseits in die Entwicklung der römischen Mosaiken einzubinden, andererseits die Absicht des auftraggebenden Kardinals ebenso wie die ikonographischen Unterschiede sowohl innerhalb des Giottowerks wie gegenüber der römischen Tradition durch den historischen Kontext zu begründen und neu zu beleuchten.

Lisner kommt in ihrer Untersuchung zu einer inneren Chronologie, nach der die Ausführung der *Navicella* vor der der Peruzzi-Kapelle erfolgte und die Arenafresken und die Ognissanti-Madonna voraussetzt. Über die bekannten äußeren Daten, etwa das Dokument von 1313 oder die Wahl von Clemens V. 1305, sowie das Verhältnis des auftraggebenden Kardinals zu Rom respektive den Wegzug der Kurie aus Rom konkretisiert Lisner die Datierung der *Navicella*[88]: »Die Ausführung des Mosaiks wird daher im wesentlichen in die Jahre 1309 bis 1311 fallen; im Frühsommer 1313 dürfte es vollendet gewesen sein«.[89]

Es zeigt sich, daß die Forschungsgeschichte der *Navicella*, abgesehen von einem rein archivalischen Interesse, durch zwei grundsätzlich verschiedene Ansätze bestimmt wird: durch die stilkritische beziehungsweise die theologisch-kirchenpolitische Interpretation. Die *theologisch-kirchenpolitische* Interpretation bezog sich zuerst auf das von Bonifaz VIII. ausgerufene Jubeljahr. Hierauf greift Köhren-Jansen zurück, indem sie das hegemoniale Gedankengut, das in dem monumentalen Werk zum Ausdruck käme, besonders betont. Ohne Zweifel wird aber Kardinal Stefaneschi als Stifter genannt und auf seine Bedeutung im Mosaik eigens verwiesen, indem er innerhalb der Komposition so erscheint, daß er zwischen Bildthema und zeitgenössischer Gegenwart vermittelt. Während Köhren-Jansen einerseits in ihm einen »stellvertretenden Stifter« und wichtigen Vertreter der bonifazianischen Absichten sieht, Ciardi Dupré dal Poggetto andererseits aufgrund seiner Schriften die Stiftung Stefaneschis nur als Ausdruck seines persönlich

---

[86] Lisner (1994), S. 79.

[87] Lisner (1994), S. 84.

[88] Lisner (1994), S. 93-95. Darauf wird im Zusammenhang mit der Datierung und Interpretation der *Navicella* noch zurückzukommen sein.

[89] Lisner (1994), S. 94.

religiösen Gefühls betrachtet, lassen sich gerade diese Schriften des Kardinals sowohl im Hinblick auf seine Haltung zum politischen Leben der Kurie wie im Hinblick auf die durch den Nekrolog belegte Verbindung zwischen diesem Auftraggeber und Giotto in ihrem historischen Umfeld deutlicher und fruchtbar interpretieren.[90] Dabei kann man sich in erster Linie auf das *Opus metricum* konzentrieren, dessen drei Teile in den für die Kirchenpolitik so entscheidenden Jahren von etwa 1298 bis 1314 entstanden sind.[91] Dieses Werk gibt einen Anhaltspunkt zur Beurteilung der diplomatischen Aktivitäten Stefaneschis, die weniger spektakulär und deswegen weniger gut erforscht sind als die anderer Kardinäle, und charakterisiert seine kirchenpolitische Grundhaltung, die auch in der Auftragsvergabe der *Navicella* zum Tragen kommt. In der Prosaeinleitung zu diesem Werk beschreibt Stefaneschi nicht nur seine Ausbildung und seinen Werdegang, er erläutert auch, womit er sich seit seiner Ernennung zum Subdiakon beschäftige: In all seinen Schriften ist es die Zeremonie im weitesten Sinn. Mit fotografischer Präzision dokumentierte Stefaneschi Abläufe und Geschehnisse innerhalb der Kurie zur Ehre seiner Heiligen und zur Stärkung der Herrlichkeit seiner Kirche – wie er selbst sagt.[92]

Stefaneschi beobachtete 1294 als Subdiakon die Entscheidung zur Wahl des Einsiedlermönchs Peter vom Morrone zum Papst[93] und die Überbringung der Wahlnachricht.

---

[90] Frugoni (1950a), S. 397-424; Ciardi Dupré Dal Pogetto (1981); Howett (1968); Maddalo (1983), S. 129-150; und Ragionieri (1983); Kempers/de Blaauw (1987), S. 83-113; sowie Köhren-Jansen (1993), S. 149-158, zogen Teile der Stefaneschi-Schriften zur Datierung der von diesem Kardinal an St. Peter gestifteten Werke heran. Von kirchengeschichtlicher und literaturhistorischer Seite haben sich besonders Hösl (1908) und Dykmans (1975), S. 536f., mit Kardinal Stefaneschi befaßt. Die Edition seiner Schriften waren für Duchesne (1886); Labande (1893) S. 45-74; Seppelt (1921); Morghen (1931), S. 1-39; A. Maier (1967) S. 111-141; Dykmans (1981) Gegenstand der Forschung.

[91] *Opus metricum*, Biblioteca Vaticana, ms. Lat. 4932. Hier in der Edition von Seppelt. Über die verschiedenen Redaktionen des *Opus metricum* vgl. Seppelt (1921), S. XXIX-XLV; Frugoni (1950a), S. 404-405; Morghen (1931), S. 1-39; A. Maier (1967), S. 111-141.

[92] »materiam quarto scilicet Nicolaus papa quarti anno tunc proprie existens subdiaconus exorsus est.« Prosaeinleitung, *Opus metricum* (ed. Seppelt), S. 6. Im Begleitschrieben zum *Opus metricum*, das er nach Sulmona schickt, beschreibt er die »materia«: »vitam, mores, regulas, electionem ad papatum, gesta in eo, renuntiationem, obitum, canonizationem« (ed. Seppelt), S. 3. Vgl. auch den 7. Absatz der Prosaeinleitung des *Opus metricum* (ed. Seppelt), S. 7, in dem er die Absicht der Schrift darlegt. Auch sein Zeremonienbuch, seine Beschreibung des Jubeljahres, die Schrift für seinen Titelheiligen St. Georg und die über die Marienwunder geben darüber Auskunft, daß Stefaneschi keine Geschichte der Päpste verfassen, sondern die Zeremonien beschreiben und so die Herrlichkeit der Kirche hervorheben will. Vgl. Frugoni (1950a), S. 404-405.

[93] Einzelheiten zu dieser Wahl bei Herde (1981), S. 31-84; dort ist auch die entsprechende Literatur angegeben.

Er erlebte die Erschütterung der Kurie durch dessen Abdankung als Papst Coelestin V.,[94] einen Schritt, den der Kirchenrechtler Stefaneschi zwar als fragwürdig, aber notwendig und insofern tragisch beschreibt.[95] Und »trocknet« sich die »Tränen« an der glanzvollen Krönungsfeierlichkeit des Kardinals Caetani zum Papst Bonifaz VIII.[96] Diese Ereignisse schildert Stefaneschi in seinem *Opus metricum*. Das dreiteilige, illuminierte Werk wurde in einer Zeitspanne von mindestens sechsundzwanzig Jahren geschrieben. Wahl und Abdankung des Eremitenpapstes behandelt das erste Buch, das Stefaneschi unmittelbar unter dem Eindruck der Ereignisse noch vor seiner Kardinalsernennung begonnen und erst während des Pontifikats Bonifaz VIII. beendet hat.[97] Das zweite, mittlere Buch - *De*

---

[94] Der Rücktritt Coelestins hat gleich nach Bekanntgabe zu großem Widerstreit über die Rechtmäßigkeit eines solchen Schrittes geführt. Herde (1981), S. 84f., erläutert, daß ein solcher Rücktritt nicht dem kanonischen Recht widersprochen hat, wohl aber unüblich war. Vgl. auch Herde (1981), S. 129f., zu den Auseinandersetzungen der Kanonisten und in Anm. 286 die Literatur zu einem möglichen Papstrücktritt. Vgl. ebenso Finke (1902), S. 35f. Politisch klug versuchte Benedikt Caetanus, die Entscheidung Coelestins durch ein großes geschichtliches Beispiel zu rechtfertigen. Mit diesem Kardinal beriet sich Coelestin privat, vor der offiziellen Aussprache im Kardinalskollegium. [Vgl.. dazu Muratori (1728-51), XI, 1200f.; Herde (1981), S. 127.] Diejenigen, die den radikaleren, franziskanischen oder dominikanischen Tendenzen nahestanden und deswegen große Hoffnungen in den »Engelspapst« gesetzt hatten, vertraten die Meinung, daß Coelestin aus Machtinteresse von Benedikt Caetanus zu seinem ungewöhnlichen Schritt überredet wurde. Die zeitgenössischen Biographien Peters vom Morrone bestätigen das Treffen als privates und von Coelestin gewolltes Informationsgespräch. [Vgl. Seppelt (1921), S. 147-182 u. S. 183-208; Analecta Bollandiana (1897); Seppelt (1921), S. XXIX-XLV; Morghen (1931) erläutert, daß Stefaneschi in der 1319 herausgegebenen Ausgabe seines *Opus metricum* die Verse über die Wunder des Morrone aus diesen Biographien übernommen hat. Zu dem Verhalten des Kardinals vgl. Herde (1981), S. 129-142 und Seppelt (1956), 3, S. 20f.] Benedikt Caetani leistete diesen Vorwürfen selbst Vorschub, indem er gleich nach Krönung zum Papst seinen Vorgänger verfolgen und festsetzen ließ. Bonifaz VIII. versuchte so, den aufrührerischen Kräften ihre Symbolfigur zu nehmen. Der Chronist Stefaneschi begründet diesen Schritt in seiner Vorrede zum *Opus metricum* (ed. Seppelt), S. 11: »quatenus orbis sui ecclesieque discrima vitaret«. [Vgl. dazu Seppelt (1956), III, S. 46; Herde (1981), S. 143f.]

[95] Stefaneschi beschreibt im *Opus metricum* erst die Verunsicherung, den politischen Druck und die Zufälligkeit, die zur Wahl des Eremiten führten, dann sehr deutlich die Unwissenheit des neuen Papstes und betont die daraus erwachsende Gefahr für die Kirche und den Frieden unter den Gläubigen. Daraus rechtfertigt sich der Rücktritt.

[96] *Opus metricum* (ed. Seppelt), S. 83.

[97] Schon im zweiten Teil des ersten Buches seines *Opus metricum* über die Wahl Peters vom Morrone nennt er sich Kardinal. Damit kann 1294, das Wahljahr Bonifaz` VIII., als *terminus post quem* für diesen Teil gelten und stimmt mit seinen Bemerkungen zu den Krönungsfeierlichkeiten für Bonifaz VIII. überein.

coronatione Sanctissimi Patris Domini Bonifacii Papae VIII - schreibt er im zweiten Jahr seines Kardinalats.[98] Erst in Frankreich, während der langen Vakanz nach dem Tode Clemens` V. und vor dem Amtsantritt von Johannes XXII., vollendete er das *Opus metricum* mit dem dritten Buch, das die Heiligsprechung des Eremiten Peter vom Morrone zum Gegenstand hat.[99]

Das Original der *Navicella* ist nach einer Folge von Versetzungen und dem endgültigen Abbruch im Zusammenhang mit dem St. Peter-Neubau zerstört worden. Mit den Dokumenten zum Abbruch beschäftigen sich besonders Cascioli, Muñoz, Körte, Paeseler und in jüngerer Zeit Köhren-Jansen.[100] 1916 begann mit den Untersuchungen von Cascioli die "Rekonstruktionsliteratur" zur *Navicella*, die durch L. Venturi, Hausenstein, Vitzthum, Körte, Paeseler und zusammenfassend noch einmal von Köhren-Jansen weitergeführt wurde.[101]

Eine Vorstellung des Originals und seiner einzelnen Elemente kann nach der Zerstörung nur mit Hilfe graphischer bzw. malerischer Zeugnisse gewonnen werden.[102] Schon durch die erste Abnahme des Mosaiks, die nach der Grundsteinlegung der Maderno-Fassade für den St. Peter-Neubau 1610 und dem Abriß des alten Portikus erfolgte, war der endgültige Verlust nur noch eine Frage der Zeit.[103] Bei dieser ersten Versetzung gingen 1325 Pfund Smalten verloren.[104] Zu den Verlusten gehörten mit großer Wahrscheinlichkeit die Rahmung,[105] die auch nicht wieder hergestellt wurde, die Inschrift[106]

---

[98] »anno secundo cardinalem« Prosaeinleitung zum *Opus metricum* (ed. Seppelt), S. 7.

[99] Vgl. Dedikationsbrief an das Kloster in Sulmona, 28. Januar 1319, *Opus metricum* (ed. Seppelt), S. 3-4.

[100] Cascioli (1916), S. 118-213; Muñoz (1911), S. 161-182; ders. (1924/25), S. 432-442; Körte (1938); Paeseler (1941); Köhren-Jansen (1993); weiter Orbaan (1919) allgemein über den St. Peter-Abbruch.

[101] Cascioli (1916), L. Venturi (1922), Hausenstein (o.J.) [1923], Vitzthum (1929), Körte (1938), Paeseler (1941) und Köhren-Jansen (1993).

[102] L. Venturi (1922), S. 49-69, veröffentlichte einen großen Teil der Zeichnungen und Stiche; neuerlich auch Köhren-Jansen (1993).

[103] Zur »Geschichte des Mosaiks bis zum Seicento« heißt das dritte Kapitel der Arbeit von Köhren-Jansen (1993), S. 23-31. Wie Köhren-Jansen ausführt, sind der endgültigen Verletzung schon drei tatsächliche und ein geplanter Eingriff, der erste nach einem Unwetter 1401, vorausgegangen.

[104] Vgl. Paeseler (1941), S. 78, u. Köhren-Jansen (1993), S. 25.

[105] Dies geht aus späteren Zeichnungen, aber auch daraus hervor, daß der Bischof und Geheimkämmerer Simoncelli 1612, d.h. zwei Jahre nach dem ersten Abbruch, ein Engelsfragment in seiner Heimatkirche in Bauco/Boville Ernica in der Kirche San Pietro Ispano anbringen ließ. Es hat wie das in den Vatikanischen Grotten erhaltene einen Durchmesser von 65 cm. Vgl. Muñoz (1911), S. 162.

und ein großer Teil der Architektur, sowie der untere Teil der Stifterfigur. Andere Teile, wie der Goldgrund und die Figuren am Himmel, wurden von Marcello Provenzale für die Wiederanbringung 1617[107] am sogenannten Uhrturm über einem Brunnen an der Hofmauer der Schweizer Garde restauriert.[108] Aus der Schlußabrechnung Provenzales vom 7. März 1618 geht hervor, daß der Angler eine modernere Mütze erhielt und näher an das Boot herangerückt wurde. Dieselbe Quelle macht deutlich, daß der Künstler des 17. Jahrhunderts an Gewand und Oberkörper Petri einiges veränderte, während das Boot mit seinem Segel, die Apostel und die Christusfigur von ihm nicht angetastet wurden, da ihr Zustand zufriedenstellend war.[109]

Diese Beschädigungen und Substanzverluste erlitt das Mosaik, bevor die Berretta-Kopie in »in gleicher Größe und Farbe entstand«. Zur Klärung der ursprünglichen Gesamtgröße des Mosaiks rechnete Körte deswegen die verlorenen Teile, vor allem die Rahmung, hinzu, ermittelte die Höhe aus den Proportionsverhältnissen, die die Zeichnungen aufweisen, und kam auf eine Gesamtbreite von 13,50 m und eine Höhe von 9,5 m.[110] Eine Vorstellung von der Größe des Mosaiks im Verhältnis zu der Architektur vermittelt das ca. 1550 entstandene Fresko, das sich im Appartement Julius` III. im Vatikanischen Palast befindet und die *Navicella* an ihrem ursprünglichen Platz zeigt.[111] Danach nahm die *Navicella* die volle Breite der oberen Wand des Torhauses ein. Hiervon war u.a. schon Paeseler ausgegangen und deswegen zu anderen Größenangaben gelangt als Körte.[112] Allerdings bestätigen die von Frommel 1983 vorgenommene Rekonstruktion des Atriums von Alt-St. Peter, nach denen der Mittelbau von S. Maria in Turri

---

[106] Mit eingeschlossen in die Umrahmung, wohl an der Unterseite des Mosaiks, befand sich ein lateinischer Vierzeiler, gesetzt »in schöner Schrift mit roten Mosaiksteinchen auf Marmor«. So überliefert es Grimaldi in seinem Inventar anläßlich des St. Peter-Abrisses 1610, cod. Barb. lat. 2733, fol. 149. Aus dieser Inschrift, die Stefaneschi wohl selbst verfaßt hat, kann sich ein Hinweis auf die damals gegenwärtige politische Situation der Kurie ergeben. In ihr bittet Stefaneschi den Herrn, denjenigen, der ins Wanken gerät, wieder aufzurichten.

[107] Über die Verwendung bzw. Aufbewahrung der *Navicella* in der Zwischenzeit vgl. Paeseler (1941), S. 79-81, und Köhren-Jansen (1993), S. 25-26.

[108] Vgl. Muñoz (1924/25), S. 432-442.

[109] Die Schlußabrechnung publizierte Muñoz (1924/25), S. 432-242.

[110] Vgl. Körte (1938), S.228-230 und 257-258.

[111] Frommel (1983), S. 135, Abb. 30, hat dieses Fresko zuerst publiziert. Köhren-Jansen (1993), Abb. 2.

[112] Da Körte von einem 19m breiten Mittelbau am Ostportikus ausgeht, nimmt die *Navicella* in seiner Rekonstruktion nicht dessen volle Breite ein. Paeseler (1941), S. 62-65, hingegen glaubt, daß das Mosaik die ganze Wandfläche des Torhauses eingenommen hätte und somit 19 m breit gewesen sei. Argumente gegen diese Annahme bei Köhren-Jansen (1993), S. 15-23.

eine Breite von ca. 13,40 m hatte,[113] zusammen mit den Proportionsverhältnissen, die das Fresko zeigt, die Größenannahme von Körte.[114]

Parallel zu den Abbrucharbeiten an der Petersbasilika wurde eine Inventarisation von Alt-St. Peter durchgeführt. Papst Paul V. betraute 1605 den Archivar der Vatikanischen Kapitelbibliothek, Giacomo Grimaldi, mit dieser Aufgabe.[115] 1618 bzw. 1620 waren zwei Inventarbände als Reinschriften fertiggestellt.[116] Beide beinhalten jeweils eine *Navicella*-Zeichnung, die allerdings als Endergebnis verschiedener Skizzen nicht mehr am Original, das inzwischen abgerissen war, nachgeprüft werden konnte.[117] Aus diesem Grund kann man vermuten, daß Grimaldi den 1559 verfertigten Kupferstich von Nicolas Beatrizet als Korrektiv benutzte,[118] um die Zeichnung des Cod. Barb. lat. 2733 zu vervollständigen.[119] Der Stich von Beatrizet ist außerordentlich wichtig, da er die erste

---

[113] Frommel (1983), S. 133.

[114] Vgl. Köhren-Jansen (1993), S. 15-23.

[115] Vgl. Köhren-Jansen (1993), S. 250-252; zur Person und Arbeitsweise des Archivarius vgl. Orbaan (1918), S. 5-8 u. Niggl (1971), S. 34-54.

[116] Es sind die beiden einander sehr ähnlichen Codices: Cod. Barb. lat. 2732 »Instrumenta autentica Translationum Sanctorum Corporum et Sacrarum Reliquiarum e veteri in novum Templum Sancto Pietro« und »Descrizione della Basilica antica di San Pietro in Vaticano« Cod. Barb. lat 2733. Letzteren hat Reto Niggl 1972 als Faksimile herausgegeben, zitiert als Grimaldi (ed. Niggl).

[117] Vgl. dazu Köhren-Jansen (1993), S. 251; Waetzoldt (1964), S. 13.

[118] Zuletzt bei Köhren-Jansen (1993), Abb. 79. Der Lothringer Nicolaus Beatrizet bezeichnete und datierte den Stich 1559. Er wurde katalogisiert bei Dumesnil, Le peintre-graveur francais, Paris 1805, IX, Nr. 9. Schon Vasari (ed. Sansoni) V, S. 433, nennt diesen Stich, der nach G. Graf Vitzthum (1929), S. 151, auch die Grundlage für die Zeichnung des Cod. Barb. lat. 4410, fol. 29, der Biblioteca Apostolica Vaticana bildet. Köhren-Jansen (1993), Abb. 82. L. Venturi sieht in dem Beatrizet-Stich zum ersten Mal das Renaissance-Kompositionsschema verwirklicht, das nicht dem Original entspräche und mit seiner Symmetrie für alle folgenden Nachahmungen bestimmend bliebe. Vgl. L. Venturi (1922), Abb. 9. Paeseler (1941) dagegen rekonstruiert den Bestand der giottesken *Navicella* mit diesem Stich und anhand der Zeichnung im Cod. Barb. lat. 4410, fol. 29v. Vgl. Paeseler (1941), S. 93f. Zurecht nimmt Paeseler (1941), S. 94, nur die einzelnen Bildelemente wichtig und vernachlässigt die renaissance-typische Körperbehandlung als ungiottesk. Vgl. zum Stich auch Köhren-Jansen (1993), S. 247-248.

[119] Codex Barb. lat. 2733 fol. 146v-147r; Grimaldi (ed. Niggl), S. 182-183. Köhren-Jansen (1993), Abb. 81. Auf fol. 146r bzw. Grimaldi (ed. Niggl), S. 181, ist die Zeichnung gekennzeichnet: »EXEMPLUM NAVICULAE IN ATRIO VETERIS VATICANAE BASILICAE MANU IOTTI SINGULARISSIMI PICTORIS«. Vgl. dazu Köhren-Jansen (1993), S. 251. Auf fol. 147v bzw. Grimaldi (ed. Niggl), S. 184, zitiert Grimaldi den Nekrolog auf den Stifter Kardinal Stefaneschi, worauf später noch eingegangen wird. Zur Beziehung der kolorierten Zeichnung zum Beatrizet-Stich vgl. Köhren-Jansen (1993), S. 251.

Darstellung ist, die alle Bildelemente des Originals und dessen ganze Komposition wiedergibt; dies wird bestätigt durch die Zeichnung von Grimaldi.[120] Stich und Zeichnung geben besonders deutlichen Aufschluß über Architekturanlage, Angler, Stifter und die Wolkenfiguren, sowie die Petrus-Christus-Gruppe, da diese Bestandteile, anders als das Schiff, in den übrigen Nachzeichnungen und Wiederholungen häufig verändert wurden. Köhren-Jansen gibt einer farbigen, aquarellierten Zeichnung Grimaldis im Cod. Barb. lat. 4410, fol. 29, den Vorzug hinsichtlich der Originaltreue - von ihr könne auf die ursprüngliche Farbigkeit des Mosaiks geschlossen werden.[121] Einzelne Elemente, etwa die Architektur oder die Winddarstellungen, und auch eine ideelle, nicht eine wörtliche Vorstellung des Verhältnisses von Christus zu dem schwankenden Schiff werden durch eine Reihe von anderen Zeichnungen oder regelrechten Nachahmungen ebenfalls überliefert. Dazu gehört die New Yorker Pembroke-Zeichnung oder das Fresko in Foligno.[122] Die Rahmengestaltung kann - wie schon erwähnt - durch eines der Originalfragmente rekonstruiert werden, darüber hinaus ist auf einem Stich des 16. Jahrhunderts das Mosaik auch mit Rahmung abgebildet.[123]

---

[120] Wie auch Köhren-Jansen bemerkt (1993), S. 252.

[121] Köhren-Jansen (1993), S. 252 und Abb. 82. Auf dieses Aquarell verweisen schon Muñoz (1911), S. 181-182; L. Venturi (1922), S. 54 u. 61; Paeseler (1941), S. 94, Abb. 74, der dieser Zeichnung ein großes Gewicht in der Rekonstruktion gibt; u. Waetzold (1964), S. 13. Die sehr genaue Farbanalyse von Lisner (1994) zeigt allerdings, daß die Farbigkeit des Mosaiks zufriedenstellend durch die Berretta-Kopie wiedergegeben wird.

[122] Fresko in Foligno, S. M. in Campis, Kreuzkapelle; Abb. 83 bei Paeseler (1941); bei Köhren-Jansen (1993) Abb. 55. Die Zeichnung der Collection Pembroke aus dem 15. Jh. im Metropolitan Museum of Art, New York, Hewitt Fund 1917, reproduzierte A. Venturi (1907), S. 293. Seitdem wurde sie immer wieder zur Rekonstruktion der *Navicella* herangezogen. Für L. Venturi (1922), S. 50, ist sie eine wichtige Stütze gegen die Figuren am Himmel, die der Beatrizet-Stich aufweist. Von Berenson (1938), Vol. I, S. 326, wird sie als Herzstück einer Gruppe von Arbeiten des Parri Spinelli aus der ersten Hälfte des 15. Jahrhunderts bezeichnet. Köhren-Jansen (1993), S. 227-228, Abb. 74, greift dies auf und faßt diese Zeichnung mit zwei anderen Blätter zusammen. Sie nimmt an, daß alle drei aus einem von Spinello Aretino und seinem Sohn 1405 angelegten Skizzenbuch stammen und sie sich ehemals in der Sammlung Giorgio Vasaris befanden. Von den beiden anderen Zeichnungen befindet sich die Federzeichnung, die mit *Navicella*-Motiven den wunderbaren Fischzug darstellt, im Musée Bonnat in Bayonne [Köhren-Jansen (1993), Abb. 76]; die andere Zeichnung im Cleveland Museum of Art, Cleveland [Köhren-Jansen (1993), Abb. 75], diese Zeichnung entwickelt allerdings eher die Darstellung Andrea di Bonaiutos (S. M. Novella, Spanische Kapelle, Florenz) weiter als das römische Original, wie auch Köhren-Jansen bemerkt.

[123] Körte (1938), S. 253; zur Rahmenrekonstruktion auch Köhren-Jansen (1993), S. 16-20. Der Stich Natale Bonifacios von 1586 [Köhren-Jansen (1993), Abb. 3] und der Stich von Giovanni Battista Falda von 1673 [Köhren-Jansen (1993), Abb. 8], zeigen eine mosaizierte Bordüre - Zu diesen bei-

Diese Bildzeugnisse sind als monumentale Werke durch das römische Mosaik angeregt worden oder als graphische Arbeiten in Stadtführern, als Skizzen oder als Veduten entstanden, nicht aber als originalgetreue Kopien. Aus diesem Grund fließt der Zeitgeschmack gerade in die Gewandgestaltung ein und bewirkt Veränderungen - so verändern die Zeichner fast unbewußt, wie Ciardi Dupré dal Poggetto bemerkt,[124] etwa die frontale Position Christi in eine vermittelndere, Petrus zugewandte Haltung.

Da der wichtigste Bestandteil der Arbeit von Köhren-Jansen die Rezeptions- und Wirkungsgeschichte der *Navicella* ist, stellt sie eine große Anzahl der bildnerischen und literarischen Aufnahmen des römischen Mosaiks zusammen.[125] In ihrer eingehenden Kopienkritik unterscheidet sie die Kopien »nach den Motiven ihrer Entstehung in vier Kategorien«[126]: Am wichtigsten erscheint die »Rezeptionsgeschichte der Navicella als Metapher der ecclesia romana«,[127] hierunter ordnen sich die Repliken, »die die Komposition der Navicella wegen ihres theologisch-metaphorischen Gehalts aufgreifen.«[131] Zu dieser Kategorie gehören die Nachahmungen des römischen Mosaiks u.a. in Florenz, S. Maria Novella, in Foligno, S. Maria in Campis, in Straßburg, St. Pierre-le-Jeune, oder auch eine Reihe von Papstmünzen oder Siegeln.[132] Bei der Interpretation dieser Darstellungen unterlegt Köhren-Jansen einen bestimmten Auftraggeberwillen, der eng gekoppelt ist an ihre Interpretation des römischen Mosaiks. Ausgangspunkt ist die Allegorisierung der narrativen Textgrundlage durch die Aufnahme spätantiker und frühchristlicher Bildformeln, wobei sich die frontale Gestalt Christi »letztlich nicht nur auf die traditio legis, sondern auch auf eine allgemeine Solikonographie zurückführen« lasse.[133] Dabei zeige sich, daß die grundlegende Aussage der *Navicella* eine Aussage zur Vormachtstellung der *ecclesia romama* sei.[134] In der *Navicella* sei die »Primatstheologie« in eine »Primatsikonographie« verwandelt worden.[135] Der Auftraggeberwillen, der zu den oben genannten Nachahmungen des römischen Mosaiks führte, sei demnach in der

---

den Stichen vgl. Paeseler (1941), S. 90f., u. Köhren-Jansen (1993), S. 15-16.

[124] Ciardi Dupré dal Poggetto (1981), S. 81.

[125] Köhren-Jansen (1993), S. 159-267.

[126] Köhren-Jansen (1993), S. 11.

[127] Köhren-Jansen (1993), S. 160.

[128] Köhren-Jansen (1993), S. 11, S. 159-222.

[129] Köhren-Jansen (1993), S. 174-180.

[130] Köhren-Jansen (1993), S. 183-190.

[131] Köhren-Jansen (1993), S. 11, S. 159-222.

[132] Köhren-Jansen (1993), S. 190-203 u. 207-215, Abb. 51, 55, 47 u .56-62.

[133] Köhren-Jansen (1993), S. 10; ausgeführt: Köhren-Jansen (1993), S. 97-122 u. 130-133.

[134] Köhren-Jansen (1993), S. 133-134.

[135] Köhren-Jansen (1993), S. 10.

Dokumentation der »Primatstheologie« zu finden. Insofern könne die *Navicella* als Bilddokument benutzt bzw. die an ihr sichtbare »Primatsikonographie« wiederverwendet werden. In diesem Sinne begnüge sich zum Beispiel die Darstellung in der Spanischen Kapelle von S. Maria Novella in Florenz damit, »die wesentlichen und vor allem typischen Bildelemente des Navicella-Mosaiks zu wiederholen und die Komposition in groben Zügen zu übernehmen, soweit dies für den *Wiedererkennungseffekt* beim Betrachter vonnöten ist.«[136] Die Reduzierung des Kunstwerkes auf den *Wiedererkennungseffekt* setzt voraus, daß die Betrachtenden das Mosaik ganz selbstverständlich kannten, wie man heute etwa Andy Warhols Marilyn Monroe kennt. Darüber hinaus muß ebenso die dem Mosaik unterlegte »Primatstheologie« selbstverständlich gewußt werden. Zu stark scheint mir die Überlegung von der Überzeugung auszugehen, Kunstwerke würden unter rhetorischen Gesichtspunkten erfunden und von den Betrachtern auch so, quasi als Plakatwände, verstanden.[137]

Die zweite Art von "Kopien" vernachlässigt nach Köhren-Jansen den theologischen Gehalt des Mosaiks zugunsten eines »künstlerisch-stilistischen« Aspekts, indem sie Giottos *Navicella* als »exemplum varietatis« verstehen.[138] In Traktaten, Musterbüchern

---

[136] Köhren-Jansen (1993), S. 10.

[137] Insgesamt wird unterschieden werden müssen zwischen den monumentalen Werken und Münzen oder Siegeln, denen sicherlich ein aktuelleres politisches Moment zukommt. Für den Künstler, der bei seiner Fassung der Geschichte aus dem Matthäus-Evangelium auf die Darstellung Giottos zurückgreift, könnten aber u.U. auch künstlerische Motive ausschlaggebend gewesen sein: Die große, ungeteilte Bildfläche, die Dramatik des Geschehens, der Kontrast zwischen den bewegten Gestalten der Jünger und der »allegorischen Erscheinung« Christi sowie die Monumentalität der Figuren könnten auch noch hundert Jahre später von ihrer Aktualität für künstlerische Auseinandersetzungen nichts eingebüßt haben. Nicht ohne Grund hat noch Alberti die *Navicella* als beispielhaft erwähnt und Michelangelo vor den Florentiner Giotto-Fresken gezeichnet. Auch könnten die Auftraggeber, gerade wenn sie ein ebenfalls so monumentales Werk wünschten, durch die Themenwahl in besonderer Weise eine Verbindung zum römischen Sitz des Papstes bzw. zur Grabeskirche des Heiligen Petrus gesucht haben. Vgl. zu der »rhetorischen Verfassung« Belting (1989b), S. 23-64, und im Einleitungskapitel der vorliegenden Arbeit die Auseinandersetzung mit dem »visibile parlare« bei Dante. Für die Entstehung der Nachahmungen wird von Köhren-Jansen ein bestimmter Auftraggeberwillen angenommen, der sich aus der Deutung der *Navicella* ableitet und sie wiederum begründet. Auf die Deutung der *Navicella* wird noch eingegangen werden. Auch dabei ist es interessant, daß Köhren-Jansen einerseits berechtigterweise die Allgemeinheit und zeitliche Unabhängigkeit der Primatstheologie hervorhebt, dann daraus eine Datierung ableitet, die ein schwieriges Konstrukt bezüglich des dargestellten Stifters hervorruft und die künstlerischen Entwicklungen bei Giotto vernachlässigt.

[138] Köhren-Jansen (1993), S. 11 u. S. 223-245.

und Zeichnungen werde lediglich der Vorbildcharakter für die zeitgenössische Kunst betont, und deshalb seien auch sie, wie die oben genannten Nachahmungen, für eine Rekonstruktion nicht nützlich. In der Tat können wir nur bedingt auf das faktische Aussehen der *Navicella* schließen, wenn ein Frührenaissancekünstler das ihm Wichtige festhält oder wenn Alberti die mannigfaltige Darstellung der Angst, die der Seesturm bei den Jüngern auslöst, als exemplarisch selbst für die eigene Gegenwart hervorhebt.[139] Hier wird etwas über den Blickwinkel der jeweiligen Zeit gesagt, aber doch auch über die Darstellungsintensität Giottos, die wiederum Anlaß für die Nachahmungen der »ersten Kategorie« gewesen sein kann. Einige Zeichnungen können, wie oben schon erwähnt, auch Hinweise auf Bildgegenstände - etwa Gestade und Hafenarchitektur - geben.

Während die »vierte Kopienkategorie«, zu der Köhren-Jansen die Stiche und Holzschnitte der Rom-Guiden des 17. und 18. Jahrhunderts zusammenfaßt,[140] »maximal einen Erinnerungswert für Rompilger«[141] gehabt hätte, hebt die Autorin innerhalb ihrer dritten »Kopiengruppe«, die aus »konservatorisch-dokumentarischen« Gründen entstandene Arbeiten enthält, neben dem schon genannten Stich von Beatrizet die Berretta-Kopie als wichtigstes Zeugnis hervor.[142] Denn 1628, als das Mosaik wegen Witterungsschaden erneut versetzt werden sollte, hielt man es für notwendig, eine originalgetreue Kopie anfertigen zu lassen, um eine Grundlage zur Wiederherstellung zu haben.[143] Danach wurde das Mosaik unter der Leitung von Gianlorenzo Bernini an die innere Eingangswand von Neu-St. Peter versetzt.[144] Für die Fertigung der Kopie, »della stessa grandezza, disegno e colorito«[145] erhielt der Maler Francesco Berretta im November 1628 eine Restzahlung. Die Berretta-Kopie wurde, nachdem sie ihren Zweck erfüllt hatte, der gerade neu gebauten Kapuzinerkirche S. Maria della Concezione geschenkt, wo sie in einer Lünette - dazu mußte die rechteckige Arbeit verändert werden - angebracht und

---

[139] Alberti (ed.Janitschek), S. 123.

[140] Köhren-Jansen (1993), S. 259-267.

[141] Köhren-Jansen (1993), S. 12.

[142] Köhren-Jansen (1993), S. 246-258, zum Beatrizet-Stich S. 247-248, zur Berretta-Kopie S. 253-258. Abb.111 bei Mueller von der Haegen (1998).

[143] Vgl. Cascioli (1916), S. 132f.; Torrigio (1639), S. 161; Paeseler (1941), S. 84-85; Köhren-Jansen (1993), S.28.

[144] Eine Zeichnung von Domencio Castelli, Cod. Barb. lat. 4409, fol. 3, zeigt diese Eingangswand. Paeseler (1941), S. 85, Abb. 67. Zur Versetzung vgl. Köhren-Jansen (1993), S. 28, dort weitere Literatur.

[145] Cascioli (1916), S. 133.

mit einer Inschrift versehen wurde.[146] Heute befindet sich diese Leinwand-Kopie wieder entzerrt zu einem Rechteck in vier Teilstücken in einem der St. Peter-Pfeiler.[147]

Nach weiteren Versetzungen im Verlauf des 17. Jahrhunderts entschloß man sich 1673 dann zu der erwähnten Neuschaffung durch Manenti, der sich an die Berretta-Kopie in Lünettenform hielt, dem Mosaik allerdings ein durch und durch barockes Gepräge gab.[148] Für eine beschreibende und vergleichende Untersuchung muß also primär die Berretta-Kopie anstelle des verlorenen Originals stehen. Die Rekonstruktion von Köhren-Jansen[149] bestätigt letztlich die Berechtigung dieses Vorgehens, das schon Paeseler akribisch begründet hat.[150] Paeseler betont, daß wir über die Veränderungen am Original, die vor der Herstellung der Berretta-Kopie bei notwendigen Restaurierungsarbeiten erfolgten, durch die oben schon erwähnte, genaue Abrechnung Provenzales orientiert sind.[151] Er unterscheidet in seiner Schlußabrechnung an die Fabbrica di San Pietro vom 7. März 1618 sogar bis ins Detail zwischen Ausbesserungen und vollständigen Erneuerungen. Aus diesen Arbeiten kann geschlossen werden, daß das Mosaik, das schon zuvor bei den Transferierungsarbeiten von 1610 zumindest an den Rändern Einbußen erlitten hatte,[152] in diesem Fall in drei Teilen abgenommen wurde. Die Dreiteilung erfolgte »durch zwei senkrechte Schnitte links und rechts vom Schiff [...]. Das Mittelstück mit dem Schiff und dessen gesamtem Takel- und Segelaufbau überstand den Ortswechsel ohne wesentliche Schäden; die seitlichen Teilstücke aber gingen in Trümmer. Hier gelang es lediglich, die Christusfigur (mit dem eng benachbarten Stifterfragment) bis auf einige weniger belangvolle Einbußen zu retten.«[153]

---

[146] Vgl. Paeseler (1941), S. 85. Zur Inschrift vgl. ebenfalls Paeseler (1941), S. 65; u. Köhren-Jansen (1993), S. 254. Köhren-Jansen bemerkt (S. 255) vollkommen richtig, daß die Berretta-Kopie ebenso wie die mosaizierende Nachahmung des Giotto-Werks heute nur noch die Büste des Stifters zeigt, da die Leinwandarbeit zu ihrer neuen Verwendung beschnitten wurde. Über das Vorhandensein doch immerhin der Büste täuscht die bis 1998 einzige greifbare Abbildung hinweg, so daß z.B. L. Venturi (1922), S. 61, oder Körte (1938), S. 236, davon ausgingen, Berretta hätte den Stifter nicht berücksichtigt.

[147] Abb. 111 bei Mueller von der Haegen (1998).

[148] Zu den weiteren Versetzungen - 1648/49, 1660 - und zur Neuschaffung 1674: Köhren-Jansen (1993), S. 29-31. Von der älteren Literatur seien bes. Muñoz (1911), S.181, und Paeseler (1941), S.87, erwähnt.

[149] Köhren-Jansen (1993), S. 268-282.

[150] Paeseler (1941), S. 93-120, bes. S. 97-111.

[151] Paeseler (1941), S. 97. Muñoz (1924/25), S. 433f. publizierte die Dokumente aus dem Archivio della Fabbrica di San Pietro.

[152] Vgl. Paeseler (1941), S. 96; Köhren-Jansen (1991), S. 25.

[153] Paeseler (1941), S. 98. Der Autor führt weiter aus, daß in dem Gutachten zu einer erneuten Verset-

Auf dieser Wiederherstellung basiert die von Francesco Berretta 1628 angefertigte Kopie. Sie kann also das Schiff mit den Aposteln und die Christusfigur mit größtmöglicher Authentizität zeigen. Nach Vergleichen vor allem mit dem Stich von Beatrizet aus dem Jahr 1559, dem Fresko in S. Maria in Campis zu Foligno und dem Tafelbild im Petit Palais in Avignon, das Paeseler noch im Museum in Lyon sah, ergänzt durch einige Zeichnungen, kommt Paeseler bezüglich des Schiffchens mit den Aposteln zu folgendem Schluß: »Neben dem Berretta-Faksimile hat keine der Darstellungen [das] Ureigenste des Originales wiederzugeben vermocht, und man versteht daher die von Zimmermann ausgesprochene Vermutung, Berretta möge die Figuren willkürlich auseinandergerückt haben.[154] Aber dieser Verdacht ist unbegründet. Denn der von Vitzthum aufgestellte Grundsatz, daß, wenn eine Figur (eine Gebärde, eine Falte, ein Stück der Takelage) in mehreren ungleichzeitigen und aller Wahrscheinlichkeit nach voneinander unabhängigen Nachbildungen in der gleichen Form erscheine, dies dann zu dem Schluß zwinge, daß sie in der gemeinsamen Quelle, d.h. im Original, eben in dieser Form gegeben war[155] – dieser Grundsatz ergab ja sonst in allem das Schiff und seine Insassen betreffenden Fragen die absolute Originaltreue des Berretta-Faksimiles.«[156]

Für die schon vor der Anfertigung der Berretta-Kopie verlorenen Teile der *Navicella* können die frühen Zeichnungen und Stiche als Korrektiv eingesetzt werden. Im ganzen schafft die von Köhren-Jansen geleistete Rekonstruktionsarbeit die notwendige Grundlage,[157] um dieses verlorene Giotto-Werk auch stilistisch beurteilen und mit den erhaltenen Werken in Beziehung setzen zu können.[158]

Im folgenden soll die genaue Betrachtung des Giotto-Werks aufgrund der oben beschriebenen Überlieferungen und besonders der Berretta-Kopie sowie der Zusammenhang mit anderen Werken im Mittelpunkt stehen. Dabei wird, der Thematik der hier vorliegenden Arbeit folgend, das Verhältnis von Figur und Raum bedacht werden, um die eigentümlich allegorische Komponente dieser Darstellung, die in gewissem Maß allen Forschenden aufgefallen ist, herauszuarbeiten und in ihrer Art und Weise zu begründen.

---

zung im Jahr 1628, genau die von Provenzale erneuerten Teile gefährdet, die von Giotto erhaltenen - »la figura di Christo e la stessa navicella« - aber stabil waren.

[154] Vgl. Zimmermann (1899), S. 393; Köhren-Jansen (1993), S. 269, wiederholt diese Vermutung.

[155] Vitzthum (1929), S. 146, Anm. 1.

[156] Paeseler (1941), S. 106.

[157] Köhren-Jansen (1993), S. 268-280.

[158] Diesen Aspekt vernachlässigt Köhren-Jansen. Zwar stellt sie Giotto als »innovativen Künstler« heraus [S. 141-148], vermeidet aber eine stilkritische Betrachtung. Die strikte Bindung ihrer *Navicella*-Deutung an Bonifaz VIII. hätte Überlegungen zur inneren Chronologie der Werke Giottos sicherlich behindert.

Die Möglichkeit, durch eine Modifikation des schon in Padua erscheinenden giottesken Kompositionsprinzips, d.h. durch die freiere Bewegbarkeit der Figuren im Raum, eine über den unmittelbaren Zusammenhang hinausgehende Bedeutung darzustellen, wurde an den Malereien der Peruzzi-Kapelle beschrieben. Diese Modifikation führt hier zu einer Synthese des unmittelbaren Handlungszusammenhangs einer Geschichte (wie in Padua) und der allgemeineren Bedeutung, die auf dem römischen Mosaik *überzeitlich* genannt werden kann. Das Verhältnis von Figur und Raum hat sich gegenüber den Fresken der Arena-Kapelle, bei denen die Dominanz auf Seiten der raumschaffenden Figur lag, einem figurumschließenden Raum angenähert. Dabei erhält die Handlung ein allegorisches Zentrum.

Um die Figurenerfindung und die besondere Aussagekraft des monumentalen Giotto-Werks, das zu Beginn in seiner Gesamtheit kurz skizziert wurde, beurteilen zu können, ist es notwendig, die Elemente der Komposition im einzelnen zu betrachten. Die Gesamtkomposition, die vielfach als symmetrisch und dadurch als ungiottesk bzw. gerade als giottesk beschrieben wurde,[159] wird besonders von zwei Komponenten beherrscht: Zum einen von dem außerordentlich plastisch wirkenden Schiff und den Jüngern darin, zum anderen von der Petrus-Christus-Gruppe und hier vor allem durch den frontal erscheinenden Christus. Aus diesem Grund wird die folgende beschreibende Untersuchung von dem Apostelschiff ausgehen, die Figuren, ihre Konstellation und ihr Verhältnis zum Raum klären, um von dort das inhaltlich zentrale Geschehen und seine bestimmende Gestalt, Christus, zu betrachten. Erst wenn die Beziehung dieser beiden Hauptkomponenten zueinander geklärt ist, kann auf die übrigen Elemente des Bildaufbaus und den Gesamtcharakter dieser Bilderfindung eingegangen werden.

IV.1.2 Die Jünger im "Schiffchen"

»Lodasi la nave dipinta ad Roma, in quale el nostro toscano dipintore Giotto pose undici discepoli, tutti commossi da paura vedendo uno de suoi compagni passegiare sopra l'aqua, che ivi expresse ciascuno con suo viso et gesto porgere suo certo inditio d'animo turbato, tale che in ciascuno erano suoi diversi movimenti et stati [...]«[160] Alberti hebt hervor, daß jedem der elf Jünger im Boot in der Körperhaltung und im Erregungszustand

---

[159] L. Venturi (1922) S. 50f., sieht die Symmetrie als Indiz gegen die Autorschaft Giottos bei den Himmelsfiguren. Köhren-Jansen (1993), S. 147, vergleicht den symmetrischen Aufbau mit anderen Giotto-Werken, um nur zwei Autoren zu nennen.

[160] Alberti (ed. Janitschek), S. 91f.

des Gesichts ein eigener Ausdruck der Furcht verliehen sei. Die Männer reagieren unterschiedlich auf ein und dasselbe Ereignis, das sie erschreckt.[161]

Durch das Boot, das sie aufnimmt, werden sie als Gruppe zusammengefaßt. Darüber hinaus sind sie gemeinsam bezogen auf das Geschehen vor ihren Augen. Bei aller Geschäftigkeit und Emotionalität der Einzelnen bilden die Gebärden der Jünger einen Rhythmus aus, der sich auf das Geschehen außerhalb des Bootes hin steigert. Beinahe noch ruhiger Ausgangspunkt ist ganz links, also am weitesten von der Petrus-Christus-Gruppe entfernt, der Steuermann. Dieser rotgewandeten "gubernator" kann am sinnvollsten mit Paulus identifiziert werden.[162] Seine wuchtige Gestalt hat das Gewicht und die Plastizität der Paduaner Figuren. Unbeweglich fest an der Pinne stehend füllt der kräftige Mann beinahe die ganze Schiffsrundung aus.[163] Seine Standfestigkeit wird gerade durch das ihn hinterfangende, gebogene Heck unterstützt und zusätzlich gestärkt durch die leicht aus dem rechten Winkel gekippte Brasse, die ganz außen an der Rah befestigt ist.[164] Durch diese leichte Winkelverschiebung wird schon von hier ein Bogen

---

[161] Vgl. M. Gosebruch (1962), S. 21f., zur Einheit bei so mannigfaltiger Darstellung.

[162] So bei Köhren-Jansen (1993), S. 270-271, die auch darauf hinweist, daß die Gewandung dieses Apostels in fast allen Nachahmungen auch in einem Rotton gehalten ist. Allerdings variiert Haar- und Barttracht stark, so daß über die Nachahmungen nicht eindeutig auf Paulus geschlossen werden kann, wohl aber anhand der Berretta-Kopie. Wenn sich die Anwesenheit des Apostels verifizieren ließe, dann ginge die Darstellung Giottos über den "historischen" Text hinaus zugunsten eines "überzeitlichen" Inhalt. Auch Lisner (1994), S. 53, identifiziert den Steuermann mit Paulus: »Dies ist, am Typus deutlich erkennbar, Paulus. Nach dem Bericht des Evangeliums gehört er nicht hierher; seine Anwesenheit verweist über den biblischen Vorgang hinaus nach Rom.«

[163] Berretta, Beatrizet, Spinelli (in der New Yorker Zeichnung), Romano (Tafelbild in Avignon) und Alunno (Fresko in Foligno), auch Bonaiuto in Florenz lassen den Steuermann mit beiden Händen die Pinne in der Mitte umklammern, während bei Grimaldi in seinen Zeichnungen und bei Spinelli auf dem Cleveland-Blatt der Steuermann nach außen an das Ruder greift. Dieses scheinbar beiläufige Detail ist doch für Giotto immens wichtig, denn mit den zusammengeführten Händen wird die Ausgangsposition in ihrer Festigkeit noch eigens betont. Abb. 111 bei Mueller von der Haegen (1998); Köhren-Jansen (1993), Abb. 79, 74, 66, 55, 51, 81, 82, 75.

[164] Vgl. zum Schiffsbau Ulrich Scharnow, Lexikon der Seefahrt, Berlin 1976. Die Rah wird sowohl Backbord als auch Steuerbord jeweils am Heck mit einer Brasse befestigt, um das Segel zu bewegen (brassen). Hier führt nur eine Brasse zum Heck, die andere, gegen die Schiffskonstruktion, aber zugunsten des Bildaufbaues, zum Bug. Ebenso müßte das Rahsegel stärker quer zum Schiff stehen, würde also einen Teil der Figuren verdecken. Da beide unteren Ecken des Segels immer an beiden Schiffseiten befestigt sein müssen, wäre dies in jedem Fall so, auch wenn man davon ausgeht, daß der Wind von der Betrachterseite her kommt, oder sogar, wie es im Luthertext heißt, dem Schiff »entgegen« ist – wobei allerdings ein Schiff, das in dieser Art besegelt ist, nicht direkt gegen den Wind fahren kann; das Segel würde "einfallen", den Wind von der Rückseite bekommen. Das Um-

bis zum Bug, bis zum außergewöhnlichen Geschehen auf dem Wasser, das der Steuermann mit gebanntem Blick verfolgt, angedeutet.

Der breiter werdende Rumpf bietet den Raum für den nächsten "Schritt" – jetzt auseinandergelegt in die Tätigkeit des Segelns und die sich steigernde Beunruhigung – auf das eigentliche Geschehen zu: Mit ganzer Kraft versucht ein nur mit einer blauen Tunika bekleideter junger Mann das Segel gegen den Sturm aufrecht zu halten. Dieser Jünger, den Lisner als Thaddäus identifiziert,[165] zieht so sehr am Fall, daß er sich dabei über den Schiffsrand hinauslehnt. Der Innenraum des Bootes wird gerade hier durch die Verbindung zum Außenraum der Wasserlandschaft besonders augenfällig. Als einzige Rückenfigur scheint dieser Jünger ganz mit dem Kampf gegen die widrigen Winde beschäftigt.[166] Er ist so vertieft, daß er noch nichts um die Erscheinung auf den Wellen weiß. Die Beiden ihm gegenüber stehen direkt unter dem Fall, das sehr schräg geführt ist, also die Neigung der Brasse hinter dem Steuermann verstärkt und deren Richtung aufnimmt. Schon die Akzente des "Beiwerks" deuten eine neue Nuance im Verhalten an. In dieser Zweiergruppe wird das ruhig gespannte Stehen des Steuermanns zwar aufgegriffen, ihm aber zugleich Vehemenz verliehen. Der alte Bärtige, vermutlich Simon,[167] dreht seinen Körper nach hinten in die violette, geschlossene Mantelschale und faltet die Hände suchend vor der Brust, während seine Augen und das Gesicht die lebendige Furcht vor dem Beobachteten spiegeln. Auch sein Nachbar, wohl Philippus,[168] nimmt die eine Hand, als ob er sich schützen wollte, zusammenraffend in das Gewand. Dabei sieht er den Alten an, hebt die andere Hand beruhigend und Signal gebend senkrecht empor. Mit diesem "Halt, abwarten!" setzt er in der deutlich aufkommenden Erregung eine kurze Zäsur.

---

schlagen des Segels, mit dem Giotto die technischen Notwendigkeiten hinter die Figuren verlegt, ist auch ein Anzeichen der schwierigen Situation des Schiffes: Da alle konstruktiven Details sehr genau und mit Sachkunde dargestellt sind, kann man davon ausgehen, daß die "Fehler" willentlich zugunsten des Bildaufbaus erfunden wurden.

[165] Lisner (1994), S. 52-53.

[166] Mit besonderer Aufmerksamkeit wurde diese Rückenfigur auch in fast allen Nachahmungen aufgenommen. Bei einigen verdeckt sein Nimbus die Hände des Steuermanns zumindest teilweise, z.B. Beatrizet, Grimaldi, auf dem Wandgemälde der Vatikanischen Grotten, auf anderen – Foligno und Avignon – berührt er beide Hände, während die Berretta-Kopie den Abstand so setzt, daß nur eine Hand fast berührt wird. Dies kommt den Maßen, die auf den Arena-Fresken und auch auf den Peruzzi-Fresken gesehen wurden, am nächsten.

[167] Lisner (1994), S. 52, verweist auf die analogen Gestalten in den Paduaner Darstellungen *Abendmahl*, *Pfingstwunder* und *Jüngstes Gericht*.

[168] Lisner (1994), S. 52.

Nach dieser erscheinen die Jünger weniger gedrängt, vereinzelter an ihren Positionen. Sind Simon und Philippus noch zu einem Paar zusammengeschlossen, so ist gleich unter der beruhigenden Hand, jetzt wieder in der vorderen Reihe, wie zum Kontrast Einer vollkommen in sich zusammengesunken. Seine Position wird herausgehoben durch eine hier befestigte Wante, die den Mast aufrecht hält. Dieser junge Mann, vielleicht Thomas, verdeckt mit seinem hell rosafarbenem Pallium das Gesicht und faßt sich in die langen Haare.[169] Verzweifelt gibt er sich ganz der Angst und Ohnmacht hin. Ein neuer Abschnitt wird durch die leicht gekippten Senkrechten der zweiten Wante und des Mastes erreicht. Hier mitten im Boot steht erneut ein Paar, aber nicht mehr so dicht beieinander und zueinander gewandt, sondern mit der festgezurrten, Halt gebenden Talje[170] zwischen sich. In gedoppelter Bewegung blicken beide gebannt auf das Geschehen – so wird der Rhythmus der Gebärden nach dem zusammengesunken Kauernden wieder beschleunigt. Massig in seiner Gewandfülle, aber zart und erregbar im Gestus, hat der erste, Jacobus minor, seinen unter dem Mantel verdeckten Arm fest an sich gezogen und die Hand an das Kinn geführt.[171] Der Ausdruck des Erstaunens und Ansichhaltens wird durch die erhobene Rechte noch deutlicher. Mit dieser beruhigenden, zugleich annehmenden Geste greift er die des Vorhergehenden auf und leitet weiter zum nächsten, der die Faust nachdenklich an die Wange führt. Diesen zweiten bezeichnet Lisner mit guten Gründen als Matthäus.[172] Der Autor des Berichts über den Seesturm werde von Giotto durch den Mast an dieser Stelle betont.[173] Gespannt und gänzlich auf das Erstaunliche fixiert ist Matthäus fast ins Profil gedreht. Die Schräge des Mastes unterstützt an dieser Stelle die entschiedene Wendung der ganzen Gruppe auf Christus hin.

Auch der Sitzende oder vielleicht Kniende daneben, nach dem Kopftypus Bartholomäus,[174] ist nicht mehr in sich zurückgezogen, sondern hat staunend und fragend Kopf und Hand erhoben. Ihm antwortet der vor diesem Stehende[175] mit beschwichtigender Rechten und schützend an die Schläfe geführter Linken. Abgewandt vom Geschehen auf dem Wasser, reflektiert diese mit beiden Armen ausgeführte Geste die Gebärde Jesu. Der Rhythmus von Stehen und Sitzen bzw. Sinken, der dem Handeln der Petrus-Chri-

---

[169] Lisner (1994), S. 52: »In der Arenakapelle kennzeichnet Giotto Thomas als den Jüngsten unter den Aposteln. Wie dort zeigte er auch im Mosaik helle Gewandfarben, eine vielleicht weiße Tunika und ein kühl rosafarbenes Pallium.«

[170] Talje ist der Flaschenzug am Schiff. Vgl. Ulrich Scharnow, Lexikon der Seefahrt, Berlin 1976.

[171] Zurecht schreibt Lisner (1994), S. 52, daß die Ähnlichkeit mit der Gestalt des Jacobus minor am Jüngsten Gericht in Padua unverkennbar sei.

[172] Lisner (1994), S. 52.

[173] Lisner (1994), S. 52.

[174] Vgl. Lisner (1994), S. 52.

[175] Lisner (1994), S. 51, bezeichnet diesen als Jacobus major.

stus-Gruppe entspricht, wird fortgeführt mit dem jungen Kauernden, der weiter gegen den Bug gerückt ist. Johannes, als solcher kann er wohl identifiziert werden,[176] zieht schützend und ängstlich den Kopf zwischen die Schultern, bleibt dabei aber aufmerksam und schaut fast neugierig über die eine Schulter nach vorn.

Da steht allein an der Spitze des Bootes eine große, mächtige Gestalt als Pendant zum Steuermann, möglicherweise Andreas.[177] Wie der Steuermann wird diese Gestalt begleitet von einer Brasse, die ihn zwar noch weiter zum Wasser drängt, aber zugleich mit ihm Festigkeit und Abschluß für die ganze Gruppe im Schiff darstellt.[178] Wie Paulus steht Andreas etwas entfernt von der übrigen Gruppe im Schiff. Beide erhalten durch Takelage bzw. Segel einen Extraraum: »Andreas, der als Bruder Petri seit altersher in der Peterskirche verehrt wurde, ist von den übrigen Jüngern abgehoben und besonders akzentuiert.«[179] Paulus ragt über den Horizont wie sonst nur die Gestalt des Herrn, Andreas hingegen erscheint vor dem stürmischen Wasser, da auf seiner Seite der Sturm das Segel umgeschlagen hat, und wird so in besonderer Weise mit Petrus verbunden.[180] Besonders heftig scheint hier der Wind zu sein, und zugleich werden die Raumverhältnisse auf diese Weise überdeutlich gemacht. Erschrocken über die Tat des Petrus und über die Erscheinung auf dem Wasser, wiederholt dieser Jünger am stärksten die Gebärde des zweifelnden Apostelfürsten, indem er beide Hände hebt: die eine, als ob er sich den Blick verdecken möchte, die andere nach hinten gerichtet, Stille und Aufmerksamkeit gebietend. Seine Geste verweist auf das Geschehen und nimmt es zugleich auf.

Das erstaunliche Geschehen spiegelt sich zwischen den beiden mächtigen, an Bug und Heck stehenden Männern und wird dabei durch die Gesten der Jünger auseinandergelegt in verschiedene Winkelungen im Raum und Gradationen von Aufregung, zusammengefaßt in den Händen des Steuermanns und weitergeleitet durch den vorderen Apostel über den Abgrund, in dem Petrus zu versinken droht, zum rettenden Herrn. Von der gefestigten Position des Steuermann und seinen zusammengefaßten Händen bis zu

---

[176] Lisner (1994), S. 51.

[177] Er trägt eine hellblaue Tunica und einen rotbraunen Mantel. Zur Identifizierung: Lisner (1994), S. 50; Köhren-Jansen (1993), S. 275.

[178] Vgl. Ulrich Scharnow, Lexikon der Seefahrt, Berlin 1976. Wie erwähnt gehört diese Brasse konstruktiv ans Heck. Außerdem wäre sie natürlich bis ans äußerste gespannt, um die Rah zu halten. Wieder wird deutlich, daß Giotto die konstruktiven Elemente des Schiffes nutzt - hier um die gewaltige Blähung des Segels noch einmal aufzunehmen und den Drang zur Petrus-Jesus-Gruppe zu beschleunigen.

[179] Lisner (1994), S. 50.

[180] »Obwohl Petrus und Andreas dem biblischen Bericht gemäß voneinander getrennt sind, verknüpft Giotto die Fischer-Brüder, indem die wogende See allein sie hinter- und überfängt.« Lisner (1994), S. 50-51.

den ausgebreiteten Händen des vorne Staunenden entwickelt sich die Reihe der Stehenden und Sitzenden zu immer größerer Vereinzelung, jedoch ohne daß einer der Jünger im Boot gänzlich isoliert wird, denn durch Blicke und Gesten entstehen immer wieder Paare. Hier bleibt der Einzelne letztlich an die Gruppe gebunden, so daß die tatsächliche Vereinzelung erst bei Petrus liegt, der das Boot verlassen hat. In dem immer größer werdenden Abstand der Figuren voneinander liegt also eine Steigerung auf Petrus zu - eine solche Steigerung entspricht dem Kompositionsprinzip, das an den Fresken der Arena-Kapelle erkannt wurde. Hier aber vollzieht sie sich nicht nur in den Gesten, die erst im Zentrum zur vollen Ausführung gelangen, sondern vor allem auch im Gruppenrhythmus, der das individuell an die einzelne Figur gebundene Gefühl betont, womit ein Charakteristikum der Peruzzi-Fresken genannt ist.[181]

Die meisten anderen Nachahmungen drängen die Besatzung des Schiffes erheblich enger zusammen. Köhren-Jansen vermutet deshalb, daß Berretta die einzelnen Gestalten der Verdeutlichung halber auseinander gezogen habe, und die Darstellungen in Foligno, Avignon und in New York in diesem Punkt treffender seien, wobei allerdings die Graphik in New York die Zäsur vor dem Steuermann übertreibe.[182] Auch die »variantenreichen und lebendigen Bewegungsmotive der Apostel« scheinen der Autorin eher wie in Straßburg, Florenz, Foligno und Avignon durch eine strenge Isokephalie der hinteren Apostelreihe »in ihre Schranken gewiesen zu sein«: Grimaldi habe dies abgemildert, Beatrizet und Berretta seien ebenso wie der Freskant in den Vatikanischen Grotten »freier als das Original [...] mit diesem Ordnungsprinzip umgegangen.«[183] Bei allen genannten Bespielen, selbst bei der *Navicella*-Darstellung in Straßburg, die ohne Zweifel Elemente der giottesken aufnimmt, ist die Isokephalie keinesfalls so streng, wie Köhren-Jansen hier vermuten läßt. Lediglich auf dem Tafelbild in Avignon[184] befinden sich die Köpfe der Stehenden in absolut gleicher Höhe. Besonders an der Gruppe um die Rückenfigur wird sichtbar, wie in der giottesken Fassung Größenunterschiede durch Raum- und Kommunikationsverhältnisse bewirkt und umgekehrt diese durch die Größenunterschiede deutlich werden. Auch der Maler des Tafelbilds in Avignon wollte nicht auf die für die Gesamtkomposition wichtige enge Gruppenverbindung zwischen diesen Jüngern verzichten und läßt die Hand der Rückenfigur so hoch an die Talje fas-

---

[181] Vgl. dazu auch Lisner (1994), S. 92.

[182] Vgl. Köhren-Jansen (1993), S. 269, Abb. 55, 66, 79. Köhren-Jansen spricht hier von Kopien, doch muß man wohl eher von Nachahmungen sprechen, denn außer der Arbeit von Berretta und möglicherweise des Freskos in den Vatikanischen Grotten (Köhren-Jansen, Abb. 83) kann nicht von »Kopien der Absicht nach« wie Paeseler nach einer Definition von Vitzthum sagt, gesprochen werden. Vgl. Paeseler (1941), S. 101; Vitzthum (1929), S. 145.

[183] Köhren-Jansen (1993), S. 269; Köhren-Jansen Abb. 47, 51, 55, 66 bzw. 81, 79, 84, 83.

[184] Köhren-Jansen (1993), Abb. 66.

sen, daß sie auf Gesichtshöhe des Stehenden kommt, der Arm aber um einiges überlängt erscheint. Ebenso ergibt sich die leichte Erhöhung der Figuren an Bug und Heck konsequent aus dem Gruppenaufbau, denn diese Einzelgestalten fassen zwischen sich die individuelle, aber immer aufeinander bezogene Gefühlserregung zusammen und setzen wie der senkrechte Mast eine Zäsur in der Bewegung auf das Ereignis im Wasser hin – das Kompositionsprinzip, wie es in Padua und in Florenz erkannt wurde, ist also auch hier zu finden und bestätigt die Originaltreue des Berretta-Faksimiles, die schon aufgrund der Analyse Paeselers sicher erschien.[185] Darüber hinaus entspricht die erhöhte Stellung dieser Figuren der Schiffsform, und eine solche Mitsprache der Realien, seien es Architektur oder Gegenstände des Interieurs, ist auf den "gesicherten" Giotto-Werken fast eine Selbstverständlichkeit.

Blickt man auf die Paduaner Fresken, so wird deutlich, daß gerade in den Darstellungen, in denen ein dramatisches und bewegendes Geschehen erzählt wird - wie die *Fußwaschung*, *Gefangennahme*, *Geißelung* und die *Vorführung vor Kaiphas*[186] - im Unterschied zu statischeren Begebenheiten - etwa dem *Abendmahl*, der *Hochzeit in Kana* oder dem *Pfingsfest*[187] - die Erregung auch durch ein Aufbrechen der Isokephalie betont wird. Auf den Fresken der Peruzzi-Kapelle - zum Beispiel in den Darstellungen der *Auferweckung der Drusiana* und der *Himmelfahrt des Evangelisten*[188] - wird durch die Isokephalie bei den aufrecht Stehenden das Handeln der Knienden und Gebückten besonders deutlich. In vergleichbarer Weise mildern die stehenden Apostel in ihrem Boot nicht die Gefühlserregung der zusammengesunkenen und hockenden, wie Köhren-Jansen sagt,[189] vielmehr betont der Gegensatz der Haltungen gerade die Gefühlsregung. Hierin steht die Gruppenbildung der *Navicella* derjenigen der Peruzzi-Fresken näher als derjenigen der Paduaner Darstellungen. Allerdings wird an keiner Stelle der Gegensatz durch Phasenbildung, wie bei der linken Gruppe in der Florentiner Himmelfahrts-Darstellung, zu glätten gesucht. Deshalb erinnert die Gruppenbildung der *Navicella* an den *Staccato-Rhythmus* der Arena-Fresken. Während das allmähliche Auseinanderrücken der Figuren, das hier die Einsamkeit Petri widerspiegelt und betont, wieder mehr mit dem gedehnten Figurenrhythmus der Florentiner Darstellungen gemein hat als mit den eng verbundenen Figurengruppen der Paduaner.[190] Selbst wenn man davon ausgehen wollte, daß die Nachahmung in Foligno,[191] auf der die Figuren mehr als auf der Berretta-

---

[185] Vgl. dazu die Bemerkungen zur Abrechnung Provenzales weiter oben. Paeseler (1941), S. 106.

[186] Abb. 88, 90 und 89 bei Mueller von der Haegen (1998).

[187] Bistoletti (1989), S. 82, 79 u. 86.

[188] Abb. 120 u. 122 bei Mueller von der Haegen (1998).

[189] Köhren-Jansen (1993), S. 269.

[190] Vgl. dazu auch Lisner (1994), S. 91-92.

[191] Abb. 55 bei Köhren-Jansen (1993). Im übrigen versucht Manenti bei seiner Neuschaffung des

Kopie zusammengedrängt sind, das giotteske Original getreuer wiedergeben sollte, würde sich im Grundsatz nichts ändern. Auch auf dieser Grundlage kann festgestellt werden, daß die Darstellung der Jünger in ihrem Boot ein Verhältnis von Figur und Raum beinhaltet, das eher auf den Darstellungen in Florenz als in Padua wiedergefunden werden kann.[192]

Die Annahme von Köhren-Jansen läßt den Blick auf die Giotto-Werke in der Arena- und der Peruzzi-Kapelle vermissen. Sie widerspricht gerade an einem Punkt, der das giotteske Kompositionsprinzip veranschaulicht und eine chronologische Einordnung der *Navicella* ermöglichen könnte, ihrer eigenen Rekonstruktion. Diese läuft im Prinzip auf die Authentizität der Berretta-Kopie hinaus, wie bei Paeseler fünfzig Jahre zuvor auch schon. Köhren-Jansen unterlegt eine Drängung insgesamt und eine strenge Isokephalie der hinteren Figuren gegen das Zeugnis von Berretta, weil sie aufgrund ihrer Deutung, aber, wie noch zu zeigen sein wird, dennoch ohne Notwendigkeit, die *Navicella* ihrem Entstehungsbeginn nach vor die Arena-Kapelle datiert, und deshalb das römische Mosaik auch "altertümlicher" sein muß als die Fresken in Padua.

Anders als alle Nachzeichnungen oder Nachahmungen zeigt die Berretta-Kopie die aufgeregten Jünger als gewichtige Gestalten, die verwandt sind mit den Figuren der Arena-Fresken. Mit schweren Gewändern sind die voluminösen Figuren umhüllt. Dadurch kann trotz aller Aufregung Standfestigkeit und auch, im Kontrast dazu, tiefes Entsetzen und Mutlosigkeit betont werden. Die kräftigen Gestalten vollführen ganz zarte, empfindsame Gesten, die ebenfalls auf die Arena-Fresken verweisen: In der Darstellung der *Erweckung des Lazarus* gibt es das erstaunte Hochnehmen beider Hände; auch dort wird die verdeckte Hand an den Mund geführt und die andere hochgehoben; es gibt den, der in fragend zweifelnder Geste den Finger ans Kinn legt, und den, der Schweigen gebietet.[193] Auch auf den Paduaner Fresken der *Beweinung* und der *Kreuzigung* gibt es solche mit denen der *Navicella*-Figuren vergleichbare Gebärden.[194] Allerdings verbindet der Wechselgriff - einerseits in den Stoff und andererseits ausgreifend - die Gestaltung der *Navicella*-Figuren ebenso wie der generelle Umgang mit Gewändern

---

Mosaiks genau diesen Figurenrhythmus aufzugreifen, obwohl er durch Platzmangel damit in Schwierigkeiten gerät. So muß er die ganze Gruppe weiter zum Steuermann verschieben, weil der sinkende Petrus vorne das Boot überschneidet.

[192] M.E. zeigt der aufwehende Mantelzipfel der vorderen, stehenden Figur in aller Deutlichkeit, gegen die Annahme Köhren-Jansens [(1993), S. 269], daß Niccolò Alunno bei seiner Darstellung in Foligno mit einem "horror vacui" zu kämpfen hatte, der ihn hinderte, die Figuren im selben Rhythmus zu vereinzeln wie er es auf seinem Vorbild sah.

[193] Abb. 82 bei Mueller von der Haegen (1998).

[194] Bistoletti (1989), S. 84, u. Bellosi (1981), Abb. 90.

- etwa wenn der Ärmel faltenreich und weich herabrutscht - stärker mit den Florentiner Figuren der Peruzzi-Kapelle.

In der Emotionalität der Figuren, die gegenüber früheren Darstellungen biblischer Ereignisse erst durch Giotto besonders in der Arena-Kapelle zunehme, sieht Belting[195] einen Schritt zur Allegorisierung narrativer Darstellungen, der in der *Navicella* noch deutlich verstärkt werde.[196] Der emotionale Impetus der Jünger, die voll Angst in ihrem Boot ausharren, ist in der Tat so stark, daß Alberti gerade wegen der Naturhaftigkeit diese Darstellung neben Beispielen aus der Antike bestehen lassen konnte.[197] Von den Peruzzi-Fresken war gesagt worden, daß hier das individuell gebundene Gefühl so charakteristisch sei - und trifft dies nicht auch in einem besonderen Maß auf die Jünger in ihrem Boot zu? Die Erregung der Jünger kann allerdings nicht isoliert betrachtet werden, denn ihre Gesten sind in ihren Gradationen spezifisch auf diese und keine andere Situation erfunden. Sie sind in ihrer Folge bezogen auf das Geschehen um Petrus, genauer auf die Person Christi, der ihnen, wie Matthäus sagt, einem Gespenst gleich auf den Wassern erscheint. Vergleichbar mit der Abfolge von Handhaltungen, Körperdrehungen und Farben, die auf der *Marienhochzeit* in der Arena-Kapelle die Aufmerksamkeit zum Zentrum hin steigert, so daß auf diese Weise der Handlungskern unmittelbar anschaulich wird, entsteht auch bei der *Navicella* aus den gerichteten Gebärden und den retardierenden Bewegungen der Jünger, unterstützt durch die Realien des Bootes, eine rhythmisierte Abfolge mit dem rettenden Christus als Ziel.

Die Gesetzlichkeit in der Komposition der Arena-Fresken ist hier erweitert um expressivere Emotionalität als sehr individueller Ausdruck von Figuren, die keine so geschlossene Reihe bilden wie etwa die Begleiterinnen Mariens auf dem Paduaner Hochzeitsfresko, sondern in einen gedehnteren Gruppenrhythmus gebunden sind wie auf den Florentiner Bildern. Die Jünger befinden sich innerhalb eines Gesamtraums quasi in einem Innenraum, der vom Schiffskörper gebildet wird. In diesem Raum stehen sie oder sind sie zusammengesunken. Zwischen ihnen sind die Schiffsplanken zu sehen. Dadurch wird der Platz zwischen ihnen erfahrbar gemacht. Es ist *Raum* für den Ausdruck eines *Gefühls*, das nicht als individualisiertes für eine ganze Gruppe steht, sondern an den Einzelnen gebunden ist. Während etwa auf dem Fresko der *Beweinung* in der Arena-Kapelle[198] die emotionale Beteiligung der stehenden Frauen ihren Ausdruck in den Ge-

---

[195] Belting (1985), S. 154.

[196] Belting (1985), S. 155.

[197] Albert (ed. Janitschek), S. 123. Vgl. auch Baxandall (1971), S. 129f. Baxandall sieht in der Identifikation des Betrachters durch die Naturhaftigkeit der Darstellung den Grund für die Rezeption Giottos als Erneuerer der Kunst.

[198] Abb. 92 bei Mueller von der Haegen (1998).

bärden der vordersten findet, im Kreis der Knienden und Sitzenden die Marien ihrer Stellung nach ihrem Gefühl in Berührungen, Körperhaltung und Blicken Ausdruck geben, bleibt nur Johannes vereinzelt, ganz seiner Trauer hingegeben und dadurch mehr mit den *Navicella*-Figuren vergleichbar. Der Kernpunkt des Ereignisses liegt in dem stärksten Gefühl, in der Umarmung, und noch genauer, in dem Blick der Mutter auf das tote Antlitz des Herrn. Durch dieses Zentrum erscheinen die Gesten der anderen Figuren notwendig. Aufgrund dieser Notwendigkeit kann von Steigerung der Umgebung auf den zentralen Blick hin und zugleich von Reflex des Zentrums auf die Umgebung gesprochen werden. Am wenigsten in die Gruppe eingebunden ist Johannes. Insofern kann seine Gebärde mit der stärksten Individualität, d.h. aber auch mit einem Moment der Zufälligkeit ausgestattet sein. Imdahl bezeichnet diese Zusammenhänge in seinen Überlegungen zur Arena-Kapelle als »kontingente Notwendigkeit«, in deren Struktur der »enthaltene Aktualitätsausdruck die Bedingung dafür [ist], daß sich der Beschauer in die dargestellte Szene mitfühlend oder miterlebend hineinversetzen oder sich jedenfalls in der Rolle eines Augenzeugen vermeinen kann.«[199] Gerade in der Thematisierung »der Wechselbeziehung zwischen Kontingenz, Notwendigkeit und Aktualität«[200] liege die Neuerung, die in den giottesken Ereignisbildern zum Ausdruck komme, die verbildliche und nicht, wie im italo-byzantinischen Bildstil, versinnbildliche.[201]

Lisner vereist darauf, daß die »Anordnung der Jünger im Boot, ihre Verteilung auf eine vordere und eine hintere Reihe [...] dem Aufbau des Abendmahls und des Pfingstwunders in der Arenakapelle grundsätzlich verwandt« sei.[202] Während allerdings in Padua die Figuren gleichsam aneinander haften, sei auf dem Mosaik ihre Anordnung in zwei Reihen – die Hinteren stehend, die Vorderen gebückt, kniend, hockend – logisch begründet und kaum mehr als flächenhaft empfunden. Indem Giotto den Aposteln der vorderen Reihe helle Farbtöne gibt, betone er mit der Farbgebung den räumlichen Abstand zwischen ihnen. Zugleich wahre er die »wohl vom Auftraggeber gewünschte Erkennbarkeit der Apostel. [...] Er benutzt die ganze Takelage des Schiffes zu ihrer Hervorhebung und Gruppierung sowie als raumunterscheidendes Repoussoir.«[203]

Der Blick auf die Jünger in ihrem *Schiffchen* hat gezeigt, daß hier jedem einzelnen sein ganz persönlicher, von den anderen unterschiedener Gefühlsausdruck zukommt. Darin geht die Gestaltung der *Navicella* über die der Arena-Fresken hinaus. »In Padua deutet Giotto die Reaktion der Apostel auf Jesu Ankündigung des Verrats im Abend-

---

[199] Imdahl (1980), S. 117, Anm. 42.

[200] Imdahl (1980), S, 118, Anm. 42.

[201] Imdahl (1980), S. 10 zitiert in diesem Zusammenhang Frey (1952), S 74.

[202] Lisner (1994), S. 90.

[203] Lisner (1994), S. 90.

mahl und auf die Herabkunft des Heiligen Geistes derart verhalten an, daß eine innere Erregung, das Unerhörte des Geschehens kaum anschaubar wird. [...] In dem großen Mosaik hingegen drückt jede Gestalt in Haltung, Gestik und Ausdruck das eigene Erleben angesichts des Wunders aus, obschon Giotto auch hier die "dignitas" wahrt. Nach Vollendung des Arenazyklus muß er neue Anstöße empfangen haben.«[204]

Wie sehr dieser individuelle Ausdruck von der Organisation der ganzen Gruppe und der Wechselbeziehung von Raum und Figur abhängt, könnte der Vergleich mit beinahe allen Nachzeichnungen zeigen. Hier soll der seitenverkehrte Stich von Nicolaus Beatrizet für alle stehen, da er 1559 nach nur wenigen Eingriffen in den Originalbestand entstanden ist, die meisten späteren Zeichnungen auf ihn zurückgehen und es sein Anliegen war, das vollständige Mosaik zu reproduzieren und dadurch bekannt zu machen.[205] Ein Blick auf das ebenfalls vor den Veränderungen entstandene Tafelbild in Avignon soll diesen Vergleich erweitern.[206]

Auffälligerweise ist das Boot auf dem Stich kürzer, ziemlich rund und liegt weniger tief im Wasser als auf der Berretta-Kopie, auf dem Tafelbild in Avignon und dem Fresko in Foligno.[207] Man erkennt auf dem Beatrizet-Stich die buchstäblich selben Gesten der Jünger wie auf der Berretta-Kopie. Allerdings sind die Figuren auf dem kleineren Boot stärker zusammengedrängt zu einer festen Gruppe und erfahren weder durch die eigenen Positionen noch durch die Realien des Bootes rhythmisierende Zäsuren. Beatrizet schien es darauf anzukommen, allgemeine Aufregung und Verwirrung, aber keine Todesangst, die jeden Einzelnen bestimmt, zu zeigen. Die Verwirrung ist so groß, daß die vordere Figur, mit den Knien schon auf der Bootskante, Petrus zu folgen scheint. Trotz der übertriebenen Körperzeichnung wirkt die Gruppe wie in ein sehr flaches Relief gepreßt, weder die Schwere der Figuren noch die Raumhaltigkeit des Bootes findet hier Ausdruck, so daß die Gebärden unangemessen wirken. Während Beatrizet die Beziehung zwischen den Jüngern im Boot und der Petrus-Christus-Gruppe offenbar zu intensivieren sucht, werden seine Figuren unglaubhaft. Hingegen erscheinen die Bewegungen der voluminösen Körper auf der Berretta-Kopie glaubhaft in Einheit mit dem Geschehen. Jede Figur mit ihrem individuellen, augenblicklichen Gefühlsausdruck ist

---

[204] Lisner (1994), S. 90-91. Lisner könnte sich da »einen Gesprächspartner vom Format eines Dante denken, der nach Benvenuto da Imola die Arenakapelle besucht hat, während Giotto dort malte«.

[205] Der Stich aus der Bibliothèque Nationale, Paris, ist abgebildet bei Köhren-Jansen (1993), Abb. 39, bei Paeseler (1941), Abb. 73 und seitenverkehrt Abb. 75. L. Venturi (1922), S.49f., Paeseler (1941) u. Köhren-Jansen (1993) haben die Nachzeichnungen zusammengestellt und abgebildet. Vgl. zur Abhängigkeit der meisten Zeichnungen vom Beatrizet-Stich Paeseler (1941), S. 94-95; zum Stich Köhren-Jansen (1993), S. 247f.

[206] Köhren-Jansen (1993), Abb. 66.

[207] Köhren-Jansen (1993), Abb. 84, 66 u.55.

hier in eine getragenere Komposition gebunden, die einen Spannungsbogen über die jeweils nächste Figur bis zum "Zentrum" aufbaut.

Erst der die Jünger umgebende Raum, in diesem Fall der Innenraum des Bootes, ermöglicht, daß auf dem Mosaik - bzw. auf der Berretta-Kopie - erstens jede einzelne Figur in dieser Art und Weise individuell wird, und zweitens, daß die Anordnung der Figuren in einem auch gegenüber den Gruppenkonstellationen der Arena-Fresken erheblich getragenerem Rhythmus erfolgt. Dabei erlangen die Jünger einen realistischen Ausdruck, der in großem Maß mitbestimmt wird durch die Realien des Bootes und besonders durch die raumgreifende Plastizität des Segels. So unterstützt die Umgebung die von Imdahl angesprochene Möglichkeit der Identifizierung des Betrachters mit den dargestellten Figuren.

Auch auf dem Tafelbild im Petit Palais in Avignon, das dem Umkreis von Antoniazzo Romano zugeschrieben und um 1480 datiert wird,[208] wurden die Gesten der Jünger nahezu wörtlich wiederholt. Es ist schon gesagt worden, daß der Maler dieselbe Schiffsform wie Berretta dargestellt und die Figurengruppe ähnlich rhythmisiert hat. Auch hier ist Raum zwischen den Figuren angedeutet, sie beleben den schmalen Schiffskörper, dessen Innenseite an manchen Stellen sichtbar wird. Allerdings ist nicht mehr viel von den schweren Figuren geblieben, die den Raum verdichten könnten. Hier sind es schmächtige, zarte Gestalten, die in antikisierenden Gewändern stecken und nirgends die Plastizität der Arena-Figuren erreichen. Solche Figuren hätten auch den idyllischen Charakter des Bildes zerstört, denn das Wasser ist schon beruhigt, das Boot in eine sanfte Bucht eingelaufen. Die Gebärden scheinen etwas leer zu laufen, könnten aber dennoch auf die Petrus-Christus-Gruppe bezogen werden, wenn diese nicht zu weit nach vorne, mehr zum Ufer gesetzt und damit der Blickrichtung der Jünger entzogen wäre.[209] Ganz konsequent ist dieser Christus, der den sinkenden Petrus rettet, auch von eleganter Schmächtigkeit und entspricht eher der Stifterinnengruppe, die am Ufer kniend betet, als dem gewaltig geblähten Segel.[210] Ähnlich wie bei den Nachahmungen der Peruzzi-Fresken wird hier trotz großer Originaltreue nicht die Dichte einer giottesken Darstellung erreicht. Dies gilt auch für das Fresko in Foligno[211] und spricht wiederum für die Glaubhaftigkeit der Berretta-Kopie.

---

[208] Köhren-Jansen (1993), S. 203; Abb. 66.

[209] Auch auf mehreren *Navicella*-Darstellungen in Rom-Guiden sieht man diese Versetzung der Petrus-Christus-Gruppe. Viele wenden aber die Gesten der Jünger dann konsequenterweise um, was dieser Maler offenbar aus Treue gegenüber seinem Original nicht wollte. Vgl. Paeseler (1941), Abb. 76 bis 79, Abb. 85 u. 86 bei Köhren-Jansen (1993).

[210] Zu den Stifterinnen: Köhren-Jansen (1993), S. 205.

[211] Entstanden wohl in der 2. Hälfte des 15. Jhs. Vgl. Köhren-Jansen (1993), S. 183-190. Abb. Paeseler

Giotto hat die Jünger so dargestellt, daß sie erschüttert sind von Angst vor dem Seesturm und durch die Furcht des heiligen Schreckens gebannt werden auf das Geschehen zwischen Petrus und Jesus. Dabei ist die Figurengruppe der Jünger, anders als die Gruppen der Arena-Fresken, von dem übrigen Bildgeschehen und innerhalb des Bildraums auf entschiedene Weise abgegrenzt. Die Sicht auf die Bootsinnenseite, die nur durch einen größeren Abstand der Figuren untereinander erreicht werden kann, die deutliche Farbunterscheidung in Vorne und Hinten sowie das Über- und Hinterschneiden der senkrechten Verstrebungen der Bootsrealien lassen die Raumverhältnisse, in denen die Figuren stehen, sitzen und sich einander zuwenden können, erkennbar werden. Freier Raum zwischen den Figuren wird an ihrer Entfernung untereinander ebenso wie durch ihr Fastberühren und durch die knappen Anschnitte einzelner Gestalten erfahrbar. Das Boot gibt also den Figuren einen Bewegungsraum vor, der sie umschließt. Das sind räumliche Verhältnisse, wie sie an den Fresken der Peruzzi-Kapelle beschrieben wurden. Hinsichtlich des Gruppenaufbaus wurde gesagt, daß die Dehnung ebenfalls den Florentiner Fresken nahe ist, allerdings der harte Kontrast von Stehen und Kauern eher mit den Arena-Fresken verbunden ist.

Innerhalb der »Stätte der physischen Festigkeit«,[212] dem Schiff, haben die Jünger Raum für ihr individuelles Verhalten und zugleich ist jeder einzelne von ihnen eingebunden in eine Gesamtbewegung mit dem »Ziel der geistigen Festigkeit«[213], dem hochaufragenden Christus.

IV.1.3 Die Petrus-Christus-Gruppe

Zwischen dem »Pol der Geborgenheit«, dem Hafen, den die Jünger mit ihrem Boot, der »Stätte der physischen Festigkeit«, verlassen haben, und der Verkörperung der »geistigen Festigkeit« öffnet sich der »Abgrund der Bodenlosigkeit«, in den Petrus auf den Ruf seines Herrn in »gläubiger Selbstaufgabe« gestiegen ist.[214] Dort, wo sich das Boot absenkt und der Vorderste voll Erstaunen und Schrecken beide Hände erhebt, ist Petrus ausgestiegen. Er zweifelt und sinkt deshalb ein, aber Jesus, fest und sicher auf dem Wasser stehend, reicht ihm seine rechte Hand und errettet ihn aus den Fluten. Die Gruppe befindet sich etwas vor dem Boot, was in vielen Nachahmungen stark übertrie-

---

(1941), S. 102; Köhren-Jansen (1993), Abb. 55.

[212] G osebruch (1962), S. 128.

[213] Gosebruch (1962), S. 128.

[214] Gosebruch (1962), S. 128.

ben ist und zunächst einmal Größenunterschiede zwischen dieser Gruppe und den Jüngern im Boot zu erklären scheint.[215]

Die Gestalt des Petrus gleicht mit ihrer ausladenden, gezierten Gebärde, dem gedrehten Körper und dem weit zurückgeworfenen Kopf weder auf der Berretta-Kopie noch auf dem wiederentstandenen Mosaik der Vorhalle von St. Peter einer Giotto-Figur. Marcello Provenzale schuf bei seiner Restaurierung für die Neuanbringung am sogenannten Uhrturm der Schweizer Garde den Oberkörper Petri neu.[216] Der 1559 entstandene Stich von Beatrizet,[217] die ihm folgende Grimaldi-Zeichnung,[218] selbst die sog. Pembroke-Zeichnung,[219] das Fresko in S. Maria in Campis zu Foligno,[220] auch das Tafelbild von Avignon[221] und vor allem eine Stickerei auf einem Parament des Papstes Nicolaus V.[222] stellen einen anderen Petrus dar, in dem man eher das giotteske Vorbild wiederfinden kann. Dort sinkt der schwere, voluminöse Körper des Apostels noch beinahe in der Haltung des vorangegangenen festen Stands ins Wasser. Nicht so sehr das verzweifelte Rudern, das aus der von Berretta wiedergegebenen Petrusgeste spricht, mehr die Überraschung ob der plötzlichen Wirkung des Zweifels und zugleich das grenzenlose Vertrauen in die hilfreiche Hand des Herrn drücken Gebärde und Blick aus. Soweit aus den Nachzeichnungen zu rekonstruieren ist, war Petrus, wie die anderen Jünger, mit einem Untergewand und einem weich fallenden Mantel bekleidet, der über seine rechte Schulter geschlagen war. Mit beiden Händen sucht er, den Herrn zu erreichen. Dieser faßt ganz leicht mit seiner rechten unter die linke Hand des Apostelfürsten, rettet ihn damit aus den Fluten und erhebt ihn aus seinen Zweifeln. Köhren-Jansen sieht diesen Griff in der Tradition der »Verbildlichungen des Seewandels Petri« und vergleicht ihn

---

[215] Auch Köhren-Jansen (1993), S. 277, hält die leicht vorgerückte Stellung der Petrus-Christus-Gruppe für authentisch.

[216] In der Schlußabrechnung Provenzales vom 7. März 1618 ist diese Veränderung aufgeführt. Vgl. Muñoz (1924/25), S. 432-442.

[217] Köhren-Jansen (1993), Abb. 79.

[218] Codex Barb. lat. 2733, fol. 146v-147r; Grimaldi (ed. Niggl), S. 182-183; Köhren-Jansen (1993), Abb. 81.

[219] Köhren-Jansen (1993), Abb. 74.

[220] Köhren-Jansen (1993), Abb. 55.

[221] Köhren-Jansen (1993), Abb. 66. Nur hier und andeutungsweise auf der Berretta-Kopie schwimmt der Mantel Petri auf der Wasseroberfläche.

[222] Köhren-Jansen (1993), Abb. 59. Auf den verschiedenen Bestandteilen eines kompletten Ornats ist die Szene der Errettung Petri mehrmals in vegetabile Ornamentik eingebunden. Dabei wird auf das Schiff verzichtet und lediglich die Petrus-Christus-Gruppe dargestellt. Aufbewahrt sind die Paramente im Museo Nazionale del Bargello in Florenz. Vgl. Köhren-Jansen (1993), S. 194.

mit dem Erlösungsgriff Christi bei *Anastasis*-Darstellungen.[223] Es handelt sich hier aber nicht um den "Griff ans Handgelenk", wie auf der Darstellung des Egbert-Evangelistars, der Bernward-Säule oder der Höllenfahrt Christi in San Marco in Venedig,[224] sondern eher um eine "Handreichung". Im Zusammenhang ihrer Rekonstruktion schränkt Köhren-Jansen dann die Festlegung auf den *Anastasis*-Gestus auch etwas ein, indem sie anhand der »Repliken« feststellt, daß Christus seine Rechte dem ertrinkenden Petrus entgegenstrecke und »dessen linke Hand bzw. Handgelenk« ergreife.[225] Giotto wußte sehr genau, einen solchen Gestus zu unterscheiden: Wenn der Gehalt der Szene es erforderte, dann verwendet er den Griff ans Handgelenk der oströmischen Auferstehungsbilder, so z.B. bei der Darstellung der *Himmelfahrt des Evangelisten Johannes* in der Florentiner Peruzzi-Kapelle.[226] Die Nachahmungen der *Navicella*, die L. Venturi, Paeseler und Köhren-Jansen zusammenstellen, zeigen zwar auch Abwandlungen dieses Griffes, aber nur eine Zeichnung und das Tafelbild in Avignon geben den Griff ans Handgelenk wieder.[227] Hingegen legt in der zitathaften Wiedergabe der Petrus-Christus-Gruppe auf den Paramenten Nicolaus` V. Petrus seine linke Hand in die geöffnete Christi.[228] Barasch betont zurecht, daß dies keine Gebärde sei, die mit Todesangst oder Lebensgefahr zusammengebracht werden könne, und sieht gerade in ihr einen Hinweis auf den besonderen symbolischen Gehalt, den die Petrus-Christus-Gruppe habe.[229]

Während die Petrusfigur von Provenzale verändert wurde, erwähnt er in seiner Abrechnung bei der Gestalt des Herrn lediglich kleinere Ausbesserungen; sie blieb also auch nach der Restaurierung Provenzales im Original als späteres Vorbild Berrettas erhalten.[230] Darüber hinaus bestätigen der Stich von Beatrizet, die Zeichnung des Cod. Barb. lat. 4410, die Paramentenstickerei im Bargello und das Fresko in den Vatikani-

---

[223] Vgl. Köhren-Jansen (1993), S. 98. Mit den *Anastasis*-Darstellungen hätte nach ihrer Ansicht auch die Goldgewandung Christi zu tun.

[224] Köhren-Jansen (1993), S. 98 erwähnt die venezianische Darstellung und bildet mit den Nr. 15 u. 16 das Egbert-Evangelistar (Trier, Stadtbibliothek, Ms. 24, fol. 27v) u. die Bernwardssäule im Hildesheimer Dom ab.

[225] Köhren-Jansen (1993), S. 276.

[226] Abb. 123 bei Mueller von der Haegen (1998).

[227] L. Venturi (1922), Paeseler (1941), Köhren-Jansen (1993); Zeichnung in Chantilly und Tafelbild in Avignon, Abb. 77 u. 66 bei Köhren-Jansen (1993).

[228] Auch Köhren-Jansen (1993), S. 194 u. bes. 276, Abb. 59, beschreibt gerade diese Wiedergabe als besonders glaubhaft dem giottesken Original verpflichtet.

[229] Barasch (1987), S. 131. Auf den symbolischen Gehalt, den Barasch mit dem römischen Topos der "restitutio" zusammenbringt, wird noch eingegangen werden.

[230] Vgl. Muñoz (1924/25), S. 432-442; u. Paeseler (1941), S. 97-98.

schen Grotten,[231] auch die New Yorker Zeichnung, das Fresko in Foligno und das Tafelbild in Avignon[232] - wenn auch bei den drei letzten Beispielen mit Abweichungen in der Kopfhaltung - die Wiedergabe der Berretta-Kopie: Christus erscheint als aufrecht stehende und nahezu unbewegte Gestalt auf den Fluten. Sein »Oberkörper und das von dem Kreuznimbus hinterfangene Haupt ragen, den überirdisch-repräsentativen Charakter unterstreichend, in den Goldgrund hinein.«[233] Die Art der Bekleidung, aber keineswegs die Gewandfarben entsprechen den Apostelgewändern: »Vermutlich trug er eine mit goldenen Tesserae durchsetzte rote Tunika, so daß sich in der Wirkung das von Berretta wiedergegebene matte Rot ergab: das Pallium war im wesentlichen golden, der schräg über die Brust verlaufende Umschlag zeigte ein blaues Futter.«[234] Vor allem ist die Haltung des Herrn gänzlich von den lebendigen, angsterfüllten Jüngern unterschieden. »Sein göttliches Wesen, nicht das Wandeln auf dem Meer ist betont.«[235] Eher wie ein architektonischer Block erscheint die Gestalt auf dem Wasser, in strenger, frontal ausgerichteter Axialität, die durch keine Abweichung gemildert, sondern noch unterstützt wird durch den Kreuznimbus um das festgefügte Gesicht. Weder mit dem ganzen Gesicht, noch mit dem Blick, sondern nur mit der fast beiläufigen, den Körperaufbau nicht bestimmenden Bewegung des rechten Arms hat dieser Christus Kontakt mit Petrus.

Auf diese Weise wirkt Christus isoliert, erhaben als dominanter Herrscher. Selbst von Petrus getrennt, setzt er einen monumentalen Gegenpol zu dem realistisch dargestellten Schiff mit den individuell bewegten Jüngern. Die Gestaltung der Christusfigur und die Beziehung Christi zu Petrus einerseits sowie das Verhältnis dieser Gruppe zum Schiff und den Jüngern andererseits sind konstitutiv für diesen beherrschenden Eindruck Christi. Dies verdeutlicht ein Blick auf die Nachzeichnungen und späteren Nachahmungen. Hier wird häufig die Anordnung geändert, indem Christus und Petrus sehr weit vor oder in eine Flucht mit dem Schiff gesetzt werden.[236] Ausschlaggebend aber ist, daß Christus in einer "menschlicheren" Haltung, nämlich Petrus hilfreich zugeneigt, gezeigt wird.[237]

Zwei Beispiele möchte ich aus dem großen Konvolut herausgreifen: Auf dem Fresko in Foligno, das bis in die Einzelheiten das giotteske Vorbild deutlich erkennen

---

[231] Köhren-Jansen (1993), Abb. 79, 82, 59 u. 83.

[232] Köhren-Jansen (1993), Abb. 74, 66 u. 55.

[233] Lisner (1994), S. 50.

[234] Lisner (1994), S. 50.

[235] Lisner (1994), S. 50.

[236] Darauf ist weiter oben schon hingewiesen worden.

[237] Schon Ciardi Dupré dal Poggetto (1981), S. 81, wies auf die Abmilderung der Christus-Figur bei den meisten Nachzeichnern hin.

läßt,[238] wendet sich der schmal und zart gestaltete Herr dem versinkenden Petrus mit dem ganzen Oberkörper zu, neigt sein Haupt, und die Blicke der Beiden treffen sich. Es entsteht so etwas wie ein freundliches Zwiegespräch, das die Aufregung der Jünger kaum mehr rechtfertigt und die Gruppen von einander trennt.[239]

Auch auf der *Navicella*-Nachahmung von Andrea Bonaiuti in der sog. Spanischen Kapelle in S. Maria Novella zu Florenz, die ebenfalls deutlich auf das römische Mosaik zurückgeht, ist Jesus ganz auf Petrus bezogen.[240] Er beugt sich zu diesem herab und zieht ihn aus dem Wasser. Petrus und Christus sind bei dieser Darstellung weit vor das Boot gesetzt.[241] Dafür mußte die Abfolge der Gesten der Jünger in ihrer Dynamik gebremst und umorientiert werden. Die Bewegungsrichtung des Bootes und die treibende Kraft des Segels werden nicht wie bei Giotto genutzt zur Steigerung auf die inhaltlich zentrale Figur, sondern dienen hier einer möglichst realistischen Darstellung, die einen Raum hinter den gemalten Rahmenleisten, aus denen Propheten wie aus Fenstern blicken, suggerieren soll.[242] Insofern werden auch nur einige typische Jüngergestalten der *Navi-*

---

[238] Abb. 55 bei Köhren-Jansen (1993). Der Freskant, wahrscheinlich Niccolò Alunno, läßt lediglich, möglicherweise um der geforderten Lünettenform Rechnung zu tragen, das linke Paar in den Wolken und - verständlicherweise - den knienden Stifter weg. Stifter ist Pietro di Cola di Andreuccio dalle Casse, der auf dem zweiten Hauptbild der capella del crocefisso dargestellt ist. Vgl. zu diesem Fresko und zu seinem Kontext: Köhren-Jansen (1993), S. 183-190.

[239] Das Boot der Jünger ist kleiner als auf dem Mosaik und zugleich um ein erhebliches Stück vom Ufer des friedlichen Anglers nach hinten versetzt. Auf diese Weise wollte der Künstler den weiten Raum des Meeres erhalten, der hier nicht, wie auf dem Original, durch den tiefgelegten Horizont erreicht wird. Durch diese Veränderung unterbricht dieser Künstler die klar ausgewogene Bildkomposition der *Navicella*, in der alle Teile an ihrem Ort ein ausgewogenes Verhältnis zueinander haben. Die daraus folgende Vereinzelung der Bildbestandteile - des Landanteils, des Bootes mit den Jüngern und der Petrus-Jesus-Gruppe - beschränkt den der Geschichte inhärenten Glaubensinhalt auf Petrus und Jesus, läßt so die Jünger zu Beiwerk werden. Gegen diese Vereinzelung mußte die Verbindung des Herrn zu Petrus enger, "menschlicher" ausfallen. Der bedeutende Ausdruck soll durch die zwischen beiden hinzugefügte Schrift erreicht werden - vergleichbar mit der Schrift auf dem Erweckungsbild der Magdalenen-Kapelle. Vgl. das vorangegangene Kapitel.

[240] Abb. 51 bei Köhren-Jansen (1993), zu dieser Darstellung S. 174-180. Die extrem spitze Form der Gewölbekappe erforderte sicher eine andere Anordnung der Bildelemente als die große rechteckige Form des Mosaiks. So ist hier das Schiff der Jünger weit zurückgesetzt und füllt die Mitte des Zwickels. Das Segel wird von nur einem, dem linken, Windgott gebläht; im Vordergrund korrespondiert, in der Größe nicht unterschieden, der Angler mit der Petrus-Christusgruppe.

[241] Die sog. Pembroke-Zeichnung im New Yorker Metropolitan Museum (Abb. Paeseler [1941], S.104) und das Tafelbild des Museums in Lyon (Abb. Paeseler [1941], S. 103) sind weitere Beispiele einer veränderten Anordnung der Petrus-Christus-Gruppe.

[242] Dies geht über die Auffassung von Bildraum und Bildrahmung Giottos hinaus, auch wenn im

cella übernommen - etwa der "gubernator", die Rückenfigur und der Vordere – und einige anderen beschäftigen sich mit dem vermehrten Takelwerk. Dieser Vergleich mit einem Werk der zweiten Jahrhunderthälfte zeigt, wie sehr die Gestaltung von Boot und Jüngergruppe bei Giotto auf den Kernpunkt der Handlung bezogen ist.

Gerade der Kontrast zwischen der naturnahen Darstellung der Jünger und ihrem Boot und der Darstellung Christi, die eher an eine Bildsäule gemahnt, machen die extrem spannungsreiche Wirkung der giottesken Erfindung aus. Dagegen ist bei beiden hier erwähnten Beispielen die Figur des rettenden Herrn in ihrer Menschlichkeit nicht von den Jüngern unterschieden. Hierin liegt der Grund für die größere Distanz zwischen beiden Hauptbestandteilen der Darstellung, denn diese Jesusgestalten könnten nicht ein so streng organisiertes Bildfeld beherrschen. Beide Nachahmungen sind dadurch ausgezeichnet, daß sie erstens die lebendige Auffassung der Jünger im Boot von ihrem Vorbild übernehmen, daß sie zweitens die Textaussage erfüllen und daß sie drittens auch andere Elemente, die Giotto der Darstellungstradition dieser Bibelstelle hinzufügte, annehmen.[243]

Um die Unterschiede zwischen Vorbild und Nachahmung und damit zugleich die besondere Bildauffassung und Komposition Giottos genauer verstehen zu können, soll auf die weiteren Bildelemente der *Navicella* eingegangen werden, um dann von der Gesamtheit der Darstellung auf Christus als Zentrum zurückzukommen. Zuvor ist noch einmal als Erkenntnis aus der Untersuchung der zweifelsfrei dem Original entsprechenden Hauptelemente festzuhalten: In einem gedehnten Rhythmus, der vor allem in einer sukzessiven Vereinzelung bis hin zu Petrus erreicht wird und der durch senkrechte Schiffsrealien ebenso wie durch die beiden Randfiguren Zäsuren erfährt, ist die Jüngergruppe auf das Geschehen im Wasser, insbesondere auf Christus, in einem sich steigernden Rhythmus bezogen. Die Apostel sind durch lebendige Gesten und Mimik, durch Körperschwere und durch genaue Positionierung innerhalb der Gruppe mit Bezug auf die Schiffsumgebung mit individuell an die jeweilige Figur gebundenem Gefühl dargestellt. Auch Petrus

---

Giotto-Werk Ansätze einer solchen Verbindung von gemaltem Raum und Betrachterraum durchaus zu finden sind. Vgl. dazu Isermeyer (1937), S. 63f.

[243] Die Ikonographie dieser Matthäusstelle, auch in Vermischung mit der Jonasikonographie, weisen Paeseler (1941), S. 134-160, mit dem Schwerpunkt der spätantiken Darstellungen, und noch ausführlicher Köhren-Jansen (1993), S. 135-149, mit dem Ziel der *Navicella*-Deutung, als propagandistische Darstellung des römischen Primats der Kirche nach. Beide Autoren kommen zu dem Schluß, daß die Elemente Boot und Petrus-Christus-Gruppe zwar nicht in dieser Figurenerfindung, aber doch als unverzichtbare Elemente zum tradierten Bildbestand gehören, aber die Winde in der Duplizität, die Propheten am Himmel, der Fischer und der Hafen, sowie der Stifter dem tradierten Bestand der Szene von Giotto zugefügt wurden.

trägt diese Individualisierung in sich. An ihm wird die Vereinzelung faktisch, und die Vorbereitung innerhalb des Bootes scheint dadurch in ihrer Notwendigkeit noch einmal auf. Im größten Kontrast zu der individuellen Lebendigkeit ist der hieratisch unbewegliche Christus gesetzt. Seine streng axiale Frontalität und sein goldstrahlendes Gewand erheben ihn über die Menschlichkeit der Jünger zu einem einsamen, absoluten Herrschen. Hier ist die Isolierung absolut und die faktische Einsamkeit Petri wird durch Christi hilfreichen Griff aufgehoben.

IV.1.4 Der Bildaufbau

Die Abschlußrechnung über die Restaurierungsarbeiten nach dem Abbruch des Mosaiks 1610 gibt darüber Aufschluß, daß die attributiven Elemente, die die Komposition mitbestimmen und erst vervollständigen, größtenteils erneuert worden sind.[244] Wenn man allerdings den Stich von Beatrizet, das Tafelbild in Avignon und das Fresko in Foligno, die alle vor dieser Restaurierung entstanden sind, zu Rate zieht, dann läßt sich ein einigermaßen schlüssiges Bild rekonstruieren, das zu großen Teilen von der Berretta-Kopie doch nicht allzu weit entfernt vorzustellen ist.[245]

Das Geschehen findet auf dem bewegten Meer, in dem sich viele Fische tummeln, statt.[246] Zwischen zwei hohen Gebäuden an der linken Bildseite, die den sicheren Ausgangsort kennzeichnen, und dem aufragenden Christus auf der rechten Seite als "Ankunftsort" legt sich das Boot der Jünger schief gegen den Wind und bläht sich sein Segel über der Horizontlinie in den Goldhimmel. In diesem Himmel knien die personifizierten Winde, rechts knapp über der Christusgestalt und links oberhalb der Architektur. Darüber schweben auf beiden Seiten, jeweils zu Paaren geordnet, vier Halbfiguren auf Wolken, deren erdverbundenes Äquivalent auf Seiten der Architektur von einem Angler auf einem Uferstreifen und auf der anderen Seite von der zu Füßen Christi knienden Stifterfigur gebildet wird. Köhren-Jansen betont die symmetrische Gliederung und spricht von einer senkrechten Drei- und waagerechten Vierteilung.[247] Zwar nicht diesem

---

[244] Vgl. Muñoz (1924/25), S. 432-442; Paeseler (1941), S. 97-98.

[245] Köhren-Jansen (1993), Abb. 79, 66, 55, zur Rekonstruktion S. 268-282.

[246] In "antiken Gewässern" findet man diese Vielzahl von Fischen im Wasser [vgl. dazu Paeseler (1941), Abb. 133] aber auch im Georgskodex, Biblioteca Vaticana, ms. Arch. von St. Peter, C. 129, auf der Miniatur des Georgkampfes, fol. 85r, der von Kardinal Stefaneschi geschrieben und an die Peterskirche in Rom gestiftet wurde [vgl. dazu Ciardi Dupré dal Pogetto (1981), S. 10f. u. Abb. 199].

[247] Köhren-Jansen (1993), S. 80. L. Venturi (1922), S. 49f., bes. S. 64-65, kann diese Symmetrie nicht mit einer Trecento-Komposition vereinbaren. Er versucht auf Grund der Nachzeichnungen zu be-

Schematismus, aber in der Tat einer vollkommen ausgewogenen, beinahe symmetrischen Anordnung sehen wir uns gegenüber, wie sie im Giotto-Werk, z.B. bei dem Lünettenbild mit der Darstellung des *Evangelisten auf Patmos* oder auch auf dem Tafelbild der *Ognissanti-Madonna*,[248] häufiger konstatiert werden kann.

Das querrechteckige Bildfeld ist gegliedert in eine Himmels- und eine Erden- bzw. Meereszone. Nach der Berretta-Kopie nimmt der Himmel etwa zwei, nach dem Beatrizet-Stich etwa ein Drittel der Fläche ein.[249] Es kann nicht so ohne weiteres entschieden werden, welche Wiedergabe dem giottesken Original eher entspricht: Aus der Abrechnung Provenzales geht hervor, daß beide Künstler im Einklang mit dem giottesken Original die Figur Christi etwa ab Brusthöhe in den Goldgrund ragen lassen.[250] Schließt man nun aus den Maßverhältnissen der auf der Berretta-Kopie vorhandenen Stifterbüste, die dem Original noch entsprechen konnte, auf die Größe des am unteren Rand abgeschnittenen Teils und bedenkt, daß Beatrizet Segel und Mast am oberen Teil anschneidet, so wird es wahrscheinlich, daß etwas mehr als die Hälfte des Bildfeldes von dem Goldhimmel eingenommen worden ist.[251] Dies entspricht auch dem Eindruck von niedrigem Horizont, den die Gesamtkomposition vermittelt - Gioseffi spricht von dem Meereshorizont als einem realen Horizont.[252]

Dieser Meereshorizont bestimmt den *Gesamtraum*. Er scheint durch den Handlungsort der biblischen Erzählung bestimmt, aber erst die Bilderfindung des niedrigen

---

weisen, daß die Propheten und der zweite Wind über Christus Zutaten der Renaissance sind. Er geht von dem Vorurteil aus, daß diese Figuren durch das Renaissance-Diktum der Symmetrie notwendig wurden, und verkennt, daß Giotto in seinen Fresken und Tafelbildern ausdrücklich die räumliche Ausgewogenheit gesucht hat. Im übrigen betont hier die Gesamtkomposition die Natürlichkeit der dargestellten Geschichte, die in einem übergeordneten Gehalt aufgehoben ist, der sich auf besondere Weise in der Christus-Gestalt ausdrückt. Ciardi Dupré dal Poggetto (1981), S. 78f., schließt sich L. Venturis (1922) Dezimierung der Himmelsgestalten an. Aufgrund der frühen Nachahmungen in Foligno und Avignon kann die Dopplung der Himmelsfiguren einwandfrei rekonstruiert werden, worauf schon Paeseler (1941), S. 109-110, gegen L. Venturi (1922) hinwies. Köhren-Jansen (1993), S. 279-280, schließt sich diesem Urteil an. Zweifelsfrei kann man auch der Abrechnung Provenzales entnehmen, daß sowohl beide Prophetenpaare als auch beide Winde von ihm restauriert wurden. Vgl. dazu die Wiedergabe bei Muñoz (1924/25), S. 234 u. 235.

[248] Abb. 119 u. 98 bei Mueller von der Haegen (1998).

[249] Köhren-Jansen (1993), Abb. 84 u. 79.

[250] Provenzale hat an der rechten Seite von Christus Goldgrund und an der linken Meer ersetzt. Vgl. Muñoz (1924/25), S. 236.

[251] Vgl. Muñoz (1924/25), S. 234. Abb. 92 bei Mueller von der Haegen (1998).

[252] Gioseffi (1963a), S. 56 »L'orrizonte 'marino'« läßt von einem »orrizonte 'reale'« sprechen, aber nicht im Sinne eines perspektivischen Horizonts.

Horizonts verbildlicht die Weite der See, macht die dramatische Schrägstellung des Bootes und damit die Bedrohung der Jünger erst sichtbar. Dieser Erfindung liegt eine *Naturerfahrung* zugrunde, die in dieser Weise hier zum ersten Mal auftritt.[253] Über dem "natürlichen" Horizont erstreckt sich der Himmel als glatter Goldgrund[254] und scheint die angelegte Raumtiefe zunächst wieder gänzlich in die *Fläche* zu bringen. Gegen die Fläche gewinnt das Segel, das sich realistisch über dem Wasser in den Goldgrund hinein bläht und so die Kraft der Winde zeigt, besondere plastische Präsenz,[255] die durch die Schrägführung als Tiefenausdehnung anschaulich wird. Zugleich wird dadurch der *Innenraum*, den der Bootskörper ausbildet, in den *Außenraum*, den auch der sich hinauslehnende Jünger herstellt, erweitert und ein Bezug zum *Gesamtraum* des Bildgeschehens hergestellt. Um den flächigen Goldgrund aber als Himmels*raum* auch zu gestalten und um das körperhafte Segel sowohl in diesen Raum zu integrieren als auch wieder an die Bildfläche zu binden, sind die Himmelsfiguren notwendig. Diese wiederum korrespondieren mit den Landfiguren. Die Landteile sind Ausgangspunkt und Befestigung der Tiefenausdehnung. Die dortigen Figuren können ihrerseits die Betrachtenden in die Weite und ins Geschehen integrieren.

In sogenannter Trompeter- oder Bläserhaltung[256] knien rechts und links des Segels die »widrigen Winde« des Matthäustextes auf voluminösen Wolken und verursachen durch kräftiges Blasen in die gedrehten Hörner den stürmischen Seegang. »Sie sind in antikischer Nacktheit, mit Rückenflügeln, kleinen Flossen an den Oberarmen, windzerzauster Frisur und Hörnern dargestellt.«[257] So erscheinen sie u.a. auf dem Stich von Beatrizet und der Kopie von Berretta. Man kann also annehmen, daß die Restaurierung Provenzales die Originalversion wiederherstellte. »Ganzfigurige, nackte oder nur spärlich bekleidete Winddarstellungen dieser Art, die keinen benennbaren Windgott oder -dämon meinen, sondern generell die Naturerscheinung versinnbildlichen, sind antiken

---

[253] Auf die Gestaltung "natürlicher" Weite wird noch im Zusammenhang mit den Seitentafeln des Stefaneschi-Altars zurückgekommen werden. Paeseler (1941), S. 113f., vergleicht die "Landschaft" der *Navicella* zu Recht mit dem Fresko *Johannes auf Patmos* der Peruzzi-Kapelle und begründet diese Anlage mit Antikenerfahrungen Giottos in Rom.

[254] Aus den Farben der Berretta-Kopie kann auf Goldgrund geschlossen werden, was durch die Abrechnungen Provenzales bestätigt wird. Vgl. Muñoz (1924/25), S. 236.

[255] Gerade dieses realistisch plastische Volumen, die fachkundigen Details und die gefühlsmäßigen Gesten der Jünger brachten dem Mosaik so große Berühmtheit unter dem Namen *Navicella* - "Kleines Boot" Vergleichbar ist diese Körperlichkeit nur mit dem Schweißtuch, das Petrus auf der Tafel seines Martyriums des Stefaneschi-Altars herabwirft und das sich vor dem Goldhimmel bläht. Darauf wird im entsprechenden Kapitel noch näher eingegangen werden.

[256] Vgl. dazu Köhren-Jansen (1993), S. 89, und bes. Rahner (1964), S. 113-114.

[257] Köhren-Jansen (1993), S. 279.

Ursprungs.«[258] Paeseler und Raff haben die antike Tradition solcher Personifikationen umfassend und einleuchtend aufgewiesen. Köhren-Jansen schließt sich hierin an und konstatiert weiter: »Die Tatsache, daß sich für Windpersonifikationen in "Trompeter- haltung" nach dem 4./5. Jahrhundert keine Beispiele mehr finden lassen, veranlaßte Raff, die These Paeselers von der Existenz eines spätantiken Vorbildes der *Navicella* zu übernehmen.«[259] Hierin mochte sie sich aber nicht den Autoren anschließen, denn es bestünde dazu »nur geringe Veranlassung«[260], da »in der Zeit um 1300 und für das nach- folgende Trecento« die »Geläufigkeit und weite Verbreitung des Bildes vom Schiff der Kirche nachzuweisen sei.«[261]

Anders als die Winde sind die Halbfiguren, die über ihnen auf Wolken schweben, nicht auf den Bibeltext zu beziehen. Diese Halbfiguren wurden bei der ersten Abnahme des Mosaiks in Mitleidenschaft gezogen und deswegen von Provenzale, der sie »Profeti« nennt,[262] restauriert. Aus seiner Abrechnung ergibt sich, daß nur noch das rechte Paar auf der Berretta-Kopie auf das giotteske Original zurückgehen kann.[263] Zwar sind aufgrund dieser Veränderungen nur noch an einem Prophetenpaar[264] giotteske Gesichtszüge er- kennbar, aber in ihrer Gewandung und Gebärde sind beide gut vergleichbar mit den

---

[258] Köhren-Jansen (1993), S. 89. Dagegen interpretiert Ciardi Dupré dal Poggetto (1981), S. 78f., den nach der L. Venturis (1922) verbleibenden Wind nicht wie dieser als Dämon, sondern als bekleide- ten Himmelsboten, Aquilone: Der Westwind treibe das Schiff von Avignon nach Rom. Sicherlich geht sie bei den Winden zu sehr von der übergeordneten Bedeutung aus, auf die ich noch zurück- kommen werde. Dabei hat es für sie geringere Bedeutung, daß in der Geschichte von »widrigen« Winden gesprochen wird, die am ehesten durch zwei gegenläufige Richtungen dargestellt werden können. Zumal auch hier, wie bei den Prophetenpaaren, die Abrechnung Provenzales deutlich zwei Winde unterscheidet. Vgl. Muñoz (1924/25), S. 234.

[259] Köhren-Jansen (1993), S. 90; Raff (1978/79), S. 120.

[260] Köhren-Jansen (1993), S. 90.

[261] Köhren-Jansen (1993), S. 90. Die Autorin schließt zwar nicht wirklich ihre Ablehnung der Paeseler- These begründend an, aber insinuiert dies dennoch durch die Verbreitung des Schiffsbildes. Lisner (1994), S. 83: »Die den Sturm erzeugenden Winddämonen mit den fledermausähnlichen Flügeln, die einst links vorhandene Bildarchitektur und der unten sitzende Angler passen kaum zu der hier angenommenen ersten Version [einer repräsentativen Darstellung Christi mit ihn umgebenden Evangelistensymbolen]. Sie sind wahrscheinlich Giottos Fassung zuzuschreiben«.

[262] Vgl. Muñoz (1924/25), S. 234

[263] Vgl. Muñoz (1924/25), S. 234 u. 236.

[264] Da die Bezeichnung Provenzales die älteste überlieferte ist, wird diese hier aufgegriffen. Dies taten schon u.a. Körte (1938), S. 247; Paeseler (1941) S. 109; und Ciardi Dupré dal Poggetto (1981), S. 219, Anm. 217. Venturi (1922), S. 65, der diese Paare für spätere Zutaten hält, bezeichnet sie als »Evangelisten« und Köhren-Jansen (1993), S. 127-129, als »praedicatores«. Jeweils sind die Wis- senden und Vorwissenden gemeint.

Himmelsgestalten auf dem Fresko der *Himmelfahrt des Evangelisten* in der Peruzzi-Kapelle,[265] die die Seele des Johannes mitempfangen. Sowenig wie die Propheten der *Navicella* gehören diese zur Nacherzählung eines geschriebenen Textes. Mit Jüngern vergleichbar begleiten sie Christus als mitwissende Gestalten.[266] Die Figur ganz vorne neben Christus streckt die Hand dem Evangelisten entgegen und bereitet so den Griff des Herrn an das Handgelenk des Emporfahrenden vor. Ähnlich die Gebärde Christi vorbereitend greifen die Propheten auf der *Navicella* von ihren Wolkenbänken zu den Aposteln im Schiffchen herab.[267]

Die Gestalt gewordenen widrigen Winde und die Propheten schaffen mit ihrer Körperlichkeit, den raumgreifenden Gesten und den voluminösen Wolken ein plastisch-räumliches Äquivalent zum Festland und zur Ausdehnung des Segels. Da das Verhältnis von ausgedehnten Körpern zueinander, wie an den Figuren der Arena-Fresken deutlich wurde, raumerzeugend wirkt, erhält durch die Spannung, die zwischen ihnen, der Horizontlinie und dem Segel entsteht, der glatte Goldhimmel eine Räumlichkeit, die die Wölbung des Segels überhaupt erst realistisch vorstellbar und die Entfernung zum Festland meßbar macht. Gerade auch aus diesem Grunde sind die Himmelsgestalten und ihre beidseitige Anordnung so wichtig. Würden sie fehlen, stünden die Plastizität des aufgeblähten Segels und der flächige Goldgrund unvermittelt gegeneinander, eine Raum-Flächen-Spannung entwickelte sich wohl in der unteren Bildhälfte, aber nicht in der Himmelszone, die Komposition fiele dadurch auseinander. Aus diesem Grund versuchen auch alle Künstler, die auf die giotteske *Navicella* zurückgreifen, gerade dies zu vermeiden.[268]

---

[265] Abb. 123 bei Mueller von der Haegen (1998).

[266] Haartracht und Gewandung - blaue Tunica und gelber Mantel - der Gestalt unmittelbar neben Christus legen nahe, daß es sich bei ihr um Petrus handelt, der auf den Arena-Fresken und auf der *Navicella* so dargestellt wird. Es sind also die Jünger, in deren Gruppe Johannes wieder Aufnahme findet.

[267] Ähnlich wie Paeseler (1941), S. 141-142, begründet Lisner (1994), S. 82-83, diese vier Gestalten mit einem möglichen Vorgängermosaik. Dort könnten sie Evangelisten-Symbole gewesen sein, »die mit ihren Flügeln jeweils mehrere Figuren überfingen und in ihrer Haltung auf die [zentrale] Gestalt Jesu ausgerichtet waren. [...] In der *Navicella* sind die vier Gestalten nicht mehr auf Christus, sondern in nicht recht begreiflicher, allein durch das Vorgängermosaik einsehbarer Weise wie die eigentlichen Helfer aus der Seenot auf das Schiff bezogen.«

[268] Die Aufgabe der Propheten im Raum ist vergleichbar mit derjenigen der Engel der giottesken Kreuzigungen oder mit dem Engel, der auf der Paduaner *Darbringung im Tempel* über der Seherin Hannah schwebt. Auch inhaltlich scheinen die Propheten mit den Engeln als jeweils "himmlische" Interpretation des irdischen Geschehens vergleichbar. Dieser Zusammenhang kann als Indiz für die

Die Propheten scheinen tröstend zu den verzweifelten Jüngern herabzugreifen.[269] Folgt man der Richtung von Blicken und Armen, so wird man in der Diagonalen bis zu dem Angler und dem Stifter gewiesen. Auch diese beiden Figuren gehören nicht zur Erzählung nach dem Matthäus-Evangelium. Marcello Provenzale erwähnt in seiner Rechnung über die Restaurierungsarbeiten[270] fast die ganze Person und das Meer hinter dem Fischer.[271] Dies kann als Indiz dafür gelten, daß die Berretta-Kopie und alle Zeichnungen, die nach der Provenzale-Arbeit entstanden sind, nicht die originale Gegebenheit dieser Figur zeigen. Wie schon bei der Gestalt des Petrus bedeutet dies, daß eher die Darstellung des Beatrizet-Stiches, des Freskos in Foligno und der New Yorker Zeichnung dem Entwurf Giottos nahe kommen.[272] In einem einfachen, gegürteten Gewand, den Kopf mit einem Hut, der manchmal als Mütze und manchmal spitz zulaufend wiedergegeben wird, sitzt der Angler in sicherer Entfernung von dem Apostelschiff am Ufer.[273] Neben ihm steht ein ballonartiges Gefäß zur Aufbewahrung der Fische. Mit der rechten Hand hält er die Angel, die mit einem weiten Bogen ins Meer reicht und an deren Haken ein Fisch zappelt. Paeseler weist auf, daß dieses Motiv aus der antiken Formenwelt des

---

[269] Authentizität der Propheten gelten.

Man könnte annehmen, hier werde auf die desolate Verfassung der Kirche am Anfang des Trecento angespielt. Eine solche Interpretation würde sich den Überlegungen von Ciardi Dupré dal Poggetto (1981), S. 73f., annähern. Köhren-Jansen (1993), S. 127-128, stellt fest, daß diese Gestalten in kein »geläufiges ikonographisches Schema passen« und verbindet sie mit Alanus ab Insulis, der in den "nubes" praedicatores oder auch die Versinnbildlichung der Heiligen Schrift gesehen habe. Wie schon vor ihr Körte (1938), S. 247-248, verweist sie auf die Propheten und Patriarchen, die auf dem Apsis-Mosaik von S. Maria Maggiore in Rom dargestellt wurden. Paeseler (1941), S. 141-142, erkennt als vergleichbares Vorbild die Darstellungen der »göttlichen Halbfigur« in den Mosaiken des Langhauses derselben Kirche und stützt damit seine These eines spätantiken Vorbildes der ganzen *Navicella*. Vgl. Paeseler (1941), Abb. 120.

[270] Vgl. A. Muñoz (1924/25), S. 434.

[271] Er befindet sich auf der Berretta-Kopie sehr dicht am Apostelschiff, überschneidet sogar mit Kopf, Hand und Angelschnur das Boot. Räumlich sind da also Land mit Angler und Boot ganz eng aneinandergerückt, weshalb es auch folgerichtig ist, daß Jünger und Angler dieselbe Größe haben. Dagegen nähert ihn Beatrizet in den Proportionen der Architektur an und rückt ihn entsprechend weit vom Schiff ab. Auch der Angler des Freskos in Foligno sitzt weit vom eigentlichen Geschehen entfernt. Diese Auffassung entspricht wegen der Angaben Provenzales mehr dem Original.

[272] Köhren-Jansen (1993), Abb. 79, 55 u. 74.

[273] Mit Mütze erscheint er auf dem Stich des Beatrizet, auf der Berretta-Kopie und in der Neufassung. Der Maler des Freskos in Foligno, auch Bonaiuto in Florenz und Grimaldi stellen den Angler mit einem Hut, dessen Krempe hochgeschlagen ist, dar, während er auf auf den Zeichnungen in Chantilly und in New York einen spitzen Hut trägt wie auf dem Fresko mit der Darstellung der Ankunft in Marseille in der Magdalenen-Kapelle der Unterkirche.

Küstenidylls der frühchristlichen Kunst in einen verzweigten Sinnzusammenhang gestellt wird, für den in besonderem Maß der Taufgedanke den Rahmen bilde.[274] Auch
Köhren-Jansen geht auf die frühchristliche Tradition der Angler-Darstellung ein.[275] Sie
stellt fest, daß der Angler meist dort auftauche, »wo biblische oder hagiographische
Begebenheiten während eines Sturms geschildert werden«.[276] Man könne in dem Angler
ein Hoffnungssymbol sehen, müsse aber auch den mit dem Fischzug verbundenen Mis-
sionsauftrag in der Patristik berücksichtigen.[277] In jedem Fall ist dieser friedliche Angler
an seinem sicheren Ufer in Kontrast zu der stürmisch bewegten See gesetzt.[278] Kompositorisch vermittelt er zwischen dem Festland und der See bzw. dem Geschehen auf dem
Wasser. Er ist dem sicheren Festland und der Hafenarchitektur, in deren Schatten er
sitzt, zugeordnet.

Das Boot der Jünger ist von einem friedlichen, festen Hafen ausgelaufen. Zwar
zeigt die Berretta-Kopie aufgrund des damaligen Erhaltungszustandes des Mosaiks nur
noch ganz knapp am linken Bildrand den Teil einer Architektur, aber der Stich von
Beatrizet und auch die Zeichnung des Metropolitan Museum,[279] ebenso das Fresko in
Foligno,[280] geben Aufschluß über die Hafenarchitektur: Die Gebäudegruppe befindet sich
auf einer in das Meer hineinragenden Landzunge. Sie besteht aus einem durch verschiedene Elemente zusammengesetzten Haus und einem Turm. Ein Wehrgang stellt das
Verbindungsstück zwischen diesen Architekturteilen dar, eine von dessen Tor ausge-
hende Brücke den Übergang zum Festland, auf dem der Angler sitzt.[281]

Schon Körte hat bei seiner Rekonstruktion der *Navicella*-Architektur die Verbindung zu anderen Architekturen aus dem Werk Giottos oder seinem Umkreis dargelegt.[282]

---

[274] Paeseler (1941), S. 139 u. 152-160.

[275] Köhren-Jansen (1993), S. 124-125. Dabei greift sie die Hinweise Paeselers auf. Weiter verweist sie
auf die spätduecenteske Darstellung des Anglers in der Vorhalle von S. Lorenzo fuori le mura in
Rom.

[276] Köhren-Jansen (1993), S. 126.

[277] Köhren-Jansen (1993), S. 126-127. Ciardi Dupré dal Poggetto (1981), S. 73f., interpretiert den
Angler als poetischen Ausdruck des Wunsches Stefaneschis nach Rückkehr an den angestammten
Ort und nach Frieden für die Kirche. Sie faßt damit den Angler als Hoffnungssymbol.

[278] Hausenstein (1923), S. 198; Bologna (1969), S. 65, u. im Grunde auch Chastel (1985), S. 54 –
»Emblem des Müßiggangs« – werten den Angler als Genre-Motiv.

[279] Köhren-Jansen (1993), Abb. 79 u. 74; A. Venturi (1907), S. 293.

[280] Paeseler (1941), Abb. 83, S. 102; Köhren-Jansen (1993), Abb. 55.

[281] So gibt der Beatrizet-Stich die Landverhältnisse wieder. Das Fresko in Foligno und die New Yorker
Zeichnung, ebenfalls die Zeichnungen von Grimaldi, verbinden das Land des Anglers und der Architektur ohne Brücke.

[282] Körte (1938), S. 237, rekonstruiert die Hafenarchitektur nach den obengenannten Nachahmungen

Bei genauerer Betrachtung läßt sie sich auch tatsächlich herstellen: Das Zinnendach, die überdachten Balkone, das Tor und die Geschoßgliederung des Turmes, selbst die Brücke, sind Elemente, die wiederzufinden sind auf den Arena-Fresken der *Begegnung an der Goldenen Pforte* oder dem *Bethlehemitischen Kindermord* ebenso wie beim *Gastmahl des Herodes* in der Florentiner Peruzzi-Kapelle.[283] Köhren-Jansen versteht die Architekturdarstellung auf dem Mosaik als »Abbreviatur eines größeren Gebäudekonglomerat«.[284] Die so angedeutete Stadt lasse sich aus den Vergleichsbeispielen innerhalb des Giotto-Werkes als »himmlisches Jerusalem« interpretieren.[285] Als erlösender Ankunftsort stellt sich in der ganzen Komposition Christus dar, ein Verlassen des »himmlischen Jerusalems« konterkariert mithin die Bewegungsrichtung der Jünger. Sie verlassen doch eher den irdisch sicheren Ort einer Stadt mit ihrem Hafen: Übereinstimmend stellen die entsprechenden Nachahmungen die Architektur so dar, daß sie in den Goldhimmel hineinragt.[286] Auch das Boot ragt an dieser Seite mit dem Heck über die Horizontlinie, stößt sich sozusagen von der Architektur ab, um mit dem Bug an der Christus-Seite tief einzutauchen. Hier gibt das umgeschlagene Segel den Blick auf den Horizont frei, so daß ganz deutlich sichtbar wird, wie tief das Schiff liegt. Von dem Steuermann bis zu der vorderen Figur und besonders zu Petrus, dessen Haupt sich knapp unterhalb der Horizontlinie befindet, entsteht eine Schräge. Auf diese Weise erscheint die Haltung Christi noch mächtiger - solch knappe Maße hat Giotto auch in Padua zur Steigerung eingesetzt.

Kompositorisch wird diese Schräglage ausgeglichen durch das zurückgebogene Segel und gehalten durch die Architektur, die links die Sphären des Wassers und des Goldhimmels verbindet. Zugleich wird mit der Schräge die Bewegung auf Christus zu dynamisiert. Dieser verbindet auf der rechten Seite die Sphären nicht nur, sondern verschmilzt sie durch sein goldstrahlendes Gewand ineinander.

---

der *Navicella* und vergleicht sie mit Architekturen innerhalb des Giotto-Werks, wobei er von einer Datierung in das Jubeljahr 1300 ausgeht. Wie Paeseler (1941), S. 121f., sieht er die eigentlichen Vorgaben in der Antike.

[283] Abb. 69, 80 u. 118 bei Mueller von der Haegen (1998). Auch Körte (1938), S. 237-238, vergleicht diese Architektur und das Tor mit der *Begegnung an der Goldenen Pforte* in Padua und weist auf die Vergleichbarkeit mit der Peruzzi-Kapelle hin.

[284] Köhren-Jansen (1993), S. 122.

[285] Köhren-Jansen (1993), S. 123-124. Im Werk Giottos stehe das Stadttor häufig für das "himmlische Jerusalem", etwa bei der *Begegnung an der Goldenen Pforte*. »Wörtlicher« sei die Architektur die Stadt der Juden, die die Jünger nach der Himmelfahrt Christi verlassen hätten, um zu missionieren. Die Unterlegung eines allgemeinen Missionsgedankens fordert m.E. keine genaue Identifizierung der Stadtarchitektur.

[286] Vgl. Köhren-Jansen (1993), S. 277.

Rechts unter der Christus-Figur, auf der Ebene des Festlands, erscheint auf der Berretta-Kopie und dem heutigen Mosaik eine Büste des Stifterkardinals.[287] Direkt unter Christus hebt Stefaneschi bittend die Hände zu diesem empor. Ursprünglich kniete der Stifter in voller Körpergröße auf einem Stück Land.[288] Dadurch war er deutlicher als im heutigen Zustand parallel zum Angler gesetzt. Mit diesem hatte er die Proportionierung gemeinsam, denn die kniende Stifter-Figur maß knapp zwei Drittel der Christus-Figur. Wie der Angler nimmt der Kardinal eine vermittelnde Position ein, wenn auch inhaltlich auf einer anderen Ebene.

Zugleich wird mit dem Landanteil von Hafen, Angler und Stifter das große ungegliederte Bildfeld am unteren Rand befestigt, und die weite Seelandschaft kann kompositorisch von diesem Gegenpol aus bis zum tiefgelegten Horizont entwickelt werden.[289] Dabei wird vom Stifter ganz im Vordergrund über die Petrus-Christus-Gruppe bis zum Schiff und von dort mit dessen Schrägführung bis zur Architektur bzw. bis zu den Wolkenfiguren Räumlichkeit geschaffen. Auch auf der anderen Seite ist mit dem Angler der Vordergrund betont, sind Entfernungen meßbar: Die Brücke klärt die Distanz zur Architektur, und diese tritt ins Verhältnis zum Boot; die Angel macht die Entfernung des Fischers zu diesem erfahrbar und zeigt zugleich die Diagonale über das geblähte Segel bis zu den Wolkenfiguren. Es entsteht der Gesamtraum auf dem Mosaik also am Verhältnis der Figuren und Figurengruppen zueinander, das vor allem an der Horizontlinie und den seitlichen, senkrecht gesetzten "Elementen", Christus-Figur und Architektur ablesbar wird.

Die Komposition ist auf der Fläche streng ausgewogen: Die symmetrische Anlage der Figuren am Goldhimmel ist unmittelbar anschaulich, und die Entsprechung von

---

[287]   Abb. 111 bei Mueller von der Haegen (1998).

[288]   So gibt ihn Beatrizet auf seinem Stich wieder. Köhren-Jansen (1993), Abb. 79. Noch zu sehen ist er auf der Pembroke-Zeichnung, und auf einigen Abbildungen in den Guiden von Rom, die Paeseler (1941), S. 96f., Abb. 76-79, abdruckt. Allerdings ist er dort nicht immer an seinem tatsächlichen Ort, den die Berretta-Kopie durch die Restgestalt noch angibt. In voller Gestalt kniend und als Kardinaldiakon zeigen ihn die Zeichnung im Cod. Barb. lat. 4410, fol. 29v und der Beatrizet-Stich. Außerdem enthält ein vatikanischer Codex des 16. Jahrhunderts [Cod. Vat. lat. 5407, fol. 58 zw. 108, da doppelt paginiert] eine beschriftete Zeichnung des knienden Stifters der *Navicella*. Vgl. Köhren-Jansen (1993), S. 153-154 u. Abb. 46; Ladner (1970), Bd. 2, S. 275.

[289]   Die Aussagen von Isermeyer (1937), S. 20, und Paatz (1941), S. 200, zur Entwicklung der Rahmenarchitektur an Kapellenwänden von einer Gliederung wie bei der Peruzzi-Kapelle zu einer Gliederung, die lediglich ein Wandfeld und darüber das Lünettenfeld hat wie von Pietro Lorenzetti in Siena und damit der Scheinarchitektur gerechter wird, lassen dieses Mosaik unbeachtet. M.E. sind nicht nur die Gliederungen der Florentiner Kapellen, sondern gerade auch die *Navicella* konstitutiv für den Schritt der Lorenzettis.

Angler und Stifterfigur ist bereits erwähnt worden. In die Mitte scheint auf den ersten Blick das Boot gesetzt zu sein, das von der Hafenarchitektur und der exzentrisch gesetzten Jesusfigur eingerahmt wird. Anders als auf dem Fresko in Foligno,[290] auf dem die einzelnen Bildfiguren ohne kompositorische Verbindung zueinander nur in ihrer natürlichen Betroffenheit dargestellt sind, erschöpft sich die Jesus-Figur der *Navicella* nicht darin, in der Ordnung der Bildfläche Rahmenfigur zu sein[291]:

Es gibt die beschriebene Steigerung auf die Petrus-Christus-Gruppe hin, auf sie ist die Bewegung des Schiffes und der Figurenrhythmus der Apostel ausgerichtet, dennoch wirkt das Schiffchen im Gleichgewicht, die Bewegungsanteile ausgeglichen. Dies ist einerseits erreicht durch die starke Betonung der Verstrebungen in die Höhe auf der Seite des Steuermanns, die in Verbindung mit den Himmelsfiguren ein Gegengewicht zu der Schrägstellung des Segels bilden, und andererseits durch die Aufteilung der Figurengruppe im Boot, die am Heck stärker gedrängt und in gedehnterem Rhythmus zum Bug hin dargestellt ist.

In der Mittelachse des Mosaiks befinden sich Jacobus major, der sich zurückwendet, also den Bildanteil der Apostel betont, und Johannes, der zusammengesunken ist, sich aber zu Christus wendet, und so einen Schwerpunkt und zugleich einen Umschlagpunkt der Bewegung markiert.[292] Auf diesen Punkt hin ist das Segel umgeklappt und so auch aus seiner ursprünglichen Richtung zurückgeführt, was durch die senkrechte Haltung von Andreas, der direkt am Bug steht, besonders deutlich wird.

Da Berretta seine *Navicella*-Kopie in vier gleichen Teilen gearbeitet hat, kann man die Verhältnisse der Bildkomponenten zueinander an ihr gut prüfen[293]: Der linke untere Bildanteil ist gegen die Bewegungsrichtung durch die Gewichtsverteilung im

---

[290] Abb. 55 bei Köhren-Jansen (1993).

[291] Lisner (1994), S. 81-85, vermutet in der frontalen Christusgestalt die Wiederaufnahme eines Vorgängermosaiks, das eine zentrale Christusfigur zeigte. Das andere Thema verlangte eine andere Positionierung der Figur, dennoch habe möglicherweise Stefaneschi als Auftraggeber aus Respekt gegenüber der älteren Darstellung auf dieser Wiederaufnahme bestanden. Diese Annahme erklärt eher als die Rekonstruktionen Paeselers die Haltung Christi und bindet die Bilderfindung Giottos in die Entwicklung der römischen Mosaiken ein. Allerdings muß sie, wie Lisner selbst sagt, Hypothese bleiben, da entsprechende Quellen fehlen. Letztlich bleiben nur die Überlieferungen der Erfindung Giottos. Während Lisner (S.79) die Haltung Christi auf der *Navicella* »in Giottos Werk befremdlich« findet, wird hier in der Gestaltung Christi eher die schon in den Paduaner Fresken angelegte, auf der Ognissanti-Tafel weiterentwickelte Möglichkeit gesehen, "Überzeitliches" und "Natürliches" zu verbinden bzw. "Überzeitliches" bildlich zu verkörpern.

[292] Aus der gesamten Anlage und dem Vergleich mit anderen Giotto-Werken kann sicher geschlossen werden, daß sich diese Jünger auch im Original an der Mittelachse befanden.

[293] Abb. 111 bei Mueller von der Haegen (1998).

Boot, durch das Land mit dem Angler und ursprünglich auch durch die Architektur am festesten gestaltet. Dies wird mit dem Segel, das im oberen Bildteil ansteigt und rechts zu Christus hinführt, ausgeglichen. Der rechte untere Teil wird bestimmt durch die Distanz zwischen Petrus und Jesus. Entsprechend der Erzählung befindet sich Petrus näher am Boot, wodurch er kompositorisch eher daran gebunden wird - auch hier gegen die Bewegungsrichtung. Die Struktur auf der Fläche und im Raum bewirkt einerseits, daß die Bewegung vor Christus zurückgenommen wird und er frei steht, andererseits, daß durch den Ausgleich der Gewichte die Wirkung von Jesus an Petrus weitergetragen wird auf das Boot der Jünger, deren Rettung so ebenfalls sinnfällig wird.

Schon Körte hat die Darstellung *Johannes auf Patmos* in der Peruzzi-Kapelle[294] zum Vergleich mit der *Navicella* herangezogen, aber erst Paeseler hat die Gemeinsamkeit der Grundstruktur dieser beiden Werke erkannt.[295] Er wies auf die in beiden Werken zu beobachtende »entschiedene Sonderung einer Luft- und einer Wasserzone« ebenso hin wie auf die »einfach geometrische Grundzellenparzellierung«.[296] An dem Florentiner Lünettenfresko wurde eine Gesamtstruktur festgestellt, die Tiefenausdehnung sinnfällig macht, zugleich aber die Verkörperungen der Vision wie einen Kreis auf der Fläche erscheinen läßt. Durch die so entstehende Raum-Flächenspannung werden die Realebene und die Visionsebene miteinander verschmolzen; durch den klaren, geometrischen Aufbau wird zudem beides auf den Evangelisten konzentriert. Aus diesem Grund konnte gesagt werden, daß hier eine allegorische Erzählung in derselben Weise versinnlicht wurde wie eine reine *historia*.

Auch auf dem römischen Mosaik gibt es eine *Realebene*, zu der die Elemente gehören, die in der Erzählung des Matthäusevangeliums erwähnt werden: Direkt zur Geschichte und damit zur Ikonographie der versinnlichten biblischen Szene gehören die Winde,[297] das Meer, das Boot mit den Jüngern, der sinkende Petrus und der auf dem Wasser wandelnde Jesus. All diese Bildelemente befinden sich zunächst auf der reinen Erzählebene, auf die noch die Hafenarchitektur, aber nicht mehr der Angler bezogen werden kann. Letzterer verkörpert eine allgemeine menschliche Existenz jenseits des Schreckens auf dem Wasser, während mit dem Stifterkardinal eher die unmittelbare, zeitgenössische Existenz in das Bildgeschehen eingebunden wird. Im äußersten Gegensatz zu diesen beiden Figuren erscheinen die Prophetenpaare am Himmel als Figuren eines Wissens vor der Erzählzeit. Während in Florenz die "irreale" Vision Bildgegen-

---

[294] Abb. 119 bei Mueller von der Haegen (1998).

[295] Körte (1938), S. 237; Paeseler (1941), S. 119-120.

[296] Paeseler (1941), S. 119.

[297] Daß Giotto den »widrigen Wind« als zwei Winde verkörpert hat, erneuert die ikonographische Tradition, von der die Darstellung in Monreale ein Beispiel geben kann.

stand ist, aber als "reales" Geschehen, das dem Evangelisten widerfährt, dargestellt wird, ist in Rom das "reale" Geschehen des Seewandels Petri Bildgegenstand, aber durch die Hinzufügung verschiedener Ebenen ins "Irreale" erweitert.

Wie in Florenz sind die einzelnen Elemente in einer Raum-Flächenspannung gebunden. In der ausgewogenen Komposition wird das Schiff mit den Jüngern als Zentrum der Bildfläche und des Bildraums befestigt, da ein Geschehen dargestellt ist, das ihnen widerfährt. Aber auf Christus ist die Bewegung der Jünger gesteigert, erst seine Gestalt integriert die einzelnen Ebenen und auf ihn hin sind die unterschiedlichen Zeiten bezogen. Sein blockhaftes Stehen birgt die Schwere des Landes und der Architektur in sich; sein goldstrahlendes Gewand sammelt den Goldgrund des Himmels auf sich; und durch das Überragen der Horizontlinie vereinigt Christus beide Bestandteile. Die unmittelbare Erzählung und die verschiedenen, ihr hinzugefügten Ebenen sind durch den jeweiligen Bezug auf diese rettende Gestalt verwoben.

Anders als auf dem Fresko in Foligno ist die giotteske Gestalt Christi nur durch die fast beiläufig wirkende Geste gegenüber Petrus mit dem natürlichen Geschehen verbunden. Durch seine Axialität und Frontalität und durch den Bezug aller Elemente auf ihn tritt er vielmehr aus dieser bewegten Erzählung hinaus. Seine Anwesenheit in dieser erhält einen anderen Aspekt. Jesus erscheint als Gestalt von immerwährender, ewiger Anwesenheit, die die Erzählzeit und das Vorwissen der Propheten ebenso in sich trägt wie die unmittelbare Gegenwart des Stifters. Auf diese Weise gerät er in Spannung zu den "real" in Ort und Zeit dargestellten Dingen und Figuren, denen durch ihre starke Plastizität und Detailtreue <u>Ort</u> im Raum und durch die Gefühlszustände und die rhythmische Folge <u>Zeit</u> gegeben ist. Nur Christus ist in diesem Geschehen der Erzählung der verfließenden Zeit enthoben und in seiner Gegenwart <u>überzeitlich</u>.[298] Er ist Teil der hier

---

[298] Über den jeder Darstellung von Heiligen, insbesondere von Christus, immanenten Verweis auf Überzeitlichkeit hinaus ist hier diese Ebene explizit gestaltet. Es geht also nicht um den bloßen Verweischarakter, sondern um die Verkörperung, um Vergegenwärtigung der Überzeitlichkeit auch gerade in Spannung zu einer »natürlich« erscheinenden Umgebung bzw. einer solchen Figurenbildung. Daß die Überzeitlichkeit an der *Navicella* zum ersten Mal in dieser Weise auftritt, hat möglicherweise, neben der stilistischen Entwicklung Giottos und der Intention des Auftraggebers, auf die noch eingegangen werden wird, ein mitbegründendes Moment in dem Ort, an dem das Mosaik angebracht war. Auf der rückwärtigen Schauseite des Atriums von St. Peter mußte das Mosaik, um Platz und Architektur zu beherrschen, eine immense Größe haben. In dem blockhaften Torgebäude befand sich die Diakonie S. Maria in Turri. Der Altar dieser Kirche spielte bei der Kaiserkrönung eine besondere Rolle und befand sich sozusagen direkt unter der beherrschenden Christusfigur. Vgl. dazu Paeseler (1941), S.73; aber auch Huelsen (1927). Der schon in der Ognissanti-Madonna angelegte Weg zu unterschiedlichen Zeitebenen und der Heraushebung der wichtigsten, heiligen Figur aus der Erzählebene in überzeitliche Zusammenhänge trifft hier zusammen mit den äußeren Erfordernissen.

dargestellten Geschichte, aber zugleich gestaltet Giotto durch Komposition, Farbe und Figurenerfindung mit dieser Figur eine weit darüber hinaus reichende Bedeutung. Diese Christusgestalt wird zum allegorischen Zentrum der erzählenden Bilderfindung, in ihr muß die Deutung des Mosaiks den Mittelpunkt haben. Hier konkretisiert sich die Integration des Wunders in ein "menschliches" Geschehen in der isolierten Gestalt Christi, darin liegt neben dem Bildaufbau die eigentliche Vergleichbarkeit mit dem Lünettenfresko in Florenz.

IV.2 Deutung und Datierung des Römischen Mosaiks

Monumentalisierung und Isolierung der Darstellung des *Seewandel Petri* geben ebenso wie der prominente Ort, für den das Mosaik geschaffen wurde, Anlaß, über eine Bedeutung jenseits des Offensichtlichen nachzudenken.[299] Die Erweiterung der Bilderzählung um Elemente, die nicht in der Matthäusperikope genannt sind, die Hinzufügung des Stifters und vor allem das Spannungsverhältnis zwischen lebendiger Darstellung und hieratischer Christuserscheinung erzeugen eine besondere Form von narrativer Darstellung: »Monumentalisierung, Isolierung sowie Allegorisierung des Themas scheiden das Navicella-Mosaik von den früheren Verbildlichungen derselben Matthäusperikope.«[300]

Die Komposition des Mosaiks ist so angelegt, daß durch die Raum-Flächenspannung eine vollkommene Ausgewogenheit im Bildfeld hergestellt wird. Auf diese Weise können die dramatische Schieflage des Schiffes und die individuellen, sehr emotionalen Gesten der Jünger in die Bildmitte gesetzt und dennoch Christus an der rechten Bildseite zum beherrschenden Zentrum werden. Es ist gezeigt worden, in welcher Weise Christus in das narrative Geschehen gebunden und zugleich herausgehoben wird, wie seine Gestalt integriert ist in die erzählerischen Bestandteile der Darstellung, wie in ihr die unterschiedlichen Zeitebenen, die räumliche Ausdehnung und die individuellen Gefühle der Jünger einen Fix- bzw. Kulminationspunkt erhalten.

Nachdem Paeseler die einzelnen Bildelemente, besonders die giottesken "Zutaten" zu der Matthäusperikope, auf spätantike-frühchristliche Vorbilder zurückgeführt hat, stellt er für die Christusgestalt etwas lapidar fest: »Daß die Christusfigur in ihrer hiera-

---

Dieser Aspekt für den repräsentativen Charakter der Christusgestalt kann also auf die Verbindung zwischen Reich und Papsttum, die Stefaneschi gegen die Vorherrschaft der französischen Krone zu verteidigen suchte, hinweisen. Die Politik des Stifters wird in dem entsprechenden Kapitel genauer untersucht werden. Vgl. Bologna (1969), S. 63f.

[299] Köhren-Jansen (1993), S. 47f., ist der Bildtradition des Themas nachgegangen, ohne vergleichbare Beispiele aufweisen zu können.

[300] Köhren-Jansen (1993), S. 135.

tisch-feierlichen Frontalität der Auffassung altchristlicher Monumentalkompositionen entspricht, bedarf keiner weiteren Begründung.«[301] Hier setzt Köhren-Jansen mit ihrer Interpretation des Mosaiks als Allegorie und deren Deutung an, indem sie die »Ausnahmestellung«[302] der *Navicella* in der Bildtradition des *Seewandels Petri,*[303] die formale Sonderstellung innerhalb der römischen Fassadenmosaiken,[304] die schon von Paeseler erforschten Antikenreminiszenzen, den Symbolgehalt der einzelnen Elemente,[305] die Komposition und die Monumentalisierung zusammendenkt mit der Petrus-Christus-Gruppe bzw. der Christusfigur.[306] Für die vermeintlich heterogene Anlage des Mosaiks, die sich in der Verschiedenartigkeit der einzelnen Bildelemente besonders im Unterschied zwischen dem "narrativ" aufgefaßten Apostel-Schiff und der hieratischen Christus-Figur ausspreche, erkennt die Autorin den Grund in einem komplexen Gedankengebäude, das sich nur durch das assoziative Verfahren der patristischen Allegorese entschlüsseln lasse[307]: Die Gestalt Christi »läßt sich von dem Archetypus ableiten, der in den [...] römischen Apsiden vertreten ist.«[308] Man müsse sie deshalb »als einen Rückgriff auf römische Apsisdekorationen verstehen, in deren Mittelpunkt der erscheinende Christus als Gesetzgeber steht.«[309] Mit diesem Rückgriff werde der Gedanke der "traditio legis" evoziert. »Alle wesentlichen Bildbestandteile der 'traditio legis' konnte man mit einer gewissen Umformung in die Verbildlichung des versinkenden Petrus integrieren und so aktualisieren. Es handelt sich nicht nur um eine formale Übernahme, [...] sondern es geht um die Bedeutung der beiden römischen Apostelfürsten [...] für die Stadt Rom.«[310] In Rom, in einer »Stadt, die durch die 'zweifache Apostolizität', das Blut der beiden Märtyrer Petrus und Paulus geheiligt ist«,[311] werde der städtische, seit der Antike

---

[301] Paeseler (1941), S. 142.

[302] Köhren-Jansen (1993), S. 47.

[303] Vgl. Köhren-Jansen (1993), S. 47-79.

[304] Vgl. Köhren-Jansen (1993), S. 135-158.

[305] Vgl. Köhren-Jansen (1993), S. 122-130.

[306] Köhren-Jansen (1993), S. 80-134.

[307] Vgl. Köhren-Jansen (1993), S. 133-134.

[308] Köhren-Jansen (1993), S. 104.

[309] Köhren-Jansen (1993), S. 99. Auf einen solchen Zusammenhang wiesen neben Paeseler (1941), S. 135, auch Muñoz (1924/25), S. 436, und Körte (1938), S. 232-234, hin. Die Autorin führt Beispiele aus dem 4. u. frühen 5. Jh. (S. Constanza), einer Zeit, die als »Blütezeit der ursprünglich dreifigurigen traditio legis-Darstellung« gelten könne, aber auch des 6. Jhs. (SS. Cosma e Daminiano, S. 99) bis hin zur anachronistischen Wiederbelebung« (S. Silvestro in Tivoli, S. 101) des frühen 13. Jhs. zur Untermauerung ihrer These an.

[310] Köhren-Jansen (1993), S. 106.

[311] Köhren-Jansen (1993), S. 133.

tradierte Zwillingskult auf die Apostelfürsten übertragen, so daß der Primat Petri und der Primat der "ecclesia romana" zusammengedacht sei.[312] Petrus erführe als erster berufener Apostel, als "primus inter pares", als Vermittler zwischen Gott und den Gläubigen, als "vicarius Christi", »trotz seiner Kleingläubigkeit oder gerade wegen seiner menschlichen Schwäche [...] die Gnade des Herrn«.[313] Nur er trete mit ihm in direkten Kontakt, wodurch der Primat Petri unterstrichen werde, während der Primat der "ecclesia romana" auch durch Paulus als Steuermann des Apostelschiffes, das traditionell als "navis ecclesiae" gedeutet werde,[314] angesprochen sei.

»In frühchristlicher Zeit und im Mittelalter stand zunächst allein die Stellung der 'ecclesia romana' innerhalb der Universalkirche im Zentrum der Primatstheologie«,[315] gestützt auf den Primat Petri und die doppelte Apostolizität. Das Recht auf den römischen Primat sowohl innerhalb der Gesamtkirche als auch hinsichtlich des Kaisertums lasse sich, nach Köhren-Jansen, aus patristischen Quellen ablesen.[316] »Für die unter Innocenz III. (1198-1216) erstarkende Primatstheologie ist die Betonung der Nachfolge Christi von besonderer Bedeutung. [...] Um den Primat Petri [...] zu belegen, benutzte Innocenz III. unter anderem dessen Seewandel. [...] Als Nachfolger Petri sind auch die Päpste Stellvertreter Christi.«[317] Wegen der möglichen Schwäche des Papstes – »wenn der Papst wankt, wankt die ganze Kirche«[318] –, sollten ihm andere Personen hilfreich zur Seite stehen.[319] Hierin sieht Köhren-Jansen die Bedeutung des Apostels Paulus als Steuermann der *Navicella* und des Primats der Römischen Kirche.[320]

Seit den Auseinandersetzungen mit Friedrich II. (1212-1250) rückte die Vorstellung des römischen Primats auch hinsichtlich des Kaisertums stärker in den Vordergrund. »Der Streit um die Vorherrschaft des 'regnum' oder des 'sacerdotium' war noch nicht entschieden und zu Zeiten Bonifaz' VIII. aktueller denn je.«[321] Der Anspruch auf die

---

[312] Köhren-Jansen (1993), S. 107f.

[313] Köhren-Jansen (1993), S. 133; unter Berufung auf Hilarius von Poitiers und dessen Matthäuskommentar (PL 9, 1844, Sp. 1002 B/C), sowie Augustinus und dessen Sermo LXXVI (PL 38, 1861, Sp. 479f.).

[314] Zur Bedeutung des Schiffes als Kirchenschiff: vgl. Köhren-Jansen (1993), S. 86-97; zu Paulus: S. 105.

[315] Köhren-Jansen (1993), S. 97.

[316] Köhren-Jansen (1993), S. 97, S. 107-117. Von Hilarius von Poitiers über Augustinus, Leo d. Großen, Theophylactos bis Innocenz III. führt die Autorin Beispiele aus.

[317] Köhren-Jansen (1993), S. 112-113.

[318] Köhren-Jansen (1993), S. 113, zitiert diesen Satz Alanus ab Insulis (PL 210, 1855, Sp. 245 A).

[319] Imkamp (1983), S. 67 u. 286.

[320] Vgl. Köhren-Jansen (1993), S. 114.

[321] Köhren-Jansen (1993), S. 116.

plenitudo potestatis wurde seit Gregor IX. stärker hervorgehoben, aber »von Bonifaz VIII. in der Bulle 'Unam sanctam' mit dogmatischem Anspruch fixiert und zugespitzt.«[322] Allerdings war eher Philipp der Schöne von Frankreich als das deutsche Königstum Bezugspunkt der Auseinandersetzungen, die Bonifaz VIII. führte.

Köhren-Jansen führt weiter aus, daß Bonifaz VIII. die Primatstheologie Innocenz' III. aufgreife, sie weiter verschärfe, ihr mit der Ausrufung des Jubeljahres 1300 und durch Schriften, die er selbst verfaßte oder verfassen ließ, Ausdruck verschaffte.[323] Auf diesem Boden sei mit der *Navicella* zur Primatstheologie eine Primatsikonographie geschaffen worden. Mit Hilfe der tradierten Bildsiglen werde diese Aussage des Mosaiks historisch begründet und untermauert.[324] Die Untersuchung der »ikonographisch-programmatischen Fragen der Bildtradition«[325] und die Darstellung der langen Tradition der aus patristischen Quellen abgeleiteten Deutung dienen Köhren-Jansen dazu, herauszustreichen, daß Bonifaz VIII. diese Tradition zwar aktualisiert habe, und die *Navicella* deswegen eng mit seinen Vorstellungen verbunden, der Auftrag aber nicht direkt in einem politischen Kontext zu verstehen sei.[326]

Mit den Beobachtungen von Barasch kann der Deutung als allgemeine Allegorie des Primats Petri und der "ecclesia romana" eine etwas andere Richtung gegeben werden.[327] Er leitet den "Rettungsgestus" Christi nicht wie Köhren-Jansen von oströmischen Anastasis-Darstellungen ab, sondern aus der römischen, politischen Ikonographie: »Roman emperors were glorified for the restitution of *libertas* to the Roman people, for the restitution to Rome of her old fame and grandeur, for the restitution of its former dignity to a province which the emperor had conquered. In its visual formulation the restitutio usually consists of the figure of emperor portrayed in the act of lifting up a [...] figure, the personification of Libertas, Rome [...], that kneels before him.«[328] Greift man diesen Hinweis auf, so erhält die Analyse Köhren-Jansens einen weiteren Aspekt, der nichts grundsätzlich verändert, aber einen politischen Hintergrund andeutet.[329] Im Grunde stellt auch Köhren-Jansen einen politischen Zusammenhang her, wenn sie gerade in den Auseinandersetzungen zwischen Bonifaz VIII. und Philipp dem Schönen einen Grund für die

---

[322] Schimmelpfennig (1984), S. 204.

[323] Vgl. Köhren-Jansen (1993), S. 116-120.

[324] Vgl. Köhren-Jansen (1993), S. 282.

[325] Köhren-Jansen (1993), S. 47, Anm. 2.

[326] Vgl. Köhren-Jansen (1993), S. 80f.

[327] Barasch (1987), S. 131.

[328] Barasch (1987), S. 131. Bekannt sind solche Darstellungen von Münzen. Vgl. Barasch (1987), S. 132.

[329] Barasch (1987), S. 131, sieht darin allerdings eher einen Hinweis auf ein spätantikes Vorbild.

Aktualisierung der Primatstheologie sieht.[330] Zwar ist der Autorin zuzustimmen, daß gerade dieser Papst in besonderer Weise die "plenitudo potestatis" gegenüber der weltlichen Gewalt reklamierte,[331] aber die Auseinandersetzung mit dem französischen König und die Frage nach der "sedes apostolica" war weder für die nachfolgenden Päpste noch für die italienischen Kardinäle nach dem Tod Bonifaz` VIII. ausgestanden.

Die Vorstellung eines antiken Urbildes ist durch die Deutung der *Navicella* als Allegorie auf den römischen Primat und ihren Zusammenhang mit bonifazianischem Gedankengut nicht ausgeschlossen. Auf der anderen Seite fügt sich die Komposition des Mosaiks und die Isolierung der Gestalt Christi in die Bilderfindungen Giottos ein, in denen die Zentral-Figuren bei aller Individualisierung freigestellt werden können, um das "Wunderbare" hervorzuheben. Daß dies in einem so monumentalen Werk wie der *Navicella* auf besondere Weise geschieht, erscheint auch ohne antikes Vorbild einleuchtend.

Wie schon angesprochen, erwägt Lisner für das Vorgängermosaik der *Navicella* eine repräsentative Komposition, in der die Gestalt Christi die Mitte einnahm.[332] So lasse sich die frontale, hieratische Haltung Christi und dessen Handbewegung, die in keinem der von Paeseler angeführten antiken Beispiele zu sehen ist, erklären und ein Zusammenhang mit der durch eine Zeichnung Ugonios überlieferten Inschrift unter dem Apsismosaik der Sala del Consilio im Lateran, die bis zur Zeit Sixtus` V. bestanden hat, herstellen.[333] »Deus cuius Dextera beatum Petrum ambulantem in fluctibus ne mergeretur erexit et coapostolum eius Paulum ter naufragentem de profundo pelagi liberavit, tua sancta Dextera protegat domum istam et omnes fideles convivantes, qui de bonis Apostoli tui hic laetantur.«[334] Auch wenn die Darstellung nicht den Seesturm zeigte, sei der Text doch eine klare Anspielung an das Thema. Der Akzent liege »auf der im Bibeltext nicht erwähnten Rechten Gottes, das heißt Christi; der Errettung Petri ist die Errettung des nicht zur Erzählung gehörenden Paulus aus bodenlosen Tiefen (der Sünde) zugeordnet. Unter Berufung auf die Befreiung Beider wird Christus angefleht, seine heilige Rechte möge dieses Haus – die Kirche – und alle Gläubigen beschützen, die durch die Verdienste seiner Apostel erfreut werden.«[335] In der "Dextera" der Inschrift Leos III. finde, so Lisner, der »wie teilnahmslos abgehobene Arm« Christi eine Begründung.[336] Zumal das Nekrologium des Kardinals Stefaneschi das Thema der *Navicella* mit auffal-

---

[330]   Vgl. Köhren-Jansen (1993), S. 116.

[331]   Vgl. dazu Schimmelpfenning (1984), S. 221f.

[332]   Lisner (1994), S. 81.

[333]   Lisner (1994), S. 82.

[334]   Zit. nach Lisner (1994), S. 81.

[335]   Lisner, (1994), S. 81.

[336]   Lisner (1994), S. 82.

lend ähnlichen Worten beschreibe: "quando Christus b. Petrum ap. in fluctibus ambulantem dextera, ne mergeretus, erexit", auch hier sei die Rechte Christi betont.[337] »Darf man annehmen, daß Jacopo Stefaneschi aus Pietät gegenüber der teils noch vorhandenen oder erkennbaren Salvatorfigur des frühmittelalterlichen Vorgängermosaiks Giotto die weitreichende Anlehnung an das ältere Bild – möglicherweise auch eine Wiederverwendung der Tesserae – vorgeschrieben hat, obschon es in der neuen Komposition an eine andere Stelle kam?«[338]

Auch antike Reminiszenzen könnten durch den Auftraggeber Stefaneschi angeregt worden sein, denn Stefaneschi erläutert in seinem *opus metricum*, daß gerade die Antike und insbesondere Vergil seine Vorbilder seien.[339] In der Sprache mischt er antike Topoi mit mittelalterlich-religiösem Gehalt. Sicherlich muß ein enger Kontakt zwischen Auftraggeber und Künstler angenommen werden, daß dieser allerdings nur in Rom bzw. nur vor dem Weggang der Kurie nach Avignon erfolgt sein kann, wie Köhren-Jansen annimmt, entbehrt einer zweifelsfreien Grundlage, ebenso wie ihr Argument, daß Stefaneschi bei einer späteren Auftragsvergabe das Mosaik nie gesehen haben würde.[340] Er kann nicht gewußt haben, daß die Hoffnung, nach Rom zurückzukehren, nicht in Erfüllung geht - zumal er sich noch 1316 bei der Wahl Johannes' XXII. mit den anderen italienischen Kardinälen für eine Rückkehr nach Rom einsetzte.[341]

Die Vorstellung des Primats der Römischen Kirche innerhalb der christlichen Welt gehört sicherlich in besonderer Weise zum bonifazianischen Gedankengut, weshalb Köhren-Jansen folgert, dieser Papst habe selbst den Anstoß für das Mosaik gegeben. Um dennoch an Stefaneschi als Auftraggeber festhalten zu können, sieht sie in ihm den Stellvertreter - Stefaneschi habe anstelle von Bonifaz VIII. und dessen Nachfolger die Rolle des Auftraggebers übernommen.[342]

Der Nekrolog auf Kardinal Stefaneschi im *Martyrologium benefactorum Basilicae Vaticanae* nennt diesen allerdings ausdrücklich als Stifter der *Navicella*.[343] Auf dem Mosaik,

---

[337] Lisner (1994), S. 82.

[338] Lisner (1994), S. 82.

[339] Vgl. *Opus metricum* (ed. Seppelt), S. 9.

[340] Vgl. Köhren-Jansen (1993), S. 149-158.

[341] Zur Wahl von Jacques Duèze: Finke (1908/1968), S. 212 - 215; ders. (1902), S. LXVIII. Zu den Wahlverhandlungen: Duprè Theseider (1939) und Willemsen (1927/1965), die in dem erst positiven, dann feindlichen Verhalten von Kardinal Napoleone gegenüber dem Papst für ein Wahlversprechen, das dieser den italienischen Kardinälen gegeben habe, eine Bestätigung sehen.

[342] Vgl. Köhren-Jansen (1993), S. 149-158.

[343] Martyrologium benefactorum basilicae Vaticanae des Arch. Capitolare von St. Peter, in zwei Handschriften, H 56 und H 57, fol. 87. Zit. zuerst bei Grimaldi (ed. Niggl), S. 184. Vgl. oben.

überliefert durch die Berretta-Kopie und den Beatrizet-Stich, ließ sich Stefaneschi kniend, die Hände betend zu Christus erhoben, darstellen.[344] Stefaneschi befindet sich dabei nicht außerhalb des vergegenwärtigten, narrativen Geschehens, sondern, in Korrespondenz zu dem Angler am Uferrand, als Zeitgenosse vor der Überzeitlichkeit Christi. Während der Angler eher das allgemeine menschliche Geborgensein im Hafen ausdrückt, ist die Anwesenheit des Stifters auf dem Bildfeld noch von anderer Art: Als wiedererkennbare, empirische Person[345] vermittelt er zwischen der dargestellten Geschichte bzw. zwischen der bildhaften Anwesenheit Christi und der eigenen zeitgenössischen Gegenwart.[346] Nur die Figur des Kardinals ist durch Ornat und portraithafte Züge mit Gegenwartsbezug, und dadurch nicht in das Allgemeine der Zeit enthoben, dargestellt. Für die Deutung des Bildganzen - mit Hafen und Angler einerseits und der exponierten Darstellung Stefaneschis andererseits - müssen also der Stifterkardinal und seine Zeit in besonderer Weise berücksichtigt werden.

Stefaneschi selbst reflektiert diese Zeitgenossenschaft, indem er unter das Mosaik folgende Inschrift setzen ließ:

---

[344] Kocks (1971), S. 108-111, bemerkt zu dieser Stifterdarstellung, daß sie aufgrund der kompositionellen Vorgabe durch das frühchristliche Vorbild weniger selbstbewußt sei als die Stifterdarstellung in der Arena-Kapelle. Hingegen empfindet es Köhren-Jansen als äußerst problematisch, daß Stefaneschi an so prominenter Stelle ohne Vermittler vor Christus erscheint. Vgl. Köhren-Jansen (1993), S. 155.

[345] Identifizierbar ist der Stifter durch die schriftliche Quelle des Nekrologs, der eindeutig den Kardinal Stefaneschi als Stifter der *Navicella* nennt. Außerdem enthält ein vatikanischer Codex des 16. Jahrhunderts [Cod. Vat. lat. 5407, fol. 58 zw. 108, da doppelt paginiert] eine beschriftete Zeichnung des knienden Stifters der *Navicella*. Vgl. Köhren-Jansen (1993), S. 153-154 u. Abb. 46; Ladner (1970), Bd. 2, S. 275. Das Ornat der Stifterbüste, die auf dem Mosaik des 17. Jh. und auf der Berretta-Kopie zu sehen ist, und die portraithaften, individuellen Züge lassen vermuten, daß die Darstellung vergleichbar war dem knienden und von St. Georg anempfohlenen Stifter - Stefaneschi - vor dem thronenden Petrus auf der Altartafel im Vatikanischen Museum (vgl. das entspr. Kapitel dieser Arbeit) oder auch mit der Darstellung Stefaneschis, der den Codex überreicht auf dem Blatt "Grata tibi, San Pietro da Morrone" (123r) des von ihm geschriebenen Georgkodex (Biblioteca Vaticana, ms. Arch. di San Pietro, C. 129). Vgl. dazu Ciardi Dupré dal Poggetto (1981), S. 128f., Abb. 185 u. 212.

[346] Ein weiterer Aspekt, den Paeseler (1941), S. 73, hervorhebt, ist die Bedeutung von S. Maria in Turri. In dieser Kirche fanden die Krönungsfeierlichkeiten der Kaiser direkt unter dem Christus der *Navicella* statt. So wäre Stefaneschi nicht nur Vermittler zwischen seiner Zeit und Christus, sondern auch Vermittler zwischen Kaiserreich und Christus oder zwischen den Extremen der "Zwei-Schwerter-Theorie".

>Quem liquidos pelagi gradientem sternere fluctus
Imperitas fidumque regis trepidumque labantem
Erigis et celebrem reddis virtutibus almum
Hoc iubeas rogitante deus contingere portum.«[347]

Kardinal Stefaneschi stiftet also ein repräsentatives Mosaik an einem außerordentlich prominentem Ort. Ein ungewöhnlicher Inhalt, die Furcht der Jünger und der Zweifel von Petrus, erhält einen außergewöhnlichen Ausdruck durch die Hand Giottos, indem er den Jüngern ihren mannigfaltigen, lebendigen Charakter gibt und Christus, die Szene beherrschend, *überzeitlich* und über sie hinausweisend gestaltet. Diesem Christus wendet sich Stefaneschi auf dem Mosaik zu und ruft ihn in seiner Inschrift als denjenigen an, der befiehlt, die Wogen durch Darüberschreiten zu glätten. Christus lenkt die Gläubigen und richtet die Schwankenden auf. Er macht den, der Segen stiftet, also die Fluten überschreitet, weit berühmt. Zu diesem Herrn fleht Stefaneschi, er möge denjenigen, der hierum bittet, den Hafen erreichen lassen.

Petrus hat das gemeinsame Schiff der Jünger, das in Bedrängnis geraten ist, verlassen. Er, der künftige Statthalter Christi auf Erden, zweifelt, aber wird als Wankender aufgerichtet durch den immer anwesenden und immer rettenden Herrn, der sich, in der Darstellung Giottos, in der strengen, frontalen Darstellung außerhalb des natürlichen Erfahrungsbereich der Jünger befindet. Die Nachfolger dieses Petrus, die Päpste, haben Rom, den angestammten Sitz der Kirche seit dem Jahr 1305, seit der Wahl des Erzbischofs von Bordeaux, Bertrand de Got, der sich Clemens V. nannte, zu Lebzeiten Stefaneschis nicht mehr aufgesucht. Die Päpste hatten die durch doppelte Apostolizität geheiligte Stätte verlassen. Ist nicht jeder von diesen ein »Wankender« im Sinne der Primatstheologie? Sollte nicht auch dieser Wankende gerettet und durch seine »virtutes« berühmt werden? Sollte nicht auch er darum bitten, den Hafen - mit dem Rom gemeint sein könnte - zu erreichen? Der kniende Kardinal scheint aus seiner Gegenwart heraus, also aus der Exilsituation der Päpste heraus, Christus anzuflehen.[348]

---

[347] »Dem Du befiehlst, daß er beruhigt die wogenden Fluten, indem er darüberschreitet,/ Du, der Du den Gläubigen lenkst, der Du den Ängstlichen und darum Wankenden aufrichtest/ und der Du denjenigen, der Segen stiftet durch seine virtutes, zu einem weit berühmten machst,/ lasse denjenigen, oh Gott, der hierum bittet, den Hafen erreichen.« Ich danke Professor Dr. Gregor Maurach, Osnabrück, für diese Neuübersetzung. Die Inschrift ist überliefert in Raccolta di Pietro Sabino, ed. de Rossi und in dem Codex Menestrier, cod. vat. lat. 10 545. Sie wird von Ciardi Dupré dal Poggetto (1981), S. 82, dem Stifterkardinal Stefaneschi zugeschrieben. Hierfür spricht die Mischung zwischen antiken Versformen und mittelalterlichem Latein, was der Ausbildung und der Vorliebe Stefaneschis entsprach. Vgl. dazu seine eigenen Angaben im Vorwort zum *Opus metricum* (ed. Seppelt), S. 9.

[348] Zur Interpretation der Verse: Paeseler (1941), S. 142f.; Ciardi Dupré dal Poggetto (1981), S. 82;

Auf dem Mosaik betet Stefaneschi zu Füßen seines Herrn und in der Inschrift fleht er um Hilfe für denjenigen, der ins Wanken gekommen ist, für denjenigen, der zweifelt, obwohl er doch die Fluten zur Ruhe bringen sollte. In der Prosaeinleitung zum *Opus metricum*[349] spricht Stefaneschi über den Gegensatz von Bonifaz VIII. und Coelestin V., indem er in Bildern der »vita activa« und die »vita contemplativa« spricht.[350] Der Kardinal schließt seine Ausführungen über actio und contemplatio damit, daß sich gutes Werk eher in Ruhe als im Wirbel der Macht erhalten könne; vergleichbar mit dem Schiffer, der in der Ruhe des Meeres sein Schiff richtig steuere, während sich selbst der erfahrene Seemann verwirre in den Turbulenzen der durch Unwetter aufgewühlten Fluten.[351] - In diesen literarischen Topoi klingen die Themen der *Navicella* und ihrer Inschriftverse an. Mit seiner Stiftung an die Grabeskirche Petri, an den Sitz des Nachfolgers, ist also die Bitte um Rettung aus den Wogen, aus den Zweifeln, verbunden.

1314 schrieb Dante während des Konklaves von Capentras einen Brief an die italienischen Kardinäle - namentlich an Napoleone Orsini und Stefaneschi - mit der dringenden Bitte, den Absichten des französischen Königs nicht nachzugeben, sondern

---

Gosebruch (1962), S. 127f.; Köhren-Jansen (1993), S. 129-130.

[349] *Opus metricum* (ed. Seppelt), S. 5-7. Hier erläutert Stefaneschi seine Genealogie, Studienablauf, dichterische Vorbilder und die Absicht der Schrift, die ja eng mit der Rechtfertigung des Rücktritts von Coelestin V. und der Handlungsweise von Bonifaz VIII. verbunden ist.

[350] *Opus metricum* (ed. Seppelt), S. 5-7. »[...] eoque amplius confessorem heremitamque Petrum revereri, eius imitari vitam, vestigia subsequi, flagitare suffragium datur. Eius etiam ad se nec non exemplo ipso summo gradu redire, vires metiri, illius non ambire accessum, cuius heremitam Petrum monsione cacuminis formido titillabat, ut sic quorundam inexperientia retusa, qua veluti contemplatione sic perficere actione autumant, quiescant altiora actu se querere, qui inferiora ea esse contemplationis visu cernebant; presertim cum nec scientiarum cumulus, ubi desit vita, eademque adsit interdum, aliquos regimine attollat, si actionis mater relegetur exercitatio; quinimmo actus exercitus, probataque scientia, status, preeminentia persepe opum luxusque temptationibus vacillet, quod beatus Gregorius, contemplatione sublimis ac actione precipuus, summo culmine presidens, cap. IX pastorali nos instruit, inquiens: Quamvis plerumque in occupatione regiminis ipse quoque boni operis usus perditur. qui in tranquillitate tenebatur, quia quieto mari, recte navim et imperitus nauta dirigit; turbato autem tempestatis fluctibus etiam peritus se nauta confundit.«

[351] Selbst häufig erprobtes Wissen könne durch die Versuchungen von Macht und Luxus ins Wanken geraten, indem die Herrschenden auf die "contemplatio" herabschauen, und der Gebrauch eines guten Werkes könne sich durch die Okkupation von Regierenden verkehren. Übertragen auf die Geschichte, die das *Opus metricum* umfaßt, hieße dies, daß sich die Wahl des Einsiedlers zum Papst, der Schritt Coelestins abzudanken, als einzig mögliche Einsicht und die Kraft Bonifaz`, die die Kirche wieder vereinen konnte, verkehrten durch die Machtbestrebungen der Gegner dieses Papstes in die schwierigen Situation der Kirche, in der sie sich in Avignon, also im französischen Exil befindet.

einen Papst zu wählen, der wieder Sitz in Rom nimmt.[352] Der Papst solle so die alte, traditionelle und rechtmäßige Ordnung wiederherstellen, damit Italien nicht länger seines Mittelpunktes beraubt sei. In diesem Brief heißt es, »daß nur jener die Gefahren einer endgültigen Ansiedlung des Papsttums fern von Rom abwenden könne, welcher damals auf der Navicula Petri erwachte und sie aus der Sturmesnot rettete: "Qui salutiferos oculos ad naviculam fluctuantem aperuit."«[353] Schon 1311 hatte Dante von der Notwendigkeit eines Imperiums, das seine Mitte in Rom habe, geschrieben. Weil der kaiserliche Thron dort verwaist stehe und »quod nauclerus et remiges in navicula Petri dormitant«, werde Italien von den Stürmen und Fluten der Zeit verwüstet.[354]

Gut dreißig Jahre später forderte auch Petrarca im ersten seiner sine nomine-Briefe die Rückkehr der Kurie nach Rom mit der Schiffahrtsmetapher: »Denn das Schifflein Petri steuert falschen Kurs; der in der Navigationskunst unberatene Steuermann ("clavi rector" - also der Papst) hält sich ängstlich in der Nähe der gefährlichen Künste, anstatt offenen Kurs auf das viel weniger gefährliche Meer zu nehmen. Die Ruder halten unerfahrene Männer. Unterdessen wird der Sturm immer stärker. Wenn Gott nicht zur Hilfe kommt, treiben Schiff und Mannschaft einem sicheren Verderben entgegen.«[355] Ciardi Dupré dal Poggetto sagt, daß gerade der Christus der *Navicella* »voleva trasmettere una dichiarazione assai precisa: Egli 'non chiama' a Roma, ma 'è a Roma'.«[356] In Rom, an der traditionellen "sedes apostolica", bittet auch der Stifter Stefaneschi in der Inschrift und "in persona" auf dem Mosaik Christus um die Hilfe für den Wankenden, damit er das sichere Ufer erlange.

Zwar wird in diesen Beispielen die Stillung des Seesturms,[357] bei dem alle Jünger als "Kleingläubige" angesprochen werden, als Metapher zur kirchenpolitischen Situation genutzt, dennoch ist der Zusammenhang zum "Seewandel Petri", in dem nur Petrus als

---

[352] Dante nennt Stefaneschi »Transtiberinus«. Dante (ed. Fraticelli), Bd. 3, S. 486; vgl. dazu W. Kemp (1967), S. 309, 316, 317; auch Frugoni (1969), S. 118 und (1950), S. 418; Hösl (1908), S. 126-127.

[353] Kemp (1967), S. 318.

[354] Dante (ed. Fraticelli), Bd. 3, S. 490. Vgl. W. Kemp (1967), S. 318, der in Anm. 34 zurecht betont, daß die "restauratio Romae" Dantes, Petrarcas und Rienzos von dem Willen Stefaneschis, Rom »zu dem zu machen, was es unter Bonifaz VIII. war und werden sollte: Mittelpunkt eines Imperium Romanorum unter der Herrschaft des päpstlichen Sacerdotium« zu unterscheiden sei. Dante benutzt die Schiffahrtsmetapher auch in der Divina Commedia an mehreren Stellen, exemplarisch: Paradiso II, I-18, allerdings als poetologische Metapher. Vgl. dazu Drux (1979), S. 38-51. Zur Schiffahrt bzw. Schiffsbruch als »Daseinsmetapher« vgl. Blumenberg (1979).

[355] Zitiert nach W. Kemp (1967), S. 318. Vgl. Piur (1925), S. 50 und 165-166.

[356] Ciardi Dupré dal Poggetto (1981), S. 81.

[357] Matthäus 8, 23-27.

"Kleingläubiger" handelt und zugleich ausgezeichnet wird, unverkennbar. Die implizierte Forderung wird auf diese Weise nicht direkt an den Papst als "vicarius Christi" gerichtet, sondern allgemeiner formuliert. Der Primat der "ecclesia romana" aber, den Köhren-Jansen als wichtigste Aussage der Allegorie, die das Mosaik verkörperte, herausgearbeitet hat, bleibt Kern der Metaphorik Dantes und Petrarcas. In dieser Weise ist wohl auch das Wandbild zu verstehen, das Cola di Rienzo 1344 auf die Fassade des Senatorenpalastes am Kapitolsplatz malen ließ und das »gewissermaßen eine 'weltliche Navicella' war«.[358] Das Mosaik habe, so die Analyse Beltings, einen wörtlichen Bildsinn in der biblischen Erzählung besessen, während das jüngere Fassadenbild kein historisches Ereignis darstellte. »Die Witwe im Boot, das dem Untergang zutrieb, war laut Inschrift *Roma* in Person. Die Windgötter [...] waren nach Auskunft der Inschrift die politischen Feinde. Die Tugenden und auch *Italia* hatten sich rechtzeitig aus dem sinkenden Boot gerettet. Der "christliche Glaube", der ohne Rom heimatlos werden würde, flehte kniend die Anwälte Peter und Paul um Beistand beim apokalyptischen Richter an. Die *biblische* Seefahrt der Apostel meinte in Giottos Mosaik die Rettung der römischen Kirche. Die *allegorische* Seefahrt der Roma beschwor die Gefahr des römischen Volkes.«[359] Wenn Katharina von Siena, die sich ebenfalls für die Rückkehr der Kurie nach Rom einsetzte, in den siebziger Jahren des Trecento angesichts der *Navicella* die Vision haben konnte, das Kirchenschiff drücke bis zur bleibenden, physischen Lähmung auf ihre Schultern,[360] dann zeigt dies, »daß die allgemeine Metapher des Schiffes der Kirche durchaus zeithistorische Relevanz besaß, daß man sie auf konkrete Situationen deutete.«[361]

In der Zeit des "Babylonischen Exils" der Kurie in Avignon[362] werden die "Sturmstillung" und der "Seewandel Petri", anknüpfend an die *Navicella*, als politische Allegorie eingesetzt, hingegen scheinen beide biblischen Geschichten zuvor eher im theologischen Rahmen Beachtung gefunden zu haben, was Köhren-Jansen herausarbeitete. Auch die Nachahmungen des römischen Mosaiks, die Köhren-Jansen unter dem Aspekt des theologisch-metaphorischen Gehalts zusammenfaßt, rezipieren die *Navicella* durchaus

---

[358] Belting (1989b), S. 40.

[359] Belting (1989), S. 40. Die Quelle für die Beschreibung des Wandbildes ist eine anonyme römische Chronik des Jahres 1327-1354: Anonimo Romano, Chronica, hrsg. von G. Porta, Mailand 1979. Vgl. Belting (1989b), S. 61, Anm. 6. Auf dieses Wandbild wies auch schon Kemp (1967), S. 318-319, hin. Auch Köhren-Jansen (1993), S. 93-95, setzt sich mit Cola di Rienzo auseinander. Sie betont die Übernahme des bonifazianischen Gedankenguts durch Cola.

[360] Vgl. Petrocchi (1975), S. 19; Battisti (1960a), S. 70-71; Köhren-Jansen (1993), S. 132-133.

[361] Köhren-Jansen (1993), S. 133.

[362] So nannte Petrarca die Abwesenheit der Kurie anspielend auf den vierzigjährigen Aufenthalt der Bundeslade in Babylon. Vgl. Piur (1925), S. 42-44.

mit einer kirchenpolitischen Konnotation, während der vergleichbaren Schiffahrtsmetaphorik in den Schriften des Stifterkardinals Stefaneschi weder die Schärfe der Äußerungen Bonifaz` VIII. innewohnt,[363] noch unbedingt eine politische Aussagekraft zugemessen werden muß. Heißt das, daß man Köhren-Jansen zustimmen und die Entstehung der *Navicella* auf die Initiative Bonifaz' VIII. zurückführen sollte? Obwohl Dante Stefaneschi, den Schüller-Piroli als einen der feurigsten Anwälte des christlichen Romgedankens bezeichnete,[364] neben Napoleone Orsini in seinem Brief an die italienischen Kardinäle während des Konklave in Carpentras mahnend ansprach, trat dieser nie so exponiert ins politische Rampenlicht wie sein Verwandter Napoleone.[365] Dennoch kann man aus den diplomatischen Unternehmungen, den Äußerungen und Schriften Stefaneschis ein von persönlicher, religiöser Überzeugung getragenes politisches Kalkül entnehmen.[366] Auch wenn Stefaneschi durchaus als Parteigänger Bonifaz' VIII. bezeichnet werden kann, scheint es verfehlt, diesen Kardinal als potenten Erfüllungsgehilfen der Vorstellungen dieses Papstes darzustellen, zumal die "bonifazianische Partei" spätestens während des Konklave in Carpentras als "italienische Partei" zu bezeichnen wäre.

Die unterschiedlichen Vorstellungen zum Zeitpunkt der Auftragsvergabe und der Ausführung dieses Mosaiks sind schon erläutert worden und brauchen hier nicht noch einmal ausführlich behandelt zu werden. Zwar hatte Torrigio sein 1618 aufgrund theologischer Überlegungen gefundenes Entstehungsdatum der *Navicella* schon 1639 selbst

---

[363] Als Beispiel sei hier die Bulle *Unam Sanctam* erwähnt. Vgl. Schimmelpfennig (1984), S. 204.

[364] Vgl. Schüller-Piroli (1950).

[365] Zu den verwandtschaftlichen Beziehungen vgl. oben.

[366] Vgl. u.a. Dykmans (1975); Frugoni (1948), (1950a), (1950b), (1969); Finke (1908/1968); Hösl (1908); Kemp (1967); Morghen (1931), Seppelt (1911); Willemsen (1927/1965). Das dreiteilige, illuminierte Werk – *Opus metricum* – wurde in einer Zeitspanne von mindestens sechsundzwanzig Jahren geschrieben. Wahl und Abdankung des Eremitenpapstes Coelestin V. behandelt das erste Buch, das Stefaneschi unmittelbar unter dem Eindruck der Ereignisse noch vor seiner Kardinalsernennung begonnen und erst während des Pontifikats Bonifaz` VIII. beendet hat. Das zweite, mittlere Buch - *De coronatione Sanctissimi Patris Domini Bonifacii Papae VIII* - schreibt er im zweiten Jahr seines Kardinalats. Erst in Frankreich, während der Vakanz vor dem Amtsantritt Johannes` XXII., vollendete er das *Opus metricum* mit dem dritten Buch, das die Heiligsprechung von Coelestin V. als dem Eremiten Peter vom Morrone zum Gegenstand hat. Die Zusammenstellung entspricht der historischen Folge, insofern bleibt Stefaneschi darin Kirchenchronist, sie rechtfertigt aber auch die Wahl des Morrone, dessen Rücktritt als Papst und betont die Rehabilitierung von Bonifaz VIII. durch die Heiligsprechung des Morrone als Eremiten und nicht, wie von den Gegnern gefordert, als Coelestin V.

von 1300 auf 1309 korrigiert,[367] aber die Verbindung zwischen dem großen Mosaik und dem von Bonifaz VIII. ausgerufenen Jubeljahr 1300 blieb, trotz des Nachweises einer Fehlinterpretation durch L. Venturi,[368] bis ins 20. Jahrhundert erfolgreich.[369] Stilistische Überlegungen stehen einem solchen Datum entgegen, aber auch Stefaneschis Schrift zum Jubeljahr *»De Centesimo seu Iubileo anno liber«* in der er die Verhältnisse, die Veranstaltungen und die Großartigkeit dieses Festes beschreibt.[370] Mit keinem Wort erwähnt er dabei heidnisch-kultische Handlungen, die Torrigio oder auch Mancini als Begründung der Mosaik-Stiftung anführen, überhaupt wird das Mosaik, das ja eine aufwendige und sehr prominente Stiftung auch zu diesem Zeitpunkt gewesen wäre, nicht erwähnt. Da die Schrift Stefaneschis sehr genau auch in der Schilderung von Einzelheiten ist, kann gefolgert werden, daß das Mosaik nicht zum Jubeljahr 1300 an der Atriumswand angebracht wurde.

Torrigio zitiert eine Inschrift unter der *Navicella*-Kopie aus der Kirche St. Maria della Concezione, aus der das Datum 1309 hervorgeht.[371] Diese Entstehungszeit wird gestützt durch das Notariatsprotokoll von 1313, das auf einen längeren Aufenthalt Giottos in Rom vor diesem Notariatstermin schließen läßt.[372] Paeseler erscheint die *Navicella* als Antwort der bonifazianischen Partei auf die »triumphale Geste der Colonna-

---

[367] Torrigio (1618), S. 91; ders. (1639), S. 162.

[368] L. Venturi (1918), S. 234, zeigt, daß dieses Datum durch die falsche Lesart einer Inschrift und durch die Annahme entstanden ist, die Fresken von San Clemente wären von Giotto gleich nach der *Navicella* 1299 in Vorbereitung auf das Jubeljahr 1300 begonnen worden. L. Venturi (1918), S. 235f., u. Paeseler (1941), S. 57f., verweisen auf vorgängige Fehldatierungen: So kommt 1588 Ugonio durch einen Übertragungsfehler, der von Platina 1479 über da Bergamo 1483 und Albertini 1510 tradiert wurde, auf ein Todesjahr Giottos von 1303/04.

[369] Serrani (1575), S. 16, beschreibt den Sonnenkult, dem auch die *Navicella* vermeintlich vorbeugen sollte, als Ursache vieler Bauten. Vgl. dazu Paeseler (1941), S. 57; Mancini (ed. Schudt), S. 13 u. 112; Baldinucci (1681), S. 45f.; C. Frey (1892), S. 209-237; Rintelen (1905) u. (1912) bis Bellosi (1985), S. 131 u. (1981), S. 6.

[370] Rom, Biblioteca Vaticana, Arch. di S. Pietro, ms. G3. Vgl. dazu Quattrocchi (1900), S. 291-311; Frugoni (1948), S. 163f.; ders. (1950), S. 411-412; Ciardi Dupré dal Poggetto (1981), S. 44 u. Anm. 111.

[371] Torrigio (1639), S. 162: »Huius picturae exemplar, quod ante annos CCCXX a Jotto Florentino celebri pictore opere musivo elaboratum est, Urbanus VIII. Pont. Max. ex Area Vaticana in Basilicam Principis Apostolorum transtulit anno salutis MDCXXIX.« Hierauf verweist Paeseler (1941), S. 19, gegen L. Venturi (1918), S. 234. Letzterer zitiert nach Cascioli (1916), S. 19, die von Bonanni (1715) überlieferte Version der Inschrift unter der Berretta-Kopie, die mit »ante annos CCCX« wiederum Grimaldis Datum »um 1320« bestätigt. Vgl. dazu Beginn des Kapitels.

[372] Siehe oben u. Chiapelli (1923), S. 132-136. Vgl. auch Lisner (1994), S. 93-94.

Kardinäle an der Fassade von S. Maria Maggiore«,[373] die eine »Demonstration des Sieges, den das Haus Colonna im Bündnis mit Philipp dem Schönen von Frankreich über seinen Todfeind Bonifaz VIII. davongetragen hatte«,[374] darstelle. Paeseler sieht damit die Auftragsvergabe des monumentalen Werks in einem politischen Zusammenhang. Bologna radikalisiert den politischen Aspekt, indem er die Ausführung der *Navicella* als »antiimperialistischen« Akt in die Jahre 1312-1313 setzt.[375] Ciardi Dupré dal Poggetto möchte jede politische Interpretation des Mosaiks ausschließen. Insbesondere die Christusfigur sei nicht politisch provozierend zu verstehen, sondern als privat religiöser Hinweis auf die erwünschte Rückkehr der Kurie nach Rom.[376] Ihr scheint eine Auftragsvergabe 1313/14 möglich, die Ausführung aber erst 1316/17 nach der Wahl Johannes' XXII. unter dem Aspekt einer Rückkehr nach Rom denkbar. Dabei muß Ciardi Dupré dal Poggetto davon ausgehen, daß die italienischen Kardinäle mit Jacques Duèze Wahlverhandlungen über diesen Punkt führten, weiterhin erscheint ihr eine stilistische Einordnung ins Giotto-Werk durch die Nähe zur Peruzzi-Kapelle und die innere Chronologie des von ihr postulierten Œuvre des »maestro del codice di San Giorgio« eher mit diesem Datum vereinbar.[377]

Ciardi Duprè dal Poggetto setzt eine späte Datierung der Peruzzi-Kapelle voraus, die, wie im vorangegangenen Kapitel gezeigt werden konnte, revidiert werden muß. Gegen eine Entstehungszeit des Mosaiks nach 1316/17 spricht aber auch der dokumentierte längere Aufenthalt Giottos vor 1313 und möglicherweise auch die Renovierungsbedürftigkeit der Petersbasilika, die spätestens 1320 so groß war, daß der Papst in Avignon um Abhilfe gebeten wird.[378] Es scheint nicht denkbar, daß ein solches Werk in unmittelbarer Nähe der von Baufälligkeit bedrohten Kirche zur Ausführung gelangt wäre, ohne daß auch für die Kirche selbst Sorge getragen worden wäre.

Nimmt man hingegen eine Entstehungszeit kurz nach 1300 an, wie sie von Köhren-Jansen präferiert wird, dann muß man davon ausgehen, daß Giotto während seiner Arbeiten in der Arena-Kapelle sehr häufig in Rom gewesen sei. Eine solche Doppelbelastung mag man sich noch vorstellen. Aber zumindest befremdlich erschiene es, daß die römischen Erfahrungen des Malers dann erst in der Peruzzi-Kapelle einen Niederschlag gefunden haben. Die stilkritische Untersuchung hat erbracht, daß die Gruppen- und Figurenbildung, ebenso wie die Anlage der Komposition, auf den Paduaner Lei-

---

[373] Paeseler (1941), S. 63. Gemeint sind die von Paeseler auf 1306/08 datierten Mosaiken Rusutis.

[374] Paeseler (1941), S. 63.

[375] Vgl. Bologna (1969), S. 69-70.

[376] Ciardi Dupré dal Poggetto (1981), S. 81 u. 83.

[377] Vgl. Ciardi Dupré dal Poggetto (1981), S. 83.

[378] Vgl. Fedele (1918), S. 358; Supino (1920), S. 67 und Gardner (1974), S. 65-67.

stungen beruhen, aber über diese hinausgehen und enger mit der Peruzzi-Kapelle zu verbinden sind. Darüber hinaus lassen sich einzelne Figurenbildungen der Malereien in S. Croce sehr gut mit einem vorangehenden Romaufenthalt Giottos erklären. Außerdem wurden an den Fresken der Magdalenen-Kapelle von Assisi Anleihen aus der Arena-Kapelle, der Peruzzi-Kapelle und der *Navicella* festgestellt. Wenn also für diese Kapelle in Assisi eine Entstehungszeit zwischen 1314/15 und 1319 angenommen werden kann, dann muß auch die *Navicella* entsprechend datiert werden. Ließe sich also eine Auftragsvergabe an Giotto zwischen dessen Paduaner Fresken, d.h. 1306, und vor den Peruzzi- bzw. den Magdalenenkapellenfresken, d.h. 1314/15, mit den kirchlichen und politischen Interessen des stiftenden Kardinals in Einklang bringen?

Stefaneschi erlebte zuerst in Coelestin V. einen zweifelnden Papst: Peter vom Morrone zweifelte schon an seiner Kraft bei der Wahlbenachrichtigung und trat als Papst Coelestin V. zurück, verließ also das Kirchenschiff. Und gerade das Bild der wogenden Fluten, in denen selbst der beste Steuermann das Schiff nur schwer halten kann, benutzt Stefaneschi, um Peter vom Morrone zu verteidigen. Darf man also annehmen, daß Stefaneschi mit seiner Stiftung an diesen zurückgetretenen Papst gedacht hat?[379]

Schon im ersten Teil des *Opus metricum* betont Stefaneschi, daß er diesen Einsiedler und dessen Leben, das dem eines Heiligen gleichkomme, verehre.[380] Einer Heiligsprechung des Papstes, wie sie schon 1306 von den französischen Gesandten in Perugia gefordert wurde, konnte er dennoch nicht zustimmen, da sie seinen Rücktritt nicht berücksichtigt und Bonifaz VIII. nicht als legitimer Nachfolger auf dem Papstthron gegolten hätte.[381] Allerdings wurden mit der Einstellung des Prozesses gegen Bonifaz und mit der Kanonisation Peters vom Morrone als "confessor" durch Clemens V. die Wogen geglättet und beider Ehre Genüge getan. Wenn also die Stiftung auf Coelestin V. und Bonifaz VIII. anspielt, dann wäre dieser Zusammenhang am ehesten denkbar. Daraus würde der Zeitrahmen für die Stiftung des Mosaik durch das Pontifikat Clemens' V.[382] gesteckt werden.

Dieser Papst geriet unter den Druck des französischen Königs, mußte letztlich dessen Maßnahmen gegen die Templer zustimmen, auf dessen Wunsch ein allgemeines Konzil einberufen und die Kurie in Frankreich belassen.[383] Nur ein Umzug nach Rom

---

[379] Auf Morrone bzw. Coelestin hin interpretiert Gosebruch (1961a), S. 110f.; ders. (1962), S. 130.

[380] *Opus metricum* (ed. Seppelt), S. 83.

[381] Vgl. dazu Hösl (1908), S. 22; Frugoni (1950a), S. 416; Finke (1902), S. LXIX-XCIX u. S. 227-268; Herde (1981), S. 181.

[382] Nach dem plötzlichen Tod von Benedikt XI. und einem einjährigen Konklave wurde am 5. Juni 1305 der Erzbischof von Bordeaux, Bertrand de Got, der sich Clemens V. nannte, gewählt.

[383] Der Sitz der Kurie wurde 1309 nach Avignon verlegt. Zwar lag Avignon im Gebiet des Anjou, der

hätte für Clemens V. eine Befreiung bedeutet.[384] Vor diesem Schritt zögerte Clemens, nicht zuletzt wegen des ungelösten Sizilien-Neapel-Konflikts, durch den die Situation in Rom äußerst unsicher war.[385] Dennoch scheint der Papst gewillt gewesen zu sein, sich auf diese Weise aus der französischen Umklammerung zu lösen, dafür spricht etwa sein Verhalten gegenüber Heinrich VII. von Luxemburg: Dieser wurde 1308 zum deutschen König gewählt. Clemens stellte ihm die erbetene Kaiserkrönung zum Februar 1312 in Aussicht. Da er diese ursprünglich persönlich vornehmen wollte, hatte er offenbar die Absicht, nach Rom zu fahren.[386] Genau mit demselben Ziel, der Rückkehr nach Rom,

---

durch Neapel Lehensmann des Papstes war, stand aber im Grunde unter französischem Einfluß. Mit gewisser Zurückhaltung erfüllte der Papst also die Forderung Philipps d. Schönen nach dem Verbleib der Kurie in Frankreich. Mit der Bulle *Aquam in coeli* [Langhers (Regesten) 6293] berief Clemens V. das Konzil in Vienne ein. Das Konzil wurde am 16. Oktober 1311 mit feierlichem Zeremoniell in Vienne eröffnet. Ihm gingen zahlreiche Beratungen innerhalb des Kardinalskollegiums voraus, über die wir durch Berichte nach Aragón und durch Stefaneschi unterrichtet sind. Dieser war Protokollführer der öffentlichen Sitzungen in Vienne, auf denen dann lediglich die Ächtung der Templer verkündet werden konnte. Die Kanonisation des Eremitenpapstes wurde, trotz der vorangegangenen Wunderprüfungen, wegen Uneinigkeit der Kardinäle ebensowenig ausgesprochen wie die Ächtung seines Nachfolgers. Vgl. Ehrle (1886), S. 353-417; ders. (1888a), S. 361-464; Finke (1908/1968) I, 204. Die Wunderprüfungen sind veröffentlicht in: Analecta Bollandiana, XVI, 475-487, vgl. dazu auch Hösl (1908), S. 25.

[384] Vgl. Seppelt (1964), IV, S. 62; Hösl (1908), S. 20f.; Finke (1908/1968), II, S. 511f.; u. Willemsen (1927/1965), S. 112f., der auch vermutet, daß die Rückkehr nach Rom eines der Wahlversprechen gegenüber Napoleone gewesen wäre, was sein Verhalten bei der Wahl Johannes' XXII. deutlich mache.

[385] Vgl. Finke (1908/1968), I, Nr. 118, 123, 124 und bes. Nr. 125: Bericht von Raymund Guillelmi über die Vorgänge, die zur Wahl führten. Vgl. auch Finke (1902), S. LVIII-LXVI, bes. S. LIX, Nr. 14. Jacob II. verzichtete im Frieden von Agnani 1295 gegenüber der Kurie und Frankreich auf seine ererbten Rechte in Sizilien zugunsten des Hauses Anjou und wurde dafür vom Papst als oberstem Lehnsherr mit Sardinien und Korsika belehnt. Die Sizilianer erhoben 1296 jedoch seinen Bruder Friedrich II. (1296-1337) zum König. Dieser ungelöste Sizilienkonflikt behinderte dann lange eine mögliche Rückkehr der Päpste nach Rom. Jacob kann allerdings Sardinien, das von Pisa verteidigt wird, erst 1323 erobern, während Korsika im Besitz Genuas bleibt. Auch diese Schwierigkeiten belasteten den Frieden für die Kurie und waren auch für die Kardinäle, besonders für Napoleone Orsini, oft Anlaß zu politischen Intrigen. Vgl. dazu Willemsen (1927/1965), S. 15f. Die komplizierte Situation des Hauses Aragón macht deutlich, daß Jacob II. ein vitales Interesse an den Papstwahlen gehabt haben muß.

[386] Am 26. Juli 1309 erfolgte die Approbation. Für Clemens waren ein Italienzug Heinrichs, der in Italien klare Verhältnisse schaffen sollte, und ein starkes römisches Kaisertum wohl die einzige Möglichkeit, sich vom Druck der französischen Krone zu befreien. Vgl. Seppelt (1964), IV, S. 81f.;

wurde Stefaneschi aktiv[387]: Er versuchte im Mai 1309, eine Allianz zwischen dem deutschen König Heinrich VII. und Karl von Neapel herzustellen.[388]

Zuvor waren im Mai 1308 der Prozeß gegen Papst Bonifaz VIII. offiziell begonnen und gleichzeitig, um diesen Prozeß zu verlangsamen, die Untersuchungen zur Kanonisation Coelestins V. durch den Papst versprochen worden.[389] Noch im selben Jahr wurde eine Verteidigungsschrift für Bonifaz VIII. veröffentlicht,[390] und 1310 wurde dann der Entwurf einer Bulle vorgelegt, in dem im Einverständnis zwischen Kollegium und Papst alle Appellationen und Prozesse gegen Bonifaz als »einfältig« zu erklären und einzustellen verlangt wird.[391] Mit der Einstellung des Häresieverfahrens gegen einen rechtmäßigen Papst und mit Aufnahme des Kanonisationsprozeß für Peter vom Morrone

---

[387] Finke (1968), I, S. 263f.; auch Duprè Theseider (1939). Der Italienzug des Luxemburgers endete nach der Kaiserkrönung 1312, die von Unruhen in der Stadt begleitet war und im Lateran stattfinden mußte, 1313 mit dem Tod des Kaisers in Pisa. Vgl. Bologna (1969), S. 66f.

Nicht als Widerspruch ist es aufzufassen, daß Stefaneschi 1308 ein Testament, »sanus mente e corpere«, machte und, wie alle italienischen Kardinäle, die Überführung seines Leichnams nach Rom anordnete. Es ist eher mit den unsicheren Verhältnissen zu erklären. Er faßte das Testament am 20. Oktober 1308 ab. Alle seine Güter sollten dem römischen Hospital S. Spirito in Sassia zukommen. Ein zweites Testament datiert von 1329. Beide sind zusammen in: Caps. 64, fasc. 181, Archiv cap. S. Pietro. Alle italienischen Kardinäle setzten testamentarisch ihre Überführung nach Rom fest. Vgl. Frugoni (1950a), S. 415 und Hösl (1908), S. 21.

[388] Der Brief, mit dem er dies anregte, erreichte nie seinen Adressaten und ist in Pisa aufbewahrt. Zitiert bei: Dömiges, Pisaner Archivalien, II, 115/116, nach Hösl (1908), S. 21-22, u. Frugoni (1950a), S. 415. Auch die Familie Stefaneschis war in Rom offensichtlich aktiv für Heinrich VII. Dies geht aus der Stellungnahme des Kardinals gegenüber dem Aragónesischen Gesandten hervor, der die Aufgabe hatte, die ghibellinische oder guelfische Gesinnung der Kardinäle zu prüfen. Stefaneschi weigerte sich, etwas schriftlich zu fassen, da seine Verwandten in der Zeit Heinrichs in Rom viel zu erdulden gehabt hätten, sagt aber mit Berufung auf seinen Onkel Unterstützung der Interessen Aragóns zu. Vgl. Finke (1968), I, S. 354-355. Clemens machte zwar gegenüber Wilhelm v. Nogaret Stefaneschi für den Versuch einer solchen antifranzösischen Allianz verantwortlich, weigerte sich aber, diesen zu bestrafen. Vgl. Hösl (1908), S. 22.

[389] Vgl. Finke (1902), S. 227-268; Herde (1981), S. 181.

[390] Vgl. Finke (1902), S. LXIX-XCIX.

[391] Durch eine Chronik ist dieser Versuch Stefaneschis überliefert: Bouquet, Continatio Chronc. Guillelmi de Naugiaco, XXI 34; Hösl (1908), S. 22; Frugoni (1950), S. 416; dort ist die entsprechende Passage zitiert. Auch diesen Entwurf hatte Stefaneschi initiiert, der ihn mit gleichgesinnten italienischen Kardinälen einreichte. Clemens ließ den Entwurf als Fälschung erklären und vernichten. Auch dieses Mal weigerte sich der Papst, trotz der dringlichen Forderung des Leiters der französischen Anklagedelegation, wiederum Nogaret, gegen den angeblichen Fälscher vorzugehen. Vgl. Hösl (1908), S. 22 und Frugoni (1950a), S. 415.

konnte Clemens V. seinen Machtverlust lediglich begrenzen und die Erfüllung der französischen Wünsche verzögern. Ein Umzug wäre wirkungsvoller gewesen. Das läßt auf die Möglichkeit schließen, daß Clemens V. bis zur Eröffnung des Konzils von Vienne 1311 und der Lossprechung des Attentäters von Anagni, aber zumindest bis zur Ansiedelung der Kurie nach Avignon 1309 einen Umzug nach Rom in Erwägung zog.

Mit den ersten beiden Teilen des *Opus metricum* und auch mit der Jubeljahrsschrift reagiert Stefaneschi auf aktuelles Geschehen. Mit allen seinen Werken möchte er, wie er selbst ausführt,[392] den Glanz der Kirche herausstreichen, die Einheit und die Kraft der Kirche stärken. Gerade hierin zeigt sich seine "bonifazianische" Herkunft, aufgrund derer er in seinen Werken die Primatstheologie aufgreift. Es scheint nicht denkbar, daß die Intention der *Navicella*-Stiftung eine andere gewesen sein soll. Da diese aufwendige und teure Stiftung an die Grabeskirche Petri, dessen Nachfolger die Päpste als Statthalter Christi sind, ging, bedeutete sie für Stefaneschi eine Stärkung der Kirche in Rom - in dem traditionellen Sinn, in dem Bonifaz mit dem Jubeljahr die Kirche und die Gläubigen in Rom vereinte. In diesem Sinn ist der Hafen, den es zu erreichen gilt, nicht nur der Glaube, sondern auch die Einheit der Kirche in Rom. Die Deutung der *Navicella*, die Köhren-Jansen vorlegt, fügt sich dem Gesamtwerk Stefaneschis ein, ohne ein persönliches Engagement Bonifaz' VIII. voraussetzen zu müssen.

Zwischen 1306, der Bedrängung des Papstes durch den französischen König in Poitiers, bzw. 1308, der Wahl des Luxemburgers Heinrich VII. zum deutschen König, und 1311, der Eröffnung des Konzils in Vienne, sondiert der Papst selbst die Möglichkeiten eines Umzugs und unterstützt indirekt antifranzösische Aktivitäten Stefaneschis. Clemens V. kann an einer Hervorhebung der traditionellen Peterskirche zu diesem Zeitpunkt nur gelegen gewesen sein. Zieht man weiterhin in Betracht, daß Giotto vor 1313 einen Hausstand in Rom gehabt hat und daß Cavallini, der römische Mosaizist, der für die Familie Stefaneschi schon mehrfach gearbeitet hatte, zu diesem Zeitpunkt in Neapel beschäftigt war,[393] so daß Giotto auf dessen römische Mitarbeiter hätte zurückgreifen können, und daß ferner die von Torrigio überlieferte Inschrift unter der Kopie von 1309 spricht, dann sind alle Bedingungen vorhanden, für Auftragsvergabe und Ausführung des Mosaiks einen Zeitpunkt zwischen 1309 und 1313 anzunehmen. Dieses Datum präzisiert

---

[392] Bes. in der Schrift *De Centesimo seu Iubileo anno liber*, die er in das *Opus metricum* eingliederte. Vgl. *Opus metricum* (ed. Seppelt), S. 10.

[393] Die immer wieder angemerkte Ähnlichkeit der Engelsfragmente mit den Werken Cavallinis könnte hierin einen Grund haben. Auch Matthiae (1967b), S. 391, sieht in der Abwesenheit Cavallinis ein Argument für die Auftragsvergabe an Giotto.

das Geflecht der stilkritischen Untersuchung, durch die gezeigt werden konnte, daß die *Navicella* enstanden sein wird nach den Arena-Fresken und vor den Peruzzi-Malereien, die wiederum eine Voraussetzung für die Fresken der Magdalenenkapelle in Assisi bilden.

V. DIE *RAUMSCHAFFENDE* FIGUR UND
DAS ZENTRUM EINER *HIERATISCHEN* BILDERFINDUNG

An den erzählenden Darstellungen der Arena- und der Peruzzi-Kapelle konnte gezeigt werden, daß die handelnden Figuren jeweils von natürlicher Körperschwere und starker plastischer Präsenz geprägt sind. In den Paduaner Fresken werden diese Figuren durch ihr spezifisches Verhältnis zueinander raumschaffend, während sie in den späteren Darstellungen der Peruzzi-Kapelle einen Handlungsraum, der an den Architekturen ablesbar ist, in Besitz nehmen. Gemeinsam ist beiden Zyklen die rhythmische Steigerung, mit der durch Gebärden, Blicke und Körperhaltung im Wechselspiel mit der Architektur auf das jeweiliges Zentrum des Einzelbildes hingeleitet wird. Im Zentrum vollenden wiederum handelnde Figuren von natürlicher Körperlichkeit die vorbereitende Bewegung der Begleitfiguren. Der Kernpunkt des Geschehens wird durch die Komposition der Figurengruppen zu einem dramatisierten Moment. Selbst weitgehend der Erzählzeit enthoben, strahlt er in seiner aktuellen Wirkung auf die Umgebung aus. Auf diese Weise wird das Übernatürliche, das die Zentralfiguren der Geschichte als Heilige von den Begleitfiguren unterscheidet, ihnen nicht zeichenhaft hinzugefügt, sondern als Moment ihrer selbst und der Handlung gestaltet und vollkommen zur Anschauung gebracht. Dies wurde an den Fresken der Arena-Kapelle ebenso wie an denen der Peruzzi-Kapelle deutlich.

Dem Prinzip nach veränderte sich die Komposition in den späteren Darstellungen nicht, sondern wurde variiert: Größere Individualität und Beweglichkeit der Figuren bei einem gedehnteren Rhythmus und mehr Räumlichkeit zeichnet sie aus. Ein neuer Umgang mit Gewändern und der Plastizität des Körpers konnte zugleich an den Figuren der Wandbilder in der Peruzzi-Kapelle gegenüber denen der Arena-Fresken festgestellt werden: Von kubischen Blöcken, deren Oberfläche mit scharfgratigen Gewändern bedeckt wurde, wandeln sich die Figuren zu geschmeidiger bewegten, die von weichen Stoffen umspielt werden.

Die *Navicella* konnte als Zwischenposition geklärt werden. Die schweren Körper der Jünger im Boot sind den Figuren der Arena-Kapelle verwandt. Die räumliche Anlage innerhalb des Bootskörpers entspricht der Entwicklung des Verhältnisses von Raum und Figur mancher Innenraumerfindung, etwa auf dem Fresko der *Geißelung*, in der Paduaner Kapelle. Zugleich sind die Jünger eingebunden in einen gedehnten Rhythmus, der das Geschehen im Wasser, insbesondere die Erscheinung Christi in einem sich steigernden Spannungsbogen vorbereitet. Diese Rhythmisierung und das jeweils individuell an eine Figur gebundene Gefühl wird in den Darstellungen der Peruzzi-Kapelle weiterentwickelt. An Petrus ist die Vereinzelung zur Faktizität gesteigert, die die Vorbereitung innerhalb des Bootes in ihrer Notwendigkeit aufscheinen läßt und noch einmal die Steigerung auf Christus intensiviert. Dessen streng axiale Frontalität und das goldstrahlendes Gewand erbringt den größten Kontrast zu der individuellen Lebendigkeit der Jünger. Der hieratische Christus ist über die Menschlichkeit der Jünger in den absoluten Unterschied des isolierten Herrschens erhoben.

Die Gesamtkomposition bindet den in den Goldhimmel hinein erweiterten Meeresraum auf die Fläche und macht diesen zugleich erfahrbar. Durch diese Komposition werden weiterhin der Kontrast zwischen der Lebendigkeit der angsterfüllten Jünger einerseits und dem hieratischen Christus andererseits ebenso wie die unterschiedlichen Zeitebenen in eben diesem Herrschen der Christusfigur verdichtet und der allegorische Gehalt dieser monumentalen narrativen Darstellung anschaulich. In der Lünettendarstellung *Johannes auf Patmos* wird gerade diese Möglichkeit wieder aufgegriffen, um eine Vision sichtbar zu machen.

Auch bei der Bilderfindung für eine Maestà, für ein hieratisches Altarbild, wird die Naturhaftigkeit der dargestellten Figuren in ein anderes Verhältnis zu der geforderten Heiligkeit treten als in szenischen Darstellungen, da der Symbolgehalt schon durch die Aufgabenstellung zu überwiegen scheint. Dem folgend müßte sich an der Ognissanti-Madonna der Florentiner Uffizien,[1] deren Nähe zu den Fresken der Arena-Kapelle immer wieder betont wurde,[2] das dort entwickelte Kompositionsprinzip in einer anderen Gestalt zeigen. Dies wird im folgenden näher untersucht. Durch den Vergleich mit der Paduaner *Iustitia* soll zugleich geprüft werden, ob diese Veränderung kongruent zu einer chronologischen Folge ist. Aus einem Vergleich zu anderen Maestà-Darstellungen wiederum kann hervorgehen, ob eine solche Entwicklung durch die andere Aufgabenstellung veranlaßt oder in ihr begründet ist.

Vergleicht man die drei großen Madonnentafeln der Florentiner Uffizien, die Darstellungen von Duccio,[3] Cimabue[4] und Giotto miteinander, so verschwinden fast die Unterschiede zwischen den Darstellungen der beiden älteren Meister gegenüber der radikalen Neuerung der giottesken Maestà. Alle drei Altarbilder haben vergleichbare Proportionen.[5] Bei allen ist die Madonna mit ihrem Kind durch die Größe hervorgehoben. Ma-

---

[1]   Abb. S. 98 bei Mueller von der Haegen (1998).

[2]   Vgl. Hetzer (1947/1981); Gosebruch (1961a).

[3]   Abb. 209 bei Hager (1962). Die *Madonna Rucellai* ist durch den Auftrag von 1285 datiert. Vgl. Hager (1962), S. 132 u. 139.

[4]   Abb. 9 bei Weber (1997). Die Pala aus S. Trinita in Florenz datiert Hager in die frühen 1280er Jahre, Hager (1962), S. 141-142.

[5]   Die *Madonna Rucellai* von Duccio mißt 450 x 292 cm, die Pala aus S. Trinita von Cimabue 385 x 223 cm und Giottos *Ognissanti-Madonna* 325 x 204 cm. Die Höhe beträgt also bei allen drei Bildern etwas mehr als das Anderthalbfache der Breite.

donna und Kind sitzen auf einem Thronsessel und sind von Engeln umgeben. Die Engel auf den Tafeln von Duccio und Cimabue fassen den schwebenden Thron[6] an. Giotto hingegen stellt den Thron auf eine feste Grundfläche. Schon »die mit der festen Aufstellung des Thrones verbundene vollständige Preisgabe des Schwebemotivs verlangt entsprechende Konsequenzen bezüglich der Disposition der Begleitfiguren [...]«.[7] Während die Engel der anderen Tafeln Madonna mit Kind wie eine Vera Ikon präsentieren, entwickelt sich auf der Giotto-Tafel innerhalb des Präsentationsbildes eine *einheitliche Handlung,* indem Engel und Heilige die Madonna wie der außenstehende Betrachter verehren und ihre Blicke auf das Zentrum richten. Der leichte Thronaufbau bietet »für die Figuren eine in tiefenräumlicher Beziehung wirksame Rahmung, die sich zum Betrachter hin öffnet, die Begleitfiguren aber wie eine Schranke zurückhält«.[8] Auf diese Weise wird innerhalb der "Handlung" die schon in der Bedeutungsperspektive liegende Wertung zwischen den Zentral- und Assistenzfiguren deutlich betont. Auch die "perspektivische" Bezugnahme auf den Betrachter schmälert nicht die Erhabenheit der thronenden Muttergottes. Wie auf den Ereignisbildern Giottos durchdringen sich Handlung und überzeitliche Anwesenheit in einer an den Figuren entwickelten Bildordnung, die ganz auf die Hauptsache konzentriert ist.

V.1 Die Ognissanti-Madonna

Die Zuschreibung der Madonnen-Tafel aus der Florentiner Ognissanti-Kirche des Humiliaten-Ordens an Giotto stützt sich auf die Angabe eines "Ricordo"[9] und auf eine Tradition, die mit Ghiberti einsetzt, von Vasari weitergeführt wurde und bis heute unbestritten ist.[10] Die chronologische Einordnung der Tafel wurde hingegen kontrovers diskutiert[11]: Während z.B. Fiocco,[12] der eine enge Beziehung zu Arnolfo di Cambio konsta-

---

[6]   Schwebend erscheint der Thron auch bei der cimabueschen Madonna, obwohl durch die breitere Anlage des Sockels und die darauf stehenden Engel das Schwebemotiv ignoriert wird. Vgl. Hager (1962), S. 143.

[7]   Hager (1962), S. 143.

[8]   Hager (1962), S. 143.

[9]   In dem "Ricordo" aus dem Jahr 1417 wird eine Tafel von der Hand Giottos auf dem Marienaltar von Ognissanti erwähnt. Vgl. Vasari (Milanesi), S. 396. Vgl. dazu auch Paatz (1955), Bd. 4, 431-433; u. Behles (1978), S. 9; u. Bistoletti (1989), S. 92.

[10]   Ghiberti (ed. Schlosser), S. 36; Vasari (ed. Milanesi), Bd. I, S. 396; auch Billi (ed. Frey), S. 52.

[11]   Vgl. dazu Paatz (1955), Bd. 4, S. 433; Behles (1978), S. 9f.; Previtali (1967/1974), S. 83ff; Brandi (1983), 118-122; Bistoletti (1989), S. 92.

[12]   Fiocco (1937), S. 238.

tiert, oder Coletti,[13] der die Tafel mit dem Kruzifix aus S. Maria Novella in Verbindung bringt, eine Entstehungszeit vor den Paduaner Fresken bzw. zeitgleich mit diesen, wie auch Gosebruch[14] annehmen, sehen die meisten, z.B. Offner, Brandi, Previtali, Bellosi und Boskovits, die Ognissanti-Madonna in direkter Folge dieser Fresken.[15] Hingegen banden Rintelen, Weigelt, Berenson, Hetzer, auch Paeseler die Tafel nicht direkt an den Paduaner Zyklus.[16] Die letztere Gruppe meinte einen gewissen Abstand annehmen zu müssen. Paeseler etwa schien die Farbigkeit der *Navicella*, Weigelt die Maestà des Simone Martini wichtige Voraussetzung für das Madonnenbild, während Jaques wiederum die giotteske Maestà als Vorbild für das Werk Simones bezeichnet.[17] Wenn man die extreme Frühdatierung vernachlässigt, was die neuere Forschung m.E. zu Recht tut, ergibt sich eine Datierung, die zwischen 1303/05 und 1315 schwankt.

»Dal punto di vista iconografico questa Madonna presenta notevoli novità rispetto alle tradizionali Maestà duecentesche: il charattere umano della Madonna, la profondità realizzata nonostante l'uniforme fondo d'oro, attraverso la prospettiva del trono cosmatesco, il rapporto psicologico che si crea tra le figure che, benché frontali, non sono bloccate, ma sembrano respirare o cantare e il peso umano e terreno delle figure.«[18] Auch Hetzer betont die Natürlichkeit als das eigentlich Neue dieser Maestà gegenüber den vorgängigen und zeitgenössischen: »Sicherlich sind Giottos Zeitgenossen betroffen gewesen von der entschiedenen Gegenwart aller Figuren; von dem Sitzen und der Körperlichkeit Marias, ihrem schweren Unterkörper, der sich abzeichnenden Brust, dem so freien, durch Licht und Schatten gegliederten Hals, endlich dem so gar nicht konventionellen, auch nicht eigentlich schönen, aber in seiner leichten Unregelmäßigkeit sehr anziehenden Gesicht, [...]; wie denn in der ganzen Erscheinung Marias Schwere und Zartheit sich eigentümlich mischen, und sich daraus das unmittelbar Lebendige [...] ergibt. Noch derber ist das Kind mit seinen kräftig ausgebildeten Gliedern und dem breiten Gesicht [...]. Wie nun Giottos Körperlichkeit menschlich irdisch ist, so ist auch der Geist irdisch geworden, menschlich faßbar als Vernunft, Verstand und Gefühl. Aber das Menschliche erscheint in einzigartiger Weise rein und klar, ohne Pathos feierlich und hoheitsvoll. Zugleich bewirkt die strenge Umgebung, bewirken das strahlende Gold,

---

[13] Coletti (1937), S. 350f.

[14] Gosebruch (1961a), S.233f.

[15] Offner (1930-1956), II, 3; Brandi (1983), S. 118-122; Previtali (1967/1974), S.83; Bellosi (1981), S. 56-59; Boskovits (1987), S. 59.

[16] Rintelen (1912), S. 123f.; Weigelt (1925), S. 116f.; Berenson (1932), S. 234; Hetzer (1947/1981), S. 209-235; Paeseler (1941), S. 62f.

[17] Paeseler (1941), S. 62f.; Weigelt (1925), S. 116f.; Jaques (1937), S. 44.

[18] Bistoletti (1989), S. 92.

das Weiß, das dichte Zinnoberrot einen Schimmer, der das Schwere schwebend werden läßt und das Irdische wieder an das Überirdische heranführt«.[19]

Diese irdische Natürlichkeit wird durch die Komposition in das *Kultische* integriert. In der Mitte des hochrechteckigen Bildfeldes sitzt die Madonna mit dem Kind unter dem spitzbogigen Tonnengewölbe der sie umschließenden Thronarchitektur. Engel und Heilige umgeben diese Architektur, die beide Zentralfiguren von ihnen trennt und diese, die durch den Figurenmaßstab schon "überragend" erscheinen, noch erhöht. Das mächtige Volumen der Madonna und die perspektivische Anlage des Throns sind zwischen dem flächigen Goldgrund und der plastischen Rahmung in eine Raum-Flächen-Spannung gebracht[20] und die Assistenzfiguren durch ihre Gesten und Blicke auf das Zentrum bezogen. Im ganzen ergibt sich so eine Komposition, die mit der Ausgewogenheit des römischen Mosaiks zu vergleichen ist und die das Zentrum auf besondere Weise erscheinen läßt.

Durch Blicke und Gesten wird die räumliche und inhaltliche Distanz zwischen den begleitenden und den zentralen Figuren in Etappen sowohl verdeutlicht wie überwunden und zugleich rhythmisch auf die Mitte hingeführt. Die Gedrängtheit der Assistenzfiguren zwischen Rahmung und Thronarchitektur, ihr vorsichtiges Berühren und Überschneiden dieses Gehäuses und nicht zuletzt die Verkürzung der Thronwangen[21] bewirken eine Verknappung des Thronraums, wodurch Maria und das Kind mächtiger wirken und die Unterscheidung zu den in der Hierarchie geringeren Figuren noch deutlicher wird. Zunächst wird wie in Padua – nach den Seiten unterschieden[22] – durch Griffe, Haltungen und im Vor und Zurück von Gewändern und deren Farbgebung auf ein Zentrum hin gesteigert und es selbst so mitkonstituiert: Es gilt also dasselbe Kom-

---

[19] Hetzer (1947/1981), S. 214.

[20] Cämmerer-George (1966), S. 40, führt aus, daß Giotto zum ersten Mal in der Entwicklung des Tafelbildes die Rahmung als steigerndes und zum Bild dazugehörendes Moment einsetzt.

[21] Besonders auffallend ist dies im Vergleich zu Paduaner Thronarchitekturen, wie der Vergleich mit dem Thron der *Iustitia* bestätigen wird.

[22] Es ist deutlich, daß der bärtige Heilige auf der Jesusseite intensiver blickt als auf der Marienseite. Dieser Eindruck wird erzeugt durch die auf beiden Seiten unterschiedliche Einspannung in die Architektur. Auf der Marienseite überschneidet der Pfeiler der Thronwange das Gesicht des Heiligen genau zwischen Auge und Ohr, wobei das Auge angeschnitten und so dem Blick etwas an Vollständigkeit genommen wird, aber das Ohr - zwischen Pfeiler und nächstem Nimbus ganz unversehrt - an Gewicht gewinnt: Dieser Heilige scheint mehr zu hören als zu sehen. Das Ohr des anderen hingegen ist verdeckt, aber beide Augen sind frei, und das Augenweiß blitzt stärker auf. In diesem Vergleich wird deutlich, welche Intensität an Impuls auf ein Zentrum hin das *Fastberühren* haben kann und wie wichtig die genauen Maße dabei sind.

positionsprinzip, ohne daß hier der Handlungszusammenhang einer aktuell erzählten Geschichte dargestellt wird.

Der Madonnenthron erreicht seine Höhe durch ein Postament mit zwei Abstufungen, wobei die untere mit dem Mittelteil nach vorn tritt, so daß eine Ecke auf dem Fußbodenniveau entsteht, die klar im Bildraum zurückgesetzt ist. Wie die Innenräume in Padua schafft diese Ecke den Raum, in dem die Engel knien, die ihrerseits diesen Thron durch ihr Verhältnis zur Rahmung in Spannung mit der Fläche setzen. Ihre Flügel ermessen die Tiefe zwischen Bildrahmen und erster Thronstufe, sie eröffnen quasi das Hinknien.[23] Mit den Händen greifen die Engel[24] über *ihren* Raum hinaus bis zur nächsten Thronstufe und bereiten den Raum in die Tiefe genau an der Stelle vor, an der die Treppe heraustritt. Die Architektur wird von der Figur genutzt. Dieses Verhältnis von Figur und Raum kommt sehr nahe dem als Einheit zwischen selbständiger Figur und vorgegebenem Raum bezeichneten zwischen dem Geiger und "seinem" Architekturwinkel auf der Darstellung des *Gastmahl des Herodes* in der Peruzzi-Kapelle. Allerdings überwiegt bei diesen Engeln der figürliche Anteil, d.h. die plastische raumschaffende Präsenz gegenüber dem vorgegebenen Raum, so daß die Beweglichkeit der Figur zwar weiterentwickelt ist, aber das Verhältnis von Figur und Raum dem der Paduaner Verspottungsszene entspricht.

Die Engel durchmessen mit ihrem Blick[25] die räumliche Distanz von der vorderen Bildschicht und dem Bodenniveau zur Höhe und Bildtiefe der Madonna. Sie erfassen damit aber auch die inhaltliche Distanz zwischen ihnen, den demütig Knienden, der *Erhabenheit* der thronenden Maria und der zentralen Segensgeste des Kindes. Um so

---

[23] Der vordere Flügel wird durch den Rahmen überschnitten: so wird deutlich, daß er sich räumlich dahinter befindet. Zwischen Rahmung und den Unterschenkeln bzw. den Knien ist allerdings Abstand gelassen, so daß die Engel auf dem Boden und nicht auf dem Rahmen knien. Mit diesem knappen Abstand wird zweierlei erreicht: Die Rückstufung im Raum und damit die dynamische Staffelung auf das Zentrum wird hier angelegt, zugleich wird aber wieder in die Fläche gespannt.

[24] Vermutlich sind die Rosen der Blumensträuße, die sie darreichen, die ersten nach der Natur gemalten Rosen. Vgl. Hetzer (1947/1981). Ebensolche beinahe naturalistische Rosen umgeben die Armut bei ihrer Vermählung mit dem heiligen Franziskus in der Vierung der Unterkirche von Assisi. Abb. 100 bei Mueller von der Haegen (1998).

[25] Hetzer (1947/1981), S. 212, trifft einen zentralen Punkt, wenn er dem »Sehen« einen großen Anteil an der Neuartigkeit dieses Madonnenbildes gibt. Es fehle die Nähe und Vertraulichkeit, wie sie den Engeln auf den früheren Darstellungen zukomme, hier blickten »alle Engel und Heilige auf Maria«, sie hätten eine Kraft »aus Distanz« und wären »von dem Angeschauten feierlich erfüllt«. Damit wird der erhöhte Symbolgehalt, der auch die neuere Literatur beschäftigt, bemerkt. Vgl. Brandi (1983), S. 118f.

weit hinaufzuschauen, müssen sie die Köpfe in den Nacken zurücklehnen. Dabei biegen sie leicht den Rücken durch. So haben sie eine Beweglichkeit, die ihnen größere Eleganz verleiht gegenüber den mächtigen, raumschaffenden Paduaner Figuren.[26]

Auch auf der nächsten Stufe sind die räumlichen Verhältnisse genau geklärt und angegeben. Die um den Thron stehenden Engel befinden sich auf dem unteren Podest und damit dichter am Zentrum.[27] Sie sind also in einem doppelten Sinn gegenüber den Knienden erhöht. Im Raum und auf der Fläche überbrücken sie die Distanz zum Marienthron, denn einerseits hinterfangen ihre Gewänder noch die der Knienden, andererseits reichen ihre Hände schon auf die Höhe der Sitzfläche.

Hinter ihnen schließt sich auf dem nächst höheren Podest, also auf der Thronebene, der Reigen von Heiligen an, deren Gesichter in Drehungen gegen die planparallel gestalteten Nimben und in Überschneidungen die jeweilige Stellung im Raum deutlich machen. Das Verhältnis von Figur und Raum ist bei dieser Gruppe der Assistenzfiguren deutlich wie bei den Gruppen der Arena-Fresken gestaltet – hier schafft sich jede Figur ihren Raum selbst. Die einzelne Figur ist raumschaffend. Durch die Anordnung der Figurengruppe entsteht Raum für das Throngehäuse. Dies ist vergleichbar mit der Phalanx der abgewiesenen Männer auf der *Marienhochzeit*[28]. Wie dort wird auch hier mit den Figurengruppen der Heiligen das Gehäuse der Zentralfiguren als räumliche Mitte verdeutlicht. Noch genauer geklärt werden die räumlichen Verhältnisse durch die Seitenwangen der Thronarchitektur, die sich nach einem massiven Wandanteil mit zierlichem Maßwerk öffnen, um den Heiligen diese distanzierte Nähe im Durchschauen zu gestatten. Sie blicken auf die Madonna, die auf einem marmornen Block sitzt und überfangen wird von einem gespitzten Tonnengewölbe, das nach vorne – zur Überhöhung des Zentrums – mit einem krabbenbesetzten Giebel abschließt. Der Innenraum für Maria und das Kind wird gebildet durch die Architektur, die zugleich den Außenraum, in dem sich die Engel und Heiligen befinden, erfahrbar macht.

Die schwierige Integration von Außen und Innen ist im Zusammenhang mit den Arena-Fresken der *Geburt Mariens* und der *Verkündigung an Anna* angesprochen wurden.[29] Allerdings sollte dort dem einheitlichen Innenraum eines Gebäudes ein Außenraum dazugegeben werden. Hier isoliert ein Throngehäuse die zentralen Figuren von der Umgebung, vergleichbar eher mit dem Stall, der auf den Darstellungen *Geburt Christi*

---

[26] Eher sind sie dadurch vergleichbar etwa mit dem Schergen auf des *Herodesgastmahls* in Florenz.

[27] Der doppelten Griff der knienden Engel wird an dieser Stelle zusammengeführt, indem die Engel mit beiden Händen Salbgefäß bzw. Krone präsentieren. Hier zeigt sich ein Rhythmus der Gesten, der als Konstante giottesker Komposition betrachtet werden kann.

[28] Abb. 73 bei Mueller von der Haegen (1998).

[29] Vgl. entsprechendes Kapitel. Abb. 66 u. 70 bei Mueller von der Haegen (1998).

und *Anbetung der Könige*[30] die Hauptfiguren von den umgebenden Figuren trennen und aus dem Fluß des Geschehens herausheben soll. Da die dünnen Pfosten des perspektivisch angelegten Stalldaches aber nicht dieselbe plastische Präsenz wie die Felsen haben, entsteht aus ihrem Zusammenspiel kein Raum für die Figuren. Vielmehr werden an diesen zarten Senkrechten die Beugungen und Drehungen der massiven Figuren verdeutlicht, und wird durch Über- und Hinterschneidungen die Rhythmik der Komposition mitbestimmt.

Hingegen wird auf dem Tafelbild die räumliche Dimension der Thronarchitektur an ihrer Basis durch die Stufe und die Engel, am oberen Abschluß durch die scheinbar beiläufigen, gotischen Schmuckelemente lesbar. Durch diese Bekrönung ist der Thron in ein direktes Verhältnis zur Rahmung gesetzt[31]: Die vorderen Fialen berühren fast den Bildrand. Mit dem knappem Abstand zwischen Rahmen und Fiale wird Flächenspannung zwischen diesen Elementen erzeugt, d.h. der Thron ist auf die Rahmenform als letztes überhöhendes und zugleich umfassendes Bildelement konstruiert.[32] Anders als bei dem Paduaner Beispiel der *Heimsuchung*,[33] dessen Architektur so an die Rahmung anstieß, daß sie nur in die Fläche gebunden blieb, ohne Räumlichkeit zu schaffen, ist dieses *Fastberühren* durch die einsetzende Spannung zwischen zwei nicht auf derselben Raumebene liegenden Gegenständen ein raumschaffendes Element.

V.1.1 *Iustitia*, Arena-Kapelle

Der Schritt, den Giotto in dem Tafelbild über die Paduaner Stufe hinaus tut, wird an diesen Raumverhältnissen, gerade auch im Vergleich zu der Thronarchitektur der Paduaner *Iustitia* deutlich[34]: Auch der Thron der *Iustitia* in Padua scheint zuerst in einen Raum, in eine Architekturnische hineingestellt. Bildparallel schließt der einfache Sockel[35] mit der Nischenkante ab. Die Thronwangen sind darauf leicht schräg gestellt,

---

[30] Abb. 75 u. 76 bei Mueller von der Haegen (1998).

[31] Vgl. Cämmerer-George (1966), S. 21f.

[32] So nimmt der Winkel des Rahmens den Winkel des Wimpergs auf, aber bringt ihn stärker in die Waagerechte und bindet das aufsteigende Moment.

[33] Abb. 63 bei Mueller von der Haegen (1998).

[34] Abb 52 bei Mueller von der Haegen (1998). Gosebruch (1961a), bezeichnet den Thron der Ognissanti-Madonna als ambitionierter, aber weniger perfekt als den Thron der *Iustitia* aus der Reihe der Paduaner Allegorien.

[35] Beachtenswert sind die kleinen Malereien auf diesem Sockel. Angesichts dieser Figuren kann »miniaturist tendency« wohl kaum abwertend »non-Giotto« meinen, wie es Offner (1927), S. 91f., aber behauptet.

verkürzen sich so bis zum Thronsitz, der von einer Dreipaßtonne überwölbt wird. Die ganze Thronarchitektur ist im Vergleich zum Madonnenthron in reduziertem gotischen Formengut gestaltet; dies entspricht der plastischen Präsenz, durch die sie auch ohne starke Farbigkeit wirken muß.[36] Der Madonnenthron verhält sich zu diesen wuchtigen Architekturen aller Paduaner Fresken wie die geschmeidiger bewegten, knienden Engel zu den dortigen schwergewichtigen Figuren. Durch die perspektivische Schrägführung der Seitenwangen entsteht zwischen Nischenwänden und Thron der *Iustitia* wohl räumliche Spannung, aber kein eigentlicher Raum wie rechts und links des Madonnenthrons.

Der Thron der *Iustitia* entspricht den Gehäusen auf den szenischen Fresken der Arena-Kapelle, z.B. der *Fußwaschung* oder des *Abendmahls*: Dort wird ein Innenraum dargestellt, der auch von außen zu sehen ist, ein Gebäude, dessen eine Wand für den Betrachter entfernt wurde. Es findet keine Integration zwischen Außen- und Innenraum statt.[37] Die *Iustitia* sitzt auch - dem ikonographischen Typus entsprechend - isolierter in dem für sie geschaffenen Gehäuse. Wie der Thron selbst braucht sie die starke plastische Präsenz, die an ihr erzeugt wird durch das Volumen der kräftigen Gestalt und deren festen Schwerpunkt. Die Sitzende schafft für sich *ihren Handlungsraum*,[38] wie die Figuren auf der Paduaner *Heimsuchung*. Die Umgebung des Madonnenthrons ist *Außenraum*, der zwar von den Figuren wie in Padua als ihr Handlungsraum gebildet ist, aber er wird verbunden über die Architektur, durch die sie durchsehen, mit dem *Innenraum*, vor dem die Engel ihren Raum haben und in dem Madonna und Kind thronen.

Auf diese beiden hin ist das Bild mit den Fluchtpunkten des perspektivisch gemalten Throns konzentriert. Es sind nicht die Fluchtlinien einer Sehpyramide der Renaissance, aber doch die konstruktiven Möglichkeiten einer genauen empirischen Perspektive, die ihr Gewicht auf den inhaltlichen Schwerpunkt der majestätischen Madonna und des beherrschenden Kindes legt, indem die segnende Hand des Kindes Sammelpunkt der Fluchtlinien ist.

Gerade an der Möglichkeit von Außen- und Innenraum, ebenso an dem für die knienden Engel vorgegebenen Raum wird deutlich, daß konsequent die Paduaner Erfahrungen weiterverfolgt wurden, die in der Spanne zwischen der *Heimsuchung* und der *Geißelung* am Verhältnis Figur und Raum aufgezeigt werden konnten. Um die Richtung dieser

---

[36] Auf ihren "Fenstersimsen" müssen sich auch noch Figurenszenen abspielen können.

[37] Vgl. Gioseffi (1963a), S. 55-61. Gioseffi unterscheidet die Möglichkeit einer Raumintegration und eines umfangreichen Raumambientes der Bardi-Kapelle von diesen Gehäusen.

[38] Sie tritt sogar über den vorgegebenen Raum hinaus, indem ihr Fuß und mit ihm ein gewisser Gewandanteil über die Sockelkante hinaus, in den "realen" Raum hineinragt. Dieses Phänomen findet man auch bei einigen figuralen Elementen der Schmuckborten in der Arena-Kapelle. Maginnis (1982) hat es erst für Lorenzetti in Anspruch nehmen wollen.

Entwicklung darzulegen, sei hier im Vorgriff auf das folgende Kapitel ein kurzer Vergleich zwischen der Florentiner Maestà und der Mitteltafel des römischen Polyptychons mit dem thronenden Petrus durchgeführt.[39]

Die große Rahmenarchitektur der doppelseitig bemalten Altartafel ist verlorengegangen und lediglich durch die Miniaturwiedergabe, die der Stifter Petrus überreicht, zu erschließen.[40] Ihr wurde eine stuckierte und bemalte innere Rahmung eingestellt. Diese gehört schon zum jeweiligen Bildfeld und ist zweifach gestaffelt, indem eine einfache Rahmung, die durch Bemalung gegliedert ist, einen stuckierten Dreipaßbogen, der von Säulen getragen wird,[41] umschließt. Der "aktive" Zusammenhang zwischen Rahmen und Bildfeld, der auch auf dem Florentiner Tafelbild beobachtet werden kann, ist hier weiterentwickelt und beinahe zur "Illusion" eines sich eröffnenden Innenraums gesteigert: Da das Rahmenprofil nicht wie bei der Ognissanti-Madonna um das ganze Bildfeld herumgeführt ist, sondern zwischen den Basen der eingestellten Säulen verbleibt, erinnert es an eine Bodenschwelle. Über sie scheint der Betrachter den Raum, in dem sich das Geschehen entwickelt, betreten zu können. Auf diese Weise sind quasi zwei Räume, der Betrachterraum – außen – und der Bildraum – innen – miteinander verbunden.

An den gemusterten Fußbodenkacheln wird das Konstruktionsschema der konvergierenden Linien über Quadrat und Diagonale sichtbar.[42] So wird der ganze Bildraum, in dem Petrus thront und von knienden bzw. stehenden Figuren umgeben ist, sehr deutlich. Es entsteht ein Raum, dessen Fluchtpunkte sich in Brusthöhe der thronenden Petrusgestalt sammeln. Die vordere Reihe der sich perspektivisch verkürzenden Bodenkacheln zeigt an, wie weit die Thronarchitektur von der "Bodenschwelle" zurück in den Bildraum gesetzt ist. Hinter den ursprünglich eingestellten Arkadensäulen, von diesen knapp überschnitten, nimmt ein Postament mit zwei nach vorne kragenden Stufen die Bildbreite ein.

Wie bei der Ognissanti-Madonna führen hier Kniende in die Tiefe zum Thron. Knien dort die Engel wegen des knapper bemessenen Vordergrundes parallel zur Bildfläche und erreichen mit ihrer leichten Kopfdrehung sowie dem Gestus die Hinwendung auf das Zentrum, so kann hier die Bewegung auf das Zentrum gemäß der durchkonstruierten Perspektive auch mit der Figurenstellung eingeleitet werden. Die Raumdiagonale beschreibend knien die Figuren vor den Thronstufen, haben die Hände mit ihren Gaben erhoben und die Köpfe weit in den Nacken zurückgelegt, um mit den Blicken Petrus zu erreichen. Ihre ausgreifende Gestik und besonders die Ausnutzung der

---

[39] Abb. 104 bei Mueller von der Haegen (1998).

[40] Abb. 105 bei Mueller von der Haegen (1998).

[41] Die plastischen Säulen sind verloren gegangen.

[42] Vgl. Gioseffi (1971), S. 224.

Raumdiagonalen für ihre Bewegung unterscheidet diese Knienden von den Engeln der Florentiner Tafel in derselben Weise wie die Figuren der Darstellungen in der Peruzzi-Kapelle von denen der Arena-Kapelle.

Beide knienden Figuren, Stifter und Heiliger, nutzen den ihnen vorgegebenen, sie umschließenden Raum. Dies gilt auch für die stehenden, sie anempfehlenden Heiligen direkt neben ihnen. Auch diese haben die Möglichkeit zu Drehungen im Raum. Beinahe noch deutlicher wird der Unterschied zu den Assistenzfiguren auf der Florentiner Tafel an den Engeln, die neben dem Thron Petri auf dem Podest stehen. Sie befinden sich mit dem jeweils inneren Flügel fast schon hinter der Thronrücklehne und wenden sich mit dem Oberkörper nach vorne, genauer zur Mitte, um Petrus anzusehen. Auf dieser Mitteltafel des römischen Altars bilden die Assistenzfiguren auf beiden Seiten einen Halbkreis um den Thron vergleichbar mit den Figuren zu Füßen des Evangelisten Johannes auf dem Erweckungsbild in der Peruzzi-Kapelle.[43] Im Vergleich dazu wirken die Figuren um die Florentiner Madonna planparallel geschichtet. Dies entspricht den Paduaner Darstellungen, z.B. der Figurenanordnung auf der *Erweckung des Lazarus*.[44]

Allerdings konnte an den knienden Engeln und ihrem Verhältnis zum Raum festgestellt werden, daß dies am ehesten den Paduaner Fresken entspricht, in denen am weitesten der Schritt vorbereitet wurde, der in den Peruzzi-Fresken durchgeführt ist. An den Assistenzfiguren wird also deutlich, daß wohl die "fortschrittlichen" Elemente aus Padua wieder zu beobachten sind, aber das Verhältnis von Figur und Raum weder dem der Peruzzi-Fresken noch dem der römischen Tafel entspricht. Hierin zeigt sich ein deutlicher Hinweis auf die innere Chronologie der Werke.

Wie die Engel der Petrus-Tafel des Stefaneschi-Altars führen die der Florentiner Tafel den betrachtenden Blick in die Mitte des Bildfeldes. Beherrscht wird dieses durch das Zentrum, in dem die Madonna mit kräftigem Volumen die Architektur einnimmt, die hinter ihr zurückzutreten scheint.[45] Ihr dunkelblauer Mantel ist quer über die Oberschenkel gezogen und fällt schwer und breit bis auf den Boden des Throns. Dies entspricht dem massiven, gebauten Fundament, das sich durch die Stufen bis an den Bildrahmen ausdehnt. Der Oberkörper Mariens, der wie die Architektur zierlicher aufwächst, wird von der Rückwand und dem Tonnengewölbe, deren Muster und filigranen Seitenteile

---

[43] Abb. 120 bei Mueller von der Haegen (1998).

[44] Abb. 82 bei Mueller von der Haegen (1998).

[45] Diese Inkohärenz zwischen raumhaltiger Architektur und plastischer Präsenz der Figur auf dem Tafelbild war für Gosebruch (1961a), S. 237, Anlaß, den Paduaner *Iustitia*-Thron als in der Entwicklung weiter zu sehen. Sie erklärt sich aber gerade in einem gegenüber Padua weiterführenden Moment von Figur und Raum.

mit dem feinen Stoff des Madonnengewands korrespondieren, und von dem blauem Mantel, der bis über das Haupt gezogen ist, doppelt umfangen. Während die Architektur zum Außenraum abgrenzt, wirkt der Mantel wie eine innere Schale, die sich zum Jesusknaben, der auf dem linken Oberschenkel, fast auf der Hüfte der Madonna sitzt, öffnet und dort unter dem Knaben mit dem roten Innenfutter eine eigene Basis für ihn bildet.[46] Im Wechselspiel zwischen Konstruktion auf der Fläche – durch die planimetrischen Nimben – und räumlicher Staffelung – durch den halbgeöffneten Mantel – wird wie mit konzentrischen Kreisen, die schon in der Gebärde der knienden Engel anfangen und in der goldenen Fransenbordüre des Mandonnenmantels aufgegriffen werden, hier die Begegnung von Mutter und Kind gerahmt. So wird ein nächster Schritt zum Mittelpunkt des Zentrums vorbereitet. Diese Mitte ist durch einen letzten, engen Kreis umschlossen, gebildet durch die beiden Hände Marias und den linken Arm des Kindes.

Schon die feine Malerei des Schleiers zeigt, welche Kostbarkeit der Mantel zu bergen hat. Das weiße, mit Goldborten besetzte Untergewand läßt durch den zarten, weichfallenden Stoff die weiblichen und mütterlichen Attribute der Madonna durchscheinen,[47] durch die dünne, zart rosa getönte Gaze des Knabengewandes schimmern die natürlichen, rundlichen Kinderformen bis hin zum Bauchnabel - solch malerischen Finessen sind zwar eo ipso in der Grisaille-Malerei der *Iustitia* nicht wiederzufinden, aber selbst bei Berücksichtigung der unterschiedlichen Technik findet man auch auf den szenischen Fresken in Padua nichts Vergleichbares.[48] Hier hebt gerade der Unterschied der Stoffe, gesteigert durch diese kostbare Malerei, die Begegnung von Madonna und Jesusknaben als Besonderes hervor. Dabei wird die natürliche Beziehung zwischen Mutter und Kind nicht vernachlässigt, sondern erscheint im Gegenteil sehr vertraut, wichtig im Griff der Mutter unter die Kinderachsel oder dem unbeholfenen, aber zugleich besitzergreifenden Haltsuchen des kleinen Fußes auf dem mütterlichen Oberschenkel. Dennoch ist es nicht eine natürliche Beziehung, wie sie auf dem Altarbild der Badia zwischen der Madonna und dem Kind dargestellt wurde: Dort blickt der Knabe zur Madonna, nähert sich ihr mit kindlicher Gebärde, indem er der Mutter an den Ausschnitt greift.[49] Auch in der Arena-Kapelle sind die Begegnungen von Mutter und Kind

---

[46] In Farbe und Funktion entspricht dieses Innenfutter dem Sitzkissen Mariens.

[47] Zugunsten der Natürlichkeit der Madonna wurde auf die tradierte Farbikonographie, die der Madonna ein rotes Untergewand zuschreiben würde, verzichtet. Vgl. Hager (1962), S. 143.

[48] Am ehesten wiederzufinden ist diese Möglichkeit feiner Malerei in Padua an den Miniaturszenen der *Iustitia* und *Iniustitia*. Dann erst in nachpaduaner Werken, explizit beim römischen Altarwerk und den *Vele* der Unterkirche in Assisi. Vgl. die folgenden Kapitel.

[49] Das Altarbild des Hochaltars der Florentiner Badia, heute in den Uffizien als Leihgabe des Museums von S. Croce, [Bistoletti (1989), Abb. 14] wird im allgemeinen vor die Ausmalung der Arena-Kapelle, zumindest aber ins erste Jahrzehnt des Trecento datiert. Vgl. Brandi (1983), S. 64- 65;

"naiver" dargestellt: In der Geburtsszene scheinen sich beide im erkennenden Blick zu verlieren, auf dem Fresko der *Darstellung im Tempel* streckt das Kind der Mutter fast zappelnd die Arme entgegen. Beidemal herrscht genaueste Naturbeobachtung, die die Aktualität des "Eben-Jetzt" eines Ereignisbildes aufs schönste unterstreicht. Wie sich aus dieser aktuellen Handlung der darüber hinausweisende Gehalt entwickelt, wurde gezeigt.

Auch auf dem Tafelbild von Ognissanti ist eine Handlung entwickelt, nämlich die Versammlung der Engel und der Heiligen sowie die natürliche Beziehung zwischen Mutter und Kind. Die Zentralfiguren erhalten durch ihre Natürlichkeit eine aktuelle Präsenz. Gegenüber dem »Kultischen« anderer Maestà-Darstellungen, das sich durch die »familiäre Nähe« der Assistenzfiguren zum Zentrum auszeichne, erhebe sich dieses Werk nach Hetzer durch das eher »Künstlerische« zu einer Allgemeingültigkeit.[50] Der Unterschied zu einer »familiären Nähe« könnte erklärt werden durch die beschriebene Distanz, die die Engel und Heiligen, die eine äußere Umfassung des Zentrums bilden, mit Blicken überwinden und die sowohl durch die Architektur als überhöhende und trennende Stufe errichtet wie mit dem Mantel als innere Schale um das Zentrum verstärkt wird. Dieser Begriff umfaßt noch nicht die rhythmische Steigerung im Zurücknehmen der Gebärden, den spezifischen Raum, das Leichter-Werden der Architektur und das in Einheit mit dieser Umgebung erfundene Zentrum, an dem sich die Allgemeingültigkeit erweisen muß:

Exzentrisch sitzt der Knabe auf der linken Hüfte der Mutter. Die Bewegung der Beine, die Formen und die Proportionen wirken kindlich. Nur das Gesicht bleibt "unnatürlich" unbewegt in seiner strengen axialen Ordnung und ist hierin dem Christus-Haupt der *Navicella* vergleichbar. Unterstrichen wird die Axialität des Knabengesichts durch die große, goldene Scheibe des Nimbus, die es von aller Umgebung trennt und außerhalb des Konturs der Mutter setzt. Jenseits einer kindlichen Beziehung zur Mutter

---

Bistoletti (1989), S. 60. Gosebruch setzt die Ognissanti-Madonna, die er nicht als Schritt über Padua hinaus wertet, zusammen mit dem Badia-Altarbild eher auf die Stilstufe der sog. Costa-Madonna [Madonna aus der Florentiner Kirche S. Giorgio alla Costa, heute in den Uffizien; Bistoletti (1989), S. 44]. Vgl. Gosebruch (1971), S. 236f. Die Bildkomposition der letzteren ermöglicht allerdings gerade keine Steigerung auf das Zentrum und ist deshalb grundsätzlich von der Florentiner Maestà unterschieden, obwohl einige Elemente dem "Wortsinn" nach einen direkten Bezug herzustellen scheinen. Datierung und Zuschreibung der Costa-Madonna sind umstritten [Vgl. Bistoletti (1989), S. 44].

[50] Hetzer (1947/1981), S. 211 und 212. Diese Allgemeingültigkeit sei vergleichbar mit der *Divina Commedia*. Den Kultbildcharakter sah er dagegen etwa in Duccios und Cimabues Maestà, aber auch in der erst 1315 entstandenen Maestà von Simone Martini gegeben.

wird diesem Knaben dadurch eine *allgemeingültige* Komponente verliehen.[51] Als wenn sie vor diesem Kind zurückweicht, ist dann auch die Madonna mit dem Oberkörper durch eine Bewegung, von der die Falten ihres Untergewands noch zeugen, aus der Mittelachse gerückt. Dadurch entsteht Distanz, ausgedrückt durch Raum zwischen den beiden zentralen Figuren. In diesen Raum greift die segnende Hand des Knaben, die genau im Mittelpunkt des Bildes, überhöht durch den Wimperg der gotischen Architektur und umschlossen von den Figuren, das eigentliche Zentrum bildet. Für die alles bestimmende Geste des Kindes ist Maria exzentrisch gesetzt, bildet ihre greifende Hand Basis,[52] und zu ihr hin ist ihr Kopf geneigt, während der Blick aus dem Bild heraus gewandt ist. Auch dadurch werden Mutter und Kind getrennt, aber in der *Allgemeingültigkeit* des Jesusknaben und der *Erhabenheit* der Madonna durch die Mitte des Segensgestus verbunden.

Der Schritt, den Giotto mit dieser Tafel also über frühere Maestà-Darstellungen hinaus macht, ist erstens, dem Altarbild eine immanente Handlung zu geben. Dies wird besonders deutlich an den blumentragenden Engeln und dem Verhältnis der zentralen Figuren zueinander und geschieht unter demselben Kompositionsprinzip, das für die Arena-Fresken beschrieben wurde, nämlich der sukzessiven, rhythmischen Steigerung durch Blicke und Gesten auf das Zentrum zu. Zweitens wird im Unterschied zu den früheren Beispielen *Erhabenheit* und *Allgemeingültigkeit* dargestellt bei großer *Natürlichkeit* und *Individualität* besonders von Mutter und Kind.[53] Gerade mit den natürlichen Proportionen, der natürlichen Schwere des Körpers und den entsprechenden stofflichen

---

[51] Hetzer (1947/1981), S. 216, sieht, daß »das Kind am wenigsten teil [hat], es ist als göttliches Wesen am meisten absolut, und man versteht immer besser, warum ihm Giotto diese breite, feste Kopfform gegeben hat [...].«

[52] Hetzer (1947/1981), zeigt, daß dieser Griff das tradierte Zeigen auf den älteren Darstellungen der Maestà ist, aber in einen natürlichen Zusammenhang gebracht. Hierbei sei an v. Simsons (1970), S.229, Aussage erinnert, der von den Einzelgestalten Giottos sagt, daß sie alle auf tradierte Vorbilder zurückgingen, aber erst durch Giotto zu einer Allgemeingültigkeit kämen.

[53] Ein Kind, das auf dem rechten Oberschenkel sitzt und seine Hand segnend erhoben hat, wird auch von Duccios "Madonna Trinita" oder von Arnolfo di Cambios Florentiner Madonna gehalten. Auch frühere Beispiele von Madonnendarstellungen mit segnendem Kind in der Mittelachse ließen sich nennen – hier sei nur die Madonna des Bigallo-Meisters von ca. 1250 oder die des Margaritone von ca. 1275 erwähnt. Aber alle Beispiele erreichen sowenig, wie die oben genannten Madonnendarstellungen mit der "natürlichen" Mutter-Kind-Beziehung, diesen Charakter, den Hetzer (1947/1981), S. 211, wohl meinte, als er die Ognissanti-Madonna die weniger kultische nannte. Das Natürliche, zu einer allgemeinen Aussage erhoben, macht also die Unbedingtheit dieser Madonna aus gegen das »Kultische« älterer Bilder.

Qualitäten entwickelt Giotto diese über die *Menschlichkeit* der körperlichen Figuren hinausgehende, inhaltliche Komponente.

V.1.2 Taddeo Gaddi: *Maestà*, Castelfiorentino

Ein Vergleich mit der Madonnentafel des Taddeo Gaddi aus der Kirche San Francesco in Castelfiorentino,[54] die in deutlicher Abhängigkeit von der Ognissanti-Madonna steht, kann diese Möglichkeit zur inhaltlichen Erweiterung noch einmal präzisieren. Auf den ersten Blick erscheinen die Zentralfiguren zumindest den "Buchstaben nach" identisch gebildet. Der genauere Blick eröffnet Unterschiede – die Gradationen der Maße sind grundsätzlich andere. Dadurch verändert sich auch der Gehalt. Schon die dickeren, weniger durchscheinenden Stoffe sind auffallend, die Körper der Zentralfiguren sollen so größere Schwere und Festigkeit erhalten. Ganz in diesem Sinne faßt Maria kräftig um den Unterschenkel des Kindes, so daß sich das Knie unter dem Stoff stark hervorwölbt. Deutlich wird hier, um nur diesen einen Punkt zu nennen, mehr Naturalismus gesucht. Auf diese Weise verliert der Zugriff Mariens an Eleganz, aber auch an hinweisendem Charakter. Zugleich wird die Möglichkeit der Darstellung einer räumlichen Distanz, die durch den leichten Knick am Handgelenk der Ognissanti-Madonna geschaffen ist, "verschenkt" zugunsten einer geraden Linie, die die derbere Beziehung zwischen Mutter und Kind zum Endpunkt hat.

Entsprechend behäbiger sitzt der Jesusknabe auf dem Oberschenkel seiner Mutter. Er wirkt durch die Kleidung schwerer, hat aber einen gestreckteren Körper und vor allem einen ovalen, nicht runden Kopf, wie er auf Giottos Darstellung die konzentrische Mitte des Nimbus bildet. Die gestreckteren Proportionen des Knaben bewirken, daß sein Nimbus gegenüber dem Throngehäuse und der Madonna höher sitzt. Hier macht der Vergleich besonders deutlich, wie Giotto mit knappen und genauen Maßen die räumlichen Verhältnisse und damit die Grundlage der Bildaussage schafft. Da auf der Darstellung Taddeo Gaddis der Kindesnimbus höher sitzt, verdeckt er die Schulterrundung Mariens, deren Sichtbarkeit auf der anderen Tafel das Madonnenhaupt majestätisch emporwachsen läßt und zugleich die räumliche Schichtung erfahrbar macht. Hier werden Flächen übereinandergelegt, so wie die Vollendung der Nimben zu einem ganzen Kreis durch die Halsausschnitte beider Figuren eine Fläche erzeugt.

---

[54] Diese Tafel wird Taddeo Gaddi lediglich zugeschrieben. Vgl. Donati (1966), S. 14-15, 32; Cole (1976), S. 73. Allerdings bleibt für die hier zugrunde liegende Fragestellung die Autorschaft der Tafel unerheblich. Von Bellosi (1977a), S. 26, wird sie aufgrund des gegenüber dem Vorbild erweiterten Halsausschnitts auf 1320 datiert.

Taddeo Gaddi verändert in seiner Nachahmung das Vorbild, indem er die Hand des Knaben auf die Ebene des Kinderkopfes zurückführt. Es gäbe auch keinen Raum für die segnende Geste des Kindes, keinen Raum zwischen den beiden plastischen Körpern. An noch weiteren Einzelheiten könnte der Verlust der genauen Maße, durch die das Verhältnis von Figur und Raum bestimmt wird, aufgezeigt werden, aber gerade die aus der Logik der Bild- und Figurengestaltung heraus notwendig veränderte Handhaltung ist für die verlorene Intensität die Darstellung paradigmatisch.

Aus diesem Vergleich wird deutlich, daß der Komposition der Ognissanti-Tafel ein Verhältnis von Figur und Raum entspringt, das die Integration einer einheitlichen Handlung durch "natürliche" Figuren in den allgemeingültigen, jenseits der Zeit liegenden Gehalt des Segensgestus ermöglicht. An den knienden Engeln wurde eine Ambivalenz zwischen vorgegebenem Raum und raumschaffender Figur festgestellt, die im Vergleich mit der römischen Altartafel deutlich zur letzteren tendiert und dem Verhältnis von Figur und Raum der Paduaner *Verspottung* entspricht. Die stehenden Figuren hingegen sind durch ihre Stellung zueinander in einer Weise raumschaffend wie die Figurengruppen der Paduaner *Marienhochzeit*. Das Verhältnis von Thronarchitektur und Zentralfiguren scheint darüber hinauszugehen: Die Madonna nimmt den ihr angebotenen Raum ein. Allerdings überwiegt auch hier, ähnlich wie bei den Knienden, der figürliche Anteil durch die große plastische Präsenz.

Erst in der Möglichkeit, die Segensgeste durch das Zurückweichen der Madonna und den dadurch frei werdenden Raum so zentral zu gestalten, erreicht die Raumdarstellung der Maestà von Ognissanti ihren Höhepunkt und ist zugleich sehr deutlich mit der Handlung der Figuren verknüpft. Da der Segensgestus des Christusknaben als Zentrum von Raum und Handlung gestaltet ist, wird die Natürlichkeit von Mutter und Kind aufgehoben in die hieratische Erhabenheit von Madonna und Jesusknaben. Der sinnstiftende Gehalt dieses Altarbildes haftet ihm so nicht als bloßes Zeichen an, sondern ist - vergleichbar mit den narrativen Fresken in Padua - in der Gesamtkomposition gebunden an raumschaffende Architektur und Figuren sowie deren zentrierende Gebärden, Blicke und Haltungen.

Die Blicke der Assistenzfiguren überwinden und verdeutlichen zugleich die Distanz, in die das raumgebendende Throngehäuse die Zentralfiguren setzt. Deren körperliche Präsenz ist im Vergleich zur Architektur so stark, daß eine gewisse Inkohärenz zwischen den Figuren, die kräftig hervorzutreten scheinen, und Raum, der die Figuren scheinbar nicht bergen kann. Weder bei den erzählenden Fresken, noch bei den Personifikationen in der Arena-Kapelle entsteht eine solche Inkohärenz, da dort durchgehend die Figur innerhalb der Handlung raumschaffend ist. Hier sind die Figuren neben dem Throngehäuse raumschaffend wie die Paduaner, während die zentralen Personen von Raum umgeben sind. Dem "Mangel" gegenüber den Paduaner Fresken, der kompositorisch durch die Steigerung mit flächigen und räumlichen Kreisen auf das Zentrum entsteht, liegt also eine Auseinandersetzung, eine Verselbstständigung, von Figur und Raum zugrunde, die einen Schritt über diese Fresken hinaus zeigt.[55] So wird die Möglichkeit geschaffen, über die traditionelle Bedeutungsperspektive und die unmittelbare Differenz zwischen Zentral- und Assistenzfiguren hinaus an den im Raum des Throngehäuses freier bewegbaren Figuren ihre Bedeutung als ihrem Wesen gemäß erfahrbar werden zu lassen.

V.1.3 Simone Martini: *Maestà*, Siena

Mit der Maestà von Simone Martini ist ein datiertes Beispiel überliefert, das die Tradition der großen, 1311 für den Sieneser Dom fertiggestellten Maestà Duccios aufnimmt und zugleich die neuen Möglichkeiten, die an der Ognissanti-Madonna Gestalt werden, erkennen läßt.[56] Für die Stirnwand des Sieneser Rathaussaals, heute Sala del Mappamondo, fertigte Simone Martini 1315 ein Fresko von 7,65 m Höhe und 9,70 m Breite, an dem er 1321 noch einmal arbeitete und dabei einige Köpfe veränderte.[57]

In der Mitte des Bildfeldes sitzt die Madonna mit dem Kind auf einem breiten Sitz mit reichgegliederten Rück- und Seitenteilen. Der Jesusknabe steht auf ihrem linken Oberschenkel und blickt frontal aus dem Bild. Rechts und links des zentralen Paares stehen jeweils zwölf Heilige und Engel, von denen einige das Gestänge des längsrechteckigen Baldachins tragen, der nahezu die ganze, auf einem niedrigen Podest stehende Versammlung überdacht. Davor, zwischen Rahmung und diesem Podest, knien auf jeder Seite drei Figuren. Es sind wie auf der Maestà des Duccio die Stadtheiligen Sienas und,

---

[55]   Neben den raumschaffenden Seitenfiguren deutet auch die kräftige Plastizität der zentralen Figuren auf die Verbindung zu Padua hin, während die Beweglichkeit der knienden Engel und die feine Malerei neben dem veränderten Figur-und-Raum-Verhältnis die nachpaduaner Entstehungszeit zeigen.

[56]   Abb. der Maestà Simones bei de Castris (1989), S. 25; der Maestà Duccios bei Torriti (1991), S. 11.

[57]   Das große, ungeteilte Bildfeld wird von einer Rahmung umschlossen, deren figurierte Medaillons und florale Motive für Köhren-Jansen [(1993), S. 19-20] ihre Vermutung bestätigen, daß die Rahmung der *Navicella* nicht ausschließlich Engelmedaillons umfaßte. Möglicherweise ist sogar der Auftrag zu dieser Maestà mit seinen ganzen politischen Implikationen erst durch die *Navicella* angeregt worden. Vgl. zur politischen Interpretation Rave (1986); allgemein Hueck (1968), S. 32f.; Rave (1986), S. 5f.; Martindale (1988), S. 16-17, u. 204-208; de Castris (1989), S. 24-29, 61.

zur Mitte hin, Engel, die mit beiden Händen der Madonna Blütenschalen weit nach oben reichen. Diese Engel waren für Weigelt Anlaß, die Ognissanti-Madonna in Abhängigkeit der Maestà Simones zu sehen, und für Jaques, ein umgekehrtes Verhältnis zu konstatieren.[58]

Mit den Engeln wird die Reihe der Knienden vollendet und auf die Madonna bezogen. Während die knienden Heiligen, besonders der heilige Bischof Savino, deutlich ihre Vorbilder in der von Duccio gemalten Maestà haben, sind die blumentragenden Engel verwandt mit denen des giottesken Tafelbildes. Diese Engel reichen höher und näher an die Madonna heran als alle anderen Figuren. Auf der nächsten Stufe stehen gekrönte heilige Frauen, die ihre Arme über der Brust kreuzen. Mit ihrer Distanz schaffenden Gebärde scheinen sie das Zudringen der Engel abzumildern. Auch diese Geste eröffnet Beziehungen zu giottesken Figuren: Auf den Darstellungen *Hochzeit zu Kanaa* und *Begegnung an der Goldenen Pforte* in Padua halten mit dieser Gebärde der Diener vor Christus bzw. die Magd hinter Joachim und Anna, in der Peruzzi-Kapelle die lüsternen Beobachter des Salometanzes Abstand.[59] Auf derselben Ebene wie das Madonnengesicht sieht man zwei Engelsköpfe. Diese Engel blicken durch das Baldachingestänge direkt auf die Zentralfiguren. Ihr intensiver Blick erinnert an die Blicke der Heiligen direkt neben dem giottesken Madonnenthron.[60]

Auffallend ist, daß die Figuren, die der Madonna mit dem Kind am nächsten stehen, den Blick auf giotteske Figurenfindungen lenken, während die große Heiligenversammlung eher in der Tradition Duccios steht. Nur die jeweils drei, vollkommen symmetrisch angeordneten Figuren direkt am Zentrum sind auf dieses konzentriert und schaffen so, anders als die "familiär" über den Thron gelehnten Engel in Duccios Maestà, eine gewisse Barriere zur Umgebung. Etwa haben auch nur die knienden Engel und die Heiligen, die die Arme über der Brust kreuzen, eine geschlossene Gebärde, auf die allerdings nicht, wie immer bei giottesken Gebärden, hingeleitet oder Bezug genommen wird. Da Simone Martini, anders als Giotto, den Zentralfiguren ein menschliches Maß gegeben und sie weder durch solch plastische Präsenz, noch durch hinführende Blicke

---

[58] Weigelt (1925), S. 116f.; Jaques (1937), S. 44. Vgl. den Anfang dieses Kapitels.

[59] Auch die Engel, die dem thronenden Herrscher in der Paduaner Darstellung des *Prologs im Himmel* am nächsten stehen, haben diese Armhaltung. Gosebruch (1986), S. 151, weist auf diese »echt giotteske Gebärde« hin. Er erwähnt auch, daß entwicklungsgeschichtlich Nicola Pisano vorausgegangen sei, der die beiden Kleriker am Peruginer Brunnen so auftreten lasse. - wenn man nicht an die Engel neben dem Christus-Thron des römischen Altars denken will, worauf im folgenden Kapitel eingegangen wird.

[60] Wenn man nicht an die Engel neben dem Christus-Thron des Stefaneschi-Altars denken will, worauf im nächsten Kapitel eingegangen wird.

oder Gesten hervorgehoben hat, sind die Figuren unmittelbar an der Thronarchitektur besonders notwendig zur Betonung des Zentrums.

Überhöht von dem mittleren Wimperg des gotischen Thronaufbaus ist die Sieneser Madonna schräg in die Mittelachse gesetzt. Im Vergleich zur Ognissanti-Madonna ist ihr Körperbau zierlicher, sind die Gewänder reicher und ihre Sitzhaltung eleganter. Sie hat nicht dieses schwere, breite Sitzen, das die Basis für das kräftige Kind und seine gewichtige Geste schafft, sondern hat ihre von weichem, faltenreichen Stoff umspielten Beine leicht schräg gestellt, gerade so weit, daß der zarte Knabe auf dem linken Schenkel Halt findet. Hier steht er frontal zum Betrachter, als wenn die Mutter, die sich ihm zuneigt, ihn vorweisen will. Majestätisch führt er die Rechte vor die Brust zum Segensgestus und hält mit der Linken eine Schriftrolle vor. Er scheint weniger natürlich als der giotteske und wirkt dennoch in seinen Proportionen kindlicher als der viel kräftigere, sitzende. Das Kind in Siena hat nicht die Kraft, die Distanz zu schaffen. Weder ist die Komposition im Sinne einer Steigerung auf das Zentrum wie bei Giotto angelegt, noch ermöglichen die räumlichen Verhältnisse den Freiraum für eine herrschende Geste. Die Trennung der Zentralfiguren von den Assistenzfiguren erscheint mehr quantitativ als qualitativ. Die bedeutende Frontalität, für die das Kind exzentrisch gesetzt ist, wird in ihrer Wirkung stark gemindert durch die unmittelbare Nähe des geneigten Madonnenhauptes. Während der Nimbus des Jesusknaben auf dem Tafelbild der Uffizien durch die von ihm erzeugte Trennung dem kindlichen Gesicht Ernsthaftigkeit und Abgrenzung gibt, vergleicht er sich auf dem Sieneser Bild mit dem großen Nimbus Mariens, gerät durch seine Musterung in die Nähe der filigranen Formen des Throns und damit auf eine Fläche mit ihnen – auch hier wird keine räumliche Distanz gewonnen. Frontalität und Segensgestus werden zum Zeichen von Majestät und Würde. Die tradierte Geste ist nicht integriert in die Körperlichkeit und Präsenz des Knaben. Hieran zeigt sich sehr deutlich, daß die Haltung des Sieneser Knaben mehr mit gotischen Vorbildern wie der Pisaner Madonna für Heinrich VII. zu tun hat[61] als mit dem Gehalt des sitzenden auf dem Tafelbild.

Die organische Verschmelzung zwischen Präsentation und Handlung, die Verbindung zwischen gestalteter natürlicher Innigkeit von Mutter und Kind einerseits, Verkörperung des Rangunterschiedes der beiden andererseits und der Konstruktion der Bildtafel, die in Raum und Fläche die Segensgeste als absolutes Zentrum erscheinen läßt, setzt die Madonnentafel Giottos über die zeitgenössischen Vergleichsbeispiele hinweg. Die Erfahrungen an den Paduaner Fresken, die auf die Darstellungen der Peruzzi-Kapelle vorausweisen, sind für ein Altarbild weiterentwickelt worden. Wie auf dem Mosaik der *Na-*

---

[61] Vgl. Rave (1986), S. 12f.

vicella bewirkt dies eine gewisse Inkohärenz, dort wegen der Allegorisierung einer narrativen Szene, hier wegen der Darstellung von "natürlichem" Handeln innerhalb eines hieratischen Tafelbildes. Erst die Darstellung der *Vision des Johannes* erscheint in allen ihren Teilen und als Ganzes kohärent, da sind die Erfahrungen aus Padua und Rom zusammengebracht. Daraus ergibt sich zwar kein genaues Datum für die Ognissanti-Madonna, aber doch eine chronologische Einordnung zwischen den Fresken der Arena- und den Darstellungen der Peruzzi-Kapelle, die durch die Untersuchung der römischen Altartafeln noch einmal bedacht werden wird.

VI. DER *FIGURUMSCHLIEßENDE* RAUM UND DAS ZENTRUM EINER *HIERATISCHEN* BILDERFINDUNG

Die Darstellungsweise Giottos wurde an erzählenden Bilderfindungen gezeigt. An den Arena- und den Peruzzi-Fresken konnte das prinzipiell identische Kompositionsprinzip erläutert werden und dessen Modifikation deutlich werden. Am wichtigsten aber erscheint im Vergleich der erzählerischen Darstellungen dieser beiden Zyklen die Weiterentwicklung des in Padua angelegten Verhältnisses von Figur, Raum und Handlung zur konsequenten Integration des *Wunderbaren* und *Heiligen* in eine Umgebung, die dieses durch den Rhythmus ihrer Handlung als Zentrum hervorhebt. Die Möglichkeit zur Allegorisierung einer narrativen Darstellung wie bei der *Navicella* und die Möglichkeit der erzählerischen Darstellung einer allegorischen Vision wie bei der Lünettendarstellung in der Peruzzi-Kapelle ergeben sich aus dieser Weiterentwicklung.

Am Tafelbild der Ognissanti-Madonna zeigte sich eine Ambivalenz des Verhältnisses von Figur und Raum, die den "fortschrittlicheren" Arena-Fresken entspricht und zum figurumschließenden Raum der Peruzzi-Fresken tendiert. Dieses Bemühen um Räumlichkeit auch bei der hieratischen Darstellung einer Maestà korreliert mit der Schaffung einer einheitlichen "Handlung", in deren Zentrum Madonna und Kind den überzeitlichen Gehalt als ihrem Wesen entsprechend verkörpern. Dies ist der Integration des *Heiligen* in eine individueller werdende Umgebung adäquat. Dabei sind die Proportionen der Zentralfiguren dieses Tafelbilds "übermenschlich". Auch bei der Christusgestalt der *Navicella* wurde die der traditionellen Bedeutungsperspektive entsprechende Größenverschiebung beobachtet. Und sie springt auf den Mitteltafeln des doppelseitigen Römischen Polyptychon, des sogenannten Stefaneschi-Altars, insbesondere auf der Christus-Seite in der Zusammenschau mit den narrativen Seitenszenen ins Auge. Gioseffi konstatiert deswegen, daß das hieratische Prinzip selbst bei "realistischer" Umgebung beibehalten wäre und fragt, ob diese Zentralfiguren im Verhältnis zu den begleitenden Figuren eher einer Darstellung Ramses' II. mit den Hethitern oder Gullivers unter den Liliputanern entspräche.[1] Giotto, so meint Gioseffi, hätte wohl die Ansicht vertreten können, daß Figuren himmlischer Sphären auf Erden sozusagen naturgemäß eine andere Größe als gewöhnliche Menschen annehmen würden.[2] Die Frage nach den Mitteln zur Integration von Heiligkeit in eine "realistische" Umgebung, nach dem Verwobensein dieser unterschiedlichen Sphären stellt sich also erneut und in besonderem Maß angesichts des Stefaneschi-Altars.

---

[1] Gioseffi (1971), S. 228.

[2] Gioseffi (1971), S. 228.

VI.1 Das Römische Polyptychon – der Stefaneschi-Altar

Die Werke, die bisher Gegenstand der Untersuchung waren, sind mit Ausnahme der Magdalenenkapellen-Fresken als Giotto-Werke unumstritten, auch wenn sich die Zuschreibung nicht auf Dokumente, sondern auf eine Tradition stützt. Lediglich die *Navicella* ist zusätzlich dokumentiert durch den Nekrolog auf ihren Stifter, Kardinal Stefaneschi.[3] Dasselbe Dokument erwähnt Altartafeln: »depictam de manu Iotti« – gemalt von Giotto – »super eiusdem basilice sacrosanctum altare donavit«– für den allerheiligsten Altar gestiftet – und mit achthundert Goldflorinen bezahlt.[4]

In der Vatikanischen Pinakothek befindet sich ein dreiflügeliger, doppelseitig bemalter Altaraufsatz.[5] Aufgrund der Ähnlichkeit der darauf befindlichen Stifterportraits mit Stifterdarstellungen in illuminierten Handschriften desselben Stifters und durch die Ikonographie der dargestellten Heiligen, die sich auf Titular- und Namenspatrone Stefaneschis bezieht, kann dieses Polyptychon mit dem in diesem Dokument genannten Altar identifiziert werden.[6]

Die eine Seite ist auf den ersten Blick auch auf weitere Entfernung deutlich erkennbar. Hier wird die goldgrundige Mitteltafel von Petrus dominiert.[7] Er sitzt auf einem schlicht gebauten Kosmatenthron, zeigt die Schlüssel vor und hat die Segenshand erhoben. Umgeben wird er von stehenden Engeln an den Thronwangen, von Heiligen und dem Stifterkardinal an den Stufen. Im Ornat des Kardinalsdiakon kniet Stefaneschi zu Petri Füßen und weist diesem den Altarschrein vor.[8] Diese Miniaturdarstellung des Triptychons zeigt das ursprüngliche Aussehen mit der kompletten Rahmung, die ihm die Form eines Gehäuses gibt.[9] Die Mittel- und Seitentafeln über dem "Sockel" der Predella las-

---

[3]   *Martyrologium benefactorum basilicae Vaticanae* des Archivio Capitolare von St. Peter H 56, fol. 87. Kardinal Stefaneschi ist 1342 in Avignon gestorben, der Nekrolog also nach 1342 abgefaßt. Grimaldi zitiert diese Stelle zum ersten Mal [Grimaldi (ed. Niggl), S. 184], aber wahrscheinlich benutzte sie schon Ghiberti in den *Commentarii* aus dem Jahr 1450. Vgl. auch Kapitel zur *Navicella* und Lisner (1995), S. 61, Anm.2.

[4]   »que octingentos auri florenos constitit« zitiert nach Dyckmanns (1981), II, S. 75. Vgl. Auch Gardner (1974), S. 57-58.

[5]   Abb. 101-104 bei Mueller von der Haegen (1998).

[6]   Vgl. Gosebruch (1961a), S. 104-105; Ciardi Dupré dal Poggetto (1981), S. 122-126 u. 134-140; Gardner (1974), S. 57-103; Volbach (1979), S. 48; Kempers/de Blaauw (1987), S.83-113, Lisner (1995), S. 61-62.

[7]   Abb. 102 u. 104 bei Mueller von der Haegen (1998).

[8]   Abb. 105 bei Mueller von der Haegen (1998).

[9]   Lisner (1995), S. 68, nennt die Miniaturdarstellung des Altars ein Modell und einen bravourösen

sen, durch krabbenbesetzte Wimperge und zierliche Fialen betont, die Fassadenseiten »wie die Hochschiffsfenster über dem Triforium in einer gotischen Kathedrale des 13. Jahrhunderts«[10] wirken. Gedrehte Halbsäulen mit Kapitellen und Basen sind den Arkadenpfeilern vorgelegt und tragen die Unterarkaden der Bildfelder. Der thronende Apostelfürst erscheint auf der Mitteltafel unter nur einer Arkade mit Dreipaßbogen. Die etwas niedrigeren Seitentafeln dagegen werden in eine Doppelarkade geteilt, unter der jeweils zwei Apostel - links Jacobus und Paulus, rechts Andreas und Johannes - stehen.[11] Von der Predella, auf der in der Miniaturdarstellung sieben Märtyrer in Halbfigur zu sehen sind, ist nur noch die mittlere Tafel erhalten.

Die geringe Anzahl, die Größe und die Komposition der Figuren lassen die Petrus-Seite monumental erscheinen. Die andere Seite, die Christus-Seite, erscheint dagegen durch Themenstellung und Figurenfülle feingliedriger und zarter. Gosebruch spricht von »höherer Nobilitas«.[12] In einem fein durchstrukturierten, gotischen Throngehäuse sitzt Christus, die Rechte zum Segen erhoben, mit der Linken ein Buch vorweisend. Umgeben ist er von einer Engelsschar, und zu seinen Füßen kniet Stefaneschi barhäuptig, in einfachem Kardinalsgewand, und beugt sich über die Thronstufen, um den Fuß des Erlösers mit seinen Lippen zu berühren. Vor allem durch den Größenunterschied zu den umgebenden Figuren wirkt Christus bei aller Feinheit der Malerei doch monumental in die Mittelachse gesetzt. Überhöht wird er durch den Dreipaßbogen der bildumfassenden Arkade, deren stützende Säulen auf dieser Seite ebenfalls verloren sind. Die Außenpfeiler, die optisch den Wimperg des Gehäuses trugen, sind hier mit kleinen, stehenden Heiligenfiguren besetzt.

Die hieratische Bilderfindung der Mitteltafel wird flankiert von erzählenden Darstellungen auf den Seitentafeln. Sie sind hier auf der Christus-Seite nicht, wie auf der Petrus-Seite, durch eine Doppelarkade geteilt, sondern bestehen, wie die Mitteltafel, aus einem einzigen Bildfeld, das von figurierten Außenpfeilern eingefaßt und durch eine große Dreipaßarkade überfangen wird. In diesen größeren Bildfeldern sind links – zur Rechten Christi – das Martyrium des heiligen Petrus, rechts das Martyrium des heiligen Paulus dargestellt. Die Predellentafeln dieser Seite sind vollständig erhalten: In der Mittelachse thront Maria mit dem Jesusknaben, jeweils ein stehender Engel und ein Apostel flankieren sie. Mit je fünf Aposteln unter den Seitentafeln wird die Gefolgschaft Christi komplettiert.[13]

---

[10] Entwurf im Unterschied zu dem Abbild der Scrovegni-Kapelle, das der Stifter in Padua vorweist.

[10] Gosebruch (1961a), S. 110.

[11] Sie sind durch die Inschriften im Ornamentband identifizierbar. Vgl. Volbach (1979), S. 45-46.

[12] Gosebruch (1961a), S. 111; Abb. 101 u. 103 bei Mueller von der Haegen (1998).

[13] Vgl. Volbach (1979), S. 46-47.

Im Prinzip sind die Mitteltafeln beider Seiten des Stefaneschi-Altars als hieratische Bilderfindungen mit der Ognissanti-Madonna vergleichbar, weshalb sich dieses Kapitel der Bearbeitung der Florentiner Tafel anschließt.[14] Im Unterschied zu diesem handelt es sich bei den römischen Tafeln um ein doppelseitig bemaltes Triptychon, dessen Flügel der einen Seite erzählerische Darstellungen tragen.

Was bedeutet diese veränderte Struktur für die hieratischen Darstellungen der Mitteltafeln? Anders als bei der Florentiner Maestà wird mit der Darstellung des Stifters ein neues Moment der Zeitgenossenschaft zur Darstellung gebracht, d.h. ein neues Moment der lebendigen Natürlichkeit, die auch in der Emotionalität der vielfigurigen Seitentafeln in Erscheinung tritt. Welche Zeitebene oder welcher Wirklichkeitsgrad wird durch das neuartige Einbeziehen des Kardinal Stefaneschi mit seiner Stiftung in den Kreis der Heiligen erreicht? Mit welchen gestalterischen Möglichkeiten werden hier Heilige und der Zeitgenosse zusammen dargestellt und dennoch ihre Rangordnung gewahrt? Um diesen Fragen nachzugehen, wird auch hier die Darstellungsweise der Bilderfindung anhand ihrer konstitutiven Momente, anhand des Verhältnisses von Figur und Raum, untersucht werden.

Die Korrespondenz der - gegenüber der Florentiner Tafel - veränderten Struktur einer hieratischen Bilderfindung mit dem Verhältnis von Figur und Raum einerseits, die daraus folgende inhaltliche Bedeutung der Tafeln andererseits, wird der wichtigste Teil der Überlegungen sein müssen. Von da aus ergeben sich die möglichen Beziehungen auf die Autorschaft Giottos, die im Nekrolog erwähnt ist. Zur Datierungsfrage werden stilistische Aussagen beitragen können. Abschließend wird versucht, Zeitpunkt und Motivation der Stiftung des Kardinal Stefaneschis einzugrenzen.

VI.1.1 Stand der Forschung

Die vollständige Rahmung des Retabels ist nur noch zu rekonstruieren.[15] Der ganze Altaraufsatz hat eine Breite von ca. 170 cm und eine Höhe in der Mittelachse von ca. 190 cm. Er ist dreiflügelig, doppelseitig und hat eine Predella, von der einige Tafeln verlorengegangen sind.[16] Aufgrund der Doppelseitigkeit, die eine Aufstellung im freien Raum erfordert, und der Höhe, die den Raum trennt, wurde in der Forschung häufig die

---

[14] So auch Gadner (1974), S. 88-89.

[15] Vgl. Cämmerer-George (1966), S. 125; Gardner (1974), S. 79-81.

[16] Zu den Maßen der einzelnen Tafeln vgl. Volbach (1979), S. 45.

Frage nach dem ursprünglichen Standort und der liturgischen Funktion erörtert. Die einzige Angabe aus dem 14. Jahrhundert enthält der Nekrolog auf den Stifter, »eiusdem basilice sacrosanctum altare«. Im 15. Jahrhundert erwähnt Ghiberti in seinen *Commentarii* zwar den Altar, aber ohne Ortsangabe.[17] Vasari, der in der zweiten Ausgabe seiner *Vitae* von diesem Altarwerk spricht, sah die Tafeln schon nicht mehr am originalen Ort, sondern in der Sakristei.[18] Bis ins 20. Jahrhundert wurden die Tafeln sogar getrennt aufbewahrt, weshalb von den kleinen Tafeln in der Sakristei gesprochen wird.[19] 1932 wurden die Tafeln soweit wie möglich zusammengesetzt, wiederhergestellt und in die Vatikanische Pinakothek überführt, 1965 und 1971 dann durch Restaurierungsarbeiten in den heutigen Zustand gebracht.[20]

Meistens wurde die Aussage des Nekrologs auf den Hochaltar der Basilika bezogen.[21] Kempers und de Blaauw versuchen dagegen wahrscheinlich zu machen, daß Stefaneschi als Kanoniker von St. Peter die Tafeln für den Kanonikeraltar stiftete.[22] Lisner verbindet hingegen die schriftliche Quelle – »eiusdem basilice sacrosanctum altare« – mit dem Restaurierungsbefund, der an der Petrus-Seite des Altars starke Verschmutzungen durch Kerzenrauch konstatierte, woraus geschlossen werden kann, daß die Messe häufig vor dieser Seite gelesen worden sein muß.[23] Die Autorin fügt den Grabungsbefund des Calixtus-Altars, auf dem das Stefaneschi-Triptychon Aufstellung gefunden habe, und die ikonographische Verbindung der Christus-Seite mit den Apostelmartyrien mit der Apsisgestaltung von Alt-St. Peter hinzu.[24] Lisner kommt zu dem einleuchtenden Schluß, daß sich die Aussage des Nekrolog nur auf den Hochaltar von St. Peter bezogen haben kann.[25] Für die hier zu klärenden Fragen bleibt das Aufstellungs-

---

[17]   Grimaldi (ed. Niggl), S. 184.

[18]   Vasari (Milanesi), I, S. 386.

[19]   Noch Bode in der 5. Auflage von Burckhards: Der Cicerone, 1884.

[20]   Vgl. Volbach (1979), S. 45. Zu den Restaurierungen: Redig de Campos (1973), S. 325f.

[21]   Vgl. Gardner (1974), S. 57-103, der am ausführlichsten auf die Literatur zur Aufstellung eingeht.

[22]   Kempers/de Blaauw (1987), S. 93-101. Der Altar stand nach der Rekonstruktion von Kempers/de Blaauw im Kanonikerchor frei vor der südlichen Triumphbogenwand. Er sei für das Kapitel von St. Peter, dessen Mitglied Stefaneschi war, der wichtigste Altar und diese Bedeutung wolle die Ortsangabe des Nekrologs, der für die Kanoniker selbst geschrieben sei, ausdrücken. Gegen diese These wendet sich Lisner (1995), S. 128-130.

[23]   Lisner (1995), S. 129.

[24]   Lisner (1995), S. 129-131.

[25]   Lisner (1995), S. 129-131: Die Themengestaltung des Stefaneschi-Altars entspräche den im Calixtus-Altar aufbewahrten Reliquien der Apostelfürsten Petrus und Paulus einerseits, des Salvators und der Gottesmutter andererseits. Beachte man darüber hinaus die Tradition, nach der seit frühchristlicher Zeit Paulus zur Rechten und Petrus zu Linken Christi dargestellt werde, bemerke, daß

problem von sekundärer Bedeutung. Festzuhalten aber ist, daß das Retabel von beiden Seiten sichtbar gewesen sein muß,[26] daß seine Monumentalität ihm einen prominenten Ort – »sacrosanctum altare« zuweist und seine Ikonographie es in den Horizont der Grabeskirche St. Peters einbindet.[27]

Die Identifizierung des Polyptychons mit dem im Nekrolog auf Kardinal Stefaneschi erwähnten Altarwerk wird in der Forschung, wie bereits erwähnt, nicht bezweifelt. Hingegen werden Datierung und auch Autorschaft außerordentlich divergierend behandelt, obwohl sich die Zuschreibung an Giotto auf dasselbe Dokument wie bei der *Navicella* und auf eine Tradition seit Ghiberti,[28] wie bei der Ognissanti-Madonna, stützen kann.

Ghiberti und nach ihm Vasari[29] nannten die großen Stefaneschi-Stiftungen, das Mosaik und den Altar, zusammen. Seitdem ist deren Forschungsgeschichte weitgehend miteinander verknüpft. Es wurde schon erläutert, daß Grimaldi in seiner Beschreibung der im Abriß befindlichen Petersbasilika den Nekrolog auf Kardinal Stefaneschi zum erstenmal veröffentlichte, dabei aber kein Entstehungsdatum der Werke nannte.[30] Erst in seinem *Index omnium et singolorum librorum* verband Grimaldi das Altarwerk unter Berufung auf eine verlorengegangene Inschrift mit einem Datum: 1320.[31] Unter der Maßgabe, daß die beiden großen Stefaneschi-Stiftungen - das Polyptychon und die *Na-*

---

dies auf dem Altar umgekehrt ist, dann könne nur die Aufstellung dafür eine Erklärung bieten: Wenn das Triptychon auf dem Hauptaltar seinen Ort hatte und die Christus-Seite zur Apsis gewendet gewesen sei, dann waren die Martyrien den Darstellungen der Apostelfürsten gleichsam gegenüber. Nur hieraus erkläre sich die Anomalität der Ordnung auf der Christus-Seite.

[26] Was bei einer Aufstellung im Kanonikerchor nicht wahrscheinlich ist. Vgl. Lisner (1995), S. 129.

[27] Sehr präzise weist Lisner (1995), S. 130-131, die Zusammenhänge zwischen den Reliquien im Calixtus-Altar, der wahrscheinlichen Tribuna und Ausstattung und Thematik, Anordnung, Farbgestaltung des Stefaneschi-Altars auf.

[28] Ghiberti (ed. Schlosser), I, S. 36: »Lavorò di mosaico la nave di San Pietro in Roma e di sua mano dipinse la capella e la tavola di S. Pietro in Roma.«

[29] Vasari (Milanesi), I, S. 386: »nella sagrestia la tavola principale; che furono da lui con tanta diligenza condotte che non uscì mai a tempera delle sue mani il piu pulito lavoro.«

[30] Grimaldi (ed. Niggl), S. 184. Vgl. Forschungsbericht zur *Navicella*.

[31] Grimaldi, *Index omnium ac singulorum librorum Bibliotecae Sacrosanctae Vaticanae Basilicae Principis Apostolorum*, 1603, fol. 121r, Biblioteca Apostolica Vaticana, Sala di consultazione Mss. 405: »Tabulae ex nuce Indica in utraque facie manu Jotti pictoris eximii circa annum Dñi MCCCXX depicta« Vgl. De Nicola, S. 339, Anm. 4; Gosebruch (1961a), S. 105; Kempers/de Blaauw (1987), S. 106, Anm. 32; auch Hausenstein (1923), S. 147 u. 151.

vicella - zeitgleich in Auftrag gegeben seien, stand dieses Datum in Konkurrenz zu der scheinbar dokumentierten Entstehungszeit des Mosaiks um 1300.[32]

Ausgehend von diesem überkommenen frühen Datum kann sich Rintelen 1905 angesichts der monumentalen Mosaiken und Altarbilder der Zeit um 1300 nicht vorstellen, daß Giotto zur selben Zeit ein so feingliedriges Gebilde für den Hochaltar in St. Peter geschaffen habe.[33] Er bezeichnet das gotische Rahmenwerk als »gefälliges Arrangement«, das keinesfalls so früh entstanden sein könne und eher in die zweite Hälfte des 14. Jahrhunderts zu datieren sei.[34] Dieser Ansicht folgt auch die Beurteilung der Malerei als »gefällig und säuberlich«, nicht mit klaren Flächen arbeitend, sondern »einer weichen Hübschheit zuliebe alle Proportionen« verschiebend.[35] Hier zeigt sich schon das 1912 von Rintelen ausgeführte, ganz auf die voluminösen, plastischen Figuren abgestimmte Giottobild. Rintelen teilt überaus folgenreich das seit Ghiberti tradierte reiche Gesamtwerk des Malers in »Giotto und Giotto-Apokryphen«, wobei er die Stefaneschi-Tafeln und die *Vele* der Unterkirche von Assisi als zu fein und zu dekorativ zu den Apokryphen zählt.[36]

Mit der Einführung des »Maestro delle Vele« durch A. Venturi 1907 erhielt der Maler, der 1320 das römische Altarwerk im Auftrage Jacopo Stefaneschis und 1329 zusammen mit einem weiteren Mitarbeiter in der Unterkirche von Assisi gemalt habe, einen neuen Namen.[37] Die Frühdatierung des Polyptychons, die sich aus der vermeintlichen Datierung der *Navicella* herleitete, und das »ungiotteske dekorative Element«, das Zimmermann schon 1899 an den Malereien in Assisi und für das Altarwerk in Rom konstatierte,[38] beeinträchtigten nach dieser Analyse A. Venturis nicht mehr eine stilkritische Einordnung, da beide Werke zu einem neuen, nicht mehr den Giotto-Autographen zuzurechnenden Komplex zu gehören schienen.

Zu Beginn unseres Jahrhunderts wurde also die stilistische Beziehung zwischen den Altartafeln und den Unterkirchenmalereien in Assisi erkannt. Die »Kraft des Pla-

---

[32] Darauf wurde im Zusammenhang mit dem Mosaik schon eingegangen.

[33] Rintelen (1905), S. 482-485.

[34] Rintelen (1905), S. 482.

[35] Rintelen (1905), S. 283.

[36] Rintelen (1912/1923), S. 226-236. Die Franzlegende der Oberkirche in Assisi, die Fresken des rechten Querschiffs und der Vierung der Unterkirche von Assisi rechnete Rintelen ebenso wie das römische Altarwerk zu den Apokryphen. Die Namensnennung Giottos im Nekrolog auf den Stifterkardinal betrachtet Rintelen als nachträgliche Ehrung des Kardinals mit einem großen Künstlernamen. Auch darin wird Rintelen bis heute gefolgt. Vgl. dazu Hueck (1977a), S. 219-220.

[37] A. Venturi (1907), S. 262-286. Vgl. den Forschungsbericht zu den *Vele*.

[38] Zimmermann (1899), S. 364-383.

stischen«, die Rintelen den Arena-Fresken ansah, und die »novellistische Erzählfreude« in »nicht monumentaler Form«, die derselbe Autor den Giotto-Apokryphen zuschrieb, standen sich als Antithesen gegenüber.[39] Hatte A. Venturi diesem stilistisch einheitlichen Komplex einen Künstler-Notnamen gegeben, so rundete Offner 1931 das Bild mit dem bis heute virulenten Schlagwort der »miniaturist-tendency« dieser Malereien ab.[40] Um den Stefaneschi-Altar aus dem Giotto-Werk ausgliedern zu können, mußte der Nekrolog, in dem Giotto als Autor genannt wird, als Quelle zur Farce werden. Es wurde unterstellt, diese Namensnennung sei zu einem späteren Zeitpunkt aus Profilierungsgründen unternommen worden. Diese Ansicht negierte schon Paeseler 1940 vehement, bis heute findet sie aber dennoch Zustimmung.[41]

»No other surviving work in fresco or on panel attributed to Giotto is so exactly documented« stellt Gardner fest.[42] Gerade weil generell die Zuschreibungen an Giotto auf Traditionen fußen, die ihre Wurzeln zum größten Teil erst im 15. Jahrhundert haben, erscheint es fahrlässig, ein solches Dokument nicht ernst zu nehmen und es in derselben Weise zu ignorieren wie die Signaturen auf einigen Tafelbildern.[43] Diejenigen, die feine Malerei oder Erzählfreude auf den Stefaneschi-Tafeln als nicht-giottesk beschreiben, verkennen die Malerei der Ognissanti-Madonna und die Beweglichkeit der Figuren in der Peruzzi-Kapelle ebenso wie die Monumentalität der Gliederung des Altars und das Kompositionsprinzip der Darstellungen, das den unbezweifelten Giotto-Werken durchaus entspricht.[44]

Erst in der zweiten Hälfte unseres Jahrhunderts setzt 1958 mit den Forschungen Gosebruchs das Bemühen ein, die Dualität der von A. Venturi für den »Maestro delle Vele« festgelegten Merkmale und des von Rintelen für "gereinigten" Giotto reklamierten Stils zu überwinden.[45] Gosebruch konnte zurückgreifen auf die erkannten stilistischen

---

[39] Rintelen (1912/1923).

[40] Offner (1930-1962), vol. I, S. XV-XVIII; auch Boskovits (1984). Vgl. Gosebruch (1986), S. 149.

[41] Zuerst Rintelen (1905), S. 482; zuletzt Kempers/de Blaauw (1987), S. 83-115. Dagegen u.a. Paeseler (1941), S. 55; Gosebruch (1961a), S. 104; Gardner (1974), S. 57;, die den Nekrolog für eine unbezweifelbare Quelle bzgl. der Autorschaft Giottos halten. Nur scheinbare Unterstützung findet die "Anti-Giotto-These" durch die Untersuchungen zur Entstehungszeit des Nekrolgs Jahre nach dem Tod des Kardinals von Hueck [(1977a), S. 219-220], die sich allerdings nicht gegen eine Autorschaft Giottos wendet.

[42] Gardner (1974), S. 58.

[43] Insbesondere die signierten Tafeln – die Louvre-Pala, das Baroncelli-Triptychon und das Polyptychon in Bologna - werden in der Forschung meistens als Schüler- oder Gehilfenarbeiten angesehen. Vgl. Bistoletti (1989).

[44] Dies gilt ebenso für die *Vele* in Assisi, auf die im nächsten Kapitel eingegangen wird.

[45] Zuerst Gosebruch (1958), S. 288-291.

Gemeinsamkeiten zwischen Altar und Unterkirchen-Fresken sowie die von L. Venturi durchgeführten Untersuchungen zur *Navicella*, die das scheinbar dokumentierte Datum um 1300 für das Mosaik in Frage stellten. Darüber hinaus bildete das von Grimaldi für den Altar überlieferte Datum um 1320 eine Basis, die Gosebruch auf den ganzen Stefaneschi-Giotto-Komplex bezog und durch das Festhalten Paeselers an der Nekrolognotiz als authentischem Dokument gestützt sah. Auf dieser Basis datierte Gosebruch die römischen Arbeiten und die *Vele* in Assisi auf einen Zeitraum um 1320 und gliederte sie dem Giotto-Werk wieder ein.

Von 1961 bis 1987 und 1995 sind vier größere Aufsätze entstanden, die sich ausschließlich mit den römischen Altartafeln befassen. Die Aufsätze zeigen sehr deutlich den heute noch divergierenden Umgang mit diesem Werk, der auch für die Giotto-Monographien, in denen das Retabel meistens nur gestreift wird, symptomatisch ist.[46] Gosebruch schließt seiner ersten Untersuchung 1961 einen grundlegenden Aufsatz zu dem Altarwerk an.[47] In dieser ersten stilkritischen Untersuchung der Altartafeln nach deren Aussonderung aus dem Œuvre Giottos durch Rintelen bricht Gosebruch eine Lanze für die Autorschaft Giottos und klärt die Ikonographie der Petrus-Tafel. Indem er den dort dargestellten Mönchsheiligen mit Peter von Morrone identifiziert, gelingt es ihm durch das Kanonisationsdatum 1313, einen *terminus post quem* festzulegen. Wie schon 1958 kommt Gosebruch über die stilistische Nähe zu den Unterkirchenfresken auf eine Entstehungszeit gegen Ende des zweiten Trecento-Jahrzehnts. Dieses Datum modifizierte er 1986 durch einen Vergleich mit dem *Codice di San Giorgio* auf 1315/1316.[48]

Gardner hingegen verknüpft 1974 durch liturgiehistorische Argumente das Werk mit dem für die *Navicella* so häufig benutzten Datum des ersten Jubeljahres im Jahr 1300.[49] Wie Rintelen sieht er einen stilistischen Bruch zwischen den einzelnen Tafeln, versucht aber durch die Frühdatierung, die Altartafeln für den jungen, im Stil noch schwankenden Giotto zu retten. Gegen seine Thesen sprechen vor allem die im vorangegangenen Kapitel durchgeführten Überlegungen zur *Navicella* und ihrer Datierung, aber auch die Nähe des Altars zu den *Vele* – also stilistische Vergleiche innerhalb des Giottowerks, die durch die historische Einordnung bestätigt werden können. Die genaue Betrachtung des Altars wird die Geschlossenheit der Darstellung aufzeigen und verdeutlichen, daß "Mängel" ebenso wie bei der *Navicella* eher dem Darstellungsmodus als der "Unsicherheit" eines jungen Künstlers entspringen.

---

[46] Vgl. Bistoletti (1989), S. 133-134.

[47] Gosebruch (1961a) S. 104f.

[48] Gosebruch (1986), Anm. 34 u. 38. Codice di San Giorgio, Biblioteca Vaticana, ms. Arch. di s. Pietro, C. 129.

[49] Gardner (1974), S. 57-103.

Während Gosebruch und Gardner an der Zuschreibung, die im Nekrolog vorgenommen wird, festhalten, ziehen Kempers und de Blaauw diese als posthume Ehrung für den Auftraggeber Stefaneschi in Zweifel.[50] Ausführlich beschäftigen sie sich mit dem Auftraggeber, der durch ihn bestimmten Ikonographie der Tafeln und deren liturgischer Funktion. Dabei kommen sie zu dem Schluß, daß diese Tafeln zwischen 1330 und 1340 in Avignon entstanden seien. Im Stil erkennen sie die Hand eines sienesischen, eleganten und höfischen Malers, möglicherweise die Simone Martinis. Aus welchem Grund anstelle dieses ebenfalls hoch geachteten Künstlers dann der Nekrolog einen anderen Name nennen sollte, wird von den Autoren nicht problematisiert. Während Poeschke 1985 die Tafeln als das ausschlaggebende Werk in der mittleren Schaffensphase Giottos bis 1320 bezeichnet, ordnen Kempers und de Blaauw den Altar also »into what Offner called 'the miniature tendency'« ein.[51] Unmöglich erscheint ihnen die Autorschaft eines Florentiner Malers oder gar Giottos. Ein Vergleich mit Werken Simone Martinis, Vergleiche mit Beispielen der »miniaturist tendency«, mit Giotto-Werken und Werken aus dem Umkreis werden in dieser Hinsicht Klarheit bringen.

Der Aufsatz von Lisner ist schon mehrfach genannt worden. Er erschien als zweiter Teil der Studie »Giotto und die Aufträge des Kardinals Jacopo Stefaneschi für Alt-St. Peter« im Römischen Jahrbuch 1995 und steht im Zusammenhang mit den 1985 von Lisner begonnenen Farbuntersuchungen zum frühen Trecento.[52] Sie zeigt die politische Bedeutung der Stiftung Stefaneschis für die römische Kirche und die künstlerische Qualität der Malerei, die sie zwischen 1313 und 1315 datiert. In ihrer sehr eingehenden Analyse kommt Lisner zu dem Schluß, daß der Nekrolog hinsichtlich der Aufstellung – »sacrosanctum altare« – wörtlich, hinsichtlich der Autorschaft – »Tabulam depictam de manu Iotti« – nicht ganz so wörtlich zu nehmen sei[53]: Denn die überaus reiche Tätigkeit Giottos besonders im zweiten Jahrzehnt des Trecento setze eine Werkstatt, wie Lisner mit guten Gründen meint, aus Florentiner und Sieneser Kräften voraus, der er als »spiritus rector« vorstand, Kompositionen bestimmte, Zeichnungen lieferte und nur in einzelnen Fällen den Mitarbeitern freiere Hand lies. »Eine vereinfachende Bezeichnung als 'Werkstatt' oder ein Notname führen die Erkenntnis kaum weiter.«[54]

---

[50] Kempers/de Blaauw (1987), S. 83-115.

[51] Poeschke (1985), S. 43; Kempers/de Blaauw (1987), S.92.

[52] Lisner (1995), S. 59-133. Dieser Aufsatz erschien ebenso wie der zur Navicella nach Fertigstellung der vorliegenden Arbeit, wurde also erst zur Drucklegung weitgehend eingearbeitet. Zur »Farbgebung und Farbikonographie in Giottos Arenafresken« Lisner (1985).

[53] Lisner (1995), S. 129.

[54] Lisner (1995), S. 132. Damit trifft Lisner einen Kern der Grundlage dieser vorliegenden Arbeit, in der es nicht um Händescheidungen, sondern um die Erkenntnis eines giottesken Kompositionsprin

VI.1.2 Die Petrus -Seite

Auf den ersten Blick erscheint die Petrus-Seite durch Aufbau, Figurengröße und Anordnung "offizieller" als die Christus-Seite.[55] Vor dieser Seite kniend ist auch der Stifter dargestellt – dies mag als Hinweis dafür genommen werden, daß sie die den Gläubigen sichtbare, die Vorderseite ist.[56] Darüber hinaus ist sie einfach strukturiert und mit weniger Figuren als die andere Seite ausgestattet.

Hier ordnen sich die seitlichen Tafeln wie Seitenschiffe der Mitte unter, in der Petrus unter einem eingestellten Dreipaßbogen thront. Unter einer in die stuckierte Rahmung eingestellten Doppelarkade begleiten Petrus zu beiden Seiten stehende Heilige: Unter den jeweils äußeren Arkaden befinden sich die Brüder Jacobus der Ältere und Johannes Evangelista, beide sind Namenspatrone des Stifters Jacobus Johannes Stephani und geben dadurch einen Hinweis auf ihn. Zugleich sind sie als Apostel eng mit Petrus verbunden - diese drei sind bei der "Verklärung Christi" anwesend. Noch direkter gehören aber die beiden innen stehenden Apostel zu Petrus: Paulus ist zur Rechten Petri dargestellt – hier klingt die doppelte Apostolizität Roms und der Peterskirche an, die auf der anderen Seite mit den Darstellungen der Martyrien beider Apostelfürsten ausdrücklich betont wird. Der zweite ist Andreas, der Bruder Petri, der ihn zu Christus führte.[57]

Der ideelle Zutritt in die "Seitenschiffe" wird, wie auf der Mitteltafel, auch über die "Bodenschwelle" der unteren Rahmung gewährt. Alle vier Apostel stehen auf einer knappen grünen Standfläche, auf der sie ihren Raum gegen den Goldgrund im Zusammenspiel mit den verlorenen Säulen und der graphischen Ritzung des Hintergrundes behaupten. Sie scheinen ganz dicht an den Rahmen herangetreten zu sein, um sich hier frontal mit dem ganzen Gewicht ihrer Persönlichkeit zu präsentieren. Die räumlichen Verhältnisse werden deutlich durch leichte Drehungen der Figuren, durch das Herantreten bis an die Kante und das Vor- bzw. Zurückstellen der Stäbe bei Andreas bzw. bei Jacobus. Knappste Überschneidungen und das *Fastberühren* der äußeren Begrenzung durch die Arme ermöglichen die Kenntnis über die Stellung der Figuren im Raum. Unterstützend wirken die Nimben und ihr jeweils unterschiedliches Verhältnis zur

---

zips zu tun ist, um so eine stilkritische Beurteilungsgrundlage zu erreichen.

[55] Abb. 102 bei Mueller von der Haegen (1998).

[56] Vgl. auch Lisner (1995), S. 61.

[57] Vgl. Joh. 1, 38-42. Zur Identifizierung der Heiligen: Gosebruch (1961a), S. 114. Gosebruch bezieht Andreas auf die Anjou und Johannes auf den Papst Johannes XXII. Mir erscheint eine immanente Erklärung zwingender, zumal der Altar nichts mit diesem Papst zu tun hat, wie Gosebruch später (1986), Anm. 34, ebenfalls meint. Vgl. auch Gardner (1974), S. 85f.

graphisch dargestellten inneren Arkade. Darüber hinaus wird durch die Staffelung von äußerer Rahmung, eingestellten Säulen und innerer, eingeritzter Arkade räumliche Vorstellung gewonnen. Aber erst durch das Verhältnis der plastischen Figur zu diesen Elementen entsteht Handlungsraum für die Figuren. Als raumschaffende Figuren sind diese den Heiligen neben dem Thron der Ognissanti-Madonna und den Figuren der Arena-Kapelle verwandt.[58] Dies bezeugt zumindest Giottos Tätigkeit als Entwerfer, auch wenn die Gesichter der stehenden Apostel dumpfer wirken als es für eigenhändige Giotto-Figuren zu erwarten wäre.[59]

Sieht man auf die Gesamtheit der drei Tafeln, so wird deren enge kompositorische und malerische Verflechtung deutlich: »Die Farbgebung der vier Apostel ist in ihrem Bezug zur Mitteltafel bis ins Einzelne durchdacht. Bringen die vorwiegend matt kühlroten Gewänder die Bedeutung des roten Petrusmantels erst voll zur Wirkung, so sind die zinnoberroten Bücher des Jacobus major und des Johannes über den Abstand hinweg als präzise Akzente mit ihm verknüpft. Das volle kräftige Blau des Jacobusmantels kehrt an den Ärmeln des Untergewandes Petri [...] wieder. [...] Offensichtlich lagen dem Farbaufbau ein einheitlicher Entwurf bzw. genaue Farbangaben zugrunde.«[60] In ihrer plastischen Präsenz relativieren die Apostel als Gegengewicht die beherrschende Körperlichkeit und die Übergröße Petri auf der Mitteltafel. Dessen Thron scheint noch weiter in den Raum zurückzutreten, als es die perspektivische Anlage allein nahelegt. Unter Einbeziehung der "Seitenschiffe" erschließt sich die ganze Weite des Raums, über den Petrus mit seiner Gebärde zu herrschen hat. Die stehenden Apostel erscheinen »gleichsam als Zeugen der Petrus verliehenen Gewalt.«[61] Die starke Betonung der Figur Petri durch Farbe, Größe und Volumen als Zentrum der Gesamtkomposition wird so notwendig.[62]

Eigentliches Zentrum ist das frontale, genau um die Mittelachse gebaute Antlitz des Apostelfürsten. So unbewegt und konzentriert ist nur dieses Gesicht gestaltet, wäh-

---

[58] Besonders die Tugenden und Laster der Paduaner Kapelle bewegen sich wie diese Apostel auf einer knappen Bodenangabe und gegen eine Rückwand. Vgl. Abb. 49-62 bei Mueller von der Haegen (1998).

[59] Vgl. Lisner (1995), S. 70, die aufgrund des Gesichtsausdrucks auf einen geübten Florentiner Schüler Giottos schließt.

[60] Lisner (1995), S. 69-70.

[61] Lisner (1995), S. 68.

[62] Die Größe der Hände ist dabei kraftvoller Ausdruck der herrschenden Gebärde, also Gestaltungsmittel, nicht etwa ein schülerhafter Fehler, der nur dem ganz jungen Giotto zuzutrauen sei, wie es Gardner (1974) sah.

rend die nach außen gerichteten Blicke der Apostel den "starren" Blick Petri eher vorbereiten und noch intensivieren. Mit diesem Blick, aufgeladen mit der ganzen Potenz seiner plastischen Präsenz, scheint Petrus über die Tafeln hinaus wirksam sein zu können - *überzeitlich* anwesend als Statthalter Christi in dieser ihm geweihten Kirche. Sind schon die Schlüssel eher als Insignie, denn als Attribut zu verstehen, so ist der auffallend rote Mantel, den der Papst vom Kardinalsdiakon vor Ring und Tiara unmittelbar nach seiner Wahl erhält, über die einfache Bildgestaltung hinaus »sinngeladenes Zeugnis des römischen Papsttum«.[63] »Der Petrus-Papst [...] erscheint als der ranghöchste Priester der römischen Kirche; durch Gewandung und Blick wirkt er zeitnah in die Gegenwart hinein.«[64] Vermittelnd zwischen der Gegenwart der hinzutretenden Gläubigen und der herrschenden Größe Petri wirken die im Maßstab kleineren Figuren, die den Apostelfürsten umgeben. Jenseits der rahmenden "Bodenschwelle" lenken sie Blick und Konzentration auf den thronenden Petrus. Sie »sind derart hinter- und übereinander angeordnet, daß in ihrem segmentähnlichen Umriß die alte Mandorlaform nachklingt; sie ist in ein figürliches, raumhaltiges Umschließen verwandelt.«[65]

Sie umschließen den Thronsitz Petri, der auf einem die ganze Bildbreite einnehmenden Postament in die Raumtiefe – ablesbar an den perspektivisch verkürzten Bodenkacheln – gesetzt ist. Dieser Sitz Petri ist kein Tabernakel, wie es die Madonna der Florentiner Tafel umfing, sondern eine majestätische, aber schlichter gebaute Architektur mit sparsamen gotischen Schmuckelementen und kosmatesken Einlegearbeiten, die den Bodenschmuck aufnehmen und zugleich den feierlichen Goldton des Hintergrundes anschlagen. In seiner Gestaltung entspricht dieser Thron zeitgenössischen Papstsitzen.[66] Die raumgreifenden Elemente der Thronarchitektur werden zur flächigen Rückfront zurückgestuft und bis zur Giebelspitze verengt. Auf diese Weise wird zwischen der größtmöglichen Weite auf der Bodenfläche und der Thronspitze der kegelförmig sich erweiternde Raum in eine Raum-Flächenspannung gebracht, die die von

---

[63] Lisner (1995), S. 64, vgl. auch S. 63. In diesem Zusammenhang verweist Lisner (1995), S. 65, zurecht daraufhin, daß die Farbe der Dalmatik den jeweiligen liturgischen Farben entsprochen habe. Stefaneschi trägt auf der Petrus-Seite eine weiße Dalmatik. Diese Farbe hänge nicht zuletzt damit zusammen, daß beim Fest der Cathedra Petri Weiß getragen worden sei. Für Augustinus habe dieser Tag die Geburt der Kirche und ab dem 5. Jahrhundert "Natale S. Petrus Papa" bedeutet. "Natale" verweise auf die Verbindung zwischen Geburt der Kirche und Geburt Christi, bei deren Fest ebenfalls Weiß getragen werde. Bewußt habe der in liturgischen Fragen sehr bewanderte Stefaneschi die Farbe seiner Gewandung nach diesen Zusammenhängen gewählt.

[64] Lisner (1995), S. 64.

[65] Lisner (1995), S. 64.

[66] Vgl. dazu Gosebruch (1961a), S. 127f. u. Gardner (1974), S. 63.

außerordentlicher plastischen Präsenz bestimmte Petrusfigur einbindet und zugleich dem »raumhaltigen Umschließen« durch die Umgebungsfiguren entspricht.

Vor Petrus, auf der Schlüsselseite, kniet ein Heiliger in schwarzblauem Mönchshabit und Mitra.[67] Er ist als "Eintrittsfigur" gestaltet wie der Scherge, der sich auf der Darstellung des *Gastmahl des Herodes* in der Florentiner Peruzzi-Kapelle von der Säule abzustoßen scheint und Herodes das Haupt des Täufers entgegen hält.[68] Dieser Figur entspricht auch die Art, wie er in Raum und Fläche gesetzt ist: Unter Ausnutzung des vorgegebenen Raums kniet der Heilige in der Diagonalen der Bodenfläche. Seine Rückenlinie vollzieht einen schwungvollen Bogen vom Rahmen auf Petrus zu, wodurch der Figur eine besondere Dynamik verliehen wird, die den Blick der Betrachtenden auf die Zentralfigur leitet. Wie bei dem Uniformierten der Peruzzi-Kapelle wird auch bei dem Knienden mit den genauesten Maßen gearbeitet: Mit der Bewegung auf das Zentrum ist das Haupt in den Nacken zurückgelegt, damit der Blick Petrus erreichen kann. Die Hände greifen weiter aus, um Petrus ein kostbar eingebundenes Buch vorzuweisen. Wie ein Widerstand erscheinen im Ablauf dieser Geste Gewandkanten und Stufen in doppelter Folge. Einen endgültigen Halt im Vorstoß gebietet dann die schräggeführte Goldborte des Petrusmantels, über die weder die bloßen Hände noch das Buch des Heiligen hinwegreichen.

Die lange, sich vom Rahmen abstoßende Rückenlinie wird also in der Bewegung auf den thronenden Petrus zu in einen schnellen, durch kurze Intervalle geprägten Rhythmus gesteigert und findet zugleich eine klare Grenze, die die Gewichtung der Figuren verdeutlicht. Es sind die genauen Maße, die zur Steigerung und zur Bestimmung der räumlichen Verhältnisse eingesetzt werden, die in der Arena- und in der Peruzzi-Kapelle, auch auf der Ognissanti-Tafel, aber nicht in der Magdalenenkapelle zu sehen waren.

Zu Petrus gewandt, nimmt die Gestalt des Heiligen beinahe portraithafte Züge an. Im fast verlorenen Profil ist sein Gesicht zu erkennen. Die Möglichkeit zur Identifizierung, die schon der Habit nahelegt, der dem des Coelestinerordens gleicht, ist hier gegeben.[69] Die ganze Darstellung und besonders das Gesicht entsprechen den Miniatur-

---

[67] Abb. 104 bei Mueller von der Haegen (1998).

[68] Abb. 116 u. 118 bei Mueller von der Haegen. Vgl. Kapitel zur Peruzzi-Kapelle.

[69] Zur Identifizierung dieses Heiligen vgl. Gosebruch (1961a), S. 112-113; M. Ciardi Dupré dal Poggetto (1981), S. 122f.; u. Ladner (1970), II, S. 277-283. Gardner (1974), S. 87, versucht eine Identifizierung mit dem heiligen Augustinus, kann allerdings keinen Bezug zwischen dem Stifter Stefaneschi und Augustinus darstellen. Zurecht wurde diese Identifizierung in der Forschung nicht akzeptiert. Vgl. Volbach (1979), S. 45-49; Kempers/de Blaauw (1987), S. 83ff; Lisner (1995), S. 66.

darstellungen des heiligen Peter von Murrone im *opus metricum*, einer der Schriften des Stifterkardinals Stefaneschi, auf die im Navicella-Kapitel schon eingegangen wurde, und des *Kodex des Heiligen Georg*, einer weiteren Schrift des Stefaneschi-Scriptoriums.[70] Anläßlich dessen Wahl zum Papst beschreibt Stefaneschi im *opus metricum* das außergewöhnliche Antlitz des Peter von Murrone.[71] Ein weißer Bart umrahme das ehrwürdige Gesicht, aus dem dunkle, feurige Augen blickten.

Im Habit der "Einsiedler vom Murrone" kniet der Heilige auf der "Insignienseite" Petri. Er ist als Heiliger durch den Nimbus, als Mönch durch die Kutte und durch die Mitra auch als Bischof kenntlich gemacht: 1294 bestieg Pietro da Morrone als Coelestin V. den Papststuhl. Wider alle Konvention trat er als Papst zurück und wurde nach erbittertem Streit um die Rechtmäßigkeit dieses Schritts und um die Würdigkeit seines Nachfolgers Bonifaz' VIII. unter dem Pontifikat Clemens' V. 1313 als "confessor" heiliggesprochen.[72] Als Papst war er auch Bischof von Rom, weshalb ihm die Mitra gebührt. Da er allerdings ausdrücklich als der Eremit Peter durch Clemens V. kanonisiert wurde und er den Stuhl Petri verlassen hat, ist er nicht durch Regnum und Pallium, sondern durch den Habit seiner Kongregation gekennzeichnet.[73] Hinter Peter von Murrone, zurückgesetzt neben den Thronstufen und vor dem Engelspodest, steht an einem klar bestimmbaren und an den Bodenkacheln ablesbarem Ort im Bildraum, ein heiliger Kleriker, der ihn Petrus anempfiehlt.[74] In Haltung und Geste bildet er mit Pietro da Murrone

---

[70] *Opus metricum* der Vatikanischen Bibliothek, ms. Lat. 4932, Miniatur c 1.; Abb. 80 bei Ciardi Dupré dal Poggetto (1981); *Kodex des heiligen St. Georg*, Vat. Bibliothek, ms. Arch. von St. Peter, C. 129, c. 123r, *Grata tibi*; Abb. 212 bei Ciardi Dupré dal Poggetto (1981).

[71] *Opus metricum* (ed. Seppelt), v 301ff., S. 46.

[72] Vgl. Kapitel IV und das Ende dieses Kapitels. Dort sind die historischen Verhältnisse noch einmal aufgegriffen.

[73] Vgl. Ciardi Dupré dal Poggetto (1981), S. 122f.

[74] Dieser Heilige, barhäuptig, mit Kasel und Pallium gekleidet, ist nicht eindeutig identifizierbar, aber am wahrscheinlichsten erscheint die Darstellung Clemens' I. als Ehrung des Papstes, dem Stefaneschi bei der Kanonisationsmesse für Peter von Murrone assistierte und unter dessen Pontifikat der Altar wohl auch in Auftrag gegeben wurde. Ladner (1970) identifiziert ihn mit Coelestin I. und Gardner (1974), S. 87, erkennt ihn als heiligen Gregor I. Mit Coelestin I. wäre der Heilige gewählt, nach dem sich Peter von Murrone als Papst genannt hat. Damit wäre in gewissen Sinne eine Entsprechung zu dem Titelheiligen Stefaneschis geschaffen. Dagegen spricht die Tatsache, daß der Eremit nicht als Coelestin heiliggesprochen wurde. Für Gregor I. würde sprechen, daß dessen Leben als Papst Ähnlichkeiten mit dem Coelestins aufweist und daß Gregor erst durch Bonifaz VIII., der Stefaneschi zum Kardinal weihte, in die Reihe der Kirchenväter aufgenommen wurde. Mit diesem Heiligen würde Stefaneschi also auch die Rehabilitation Bonifaz' andeuten. Dagegen spricht die Ikonographie, die zu diesem Zeitpunkt Gregor schon mit der Taube dargestellt kennt. Am

ein Paar, dessen Distanz zueinander ebenso gestaltet ist wie die noch deutlichere Trennung beider gegenüber Petrus.

Zunächst erscheint die Anordnung der Figuren um den Thron symmetrisch: So kniet der zeitgenössische, lebende Stifter Stefaneschi zur Rechten Petri mit dem heiligen Murrone als dessen Pendant auf einer Ebene. Allerdings spiegelt sich die im Gestus der Zentralfigur angelegte Unterscheidung der Seiten hier noch deutlicher in den Umgebungsfiguren als auf der Ognissanti-Tafel. So sind vor allem das Verhalten dieser beiden Knienden, das mit dem der jeweils anempfehlenden Heiligen korrespondiert, und das Verhältnis der jeweiligen Paare untereinander sehr verschieden:

Der heilige Georg nimmt sich als Titelpatron des Kardinals von San Giorgio in Velabro im Kreis der Heiligen an. Dem Papstheiligen der anderen Seite entsprechend ist der heilige Georg schräg in den Raum gestellt, der für ihn etwas knapper bemessenen ist. Zwischen dem Heiligen und seinem "Schützling", Kardinal Stefaneschi, schlängelt sich der Georgsdrachen.[75] Über diesen hinweg umfängt der Ritterheilige Stefaneschi, als ob er ihn näher an sich heranziehen wollte – wie dieses Paar überhaupt in einer engeren Beziehung als das andere gegeben ist.[76] Zugleich intensiviert der Heilige mit Geste, Körperdrehung und weit in den Nacken zurückgelegtem, erhobenen Haupt[77] die Bewegungsrichtung des Kardinals. Es entsteht eine Folge von Griffen, Körperhaltungen und Profilanschnitten, die der Folge von zart abgestuften Gesten auf dem Fresko der *Marienhochzeit* in Padua entspricht. Allerdings gehen Beweglichkeit und Eleganz der Georgsfigur über die der Paduaner Figuren hinaus. Zudem wird die Gebärde verdichtet zu

---

wahrscheinlichsten erscheint mir Clemens I. – eine Identifizierung, die auch Gosebruch (1970), S. 74, u. (1986), S. 156, vertrat und die Kempers/de Blaauw (1987) präferieren, während sich Lisner (1995), S. 67 für Coelestin I. ausspricht.

[75] Dieser kleine Drache hat dieselbe Ausdruckskraft wie die äußerst lebendigen Fische, die das Wasser der *Navicella* bevölkern, wie man sie noch auf der Berretta-Kopie erkennen kann. Näher ist er aber noch dem Getier auf der Miniatur des Drachenkampfes im *Kodex des Heiligen Georg* verwandt, Biblioteca Vaticana, ms. Arch. di S. Pietro, C. 129, fol. 85r; Abb. Tav. 4, bei Ciardi Dupré dal Poggetto.

[76] Auf den Paduaner und den Florentiner Fresken, auch auf der Ognissanti-Tafel waren immer wieder die genauen Maße der Gebärden in ihrer Darstellung auf der Fläche festzustellen. So wird auch hier das Verhältnis zwischen Stefaneschi und seinem Fürsprecher in dieser Weise verbildlicht: Das Gesicht des Kardinals bleibt zum Beispiel eingespannt im Umriß der ritterlichen Clamys. Und die Hand des Ritters ist genau so auf die Schulter des Kardinals gelegt, daß dessen Gebärde einen Impuls erhält und dennoch frei, nur von ihm ausgehend erscheint.

[77] Die Bewegung des Kopfes wird als Bewegung im Raum besonders im Kontrast zu der planparallelen Nimbusscheibe deutlich.

einer komplexen Bewegung mit verschiedenen Drehungen im Raum, wie es an den Figuren der Peruzzi-Darstellungen gesehen wurde.

Gegenüber seinem Pendant auf der anderen Seite wirkt der Ritter straffer, eleganter und jünger. Seine freiere Bewegungsfähigkeit steht den knappen Griffen, seine vielfältigere Rittergewandung dem kompakten Mantel gegenüber. Während der verhaltene Blick des heiligen Papstes den Kontrapunkt zu dem Vordrängen des heiligen Eremiten setzt, gehört das offene, unverhohlene Schauen, der ganze Impetus der Gebärde des heiligen Georgs zu der vorsichtigeren, demütigeren Haltung des Kardinals. Hinterfangen von seinem Fürbitter, mit ihm einen Kontur bildend, kniet Stefaneschi nicht mit der Raumdiagonalen wie der heilige Murrone, sondern ist bildparallel gesetzt vergleichbar mit den Engeln vor der Ognissanti-Madonna. Auf diese Weise rückt er optisch näher an seinen Titelpatron heran; sein Knien wirkt - eingespannt zwischen Rahmen und Thronstufe - ruhig und gemessen. Wie Murrone ist Stefaneschi dem offiziellen Stand gemäß gekleidet. Er trägt das volle Ornat eines Kardinaldiakons in besonders kostbarer Ausführung – Mitra und Dalmatika sind reich mit Gold verziert – und in der liturgischen Farbe Weiß, die Lisner auf das Fest der Cathedra Petri bezieht.[78] Ebenfalls vergleichbar mit der Gestaltung des heiligen Eremiten ist das Gesicht des Stifters portraithaft und individuell gegeben[79] - hier dokumentiert sich in besonderer Weise der Gegenwartsbezug im Unterschied zu den anderen "Anwesenden" auf der Altartafel.

»Das Inkarnat des Gesichts wird von den Aurifrisien der Mitra und dem Amiktkragen wie ein Juwel eingefaßt. Das mit feinstem Pinsel ausgeführte Porträt des Stifters mag einen solchen Vergleich erlauben. Mit minutiöser Sorgfalt sind die winzigen Fältchen, die vom Augenwinkel ausgehen, die Härchen der Augenbrauen, die Wölbung des Nasenflügels und die Modellierung des Backenknochens unter der Haut wiedergegeben. Dennoch dürfte die Frage, ob es sich hier um ein Bildnis im Sinne einer unverwechselbaren Ähnlichkeit handelt, schwer zu beantworten sein. [Aber, daß es] stark individualisiert ist [...] und sich deutlich von der Darstellung der Köpfe der Heiligen und Engel unterscheidet, darüber [gibt es] keinen Zweifel.«[80]

Ähnlich individualisiert erscheint Enrico Scrovegni auf der Stirnwand der Paduaner Arena-Kapelle.[81] Dieser weist dort im Zusammenhang des Weltgerichts das Modell

---

[78] Zum Gewand des Stifters vgl. Lisner (1995), S. 94-95.

[79] In zwei Initialen des *Kodex des Heiligen Georg* ist der schreibende Kardinal dargestellt. Diese Bildnisse gleichen denen des Altars. Codice di San Giorgio, Biblioteca Vaticana, ms. Arch. di S. Pietro, C. 129, fol. 17r u. 41r., Abb. 192 u. 194 bei Ciardi Dupré dal Poggetto (1981). Abb. 140, 141.

[80] Kocks (1971), S. 122. Abb. 105 bei Mueller von der Haegen (1998).

[81] Abb. 39 bei Mueller von der Haegen (1998).

seiner Stiftung als Beleg und zum Beweis für ein Anrecht auf einen Platz im Paradies vor.[82] Auch Bertholdo Stefaneschi ist von Cavallini in S. Maria in Trastevere als Stifter dargestellt worden. Dies geschieht mehr zeichenhaft im Sinne einer Unterschrift oder Inschrift, eingeschlossen in ein Votivbild, also in einer anderen Sphäre als Madonna und Jesusknabe, denen Bertholdo Stefaneschi anempfohlen wird. Hingegen wird Scrovegni so in das allgemeinere, jenseits der Zeit sich ereignende Geschehen integriert, daß sich eine Spanne zur Gegenwart auftut. Auch die Anwesenheit des knienden Stefaneschi vor dem Christus der *Navicella* erweiterte die Zeitebenen dieser Darstellung um die unmittelbare Gegenwart, die immer auch die Gegenwart der jeweils Betrachtenden ist. Auf dem Mosaik erschien der Stifter-Kardinal ohne Fürbitter, aber auch ohne ein Modell der Stiftung und außerhalb des eigentlichen Geschehens. Ebenso ist Scrovegni ohne Anempfehlenden dargestellt, aber sozusagen an einem "Nebenschauplatz" des Gesamtgeschehens. Da dem Jüngsten Gericht alle Menschen - Heilige und Sünder - unterworfen sind, läßt sich die Person des Stifters "natürlicher" in eine solche Darstellung, zumal in den unteren Regionen, einbinden, als in eine hieratische Darstellung und noch dazu auf derselben Ebene und in derselben Größe wie die Heiligen.

Die Darstellung Stefaneschis auf dieser Mitteltafel des römischen Polyptychons erscheint gleichsam als Synthese der Stifterdarstellungen auf der *Navicella* und dem Paduaner *Jüngsten Gericht*. Durch die Korrespondenz mit dem ebenfalls knienden heiligen Murrone, durch die betonte Individualisierung seiner Gesichtszüge und durch die Einbeziehung in den Kreis der Heiligen erhält dieser Stifter einen herausragenden Ort wie auf dem Mosaik und zugleich eine Anerkennung als Individuum wie in Padua. Da es sich hier aber um eine hieratische und nicht, wie etwa bei dem Römischen Mosaik, um eine zwar allegorisierte, aber doch narrative Bilderfindung handelt, muß die Unterscheidung des lebenden Stifters zu den verehrten Heiligen in besonderer Weise vorgenommen werden. Aus diesem Grund bilden Stefaneschi und der heilige Georg eine geschlossene Einheit, in der der Stifter unter den Schutz des Heiligen subsumiert erscheint. Der Selbständigkeit des Individuum sind so Grenzen gesetzt.

Wie der Eremitenheilige weist auch der Stifter Stefaneschi dem Apostelfürsten etwas vor. Nun war schon in der Paarbildung der beiden Knienden mit ihren Anempfehlenden ein großer Unterschied festzustellen – der freiere Murrone entspricht dem verhalteneren Papstheiligen wie der zeremoniell handelnde Stefaneschi dem drängenderen St. Georg. Die Unterscheidung in der Art der Darreichung geht darüber noch hinaus, sie ist augenfällig und eklatant: Während der heilige Petrus sein Buch mit bloßen Händen vorweist,[83] reicht Stefaneschi das Altarmodell wie eine Opfergabe auf sei-

---

[82] Vgl. Kocks (1971), S. 44.

[83] Um welches Buch es sich hier handelt, ist nicht zu entscheiden. Daß es der Teil des *opus metricums*

nen durch eine Mappa verdeckten Händen zu Petrus empor.[84] Sein Blick auf den Apostelfürsten bleibt verstellt durch das Altarmodell, damit bleibt sein Verhältnis als Lebendiger zu Petrus vermittelt über den Altar. Die Stiftung, selbst als Modell auf dem Altar dargestellt, bildet so eine besondere Grenze.

Stefaneschi kniet quasi vor dem Abbild Petri wie Gläubige vor dem Altar und nicht wie Peter von Murrone auf derselben Wirklichkeitsebene wie Petrus. Mit allen Details ist auf diesem Altarmodell die Petrus-Seite dargestellt. Es entsteht ein "Bild im Bild" mit der Möglichkeit der unendlichen Wiederholung. Gioseffi weist zurecht darauf hin, daß hier der Gedanke an die Unendlichkeit, der zur Fluchtpunktperspektive führt, entsprechend der Konstruktion der Bodenkacheln naheliegt.[85] Diese Möglichkeit ist allerdings nicht durchgeführt. Das "Bild im Bild" bleibt ebenso in der Phänomenologie von Dinglichkeit wie die genaue Darstellung der Gewänder oder des Papstsitzes.[86]

Der "Realismus" der Darstellung dient hier der Integration des Zeitgenossen Stefaneschi in die Altartafel. Er reicht auf der Altartafel Petrus seine Stiftung und ist zugleich selbst vor dem Altar kniend dargestellt, so wie der Kanoniker, der vor den Altar tritt und von außen den Kreis der Knienden um Petrus schließt. Die reale Situation der Gläubigen spiegelt sich also in der Darstellung Stefaneschis wider. Angelegt ist dieser

---

ist, in dem sich Stefaneschi mit dem Leben und der Heiligsprechung des Murrone befaßt, oder der *Kodex des Heiligen Georg*, in dem derselbe Autor einerseits über seinen Titelpatron, den heiligen Georg, andererseits auch über den heiligen Murrone schreibt, liegt zumindest nahe. Mit beiden Büchern wäre die Heiligsprechung des Eremiten angesprochen und würde sich Peter von Murrone für seinen Rücktritt als Papst vor Petrus rechtfertigen. Darüber hinaus wären diese beiden Bücher auch auf den Stifter des Altars bezogen. Vgl. dazu Gosebruch (1961a), S. 114; (1986), S. 156.

[84] Abb. 105 bei Mueller von der Haegen (1998). Vergleicht man dieses Darreichen mit einer Miniatur des *Kodex des Heiligen Georg*, auf der Stefaneschi dem heiligen Pietro da Murrone ein Buch überreicht [Codice di San Giorgio, Biblioteca Vaticana, ms. Arch. di S. Pietro, C. 129, fol. 123r., Abb. 212 bei Ciardi Dupré dal Poggetto (1981)], dann wird ganz deutlich, daß es sich hier um ein sehr verhaltenes, demütiges Darreichen mit der Bitte um Anerkennung handelt. Während Stefaneschi dort aus dem Kreis zahlreicher Begleitfiguren - größtenteils Coelestiner - heraus dem Heiligen mit weit ausgestreckten Armen das Buch übergibt, hält er hier im Schutz seines Titelpatrons das Modell empor.

[85] Vgl. Gioseffi (1971), S. 230. Zeitgenössische oder frühere Vergleichsbeispiele für dieses "Bild im Bild" findet man m.W. nicht – die Einbeziehung des Stifters in den Kreis der dargestellten Heiligen allerdings bei Lippo Memmi 1317, s.o..

[86] Hier ist der Unterschied zur theoretischen Zentralperspektive der Frührenaissance greifbar. Allerdings scheint dieser Unterschied nicht in den mangelnden praktischen Möglichkeiten, sondern doch eher in der klaren hieratischen Struktur, der diese Malerei ebenso wie die Dichtung Dantes unterliegt, begründet zu sein.

direkte Bezug zwischen Betrachtenden und Bild schon durch die ideelle Möglichkeit des Hineintretens in den Bildraum. Denn dieser Bildraum ist nicht der vorgestellte und abgeschlossene eines Kastenraums, wie auf den Arena-Fresken, sondern ein Raum, der durch die Rahmung als Ausschnitt gezeigt wird, vergleichbar mit den "Räumen" der *Auferweckung der Drusiana* und der *Verkündigung an Zacharias* in der Peruzzi-Kapelle.[87] Durch die Perspektivkonstruktion wird die Ausdehnung des Ausschnitts vorgegeben, und an der Stellung der Figuren, den Überschneidungen und Winkelbildungen wird der Raum als Raum, in dem sich die Figuren frei bewegen, erfahrbar.

Der *figurumgebende Raum* ist von Realien - Fußbodenkacheln und Papstthron - geprägt, die die Menschen in ihrer unmittelbaren Umgebung wiedererkennen konnten. Solcherart detailgetreuer Schilderung der Faktizität konnten besonders prägnant in der Peruzzi-Kapelle und am Mosaik der *Navicella* beobachtet werden. Es ist weder hier auf der Altartafel noch bei den anderen Werken ausreichend, von Erzählfreude oder dem »Glanz der Mache« zu reden.[88] Weder hier noch da erscheinen die Details um der Details willen, sie bleiben gebunden an die Individualisierung der dargestellten Figuren oder die Erfahrbarkeit des Raums und darüber hinaus geordnet auf ein Zentrum bzw. die Veranschaulichung eines Wunders oder der besonderen, nämlich überzeitlichen Präsenz einer heiligen Person.

Sieht man unter diesem Aspekt auf die Maestà Simone Martinis im Sieneser Rathaus, dann erscheinen die reiche Stofflichkeit, die Edelsteine, das Gold und die gesamte Dekoration dort selbstverständlich auch zur Ehre und Glorifizierung der zentralen Figuren, aber doch eher in allgemeiner und nicht in personengebundener Bedeutung. Gerade aber durch den Unterschied von Individualisierung auf der einen Seite und hieratischer Strenge auf der anderen wurde der allegorische und überzeitliche Charakter des Christus der *Navicella* erreicht; durch die Bindung der Individuen an die Bewegung in der Figurengruppe einerseits und durch die Isolierung bzw. das Freistellen des Zentrums andererseits konnte letzteres aus der Augenblickszeit in ein *Immerdar* enthoben werden. Es scheint, daß die Verkörperung der Heiligkeit anders als die gedachte, d.h. durch Zeichen bekundete, gerade aus der Natürlichkeit aller handelnden Figuren und dem dann notwendig zu gestaltenden Unterschied zwischen Begleit- und Zentralfiguren erfolgt.

So erhalten die beiden Figurenpaare vor dem Thron Petri durch ihre naturhafte Körperlichkeit und durch die sie charakterisierenden realistischen Details ihre Präsenz - dagegen erscheinen die Engel in durchsichtiger Farbigkeit als ätherische Wesen mit weniger Körperlichkeit. Dies entspricht der vergegenwärtigten *Alltäglichkeit*, in der die

---

[87] Abb. 120 u. 114 bei Mueller von der Haegen (1998).

[88] Vgl. Rintelen (1905) u. (1912/1923), S. 183.

Wunder auf den Darstellungen der Peruzzi-Kapelle geschehen.[89] Die Imagination von Ephesos, das die Zeitgenossen zumindest vom Hören-Sagen gekannt haben mögen, auf dem Florentiner Erweckungsbild oder die mitzuempfindende Angst der Jünger im Seesturm auf der *Navicella* erscheint der Wiederholung der andächtigen Haltung des Gläubigen vor dem Altar im Bild durch Stefaneschi adäquat.

Mit fast übergroßer plastischer Präsenz behauptet der thronende Apostelfürst den inhaltlichen wie konstruktiven Bildmittelpunkt, ohne selbst an seiner Umgebung Anteil zu nehmen – dies erinnert an das Verhältnis zwischen herrschendem Christus und bewegter Gruppe der Jünger auf dem Mosaik der *Navicella*. Gewicht im wörtlichen wie übertragenen Sinn wird Petrus verliehen durch den roten Mantel mit seiner breiten, goldenen Borte, dessen Farbe in wohlgeordneten Reflexen auf der Tafel wieder vorkommt: am Rahmen, an den Engelsflügeln und an den anempfehlenden Heiligen, nicht aber an den Knienden. So lenkt auch die flächige Farbe wie die Blicke und Gesten der Figuren auf das Zentrum hin und betont die unterschiedlichen Rangstufen der Beteiligten in den verschiedenen Graden von Nähe zu Petrus.[90]

Der liturgische Mantel umfängt den heiligen Petrus wie ein Gehäuse und wird nur in Brusthöhe, am Schnittpunkt der Fluchtlinien, durch die Bewegung der Arme auseinander gebreitet und läßt dort die weiße, weicher fallende Alba sehen.[91] Aus der Umhüllung des Gewandes treten die Hände groß und kräftig heraus. Mit der rechten Hand vollführt Petrus den Segensgestus, der durch die erhobene linke des heiligen Georg vorbereitet und durch die verhaltene Geste des Papstheiligen aufgenommen wird. Mit der linken, orthogonal nach vorn gestreckten Hand weist Petrus seine Insignien vor, die großen, goldenen Schlüssel als Zeichen seiner Statthalterschaft Christi. Dieser kräftige Griff wird wiederum vorbereitet - hier durch die kräftig zupackenden Hände Peter von Murrones und die Handhaltung des Engels auf dieser Seite. Auch hier ist also die an den Fresken der Arena-Kapelle erkannte Gesetzlichkeit der Steigerung durch Gesten auf das Zentrum deutlich zu sehen.

Durch den Gestus Petri wird die Verteilung der Paare vor dem Thron deutlich: Mit der Linken weist der Statthalter Christi das Zeichen der Macht und Würde vor. Hier befinden sich dann auch die Nachfolger Petri im Amte der Statthalterschaft – zwar auf der offeneren Seite, aber auf ihren Platz gewiesen. Die andere Seite kommt dem nicht

---

[89]   Vgl. Kapitel III.

[90]   Daß die Umgebung das Zentrum auch in der Farbe reflektiert und zugleich dadurch subtile inhaltliche Zusammenhänge hergestellt werden, war in geringerem Maße auch auf dem Fresko der *Marienhochzeit* in Padua, aber nicht auf dem Tafelbild der Florentiner Maestà festgestellt worden.

[91]   Das Untergewand Petri entspricht dem Untergewand des Murrone.

durch ein Amt gebundenen heiligen Georg zu. Er steht auf der geschlosseneren Seite des Segensgestus, der mehr der Ebene entspricht, auf der er sich gegenüber Petrus befindet. Nur vermittelt durch diesen Heiligen und durch die Stiftung erhält die Anwesenheit Stefaneschis unter dem Segen Petri ihre Legitimation.

In dem natürlich erscheinenden, perspektivisch erschlossenen Raum, der sich nach oben wie ein Zelt verengt, wirkt die kräftige Figur des Petrus von besonderer plastischer Präsenz. Dies wurde schon an der Ognissanti-Madonna beobachtet. Hier aber erscheint der von Petrus beanspruchte Raum und der durch die perspektivische Anlage des Throns für ihn erschlossene übereinstimmend, zugleich erweitert in den durch die Spannung zwischen der Thronarchitektur und der Rahmung sich ergebenden, der an den Fußbodenkacheln ablesbar ist und in den die umgebenden Figuren freistehend in Halbkreisen geordnet wurden. Insofern entsteht hier nicht die "Unausgewogenheit" im Verhältnis von Figur und Raum wie bei der Florentiner Tafel oder z.B. dem Fresko der *Geißelung* in Padua, sondern ein gewissermaßen gleichwertiges Verhältnis dieser beiden Elemente, das auch für die Darstellungen der Peruzzi-Kapelle konstitutiv ist.

Die solchermaßen den Raum einnehmende, mit natürlicher Körperlichkeit und realer Stofflichkeit ausgestattete Figur Petri kann auf sich die individualisierte Natürlichkeit der Figuren vor dem Thron sammeln. Dies geschieht durch die Blicke der Anwesenden und durch deren Verhalten in den Bewegungen des Körpers und der Hände. Nach derselben Gesetzlichkeit wie an den gesicherten Giotto-Werken gesehen haben Blicke und Bewegungen auch hier in der zentralen Person und deren Gestik ihren Beziehungsgrund und ihre sie vollendende Entsprechung. Zudringen und Anrufen werden in der Gestalt des thronenden Petrus beruhigt. Besonders sein Gesicht erscheint "wie von einer anderen Welt": Es reagiert nicht auf die Umstehenden und nicht auf den Betrachter. Streng axial aufgebaut, genau in die Mittelachse gesetzt, die Augenlinie durch den Ornamentstreifen des Throns verstärkt, durch Kragen, Bart und die große Scheibe des Heiligenscheins beinahe isoliert, verdichtet dieses Gesicht die Präsenz des Körpers in die allgemeinere Sphäre des Blicks, der ebenso nach außen wie nach innen gewandt ist und allumfassend erscheint. Die Erfahrbarkeit von Raum, die Natürlichkeit der Figuren und die Zeitlichkeit des Stifters werden geborgen in der Überzeitlichkeit dieses Petrus, in dessen sichtbarer und zugleich immerwährender Anwesenheit auf diesem Thron.

Dies entspricht dem *Anhalten von Zeit* auf dem Fresko der *Marienhochzeit* mit seiner "leeren Mitte", es entspricht auch der Erhabenheit der Zentralfiguren auf der Florentiner Tafel und in besonderem Maße dem isoliert herrschenden Christus der *Navicella*. Vor allem im Vergleich mit der Ognissanti-Madonna zeigt sich, daß hier auf der Petrus-Tafel die umgebenden Figuren von anderer Wesenheit sind als die Engel und Heiligen dort. Dort wahren die Figuren größere Distanz zu dem zentralen Paar, sind weniger individuell in ihrer Körperlichkeit und dadurch nicht so zudringend, aber jeweils in ihrem Handeln auf das Zentrum bezogen. Auch die Zentralpersonen sind handelnd dargestellt. Die Erhabenheit des Christusknaben und der Madonna entwickelt sich aus dem Verhältnis der beiden zueinander, über das natürliche Mutter-Kind-Verhältnis hinaus. Hier auf der Petrus-Tafel behaupten sich die ebenfalls in eine Handlung eingebundenen Figuren in einem sie umgebenden Raum. Sie werden freier in ihrer wiedererkennbaren Natürlichkeit als Individuen gezeigt, dabei aber so zueinander gestellt, daß ihre Haltungen, Gesten und Blicke in genauen Maßen auf Petrus steigern, der den ihn umfassenden, perspektivisch angelegten Raum einnimmt. In seiner Person werden diese natürlichen Momente der Darstellungen aufgenommen und in die angemessene hierarchische Ordnung gebracht, ohne daß diesem Petrus dabei Zeichencharakter zukommt. Gerade in dem figurumfassenden Raum kann ein hierarchisches Prinzip durch ihn verkörpert werden und kontrapostisch zu einer wiedererkennbaren Faktizität Gestalt gewinnen, die in der ganzen Komposition des Bildes rückstrahlt.

Die frontale Gestalt Christi auf dem Mosaik der *Navicella* ist häufig abgeleitet worden von dem traditionellen Christustypus der Apsismosaiken, dennoch zeigte sich im Gesamtzusammenhang der Darstellung die Neuartigkeit dieser Figur, die aus dem Gegenüber von individualisiertem Gefühl und "überpersönlicher" Gebärde zu einer Verkörperung des Herrschens führt. Auch die formale Gestaltung der Florentiner Maestà hat in der Proportionierung der Figuren, anders als zum Beispiel die Darstellung Simone Martinis, traditionelle Züge, so wie hier auf der Petrus-Tafel die "Bedeutungsperspektive", die Übergröße Petri gegenüber den anwesenden Figuren, und die Art der Stiftungsdarreichung, nämlich mit den durch ein Opfertuch verdeckten Händen, dem traditionellen Vokabular hieratischer Darstellungen entnommen ist.[92]

Aber wie bei der *Navicella* erhalten diese traditionellen Elemente auf der Ognissanti- und der Petrus-Tafel durch den Gesamtzusammenhang, durch das Handeln der Figuren in einem sie umgebenden Raum und durch die sukzessive Steigerung auf das Zentrum eine ganz neue Prägung. Durch dieses Kompositionsprinzip, das dem der unangezweifelten Giotto-Werke entspricht, werden auch die neuartigen Elemente wie das "Bild im Bild" und die auf den ersten Blick gleichwertige Einbeziehung des Stifters in den Kreis der Heiligen[93] eingebunden. Durch den figurumschließenden Raum ergibt sich

---

[92] Vgl. zu den Stifterdarstellungen Kocks (1971), S. 20; zur Bedeutungsperspektive Gioseffi (1971), S. 228.

[93] Kocks (1971), S. 112, nennt die kleine Kreuzigungstafel der Alten Pinakothek, München, auf der ein Stifterpaar in derselben Größe wie der heilige Franziskus zu Füßen des Kreuzes kniet, als früheste Darstellung. Er schreibt diese Tafel Giotto zu und datiert sie zwischen 1315 und 1317. Abb.

also die Möglichkeit zur Integration einerseits der Individualisierung von Figuren, die bis zur Evozierung der Zeitgenossenschaft durch den lebenden Stifter im Kreis von Heiligen reicht, andererseits der übergroßen plastischen Präsenz des hieratischen Zentrums in eine "Handlung", die Heiligkeit und Überzeitlichkeit des Apostelfürsten nicht zeichenhaft dokumentiert, sondern an seiner Gestalt körperhaft werden läßt.

VI.1.3 Die Christus-Seite

Während die Petrus-Seite, bestimmt auch für den Blick aus einiger Entfernung, von Wirklichkeitsnähe und plastischer Präsenz weniger Figuren geprägt und damit dem schmalen Hochformat der Tafeln entgegen gearbeitet ist, fällt bei der Christus-Seite der feingliedrige und vielfigurige Aufbau auf, dem eher ein Blick aus der Nähe gerecht wird.[94] Dies wird schon in der Gestaltung der inneren Rahmung sichtbar, auf der hier Heiligenfiguren en miniature das Geschehen auf den Tafeln begleiten.[95] Sie erinnern an figürliche Elemente einer Westfassade, an Türpfosten oder Archivolten, vermitteln von außen nach innen und betonen dabei die Zusammengehörigkeit der Mitteltafel mit den beiden Seitentafeln. Auf diesen schmalen und hohen Bildfeldern werden die Martyrien der Apostelfürsten Petrus und Paulus erzählt. Vor dem goldstrahlenden Himmel und durch die Anwesenheit vieler Personen wirken die Darstellungen kleinteiliger und zierlicher als die ruhig stehenden Apostel der anderen Seite. So auch die Mitteltafel: Engel in Gewändern von zarter Farbigkeit umgeben den thronenden Christus und sein feingliedriges Gehäuse. Durch den Figurenreichtum und die weniger gewichtige Farbigkeit wirkt diese Mitteltafel eher lyrisch, von einer anderen Sphäre als die Petrus-Tafel. Aber auch hier erhebt sich die Zentralfigur groß, frontal und majestätisch aus dem sie umgebenden "Strahlenkranz" der Engel. Christus erscheint gerade im Kontrast zu den kleineren Begleitfiguren und dem feingliedrigen Throngehäuse von einer monumentalen Präsenz, die bis zu den Seiten übergreift.

Als gestalterischen Widerspruch, der nur dem jungen, unerfahrenen Giotto zuzutrauen sei, faßte Gardner die Gewichtigkeit der Christusfigur gegenüber der Zierlichkeit der Engel.[96] Gerade im Unterschied zur Petrus-Seite scheinen die szenischen Darstellun-

---

Bistoletti (1989), S. 122. Bistoletti (1989), S. 123, resümiert die Datierung »generalmente [...] tra la capella Peruzzi e la capella Bardi..« Eine gewisse Giotto-Nähe dieser Tafel scheint mir ebenso unzweifelhaft, wie die Abhängigkeit vom Stefaneschi-Altar. Letzteres widerspricht weder der Datierung von Kocks noch dem Resumee von Bistoletti.

[94] Vg. auch Lisner (1995), S. 72.

[95] Abb. 101 u. 103 bei Mueller von der Haegen (1998).

[96] Gardner (1974), S. 91.

gen der Seitentafeln mit ihrer »miniaturist tendency«[97] ein wichtiges Argument gegen die Autorschaft Giottos. Während Margrit Lisner hingegen betont, mit welcher Sicherheit auf dieser Seite Darstellungen und verlorenes gotisches Rahmenwerk abgestimmt gewesen seien und »wohl einen einheitlichen Entwurf voraussetzen; die Darstellungen der Petruswand waren zwar äußerst geschickt, aber vielleicht nicht ganz im gleichen Wohlklang und auch nicht mit der gleichen Kostbarkeit der Farbgebung dem Rahmen angepaßt.«[98] Bei genauerem Blick wird deutlich werden, daß der Unterschied zur Petrus-Tafel in erster Linie ein Unterschied im Inhalt ist, aber beiden Tafeln dasselbe Kompositionsprinzip zugrunde liegt. Ebenso können Gemeinsamkeiten mit und zugleich der Fortschritt gegenüber den Fresken der Arena-Kapelle bzw. dem Florentiner Tafelbild herausgearbeitet werden.

VI.1.3.1 Mitteltafel

Wie vor dem Thron Petri wird der Kreis der Knienden vor Christus durch das Zutreten der Gläubigen vollständig geschlossen. Wie dort sind Bildraum und realer Raum verbunden bzw. getrennt durch eine Schwelle, hinter der sich Tiefe und konstruktiver Aufbau über die Diagonale am Muster des Fußbodens ablesen lassen.[99] Den Raum vor Christus bestimmt eine Doppelreihe Adler in längsrechteckigen Feldern, die wie bei einem gewirkten Teppich von einer graphisch gemusterten Bordüre eingefaßt werden. Der Teppich führt nicht wie die Bodenkacheln auf der anderen Seite um den Thron herum, sondern endet davor und damit auch die sichtbare Raumkonstruktion. Mit den Bodenfarben – Rot und Blau auf goldenem Untergrund - wird der Grundton der Farbvariationen für diese Tafel angeschlagen: Von der Außenrahmung mit den Miniaturfiguren über die seitlichen Engel bis hin zur Thronrückwand und der Bordüre am Gewand Christi erscheinen die Farben Rot und Blau vermischt mit Grün und durchwirkt mit der goldstrahlenden Hintergrundsfarbe. »Möglicherweise sind die Adler [im Teppichmuster] als Symbol des auferstandenen und erhöhten Gottessohnes zu deuten.«[100] Mit dieser Deutung erschließt sich für Lisner der Gedanke an die Passion Christi, der einerseits durch die umgebenden Martyriumsdarstellungen naheliege, aber besonders zum Ausdruck käme in dem ungewöhnlichen Blau der Christuskleidung und der liturgisch mit der Passion verbundenen blau-violetten Gewandfarbe des dargestellten Stifter-

---

[97] Offner (1930-1962), vol. I, S. XV-XVIII.

[98] Lisner (1995), S. 72.

[99] Vgl. Gioseffi (1971), S. 225.

[100] Lisner (1995), S. 74.

Kardinals. Letztere zeigt, wie auf der Petrus-Seite das Weiß, das besondere Gewicht, das Stefaneschi auch hier in der Gesamtkomposition erhält.[101] Mit den im Vergleich zur Petrus-Seite kühleren Farben wird eine Vereinheitlichung der drei Tafeln erreicht und zugleich in den Variationen eine Möglichkeit der Steigerung auf das Zentrum hin geschaffen, wie es z.B. auch auf der *Marienhochzeit* in der Arena-Kapelle der Fall ist.

Mit dem Fußbodenmuster endet auf der Christus-Seite der perspektivisch erschlossene Raum am Thronpodest, zu dem zwei Stufen empor führen, so daß realer, perspektivisch klarer Raum jenseits dieser Kante lediglich im Inneren des Throngehäuses, nicht aber bei den begleitenden Engeln zu sehen ist. Die Standfläche dieser Engel liegt im Imaginären. Während die Engel zu Seiten Petri höher, nämlich auf dem Postament, stehen, sind diese Engel höher "gestellt" ohne eine solche realistische Begründung. Gioseffi spricht angesichts dieser beiden Mitteltafeln von einer »Krise« der traditionellen »vertikalen Staffelung«, also der Ordnung, von der die Maestà-Darstellungen Duccios und Cimabues geprägt sind.[102] Auf der Petrus-Tafel ist der Unterschied zu den begleitenden Engeln der früheren Darstellungen deutlich sichtbar durch die "Konstruktionsangabe" der Standfläche, derselbe Unterschied ist *prima vista* auf dieser Tafel nicht festzustellen und doch unterscheiden sich diese Engel von den Engeln etwa der Sieneser Maestà, die Duccio 1311 fertiggestellt hat.[103] Es ist ein Engelsreigen dargestellt, der sich in gewisser Weise unabhängig vom Thron formiert und bewegt, ohne daß diese Engel einen schwebenden Eindruck machen. Während die Sieneser Engel Nähe und Halt am Madonnenthron suchen, erinnern die Engel um Christus eher an die tanzenden am Triumphbogen in Padua oder an die stehenden der Ognissanti-Tafel. Sie haben deren Körperschwere und schaffen sich wie diese ihren Handlungsraum zwischen der Architektur und der Rahmung vor dem Goldgrund. Allerdings wird hier auf der Christus-Tafel deutlich gemacht, daß die hinteren Engel keine Standfläche haben. Dies zeigt den konzeptionellen Unterschied zu der "vertikalen Staffelung" traditioneller Bildungen. Denn es wird "gespielt" mit der konstruktiven Möglichkeit, die auf der anderen Seite ausgeführt ist und hier zugunsten eines anderen Gehalts weniger "fortschrittlich" erscheint. Dort wird durch die wiedererkennbaren realen Dinge und die körperliche Präsenz die Faktizität der Anwesenheit Petri und der umgebenden Figuren in einem "realistisch" konstruierten Raum, hier durch die Engel zunächst die himmlische Sphäre betont.

In diesem Sinne ist auch die steinerne Thronarchitektur von anderem Charakter. Christus thront in einer schmalen, hochaufragenden gotischen Schreinarchitektur mit

---

[101] Vgl. Lisner (1995), S. 72-73.

[102] Gioseffi (1971), S. 228.

[103] Abb. 47 bei Smart (1978).

bildparalleler, mit kostbarem Stoff bespannter Rückwand, die mit einem steilen, krabben- und kreuzblumenbesetzten Spitzgiebel abschließt. Die stark verkürzten, oberhalb der Sitzfläche durchbrochenen Seitenwangen trennen den Raum Christi von dem der umgebenden Engel. Auch Madonna und Kind des Florentiner Tafelbildes sitzen in einem Tabernakel. Beim Vergleich beider Architekturen wird ein deutlicher Schritt hin zur stärkeren Klärung der Raumverhältnisse und zur Straffung der Perspektivkonstruktion, im Ganzen zur Vereinheitlichung sichtbar, ohne daß die Formenvielfalt abgenommen hätte: Während beim Madonnenthron die vielfältige Musterung und die Marmorierung das Auge gefangen halten und gegen die Perspektive die Fläche hervorheben, betonen an dem Christusthron die klare Zeichnung der Steinflächen und die Einlegearbeiten, die weniger vielfältig, aber wie alle Profile stringenter in der Linienführung sind, die klare perspektivische Konstruktion und dadurch die raumschaffende Wirkung dieses Schreins. Zu diesem Eindruck tragen ebenso die starken Licht-Schattenkontraste[104] im Inneren der Seitenflügel bei – hier erhält nur »die beseelte himmlische und irdische Kreatur, nicht die steinerne Architektur [...] durch den Erlöser ihr Licht«.[105] Auch die gotischen Zierelemente sind so eingesetzt - die gedrehten Säulen und jedes Kapitell zeigen, klar und präzis ausgeführt, das Maß der Verkürzungen.

Anders als die angedeutete Tonne des Madonnenthrons schließt die Rückfront den Raum für Christus streng ab und betont durch Dreipaß, Spitzgiebel und Kreuzblume die Mittelachse, die außerhalb des Bildinnenraums im Spitzgiebel durch das Tondo, in dem Gottvater dargestellt ist, und auf der Predella mit der zentral sitzenden Madonna weitergeführt wird. Räumlichkeit wird vor der Rückwand durch die Seitenteile erschlossen, indem Giebel und Fialen, die ebenfalls mit größerer Plastizität und exakterer Perspektive als auf dem Florentiner Bild ausgeführt sind - besonders deutlich an der hinteren Fiale - von dem Dreipaßbogen der eingestellten Arkade überschnitten werden. Auf diese Weise werden die räumlichen Verhältnisse zwischen Thron und Umgebung auch im oberen Bereich geklärt. Die Seitenteile sind so stark verkürzt, daß der durchbrochene Teil um vieles schmaler wirkt als beim Madonnenthron und dem Raum für Christus einen abgeschlosseneren Eindruck verleiht. Zugleich erhält der Thron Christi auf diese Weise eine »hochstrebende Energie«, die auch im »Zusammenhang mit dem einstigen Rahmenwerk zu begreifen« ist - eine "Gotisierung", die, wie Lisner sagt, neu im Giotto-

---

[104] Zur Einführung von »Schattenlagen« durch Giotto vgl. Strauss (1983), S. 63-79; Dittmann (1987), S. 38-39.

[105] Lisner (1995), S. 75, fährt fort: »Ähnlich scharf unterscheidende Gedanken hatte Giotto schon bei der Beleuchtung an der Chorbogenwand der Arena-Kapelle entwickelt.« Vgl. auch Lisner (1985), S. 17.

Werk ist.[106] Von dieser klar konstruierten Architektur, die durchaus dem Petrusthron entspricht, scheint es zu dem klassischen Gehäuse des Sultans der *Feuerprobe* auf dem Fresko der Bardi-Kapelle in Florenz nur noch ein kleiner Schritt zu sein.[107]

Christus sitzt in der schmalen, aufstrebenden Architektur, abgeschlossen und fast unnahbar für seine Umgebung. »Der plastische Aufbau der Figur, ihre Spannung zum Bildraum, ihr Blicken und die Gebärde der Hand, das alles sind Weisen ihres Herrschens«.[108] Es ist eine herrschende Figur, die hier mit großer plastischer Präsenz den Throninnenraum einnimmt. Gewaltig wirkt das breitbeinige, schwere Sitzen. Eingeleitet durch den schräggeführten, goldenen Mantelumschlag verjüngt sich die Figur wie bei der Ognissanti-Madonna mit der Architektur nach oben. Aus dem Kontur ragt die segnende Hand heraus, berührt fast das klare Rund des Nimbus und bereitet so den zwingenden Blick Christi vor.

Gosebruch erläutert die Einpassung des Christusgesichts in die Maße der Thronrückwand, klärt die mathematische Präzision der Kreise, die ihm seine Suggestionskraft geben.[109] Auch an der Ognissanti-Madonna wirkt das Madonnenhaupt durch konzentrische Kreise erhaben freigestellt und erhält das Knabengesicht seine volle Bedeutung; ebenso bewirkt die Mitsprache der umgebenden Elemente eine Steigerung der Stärke des Blicks Petri auf der anderen Seite dieses Altars. Die Gestaltung des Christusantlitz geht über diese beiden Beispiele noch hinaus. Schon die Basis, die durch den Hals geschaffen wird, und die Freiheit dieses Hauptes - kein Gewand berührt es wie bei der Madonna, kein Kragen behindert und bindet es wie bei Petrus - lassen es bedeutender erscheinen. Durch die Einpassung in den Dreipaßbogen dient die Architektur ebenso wie die Nimbusscheibe. »Macht man sich nun vollends klar, daß die Augen Christi genau auf dem Durchmesser der goldenen Nimbusscheibe liegen, dann mag damit etwas von der bannenden Gewalt und Zielschärfe des Blicks erklärt sein, der gerade an dieser Stelle mit unausweichlicher Notwendigkeit aufleuchtet und sowohl die Welt des Bildes als auch den herantretenden Betrachter beherrscht.«[110]

---

[106] Lisner (1995), S. 73.

[107] Vgl. »Ausblick auf die Bardi-Kapelle«; Abb. 145 bei Mueller von der Haegen (1998). Schon Gosebruch betont den Fortschritt dieser Thronarchitektur gegenüber dem Madonnenthron, der sich in der genauen Durcharbeitung der Teile, aber besonders in deren Proportionierung zum Ganzen, d.h. zur Thronarchitektur, zur Rahmung, zur Gesamtheit der drei Tafeln und selbstverständlich zur herrschenden Christusfigur zeige [Gosebruch (1961a), S. 116-118].

[108] Gosebruch (1961a), S. 117.

[109] Gosebruch (1961a), S. 116-117.

[110] Gosebruch (1961a), S. 116-117.

Die maßvolle Einpassung in Raum und Fläche bewirkt diesen Eindruck von Notwendigkeit. Im rhythmischen Auf und Ab wird eine Verbindung von außen nach innen - von den eingestellten Säulchen der Dreipaßarkade über die Seitenflügel zum Dreipaß der Thronrückfront - und zugleich der dazwischen entstehende Raum geschaffen. Die sich wiederholenden Formen des Dreipasses, der Spitzen und Tondi, letztlich auch, bei vollständiger Rahmung, der Fialen erscheinen vergleichbar mit konzentrischen Ringen, die vom Blick Christi ausgelöst werden wie Wellen von einem ins Wasser geworfenen Stein. Umgekehrt wirkt im Einklang mit den Maßen der Architektur die Gestaltung des Gewandes steigernd auf das Zentrum hin. Sie verleiht der kräftigen Körperlichkeit der Christusfigur Lebendigkeit und Dynamik - man beachte nur den Wechsel der Schrägführungen, die zusammengefaßt werden in dem waagerechten Ornament auf der Brust, das wie ein Sockel für das aufstrebende Haupt und die Achse der Augen wirkt.

Die Konzentration und Strenge der Konstruktion bedeutet hier, wie auf der Ognissanti-, der Petrus-Tafel und den szenischen Darstellungen, auch eine Einbeziehung der Umgebung in die rhythmische Steigerung durch Aufbau und Figurenbildung. Ab der Sitzfläche des Throns sind die Engel in die Höhe gestaffelt, wobei aber auch hier durch die immer kleiner werdenden Köpfe der Eindruck einer Tiefe entsteht. Es scheint, als ob die Engelsgruppen, die rechts und links des Throns jeweils ein Drittel des Bildfeldes einnehmen,[111] in sich nach der Maßgabe der umschließenden Dreipaßform noch einmal unterschieden sind. Das rhythmische Gefüge der Gruppengestaltung ist dadurch in derselben Konsequenz wie die Architektur- und Rahmenform, wie jede einzelne Figur auf das Zentrum bezogen. Dies geschieht, vergleichbar mit der Petrus-Seite, nicht streng symmetrisch, sondern wird auf die zwei Seiten der Gebärde Christi hin ausgelegt.

Die Engel bilden auf beiden Seiten eine Gruppe von jeweils zwei Paaren, die von einem einzelnen Engel mit weit ausgebreiteten Flügel überfangen und nach hinten abgegrenzt wird. Während die Engel zu Seiten Petri wie Wächter neben seinem Thron stehen und sich weit vorbeugen, um ihn anzusehen, und auch den Heiligen neben dem Madonnenthron eine gewisse Schwere und Ernsthaftigkeit innewohnt, erscheinen diese Engel, von denen jeder einzelne direkt auf das Antlitz Christi blickt, wie ein zarter Nachklang auf sein mächtiges Herrschen. Ihre zurückgenommene Körperlichkeit, die großen goldstrahlenden Nimben und die goldenen Reflexe in ihren Gewändern lassen die Engel eher vergleichbar erscheinen mit den himmlischen Begleitern der *Geburtsszene* oder der *Kreuzigung* in Padua. So kann auch ihr Vordringen nicht so kräftig sein wie der Blick der Heiligen neben der Ognissanti-Madonna. Wie dort blicken hier auf beiden Seiten die inneren Engel durch die durchbrochenen Thronwangen, und ihre Gesichter werden durch die gedrehte vordere Säule angeschnitten. Auch hier werden auf diese Weise die räumli-

---

[111] Darauf hat schon Gosebruch (1961a), S. 116, hingewiesen.

chen Verhältnisse geklärt, wird die Steigerung auf das Zentrum wie in einem Schlußak-
kord intensiviert. Aber die Distanz zum inneren Bereich des Herrn ist noch deutlicher
gefaßt als auf der Madonnentafel, und der Unterschied zu der plastischen Präsenz Christi ist gerade an diesen zunächst befindlichen Engeln besonders radikal.[112] In ihrer Körperlichkeit und ihrer Stellung im Raum wirken diese Begleitfiguren gegenüber dem
Zentrum zurückgenommener als auf der Florentiner Tafel. Dennoch sammeln diese
"schwebenden" Engel mit den Blicken die Konzentration auf das Zentrum, unterstützt
vor allem durch ihre kräftigen Flügel, die wie Rundbögen von der Rahmung zur Mitte
führen.[113] Auf diese Weise entsteht bei den so geringen räumlichen Möglichkeiten der
schmalen steilen Mitteltafel doch Volumen um den Christusthron.

In Höhe der Sitzfläche beginnt ein raumgreifender Halbkreis nach vorne – hier an
der Stelle, an der die Raumkonstruktion am Fußboden ablesbar ist, wird die Sphäre
zwischen "himmlischem" Schweben und "irdischem" Knien unterschieden, wird die
Nähe zu den Gläubigen vor dem Altar hergestellt und kann mit dem Stifter ein irdisches
Moment eintreten. Ein fest stehendes Engelspaar bildet auf beiden Seiten die "Gelenkstelle": Der jeweils innere Engel wird halb von der Thronwange überschnitten und dreht
sich vom Zentrum weg, um den Nachbarn anzublicken. Auf der rechten Christus-Seite
fassen sich die beiden Engel an den Händen, aber zu einem Paar werden beide vor allem
durch das Umblicken. Diese Art von Paarbildung ist originär giottesk. Der Engelsreigen
um den Paduaner Christus auf der Triumphbogenlünette wird an ebensolchen "Gelenk-
stellen" durch ebensolches Umblicken rhythmisiert. Auch auf den szenischen Darstellungen - z.B. auf der *Kreuzigung*, der *Hochzeit zu Kana*, der *Disputa* oder der *Marienhochzeit*, um Paduaner Darstellungen zu nennen, aber auch in der Peruzzi-Kapelle, etwa
bei der *Verkündigung an Zacharias*, und auf der *Navicella* - wird durch diese Paarbildung rhythmisiert, wird durch das Umblicken in der Steigerung auf das Zentrum hin

---

[112] Gerade diese Trennung scheint Simone Martini bei der Darstellung seiner Maestà in Siena ebenfalls
wichtig gewesen zu sein. Er schneidet die Engelsköpfe neben den Zentralfiguren in derselben Weise
an wie hier die Engelsköpfe überschnitten werden, läßt sie aber nicht durch das Throngehäuse
blicken, sondern vor der Architektur durch die Baldachinstangen überschneiden.

[113] Die knienden Engel vor der Ognissanti-Madonna haben bunte Flügel, die ganz traditionell im
Gefieder unterschieden sind wie die Engel um den Thron der Rucellai-Madonna. Allerdings haben
sie weiße Kleider, und die Farben ihrer Flügel fangen die Umgebungsfarben wie Reflexe ein. Die
stehenden Engel vor dem Madonnenthron haben hingegen einfarbige Flügel, die grün sind wie ihre
Gewänder und so diesen Farbwert verstärken und die Zugehörigkeit zum Engelskörper betonen.
Auch die Engel neben Christus auf der römischen Tafel haben Flügel in den Farben ihrer Gewänder.
Ihre zarte Körperlichkeit wird auf diese Weise ausgebreitet. Während die Flügel der Stehenden auf
der Florentiner Maestà durch den Zug auf das Zentrum ganz steil ansteigen, sind hier die Schwingen
weiter geöffnet.

eine Pause gesetzt. Zugleich wird dadurch wie hier auf der Christus-Tafel eine räumliche Wirkung erzielt.

Auf Darstellungen des Simone Martini oder auch seines Umkreises findet man solches Umblicken nicht - eine der szenischen Darstellungen auf der Augustinustafel bildet die Ausnahme.[114] Wenn sich einzelne Engel auf den Darstellungen der Maestà von Duccio oder der von Simone Martini in Siena umblicken, bewirkt dies die Auflockerung der Figurengruppen, aber keine Paarbildung, da dem Umblickenden kein Gegenüber zugeordnet ist. Dort dient es dem allgemeinen Fluß der Komposition, während das Einander-Anblicken bei den giottesken Bildungen und eben auch hier auf der Christus-Tafel des Stefaneschi-Altars eingebunden wird in den sich steigernden Rhythmus, mit dem die Umgebung auf das Zentrum hin geordnet ist, und zugleich raumerfassend ist im Verhältnis zur Fläche und den plastischen Werten etwa von Architekturen.

Den Raum vor dem Thron nehmen kniende Engel ein. Anders als bei den Engeln vor der Ognissanti-Madonna ist es ein weniger verhaltenes, ein sehr dynamisches Knien, dessen doppelte Bewegungsrichtung in der Armhaltung aufgegriffen wird und der unterschiedenen Geste Christi entspricht. So nutzt etwa der vordere Engel den freien, durch den Boden deutlich vorgegebenen Raum für seine komplexe Gebärde, die wie ein Reflex der Schrägführungen des Christusmantels wirkt und ihm eine Mittlerposition von außen nach innen gibt. Seine Hinwendung zum Zentrum wird aufgegriffen und verstärkt durch den zweiten knienden Engel, der von ihm fast vollständig überschnitten wird. Nur das Gesicht, genauer: die Augen bleiben frei. Hier wird also besonders der Blick auf das Zentrum betont. Solche Überschneidungen und Doppelungen findet man auch bei den stehenden Engeln um die Maestà, etwa bei dem angeschnittenen Engel am linken Bildrand.

Aber so wie der Raum hier weitläufiger und die Bewegungen komplexer sind, so ist auch der Umgang mit diesen Möglichkeiten vielfältiger, denn dieser zweite Engel vereinigt die gegenläufigen Richtungen zu einer eindeutigen auf das Zentrum hin und vermittelt darüber hinaus im Raum zu dem stehenden Paar dahinter, durch das die Gegenläufigkeit wieder aufgenommen wird. Dies geschieht in ähnlicher Weise auch auf der Segensseite Christi – an hinterer Position: Dieser Engel scheint den Segen Christi anzunehmen. Zugleich korrespondiert seine Armhaltung mit der Geste des Stifters, der vor ihm, anstelle eines zweiten Engels, wie auf der anderen Seite, kniet. Nur durch diesen Engel erhält Stefaneschi einen gewissen Bezug zum Zentrum. Hier auf der Segensseite wird durch die Gesten der Engel also auch das menschliche Element aufgenommen und in den Kreis um Christus integriert.

---

[114] Siena, Museo dell'Opera del Duomo, jetzt in der Pinacoteca Nazionale in Siena. Die Tafel wird in die späten zwanziger Jahre datiert. de Castris (1989), S. 101 und zur Datierung S. 100-101.

Blickt man von diesen noch einmal auf die Engel der Florentiner und der Sieneser Maestà, dann wird deutlich, wie eng verwandt sie mit jenen aus Florenz sind. Zwar knien sie bewegter und raumgreifender als die auf der Ognissanti-Tafel, aber beiden ist die giotteske, kräftige Körperlichkeit eigen, aus der heraus Gebärde und Stellung entwickelt sind. Auf diese Weise werden diesen Engeln ihre Tätigkeit und ihre demütige Haltung zum Wesen und glaubhaft verkörpert. Die Engel vor dem Thron der Madonna in Siena, die ihre Blumenschalen hoch halten, ohne daß sie einem Gewicht ausgesetzt scheinen, knien planparallel wie die Florentiner Engel und haben etwas von der Dynamik der Engel vor Christus. Ihre Gebärde erinnert zugleich an die des Stifters auf der Petrus-Seite des römischen Altars. Auch Stefaneschi ist parallel zum Grund gesetzt und hebt das Modell seiner Stiftung empor. Die Winkelungen im Körper, die durch diese Gebärde entstehen, scheinen für die Sieneser Engel aufgegriffen und zu beinah übersteigerter Dynamik gebracht worden zu sein. Was bei Stefaneschi, bei den Engeln vor Christus und vor der Ognissanti-Madonna von der Körperschwere und dem Volumen im Raum her mit Bezug auf das Zentrum gedacht ist, wird hier in eine eher graphische Form gebracht, deren Ausdruck und Emotionalität wohl verstehbar konstruiert, aber nicht "verkörpert", also wesenhaft ist.

Die Dynamik der mehrfach gewinkelten Engelsfiguren entwickelt sich auf der Fläche und erhält im Gesamtzusammenhang einen eher dekorativen Charakter als eine inhaltliche Aussage. Gerade im Vergleich zu diesen Engeln von Simone Martini wird deutlich, wie eng die der beiden anderen Tafeln zusammengehören und die Figurenbildung demselben Gestaltungsprinzip folgt. Von diesem unterscheidet sich die Figurenbildung auf der Sieneser Maestà nicht graduell, sondern grundsätzlich. Schon an den Engeln erweist sich die Vermutung von Kempers und de Blaauw, Simone oder ein Künstler seines Umfelds sei der Autor der Stefaneschi-Tafeln, als unhaltbar.

Es ist schon bemerkt worden, daß Stefaneschi auf der Segensseite Christi vor dem Thron als Pendant zum vorderen Engel der anderen Seite kniet. Wie dieser befindet er sich frei im Raum, aber in demütigerer Haltung - er hat beide Knie am Boden und sein Blick ist nicht aufgerichtet. Während Stefaneschi auf der Petrus-Tafel im festlichen Ornat des Kardinaldiakons seine Stiftung wie eine Opfergabe emporhält, kniet er hier vor Christus im Alltagsgewand eines Kardinals und hat das Zeichen seiner Würde, den roten Kardinalshut, ehrfurchtsvoll abgelegt. Er ist planparallel dargestellt wie auf der Petrus-Seite und wie die Ognissanti-Engel, beugt sich aber nach vorn. Als ob er Schwierigkeiten hat, das Gleichgewicht zu halten, stützt er sich mit dem linken Arm auf die vordere Thronstufe und faßt mit der rechten Hand an die Kante der oberen. So kann er den Kopf weit nach vorn recken, über die Stufenkante hinweg, um seine Lippen dem mächtigen Fuß Christi zu nähern. Darauf ist seine Gebärde ausgerichtet - sein Profil und sein Blick sind besonderer Ausdruck der übergänglichen und verlangenden Bewegung, mit der er in ganz anderer Weise auf Christus bezogen ist als die Engel. Die Engel schauen hoch, sind direkt berührt von der herrschenden Gestalt Christi und umgeben ihn wie eine Gloriole. Stefaneschi hingegen als Lebender und Stifter ist niedergesunken, um in Ehrfurcht den Fuß zu küssen, ohne Teilnahme an dem bannenden Glanz der segnenden Hand und des weiten Blicks.

Der Kardinal erscheint zwar eingereiht in den Kreis der Engel, ist am dichtesten an Christus, ist mit ihm auch durch die Farbe verbunden und erscheint an einem Ort, von dem aus sich die Bewegung des Christus-Gewands nach oben entwickelt, aber dennoch wird gerade an dem engen und nicht ausgeführten Zusammentreffen zwischen dem lebendigen Menschen und dem Gottessohn der überdimensionale, absolute Unterschied wie bei der *Navicella* deutlich. Stefaneschi scheint den Fuß einer Statue, eines Abbilds berühren zu wollen, so wie der Stifter auf der anderen Seite im Grunde vor dem Altar und nicht vor Petrus kniet. Die Kraft Christi hingegen, die sich besonders in seinem Blick sammelt, scheint weit über diesen Stifter und selbst über gläubige Betrachter hinauszureichen.

Ganz portraithaft und wiedererkennbar, der Dinglichkeit von Architektur, Fußboden oder Ornat entsprechend, ordnet Giotto den Stifter in einen Kreis von Heiligen bzw. Engeln. Auf diese Weise schafft er ein natürliches, erlebbares Umfeld für eine überzeitliche und nicht erlebbare Erscheinung, wie es schon bei den Darstellungen der *Navicella* und besonders der *Vision des Johannes* in der Peruzzi-Kapelle gesehen wurde. Dies gelingt, ohne die geordnete Struktur der Hierarchie aufzuheben, durch die klare Komposition der Bildtafeln, die mit der Bezugnahme jeder Figur auf das Zentrum, mit direkter Hinführung und mit Zäsuren, wie bei den Fresken der Arena-Kapelle oder der Florentiner Maestà, durch Gesten und Farben, verstärkt durch Überschneidungen und Fast-Berührungen, eine rhythmische Steigerung schafft. Über die Möglichkeiten der Arena-Fresken und des Florentiner Tafelbildes hinaus wurde hier auf beiden Mitteltafeln ein Bildraum geschaffen, der einerseits den Außenraum, also den Betrachterraum, mit dem Innenraum verbindet, andererseits die dargestellten Figuren als Handlungsraum umgibt, in dem sie sich freier und d.h. natürlicher bewegen können, vergleichbar mit den Figuren der Peruzzi-Fresken.

Die Natürlichkeit und, in deren Folge, die Identifikationsmöglichkeit der Betrachtenden findet ihren besonderen Ausdruck in der Darstellung des Stifters. Die Herrschaft und übergeordnete Erhabenheit Petri und, im besonderen Maß, Christi wird bei aller lebendigen Ausdruckskraft, wie bei der Ognissanti-Madonna, durch die Steigerung auf das Zentrum und durch die Übergröße der Zentralfigur erreicht. Aber die bannende Notwendigkeit, die Petrus und vor allem Christus über die zeitliche Natürlichkeit erhebt, entsteht aus der klaren perspektivischen Konstruktion, die auf der anderen Seite die freiere, natürlichere Bewegungsfähigkeit der Figuren in einem sie umgebenden Raum erst ermöglicht. Auf diese Weise sind Figur und Raum konstitutive Momente einer Bilderfindung, die den Forderungen Dantes nach Natürlichkeit und Göttlichkeit entspricht.[115] Dies geht bei demselben Kompositionsprinzip über die Möglichkeiten des Florentiner Tafelbildes hinaus und ist vergleichbar mit der absoluten Herrschaft des *Navicella*-Christus einerseits und andererseits mit der Integration des übernatürlichen Geschehens in eine für den Betrachter wiedererkennbare Welt des individualisierten Gefühls auf dem Erweckungsbild in der Peruzzi-Kapelle.

Gerade die Darstellungen des Stifters bringen ein Moment der Zeitlichkeit in die hieratische Struktur beider Mittelbilder. Die Natürlichkeit der noch lebenden Person, die sich besonders durch die portraithafte Auffassung des Gesichts und die Dinglichkeit der Gewandung ausdrückt, korrespondiert mit der "Augenblickszeit" der narrativen Darstellungen in Padua und in der Florentiner Peruzzi-Kapelle.

Die doppelte Einführung des Stifters in das von ihm gestiftete Werk sei in einer langen Tradition der beiden kontrastierenden Stifterdarstellungen begründet, führt Kocks in seiner Untersuchung zur Geschichte der Stifterbildnisse aus.[116] Auf der Christus-Seite, die Kocks als Vorderseite bezeichnet, verharre Stefaneschi in absoluter Demut als Abbild seiner sterblichen Existenz. Hier sei er in einer Weise dargestellt, die ihn zu der demutsvollen Stifterfigur Georg von Antiochiens in der Martorana zu Palermo in Bezug setze. Dagegen gehöre die Darstellung in der Pracht und im Repräsentationswillen seiner liturgischen Gewänder mit dem Beleg seiner Stiftung in den Händen dem anderen Typus an, für den das Mosaik der Kathedrale zu Monreale, das Wilhelm II. im Bewußtsein seiner Königswürde mit dem Modell seiner Kirche vor der Madonna zeigt, als Beispiel heranzuführen sei. Somit vereine Giotto auf dem Stefaneschi-Altar zwei differierende Interpretationen des Stifterbildes, wobei auf die Tradition der byzantinischen Grabmalsfresken hinzuweisen sei, die einmal den Verstorbenen in den Gewändern seiner irdischen Würde, zum anderen im Büßergewand darstellten.[117] Diese Antithese - der feierlich-repräsentativen, einer Machtdemonstration gleichkommenden Stifterdarstellung und des demutsvollen, weltlicher Würde entsagenden Stifterbildes[118] -

---

[115] Vgl. Kapitel I.

[116] Kocks (1971), S. 119-123, hier S. 122.

[117] Kocks (1971), S. 123. Vgl. P. A. Underwood: The Kariye Djami. 3 Bde., London 1967, S. 269-299; »die hier angesprochenen Grabmalsfresken stammen zwar aus dem 14. Jh., sie spiegeln jedoch zweifellos ältere Vorbilder wider.« Kocks (1971), S. 116.

[118] Kocks (1971), S. 69.

habe Giotto bereits in den Votivfresken der Magdalenen-Kapelle aufgegriffen und hier in den Bereich der Tafelmalerei übertragen.[119]

Der Vergleich zu Votiv-Darstellungen - angefangen von dem schon genannten Mosaik Cavallinis in Rom, über die Darstellungen Napoleone und Giovanni Orsinis in der Nikolauskapelle, den beiden Fresken der Magdalenen-Kapelle bis zur Darstellung Gentile da Montefiores von Simone Martini in der Martinskapelle zu Assisi[120] - macht den Unterschied deutlich. Bei aller Entwicklung aus der Tradition, zu der die beiden Versionen des Stifterbildes ebenso wie die Darreichung des Modells mit verdeckten Händen oder die Annäherung an den Fuß Christi gehören, ist der Stifter auf beiden Mitteltafeln doch ganz anders eingebunden in die Gesamtdarstellung als bei den genannten Votiv-Bildern: Dort handelt es sich jeweils um isolierte Votiv-Darstellungen. Für den Stifter wird wie in S. Maria Trastevere mit dem anempfehlenden Heiligen ein eigenes, durch Rahmung unterschiedenes Bildfeld eingeräumt oder wie in der Martins-Kapelle ein getrenntes Votiv-Fresko in einen Zyklus eingefügt. Hingegen ist der Stifter auf den Mitteltafeln des römischen Altarwerks ähnlich wie Scrovegni auf der Stirnwand der Paduaner Kapelle in die "Gesamthandlung" der Darstellung ohne Größenunterschied zu den anderen Versammelten integriert.

Am ehesten bietet sich ein Vergleich zu dem Fresko in der Nikolaus-Kapelle an, das Poeschke 1300-1305 datiert und einer Giotto-Schule zuschreibt.[121] Ähnlich wie auf dem Altar beherrscht hier Christus die Mitte des Bildfeldes. Ihm werden der Stifter Kardinal Napoleone Orsini durch den heiligen Franziskus und dessen Bruder, der in der Kapelle begraben ist, durch den heiligen Nikolaus von links bzw. von rechts zugeführt. Durch die leichte Übergröße, seine frontale, aufrechte Haltung, aber besonders durch das ihn fest umschließende Tabernakel, scheint Christus der Sphäre, in der die Orsini und hinter diesen jeweils noch drei weitere kniende und anbetende Prälaten ihren Ort haben, enthoben zu sein.[122] Nicht in der Größe, aber in ihrem Gestus und dem ihnen zukommenden Grad an Freiheit sind die Orsini und die übrigen Geistlichen von den beiden Heiligen unterschieden. Diese Differenzierungen machen die Vergleichbarkeit zu den römischen Tafeln aus.[123] Da allerdings die ganze Komposition des Lünettenfreskos

---

[119] Kocks (1971), S. 123. Vgl. dazu S. 125-126.

[120] Poeschke (1985), Abb. 211; 214a, 214b, 280.

[121] Poeschke (1985), S. 96 u. S. 98; Abb. 211.

[122] Die Haltung des Christus erinnert an den *Navicella*-Christus. Diese Erinnerung wird aber durch die Einbeziehung der Umgebung, die hier ausgeschlossen ist, obsolet bzw. mit der Erinnerung an Christus-Darstellungen in Apsis-Mosaiken gleichgestellt.

[123] Darüber hinaus ist die Darstellung Napoleone Orsinis durch die betonte Individualisierung seines Gesichts dem feierlichen Stefaneschi der Petrus-Tafel sehr nahe. Da allerdings bei der Restaurierung

einem anderen Schema gehorcht, tut sich zugleich der Unterschied zwischen den Darstellungen auf. Christus ist ganz von seinem Tabernakel umschlossen und von der Umgebung abgetrennt. Neben ihm reihen sich die Adoranten wie auf einem Fries. Zwischen ihnen und Christus vermitteln nur die beiden stehenden Heiligen durch ihre Größe. Auch auf diesem Fresko wird keine Handlung und dadurch auch nicht die Integration des Heiligen in eine dingliche Welt unter Wahrung der hieratischen Struktur gestaltet. Während sich auf dem Stefaneschi-Altar die Figuren um Petrus versammelt haben, um Petrus zu ehren und zugleich der Mönchsheilige vergleichbar mit dem Stifter "seine" Gabe vorweist, und die Engel um Christus als himmlischer Kranz anwesend sind, in den Stefaneschi seiner Stellung entprechend aufgenommen ist, ist hier die ganze Komposition ohne Abstriche auf die hieratische Struktur ausgerichtet.

Sieht man von hier auf die beiden Stifterportraits in der Magdalenen-Kapelle, dann eröffnet auch dieser Blick einen grundsätzlichen Unterschied der Bildfindungen.[124] Während dort der Stifter Bischof Pontano direkt, auch mit körperlicher Berührung vor der Patronatsheiligen der Kapelle bzw. vor dem Stadtbischof Assisis kniet und diese Begegnung in einem abgeschlossenen Bildfeld ohne andere beteiligte Personen stattfindet, ist für die Struktur der römischen Mitteltafeln gerade die Einbindung des Stifters in eine Figurengruppe konstitutiv. »Christus als überweltlicher König«[125] wird umgeben von einem Engelskranz, zu seinen Seiten sind die Martyrien der römischen Apostelfürsten, deren höchste Legitimation vor Christi Richterstuhl, dargestellt, und hier kann der Lebendige nur als einfacher Büßer auftreten. Petrus wird gerahmt von seinen frühen Begleitern und von den Figuren vor seinem Thron als Statthalter Christi und Vorgänger aller Päpste in Rom, als Repräsentant höchster kirchlicher Würde angesprochen, deshalb kann Stefaneschi hier im vollen Ornat seines offiziellen Amtes auftreten. So wie das traditionelle, im 14. Jahrhundert nicht mehr gebräuchliche Verdecken der Hände durch eine Mappa[126] verwandelt wird von einem Zeichen, das der Ehrfurcht und dem Ritus gehorcht, zu einer die Dargestellten individuell charakterisierenden Unterscheidung, so wird die Tradition der doppelten Stifterdarstellung[127] hier zu einer neuen Integration des Stifters in hieratische Bildfindungen, deren Gehalt durch unterschiedliche Sphären

---

festgestellt wurde, daß die beiden Orsini-Bildnisse erst zu einem späteren Zeitpunkt dem Fresko hinzugefügt wurden, davor wohl andere Figuren dargestellt waren, kann man daraus keine Rückschlüsse auf die Datierung des Stefaneschi-Altars ziehen – eher umgekehrt. Zu den hinzugefügten Figuren vgl. Poeschke (1985), S. 98; Hueck (1983) S. 187-198.

[124] Abb. 214 a u. b bei Poeschke (1985).

[125] Lisner (1995), S. 73.

[126] Vgl. Kocks (1971), S. 20.

[127] Vgl. Kocks (1971), S. 123.

bestimmt ist. In der inneren Logik der beiden Seiten des Retabels liegt also das Erscheinungsbild des Stifterkardinals begründet. Ohne diese innere Begründung wird die portraithafte Darstellung des Stifters mit offiziellem und privatem Charakter in der Magdalenen-Kapelle aufgegriffen und dadurch letztlich an die Tradition zurückgebunden.

Auch Lippo Memmi versucht auf seiner monumentalen Maestà-Darstellung in San Gimignano, den Stifter Nello di Mino de' Tolomei in die Versammlung der Heiligen und Engel zu integrieren.[128] Er ahmt die Maestà Simone Martinis aus dem Sieneser Palazzo Pubblico nach, ohne die Höhenstaffelung der Figurengruppe zu übernehmen und unter Verzicht auf die knienden Heiligen und die blumentragenden Engel. Simone Martini kombiniert bei der Anordnung der Assistenzfiguren die traditionelle Schichtung, die etwa auf Duccios Maestà zu sehen ist, mit der Höhen-Tiefen-Staffelung, mit der die Engel um den Thron Christi auf der römischen Mitteltafel geordnet sind. Lippo Memmi fügt die etwas "schwerer" gewordenen Figuren zu einer kompakten Phalanx zusammen, die von den Engeln am Madonnenthron abgeschlossen wird, deren Gebärde mit den überkreuzten Armen hier sehr energisch wirkt. Über diesen seitlichen Gruppen, deren Geschlossenheit durch die Isokephalie geprägt ist, ragt das Haupt der überproportionierten Madonna empor. Anders als Simone hat Memmi dieses Haupt streng frontal gebildet, seinen Nimbus in den rückwärtigen Giebel genau eingepaßt und von dem des Kindes abgesetzt. Zur Unterstützung dieser weniger familiären Haltung scheinen auch die Seitenteile des gotischen Throns noch stärker als bei Simones Fassung in die Fläche geklappt zu sein. Schon das Throngehäuse der Sieneser Maestà erinnert neben der Figurengruppierung an den Stefaneschi-Altar, Lippo Memmi scheint darüber hinaus besonders von der beherrschenden Zentralität der Petrus- und Christusfiguren beeindruckt gewesen zu sein, die er gegen den von Simone übernommenen Figurenaufbau einsetzt, um der Madonna mehr Betonung zu verleihen. Gerade durch die Anwesenheit des Stifters, der als einziger kniet, ist eine solche Betonung notwendig und folgt dem Prinzip der römischen Mitteltafeln. Auch die individualisierte Gestaltung des Stifterkopfes und seine "Verschmelzung" mit dem anempfehlenden Bischofsheiligen erklärt sich durch dieses Vorbild, wobei Lippo Memmi allerdings durch die Reihung der Figuren und die etwas problematische Proportion des Knienden keine wirkliche Integration des Stifters in die Gruppe der anwesenden Heiligen gelungen ist.

Deutlich zeigt sich, daß die Möglichkeit, die Figuren in einem Kreis um eine Thronarchitektur zu versammeln, korreliert mit dem Bemühen um faßbare Dinglichkeit und Portraithaftigkeit, die die Augenblickszeit und Zeitgenossenschaft in die hieratische

---

[128] Das große, freskierte Wandgemälde befindet sich im Palazzo del Comune, sala di Dante. Es wurde vom podestà der Stadt gestiftet und 1317 bezahlt. Vgl. Martindale (1988), S. 17, Abb. 129; Torriti (1991), S. 12.

Bilderfindung bringen. Erst bei solcher Gestaltung entsteht die Notwendigkeit, Rangunterschiede an der dargestellten Figur körperhaft werden zu lassen, und dadurch die
Integration des Heiligen bzw. des absoluten Herrschens in eine "natürliche" Umgebung
zu vollziehen. Dies geschieht bei den hieratischen Bildfindungen der Mitteltafeln und
den narrativen Bildfindungen der Seitentafeln des Stefaneschi-Altars, die im folgenden
Gegenstand der Untersuchung sind, ebenso wie bei denen der Peruzzi-Kapelle nicht mit
der Selbstverständlichkeit der Frührenaissance, aber doch mit einem deutlichem Unterschied zur älteren Bildtradition, der einen Weg dahin eröffnet. Christus erscheint nicht
mehr wie "Ramses II. vor den Hethitern", sondern eher wie "Gulliver unter den Liliputanern", um das Bild Gioseffis noch einmal zu gebrauchen.[129]

VI.1.3.2 Das Paulusmartyrium

Beide Seitentafeln sind wie die Mitteltafel eingefaßt und zeigen auf sehr schmalem,
hohen Format narrative Szenen. An die Buchseite Christi schließt sich die Tafel mit der
Darstellung der Enthauptung des heiligen Paulus in einem Bildfeld an, das unter Ausnutzung der ungewöhnlichen Proportionen in Vorder-, Mittel- und Hintergrund geteilt
ist.[130] Es öffnet sich auf diesem Bildfeld jenseits der Rahmenschwelle eine weite, felsige
Landschaft, aus der am Horizont Bäume in den Goldhimmel ragen. In der Bildmitte
senkt sich der Horizont ab, und die dort entstehende Mulde bildet einen Kreuzungs-
punkt: Von da steigen die Felsen rechts und links zu "Nebenschauplätzen" an und schie-
ben sich niedrigere Felsen keilförmig nach vorne, bis sie ein immer noch mit Bodenni-
veauunterschieden ausgestattetes Plateau im Vordergrund teilen. Mit diesem Plateau
wird eine Bühne geschaffen, die nach hinten begrenzt ist und nach vorne knapp an den
Rahmen reicht. Diese "Bühne" ist der Handlungsraum für die Hauptszene, die von einem Felsenkeil geteilt wird.

     Sieht man von dieser Landschaft auf die Landschaften in den Fresken der Magda-
lenen-Kapelle,[131] dann fällt noch einmal deren besondere malerische Qualität auf, die
beinahe an diese feine Tafelmalerei heranreicht. Zugleich zeigt sich derselbe Unterschied, der schon im Vergleich der Magdalenen-Fresken mit denen in Padua deutlich
wurde. Während in Assisi die Felsen als dekorative Folie die Bewegungen, wie bei der
Erweckung des Lazarus, oder die Rahmung, wie bei dem *Gespräch mit den Engeln*,
begleiten, ist die Landschaft hier auf der *Paulusmarter* in Spannung zu Bildrahmen und

---

[129]   Vgl. Gioseffi (1971), S. 228.

[130]   Abb. 108 bei Mueller von der Haegen (1998).

[131]   Vgl. entsprechendes Kapitel der Arbeit. Abb. 217 bis 220b bei Poeschke (19985).

Goldfläche gesetzt. Sie rhythmisiert das Geschehen und bestimmt es in vergleichbarer Weise mit wie auf den Paduaner Fresken. Durch die Felsen wird der Raum für die vorderen Figurengruppen bestimmt, sie werden bedrängt und dynamisiert. Als dynamisches Moment wirken etwa die abfallende Felskante auf der Paduaner *Lazarus-Erweckung* oder auch die Landschaften der *Beweinung* und des *Noli me tangere*.[132] Hier auf dem Stefaneschi-Altar wird darüber noch hinausgegangen, indem die Felsplateaus räumlich genutzt werden, Standflächen bilden können, dadurch die vordere Bildbühne nach hinten erweitern und zugleich eine Verbindung zu dem himmlischen Geschehen herstellen. Auf eine solche Landschaftserfindung weist das Fresko vom *Traum Joachims* in Padua voraus; am ehesten aber ist sie zu vergleichen mit dem Verhältnis von Architektur und Geschehen in der Darstellung der *Himmelfahrt des Evangelisten* in der Peruzzi-Kapelle oder mit der weiten Seelandschaft der *Navicella* und der dortigen Raum-Flächenspannung.[133] Schon an der Landschaft und ihrem "spannungsvoll" mitsprechenden Einsatz lassen sich also immens giotteske Charakteristika feststellen - Charakteristika, die auf eine Stilstufe nach den Paduaner Fresken hindeuten, wie es auch schon für die Mitteltafeln im Verhältnis zur Ognissanti-Madonna zu sehen war.

»Die Hintergrundslandschaft der Paulusenthauptung vertritt in Giottos Œuvre, soweit es erhalten ist, die reifste Stufe. Er hat sie auf den Inhalt des Bildes hin konzipiert.«[134] So wird der in kräftiges Rot gekleidete Henker als erster Blickfang und Eintrittsfigur von dem sich aus der Hintergrundslandschaft entwickelnde Felskeil fast bis an den vorderen Bildrand gedrängt. Der Scherge steht zwischen den Trauernden um Paulus und den abziehenden Reitern, frontal nach außen gewendet. Er steckt nach beendeter "Arbeit" mit weit ausladender, gänzlich unbeteiligter Gebärde das Schwert zurück in die Scheide. Mit seiner spannungsvollen und gegenläufigen Körperhaltung ist er Drehpunkt für den Aufbau der Landschaft in die Tiefe und für die Teilung der Figurengruppen im Vordergrund – direkt an der Mittelachse dreht er sich weg von der Richtstätte und hin zu Helfern der Gewalt. Der Henker wird in der Bildkonstruktion als integrierendes Moment zwischen den Figurengruppen sowie der himmlischen und irdischen Sphäre in seiner verursachenden Kraft, somit als notwendiges Werkzeug für das Geschehen veranschaulicht.

Hinter ihm steigt die Felslandschaft zu beiden Seiten an – in Fortführung der Linie, die Scheide, Schwert und rechter Arm bilden, bis zu einem Plateau für die weiterführende Nebenhandlung oberhalb der Gruppe um Paulus[135]: Hier steht Plantilla, die

---

[132] Abb. 82, 94 u. 95 bei Mueller von der Haegen (1998).

[133] Abb. 68, 122 u. 111 bei Mueller von der Haegen (1998).

[134] Vgl. Lisner (1995), S. 88.

[135] Abb. 109 bei Mueller von der Haegen (1998).

fromme Frau, die Paulus ihren Kopfschleier zum Verbinden der Augen reichte. Sie steht nicht ganz auf dem höchsten Punkt des Felsens – zwischen ihr und der Rahmung ist die Fortführung der Landschaft noch zu erkennen, wodurch deutlich wird, daß Plantilla frei und fest im Raum vor dem goldenen Himmel steht. Sie ist nicht dem Geschehen im Vordergrund zugewandt, sondern hat mit durchgedrücktem Rücken das Haupt in den Nacken gelegt, das Gesicht nach oben gewandt und ins verlorene Profil gedreht. Ihre ganze Konzentration richtet sich auf das Tuch, das ihr, durch den Aufwind gebläht, entgegenschwebt und das sie mit den geöffneten, erhobenen Armen auffangen will. Durch die von sechs Engeln in einer Mandorla emporgetragene Seele des Apostels erhält sie ihren Schleier als Reliquie zurück.

Die geflügelte, fast körperlos dargestellte Seele des Heiligen Paulus ist nach unten zu Plantilla gewendet. Der rechte Arm ist ihr weit entgegengestreckt; die Hand, die gerade das Tuch losgelassen hat, ist außerhalb der Mandorla noch geöffnet - eine "Momentaufnahme", der das langsame Schweben des Tuches entspricht. Es bläht sich im Aufwind und erreicht durch die klaren Schattierungen große, fast naturalistische Räumlichkeit, wie ein Baldachin vor dem flachen Goldgrund. Da seine plastische Präsenz zu den plastischen Werten der Landschaft und der Personen in Korrespondenz tritt, wirkt dieses Tuch "realistisch" und nicht wie ein ausgeschnittener und aufgelegter Körper. Die Entfernung zwischen Plantilla und dem langsam herabsegelnden Tuch ist genau so bemessen, daß Raum-Flächen-Spannung zwischen beiden plastischen Werten entsteht. Zugleich wird der Weg deutlich, den dieses Tuch zurückgelegt hat, und damit auch der Abstand zur Seele Pauli, die entgegen der Schwerkraft, der alles Irdische unterworfen ist, aufwärts schwebt.

Die beiden Engel, die von der Höhe herab auf Plantilla bzw. auf das Geschehen im Vordergrund zufliegen, vermitteln zwischen Aufwärts und Abwärts. Diese himmlischen Wesen - ausgestattet mit weniger Körperlichkeit als die Menschen - scheinen mit ihren ausgebreiteten Flügeln auf die Armhaltung Plantillas und mit ihren schmerzvollen Gesten den leidenden Frauen um den Leichnam Pauli zu antworten. Sie vermitteln also auch zwischen beiden irdischen Geschehnissen. Durch die Position dieser Engel kann die Tiefe des Raums ermessen werden. Sie schweben von rechts herab, d.h. von der Seite des anderen Plateaus, auf dem eine doppelgeschossige Rundkapelle steht,[136] wiederholen die diagonale Richtung dieses Felsmassivs auf die Magd bzw. auf die Enthauptung Pauli hin und verbinden beide Orte.

Ihre Plazierung auf dem Goldgrund, deutlich im Abstand zur Rahmenarkade, zu den Bäumen und zu Plantilla, und ihre Anordnung gegenüber der Mittelachse - nur der eine Engel überschreitet diese mit dem Oberkörper - erfüllt die leblose Hintergrundsflä-

---

[136] Vgl. Gosebruch (1961a), S. 125.

che mit Spannung. Da ihre schräg gegeneinander versetzten Körper den Raum zwischen den Engeln erfahrbar werden lassen und sie zugleich in ein räumliches Verhältnis zur Umgebung treten, entsteht Spannung im *Raum*. Spannung auf der *Fläche* entsteht durch die Farb- und Richtungswerte des Engelpaares im Verhältnis zur Rahmung und zum übrigen Geschehen. Auch hier also wird, wie auf dem Fresko des *Joachimstraum* in der Arena-Kapelle, eine *Raum-Flächenspannung* erzeugt, die die Kohärenz des Bildganzen formal und inhaltlich schafft und in diesem besonderen Fall verhindert, daß die plastischen Werte vor dem Goldgrund ausgeschnitten und aufgelegt wirken.

Plantilla gegenüber festigt der kompakte Rundbau, der dicht an die Rahmenkante gerückt ist, die Komposition. Als Kapelle bzw. Memorialbau birgt er Andenken und Verehrung des Heiligen, faßt so die irdischen Ereignisse bleibend zusammen. Weit im Hintergrund, auf dem höchsten Punkt der Landschaft ist er durch die abfallenden Felskanten mit Plantilla und mit dem Leichnam Pauli, durch die Engel mit der Seele des Heiligen in Korrespondenz gesetzt. Zugleich ist er durch seine trutzige Form mit der Reitergruppe verbunden, die sich unterhalb des Kapellenhügels staffelt.

Diese Gruppe der Reiter und Fußjungen ist organisiert in Paaren. Begleitet von der Felskante und ihren Vorsprüngen geht einerseits von ihnen eine Bewegung auf den Ort des Martyrium aus – etwa durch die drängenden Profile, deren Vorstoß durch die erhobene Posaune eine fast hörbare Steigerung erfahren – und gibt es andererseits pausensetzende sowie gegenläufige Momente.[137] Auf diese Weise rhythmisiert, wird hier eine klare Abfolge des Geschehens dargestellt: Der Urteilsspruch gegen Paulus ist vollzogen worden, das Schwert wird zurückgesteckt und für die Soldaten wird zum Aufbruch geblasen. So ist diese ganze Gruppe entsprechend der Figur des Schergen aufgebaut: Seine Bewegung trägt die Tat und den Rückzug in sich, beide Richtungen finden sich noch im Umschlagpunkt der Bewegung. Auf diese Weise ist es möglich, eine zeitliche Folge darzustellen und dennoch die Einheit des Orts beizubehalten.[138]

Die auffallendste Gestalt der Soldatengruppe ist ihr Anführer: Martialisch mit seinem durch Kettenhemd und Helm fast verdeckten Gesicht, herrschaftlich durch den kostbaren Schild und die hochgehaltene Fahne, ausgezeichnet durch seinen Schimmel

---

[137] Die Soldatengesichter zeigen unter ihren Helmen unterschiedliche Gradationen des Interesses an der Hinrichtung – vom neugierigen Hindrängen über das dumpfe Beobachten bis zur Gleichgültigkeit nach ausgeführtem Befehl. Solche Rhythmisierung der Gruppe sowie die Darstellung unterschiedlicher Beteiligung und Gefühlerregung prägen in besonderem Maß auch die Gruppen auf dem Florentiner Erweckungsbild.

[138] Beim Fresko der *Marienhochzeit* in der Arena-Kapelle wurde Entsprechendes für die zentrale Handlung festgestellt. Hier in Rom wurden diese Möglichkeiten allerdings erheblich erweitert und ein komplexeres, widersprüchlicheres Geschehen in einen kohärenten Bildzusammenhang gebracht.

bildet er zusammen mit der Rundkapelle über die Darstellung der *Paulusmarter* hinaus auch, der Leserichtung von links nach rechts gemäß, den Abschluß der drei Tafeln dieser Schauseite des Altars.[139] Die Fahne überschneidet die hinteren Reiter und reicht fast hinauf bis zu dem Felsplateau des Memorialbaus. So wird in der Fläche verspannt, und zugleich werden inhaltliche Bezüge sichtbar gemacht, die verstärkt werden durch das kräftige Rot der Fahne. Diese Farbe korrespondiert mit dem Mantel des Reiters und schafft über diesen eine Verbindung zwischen der Architektur und dem Schergen bis hin zu der Gruppe der Trauernden.

Konstruktiv stellt die Fahne eine Senkrechte dar, von der aus einerseits auf das Geschehen um Paulus im Wechsel von Ab- und Hinwenden gesteigert wird und an der andererseits die Drehbewegung der abziehenden Pferde deutlich wird. Der Schimmel im Vordergrund führt die Gruppe an und dreht sich auf den Hinterbeinen.[140] Sie bewegen sich am Felsenrand auf die Bildmitte zu und wenden sich dann vor dem Henker synchron mit seiner Geste ab, ducken sich mit gefühlvolleren, gleichsam menschlicheren Gesichtern als ihre Reiter voll Abscheu vor dem Geschehen, um ihren Weg in andere Richtung fortzusetzen.

Die Seite der Trauernden ist räumlich angeordnet zwischen der personifizierten Ursache ihres Leiden – dem Schergen – und der in der Figur Plantillas verdichteten Wirkung. Sie ist nach dem an den Fresken der Arena-Kapelle erkannten Grundprinzip der Gestaltung von Figurenfolgen aufgebaut und, wie die Reitergruppe, in der rhythmischen Abfolge vielfigurig verfeinert. Das bestimmende Grundmotiv sind hier die gebeugte Haltung des kopflosen Rumpfes, »als ob er sich noch im Tod Jesus zuwende, ist er in die linke Bildhälfte gesetzt und dahin ausgerichtet, wo der Salvator im Zentrum des Triptychons thront.«[141] Das abgeschlagene Haupt liegt zu Füßen zweier Soldaten. Während der eine zu dem Schergen und den Reitern, mit denen er durch die Farbe sei-

---

[139] Darüber hinaus wird seine Figur gestärkt durch einen mit ihm eng verbundenen Begleiter – was der oben erwähnten Paarbildung der Figurengruppe entspricht. Die Dopplung des Schildes unterstreicht die Prächtigkeit und macht zugleich die Raumverhältnisse gegenüber der Rahmung deutlich. An dieser Stelle ist besonders spürbar, daß die Säule, die den spitzen Dreipaßbogen auf dieser Seite früher trug, fehlt, denn der Schild des Fahnenträgers scheint über den Bildrahmen hinauszutreten, was sicher durch die plastische Wirkung der Säule ausgeglichen worden wäre. Zur Figur des Fahnenträgers vgl. Lisner (1995), S. 89.

[140] Daß das hellste Pferd im Vordergrund steht, das dunkelste sich ganz hinten duckt, erscheint als gekonnter Umgang mit Farbwerten, der Tiefenstaffelung deutlich macht und zugleich auf der Fläche vom Vordergrund über den lichtbeschienenen Felsen bis zum hellen Tuch der Plantilla eine Spanne schafft.

[141] Lisner (1995), S. 88.

nes Mantels verbunden ist, hinüberblickt, senkt der andere betroffen seinen Kopf. Damit wird zu den gefühlvollen Gesten der Trauernden übergeleitet.

Von diesen Stehenden bis zu dem fast liegenden Körper des Heiligen werden die Körperhaltungen als sich steigernde Folge gebildet - so, wie es Gosebruch für die Figuren des Fresko der *Himmelfahrt des Evangelisten* in der Florentiner Peruzzi-Kapelle als »rhythmische Folge des Abbiegens ihrer Oberkörper« beschrieb.[142] Hinterfangen und ergänzt wird die gefühlvolle Klage der Frauen durch die gedrängte Ansammlung nicht mehr bedrohlicher, sondern stummer und gesichtsloser Soldaten, die ihre behelmten Köpfe senken. Nur einer, direkt hinter den Frauen, ist hervorgehoben und scheint mehr zu wissen. Er trägt eine neue Komponente in die Trauer hinein und schaut empor zu den Engeln, die die Gebärden der Frauen reflektieren. Gosebruch nennt erkennende Figuren wie diesen Soldaten »verifizierende Figuren« weil sie auf die Folge, den wahren Gehalt des Geschehens hinweisen. Dieser Soldat berührt mit seinem Profil fast die Felskante - nur fast, denn ihm bleibt der Ort genau zugewiesen. Auf diese Weise wird die Geste Plantillas vorbereitet und die Beziehung zu dem "wichtigeren" Geschehen hergestellt. Auch hier wird also rhythmisiert, im kleinen, und werden Bögen gespannt im großen wie auf der anderen Seite.

Die grazile Beweglichkeit der Pferde auf der Soldatenseite und die Körpersprache der Trauernden, deren gekrümmte Rücken, absackende Schultern und gewundene Hände den ganzen Körper zu einem Schmerzensbild machen, lassen die Bewegungen fließender und eleganter erscheinen als bei den Paduaner Figuren, bei denen kräftige Umbrüche und Winkelbildungen den Bewegungsablauf und den emotionalen Ausdruck hervorbringen. Gut vergleichbar sind aber die Miniaturdarstellungen in Grisaille-Malerei am Sockel der *Iustitia* und der *Iniustitia*.[143] Auch dort findet man diese tänzelnden Pferde und den flüssigeren Bewegungsablauf der Figuren. Allerdings haben diese weniger Handlungsraum und sind als "Beiwerk" mit einem geringeren Gefühlswert nicht so ausdrucksstark wie die Figuren des Stefaneschi-Altars.

Lisner weist darauf hin, daß Pferdedarstellungen – abgesehen von diesen Grisailles in Padua – neu in der Bildfindung Giottos seien.[144] Als Vorbild kämen am ehesten die Pferde Nicola Pisanos an der Pisaner Baptisteriumskanzel in Frage, die Giotto in großartiger Manier frei umgesetzt und im Zusammenhang mit dem Auftrag für das Altarbild

---

[142] Gosebruch (1970), S. 116.

[143] Abb. 52 u. 106 sowie 61 bei Mueller von der Haegen (1998).

[144] Lisner (1995), S. 113. Allerdings gäbe es Pferde an der Bildsäule in der *Befreiung des Häretikers Petrus* in der Oberkirche von Assisi und in dem großen Fresko des Kapitelsaals des Santo in Padua. Beide Darstellungen seien von Giotto vor dem Stefaneschi-Altar konzipiert (S. 114-115).

der Franziskanerkirche in Pisa sicherlich kennengelernt habe.[145] Nicht durch die Figuren-, wohl aber durch die konsequente Raumbildung wirken die Szenen auf den Predellen-Tafeln dieses Altarwerks näher an den römischen Tafeln als die Paduaner Grisaille. Wie der Stefaneschi-Altar gehört auch die Louvre-Pala - die Figuren der Sockelszenen in Padua müßte man in dieselbe Reihe stellen - in den für Giotto angezweifelten Bereich des "Miniaturhaften".[146]

Es war bei beiden Mitteltafeln festzustellen, daß ohne Paradigmenwechsel des Kompositionsprinzips den Figuren Raum vorgegeben wurde. In diesem Raum bewegen sich die Figuren mit größerer Geschmeidigkeit als auf dem Florentiner Tafelbild oder den Fresken in Padua. Der Figurenrhythmus, besonders auf der mehrfigurigen Christus-Tafel, ist eingebunden in ein strenges geometrisches System, dessen Mittelpunkt das Antlitz Christi bildet. Insofern findet man hier eine Entsprechung zu dem Zentrum der erzählenden Fresken in der Arena-Kapelle, auf das hin gesteigert wird in einer rhythmischen Abfolge von Hinwendung und Abwenden. Eben dies war auch an den beiden dichtgedrängten Figurengruppen der Seitentafel zu bemerken. Auf dieser Tafel allerdings ist der Bildraum durch die Landschaft in einer Weise hinten erweitert, die eher an *Johannes auf Patmos* der Peruzzi-Kapelle, oder an die weite Seelandschaft der *Navicella* erinnert als an Paduaner Erfindungen.

Die Komposition der *Paulusmarter* ist aufgebaut als Drehbewegung um die Mittelachse und über die Diagonalen, so daß oberhalb der Bergsenke im goldenen Hintergrund die "leere" kompositionelle Mitte entsteht. Dies war schon beim *Traum des Joachim* beobachtet worden als wesentlich konstituierendes Moment der "angehaltenen" Zeit und ist vergleichbar mit der Komposition der *Stigmatisation des heiligen Franziskus* auf der Altartafel des Louvre und, vielleicht noch genauer, mit der Darstellung

---

[145] Lisner (1995), S. 117. M.E. gibt es durchaus einige Gründe, dieses Altarbild [Abb. 37 bei Mueller von der Haegen (1998)] wie Lisner eher nach den Paduaner Fresken als in den unmittelbaren Zusammenhang mit der Franzlegende in der Oberkirche von Assisi zu datieren. Lisner erweitert ihre Überlegungen zu den Pferdedarstellungen Giottos um den Vergleich mit den Pferden bei P. Lorenzetti in der Unterkirche von Assisi und vermutet, daß Lorenzetti als junger Mitarbeiter Duccios nach Fertigstellung der großen Sieneser Maestà 1311 von Giotto in seine römische Werkstatt übernommen worden sei.

[146] Abb. 37 u. 38 bei Mueller von der Haegen (1998) sowie bei Bistoletti (1989), S. 56. Die Tafel ist mit »Opus Jocti Florentinii« signiert und stammt aus San Francesco in Pisa. Die Datierung schwankt zwische »vor Padua« [Bistoletti (1989), S. 55] und »späte zwanziger Jahre« [Blume (1983], S. 58]. Auch die Autorschaft Giottos wird nicht eindeutig akzeptiert. Vgl. Bistoletti (1989), S. 55.

desselben Themas in der Bardi-Kapelle von S. Croce.[147] Dort wird mit der Drehbewegung des Heiligen einerseits das Momentane, das Plötzliche ausgedrückt und dieses Augenblickliche andererseits durch die Einbindung der Figur in Raum und Fläche in der Zeit angehalten. Auch hier auf der *Paulusmarter* wird Zeit dargestellt, mehr noch die Gleichzeitigkeit des Ungleichzeitigen im Umschlagpunkt der Bewegungen. Auf diese Weise treten Raum und Zeit in Korrespondenz und das Unfaßbare, nämlich die Erhebung der Seele Pauli, wird konkret als natürliches Geschehen zusammen mit der real erzählten Geschichte dargestellt. Dieses Moment des Überzeitlichen in Verknüpfung mit konkret Nacherzähltem - oder anders gewendet: der in den Gesamtzusammenhang des Bildes integrierte, "natürlich" dargestellte absolute Unterschied zwischen der Identifikationsebene des Betrachters und dem göttlichen Geschehen bzw. den göttlichen Personen - ist wesentlicher Bestandteil der Darstellung der *Himmelfahrt des Johannes* in der Peruzzi-Kapelle und konnte auch an den Mitteltafeln des Altars festgestellt werden. Dort wird die Identifikation des Betrachters erreicht über die präzis ausformulierte Dinglichkeit, den nachvollziehbaren, konkreten Raum und die Gegenwart des Zeitgenossen, hier auf der Seitentafel noch besonders über die individualisierten Gefühlswerte, die für die Jünger auf dem Mosaik ebenso charakteristisch sind wie für die Anwesenden bei der *Auferweckung der Drusiana*. Die Nähe zum Betrachter ist gesucht, ohne daß die Hierarchie der Ereignisse verkehrt würde. Denn der Rhythmus der Figuren im Raum, die Konstruktion des Raums selbst und die Anordnung der Realien bis hin zur Farbgebung haben ihre Ursache und damit ihren Bezugspunkt im überirdischen Geschehen als inhaltlichem Zentrum. Dies entspricht dem giottesken Kompositionsprinzip der Arena- und der Peruzzi-Fresken unabhängig von den Kategorien Monumental- oder Miniaturmalerei.

VI.1.3.3 Das Petrusmartyrium

Auch die Petruskreuzigung ereignet sich in einem genau definierten Raum: in Rom, worauf wie bei dem *Paulusmartyrium* der Schriftzug »SPQR« auf dem Schild des einen Soldaten hinweist, zwischen bzw. vor der Meta Romuli an der linken Bildseite und der Terebinthe an der rechten.[148] Petrus ist mit dem Kopf nach unten ans Kreuz geschlagen worden. Während sich trauernde, mitleidende Frauen, gerahmt von den martialischen

---

[147]   Abb. 144 bei Mueller von der Haegen (1998).

[148]   Abb. 101 u. 107 bei Mueller von der Haegen (1998). Dieselben Architekturen bezeichnen in der Darstellung durch die Cimabue-Werkstatt in der Oberkirche von Assisi den Ort des Martyriums, vgl. Abb. 86 bei Poeschke (1985).

Vertretern der Urteilsvollstrecker, um sein Haupt versammeln und ihm Engel Zeichen des Trostes vorweisen, wird seine geflügelte Seele in einer Mandorla schon gen Himmel getragen.

Bei der *Paulusmarter* ist die kompositorische Ordnung als Drehbewegung um die Mittelachse konstitutiv für die Integration von irdischem und himmlischem Geschehen. Hier bei der *Petrusmarter* bestimmen andere Raum-Flächenverhältnisse die Komposition. Mit einem einfachen Bodenstreifen ist die Raumbühne gegeben. Darüber teilt in einem strengen, klaren Aufbau das Kreuz, verlängert in Dreipaß und Spitzbogen, die schmale Tafel. Der Kreuzesstamm bildet die Längsachse, an der sich die aufragenden Architekturen gleichsam spiegeln. In ähnlicher Weise bildet der kurze Querbalken mit den Füßen eine horizontale Spiegelachse: Es entsprechen sich diesseits und jenseits das Haupt des erniedrigten und des erhöhten Petrus, die unteren Kreuzarme und die heranfliegenden Engel bzw. die Trauergemeinde und die seeletragenden Engel.

Das umgekehrte Kreuz ist genau so gesetzt, daß das Haupt des Heiligen die Mitte des unteren Drittels der Bildfläche einnimmt, und die Figuren im Raum um dieses herabhängende Haupt einen Kreis bilden. Die Schwere und der Bezug zum Irdischen entstehen hier nur durch die Figuren, nicht auch durch Landschaft wie auf der anderen Tafel. Dagegen beginnt mit den Architekturen an den Bildseiten ein Streben in die Höhe, das gesteigert und aufgegriffen wird von dem Dreipaß der Rahmung und sich vollendet im Anstieg der von Engeln getragenen Seele Petri; diese blickt selbst noch erwartungsvoll in die Höhe zu dem apokalyptischen Christus im Tondo, das die Mitteltafel abschließt.[149] Zwischen dem himmlischen und irdischen Geschehen vermittelnd und dabei in der Vertikalen eine Zäsur bildend, schweben zwei Engel von den Spitzen der Architekturen zur Mittelachse. Der eine weist Petrus ein Buch vor, aus dem er der Legende nach die tröstenden Worte an die Umstehenden liest,[150] der andere faltet seine Hände und scheint so die trauernden Gebärden um das Haupt des Märtyrers aufzunehmen. Der "trauernde" Engel ist dem aus der Legende abgeleiteten aus kompositorischen Gründen hinzugefügt. »Die Figuren sind in einem leichten Kreisen miteinander, mit dem Doppelkreuz und mit dem Apostelfürsten verbunden. Im Aufbau der Tafel schließen sie die Szene des Martyriums ab; zugleich vermitteln sie zwischen der Rechteckform des Bildes und dem Bogen, dessen geschwungene Linien gegenläufig in den Flügelschwingen widerklingen. Die Lösung findet in den 'Vele' der Unterkirche eine auffallende Entsprechung.«[151] Insgesamt ist in der Komposition auf der Fläche die Integration von

---

[149] Wie auf der anderen Seitentafel wird für das Bildmotiv der nach oben getragenen Seele das Hochformat auf großartige Weise genutzt. Vgl. dazu Lisner (1995), S. 85.

[150] Vgl. Die Legenda Aurea des Jacobus de Voragine, übers. v. R. Benz, Darmstadt [10]1984, S. 434.

[151] Lisner (1995), S. 81. Zu den Fresken der Unterkirche vgl. das folgende Kapitel dieser Arbeit.

irdisch Erlebbaren und dem, was sich in der Sphäre des Göttlichen ereignet, durchgeführt. Dies entspricht den genauen Maßverhältnissen, mit denen der kraftvollen Wirkung der Augen Christi auf der Mitteltafel Nachdruck verliehen wird.

Um die Mitte des Petrushauptes, das mit seinen aufgerissenen Augen leblos, erniedrigt und zugleich erfurchtsgebietend erscheint, bilden die Frauen einen Kreis, den eigentlich erst hinzutretende Gläubige von außen schließen.[152] Außen Soldaten und innen Trauernde sind immer enger an das Kreuz Petri heran gestaffelt. Mit sich steigerndem emotionalen Ausdruck und mit ihren Gesten bereiten sie die Umarmung des Holzes vor. Wie auf dem anderen Flügel wird mit Paaren und Dreierreihen im Wechsel von Drängen und Innehalten auf das Haupt Petri und diese innigste Verbindung im Inneren des Kreises gesteigert: Jeweils ein Paar von Berittenen vermittelt zwischen den aufstrebenden Architekturgliedern und den Stehenden. Auf der rechten Seite von Petrus sind es zwei, die direkt auf den Gekreuzigten blicken. Der eine hebt bedeutend die Hand in diese Richtung und der andere - stupsnasig, fremdländisch mit Spitzbart und hohem Hut – reckt neugierig seinen Kopf nach vorne.[153] Auf der Fläche berührt er fast die Kante der Pyramide – mit solchem Fastberühren wird auch hier das Vordrängen verstärkt und zugleich unterbrochen. Aufgenommen wird der Impuls nach vorne von den Pferdeköpfen, die auf dieser Seite weit vorgereckt sind und dabei die Phalanx der drei stumm und abwartend auf die Mitte blickenden, stehenden Soldaten übergreifen bis hin zu dem barhäuptigen, rohen Schergen, der noch mit dem Hammer in der Hand sein getanes Werk begutachtet. Sein ebenso grobschlächtiges Gegenüber steht ebenfalls den Tieren der berittenen Soldaten besonders nahe, scheint allerdings wissender zu den Engeln aufzublicken. Das Reiterpaar hinter diesem vereinigt als Anfangsposition unter der Terebinthe Drängen und Abwarten in sich und reagiert auf die impulsive Beteiligung des Paares gegenüber.[154]

---

[152] Dies entspricht der Anordnung vor dem Throne Petri auf der Mitteltafel der anderen Seite und erfordert ein Verhältnis von Figur und Raum wie etwa bei der *Auferweckung der Drusiana*, wenn sich dort ein Kreis von Figuren um Johannes sammelt.

[153] Eben diesen neugierigen und etwas tumben Typus findet man wieder in der Kreuzigung des linken Querschiffes der Unterkirche von Assisi von der Hand Lorenzettis, und auch Simone Martini malte ihn in der Martinskapelle. Vgl. dazu auch Lisner (1995), S. 83, Anm. 81.

[154] Gerade dieses Paar findet man auf Darstellungen aus dem Giotto-Kreis bzw. der Nachfolge immer wieder: Etwa reagiert im Zyklus der Jugendgeschichte in Assisi ein ganz ähnliches Paar auf die den Kindermord befehlende Hand des Herodes. Poeschke (1985), Abb. 233; auf der Berliner Kreuzigung Christi von Bernardo Daddi ist ebenfalls ein solches Paar anwesend, [Gemäldegalerie Berlin Dahlem, KatalogNr. 12]; ebenso gibt es auf der Giotto zugeschriebenen Kreuzigungstafel in Berlin [Gemäldegalerie Berlin Dahlem, KatalogNr. 25] zwei Reiterpaare, die sich in dieser Weise gegenüberstehen. Auf die letztgenannte Tafel wird noch zurückzukommen sein.

Auf beiden Seiten sind die stehenden Soldaten sehr zurückhaltend, als seien sie von der Trauer der Frauen verwundert berührt. Durch maßvoll variierte Gesten wird die Emotionalität der älteren Frauen, deren schmale Köpfe mit Hauben oder dem Mantel bedeckt sind, und durch weit ausladende die der jüngeren, deren wallende Haare offen über die prächtigen Gewänder fallen, gezeigt.[155] Die Figuren sind so angeordnet, daß man auf der Pyramidenseite in den offenen Kreis der Frauen hineinsieht, während der Blick auf der anderen Seite mit Rückenfiguren zum Kreuz herangeführt wird. Auffallend kostbar gekleidet tritt hier mit langer Lockenpracht, wie eine Maria Magdalena, eine junge Frau mit geöffneten Armen auf Petrus zu und scheint diesem direkt in die Augen zu sehen.[156] Sie leitet zum eigentlichen Schlußpunkt der ganzen drängenden emotionalen Bewegung über: In der Bewegung der rotgewandeten Frau, die ganz knapp unterhalb der Nimbusscheibe Petri das Kreuz fest umarmt, um es zu küssen, vollendet sich der Kreis der Figuren. Diese drückt die Emotionalität von allen am direktesten aus, auf sie hin sind die Gebärden der anderen gesteigert und wurde die Figurenanordnung immer enger geschlossen.[157] Dennoch ist das Haupt Petri das Zentrum. Bei aller Schwerkraft, die an seinem mageren Körper zerrt - eine Naturwiedergabe, wie sie dem "Bild im Bild" in den Händen Stefaneschis entspricht -, ist er doch diesem Irdischen entrückt. Auch die Frau direkt am Kreuz kann ihn nicht berühren, bleibt genau unter seinem Nimbus - hier sind es wieder die genauen Maße, die die Unterschiede verdeutlichen. Die Gesten der Anwesenden steigern zwar in einer rhythmischen Folge auf diese Umarmung des Kreuzes, die Blicke aber zentrieren sich im Blick Petri oder folgen seiner Seele gen Himmel.

»In Giottos gesamtem Œuvre gibt es kaum eine andere Darstellung, in der die Gebärden der Figuren, der Zusammenhang und das Widerspiel von Bewegung und Blick so mannigfaltig begriffen und scheinbar mühelos in das leise vor- und zurückflutende Gefüge

---

[155] Die junge, rosagekleidete Frau der linken Seite breitet ihre Arme nach hinten aus - eine Geste, die auf der *Beweinung* in Padua Johannes zukommt: Abb. 94 bei Mueller von der Haegen (1998). Den Kopf hat sie in den Nacken gelegt und blickt auf das himmlische Geschehen über dem Kreuz. Auf der anderen Seite sieht man wie bei Plantilla in der Darstellung des *Paulusmartyrium*s reich verzierte goldene Schmuckbänder, die an den Mänteln befestigt sind. Lisner (1995), S. 84, bemerkt zurecht, daß Giotto mit der Gewand einen zeitgenössischen Zug in die Darstellung einbringt: »Für den damaligen Betrachter versetzte das Motiv die Szenen gleichsam in die Gegenwart.«

[156] Die Bewegung des Kindes auf der "offenen" Seite reflektiert als Gegenüber die Gebärde der weit geöffneten Arme.

[157] Besonders deutlich wird die Rhythmisierung der Frauengruppe an der Mutter, deren Kind sich mit dem Rücken an sie schmiegt und ängstlich zu Petrus aufschaut. Sie stützt den geneigten Kopf mit der einen Hand, legt die andere schmerzvoll über den Busen. So verschließt sie kurz vor dem Kreuz die drängende Bewegung der anderen und bereitet zugleich die innige Umarmung im Zentrum vor.

der Komposition eingebunden sind wie in der Kreuzigung Petri. [...] Der Aufbau ist von außen zur Mitte, auf Petrus hin und durch die Reihung der sich überschneidenden Figuren zugleich in die Tiefe entwickelt.«[158] Die Komposition beider Seitentafeln nutzt das problematische, schmale Hochformat und stellt eine Kongruenz zwischen Figuren, Landschaft und Architekturen her, die eine Integration von himmlischer und irdischer Sphäre ermöglicht. Blickt man auf die ganze Altarseite, erweist sich die Proportionierung der Figuren auf den Seitenflügeln als Entsprechung zur Mitteltafel, auf der die etwas größeren Engel zu Christus vermitteln, dieser aber als Zentralfigur monumental hervortritt.

Der stilistische Unterschied zur Petrus-Tafel, der häufig in den Schlagworten »monumental« und »miniaturhaft« ausgedrückt wurde, zeigt sich dadurch als einer, der durch den Gehalt der beiden Altarseiten begründet ist. War es dort der offizielle Charakter der römischen Kirche, der in der Darstellung des Stellvertreters Christi auf Erden und seinen Begleitern auf den Flügeltafeln zum Ausdruck gebracht wurde, so ist es hier die Anwesenheit Christi, für die die Martyrien der Apostel Zeugnisse sind. Durch die in den Tondi erscheinenden, alttestamentarischen Patriarchen Moses und Abraham, durch die zeitgenössische Anwesenheit des Stifters, durch die Darstellung Marias mit dem Jesusknaben in der Mittelachse der Predella und durch die Erscheinung des apokalyptischen Gottes im Tondo der Mitteltafel, als Abschluß dieser Achse, wird die Anwesenheit Christi über alle Zeiten, den biblischen und historisch gegenwärtigen, hinweg dargestellt.

VI.2 »Miniaturist tendency«

Der Meister des Stefaneschi-Altarwerks wird von Kempers und de Blaauw »into what Offner called 'the miniaturist tendency'« und eher in den Umkreis Simone Martinis, bzw. in dessen eigenes Werk, als in den Umkreis Giottos oder in dessen Werk eingeordnet.[159] Komposition, Integration der unterschiedlichen Sphären und Zeiten sprechen ebenso wie Gliederung und Rhythmisierung der Figurengruppen gegen diese Annahme und für eine Eingliederung des Altars in das Giotto-Werk. Dennoch soll dies aufgrund der Figurenbildung und des Verhältnisses von Figur und Raum im Vergleich zu einem Beispiel aus Offners Katalog der »miniaturist tendency« und zu einem Beispiel aus dem Œuvre Simone Martinis eigens geprüft sein.

---

[158] Lisner (1995), S. 83.

[159] Kempers/de Blaauw (1987), S.92.

VI.2.1 Meister des Corsi Kruzifixes

Der neunte Band des Corpus zu den Florentiner Malern, den Offner begonnen hat, wurde von Boskovits herausgegeben und eingeleitet.[160] Zwei Predellen-Tafeln, auf denen die Martyrien der Apostelfürsten dargestellt sind,[161] werden darin dem *Meister des Corsi Kruzifixes* zugeschrieben und in die frühen dreißiger Jahre des Trecento datiert.[162] Beide Täfelchen sind eher quadratisch als hochrechteckig und schon deshalb anders in der Fläche organisiert als die Seitenflügel des römischen Altars.[163] Mit weniger "Personal" wird auf beiden Darstellungen etwas anderes erzählt als auf den Stefaneschi-Tafeln, auch wenn es deutliche Übernahmen aus diesen gibt.

Zwei Pyramiden befestigen im Mittelgrund das Bildfeld mit der Darstellung der *Petrusmarter*. Davor, genau in die Mittelachse, ist das Kreuz Petri gesetzt. Gestalt und Gesicht des Heiligen wirken wie eine Mischung aus der cimabuesken und der römischen Fassung dieser Szene. Besonders das Haupt erinnert in seiner klaren, frontalen Strenge an den Stefaneschi-Altar, auch wenn es dort eine ganz leichte Drehung erfährt, wie übrigens auch bei der älteren Darstellung in Assisi. Zwei Schergen knien, durch die Architekturen in Raum und Fläche "befestigt", an den Kreuzesarmen und schlagen die Nägel durch die Hände Petri ein. Diese Szene wird beobachtet von zwei Paaren, die fast verschämt und versteckt hinter den Pyramiden, die um nur weniges größer sind als sie selbst, hervortreten. Links sind es zwei Soldaten, die mit ihren tief ins Gesicht gezogenen Helmen wie Verwandte der Reiter auf der römischen Darstellung erscheinen und sich auch in derselben Weise wie diese ansehen. Das andere Paar ist der Präfekt, dessen Physiognomie wie die des Paulus aussieht, und sein uniformierter Begleiter. Am Goldhimmel schwebt von links ein Engel herab, der wie eine verkleinerte Ausgabe der römischen wirkt, und Petrus die Märtyrerpalme vorweist.

Hier wohnt keine Trauergemeinde dem Märtyrertod, d.h. dem irdischen Tod und dem Aufstieg der Seele in den Himmel, bei. Es ist die Übergänglichkeit einer Handlung gezeigt, die allerdings ihre Grenze im frontalen Antlitz Petri erreicht. Obwohl die Scher-

---

[160] Dieser Band ist schon im Titel den »Painters of the Miniaturist Tendency« gewidmet: The fourteenth Century. The Painters of Miniaturist Tendency. Sec. II, Vol. IX. Boskovits (1984).

[161] Boskovits (1984), Pl. XXIIa u. b. Die Darstellung der *Petrusmarter* befindet sich in der Sammlung Horne, Florenz, Nr. 88, die der *Paulusmarter* befand sich zuletzt 1936 in der Sammlung van Marle, Perugia, und ist wahrscheinlich im Krieg verloren gegangen. Vgl. Boskovits (1984), S. 150-151, hier auch weitere Lit.

[162] Vgl. Boskovits (1984), S. 150-151.

[163] Die *Petrusmarter* mißt 47,5 x 39 cm, die *Paulusmarter* 43 x 40 cm. Vgl. Boskovits (1984), S. 150-151.

gen so dynamisch wie die Engel vor dem Thron Christi knien, erreichen sie nicht deren Körperlichkeit. Ihre Bewegung ist nicht raumgreifend, sondern wird trotz plastischer Elemente und Falten in die Fläche gespannt. Etwa geraten die Schultern bei dem eigentlich weiten Ausgriff in eine Ebene, ohne daß Raum beansprucht wäre. Auf diese Weise wirkt ihr ganzes Tun nicht als Verkörperung, sondern nur als Zeichen von Brutalität. Entsprechend sind die beiden Betrachterpaare mehr anekdotisch anwesend, als mithandelnd; ihre Blicke sind nicht zielgerichtet, sondern gehen am Kernpunkt vorbei.

Auch die Darstellung der *Paulusmarter* zeigt deutliche Reminiszenzen an die des römischen Altars. Besonders scheint die Gestaltung des Schergen dort entlehnt zu sein. Mit demselben Gewand bekleidet steht auch er fast in der Mitte der Szene und steckt mit derselben Gebärde das Marterwerkzeug zurück. Er steht hinter dem knienden Rumpf Pauli, verschmilzt auf der Fläche beinah mit ihm. Zwar wird auch hier versucht, diese Figur als Teilungsfigur darzustellen: So bildet die zerklüftete Felslandschaft hinter ihm ein Tal, und rechts stehen zwei Soldaten, links zwei Frauen. Dennoch wird er nicht wie auf der Stefaneschi-Tafel einsam und isoliert als Verkörperung einer Tat dargestellt. Er wird dadurch nicht zum Ausgangspunkt einer Komposition, die zwei unterschiedene Sphären in eine Darstellung integriert. Innerhalb der Soldatengruppe wird versucht, durch Blicke und körperliche Nähe eine giotteske Paarbildung und durch den Schild eine den Giotto-Erfindungen entsprechende Anfangsposition zu schaffen. Da allerdings auch diesen Figuren die körperliche Schwere und Festigkeit fehlt, wirkt dies so zeichenhaft und unlebendig wie auf der anderen Tafel. Eher gewinnt man den Eindruck, daß hier ein "Zwang" zur "Verkettung" in der Fläche vorherrscht. So kann die Tat des Schergen nur erzählt, nicht verkörpert werden. "Horror vacui" führt auch auf der anderen Bildseite zur "Verkettung": Da steht eine Frau, die auf das Haupt Pauli blickt und direkt neben ihr Plantilla. Sie erhält ein flaches, faltenreiches Tuch, greift es mit beiden Händen. Noch hat es die Seele Petri, die wie ein Engel mit verschwindendem Körper herabschwebt, nicht losgelassen. Hier verschwindet der Unterschied zwischen den Sphären verschwindet, aber der Fluß der Erzählung bleibt scheinbar erhalten.

Den Figuren wird zwar mit den Mitteln von Schattengebung und einer gewissen Perspektive etwas Plastizität verliehen, dennoch bleiben sie insgesamt flächig und trocken in diesen Erzählfluß eingegliedert. Dabei gibt es keine Rhythmisierung, die das Zentrieren der Körper in der eigenen Achse voraussetzen würde. Hier wird in der Betonung von Bewegungsfluß die Übergänglichkeit eine Geschichte gezeigt und nicht der angehaltene Augenblick, durch den Überzeitlichkeit verkörpert werden kann. Im Erzählfluß erscheint ein Steigern auf das Zentrum nicht erforderlich. Dieses Zentrum wird dem Betrachter zeichenhaft verdeutlicht, ablesbar gemacht und nicht als Allgemeines vergegenwärtigt. Eher zeigt sich bei allem qualitativen Unterschied eine Nähe zu den Fresken der Magdalenen-Kapelle als zu den Tafeln des Stefaneschi-Altars.

VI.2.2 Jacopo del Casentino

Jacopo del Casentino ist ebenfalls einer der Maler, die von Offner in den Katalog der »miniaturist tendency« aufgenommen wurden.[164] Ihm wird das Altarbild der Florentiner Kirche San Miniato al Monte zugeschrieben.[165] In der Tradition der Franziskustafel aus Pescia von 1235 oder der jüngeren Magdalenentafel der Florentiner Accademia steht auch hier der Heilige frontal, groß und mächtig in der Mittelachse. Neben ihm sind an beiden Seiten Szenen seines Martyriums auf hochrechteckigen Bildfeldern dargestellt.[166] Am unteren Rand der Tafel kniet ganz winzig, kaum in der Größe der Füße des Heiligen, der Stifter und beugt sich vor, um dessen riesigen Fuß zu küssen. Der kleine Stifter ist nur etwas größer als die Figuren in den szenischen Darstellungen. Mit ihm wird also versucht, zwischen der riesigen Mittelfigur und diesen kleineren in gewisser Weise zu vermitteln. Dies scheint dem Stefaneschi-Altar ebenso zu entsprechen wie die Proportionierung von Hauptfigur und Stifter.

Da die Stifterfigur von Casentino aber nicht in eine Umgebung des Heiligen integriert ist, wie auf der Stefaneschi-Mitteltafel, und aufgrund der Übersteigerung des Größenunterschieds nicht in eine individuelle Beziehung zu dem Heiligen gebracht werden kann, erscheint die Annäherung dieses Stifters nicht als demutsvolles Verhalten eines Individuums, sondern als allgemeines Zeichen und seine Darstellung als Beglaubigung der Stiftung, nicht aber als Integration der Gegenwart in ein hieratisches Altarbild. Hier kann der Unterschied zwischen tradierter Bedeutungsperspektive und Integration des Heiligen in eine nacherlebbare Welt noch einmal ins Auge springen.

Am deutlichsten erinnert die Darstellung der *Enthauptung des Heiligen* an den römischen Altar.[167] Diese Szene ist nicht zu denken ohne das Vorbild der *Enthauptung Pauli*. Wie auf dieser spielt sich hier das Geschehen auf einer durch Felsen nach hinten abgegrenzten "Bildbühne" ab, auf der die Figurengruppen in stehende Soldaten auf der einen Seite und berittene auf der anderen geteilt sind. Auch hier betont ein allerdings steiler geschnittenes Tal die Bildmitte und die getrennten Gruppen der Soldaten. Während auf der *Paulusmarter* die Landschaft mitsprechender und "bespielte Bühne" der Handlung ist, dienen hier die Felsen entsprechend der jeweils geteilten Architektur auf den anderen Szenen der Altartafel der Begleitung und Befestigung der Figurengruppen und des gesamten Bildfeldes.

---

[164] Offner, Sec. III, Vol. II, Part. II (1930-1962).

[165] Offner, Sec. III, Vol. II, Part. II (1930-1962), S. 132-133, Pl. LIII.

[166] Abb. Smart (1978): Franziskustafel, Pescia, Nr. 2, Madalenenaltar Nr. 8, Miniato-Tafel Nr. 78.

[167] Abb. Pl. LIII, 8, bei Offner, Sec. III, Vol. II, Part. II (1930-1962).

Der heilige Miniatus kniet so, daß sein nimbiertes Haupt frei zwischen den Soldatengruppen den Schlag des Henkers, der hinter ihm mit beiden Händen ausholt, erwartet. Es ist ein anderer Moment der Enthauptung dargestellt als in Rom. Da hier nicht ein himmlisches Ereignis, nicht das Entschweben der Seele und deren Hinwendung zu den Menschen, mit dem irdischen Geschehen der Enthauptung in eine Darstellung und gewissermaßen in eine Ereigniszeit integriert werden mußte, ist hier mit dem Umschlagpunkt der Bewegung des Henkers genau der Augenblick des "angehaltenen Atems" dargestellt, der die Enthauptung schon beinhaltet, den Körper des Heiligen aber noch in seiner unversehrten Schönheit beläßt. Schon dadurch wird verhindert, daß sich diese Darstellung in einem Erzählfluß verliert, wie die Darstellungen der oben genannten Predellen-Täfelchen. Auch die Pferde, deren Ausdruckskraft und Farbgebung vom römischen Vorbild zeugt, scheinen in gebannter Erwartung des Kommenden. Lediglich bei den Soldaten mit ihren durch die Helme verfinsterten Gesichtern gerät die Bewegung, die aus dem Anblicken und der Paarbildung ihrer "Verwandten" der römischen Tafeln abgeleitet ist, nicht wie dort zu einer Steigerung auf das Zentrum, sondern beinah zur lockeren Konversation.[168]

Zwar wird durch die Komposition und den gewählten Augenblick die zentrale Figur, sogar in schmerzhafter Weise das Haupt des Heiligen betont, aber die einzelnen Figuren werden nicht individualisiert und mit Gesten und Blicken auf das Zentrum bezogen. Durch diesen Vergleich wird noch einmal deutlich, wie sehr die Gliederung

---

[168] Auf dem linken Flügel des Berliner Klappaltärchens, das Jacopo Casentino zugeschrieben und in die zwanziger Jahre datiert wird, ist die Legende der *Begegnung der drei Lebenden und der drei Toten* dargestellt. Auch hier erinnern die "sprechenden" Pferde sehr an die Pferde des Stefaneschi-Altars. Die Mitteltafel, auf der die thronende Madonna umgeben von Heiligen, Engeln und Stiftern dargestellt ist, erscheint als "Mischung" der Ognissanti-Tafel und der römischen Christus-Tafel mit Reminiszenzen an die Sieneser Maestà Simone Martinis. Vgl. Boskovits (1987), Abb. 121-123, S. 68-71. Eine Darstellung der Legende der *Drei Lebenden und drei Toten* befindet sich auch im Atrium der ehem. Benediktinerabtei S. Maria in Silvis, Sesto al Reghena. Auch die dortigen, expressiven Tiere sind mit denen der *Paulusmarter* des Stefaneschi-Altars verwandt. Interessanterweise ist durch den Codex Cicogna, Bibliothek des Museums Correr, Venedig, 3181, eine Inschrift unter dieser Darstellung überliefert, deren Datum als "1316" gelesen werden kann [Vgl. Zuliani (1970), S. 24, n. 30]. Im gesamten Freskenzyklus dieser Kirche, der in einem sehr schlechten Zustand ist, werden giotteske Motive besonders aus der Arena-, der Peruzzi-Kapelle und dem römischen Altar und teilweise auch aus der Unterkirche von Assisi aufgegriffen und wie bei Casentino in eine elegant bewegte Erzählung gebracht. Allerdings läßt sich das Datum weder eindeutig verifizieren noch eindeutig auf die ganze Ausmalung beziehen, weshalb für die Datierung der Giotto-Werke hier nur ein sehr vager Hinweis gewonnen werden kann. Vgl. zu der Abteikirche: Gerometta (1964); Degani (1908); de Carlo (1905); Ragghianti (1971), S. 88-89.

der seitlichen Bildfelder des Stefaneschi-Altars unter Einbeziehung der Landschaft und Mitsprache der erzählerischen Details geprägt ist von einer rhythmischen Hinführung auf das Zentrum. Dies geschieht offenbar unabhängig von dem kleinen Format und der feineren Malerei in einer Weise, die in nichts der der monumentalen Fresken der Peruzzi- oder Arena-Kapelle nachsteht.

VI.2.3 Simone Martini

Mehrfach wurde auf Unterschiede und Vergleichbarkeiten zwischen den Mitteltafeln und der Sieneser Maestà des *Simone Martini* hingewiesen. Die Betrachtung "narrativer" Szenen soll diese Hinweise ergänzen. Trotz einiger motivischer Entsprechung soll die prinzipielle Verschiedenheit der Darstellungsweise Simone Martinis zu der auf den römischen Tafeln deutlich werden und daraufhin die Vermutung, der Altar könne im Umkreis des Sienesen entstanden sein[169], ausgeschlossen werden.

Vier Passionsszenen, und zwar die *Kreuztragung*, die *Kreuzigung*, die *Kreuzabnahme* und die *Grablegung*, zeigte in geöffnetem Zustand ein kleines Klappaltärchen, das Simone Martini auf der Rahmung der Vorderseite, auf der die *Verkündigung* dargestellt ist, signierte.[170] Neben der *Verkündigung* befanden sich zwei Familienwappen der Orsini, wovon nur eines erhalten geblieben ist. Vermutlich war Kardinal Napoleone Orsini der Stifter, der auf der *Kreuzabnahme* im Gewand eines Kardinalsdiakon anbetend dargestellt ist. Datiert werden die heute in verschiedenen Museen aufbewahrten Täfelchen von den meisten Forschern in die Zeit zwischen 1335 und 1337, d.h. zu Beginn des Aufenthaltes Simone Martinis in Avignon.[171]

In der Abenddämmerung findet die *Grablegung* statt.[172] Das verschwindende Abendrot scheint die Früchte und Blätter der Bäume im Hintergrund noch in dem Gold aufblitzen zu lassen, das sich in den Heiligenscheinen der Trauernden dann sammelt und in den goldenen Gewandsäumen widerspiegelt. Eine auf- und abschwellende Woge des

---

[169] Kempers/de Blaauw (1987), S. 92.

[170] de Castris (1989), S. 114, 115, 117, 119, 120, 121. Vgl. zu diesem Altar auch Martindale (1988), S. 171-174.

[171] Vgl. Boskovits (1987), S. 155-159; de Castris (1989), S. 113-121. Die Tafeln *Verkündigungsengel*, *Annunciata*, *Kreuzigung* und *Kreuzabnahme* befinden sich seit 1841 im Koniklijk Museum voor Schoone Kunsten, Antwerpen. Die *Kreuztragung* im Pariser Louvre und die *Grablegung* in den Staatlichen Museen, Berlin-Dahlem. Bis auf letztere, die beschnitten ist und 23,5 x 16,5 cm mißt, haben alle dieselben Maße: 29,5 x 20,4 cm der *Verkündigungsengel* und die *Kreuzabnahme*, 29,5 x 20,5 cm die anderen.

[172] de Castris (1989), S. 121.

Schmerzes drängt um den Sarkophag Christi. Die scheinbar individuellen Gebärden - hochgerissene Arme, schmerzvoll verzerrte Gesichter, Haareraufen und stilles Weinen - stimmen gemeinsam mit dem Zentrum, nämlich der innigen Umarmung des toten Christuskörpers durch Maria, in einen "Klangteppich" der Klage.

Auch bei der *Kreuzabnahme* fließt ein Strom von Händen und Körpern nach oben zu Christus.[173] Es ist hier nicht das einzelne Individuum, das aus der Schwere seines Körpers heraus handelt und in einen Gruppenrhythmus eingebunden wird. Nur die eine, gemeinsame, Bewegung ist wichtig und erhält in dem herabgesunkenen Körper Christi ihr Gegenüber. Das Zentrum wird hier hervorgehoben durch die Gegenläufigkeit der gestreckten, mit dem ganzen Körper ausgeführten Bewegungen. Dies sind andere Mittel als beim Stefaneschi-Altar und den narrativen Darstellungen in der Arena-, der Peruzzi-Kapelle oder auf dem Mosaik der *Navicella*, in denen der Unterschied zwischen den Zentralpersonen und den Mithandelnden etwa durch Zäsuren im Bewegungsablauf oder durch Freistellen des Zentrums so überdeutlich werden kann.

Hier steht nicht der Einzelne an einem genau ihm zugewiesenen Ort, handelt und ermöglicht durch seinen Schmerz, seine Erregung, Bewegung und Geste überhaupt erst die Rhythmisierung der Gruppe, mit der zu einem Zentrum hin gesteigert wird, in dem dann die angeklungenen Bewegungen ausgeführt und vollendet werden, wie es z.B. bei der *Auferweckung der Drusiana* und bei der *Petrusmarter* beobachtet wurde. Wie die Assistenzfiguren der Sieneser Maestà verschmelzen auch die Figuren beider Gruppen auf der *Kreuzigung* zu einer zwar in sich strukturierten, aber homogenen Ansammlung.[174] Nur Maria Magdalena, die sich an den Kreuzesstamm schmiegt, tritt daraus hervor. An ihr kann der Unterschied der Figurenbildung gegenüber der auf dem Stefaneschi-Altar besonders deutlich werden. Während sie in einem eleganten Bogen dahinschmilzt, als wenn in ihrem Schmerz die Festigkeit des Körpers und seiner Knochen verlorengegangen sei, behalten die trauernden Frauen auf den römischen Seitentafeln immer ihre Körperachse, immer ihren Schwerpunkt, den sie für die Beweglichkeit überwinden müssen. Gerade deshalb kann deren Trauer so persönlich sein, jeweils nur an diese eine Figur gebunden, und ihre Gebärde Impuls in einem sich beschleunigenden Rhythmus auf das Zentrum zu oder retardierendes Moment in einer Handlungsgruppe werden und nicht nur Teil einer großen, allgemeinen Gebärde.

Nicht das Kompositionsprinzip der Malerei Simone Martinis, sondern das Kompositionsprinzip der Malerei Giottos, wie es an den Darstellungen der Arena- und der Peruzzi-Kapelle, an der *Navicella* und der Ognissanti-Madonna mit seinen Modifikationen beschrieben wurde, ist auf den Stefaneschi-Altarafeln wiederzuerkennen.

---

[173] de Castris (1989), S. 120.

[174] de Castris (1989), S. 119.

VI.2.4 Die Berliner Kreuzigungstafel

1929 erkannte Toesca in dem »Meister des Stefaneschi-Altars« den Künstler wieder, der auch die *Berliner Kreuzigungstafel* gemalt habe.[175] Von Offner bis Previtali wurde dann versucht, für diesen Meister, den Previtali »parente di Giotto« nennt, eine eigene Werkgruppe zusammenzustellen.[176] Inzwischen wird mit den Werken des »parente« eher eine Stiltendenz innerhalb der Giottowerkstatt bezeichnet, als ein bestimmter Mitarbeiter.[177] Auf diese Weise konnte die »miniaturist tendency« in unmittelbarer Giotto-Nähe Gültigkeit erhalten. Wie u. a. Longhi 1948 und Ciardi Dupré dal Poggetto 1981 entscheidet sich Boskovits im Berliner Katalog der frühen italienischen Malerei, die Tafel Giotto selbst zuzuschreiben[178]:

»An diesem Punkt ist zu betonen, daß das Schwanken in der Beurteilung der Tafel mit der verschiedenen Beurteilung der Tätigkeit Giottos in den letzten Jahrzehnten seines Lebens eng zusammenhing, wobei in besonderem Maße der Stefaneschi-Altar eine Schlüsselrolle spielt. Dieser Altar und die Berliner Tafel wurden fast immer als der gleichen Stilphase zugehörig und oft auch als von der gleichen Hand stammend angesehen. Für die Zuschreibung der Berliner Tafel ist daher nicht ohne Belang, daß der Stefaneschi-Altar heute wieder, ganz oder wenigstens in Teilen, als Werk Giottos angesehen wird.«[179] Boskovits folgert, wenn der Stefaneschi-Altar von Giotto sei, dann sei auch die Berliner *Kreuzigung* ein eigenhändiges Werk, allerdings wegen der »altertümlichen Umrißbildung« und der »statischen Komposition« ein früher entstandenes Werk.[180]

»Die Berliner Kreuzigung ist zwar ein vorzügliches Bild, ermangelt aber der prägnanten Einheit, welche die individuell Handelnden in Verbindung von mehr als dekorativer Art zu bringen vermöchte, und ist auch nicht einmal in der Erfindung des einzelnen bedeutend.«[181] Das Verschmelzen der Figuren zu einer fließenden Verkettung ohne rhythmische Gliederung, also die »statische Komposition«, trifft ebensowenig wie die strähnige Faltenbildung, die besonders die vorderen Figuren auszeichnet, auf die Werke einer »früheren Stilstufe« oder auf den Stefaneschi-Altar selbst zu. Einige Ge-

---

[175] Toesca (1929a), S. 45 u. 74. Boskovits (1987), Abb. 109, dort auch Forschungsgeschichte und Bibliographie, S. 62-64.

[176] Offner (1930-1962), Corpus, Sec. IV, Bd. I, S. 62; Previtali (1967/1974), S. 119-120, 137-138; vgl. auch Boskovits (1987), S. 63.

[177] Vgl. Boskovits (1987), S. 63.

[178] Longhi (1948), S. 52; Ciardi Dupré dal Poggetto (1981), S. 166; Boskovits (1987), S. 62-63.

[179] Boskovits (1987), S. 63.

[180] Boskovits (1987), S. 63.

[181] Gosebruch (1970), S. 124, Anm. 104.

sichter und Bewegungen erinnern an solche aus Giotto-Werken, besonders dem Stefane-schi-Altar und den *Vele* in Assisi; auch ist Maria Magdalena, anders als auf der Tafel des Simone Martini, hier mit spürbarer Körperlichkeit auf die Knie gesunken, aber die Ähnlichkeiten verhalten sich zu den tatsächlichen Giotto-Erfindungen wie die Darstel-lungen in der Magdalenen-Kapelle zu denen in Padua.

Besonders einleuchtend wird die Nähe zu den Darstellungen in der Magdalenen-Kapelle und der Unterschied zu den Giotto-Autographen an der Darstellung der Kinder auf der Berliner Tafel. Während sich die Kinder, die die *Vertreibung der Händler aus dem Tempel* in der Arena-Kapelle beobachten,[182] und auch das Kind, das auf den gekreu-zigten Petrus sieht, erschrocken an die Erwachsenen anlehnen, deren Rückhalt suchen und dadurch auch deren Reaktionen auf das Geschehen unterstreichen, sind die Kinder hier auf sich gestellt. Beide Kinder am linken Bildrand schauen auf die direkt vor ihnen befindliche Maria. Es scheint, als ob sie von der Kreuzigung Christi nichts wahrnehmen, und Maria nicht etwa ohnmächtig wird, sondern sich zu ihnen herabbeugt. Es entwickelt sich dadurch eine anekdotische Nebenszene, die der Reaktion Mariens auf das Kreuzi-gungsgeschehen Bedeutungsschärfe nimmt, und die in keiner Weise wie auf dem Padua-ner Fresko oder der *Petrusmarter* auf das Zentrum hinführt. Dieser Sinn für Anekdoti-sches war schon an den Fresken in der Magdalenen-Kapelle bemerkt worden, aber nir-gends an den besprochenen Giotto-Werken; auf ihnen bleiben Details und individuelle Reaktionen immer eingebunden in die Gesamtkomposition der Hinführung auf das Zentrum und haben darin ihre Grenze.[183]

VI.3 Datierung und Stiftung des Polyptychons

Deutlich zeigte sich bei den Mitteltafeln, daß die Möglichkeit, die Figuren in einem Kreis um eine Thronarchitektur zu versammeln, korreliert mit dem Bemühen um faßbare Dinglichkeit und Portraithaftigkeit, die die Augenblickszeit und Zeitgenossenschaft in die hieratische Bilderfindung bringen. Bei solcher Gestaltung erscheint es notwendig, Rangunterschiede als der dargestellten Figur körperhaft zugehörig zu bilden, und da-

---

[182] Abb. Bistoletti (1989), S. 81.

[183] Eher findet man diesen erzählerischen Sinn bei Simone Martini, der innerhalb der oben genannten Kreuzigungsdarstellung eine noch durchgefeiltere "Kinderszene" gestaltet.Auch bei den Fresken der Martinskapelle in Assisi kann mehrfach der Sinn für anekdotische Details bemerkt werden: Bei den *Exequien* versucht z.B. ein kerzentragender Junge mit bedenklichem Gesicht das Wachs einer tropfenden Kerze aufzufangen. Poeschke (1985), Abb. 291, nennt dies »Milieudetails, für die auch Lorenzetti eine ausgesprochene Vorliebe zeigte, und die von der strikt thematisch bezogenen Motivvielfalt in Giottos Bildern bereits wegführen.« (S. 118.).

durch die Integration des Heiligen bzw. des absoluten Herrschens in eine "natürliche" Umgebung zu vollziehen. Hierbei werden Grade von Präsenz im Zusammenspiel von Körperlichkeit und Umgebung so unterschieden, daß auf Vorder- und Rückseite verschiedene Sphären dargestellt sind.

So wie bei den Martyriumsdarstellungen irdisches und himmlisches Geschehen ineinander integriert sind, so werden auf den jeweils drei Tafeln der beiden Seiten nicht Einzeldaten nebeneinander, sondern der Inhalt jeweils in einer komplexen Gesamtheit vermittelt. Die Christus-Seite erscheint als Seite der Grundlage von Glauben und Theologie, als "himmlische" Seite - nur die Schergen treten hier in "offizieller" Gewandung auf. Die Petrus-Seite erscheint als Grundlage der Kirche in Rom - hier sind die Figuren ihrem Amt und dem Ritus gemäß dargestellt. Es ist die Unterscheidung der "Erzähllage", die hier die Seiten des Polyptychons wie die Seiten der Peruzzi-Kapelle prägt und hier wie dort zu einem Ganzen zusammen gebracht wird.

Die Voraussetzungen einer solchen Gesamtkomposition werden gerade im Vergleich der narrativen Seitentafeln zu den Beispielen der »miniaturist tedency« besonders deutlich: Körperlichkeit, Genauigkeit der Maße in der Komposition, den Gesten und der genau abgestimmten Handlung auf die rhythmische Hinführung zu den Kernpunkten des Geschehens. Nur auf diese Weise erscheint die Einzelfigur glaubhaft und notwendig an ihrem jeweiligen Ort und in ihrem jeweiligen Gefühlsausdruck. Dies sind Kriterien, die an den unbezweifelten Giottowerken entwickelt wurden, sich in besonders klarer Weise am Unterschied zu den Fresken der Magdalenen-Kapelle zeigten und die unzweifelhaft Kriterien für die Beurteilung der Autorschaft Giottos am Stefaneschi-Altar darstellen. Eine Autorschaft aus der Sieneser Schule oder dem Florentinisch geprägten Kreis des Bernardo Gaddi oder des Jacopo Casentino kann ausgeschlossen werden, da diese Künstler grundsätzlich andere Kompositionsprinzipien verfolgen. Daß Giotto sich bei diesem großen Werk der Unterstützung von Mitarbeitern bediente, ist augenfällig. Lisner arbeitet für diese unterschiedliche Herkunfts-Schulen heraus, betont allerdings entsprechend der obigen Analyse die verantwortlichen und stilprägenden Vorgaben Giottos.[184]

Innerhalb des Giottowerks zeigt sich, daß das Verhältnis von Figur und Raum, das diese Altar-Tafeln prägt, am ehesten vergleichbar ist mit den Darstellungen der Peruzzi-Kapelle und der *Navicella*. Für die Florentiner Kapelle konnte ein Entstehungszeitraum in

---

[184] Durch die Analyse der Farben und der Ornamentik besonders an den Nimben zeigt Lisner eine Verbindung zur Werkstatt Duccios auf. Sie betont, daß Giotto schon während der Arbeiten in der Oberkirche von San Francesco in Assisi an die Zusammenarbeit mit einer florentinisch-sienesisch zusammengesetzten Werkstatt gewöhnt war. Vgl. Lisner (1995), S. 101-107.

der ersten Hälfte des zweiten Trecento-Jahrzehnts, für die *Navicella* um 1310 wahrscheinlich gemacht werden. In diesen Zeitrahmen wird auch das Altarwerk einzuordnen sein, eine Datierung um 1300 wird dadurch obsolet. Zurecht sieht Lisner über die tiefleuchtenden Farben, die besonders die beiden Martyriumsszenen prägen, eine Verbindung zu Duccios großer Sieneser Maestà, die 1311 fertiggestellt war, und folgert daraus einen entsprechenden *terminus post quem* für das Altarwerk.[185] Die Möglichkeit, diesen Altar als Vorgabe für die 1315 datierte Maestà Simone Martinis anzusehen, gibt einen weiteren Hinweis auf die Entstehungszeit. Noch genauer wird der Zeitrahmen eingegrenzt durch die Nachahmung dieser Maestà von Lippo Memmi, die 1317 datiert ist, und die Arbeiten der Giotto-Werkstatt in der Unterkirche von San Francesco in Assisi, auf die im nächsten Kapitel eingegangen wird.[186]

Aus der Identifizierung des Mönchsheiligen mit Peter vom Murrone ergibt sich darüber hinaus für die Altartafeln ein *terminus post quem* von 1313, da der zurückgetretene Papst erst 1313 als "confessor" Pietro da Murrone kanonisiert wurde.[187] 1306 und noch einmal 1308 forderte die französische Delegation von Clemens V. die Heiligsprechung Coelestins V., die durch das allgemeine Konzil in Vienne ausgesprochen werden sollte.[188] Am 16. Oktober 1311 fand die erste öffentliche Sitzung dieses Konzils statt. Es folgten am 3. April und 6. Mai 1312 zwei weitere. Stefaneschi wurde zu Fragen des Zeremoniells gehört und führte die Protokolle der öffentlichen Sitzungen. Sie geben Auskunft über die Beschlüsse, die aufgrund der vorhergehenden Beratungen verkündet wurden.[189] Es wurde im Kapitel zur *Navicella* erwähnt, daß die Zerschlagung des Templerordens, mit der der französische König de facto schon begonnen hatte, bestätigt wurde, daß aber weder Bonifaz VIII. verurteilt, noch Coelestin V. heilig gesprochen wurde. Der Prozeß gegen Bonifaz war eingestellt worden, und über Coelestin V. bzw. Peter vom Murrone war man sich noch nicht einig.

---

[185] Lisner (1995), S. 105.

[186] Auch Lisner (1995), S. 100-101 sieht im Stefaneschi-Altar eine Voraussetzung für die *Vele* in Assisi, die sie zwischen 1316 und 1318 datiert.

[187] Vgl. Gosebruch (1961a), S. 112-113; Ladner (1970), II, S. 277-283; Ciardi Dupré dal Poggetto (1981), S. 122f.; Lisner (1995), S. 66-67. Literatur zu Coelestin V.: Bibliografia essenziale Celestiana; Herde (1981). Zur Ikonographie: Antonio Serramanacesca, Celestino V., L` Aquila, 1968; G. Kaftal: Iconography of the Saints in Central and South Italian Schools of Painting, Florenz 1965, Nr. 294.

[188] Vgl. Herde (1981), S. 161f.: »Nachleben und Kanonisation«.

[189] Veröffentlicht bei: Ehrle (1886), S. 353-417; (1887a), S. 1-160; (1888a), S. 361-464.

Schon 1307 hatten die Erzbischöfe von Valva-Sulmona und Neapel begonnen, das Leben und die Wunder Coelestins zu untersuchen. Spätestens Anfang 1308 waren zwar die Zeugenvernehmungen abgeschlossen,[190] eine Einigung unter den Kardinälen während des Konzils war dennoch unmöglich. Die Colonna-Kardinäle, in Einklang mit den Vertretern der französischen Krone, drängten auf eine rasche Kanonisation: Wie schon ausgeführt, sahen sie einerseits in einer Heiligsprechung des zurückgetretenen Papstes ihr eigenes Verhalten in Anagni gerechtfertigt, andererseits standen gerade die Colonna den spiritualen Bewegungen nahe, die in dem Engelspapst "ihren" Erlöser gesehen hatten.[191] Gegen eine schnelle Entscheidung forderte Richard von Siena weitere Untersuchungen aufgrund rechtlicher Bedenken, denen sich Stefaneschi und der Neffe Bonifaz' VIII. anschlossen. Damit wurde die Heiligsprechung während des Konzils in Vienne, die die Franzosen gewünscht hatten, verhindert.[192] Statt dessen bildete man verschiedene Kommissionen, die zahlreiche Wunder aus dem vorgelegten Katalog wieder strichen.

Im April 1313 trat dann ein geheimes Konsistorium zusammen, das die Kanonisation endgültig beschließen sollte.[193] Die beiden Juristen Richard von Siena und Jacopo Stefaneschi blieben gegen die Stimmung der jüngeren, nichtitalienischen Kardinäle und trotz des Drängens der Colonna einer Kanonisation gegenüber skeptisch. Stefaneschi verhielt sich zurückhaltend, vorsichtig und behielt sicherlich sein Interesse am Andenken Bonifaz' im Blick: »Dubitat miraculum, sed si esset miraculum, dixit probatum«[194] oder »Credit factum esse miraculose, dubitat tamen sit miraculum«.[195] Er zweifelte also nicht an dem Wunderbaren, versuchte aber, die politisch motivierte Begeisterung zu dämpfen. Da Stefaneschi schon im ersten Teil seines *opus metricum* das Leben des Einsiedlers gegen mögliche Angriffe verteidigte, konnte er selbstverständlich die durch den Papst am 5. Mai 1313 vollzogene Kanonisation Peters vom Murrone anerkennen und in der entsprechenden Messe Diakonsdienste vollziehen.[196]

---

[190] Vgl. Stefaneschi, *De canonizatione sancti Petri de Murrone* [dem dritten Teil des *opus metricum*], Labande (1893), S. 64; u. Herde (1981), S. 182-183.

[191] In den Analecta Bollandiana, XVI, S. 475-487, Brüssel 1897, S. 393f. sind die *Sententiae cardinalium de miraculis fratris Petri de Murrone quondam Caelestini papae V.* ediert. Da heißt es von den Colonna: »[...] quod domus noster ad cannonizationem eius potuit procedere iam est annus.«

[192] Vgl. Herde (1981), S. 185-189, über die unterschiedlichen Beweggründe der Kardinäle.

[193] Vgl. Procès verbal du dernier consistoire secret preparatoire à la canonisation du Pierre Celestin, in: Analecta Bollandiana, XVI, Brüssel 1897, S. 475-487; Herde (1981), S. 184.

[194] Analecta Boll. XVI, S. 477. Vgl. auch Frugoni (1950a), S. 417; Hösl (1908), S. 25.

[195] Analecta Boll. XVI, S. 477. Vgl. auch Frugoni (1950a), S. 417 und Hösl (1908), S. 25.

[196] »Ego Iacobus sanctii Georgii ad velum aureum diac. card. domino papa a dextris in predicta canonisatione et missa ministravi.« So der Kardinal in seinem *De canonizatione sancti Petri de*

Während der Vakanz nach dem Tode Clemens 1314 schreibt Stefaneschi den dritten Teil seines *opus metricum* und vollendet dieses Werk, wie dargestellt, mit der Lebensbeschreibung, den Wundertaten und dem Bericht über die Heiligsprechung Peters.[197] Aber wohl gleich nach diesem Abschluß des "Tauziehens" um das Ansehen der Kirche, das durch die unterschiedlichen Interessenslagen bezüglich des Murrone und seines Nachfolgers sehr gefährdet war, fügte Stefaneschi dem reich illustrierten *Codex Sancti Georgii*, der unter anderem eine Lebensbeschreibung seines Titelpatrons enthält, einen letzten Teil mit dem Brevier zu Ehren des neuen Heiligen an.[198] Mit dem *opus metricum* beendet Stefaneschi vor einer schwierigen Papstwahl, bei der es wieder um die Rückkehr nach Italien und die Abwehr der französischen Abhängigkeit gehen sollte, eine Geschichte, in deren Mittelpunkt das ehrenvolle Andenken des Gaetani - und mit ihm der römischen Kirche - steht. Diese Schrift wird so deutlicher Ausdruck der "italienischen" Interessen des Kardinals. Im *Kodex des Heiligen Georg* hingegen drückt er die religiös motivierte Dankbarkeit für die Heiligsprechung des Murrone, der auch in der Kanonisationsurkunde nur "confessor" genannt wird, als Einsiedler und nicht als Coelestin aus. Es ist anzunehmen, daß diese für die Schriften maßgeblichen Beweggründe auch für die Stiftung des Altars Gültigkeit haben.

1312 wird Jacobo Stefaneschi Commendatorio der Hauskirche der Stefaneschi S. Maria in Trastevere.[199] Es war zwar nicht notwendig, daß er, um dieses Amt anzutreten, nach Rom reiste, zumal ihn die Verhandlungen während des Konzils von Vienne daran ge-

---

[197] *Morrone*, dem dritten Teil des *opus metricum* (ed. Seppelt), S. 67.

»Dona Dei radiant, iamiam miracula clarent/illius discuna palam cetuque vicissim/vitaque collucet firmantque probantia testes/consilium patrum« so Stefaneschi im *opus metricum* (ed. Seppelt), S. 126. Es bestehen für den Kardinal zu diesem Zeitpunkt also keine Zweifel mehr an der Heiligkeit von Peter vom Murrone.

[198] Der *Kodex des Heiligen Georg*, Bibl. Vat., ms. Arch. di San Pietro, C. 129, ist gewidmet dem heiligen Georg und beginnt dann nach »Sequentia sancti evangeli secundum matheum« fol. 116 bis 122r erst auf fol. 122 v mit »In sancti petri de murrone confessoris« und auf fol. 123r mit »Gratia tibi« und der Miniatur, auf der Stefaneschi ein Buch überreicht, mit der Lobpreisung des Murrone bis zum Ende fol. 132. Daß Stefaneschi selbst in der Vorrede nicht von Peter vom Murrone spricht, zeigt, ebenso wie die Art der Zusammenstellung, daß der "Murrone-Teil" hinzugefügt wurde. Allerdings ist in der Malerei kein Bruch festzustellen, was in dieser Hinsicht für eine einheitliche Entstehung spricht. Stefaneschi wird also noch in der Schreibphase das Werk ergänzt haben. Dieses erscheint nur sinnvoll bei einem aktuellen Anlaß, also gleich nach der Heiligsprechung 1313.

[199] Navone (1878), S. 217; zitiert das Breve von Clemens V. »curam et administratinonem tibi committimus ecclesie S. Maria Transtyberim de Urbe in qua progenitorum tuorum corpora requiescunt«.

hindert haben werden,[200] aber er wird Interesse gehabt haben, sich sobald als möglich um diese Kirche und um seine Familienangelegenheiten zu kümmern.[201] Erst nach der Heiligsprechung des Murrone am 5. Mai 1313 hatte Stefaneschi Zeit zu reisen. Eine Gelegenheit, die er offenbar ausnutzte, denn am 1. Juli wird ihm der Dispens erteilt, auf Reisen selbst die Messe »etiam alta voce« zu zelebrieren.[202] Sicherlich führte ihn diese Reise nach Rom, um nach so langer Abwesenheit seine Angelegenheiten dort zu regeln. Im April 1314 ist der Kardinal dann wieder in Frankreich nachgewiesen.[203]

Von April 1314 bis Juli 1316 dauerte die Papstvakanz nach dem Tode Clemens V.[204] Bei den Verhandlungen waren sich die italienischen Kardinäle darüber einig, die Rückkehr nach Rom erreichen zu wollen, auch wenn sie gegen die untereinander zerstrittenen Gascogner und Franzosen die Minderheit bildeten.[205] Die Vakanz auf dem deutschen Thron, dann die Doppelwahl von Friedrich dem Schönen und Ludwig dem Bayern sowie der Thronwechsel in Frankreich verstärkten die äußere Unsicherheit und den Druck auf die Kardinäle. Das Konklave in Carpentras endete durch einen Überfall auf die italienischen Kardinäle, die sich daraufhin nach Valence zurückzogen.[206] Der Brief Dantes an die italienischen Kardinäle, mit der Bitte, den Richtigen zu wählen, ist schon erwähnt worden. Auch Ludwig V. von Frankreich drängte zur Wahl[207] - zur Wahl Jaques Duèzes, der am 7. August 1316 mit den Stimmen der Italiener zum Papst Johannes XXII. gewählt wurde.

Mit Johannes XXII. blieb die Kurie auf weiteres in Avignon,[208] wo er als erstes den Palast umbauen ließ. Dieses deutet kaum auf eine Erwägung hin, nach Rom zu-

---

[200] Ciardi Dupré dal Poggetto (1981) nimmt an, daß er zu diesem Termin nach Rom reiste.

[201] Stefaneschis Verwandte hatten während der Anwesenheit des deutschen Königs, Heinrich VII., in Rom zu leiden. Das berichtet im April 1315 der Procurator Giovanni Lupi nach Aragón, der sich bei den Kardinälen nach deren Ansichten zu einer Kandidatur Friedrichs von Österreich erkundigen sollte und nun erklärt, warum Stefaneschi zwar wie sein Onkel Matteo Rosso dem Hause Aragón verbunden ist, aber sich nicht schriftlich zu dieser Frage äußern möchte. Vgl. Finke (1908/1968), S. 354-355.

[202] Regestum Clementis V. (Odoricus), n. 10052.

[203] Am 20. April 1314 stirbt Clemens V. Stefaneschi nimmt am folgenden Konklave teil, ist also in Frankreich.

[204] Zu Vakanz und Wahl Johannes' XXII. vgl. Seppelt (1964), S. 89 f.; Baluze (1927); Duprè Theseider (1939).

[205] In einem Brief an Jacob II. von Aragón vom 13. Februar 1315 beschreibt Stefaneschi den äußerst geringen Konsens, der gefunden werden konnte. Vgl. Finke (1908/1968), S. 204.

[206] Vgl. Baluze (1927), S. 171, Anm. 3.

[207] Vgl. Willemsen (1927/1965) und Finke (1907).

[208] Zu der Wahl: Finke (1908/1968), S. 212-215 und Finke (1902), S. LXVIII. Zu den Wahlverhand-

rückzukehren. Allerdings nutzte Johannes den deutschen Thronstreit, um seine Macht in Italien auszubauen. Aus diesem Grund nahm er auch nicht Partei, sondern sprach sowohl Friedrich den Schönen als auch Ludwig den Bayern in seiner Wahlanzeige als »zum König gewählt« an.[209]

Stefaneschi verstand sich – wie schon während der Wunderprüfung vor der Kanonisation des Murrone – auch in der unter Johannes XXII. mit erbittertem Streit geführten Armutsfrage innerhalb des Kardinalskollegiums zu einer vermittelnden Haltung.[210] Zwischen den wenigen Minoritenfreunden und den Antiminoriten suchte er eine Position des Kompromisses, mit der man die richtige Lehre hätte klargestellen können, ohne gleich eine Welle von Prozessen zu provozieren: »sicherlich falsch, aber deswegen gleich häretisch?«[211] Einig waren sich die italienischen Kardinäle bezüglich des deutschen Königs - durch Ludwig den Bayern sahen sie ihre Interessen befördert. Aber auch in

---

[209] lungen: vgl. Dupré Theseider (1939); Willemsen (1927/1965). Napoleone Orsini unterstützte offenbar zuerst Friedrich, um dem Haus Aragón im Kampf um Sardinien zu dienen. Dies stellte ihn in den Gegensatz zur päpstlichen Politik. Nach dem Tode Jacobs II. von Aragón und dem Sieg des Bayern brauchte Napoleone letzteren für seine italienischen Interessen und handelte damit offen gegen die des Papstes. Vgl. Willemsen (1927/1965).

[210] Zum Armutsstreit vgl. auch das Kapitel zu den *Velen*. Der Papst befragte in dieser Angelegenheit die Kardinäle. Die Antworten der Kardinäle sind ediert von Tocco (1910): Pietro Colonna S. 158-168, Napoleone Orsini S. 168-170, Stefaneschi S. 172-173. Stefaneschis Antworten hält Tocco für nicht weiter förderlich und wichtig. Aber wie Frugoni (1950), S. 429, bemerkt, kann man dieses nur unter einem "Lösungsaspekt" sagen, während sie ein deutliches Licht auf die Person des Kardinals werfen.

[211] »RESPONSIO DOMINI JACOBI SANCTI GEORGII AD VELUM AUREUM: Pater Sanctissime ad quaestionem etc.. premissa protestatione etc., dico ad quod si per S. V. non est diffinitum in contrarium, dico scilicet quod dominus et redemptor noster dominus Jesus Christus quandoque aliquid habuit et per consequens eius apostoli. Unde qui constanter et pertinaciter diceret eum et ejus sanctos apostolos nunquam habuisse aliquid nec in proprio nec in communi, falsum assereret, accipiendo dictum hujusmodi universaliter, quantum ad tempus quod nunquam, et copulative quod nec in proprio nec in communi. Utrum autem asserere, quod nunquam Christus et apostoli ejus habuerunt sic aliquid in proprio vel in communi, ut dictum est, sit haereticum? Dico, si tamen non est determinatum per sanctitatem vestram nec per Ecclöesiam, dico contrarium utique, quod non audeo asserere esse haereticum hujusmodi dictum, accipiendo haereticum stricto modo ut videtur quaeri cum fortassis hoc non sit de articulis fidei, nec recte respiciat ipsius fidei articulos. Et qui hoc dicunt, confitentur et credunt textus evangelii, quamvis aliter exponunt quam fortasse sit veritas, et sic frequentur sancti aliter exponunt textum evangelii unus quam alter. Si autem accipiatur haereticum largo modo, hoc est dicendo haereticum quod est falsum, et quod ab aliqua veritate errat, dico hujusmodi dictum esse haereticum, idest falsum quia ab aliqua veritate errat, quia ut dixi, aliquando quandoque habuerunt aliquid Christus et Apostoli.« Tocco (1910), S. 172-173.

dieser Angelegenheit verhielt sich Stefaneschi eher warnend zurückhaltend, während Napoleone und Pietro Colonna mit scharfen Worten die Rechtmäßigkeit des Bayern verteidigten.[212]

Vielleicht war es gerade diese abwägende, diplomatische Haltung, die Stefaneschi dafür prädestinierte, unter dem Nachfolger Johannes` XXII., Benedikt XI., 1334 Ordensprotektor der Franziskaner zu werden.[213] Zuvor - noch in der schwierigen Zeit der deutschen Thronstreitigkeiten und der aufflammenden Häresieprozesse - wandte sich Stefaneschi wieder "seiner" Materie zu: 1320 schrieb er die *Geschichte des Wunders Mariens getan in Avignon.*[214] Stefaneschi konnte sich sogar zu einem so kritischen Zeitpunkt eher der Niederschrift von Erzählungen widmen, als aktiv in das politische Geschehen eingreifen. Möglicherweise zeigt die Wahl des Stoffes aber mehr als nur den zurückhaltenden Charakter des Schreibers: Während seine bisherigen Schriften stets der Unterstützung der von ihm gewollten Entwicklung an der Kurie dienten oder als Appelle zu verstehen waren, wandte er sich mit dieser Schrift von Rom ab. Muß man also nicht annehmen, daß zu diesem Zeitpunkt, also 1320, die Situation an der Kurie für einen Umzug nach Rom gänzlich aussichtslos geworden war?

In einer weiteren Schrift, dem Zeremonienbuch, beschreibt der Kardinal die Zeremonien von 1289 bis 1329 aufgrund seiner direkten Erfahrungen und mit Zitaten aus seinen bisherigen Schriften.[215] Hierin betont er noch einmal die Zusammenhänge so, wie sie seinen politischen und religiösen Vorstellungen entsprechen. Er bricht 1329 ab - vielleicht aus gesundheitlichen Gründen,[216] möglicherweise aber auch veranlaßt durch

---

[212] Ferrario di Apilia berichtet nach Aragón von diesen Meinungsverschiedenheiten. Vgl. Finke (1908/1968), S. 394/95 u. S. 397-400: Nachdem der Colonna die Rechtmäßigkeit bekräftigt hat, antwortet der Papst: »Male dicitis, male dicitis! Nos faciemus decretale in contrario.« Und Pietro Colonna: »Decretalis per vos facta nullam novam vobis tribuet potestam.« Stefaneschi warnt:»Pater sancte, timendum est et dubitandum de furia Theotonicorum!« »Per Deum! Et furiam invenient est iterum furiam invenient!« hält ihm der Papst entgegen. Aus dem Bericht nach Aragón gehen weiter klar die einheitlichen Interessen der Italiener hervor, die sich weder gegen die Interessen des Papstes noch der übrigen Kardinäle durchsetzen konnten. Vgl. auch Frugoni (1950), S. 421.

[213] Analecta Franciscana II, 154.

[214] *Historia de miraculo Mariae facto Avinone*, enthalten im Codex lat. 5931 der Bibliothèque Nationale, Paris, fol. 95-102. Vgl. dazu Faucon, Bibliothèque des École française d' Athène et Rome, tom. L, 1887, S. 143.

[215] Hösl (1908), Kapitel V; Ehrle (1889), 565; und Labande, *Le cèrèmonial de Jacques Caejètan*, in: Bibliothèque de l' Ecole des Chartes, tom. LIV, 1893, S. 45-74.

[216] Da er in seinem erneuerten Testament aus diesem Jahr von seinem angegriffenen Gesundheitszustand spricht, sieht Frugoni hierin den Grund für den Abbruch des Buches. In diesem Testament bestimmt er erneut St. Peter als seinen Beisetzungsort. Vgl. dazu Frugoni (1950), S. 423.

die Niederlage Ludwig des Bayern nach dessen Kaiserkrönung 1328 in St. Peter durch Sciarra Colonna. Vielleicht war diese Niederlage das Ende der Hoffnung, nach Rom zurückzukehren, und für den gebildeten Stefaneschi Grund, einen anderen Inhalt für seine »materia« zu suchen.

Nimmt man den Nekrolog und die Grimaldi-Notiz aus dessen Inventar[217] als Quellen ernst, dann scheint eine Datierung des Stefaneschi-Altars jenseits Giottos Lebenszeit ausgeschlossen. Durch die Identifizierung des Mönchsheiligen vor dem Thron Petri mit Peter von Murrone und dessen Kanonisierung ist ein *terminus post quem* von 1313 gegeben.[218] Dadurch wird zumindest eine Entstehung im Zusammenhang mit dem Jubeljahr hinfällig. Gegen eine so frühe Datierung, für die sich Gardner eingesetzt hat,[219] spricht wie bei der *Navicella* das Schweigen Stefaneschis über eine solche Stiftung in seiner Schrift *De Centesimo seu Iubileo anno liber*. Beide Werke sind stilistisch auch kaum vor die Paduaner Fresken einzuordnen.

Entsprechend der Überlegung zur *Navicella* ergeben auch hier die Nachrichten über den Zustand der Petersbasilika eine mögliche Eingrenzung nach oben.[220] Da 1320 das Dach so beschädigt war, daß um Abhilfe bei Johannes XXII. gebeten wurde, und sich die Reparaturen bis Ende der dreißiger Jahre hinzogen,[221] wäre es wahrscheinlich, daß die Stiftung früher oder erst nach Giottos Lebenszeit erfolgt sei.[222]

Um Klarheit zu gewinnen, muß ähnlich wie bei der *Navicella* gefragt werden: Welche Heiligen sind dargestellt und zu welchem Zeitpunkt ist dies möglich? Auf dem Altar ist Coelestin V. ausdrücklich im Mönchsgewand seiner Kongregation dargestellt. Als Petrus von Murrone, also als Eremitenheiliger wie auf der Zierseite fol. 123r des *Codice di San Giorgio*,[223] übergibt er seinem Namenspatron ein kostbares Buch, möglicherweise eben diesen von Stefaneschi geschriebenen Kodex. Er wird anempfohlen von einem heiligen Papst. Hierdurch wird der Bezug zu seinem offiziellen, aber von ihm niedergelegten Amt in der Nachfolge Petri hergestellt. Peter vom Murrone war ein Heiliger einerseits aus politischen Gründen, wie ausgeführt, im Spannungsfeld zwischen den Vertretern eines traditionellen Gefüges im Sinne der Zwei-Schwerter-Theorie, wie sie Bonifaz VIII. ausgelegt hatte, und den Vertretern der aktuellen politischen Faktizität,

---

[217] Vgl. Kapitel IV.

[218] Siehe oben.

[219] Gardner (1974), S. 57-103.

[220] Vgl. Gardner (1974), S. 65-67.

[221] Vgl. Gardner (1974), S. 67.

[222] Vgl. Kemper/de Blaauw (1987), S. 92.

[223] *Codex Sancti Georgii*, Arch. S. Pietro C 129. Abb. 212 bei Ciardi Dupré dal Poggetto (1981).

nämlich des erstarkten Frankreich. Aber darüber hinaus war Peter vom Murrone ein Mann, der von Spiritualen, den radikaleren Franziskanern, und von Gläubigen, die den Visionen des Joachim von Fiore nachhingen, verehrt wurde.

Die aktuelle politische Sprengkraft der Kanonisierung Peters, die durch den Zusammenhang mit der Ächtung des Gaetani-Papstes entstand, war nach der Kanonisierung als Eremitenheiliger und der Einstellung der Bonifaz-Prozesse, also schon vor Amtsantritt Johannes' XXII., minimalisiert. Entscheidender scheint die Frage, was sich mit dem Pontifikat des neuen Papstes änderte: Johannes XXII. nimmt mit der Konstitution *Quorumdam exigit* im Jahr 1317 entschieden gegen die Franziskaner-Spiritualen Stellung. 1322 verschärft er mit der Bulle *Quia nonnunquam* den Streit über den *usus pauper* auch innerhalb der Konventualen des Ordens. Und 1323 führt er durch die Bulle *Inter nonnullos*, in der die absolute Armut Christi geleugnet wird, den Orden in eine schwere Krise.[224]

Die Haltung Johannes' XXII., die sich in seiner Politik gegenüber dem Franziskanerorden bzw. gegenüber den Spiritualen äußert, spricht nicht für die Stiftung eines Altars, der einen so asketischen Einsiedler verehrt, ausgerechnet im römischen St. Peter. Mit zunehmender Verschärfung des Armutsstreites erschiene diese Stiftung unvereinbar mit den Interessen des Papstes und als Affront gegen Johannes XXII.[225] Die Schriften und Stellungnahmen Stefaneschis sprechen aber eher eine diplomatische Sprache, insofern wird im Verlaufe des Pontifikats Johannes' XXII. der Auftrag zu diesem Altarwerk immer unwahrscheinlicher. Auch unter diesem Gesichtspunkt käme dann erst wieder ein Zeitpunkt jenseits der giottesken Lebenszeit in Frage, der aus stilkritischen Gründen auszuschließen und durch die Überlieferungslage ebenso wie durch die sehr zurückgezogene Haltung Stefaneschis gegen Ende der dreißiger Jahre nicht unterstützt wird.

Eine Stiftung des Altars ist also nach der Kanonisierung des Murrone 1313 bis zur Konstitution *Quorundam exigit* 1317 am wahrscheinlichsten. Während der Papstvakanz,

---

[224]   Auf den Armutstreit und die Bullen Johannes' XXII. wird ausführlich im Zusammenhang der Datierung und der Interpretation der Vele in Assisi eingegangen.

[225]   Ciardi Dupré dal Poggetto (1981), S. 119-126, nimmt einen Entstehungszeitpunkt zwischen 1323 und 1324 an. Sie interpretiert diesen Altar - ganz im Gegensatz zu ihrer *Navicella*-Interpretation - als politischen Ausdruck des Zusammenschlusses der italienischen Kardinäle gegen den Papst, der im Kampf gegen bzw. für den Bayern besonders deutlich werde. Während die *Navicella*-Stiftung um 1310 noch in den vorstellbaren Horizont der Überlegungen Clemens' V. fällt, ist hier eine provozierende Stiftung gegen den Papst an seine eigene Kirche gedacht. Dies erscheint sehr gezwungen zugunsten einer Werkchronologie des ohnehin sehr heterogenen »Maestro del Codice di San Giorgio«.

zwischen 1314 und 1316, wäre eine solche Stiftung, wie das Mosaik, ein deutlicher Appell an den Papst, nach Rom zurückzukehren. Sie wäre dann in einem Atemzug mit dem Brief Dantes, der ja Stefaneschi mit anspricht, zu nennen und parallel zu sehen mit dem letzten Teil des *opus metricum*, das auf literarische Weise die Verbundenheit mit Rom wieder aufnimmt.[226] Auch in der Anfangszeit des Pontifikats Johannes' XXII. wäre es möglich, mit einem solchen Werk der Forderung nach Einhaltung eines Wahlversprechens Nachdruck zu verleihen.[227] Berücksichtigt man das Selbstverständnis Stefaneschis, der sich als Stifter und als Verfasser abbilden läßt, und sieht die Erleichterung dieses Vertreters der bonifazianischen Partei über den Ausgang des Kanonisationsverfahrens zusammen mit seiner frühen Verehrung des Einsiedlers, erscheinen der *Kodex des Heiligen Georg* und das Polyptychon in einem gemeinsamen Horizont. Auch die stilistischen Bezüge beider Werke lassen auf eine gleiche Entstehungszeit schließen, die präzisiert wird durch den wahrscheinlichen *terminus ante quem* von 1315 für den Kodex.[228]

Aus den Erkenntnissen, die durch stilistische Untersuchungen erfolgten, aus der Ikonographie und dem historischen Kontext ergibt sich also ein Datierungsrahmen zwischen 1313 und 1317 für den Stefaneschi-Altar. Auf diese Weise stellt sich das nachpaduaner Giottowerk deutlicher dar: Im Zusammenhang mit der Veränderung des Verhältnisses von Figur und Raum von der raumschaffenden Figur zum figurumschließenden Raum, das in Padua schon angelegt ist, entsteht für die Darstellungen auf den römischen Tafeln die Möglichkeit zur Integration der Heiligen und des überzeitlichen Geschehens in eine Umgebung der natürlichen Dinglichkeit, lebendigen Gegenwart und des individuellen Gefühls - entsprechend der Alltagswelt, in der das Wunderbare stattfindet auf den Bildern der Peruzzi-Kapelle. Zugleich werden auf den beiden Seiten des Altars die inhaltlichen Sphären durch die "Erzähllage" unterschieden in einer Weise, die es ermöglicht, die "innere" und "äußere" Seite der Kirche zu verbinden - dies entspricht der Allegorisierung einer narrativen Darstellung wie bei der *Navicella*.

Das Prinzip der Komposition, der Aufbau der Figuren und der Handlung zeigte sich dabei ohne Dissens zu den unbezweifelten Giotto-Werken als maßvolle, rhythmi-

---

[226] Vgl. zur Person Stefaneschis Kapitel IV.

[227] Auch in diesem Fall würde das Altarwerk die gemeinsame Meinung der italienischen Kardinäle zum Ausdruck bringen.

[228] Die Miniaturen des römische Graduale Sanctorum, seg. D., Biblioteca Sessoriana, Convento di Santa Croce Gerusalemme, Rom, - bes. 114r und 259r - gehen auf diesen Kodex zurück (Abb. Ciardi Dupré dal Poggetto [1981], 231 u. 241). Da das Graduale durch ein Kolophon auf 1315 datierbar ist, ergibt sich ein *terminus ante quem* für den Kodex. Vgl. dazu Ciardi Dupré dal Poggetto (1981), S. 96, 105 u. 171f.; Bertelli (1970), S. 14-30), Gosebruch (1986), Anm. 38.

sche Gliederung der körperhaften Figuren, die eingebunden in die Handlung mit Gesten und Blicken auf das Zentrum, sei es die herrschende, thronende Figur oder das "unsichtbare" Wunder des Martyriums, hinführen. Gemeinsam ist allen Figuren, den Zentral- und Nebenfiguren, die lebendige Verkörperung ihrer inhaltlichen Aussage, die ihnen dadurch zum Wesen wird. Dies unterscheidet die Figuren auf dem von Kardinal Stefaneschi gestifteten Altarwerk von den Figuren der Vergleichsbeispiele von Simone Martini, seinem Umkreis und der »miniaturist tendency«.

VII. DER *FIGURUMSCHLIEßENDE* RAUM UND
DAS ZENTRUM EINER *ERZÄHLENDEN ALLEGORIE*

VII.1 Die Vierungsfresken der Unterkirche von San Francesco in Assisi

In der Unterkirche von San Francesco in Assisi ist das Kreuzrippengewölbe der Vierung über dem Hochaltar, der in direktem, axialem Bezug zum Grab des Heiligen in der darunterliegenden Krypta steht, vollständig mit Fresken geschmückt.[1] Um den im doppelten Sinne höchsten Punkt, um den "Schlußstein" mit der Darstellung des apokalyptischen Christus, ordnet sich ein komplexes theologisches Programm.[2] Es umfaßt auch die beiden Querschiffe und die, allerdings nicht zum selben Zeitpunkt vollendete, Apsisdekoration.[3] In der Vierung selbst streben reiche Bordüren mit Arabeskenwerk als Rahmung der Gewölbekappen und geometrische Dekoration auf den Gewölberippen, jeweils belebt durch kleine integrierte Köpfe, auf den zentralen "Schlußpunkt" zu. Der ornamentale Schmuck wird unterbrochen durch kleine Vier- und Sechseckfenster, die sich zu einem goldstrahlenden Himmel zu öffnen scheinen. In ihnen sind apokalyptische Darstellungen zu erkennen: Bundeslade, apokalyptisches Lamm, Erde und eine Wolke mit Blitzen sind dem Zentrum mit der Darstellung des apokalyptischen Christus am nächsten; es folgen die Evangelistensymbole, die apokalyptischen Reiter und die apokalyptischen Engel.[4] Propheten und Sibyllen, Engelschöre und die ersten zwölf Gefährten des heiligen Franziskus ergänzen das Bildprogramm, das die Bildfelder der *Vele*[5] umschließt. Deren außergewöhnliche Darstellungen werden im folgenden hauptsächlicher Gegenstand der Überlegungen sein.

Betritt man die Unterkirche von Osten und geht durch das Mittelschiff auf die Vierung zu, dann fällt der Blick auf die Darstellung des *Gloriosus Franciscus* in der westlichen Gewölbekappe zur Apsis hin.[6] Darunter in der ideellen Achse über dem Grab des Heiligen steht der Hauptaltar der Kirche. Eine Inschrift am unteren Rand des Bildfeldes verweist noch einmal auf die Darstellung und ihren Zusammenhang: »...ATOR RENOVAT / IAM NORMAN EAVANGELICAM / FRANCISCUS CUNCTIS PREPARAT / VIAM SALUTIS

---

[1] Abb. 128 bei Mueller von der Haegen (1998).

[2] Abb. 255 bei Poeschke (1985).

[3] Die heute in der Apsis befindliche Malerei, die ein Jüngstes Gericht darstellt, malte 1622 Cesare Sermei. Vgl. Nessi (1982), S. 338.

[4] Poeschke (1985), S. 109 gibt ein Schema der Rippen- und Bordürendarstellungen.

[5] Vele, italienisch für Segel, hat sich als Bezeichnung für die Gewölbezwickel der Unterkirchenvierung durchgesetzt.

[6] Poeschke (1985), Abb. 241-244.

CELICAM / PAUPERTATEM DUM REPARAT / CASTITATEM ANGELICAM / OBEDIENDO COMPARAT / TRINITATEM DEIFICAM / ORNATUS HIS VIRTUTIBUS / ASCENDIT REGNATURUS, / HIIS CUMULATUS FRUCTIBUS / PROCEDIT IAM SECURUS / CUM ANGELORUM CETIBUS / ET CHRISTO PROFECTURUS / FORMAM QUAM TRADIT FRATIBUS / SIT QUISQUE SECUTURUS.«[7]

Folgerichtig sind auf den drei übrigen Gewölbefeldern die drei Tugenden dargestellt, für die sich Franziskus auf seinem Lebensweg entschieden hat und deren Befolgung die Voraussetzung zu seiner Verklärung wurde – eine Befolgung, die der Heilige seinem Orden als Regel hinterlassen konnte. Da es stets Entscheidungen für die jeweilige Tugend sind, wird deren Annahme gezeigt, und da die Entscheidungen zu Lebzeiten erfolgen, wird diese Handlung entsprechend auf irdischem Boden gezeigt. Der Entschluß zum mittellosen Leben gegen die väterliche Herkunft ist auf der östlichen Gewölbekappe gegenüber der "Verherrlichung" als von Christus selbst gestiftete Trauung zwischen dem Heiligen und der Armut dargestellt.[8] Zum Weg des Heiligen gehört die Wahrung der Keuschheit. Des Gehorsams bedarf es, um diesen Weg zu gehen: In Beziehung zum südlichen Querschiff, dessen Tonnengewölbe die Darstellungen der Passion Christi[9] – also des vorbildhaften Gehorsams – trägt, begibt sich auf dem südlichen Vierungszwickel in der Nachfolge des heiligen Franziskus ein Ordensbruder unter das Joch der Oboedientia.[10] Alle drei dargestellten Entscheidungen – die Hochzeit mit der Armut, die Reinigung zur Keuschheit und die Annahme des Joches in Gehorsam – gehören im Streben des Heiligen zusammen. Ihnen folgt die Verherrlichung des verklärten Heiligen, mit der sie ein Ganzes bilden. Dieses wird gehalten durch die "apokalyptischen Bänder" und findet im apokalyptischen Christus seine Vollendung.

VII.1.1 Stand der Forschung

»Seltsame und schöne Erfindungen« seien die allegorischen Darstellungen der franziskanischen Tugenden sowie die Verherrlichung des Heiligen, bemerkt Vasari in seiner Beschreibung der Unterkirchenfresken.[11] Ausgehend von einer Autorschaft Giottos verbindet er die Malereien der Vierung mit denen der Querhäuser und suggeriert, daß die Auftragsvergabe nach Fertigstellung der Franzlegende in der Oberkirche von demselben

---

[7] Vgl. Poeschke (1985), S. 106, und Scarpellini (1982), S. 53, die beide die Überlieferung durch Pietralunga der heute nicht mehr ganz lesbaren Inschrift ergänzen und zu Beginn der Inschrift »... tator« und statt »ornatus« »corronatus« lesen.

[8] Poeschke (1985), Abb. 245-246.

[9] Poeschke (1985), Abb. 260-273.

[10] Poeschke (1985), Abb. 247-251.

[11] Vasari 1568 (Bettarini), S. 101.

Giovanni da Murro, dem Ordensgeneral der Franziskaner, initiiert worden sei. Sieht man davon ab, daß zuvor Ghiberti Giotto »quasi tutta la parte di sotto«[12] zuschrieb, dann legt Vasari 1568 den Grundstein für eine Zuschreibung der Malereien an Giotto. Aus seinen Worten entwickelt sich die ganze Forschungsproblematik der Malereien in der Vierung, die Schönau 1985 so zusammenfaßt: »One of the most intriguing artworks [...] are the so-called *Vele* [...]. On stylistic grounds these frescoes have been dated from 1300 to about 1340. They have been praised as the best work of Giotto but they have been denounced as well because of their low quality. With regards to their content or theological and iconographical character, they have been praised as perhaps the most intricate work of art ever made in western art. On the other hand they have been criticised as a bad monk's dream. With regard to their historical character, evidence – if any – is given to date these frescoes from around 1300 to 1334.«[13]

Zehn Jahre nach Vasari behandelt Fra Ludovico da Pietralunga in seiner Beschreibung der Ordenskirche diese Fresken ausführlicher und genauer.[14] Er läßt die Frage nach Stifter oder Initiator offen[15] – so blieb sie für die Forschung bis heute divergierend zu diskutieren. Als ausführenden Künstler nennt er allerdings, wie Vasari, Giotto, was trotz peripherer Zweifel am Anfang bis Ende des 19. Jahrhunderts Konsens blieb.

Mit Scarpellini kann man die Forschungsliteratur parallel zur Forschungsgeschichte der römischen Altartafeln etwa in drei Perioden teilen[16]: Von Vasari bis 1906 wurden die *Vele* nahezu einheitlich Giotto, die Jugendgeschichte ebenfalls Giotto oder zumindest einem sehr engen Schüler gegeben.[17] Seit der schon erwähnten Ausgliederung dieser Arbeiten zusammen mit dem römischen Altar aus dem Giottowerk durch A. Venturi 1906 galt der *Maestro delle Vele* als Autor. Erst ab 1958 nahm Gosebruch *Vele*, Fresken des nördlichen Querarms und Stefaneschi-Altar als Giotto-Werke der mittleren Schaffensphase wieder in den Blick. Damit wurde der Grundstein für eine Betrachtungsweise gelegt, die einerseits die künstlerische Qualität der Vierungsfresken neu

---

[12] Ghiberti (c. 1450), I commentari, ed. von G. Morisani, Neapel 1948, S. 33.

[13] Schönau (1985), S. 326-227.

[14] Pietralunga (Scarpellini), S. 52-64.

[15] Zum grundsätzlichen Unterschied der Sichtweisen Vasaris und Pietralungas vgl. Wiener (1991), S. 10-12. S. 11: »Mit den Antipoden Vasari und Fra Ludovico war nicht nur der Gegensatz zwischen künstlerischem Werturteil und inhaltlicher Interpretation in der kunsthistorischen Literatur zu Assisi, sondern waren auch die Hauptgattungen, in denen dies geschah, festgelegt.« Wiener sagt dies für die Architektur der Ordenskirche mit dem Blick auf die Forschung des 19. Jahrhunderts bis heute. Dies gilt durchaus auch für die Malereien.

[16] Scarpellini (1982), S. 266.

[17] Schon Pietralunga führt für die übrigen Unterkirchenfresken verschiedene Namen ein, die heute noch in der Diskussion sind. Pietralunga (Scarpellini), S. 64f.

bewertete – »parente di Giotto«[18] und Giotto[19] selbst traten stärker in den Vordergrund – und die andererseits dieser schwierigen stilkritischen Frage durch Nichtbeachtung oder Beschränkung auf interpretatorisch ikonographische Analysen auswich.[20]

Hatte Lanzi gegen Ende des 18. Jahrhunderts bzw. Anfang des 19. Jahrhunderts betont, daß die *Vele* in Assisi das erste Beispiel einer langen Reihe symbolischer Malereien seien und ihre poetisch imaginierte Dichte in der Darstellung der Beziehung des Heiligen zu den Tugenden und Lastern eine besondere Qualität innerhalb des giottesken Werkes erreiche,[21] so sieht von Rumohr 1827 Giotto durch den massiven Eingriff der Auftraggeber zur Verwirklichung eines Konzepts gezwungen, das in seinem »mönchisch-kindlichen« Geist der giottesken Welt widerspräche.[22] Cavalcaselle negiert dieses abschlägige Urteil 1864 und führt aus, daß Giotto gleich nach der Franzlegende eine in ihr angelegte Entwicklung zu klaren Proportionen der Figuren hier in Verbindung mit einer komplizierten mittelalterlichen Symbolik weiterverfolge.[23] Diese implizite Datierung wird 1885 von Thode, dem gerade in der Verbindung zwischen dem Begründer des neuen Ordens, Franz von Assisi, und dem Künstler Giotto das Fundament für die Neuerungen in Malerei zu liegen scheint, leicht verschoben auf einen Zeitraum vor der Arena-Kapelle[24] und vier Jahre später von Zimmermann wieder aufgegriffen.[25] Schon vorher hielt Laderchi eine Entstehungszeit der *Vele* um das Jahr 1320 am wahrscheinlichsten wegen ihres deutlichen Bezugs auf die *Commedia* Dantes.[26] Diese spätere Datierung modifiziert 1904 Wulff, der die Allegorien in Zusammenhang mit den Personifikationen der Bardi-Kapelle bringt, die nach 1317 entstanden seien und sich aus den *Vele* entwickelt hätten.[27]

Wenn auch innerhalb einer Datierungsspanne von zwanzig Jahren, galten die Vierungsfresken der Unterkirche doch während des ganzen 19. Jahrhunderts weitgehend als Werke Giottos. Zugleich entwickelte sich aber mehr und mehr die Vorstellung von einer Werkstatt Giottos. 1861 schrieb z.B. Rio den Stefaneschi-Altar, der als unzweifel-

---

[18] Previtali (1968) und (1974), S. 100-104.

[19] Z.B. Poeschke (1985).

[20] Zuletzt Schönau (1985). Auch wenn gerade hier die Qualität der *Vele* wieder so hoch angesetzt wird, daß Giotto selbst als Meister angenommen werden kann, gilt das Interesse anderen Zusammenhängen.

[21] Lanzi (1808), S. 22.

[22] Von Rumohr (1827), S. 67-68.

[23] Cavalcaselle (1864), 1. Band.

[24] Thode (1885/1934).

[25] Zimmermann (1889), S. 364-383.

[26] Laderchi (1897), S. 31-62.

[27] Wulff (1907), S. 313-316.

haftes Giotto-Werk galt, zu großen Teilen Gehilfen des Meisters zu,[28] und C. Frey erkannte 1892 Mitarbeiterhände bei der Ausführung der Unterkirchen-Allegorien.[29] Zuvor schon wurden für die Fresken des nördlichen Querschiffes als Autoren u.a. Taddeo Gaddi und Giovanni da Milano genannt.[30] Gosebruch beschreibt diese Veränderung in der Forschung als wissenschaftliche Genauigkeit des Positivismus gegen den Geniekult: »Ohne Zweifel entwickelte der Positivismus bis dahin ungeahnte Fähigkeiten der Differenzierung. Und an Giotto lernte man etwas zu sehen, was vorher nicht gesehen werden konnte, daß nämlich seine großen Freskenzyklen nicht ohne Mitarbeit von Gehilfen entstanden sind. Wir dürfen annehmen, daß Vasari dies wußte, weil er selber mit Gehilfen großen Aufträgen nachkam; er wird sich bei seinen Künstlerviten darum nicht gekümmert haben, denn der Anteil des Meisters war ihm durch die Mitarbeit nicht gemindert. Nun aber bemerkt man mit schärfer gewordenem Auge Unterschiede innerhalb zusammenhängender Zyklen und läßt sich dadurch beunruhigen, da die Forderung nach Eigenhändigkeit, die mit dem sentimentalisch gesteigerten Geniekult aufgekommen war, unerfüllt blieb, und der *eine* geistige Entwurf nicht mehr erkannt wurde.«[31]

Grundlegende positive Folgen der neuen Differenzierung sind bis heute der Zwang zur Prüfung der angelegten Zuschreibungskriterien und Untersuchungsmethoden sowie die gründlichen Analysen der Restaurierungsergebnisse – auch die "Vernetzung" der Einzeluntersuchungen verschiedener Ansätze beruht letztlich auf dieser. Der von Gosebruch vermißte und angemahnte *»eine* Gedanke« scheint heute im Auftraggeberwillen - »Wandmalerei als Ordenspropaganda« - ebenso wie in der Annahme alles determinierender politischer, sozialer Verhältnisse seinen Ort gefunden zu haben. Zuerst aber bewirkte der spezifischere, schärfer aufs Detail gerichtete Blick eine Unsicherheit in der Beurteilung der Künstlerpersönlichkeit Giottos, aus der sich die Forschung nur zögerlich herausentwickelt. Einerseits zersplitterte das Werk Giottos in viele Facetten, andererseits wurden Werkkomplexe anonymer Meister aus den Splittern konstituiert. Damit schuf man imgrunde wieder kohärente Zusammenhänge, umging aber durch die Vergabe von Hilfsnamen den möglichen Vorwurf, ein Genie zu etablieren.

Mit Hilfe stilkritischer Untersuchungen nahm A. Venturi 1906 die Ordensallegorien und die Franziskusverherrlichung in der Vierung der Unterkirche gegen die Tradition gänzlich aus dem eigenhändigen Werk Giottos heraus und schrieb sie einem anonymen Meister zu.[32] Die länglichen Gesichter, in denen ein milder und religiöser

---

[28] Rio (1861).

[29] C. Frey (1892), S. 229.

[30] Vgl. Scarpellini (1982), S. 304-307.

[31] Gosebruch (1962), S. 50.

[32] A. Venturi (1906), S. 19-34.

Ausdruck läge, gaben diesem Meister seinen Notnamen *Maestro oblungo*, der als *Maestro delle Vele* in die Forschungsliteratur einging. Unterstützt worden sei er von einem weiteren Maler, dem A. Venturi den größten Anteil an der Ausmalung des nördlichen Querschiffes der Unterkirche mit der Jugendgeschichte Christi gab. Seinen Gestalten und Gesichtern sah Venturi einen dramatischeren und stärkeren Ausdruck an, hervorgerufen vor allem durch die dunklen Schatten, weshalb er diesen *Maestro nerastro* nannte. Die giotteske Einfärbung sollen diese Maler als Schüler und Mitarbeiter in Padua erhalten haben. Ihre Schulung sei durch sie allerdings gegen Giottos Kunstauffassung malerisch und dekorativ eingesetzt worden. Ein ungiotteskes dekoratives Element sah schon Zimmermann 1899 den Fresken an.[33] Diese Ansicht mischt sich jetzt mit dem Urteil, daß den Allegorien ein trockener, mönchischer Geist, hervorgerufen durch die franziskanischen Auftraggeber, anhafte.[34]

Der *Maestro oblungo* und der *Maestro nerastro* hätten, so A. Venturi, 1329 in der Unterkirche von San Francesco gearbeitet.[35] Vorher habe der *Maestro oblungo* (der *Maestro delle Vele*) 1320 das römische Altarwerk gemalt.[36] Aufgrund ihrer stilistischen Nähe faßte A. Venturi Stefaneschi-Altar und *Vele* zusammen und datierte beide prominenten Werke in dasselbe Jahrzehnt des Trecento. Gegen die Tradition gliederte er sie aus dem Giottowerk aus und schrieb sie dem genannten Anonymus zu. Schon im Zusammenhang mit der Untersuchung des römischen Mosaiks und des Stefaneschi-Altars wurde darauf hingewiesen, daß gerade die Versuche des späten 19. Jahrhunderts, die Verbindung der *Navicella* mit dem Jubeljahr 1300 stilkritisch zu begründen, wegen der bis dahin einheitlichen Datierung dieser beiden Werke zur Unsicherheit in der Beurteilung des ganzen Stefaneschi-Giotto-Komplexes führten.[37] Da die Gemeinsamkeiten von Altartafeln und *Vele* gesehen wurden, erscheint es nur folgerichtig, daß auch Zuordnung und Datierung letzterer strittig wurden.

Mit der Analyse A. Venturis konnte die Forschung in eine neue Phase eintreten, deren gemeinsamer Horizont die Ausgliederung der Unterkirchenfresken aus dem Giottowerk, deren Zuordnung als Hauptwerke zu einem jeweils neu zu definierendem Werk eines ebenfalls jeweils neu zu charakterisierendem *Maestro delle Vele* und deren Datierung ab den späten zwanziger Jahren des 14. Jahrhunderts ist. Den einsetzenden "Chorgesang" der jetzt mehrheitlich ablehnenden Stimmen eröffnet Berenson 1908 mit einer

---

[33] Zimmermann (1899), S. 364-383.

[34] Rumohr (1827), S. 67-68.

[35] Ein dritter untergeordneter Schüler Giottos habe diesen Meistern für die sekundären Teile der Dekoration dabei zur Verfügung gestanden. Dieser Meister habe dann später die *Vele* von S. Chiara ausgeführt. A. Venturi (1907), S. 262-286.

[36] A. Venturi (1907), S. 262-286. Vgl. auch Kapitel VI.

[37] Vgl. C. Frey (1892), S. 209-237; Rintelen (1905).

Revision seiner eigenen Ansicht von 1896, indem er zwei Meister erkennt, von denen der eine die franziskanischen Allegorien, die Wunder des heiligen Franz nach dessen Tod und die Verkündigung über dem Eingang zur Nicolauskapelle gemalt hätte, der andere in novellistischer Manier den Triumph des Heiligen und die Jugendgeschichte Christi.[38] Die größte Wirkung erreicht nach diesen Vorbereitungen aber auch für dieses Werk die Analyse der Komposition und Form als Hauptsäulen der giottesken Kunst, mit der Rintelen 1912 die plastische Absolutheit der Kunst Giottos gegen die dekorative, idealische Illustration novellistischer Schülerarbeiten - etwa die Unterkirchenfresken - setzt. Mit dieser rigorosen Trennung von Giotto-Autographen und Giotto-Apokryphen manifestierte Rintelen die Ausgliederung der ehemals als Hauptwerke geltenden Fresken aus dem Giottowerk über Jahrzehnte hinweg.[39] Auch sein stilistisches Urteil, in dem er vorangehende Aussagen zusammenfaßt, begründet ein noch heute anzutreffendes Vorurteil gegenüber den Bildern des nördlichen Querarms und der Vierung, die Rintelen derselben Stilstufe zuordnete und beiden in der Technik »eine arge Verwahrlosung« ansah: »Die Zeichnung ist durchgehend so unsauber und flüchtig, daß man, von der großsinnigen Sorgfalt und der starken Körperhaftigkeit Giottos herkommend, [...] auf den ersten Blick von dem Zyklus abgestoßen wird. Auf die Dauer kann man sich dem Eindruck echter künstlerischer Gesinnung nicht entziehen [...] aber man findet in der Betrachtung der Bilder jenes Maß an Freude, das immer von einer Kunst ausgeht, welche durch einen großen Mann auf den rechten Weg gebracht, [...] sicher vorwärtsschreitet. [...] An die Stelle des weihevoll Getragenen und machtvoll Ausgeglichenen in Giottos Spätstil tritt hier ein leichter, gelenkter Vortrag [...] Der Künstler verliert sich in die Umstände, in die Details szenischer Ausstattung so sehr, daß wir den Gang der Ereignisse [...] nur wie aus weiter Ferne sehen.«[40] Die Bilder haben eine szenische Bewegtheit, »die selber weder klar noch besonders zart ist, aber doch für einen mehr empfindsamen Stil das Material zusammenträgt und bearbeitet.«[41] Im ganzen erscheint Rintelen aber, daß »Klang und Konsequenz in den Bildern ungefähr die gleiche stilistische Stufe vertreten wie die Allegorien«[42], in denen er den »trockenen Geist des Gedankens« vor

---

[38] Berenson (1908), S. 45 und (1896), S. 114.

[39] Rintelen (1912/1923), S. 226-236. Die Franzlegende der Oberkirche in Assisi, die Fresken des nördlichen Querschiffs und der Vierung der Unterkirche von Assisi rechnete Rintelen ebenso wie das Römische Altarwerk zu den Apokryphen. Vgl. auch die Kapitel III u. VI dieser Arbeit.

[40] Rintelen (1912/1923), S. 201 u. 203.

[41] Rintelen (1912/1923), S. 203.

[42] Rintelen (1912/1923), S. 201.

der Bildung durch Künstlerhand herrschen sieht.[43] Ihre »Technik ist nicht gut, aber sie ist sehr ausgebildet, die Darstellungsweise ist nicht stark, aber von Bewegtheit.«[44]

Versuche, den anonymen Meister zu identifizieren,[45] sein Werk zu erweitern,[46] seine Entfernung zu Giotto zu klären,[47] die Qualität der Fresken zu bestimmen[48] und sie zu datieren,[49] bilden den Horizont der nach A. Venturi und Rintelen einsetzenden zweiten Phase der Kritik, die ihren gemeinsamen Ausgangspunkt in der Ablehnung Giottos als Autor der Unterkirchenfresken findet.[50] Nur noch wenige Autoren halten an der traditionellen Zuschreibung fest und tendieren dabei zu einer frühen Datierung. Zu dieser Gruppe von Forschern gehören die franziskanischen Autoren, etwa Kleinschmidt und Marinangeli,[51] die die Ausführung durch Giotto und seine Mitarbeiter im zweiten Jahrzehnt ansetzen, oder auch Supino, der eine Datierung vor die Franzlegende für die *Vele* bevorzugt.[52]

---

[43] Rintelen (1912/1923), S. 192.

[44] Rintelen (1912/1923), S. 199.

[43] Etwa hält es Sirèn (1917), S. 106-119, für möglich, daß Puccio Capanna der Künstler von *Vele* und nördl. Querarm ist.

[46] Van Marle (1924), S. 192-227, nimmt z.B. an, der *Maestro delle Vele* habe die Fresken der Vierung des nördlichen Querarms in Assisi, den Stefaneschi-Altar und die Florentiner Bargello-Fresken gemalt.

[47] Hausenstein (1923), S. 337-352, sieht die Kreuzigung unter Giottos Leitung entstanden, während die anderen Fresken nichts mit ihm zu tun hätten. Nach Coletti (1946), S. XXXVII-XXXVIII, sei nur das erste Fresko der Geschichte des Jünglings von Suessa durch Giotto in einer Phase zwischen der Franzlegende und den Paduaner Fresken gemalt. Toesca (1941), S. 82-86, wiederum gibt alle Unterkirchenfresken zwei sehr guten Schülern Giottos. Luzzatto (1928), S. 173-181, meint in den Fresken der *Vele* und des nördl. Querschiffes einen mystischen Geist, antipodisch zum giottesken, verwirklicht zu sehen. Letztere werden von Salvini (1952), S. 88, einem frühen, von sienesischen Künstlern beeinflußten Giottoepigonen zugeschrieben.

[48] So hält Carrà (1924), S. 78-85, diese Unterkirchenfresken für wenig ausdrucksstark und schwach, während ihnen Toesca (1941), S. 82-86, eine hohe Qualität zubilligt.

[49] Der Datierung A. Venturis (1907) in das späte zweite Jahrzehnt des Trecento schloß sich Rintelen (1912/1923) an. In der Folge dieser beiden Autoren bestimmen Nähe (Schülerschaft) und Ferne (Einfluß Pietro Lorenzettis) zu Giotto die Datierungsspanne vom ersten Jahrzehnt (Coletti [1946], S. XXXVII-XXXVIII) bis zum vierten Jahrzehnt (Péter [1933], S. 180-181).

[50] Scarpellini (1982), S. 270-271, erläutert in einer klaren Analyse die jeweiligen Forschungsschwerpunkte, so daß sie hier nicht noch einmal in extenso wiederholt werden müssen. Zu verweisen ist auch auf Nessi (1983), der die Literatur zu den einzelnen Komplexen von San Francesco zusammenstellt und als Übersicht wiedergibt.

[51] Kleinschmidt (1926), S. 184-190; Marinangeli (1937), S. 388-402.

[52] Supino (1924), S. 144-148. Für die Fresken des nördl. Querschiffes konstatiert er eine

Wie schon im Literaturbericht zu *Navicella* und Stefaneschi-Altar betont, eröffnete erst Gosebruch anläßlich des Deutschen Kunsthistorikertages 1958 eine neue Phase der Kritik.[53] Er führt aus, daß der Maler des Stefaneschi-Altares mit dem Maler der *Vele* sowie des nördlichen Querschiffes identisch und zweifelsfrei mit Giotto in einer Stilstufe »um 1320« zu identifizieren sei.[54] 1961 präzisiert Gosebruch in einer eingehenden monographischen Untersuchung zum römischen Altarwerk diese Stilstufe, die er mit dem Begriff *mittleres Werk* in das Gesamtwerk Giottos einordnet, und befestigt den stilistischen Zusammenhang der römischen Werke mit den Fresken der *Vele*.[55] Die qualitative Würdigung der letzteren findet 1962 bei Gosebruch ihren Ort innerhalb eines Durchgangs durch das Giottowerk zwischen Stefaneschi-Altar und Florentiner Fresken, wodurch die von Gosebruch angelegte innere Chronologie deutlich wird.[56] Gioseffi erkennt 1963 in seiner Untersuchung »Giotto architetto« in den Unterkirchenfresken – d.h. hier in der Nicolaus- und Magdalenenkapelle, im nördlichen Querarm und in den *Vele* – den giottesken Stil von einer Rimineser über eine Paduaner bis zu einer Florentiner Phase wieder, der von einer Werkstatt mit gelegentlicher Beteiligung Giottos verwirklicht worden sei.[57] Zwar negiert Gosebruch auch 1969 in seinem Aufsatz speziell zu den Fresken der Vierung und des nördlichen Querschiffes nicht die Möglichkeit einer Werkstattarbeit, hält aber an Giotto als prägendem Meister und damit an der Charakterisierung zumindest der Allegorien und der Jugendgeschichte Christi als Autographen fest.[58]

Zusammenarbeit der Giottoschule mit sienesischen Künstlern.

[53] Nach den Untersuchungen L. Venturis (1918), S. 144-148, der die Frühdatierung der *Navicella* auf einen tradierten Abschreibefehler zurückführte, nach der Veröffentlichung des Notariatsprotokolls vom 8. Dezember 1313 durch Ciapelli (1923), S. 132-136, das eine spätere Datierung des Mosaiks unterstütze, und ebenso nach der Florentiner Giottoausstellung 1937, die zum ersten Mal auch das von Rintelen ausgegrenzte Frühwerk beachtete, ließ die »Wende der Giottoforschung« [Oertel (1943), S. 1] noch etliche Jahre auf sich warten – bis 1958.

[54] Gosebruch (1958), S. 288-291; u. (1970), S.90-97.

[55] Gosebruch (1961a), S. 104-130. Vgl. dazu Kapitel VI und I..

[56] Gosebruch (1962), S. 130-143. Auf die stilkritische Analyse und die Datierung wird im folgenden noch zurückgekommen.

[57] Gioseffi (1963a), S. 55-58. Durch den angenommenen Zusammenhang zwischen *Vele* und Bardi-Kapelle, die Gioseffi in die späten zwanziger Jahre datiert, folgt eine Datierung dieser Fresken nach 1330.

[58] Gosebruch (1979), S. 129-198. Dieser Aufsatz ist nach der Restaurierungskampagne von 1968, auf die weiter unten noch zurückgekommen wird, entstanden. Auch 1970, S. 90-97, befaßt sich Gosebruch mit den Unterkirchenfresken unter dem allgemeineren Aspekt von »Figur und Gestus«, ebenso finden sie Beachtung in dem Aufsatz von 1984, S. 183-189, der den Aspekt der Buchmalerei

Nachdem Parronchi 1964 den Hauptmaler in nördlichem Querarm und Vierung mit Taddeo Gaddi zu identifizieren versuchte und damit den Kreis der möglichen Künstler erweiterte,[59] nimmt Previtali 1967 den Gedanken einer Equipe von Gioseffi auf[60] und rückt die Arbeiten so wieder in die Nähe Giottos. Obwohl Previtali eine Präsenz Giottos quasi als Kontrolleur nicht grundsätzlich ausschließen will,[61] nennt er den Hauptmeister »Parente di Giotto«.[62] Die Erfindung dieses neuen Anonymus, scheinbar ein Zwilling Giottos, gehört zu einer neuen, stark differenzierenden Ansicht zur Nähe bzw. Ferne von Giotto, die sich von Verwandtschaft über Werkstatt, Schule bis Nachfolge gliedert und die die auf den harten Gegensatz von "autograph" und "apokryph" zugespitzte Unterscheidung Rintelens ablöst. Der Maler »Parente di Giotto« habe nach Previtali in der Unterkirche zusammen mit dem Maler des Polyptychon von Santa Reparata,[63] dem *Maestro delle Vele* und weiteren, geringeren Mitarbeitern, u.a. dem Meister der Nicolaus-Kapelle, gearbeitet. Diesem »Parente«, dem Hauptautoren des Stefaneschi-Altares, werden große Teile der Querschiffsfresken sowie die *Vele* der *Castitas* und der *Paupertas* zugeschrieben, während der *Maestro delle Vele*, nachdem er in Assisi die dekorativen Teile der Magdalenen-Kapelle mitvollendet, das Feld der *Oboedientia* und der *Verherrlichung des Heiligen* gemalt habe.[64]

Venturoli macht 1969 noch einen Identifizierungsvorschlag des *Maestro delle Vele* mit Stefano, der von Ghiberti und Vasari als Schüler Giottos erwähnt wurde,[65] und ebenfalls 1969 hält Raspi Serra mehrere, unbekannte Autoren, die nach Kartons von Giotto gearbeitet hätten, für die Ausführenden in der Vierung.[66] Im allgemeinen bleiben aber zusammen mit der von Previtali für das Giottowerk eingeführten Klassifizierung der *Maestro delle Vele* und der »Parente di Giotto« die häufigsten Bezeichnungen für den oder auch die Künstler der giottesken Unterkirchenfresken, auch nach der Restaurie-

---

im Werke Giottos behandelt.

[59] Parronchi (1964), S. 123-124.

[60] Previtali (1967/1974), S. 94-104.

[61] Dagegen meint Raspi Serra (1969), S. 20-36, daß die drei Allegorien der Tugenden von verschiedenen Meistern, die unter der Leitung Giottos schon in der Magdalenenkapelle gearbeitet hätten, nach Kartons Giottos ausgeführt seien. Für die "Verherrlichung" kann Raspi Serra sich den Maestro di Figline oder auch den Meister der Pietà Fogg vorstellen.

[62] Previtali (1967/1974), 100-104.

[63] Heute in der Opera dell' Duomo in Florenz.

[64] Der *Maestro delle Vele* sei charakterisiert durch die von ihm gemalten Gesichter mit den Schrägbalken der Augen, die möglicherweise paradiesische Ekstase darstellen sollen. Previtali (1967/1974), S. 100-104.

[65] Venturoli (1969), S. 157-158.

[66] Raspi Serra (1969), S. 20-36.

rungskampagne von 1968 und gegen die vor allem von Gosebruch vertretene Position. Dennoch erbrachte die Kampagne wichtige Impulse für die Erforschung dieser Zusammenhänge: Waren sie zuvor Teilaspekte weitläufigerer Fragestellungen, so werden ihnen jetzt Einzeluntersuchungen gewidmet, die zuerst in einigen Aufsätzen des 1969 erschienen Bandes »Giotto e giotteschi in Assisi« ihren Niederschlag fanden.[67] Aufgrund der Tagwerksuntersuchungen konnte der chronologische Ablauf innerhalb des gesamten Dekorationsvorhabens der beiden Querschiffe und auch der *Vele* festgestellt werden[68]. Dieser Untersuchung zufolge wurde die Dekoration im nördlichen Querarm am Bogen zur Nicolauskapelle begonnen.[69] Das Fresko der *Verkündigung* wird dort im oberen Teil überlappt von den Fresken der Jugendgeschichte, den Fresken im Unterbogen zur angrenzenden Kapelle und von den Fresken mit den Darstellungen des Wunders von Suessa,[70] die ihrerseits von den Darstellungen der Heiligen, die vermutlich von der Hand Simone Martinis stammen, am unteren Rand überlappt werden.[71] Im Tonnengewölbe dieses Querschiffes selbst ist ein Arbeitsfortgang von oben nach unten und von der Seite zur Mitte festzustellen. Dabei überlappen die Putzschichten die offenbar frühere Maestà-Darstellung Cimabues an der Westseite.[72] Die Putzschicht des nördlichen Gurtbogens der Vierung wiederum ist deutlich nach den Fresken des Querschiffes aufgetragen worden. Der südliche ist hingegen später als das dortige Zwickelfeld und in Einheit mit der Freskierung des südlichen Querschiffes entstanden, was einerseits aus den Überlappungen, andererseits aus der von den übrigen Bögen abweichenden Gestalt gefolgert werden kann.[73] Aus dem Restaurierungsbericht ergibt sich eine Folge der Dekorationskampagne, die zu keinem Zeitpunkt länger unterbrochen worden ist, vom nördlichen zum südlichen Querschiff über die Vierung. Aufgrund dieser Feststellungen versucht Palumbo in der Einleitung zu dem oben genannten Band,[74] einen Bogen über die verschiedenen Zyklen zu spannen und schlägt als *terminus ante quem* das hundertste Todesjahr des Heiligen 1326 vor.

---

[67] Giotto e giotteschi in Assisi, hrsg. von Palumbo, Assisi 1969. Zitiert (nach der zweiten Auflage von 1979) jeweils unter dem Namen der Aufsatzautoren. Der darin enthaltene Aufsatz von Previtali zur Magdalenenkapelle ist im entsprechenden Kapitel dieser Arbeit besprochen, und der Aufsatz von Gosebruch zu *Vele* und nördl. Querschiff ist oben schon erwähnt worden.

[68] Pagliani (1979), S. 199-209.

[69] Poeschke (1985), Abb.224.

[70] Poeschke (1985), Abb. 238 und 239.

[71] Poeschke (1985), Abb. 298-301.

[72] Poeschke (1985), Abb. 223.

[73] Ausführlich dazu im Zusammenhang mit dem Passionszyklus Lorenzettis: Maginnis (1975), S. 511-517.

[74] Palumbo (1979), S. XV-XVI.

Auch Maginnis geht 1975 von den Untersuchungen der Tagwerksfolgen aus und kommt zur selben inneren Chronologie.[75] Da dieser Autor den Passionszyklus zwischen 1316/17 und 1319 datiert, müßten *Vele* und südliches Querschiff vor diesem Zeitpunkt freskiert worden sein, womit das schon früher z.B. von Previtali vorgeschlagene Datum wieder aktuell wäre.[76] Tantillo-Mignosi nimmt 1977 die Ergebnisse der Restaurierungskampagne zum Anlaß, auf die Einheitlichkeit des Programms einzugehen, interpretiert aber die Untersuchungsergebnisse zu den Tagwerksfolgen, unterstützt durch stilistische Überlegungen, etwas anders[77]: Sie erkennt in der Ausmalung der Vierung, der beiden Querschiffe und des Chores einen einheitlichen Plan, der auf die Schriften Bonaventuras zurückgehe und der die Darstellung des heiligen Franziskus in apostolischer Nachfolge als "Neuen Christus" beinhalte. Daraus sei eine Entstehungszeit ab der Ernennung Michele da Cesenas zum Ordensgeneral 1316 anzunehmen. Begonnen worden sei mit der Malerei in der Vierung. Diese Malerei sei noch in größter Kontinuität mit den Magdalenenfresken entstanden, die wiederum die Stilstufe Giottos nach dem römischen Aufenthalt auf dem Weg zur Peruzzi-Kapelle zeigten. In einer zweiten Phase, die direkt an die Ausmalung der Vierung anschloß, seien dagegen die Fresken der Wunder des heiligen Franz nach dessen Tod und die Darstellung des Heiligen mit dem Tod fertiggestellt worden. Sie stammten von Künstlern, die die Erfahrungen aus der Malerei der *Vele* und der Florentiner Bardi-Kapelle mitgebracht hätten. Erst danach mit einem zeitlichen Abstand zu den *Vele* von circa fünf Jahren sei die Jugendgeschichte Christi im nördlichen mit dem Blick auf die Malereien Pietro Lorenzettis im südlichen Querarm entstanden. Diese Maler würden zwar auf der Malerei Giottos fußen, hätten aber nach Padua einen anderen Weg eingeschlagen, der sich in einer kontinuierlichen Raumdarstellung mit verminderten Volumina der Figuren ausdrücke und als gotischer zu charakterisieren

---

[75] Maginnis (1975), S. 511-517, auch Maginnis (1976), 193-208. In beiden Aufsätzen veröffentlicht Maginnis Ergebnisse bzw. Modifikationen dieser Ergebnisse, seiner Dissertation, die 1975 abgeschlossen wurde und 1982 erschienen ist. In Maginnis (1982) vertritt der Autor auf S. 206 die These, daß der »Infancy Cycle [works by Giotto and/or his immediate followers] was executed after the Passion Cycle and after the political disturbances in Assisi from 1319 to 1322«. Aufgrund der stilistischen Einordnung der Lorenzetti-Fresken in die Zeit von 1316 bis 1319, die dieser Autor in seiner Dissertation (1982) begründete, stellt sich ihm der Zyklus der Jugendgeschichte Christi nicht mehr als späte Wiederholung, sondern als frühe Innovation dar. Dazu Maginnis (1975), Anm. 12.

[76] Zu Maginnis (s.o.) hatte Scarpellini (1973), S. 3-31, ein Datum vor 1333 vorgeschlagen, wohingegen Simon (1976), S. 361-366, nur die schon genannte innere Chronologie bestätigt, ohne eine genaue Datierung vorzuschlagen, und Bellosi (1977a), S. 21-31, wiederum durch seine Untersuchung anhand der Mode, eine Datierung zumindest des nördl. Querschiffes in den Beginn des zweiten Jahrzehnts unterstützt.

[77] Tantillo-Mignosi (1977), S. 137-139.

sei. Zuletzt seien die Fresken Simone Martinis hinzugefügt worden, die zusammen mit der Kreuzigung, die als Gemeinschaftsarbeit der »Wunder- und *Vele*maler« zu verstehen sei, den nördlichen Querarm komplettieren. Dieser Chronologie widerspricht Borsook in ihrer Untersuchung zu den technischen Gegebenheiten der Wandmalerei im 14. und 15. Jahrhundert, indem sie auf Maginnis zurückgreift und im Einklang mit dem Restaurierungsbefund eine fast zeitgleiche Entstehung der Malereien in beiden Querschiffen vorschlägt.[78]

Tantillo-Mignosi greift bei der Charakterisierung der verschiedenen Künstler zurück auf den von Previtali eingeführten »Parente di Giotto«, eine Unterscheidung, die auch bei Poeschke 1985 Ausdruck findet, wenn er die *Vele* Giotto und die *Jugendgeschichte* der Giottowerkstatt zuschreibt. Allerdings setzt Poeschke den Beginn der Arbeiten früher an als Tantillo-Mignosi und sieht, wie vorher schon Maginnis, die innere Chronologie als Folge vom nördlichen Querschiff mit der *Verkündigung* (1300-1305), *Jugendgeschichte* und *Kreuzigung* (1315/20), *Wunder des Heiligen* (um 1320), *Franziskus mit dem Tod* und die Vierungsfresken von Giotto (um 1320), die Heiligendarstellungen durch Simone Martini (wie die Martinskapelle 1320/25) und dann das südliche Querschiff mit den Fresken Pietro Lorenzettis (1325/30).[79] Tantillo-Mignosi schließt ihre Betrachtungen mit der Feststellung, daß nicht ad annum datiert werden könne und daß zumindest für das rechte Querschiff die gewaltsame Besetzung der Ordenskirche durch die Ghibellinen 1319 bis 1321 bzw. bis 1326 berücksichtigt werden müsse, so daß eine Zeitspanne für die ganze Ausmalung von 1316 bis 1330 angenommen werden könne. Mit ganz anderen Bezügen findet man also bei Poeschke und Tantillo-Mignosi denselben Datierungszeitraum.[80]

---

[78] Borsook (1979), S. 165.

[79] Poeschke (1985), S. 101-105, S. 110, S. 115. Auch Simon (1976), S. 361-366, erstellt im Anschluß an die Restaurierungskampagne und die Überlegungen Maginnis eine relative Chronologie: Er geht von der Nicolauskapelle aus, die als erste Unterkirchenkapelle gebaut und zwischen 1305 und 1307 dekoriert worden sei. In diesem Zusammenhang sei die *Verkündigung* des nördl. Querschiffes entstanden, danach die *Jugendgeschichte* und die Dekoration der Magdalenenkapelle, die beide einen stilistischen Zusammenhang mit der *Kreuzigung* in diesem Querschiff aufzeigen würden. Danach seien ebenfalls mit stilistischen Gemeinsamkeiten die Franziskuswunder und *Franziskus mit dem Tod* ebenfalls in diesem Querarm sowie die Allegorien in der Vierung entstanden. Die Dekoration der Martinskapelle und die Büsten der Heiligen im nördl. Querschiff durch Simone Martini folgten vor den Lorenzetti-Fresken des anderen Querschiffes und der Johanneskapelle.

[80] Im Zusammenhang mit der Datierung des Stefaneschi-Altars, den sie als vor den Arbeiten Giottos in der Unterkirche entstanden sieht, setzt Lisner das Ende der Kampagne in Assisi auf 1319, dem Ausbruch der Feindseligkeiten zwischen Guelfen und Ghibellinen. Lisner (1995), S. 100.

Aus diesem Abriß der wichtigsten Schritte innerhalb der Forschungsliteratur geht hervor, daß mit dem Ende der traditionellen Zuschreibungen an Giotto im späten 19. Jahrhundert und besonders zu Beginn des 20. Jahrhunderts Datierung und Autorschaft des größten Teils der Giotto-Werke mit Ausnahme der Paduaner und – zum Teil – der Florentiner Fresken sowie der Ognissanti-Tafel umstritten sind. Wie für die Fresken der Magdalenen-Kapelle gilt für den ganzen strittigen Komplex - besonders für die Vierungsfresken der Unterkirche - die besondere Note, daß für einzelne Teile neue Meister gefunden werden, und dann dieselben Namen für verschiedene Teile bei verschiedenen Forschern reklamiert werden. Wie oben schon erwähnt, besteht offenbar der Wunsch, einheitliche Werkgruppen zusammenzustellen, aber zugleich die Scheu, diese Werke unter dem Namen Giotto zusammenzufassen.

VII.1.2 Die Ordenstugenden

Die Darstellungen in den Gewölbekappen der Vierung sind kurz genannt worden. Auf den vier Feldern, die sich über dem Grab des heiligen Franziskus befinden, dessen Testament an seinen Orden sie darstellen und zu dessen Verherrlichung sie letztlich gestaltet sind, ist die Anwesenheit des Heiligen von sehr unterschiedlichem Charakter: Zur Reinigung im Sinne der *Castitas* empfängt er die Bereitwilligen – hier ist er also direkter Vermittler zu dieser Tugend.[81] Über dem "Ordensdach", unter dem der Gehorsam herrscht, ist er gebunden an ein himmlisches Joch – hier gibt er den ihm Nachfolgenden ein leuchtendes Beispiel für den wahren Grund des Gehorsams.[82] Nach überstandenem Weg wird er triumphal von Engeln gen Himmel gezogen – hier ist er zentrale Person eines Bildfeldes, das in seinen erzählerischen Elementen eher den Mitteltafeln des Stefaneschi-Altars als den übrigen Vierungsfeldern entspricht.[83] Lediglich bei der *Hochzeit mit der Paupertas* nimmt Franziskus an der zentralen Handlung teil.[84] Nur hier ist seine Entscheidung direkt Gegenstand der Darstellung – eine Entscheidung, die durch die Anwesenheit Christi in persona an Bedeutung gewinnt. Die in ihrer Bedeutung und Tragweite für den Orden umstrittene *Tugend* wird so besonders hervorgehoben. Aus diesem Grund soll im folgenden die *Paupertas-Vele* exemplarisch untersucht werden, um von ihr aus die anderen *Vele* in den wichtigsten Punkten zu behandeln.[85]

---

[81] Poeschke (1985), Abb.256.

[82] Poeschke (1985), Abb. 251.

[83] Poeschke (1985), Abb. 241.

[84] Poeschke (1985), Abb. 245.

[85] Poeschke (1985), Abb. 246. Bei der Betrachtung ist grundsätzlich zu beachten, daß sich die Darstellungen in verhältnismäßig großer Höhe und auf gewölbten Feldern befinden - man also mit

Dabei wird deutlich werden, daß an den Vierungsfresken der Unterkirche Allegorie als *erzählende Allegorie* erscheint, eingespannt in den Rahmen allegorischer Einzelbilder, bezogen auf die Erzählung der Jugend und der Passion Christi, so daß ein ganzes allegorisches Gebäude entsteht. Es ist zu fragen, wie hier Allegorie dargestellt wird. Dies soll an den konstitutiven Mitteln, d.h. an Handlung, Figur und Raum, geprüft werden, damit die Frage beantwortet werden kann: Wie verhalten sich diese Vierungsfresken zu den bisher besprochenen Werken bzw. kann wahrscheinlich gemacht werden, daß diese Fresken Werke Giottos sind? Aus den stilkritischen Überlegungen in Korrelation mit Überlegungen zu Interpretation und historischen Fakten kann dann ein Datierungsrahmen erstellt werden.

VII.1.2.1 Hochzeit des heiligen Franziskus mit *Paupertas* – Allegorie der Armut

Auf dem östlichen Bildfeld der Vierung ist dei Vermählung des Heiligen mit der Armut dargestellt. Wie bei den beiden anderen "erzählerischen" Darstellungen der *Vele*, spielt die Szene auf einem Felsplateau, das sich aus der Tiefe in eine abstrakt goldstrahlende höhere Sphäre aufbaut. Die heilige *Paupertas* in einem dünnen, zerschlissenen und geflickten Kleid, Dornengestrüpp zu ihren Füßen, blühende Rosen und weiße Lilien um ihr nimbiertes Haupt, steht mit zusammengefalteten Flügeln in der Mittelachse. Über ihr werden die Symbole des Verzichts auf irdische Habe – ein Palast mit Garten und ein kostbares Gewand – von Engeln, die wie ein Baldachin die Szene überdachen, emporgetragen und von einem himmlischen Wesen empfangen. Christus, unmittelbar neben der heiligen Tugend stehend, führt deren rechten Arm zu dem von links herangetretenen Franziskus, den er zugleich wie aufmunternd umfaßt. Der Heilige streift mit zarter Gebärde seiner Braut *Paupertas* einen Ring über den Finger. Engel, von rechts und links dazugekommen, schließen die Szene zu den Seiten hin wie eine Mauer ab. Die rechte Gruppe wird angeführt von *Spes* und *Caritas*, die wie Trauzeuginnen erscheinen. Vor dieser Szene, an den Rändern des Plateaus, entscheiden sich einige Männer für bzw. gegen den Weg zur heiligen *Paupertas* und damit zur Nachfolge des heiligen Franziskus.

An der zerklüfteten Felsenlandschaft wird die Raumtiefe erfahrbar und sinnfällig.[86] Zugleich korreliert ihre Gestaltung mit Rhythmus, Anordnung und Staffelung der Figu-

---

Verzerrungen auf den Abbildungen rechnen muß.

[86] Abb. 130 bei Mueller von der Haegen (1998). Es entsteht der Eindruck, daß sich wie durch ein Fenster hinter der Rahmung eine Welt für den Betrachter öffnet. Angelegt ist eine solche Gestaltung schon im Vierungsgewölbe der Oberkirche, das Cimabue um 1280 ausmalte, und weiterentwickelt im dortigen *Doktorengewölbe* [Abb. 89 u. 135 bei Poeschke (1985), vgl. auch S. 75 u. 83]. Aber

rengruppen, denn von beiden vorderen Bildseiten wird in einer konkav-konvex-geschwungenen Linie durch Körperhaltung und Gesten der anwesenden Figuren auf das zentrale Geschehen – die durch Christus gestiftete Verbindung zwischen *Paupertas* und Franziskus – am hinteren Rand des Plateaus hingeführt.[87]

Die allegorische Gestalt der Armut nimmt die Mittelachse des ganzes dreieckigen Bildfeldes ein und wird dadurch besonders betont. Sie steht planparallel jenseits einer Felsvertiefung auf einem in seinen Dimensionen deutlich ablesbaren Plateau. Wie eine Basis wirkt die Schrift "S. Pauptas" am Gestein, aus dem darüber dorniges Gestrüpp emporwächst, das die Figur wie ein Schutzwall, aber auch wie ein Stacheldraht umschließt und sich an ihr hochrankt. Ihr magerer Körper wirkt so noch zerbrechlicher und sehr verletzlich. Über dem knochigen Schultergürtel erhebt sich das verhärmte, ernste Gesicht. Ein sechskantiger, goldstrahlender Nimbus umfaßt das Haupt. In seiner harten, sperrigen Form drückt sich die ganze Unbill aus, der die Armut und die ihr Folgenden ausgesetzt sind, zugleich hebt er aber die Gestalt der *Paupertas* über alle anderen Anwesenden hinaus. Erst durch sie scheint sich auch das Gestrüpp zu wandeln, denn hinter ihr wachsen voll blühende, hellrosa und dunkelrot getönte Rosen in himmlische Regionen empor, die eine zarte, weiße Lilie – quasi als Bekrönung – in ihrer Mitte haben. So wird das Haupt der heiligen *Paupertas* wie von einem zusätzlichen Glorienschein umgeben.[88]

Das hagere Antlitz der Braut ist nach rechts gerichtet. Dort steht auf demselben Felsplateau der von Statur kleiner gestaltete heilige Franziskus. Er wird begleitet und hinterfangen von einer dichtgedrängten Engelsschar, die einen Kreis um ihn bildet – vergleichbar mit den Figurenkonstellationen auf den Darstellungen des *Paulusmartyri-*

---

erst hier in der Vierung der Unterkirche wird ganz souverän gegen die Verengung des Dreieckfeldes mit dem aufsteigenden Felsmassiv eine Plattform für das Geschehen gebildet. Vergleichbar ist die Spanne zwischen den Darstellungen der architektonischen Basis im *Doktorengewölbe* und dieser Felslandschaft mit der Spanne zwischen den nebeneinander gesetzten Architekturen, die die Figurengruppen der *Lossagung vom Vater* in der Oberkirche befestigen [Poeschke (1985), Abb. 150], und dem großen Gebäudeblock, der dieses Geschehen in der Florentiner Bardi-Kapelle dramatisiert [Abb.140 bei Mueller von der Haegen (1998)], oder der vereinheitlichenden Architektur, die die *Auferweckung der Drusiana* in der Peruzzi-Kapelle unterstützt [Abb. 120 bei Mueller von der Haegen (1998)].

[87] Mueller von der Haegen (1998), Abb. 130, 137

[88] Diese Blumen sind genauso angeordnet und mit derselben botanischen Genauigkeit gemalt wie die, die der Madonna auf dem Florentiner Tafelbild von den Engeln gereicht werden. Dies kann einen ersten Hinweis auf den Künstler und zugleich auf die Bedeutung dieser Figur geben. Auf die Interpretation wird später noch einmal eingegangen werden. Hierzu ist besonders Schumacher-Wolfgarten (1980), S. 584-593, aufschlußreich.

ums bzw. der *Auferweckung der Drusiana*. Die dunkle Farbe seiner Kutte[89] und sein klares Profil setzen den *Poverello* in einen gewissen Gegensatz zu seiner Braut: Während er von fester, fast säulenhafter Körperlichkeit ist und mit deutlichem, ungehindert gerichteten Blick auf die Gestalt der Armut schaut, wirkt diese zart, beinahe unsicher und scheu. Christus vermittelt zwischen den beiden ungleichen Brautleuten. Er steht unmittelbar neben der heiligen *Paupertas* – wie sie planparallel und mit zurückgenommenem Körpervolumen. Derselbe Stand, dieselbe Größe und vor allem dieselbe Kopfneigung auf Franziskus hin lassen zunächst eher Christus und *Paupertas* als untrennbares Paar von gleicher Wesenheit erscheinen als eine Zusammengehörigkeit des *Poverello* mit der *Povertà* deutlich werden. Christus umfängt den heiligen Franziskus auf seiner rechten Seite und führt mit der linken Hand den rechten Arm der *Paupertas* wie eine waagrechte Brücke vor seinem Körper dem Heiligen entgegen. Der ergreift mit einer ganz zarten Gebärde den Ringfinger der Braut, um ihr mit der anderen Hand den Ring anzustecken. Diese Gebärde, von Christus herbeigeführt und von ihm geschützt, ist die zentrale Handlung des Bildfeldes.

Auf das Zentrum hin sind die Seiten aufgebaut. Mit der "Leserichtung" hat ein alter Mann ganz außen das Plateau auf der Franziskusseite erklommen. Er steht nun barfuß in seinem kurzen, zerschlissenen Gewand am Rand des Felsens – als einführende und zugleich die Szene abschließende Rückenfigur ist er sehr verwandt mit einigen Figuren der Arena-Fresken.[90] Ein junger Mann, ihm gegenüber, ist gerade im Begriff, seinen kostbaren, roten Mantel auszuziehen und ihn dem Alten zu überlassen. Hier klingt die geschichtlich-biographische und theologische Dimension des Verlöbnisses mit der Armut an: Auch Franziskus gab seinen Mantel einem Bettler, als junger Mann legte er "den Mantel seiner Herkunft" ab und trennte sich von seinem Vater. Auf die Mantelteilung Johannes' des Täufers wird ebenso angespielt wie auf den Empfang, der Christus in Jerusalem und Franziskus in Assisi bereitet wurde. Zugleich ist der arme Mann mit der heiligen *Paupertas* verwandt. Er trägt wie sie ein abgerissenes, geflicktes Gewand und aus seinen Zügen sprechen Alter und Entbehrung, während der jugendliche Spender blühend und gesund wirkt. Die eigentliche Beziehung zwischen diesen beiden liegt dennoch nicht in der Mantelübergabe, sondern in dem intensiven Blickwechsel. In ihm

---

[89] Selbst wenn die schwarze Farbe erst im 19. Jahrhundert aufgetragen sein sollte, wird das Gewand des Heiligen einfarbiger und dunkler als das der übrigen Anwesenden gewesen sein. Vgl. Pagliani (1979), S. 199-209.

[90] Als Beispiele können Der Tempelgang Mariens, Der Kindermord, Die Lazaruserweckung oder Die Geißelung, in der Peruzzi-Kapelle auch die Geburt des Täufers genannt werden.

scheint die Zeit für einen Moment angehalten und die ganze Tragweite des zentralen Geschehens vorweggenommen.

Ein Engel, dessen Gewandfarbe rosa-weiß changierend die Farben der beiden Männer aufgreift, will den Edelmann zum Zentrum geleiten, faßt und sieht ihn an. Den Kopf beinahe ins Profil gedreht, verstärkt er den Blick des Jünglings und hat zugleich dieselbe Kopfhaltung wie die heilige *Paupertas*. Es ergibt sich auf dieser Seite also eine Dreierreihe von gleichgerichteten Gesichtern, darin ein vermittelndes Bindeglied von *Paupertas* und zu dem Alten an der Felskante. Der Blick zwischen dem Jungen und Alten - verstärkt durch den Engel - erscheint als Vorbereitung der zentralen Szene, nämlich des Blicks zwischen Franziskus und *Paupertas* sowie der Zusammenfügung ihrer Hände durch Christus. Erst im Zentrum ist dieser "Anfang" in seiner vollen Bedeutung durchgeführt. Auch dies entspricht dem Kompositionsprinzip, das an den Fresken der Arena-Kapelle ebenso wie an den Darstellungen der Peruzzi-Kapelle gesehen worden ist.

Auf den ersten Blick erscheint die gegenüberliegende Seite spiegelsymmetrisch aufgebaut. Bei genauerem Hinsehen ist sie, wie auf der Florentiner Tafel und den Mitteltafeln des Stefaneschi-Altars, von anderem Gehalt, der durch die Modifikation des Aufbaus mitgetragen wird. Als extremer Gegensatz zur helfenden Mantelübergabe und letztlich zu Franziskus stehen hier unmittelbar vor dem Abgrund an der Felskante drei Männer, die nichts mit der Armut zu tun haben wollen.[91] Der äußere hält mit beiden Händen seinen Geldbeutel fest, blickt mürrisch zurück und wendet sich zum Gehen. Hinter ihm steht ein rotgewandeter Mönch, der ebenfalls krampfhaft seine Börse an die Brust drückt und fragend auf den Weggehenden schaut, bereit ihm zu folgen. Nur ein junger Edelmann mit einem Falken auf der behandschuhten Hand wendet sich offen gegen den Engel, der, wie sein Pendant gegenüber, einlädt, der *Paupertas* zu folgen. "Facendo le fiche",[92] lacht er den himmlischen Führer aus. Trotz des sehr unterschiedlichen Inhalts ähneln diese drei in ihrem Hin und Her den Musikern, die den Zug Zacharias` zum Tempel auf der nördlichen Lünette der Peruzzi-Kapelle begleiten.[93] Besonders die in sich gewundene, doppelte Bewegung des dortigen Flötenspielers scheint in modifizierter Form bei dem blau-gelb gekleideten Geizigen wieder auf. Seine Stellung im Raum wird wie bei dem Musiker in Florenz an der ihn leicht überschneidenden Rahmung deutlich, und, wie Joachim auf dem Paduaner Fresko der *Zurückweisung des Opfers*,[94] dreht er sich "gegen" seine Mantelschale. Gerade mit diesem Hin-und-Her-

---

[91]   Abb. 131 bei Mueller von der Haegen (1998).

[92]   Pietralunga (Scarpellini), S. 58.

[93]   Abb. 114 bei Mueller von der Haegen (1998).

[94]   Abb. 64 bei Mueller von der Haegen (1998).

Wenden kann durch den Geizigen eine Bewegung beginnen und zugleich abgeschlossen werden.

Die drei Männer bilden eine Einheit – eng sind ihre Körper miteinander verzahnt, dennoch ist jedem seine eigene Standfestigkeit verliehen. Durch alle drei wird das Spektrum von möglichen Reaktionen auf den Weg des heiligen Franziskus in Armut an Repräsentanten des gesellschaftlichen Lebens gezeigt: an Kaufmann, Kleriker und Edelmann. Mit ihnen ist die Reaktion der "Welt" verdeutlicht.[95] Auf diese Weise reagieren auch Kinder und sogar Tiere, die diese Feindseligkeit allerdings noch unverhohlener ausdrücken: Zu Füßen der Armut kläfft ein kleiner, weißer Hund die Heilige an. Weiter vorne in der Mitte des Bildfeldes, direkt an der Felskante, stehen zwei Knaben, von denen der linke mit einem Stock gegen die Armut schlägt und der rechte zu einem Steinwurf ausholt. Mit ihren Gebärden leiten sie den Blick der Betrachter, die die Entscheidung zu einem Leben in Armut mitgehen sollen und die ebenso wie diese Knaben durch einen Abgrund im Felsen vom zentralen Geschehen getrennt bleiben.

Eine Phalanx von Engelsflügeln weist auch den drei unwilligen Männer einen separaten, vom Hauptgeschehen getrennten Ort zu. Allerdings sind sie wie der alte und junge Mann auf der anderen Seite durch die Gebärden der Engel – besonders durch die doppelte des einladenden und die zusammenfassende des staunenden Engels, der seine Hand ans Kinn legt – in rhythmisierter Folge an das Geschehen gebunden. Während auf der anderen Seite sich der Engelsreigen um Franziskus schließt, ihm zugleich Freiraum gewährt, ist auf dieser Seite der Hartherzigen die Bewegung drängender und erreicht erst mit den beiden Trauzeuginnen ihren Abschluß: *Caritas* und *Spes*, wie die heilige *Paupertas* durch Inschriften bezeichnet und durch Nimben hervorgehoben, begleiten die Braut. Sie stehen ihr zur Seite dem heiligen Franziskus auf einer Ebene gegenüber. Die heilige *Caritas*, im hellrosa Gewand den Engeln vergleichbar, durch Flammen im Haar ausgezeichnet, greift mit dem linken Arm quer über die Taille und erhebt die rechte Hand, um scheinbar als Brautgabe ihr Attribut, das Herz, zu überreichen. Die heilige *Spes* hat ebenfalls die Hand gehoben, höher noch als die Nachbartugend, so daß eine Steigerung auf die Braut hin erreicht wird.

Hier entsteht der engste Kontakt zur heiligen *Paupertas*, die zwar zu Franziskus gewandt ist, aber doch mit dem Oberkörper zurückzuweichen scheint und, Aufmunterung erwartend, mit der linken Hand weit ausgreift in Richtung ihrer Begleiterinnen. Besonders von *Spes* wird ihr Redegestus beantwortet – so entsteht eine noch offene Brücke der Hände, die erst durch Christus zwischen der Heiligen und Franziskus vollkommen geschlossen wird.

---

[95] Thode (1885/1934), S. 510, schlägt als Bezeichnung die drei Laster Geiz, Neid und Hochmut vor.

Die Kinder und der Hund im Vordergrund führen ebenso wie die Bewegung der vorderen Figurenreihe auf die heilige *Paupertas* hin. Mit deren Gestik wird diese Bewegung umgebrochen und, durch Christus verstärkt, auf den heiligen Franziskus gelenkt. Franziskus ist das eigentliche Zentrum der Komposition auf dem Felsplateau, deren Schwergewicht auf diese Weise aus der Achse verschoben ist. Die auf ihn gerichtete Bewegung erhält in besonderer Weise einen festlichen Glanz durch die zahlreichen dem Geschehen beiwohnenden Engel. Sie sind auf beiden Seiten in einem ausschwingenden Halbkreis angeordnet, der sich vom mittleren zum oberen Bodenniveau spannt. Während diese Engel auf der Seite der *Paupertas* durch die Trauzeuginnen Distanz wahren und so die Unberührbarkeit der zentralen Figur betont wird, sind sie um den *Poverello* eng versammelt und ergänzen quasi die Gebärde Christi. Auf diese Weise erhält der Heilige himmlische Unterstützung und wird in diese Sphäre integriert. Dennoch hebt er sich daraus hervor: Sein Gewand und seine Profilstellung unterscheiden ihn von den Anwesenden. In seiner körperlichen Präsenz scheint sich die teilnehmende Kraft der Engel zu sammeln. In seinem Blick auf die heilige *Paupertas*, die er von Christus als Braut erhält, und in seiner Bewegung der Hände, die nicht ausgeführt, sondern am Umschlagpunkt angehalten ist, ruht die Zeit – der Kreis zwischen *Paupertas*, Christus und Franziskus bleibt geschlossen.[96]

Vergleicht man diese *Hochzeit* mit der *Marienhochzeit* in Padua, bei der ja gerade die "angehaltene" Zeit für den Ausdruck eine besondere Rolle spielte,[97] dann fällt zuerst die Gemeinsamkeit des Ritus auf: »Sondergut der römischen Eheschließung [...] war die Dextrarum iunctio, das Ineinanderlegen der Hände von Braut und Bräutigam. Schon bald wurde die erwünschte dauernde einmütige Gesinnung durch eine dritte Gestalt, die man in den Hintergrund, frontal zwischen den beiden einander gegenüberstehenden Gatten, einfügte, die Personifikation der Homonoia-Concordia, ausgedrückt.«[98] Allerdings ist weder in Padua noch in Assisi die Hochzeit unter dem Gleichnis der ineinandergelegten Hände, sondern im Moment des Ansteckens eines Ringes gezeigt. Schumacher-Wolfgarten führt aus, daß Giotto wohl als erster diese neue Form der Eheschließung portraitiert habe, von der nicht bekannt sei, auf welche juristischen oder liturgischen Änderungen sie zurückgehe. Zurecht weist die Autorin auf ein neues Verständnis der Ehe hin, für das der Ring »als Symbol für den bei der Trauung geleisteten solus consensus« anzuse-

---

[96] Gerade hierin unterscheidet sich der vorbereitende Blick des Jünglings auf den Alten. Denn dort wird durch die Bewegung des Engels verdeutlicht, daß dieser stille Moment nur von kurzer Dauer ist.

[97] Abb. 73 bei Mueller von der Haegen (1998). Vgl. das entsprechende Kapitel dieser Arbeit.

[98] Schumacher-Wolfgarten (1980), S. 585. Das Kompositionsschema ist in einem Beispiel aus dem 5. Jh. in S. Maria Maggiore erhalten. Vgl. dies., S. 586.

hen sei, dem die Rede des heiligen Bonaventura, Gott habe uns die Welt wie der Bräutigam der Braut einen Verlobungsring gegeben, ebenso entspräche wie der Ring, den die Ordensfrauen nach ihrem feierlichen Gelübde erhalten.[99]

In Padua führt der Hohepriester die Arme des Paares, das sich gegenübersteht, zusammen. Das tradierte Dreierschema der Figurenstellung aus der *Dextrarum iunctio* ist also beibehalten und überführt in die neue Form der *Sposalizio*. Gerade die Beibehaltung dieses Schemas ermöglicht Giotto die besondere Zentrierung der Darstellung auf Maria, durch die sie in den Kreis der Umgebenden einbezogen und zugleich bei aller eigenen Lebendigkeit der erzählerischen Diesseitigkeit, und somit der aktuellen Geschichte, um einen gewissen Grad enthoben wird.[100] Das traditionelle Schema wird also genutzt, um den Unterschied der "Heiligkeit", den das Überzeitliche gegenüber der als real nacherlebbaren "historia" macht, zu gestalten.[101]

Für die Darstellung des *Sacrum commercium beati Francisci cum Domina Paupertate*[102] ist wohl die Form des Ritus wie in Padua gewählt, aber zugleich das tradierte Schema verändert. Franziskus, »aufgerichtet und in reinem Profil, ergreift mit Daumen und Zeigefinger seiner linken Hand den rechten, abgespreizten Ringfinger der Braut, um ihr mit seiner Rechten den Ring überzustreifen. [...] Christus selbst ist es, der Franz in einer überaus zarten Bewegung den Unterarm und damit die Braut zuführt. [...] Dabei hat die Paupertas den überlieferten Standort der Braut, das Einander-Zugeordnetsein im Gegenüberstehen, verlassen: <u>Franziskus und Armut sind in diesem natürlichen Sinne kein Paar.</u> Vielmehr wird aus ihrem Stehen an der Seite Christi, aus ihrer Gleichgerichtetheit bis in Kopfneigung und Körpergröße die Übereinstimmung so weit deutlich, daß der unbefangene Betrachter in dem Nebeneinander der Gestalten von Christus und Paupertas das Brautpaar vermuten möchte.«[103]

»Ich habe mich vor Gott und den Menschen der Armut anverlobt« sagt Franziskus in der "Dreigefährten-Legende".[104] Er bezeichnet damit den entscheidenden Schritt auf seinem Weg der Christus-Nachfolge, der hier zwischen dem armen Alten und dem reichen Jungen erste Gestalt gewinnt und sich in dem dargestellten *Sposalizio* manifestiert.

---

[99] Schumacher-Wolfgarten (1980), S. 586. Vgl. auch K. Mörsdorf: Artikel zum Trauritus im LThK^2, 10, (1965), S. 330f.

[99] Vgl. Kapitel II.

[100] Vgl. Kapitel II.

[101] Hier ist zu erinnern an die traditionelle, nicht mehr übliche Darstellung der Mappa, die die Hände Stefaneschis verdeckt, auf der Petrus-Seite des römischen Altars.

[102] Titel einer franziskanischen Schrift des 13. Jh. [ed. Quaracchi (1929)], die immer wieder zur Interpretation herangezogen wird.

[103] Schumacher-Wolfgarten (1980), S. 587-588. Hervorh. von Verf.

[104] Karrer (1945), Kap. 16, S. 171f.

Führte die Gestaltung der *Hochzeit* in Padua zur "Entrückung" der irdischen Braut, so geschieht hier das Umgekehrte. Die heilige Armut, die sich Franziskus als "Herzensdame" erkor,[105] kann sich eigentlich nur in seiner radikalen Lebensführung zeigen – und dennoch tritt sie ihm hier "real" gegenüber. Nicht ein irdisches Wesen wird in seiner Heiligkeit, sondern ein Begriff in seiner Verkörperung und als Personifikation in einer Handlung gezeigt. Insofern sind Franziskus und *Paupertas* nicht im natürlichen Sinn ein Paar und ihre Hochzeit kann auch nicht so dargestellt werden. *Paupertas* war die Begleiterin Christi und erst aus diesem Grund erwählt sie Franziskus zur Gefährtin auf seinem Weg in der Nachfolge des Herrn.[106] Die beispielhafte Rolle Christi wird in der Gestaltung dieser Hochzeit – im Nebeneinander, im Paarsein von Christus und *Paupertas* und in der Vermittlung durch Christus – verkörpert. Anders als in der vergleichbaren Paduaner *Hochzeit* findet hier keine "reale" Vermählung statt, sondern es wird eine innere Entscheidung des heiligen Franziskus durch und vor Gott und den Menschen als Erscheinung in der sichtbaren Welt kundgetan

Auf dieses Sichtbar-Werden des "Unsichtbaren", auf die Integration des Allegorischen in eine erzählbare und nacherlebbare Welt ist die Komposition angelegt. Das unmittelbar menschliche Geschehen an den Seitenrändern wird durch den Engelschor gegenüber dem zentralen Geschehen abgetrennt. Dies geschieht vor allem mit den vielfarbig leuchtenden Engelsflügeln. Auf allen vier *Vele* ist zu beobachten, daß nur die ausgebreiteten und dadurch Distanz schaffenden Flügel in schillernder Farben, die sich jeweils auf die Gesamtfarbigkeit beziehen, gemalt wurden. Die Flügel der Engel, die sich innerhalb einer Gruppe befinden, haben hingegen die jeweilige Gewandfarbe bzw. leichte Abstufungen von ihr. Hieran wird der genaue Einsatz dieser malerischen Mittel für die Gesamtkomposition deutlich. Dies entspricht den Beobachtungen, die am Stefaneschi-Altar, aber auch an den Darstellungen in der Peruzzi-Kapelle, gemacht werden konnten. Durch die Gruppierung des Engelschores und durch die Farbgestaltung wird den Irdischen also ihr Ort zugewiesen. Wiederum durch einen Engel, aber auch durch dessen Gewandfarbe wird andererseits der Bezug von diesen "Randgruppen" zum Zentrum hergestellt. Fast schon selbstverständlich erscheint es, daß auf die helle Gewandfarbe der *Paupertas*, auf deren Erscheinung auch die Gesteinsfarbe abgestimmt ist, in der Farbgebung der "guten" Seite, in deren Richtung das zentrale Geschehen aus der Mittelachse verschoben ist, vorbereitet wird. Hier klingt auch der kräftige Rotton an, der

---

[105] Vgl. Dreigefährten-Legende, s. Anm. o.

[106] Auf die weiterführende Interpretation und die Rolle der »Armut« im Franziskanerorden wird weiter unten eingegangen.

den Steinschleuderer mit einbezieht und in Abstufungen über Christus und *Paupertas* zum himmlischen Geschehen führt.

Wie ein Baldachin überdachen zwei schwebende Engel die Szene auf dem Felsplateau. Damit wird der Tiefenraum entsprechend der Form des Gewölbezwickels enggeführt – das vorgefundene äußere Format also inhaltlich gestaltet. Dieses Kompositionsprinzip ist bei der *Paulusmarter* auf dem Stefaneschi-Altar vorgebildet und zeigt dort wie hier die außerordentliche Qualität der Erfindung.[107] Die Gewänder der schwebenden Engel – Mantel und Untergewand – gleichen dem Christi und kennzeichnen schon dadurch seinen und zugleich seines Nachfolgers Weg. Der linke Engel trägt in einer Hand einen roten, kostbaren Mantel und in der anderen eine prallgefüllte Börse, der linke balanciert einen prächtigen Palast mit angrenzendem Garten gen Himmel. Dort erscheint in einem dunkelblauen Himmelssegment eine Figur, der wir auf den Scheitel sehen, und empfängt mit offenen Armen die dargereichten Gaben wie ein Opfer. Worauf der heilige Franziskus in der Nachfolge Christi verzichtet hat – ein Verzicht, für den sich die Hartherzigen nicht entscheiden, sehr wohl aber der Jüngling in der Nachfolge des *Poverello* – wird hier gestaltet. Es ist eine Stufe auf dem dornigen Weg, den die Hochzeit mit der Armut abverlangt und der auf der Mittelachse veranschaulicht wird: Er führt aus der Mißachtung durch die Gesellschaft über die Rosen und Lilien, die hinter der *Paupertas* blühen, zu den Engeln und zu der Gnade des annehmenden Gottes.

Durch Gesten und Körperhaltungen sind die Figurengruppen so angelegt, daß sich - unterstützt durch die Felsformation - ein steigernder Rhythmus auf das zentrale Geschehen hin entwickelt. Das Prinzip entspricht dem der Paduaner *Hochzeit*. Bei der Betrachtung dieses Freskos war aufgefallen, daß mit der schräggeführten Phalanx der Figurengruppen an den Seiten für das Geschehen in der Mitte Raum geschaffen wurde. Die Bildebene, auf der sich diese dichtgedrängten Gruppen befinden, nämlich die schmale "Bühne" vor der Architektur, ist auch Ort der zentralen Handlung. Hier, auf der Darstellung der *Paupertas*, ist der Raum und sind die Figuren in ihm anders organisiert. Deutlich wird mit den Felsen sukzessive eine Tiefenerstreckung erreicht und dieser vorgegebene Raum von den Figuren eingenommen. Dies geschieht im Gegen- und Mitschwingen mit der Form und der architektonischen Wölbung des Zwickelfeldes, wodurch einerseits die zentrale Handlung in die Tiefe des Raums gesetzt ist und andererseits die Verbindung zu dem aufsteigenden, himmlischen Geschehen hergestellt wird. Mit der Aufsicht auf das Himmelswesen an der Spitze des Dreiecks erreicht das Verwobensein der unterschiedlichen Ebenen und die Komplexität der Raumgestaltung einen Höhepunkt.

---

[107] Darauf wies auch Lisner (1995), S. 81, hin.

Gegenüber der Paduaner *Marienhochzeit* ist das Raumgefüge wie bei den römischen Martryriumsszenen erheblich komplexer und das Verhältnis von Figur und Raum dem ganz anderen Gehalt der Handlung angemessen. Es wurde gesagt, daß Christus und *Paupertas* von anderer Körperlichkeit sind als der heilige Franziskus. Ihre plastische Präsenz kommt in geringerem Maße zum Tragen; so nehmen sie auch weniger vorgegebenen Raum ein. Sinnfällig ist dies gemacht, indem sie sich in der Raumtiefe am äußersten Rand des Plateaus, planparallel zum flachen Goldgrund befinden. Sie erscheinen wie der Christus des *Noli me tangere* in Padua von einer anderen Welt und werden erst durch die rhythmisierte Handlung in die Gesamtkomposition gebunden, durch die zugleich der heilige Franziskus zur "heimlichen" Zentralperson wird. Dem anderen Thema gemäß umfaßt die Handlung die Spanne von narrativen Begebenheiten über einen Engelschor, der eher an hieratische Altartafeln erinnert, bis zu einem himmlischen Geschehen und wird der Hochzeitsritus auf sehr spezifische Art verändert dargestellt. Die Integration der unterschiedlichen Sphären in eine Gesamterzählung korreliert mit dem gegenüber den Arena-, aber auch gegenüber den Peruzzi-Darstellungen verdichtetem Verhältnis von Figur und Raum. Auch dies ist am ehesten vergleichbar mit den Seitentafeln des Stefaneschi-Altars, insbesondere mit der Komposition der *Paulusmarter*, die über eine "Drehbewegung" die unterschiedlichen Ebenen zusammenbringt und dabei das schmale Hochformat ebenso ausnützt wie hier die Vorgabe der Gewölbekappe genutzt wird.

Entsprechend den Darstellungen der Peruzzi-Kapelle oder des römischen Altarbildes, auf denen durch die alltägliche Dinglichkeit oder die Anwesenheit des Stifters "Gegenwart" evoziert wird, wird auch hier mit den "Randfiguren" und mit den verächtlichen Jungen das gegenwärtige Leben der Betrachter als "Identifikationsangebot" in das Bild hineingenommen. Auf diese Weise wird die Entscheidung des heiligen Franziskus direkt nacherlebbar und die Welt des Betrachtenden, also der Ordensbrüder, mit der Sphäre der Engel, der allegorischen Sphäre der "Hochzeit" und der himmlischen Überhöhung in einer Handlung miteinander verbunden. Die Allegorie der *Hochzeit mit der Armut* wird also in einer erzählenden Darstellung verkörpert. Dies entspricht den Darstellungen des römischen Altars und der *Navicella* gleichermaßen, ist hier in Assisi allerdings stringenter gestaltet, da der vorgegebene Inhalt deutlich abstrakter ist.

Es wurde auf die Vergleichbarkeit zwischen der *Hochzeit* in Assisi und der in Padua hingewiesen. Die Rhythmisierung des Geschehens durch die auf das Zentrum vorbereitenden Gesten in der Spanne von außen nach innen entspricht dem Kompositionsprinzip, das an den Arena-Fresken erkannt werden konnte. Im Unterschied zu der dortigen "Hochzeits-Szene" erscheint die *Hochzeit mit der Paupertas* in ihrem Aufbau wie eine Mischung aus hieratischem Altarbild und narrativem Ereignisbild. Wie auf den

Seitentafeln des Stefaneschi-Altars werden die unterschiedlichen Sphären durch die Komposition der Figurengruppen, unterstützt durch die Farbgebung und die Gestaltung des Bodens, miteinander verbunden. Die Feierlichkeit der allegorischen Handlung, mit der die Personifikation eines Begriffs ins Leben tritt, wird besonders durch die himmlischen Engelschöre erreicht, die an die Engel um den Christusthron des römischen Altarwerks erinnern. Während dort mit dem Größenunterschied zwischen Christus und den Engeln die hieratische Struktur des Altarbildes gegenüber der Evozierung von Gegenwart und Lebendigkeit gewahrt wird, wird hier durch die Engel eine stärkere Einbindung des allegorischen Zentrums in die erzählerisch dargestellte Handlung erreicht. Diese himmlischen Scharen erscheinen in gleicher Größe wie die "Hauptpersonen" und jeder einzelne Engel hat erkennbar seine eigene Standfläche. Vergleichbar mit der Figurenanordnung auf der Petrus-Tafel des Altares ist hier die Staffelung der Engelsgruppe, durch die eine Steigerung auf das Zentrum hin entsteht, mit der Bodenformation begründet, wodurch diese himmlischen Gestalten und das Zentrum an das "menschliche" Geschehen angebunden werden. Es wird also in dieser *Vele* eine andere Realitätsebene als auf der Christus-Tafel gestaltet, mit der der allegorische Inhalt verkörpert wird. Zugleich erscheint der vorgegebene Raum für die Engel so verknappt, daß die beispielgebende Erhebung des heiligen Franziskus über die irdische Sphäre sinnfällig wird. Wie bei den besprochenen Giotto-Werken ist das Verhältnis von Figur und Raum auch hier konstitutiv für eine Darstellungsweise, in der der besondere Gehalt eines allegorischen Zentrums innerhalb einer Handlung individualisierter Figuren verkörpert wird.

VII.1.2.2 Weg zur heiligen *Castitas* – Allegorie der Keuschheit

Das der heiligen Castitas gewidmete Gewölbefeld schließt an das nördliche Querschiff an.[108] Dort trägt das Tonnengewölbe Darstellungen aus der Kindheit Jesu mit Marianischen Anklängen.[109] Anbindend an die Reinheit Mariens wird gerade über die heilige Castitas Anschluß und Aufstieg zum Schlußstein des apokalyptischen Christus erreicht. Auch in dieser Darstellung ist die heilige Tugend in die Mittelachse des Dreieckfeldes gerückt. In betender Haltung vor einem kleinen Klappaltärchen sieht man die Verkörperung der Reinheit in der ädikula-artigen Fensteröffnung eines Kastellturms, durch die ihr herbeischwebenden Engel Krone und Palmzweige reichen. Außerhalb des wehrhaften, durch Mauern und Türme gebildeten Gevierts wird der Weg in diesen Hort der Keuschheit gezeigt, den beispielhaft Franziskus gegangen ist. Ein entkleideter Mann wird in einem Becken von zwei Engeln getauft und gereinigt. Zwei weitere Engel halten

---

[108] Poeschke (1985), Abb. 252-254.

[109] Vgl. hierzu Tantillo-Mignosi (1977). Poeschke (1985), Abb. 223-235.

schon die neuen Gewänder bereit. Von *Munditia* wird ihm eine weiße Fahne, von *Fortitudo* ein goldener Schild über die Mauern des Kastells gereicht, denn wehrhaft muß die Keuschheit verteidigt werden. Dazu sind auch die Heiligen, die vor den Mauern stehen, mit Geißeln und Schilden gerüstet und schirmen zugleich die Reinigungsszene von der "Welt" ab.

Während die Raumtiefe, die kompositorisch zur Hervorhebung des Zentrums genutzt wird, auf der *Paupertas-Vele* kongruent mit der architektonischen Wölbung gestaltet ist, sind die quergelagerten Architekturen auf den *Vele* der beiden anderen franziskanischen Tugenden in Spannung zur realen Architektur gesetzt. So wird die Verknappung des figurumschließenden Raums, die gegenüber den bisher behandelten Darstellungen neu ist, noch deutlicher. Das Kastell, dessen Wohnturm der zentralen Virtus als Klause dient, verringert die Tiefe des "Bühnenraums" im Gewölbefeld des erzählerisch gestalteten *Weges zur heiligen Castitas*.[110] Anders als die Gebäude, die auf den Darstellungen in der Arena- oder der Peruzzi-Kapelle eine Handlung hinterfangen und mitsprechend in die Komposition eingebunden sind,[111] schiebt sich hier die Architektur weit in den Bildraum. Den Handelnden bleibt nur ein schmaler Streifen Fels vor und an den Seiten des Kastells. Diesen Raum nehmen die Engel und die heiligen Wächter ein. In ihrer Anordnung und auch in ihrer Tätigkeit folgen sie der Vorgabe des wehrhaften Gevierts: Eine eng gestaffelte Phalanx an den Schmalseiten und gewichtige, grüngepanzerte Wächter an den Eckpositionen trennen den engeren Bezirk des Kastells und der Handlung davor von den "Randszenen".

   An den Rändern ereignet sich - vergleichbar mit dem Aufbau der *Hochzeit zwischen heiligem Franziskus und heiliger Armut* – die "Außenwelt": Wie in der Darstellung eines Jüngsten Gerichts gibt es Angenommene und Abgewehrte: Links empfängt der heilige Franziskus, begleitet von zwei Engeln, die Vertreter der drei Orden, die mit ihrer Körperhaltung den schweren Aufstieg und mit ihren Gesten die Sehnsucht, dem Heiligen auf seinem Weg nachzufolgen, ausdrücken. Auf der anderen Seite treiben und

---

[110] Poeschke (1985), Abb. 252-254, 257 u. Abb. 134 bei Mueller von der Haegen (1998).

[111] So strukturiert z.B. die Tempelarchitektur in der Darstellung *Austreibung der Wechsler* die Figurengruppen, faßt Jünger und Wechsler jeweils an den Seiten zusammen und überhöht den zentralen Christus. Zugleich verdeutlichen die architektonischen Senkrechten die Heftigkeit der Gesten und die Beugungen der Körper. Auch der Stadtkomplex hinter der *Auferweckung der Drusiana* begleitet das Geschehen, befestigt die Figurengruppen und charakterisiert sie zugleich. Darüber hinaus dynamisiert diese gebaute Anlage die zentrale, im Grunde unsichtbare Handlung des Erweckens. Anders als bei dem Paduaner Fresko wird auf der Florentiner Darstellung durch die Schrägstellung und durch die einheitliche Perspektive der Stadtarchitektur Raum geschaffen, der die individualisierten Figuren umgibt und von diesen eingenommen wird.

stoßen mit Peitsche, Lanze, Weihrauch und Kreuz kriegerische Engel, unterstützt von *Penitentia*, die fleischlichen Gelüste und Laster, die den Bannkreis der Keuschheit fliehen müssen, die tierischen bzw. mischwesenhaften Verkörperungen von *Immunditia*, *Amor*, *Mors* und *Ardor* den Felsen hinab.[112]

Zwischen diesen Polen wird die Handlung vor den Mauern des Kastells auf das für die Irdischen nacherlebbare, zentrale Geschehen der rituellen Reinigung rhythmisiert. Während rechts nicht nur die Eckposition, sondern auch die abschirmende Phalanx verdoppelt ist, erscheint links der Zugang der Ankommenden in den inneren Bereich möglich. Dort sitzt ein Mensch, der klein, zart und hilflos in seiner Nacktheit wirkt, in einem Marmorbecken und wird von zwei Engeln gewaschen. Vorbereitet werden die Gesten beider Engel in der Begegnung des heiligen Franziskus mit den Vertretern der Orden – dies entspricht der Rhythmisierung auf der *Vele der Paupertas*. Auch die andere Seite ist - nach der scharfen Abwehr der Laster - durch Kopf- und Körperwendungen der Anwesenden, bis hin zu den Engeln, die neue Gewänder für den "Täufling" bereit halten, auf die in sich abgeschlossene "Taufszene" ausgerichtet.

Diese wichtige und von den Neuankommenden angestrebte Handlung ist aus der Mittelachse gerückt – auch auf der *Paupertas-Vele* ist die eigentliche Hochzeit aus der Achse geschoben. Von der Mittelachse leiten *Munditia*, die eine Siegesfahne, und *Fortitudo*, die einen goldenen Schild reicht, zu der Reinigungsszene. Diese beiden Tugenden befinden sich im Inneren des Kastells und vermitteln zwischen dem Ort der *Castitas* und der Außenwelt, in der sie ihre Wirkung zeigt und ihre Forderungen erfüllt wissen will. Wie *Paupertas* beherrscht *Castitas* die Mittelachse – sie bleibt unberührt von dem Geschehen, selbst *Munditia* und *Fortitudo* beugen sich so weit über die Zinnen, daß sie unterhalb der Schrift bleiben, die ihren Namen anzeigt und eher wie eine Basis für die Architektur, die *Castitas* umschließt, wirkt. Nur zwei Engel erreichen die heilige Virtus, die betend vor einem kleinen Klappaltar im Fenster erscheint. Die Engel überdachen das Kastell und lenken den Blick auf die zentrale Figur. Wie die Engel der *Paupertas-Vele* mit ihren durchgebogenen Rücken das Hinaufliegen sinnfällig machen, so diese mit ihren stärker ausgebreiteten Flügeln das Auf-der-Stelle-Schweben: Sie scheinen sich mit Flügel- und Fußspitzen geradezu an der Rahmenleiste zu verkanten, während jene sich abstoßen. Diese Genauigkeit in den Maßen und "Realitätstreue" der Darstellung wurde für die bisher besprochenen Giotto-Werken immer wieder als Charakteristikum genannt.

Die Architektur ist nicht einfach hinterfangend wie in der Arena- und der Peruzzi-Kapelle, sondern als Hort für die heilige *Castitas* zentral und raumgreifend gesetzt. Zugleich wird durch *Munditia* und *Fortitudo* ein "Scharnier" zwischen außen und innen

---

[112] Abb. 135 bei Mueller von der Haegen (1998). Durch die beigeschriebenen Namen sind die einzelnen Gestalten zweifelsfrei zu identifizieren.

eingefügt. Die völlige Abgeschiedenheit der *Castitas*, die ihrem Wesen entspricht, bleibt gewahrt, dennoch wird durch diese beiden Tugenden eine Verbindung zur und durch die lebendige Mauer der Wächter ein Zeichen für die Außenwelt gegeben. Ein solcher Umgang mit Innen und Außen war noch nicht zu sehen. Am ehesten ist dieser mit der *Himmelfahrt des Evangelisten* in der Peruzzi-Kapelle zu vergleichen, denn auch dort werden über die Grenzen der Architektur hinweg unterschiedliche Sphären verbunden.

In der irdischen Welt außerhalb des Kastells muß sich die Keuschheit wie die Armut in der Lebensführung zeigen. Sie muß verteidigt werden gegen die Angriffe der fleischlichen Gelüste. Aus diesem Grund bekommt der Entschlossene Fahne und Schild überreicht. Der heilige Franziskus, eingereiht in die himmlischen Wesen auf dem Plateau der *Castitas*, erscheint als Bote dieser Tugend. Mit seinem Lebensweg hat er höchstes Beispiel in der Nachfolge Christi gegeben. Er dokumentiert dies, indem er die Wundmale vorzeigt und die Bereitwilligen empfängt. Diese Emporgestiegenen müssen den Klarissen, Franziskanern und Terziaren im Chor der Grabeskirche des heiligen Franziskus wie ein Abbild ihrer selbst vorgekommen sein: Auch hier gibt es also ein "Identifikationsangebot".[113] Es wird noch verstärkt durch den Realitätscharakter, wie er besonders an den Rüstungen oder an dem nassen Haar des Täuflings erscheint. In diese Sphäre des Alltäglichen wird die "Entrückung" der heiligen *Castitas* integriert. Dies entspricht der Darstellung von Wundern mitten in der Alltagswelt oder der Darstellung von unsichtbarem Geschehen durch ihre Wirkung auf die Anwesenden, wie es für die Bilderfindungen der Arena- und der Peruzzi-Kapelle beschrieben wurde.

Paupertas und *Castitas* werden also zwar als Zentralfiguren in der Mittelachse aufgefaßt, aber das jeweilige Handlungszentrum ist aus dieser Achse verschoben. Auf diese Weise wird verdeutlicht, daß es sich um Entscheidungen des Menschen für einen Weg zur Tugend handelt, die sich in seinem Handeln und Verhalten erfüllt.

VII.1.2.3 Eintritt unter das Joch der *Oboedientia* – Allegorie des Gehorsams

Auf diesem Gewölbefresko findet die Handlung in einem Kapitelsaal statt, der an einen nach außen hin offenen, nur halb dargestellten Kreuzgang anschließt.[114] Die heilige *Oboedientia* sitzt mit ausgebreiteten Flügeln, gekleidet in ein rosa Untergewand und einen grauen Ordensmantel, auf einer hölzernen Bank. Die eine Hand hat sie Schweigen gebietend an den Mund geführt. Mit der rechten hält sie ein Joch, wie sie es selbst um die Schultern gebunden hat, über den Nacken eines Franziskanermönchs, der demütig

---

[113] Ähnlich wie auf dem Stefaneschi-Altar der Stifter vor dem Altarmodell die Situation des Gläubigen "widerspiegelt". Vgl. dort.

[114] Poeschke (1985), Abb. 248-251 u. Abb. 133 bei Mueller von der Haegen (1998).

vor ihr kniet und die Last mit beiden Händen annimmt. Der gewichtigen *Oboedientia* zur Seite sitzen die doppelgesichtige *Prudentia* an einem Katheder mit Astrolabium, Zirkel und Spiegel sowie die jugendliche *Humilitas* mit einer Kerze. Diese Assistenztugenden haben ihren Ort jeweils in den Seitenjochen, während *Oboedientia* die Mitte der dreijochigen Architektur einnimmt.

Der heiligen Frau ist selbst Gehorsam durch den Kreuzestod Christi auferlegt, deutlich gemacht durch die skizzenhaft an der Rückwand des Kapitelsaals dargestellte Kreuzigung – zugleich wird so ein inhaltlicher Bogen zu den Passionsszenen des angrenzenden Querarms gespannt.[115] In dieser Achse wird also die ganze Tragweite der Entscheidung zur Annahme des Jochs dargestellt. Eine Entscheidung, die Franziskus in der Nachfolge Christi getroffen hat. Deshalb erscheint der Ordensgründer in Verlängerung der Mittelachse auf dem Dach über *Oboedientia* und der Christusdarstellung, seine Wundmale vorzeigend, an einem von göttlichen Händen geführten Joch.

Der Weg der beiden jungen Gläubigen, die erwartungsvoll im Kreuzgang knien und von einem Engel geleitet werden, und die Entscheidung, die der Mönch vor *Oboedientia* gerade vollzieht, ist über diese Tugend eingebunden in den Gehorsam gegen Gott. Es ist eine Entscheidung, der auf dem Sockelplateau der Architektur kniende Engel freudig beiwohnen und die der *Präsumptio*, die in Gestalt eines Kentaur in die Szene geprescht ist,[116] unmöglich bleibt.

Strenge und Ordnung, die unter dem Joch des Gehorsams herrschen, zeigen sich bereits an der Gestaltung des Plateaus. Hier ist der emporragende Stein durch klar strukturierte Architektur gebändigt. Zwei mit Cosmatenarbeit geschmückte Marmorstufen schließen wie eine Spange auf dem unbehauenen Felsen ab und bilden den Sockel für das Geschehen. Darauf erhebt sich vergleichbar mit dem Kastell auf der *Castitas-Vele* der quergelagerte Kapitelsaal eines Klosters mit Teilen des Kreuzgangs vor dem Goldgrund. Allerdings ist dieses Gebäude offen und zugänglich, greift sogar, der Sockelform folgend, mit den Seitenflügeln nach vorne aus.

Betont und eingefaßt wird die Architekturform durch eine Schar knielender Engel, die sich vom Rand des Sockels bis in die offenen Kreuzgangflügel hinein staffeln. Waren die stehenden Engel auf der *Paupertas-Vele* wie ein freudig erregter Kranz um das Geschehen, die Engel der *Castitas-Vele* der Architektur entsprechend abwehrend und schützend geordnet, so wird hier ein feierlich ernster Ton angeschlagen, der am ehesten dem hieratischen Charakter eines Altarbildes entspricht. Die Engel drängen an den Kapitelsaal heran und blicken zwischen den Kreuzgangsäulen hindurch. Das gleiche

---

[115] Abb. 248 bei Poeschke (1985), bei Mueller von der Haegen (1998) Abb. 133.

[116] Die Inschrift unter dem Bildfeld erklärt die Kentaurengestalt als Präsumptio. Vgl. Poeschke (1985), S. 107.

Mittel zur Intensivierung des Blickes wurde schon angewandt bei den Engeln, die vom Baldachin der Ognissanti-Madonna und vom Throngehäuse Christi des Stefaneschi-Altars überschnitten werden. Eine klare Trennung von innen und außen wird durch diese senkrechten Architekturelemente erreicht. Dies entspricht dem Umgang mit genauen Maßen und dem Wechsel von treibenden und retardierenden Momenten und ist ebenso wie das mehr dynamische Knien, hier und z.B. auf der Stefaneschi-Altar-Mitteltafel, oder das eher zäsursetzende Stehen, wie auf der *Paupertas-Vele* und z.B. dem *Herodes-Gastmahl* in Florenz, als Charakteristikum der Giotto-Werke im Gegensatz etwa zu Simone Martinis Sieneser Maestà herausgearbeitet worden.

Die Dynamik im Figurenrhythmus beruhigt sich innerhalb der Architektur und geht über in das Gleichmaß der Arkadenbögen. Das linke Joch wird von der doppelgesichtigen *Prudentia* an ihrem Katheder beherrscht.[117] Mit dem Blick ihres jungen, schönen Gesichts und ihrer Gestik ist sie auf das zentrale Geschehen bezogen. Dadurch wird die Richtung, die schon von den knienden Engeln außerhalb der Architektur angeschlagen wurde, aufgegriffen und die Bewegung der beiden knienden, jungen Gläubigen, die ein Engel zu *Oboedientia* leitet, intensiviert. Allerdings stoppt dieser Engel zugleich in Einklang mit der Architektur diesen direkten Zug auf das Zentrum, um hier eine Pause zu setzen und dem Tun der Schweigen gebietenden Heiligen die notwendige Ruhe und erhabene Einsamkeit zu gewähren. Auf der rechten Seite ist wie auf den beiden anderen *Vele* das Hin-und-Her der Bewegung stärker, da auch hier das Laster abgewehrt werden muß. Fast bedauernd versperrt ein Engel, unterstützt von *Humilitas*, die dieses Kompartiment beherrscht, dem *Praesumptio*-Mischwesen den Zutritt und schafft auf dieser Seite eine deutliche Trennung zum mittleren Joch.

Wie bei der *Paupertas-Vele* werden auch bei dieser Darstellung die vorbereitenden Gesten erst im Zentrum vollendet, etwas in der Reihe von den jungen Männern zu dem knienden Mönchen, und von außen nach innen im Einklang mit der Gewölbeform auf das Zentrum hingeführt. Aber wie bei der *Castitas-Vele* wird die Architektur gegen diese Form gesetzt. So wird der Raum verdichtet, die Achse Oboedientia-Christus-Franziskus verdeutlicht und zugleich in den "realen" Bereich eines Klosters integriert. Zur deutlichen Integration der Wirklichkeit in die ideelle Sphäre des Gehorsams tragen neben der Komposition besonders die beiden knienden Männer bei, die dem Beispiel des Mönchs folgen und das Joch in Empfang nehmen wollen.[118] Eventuell wird mit dem jungen, blaugewandeten Mann, der eine vornehme Haube trägt, auf den jugendlichen

---

[117] Abb. 132 bei Mueller von der Haegen (1998).

[118] Ihre integrative Kraft wird durch die Portraithaftigkeit ihrer Züge erreicht, die verschiedentlich Anlaß zu dem Versuch einer Identifizierung, die aber sicher nicht möglich ist, gegeben hat. Z.B. von Gosebruch (1979), S. 172. Hierauf wird später noch eingegangen.

Franziskus angespielt, da es bei der Darstellung aller *Vele* gerade um seinen beispiel-
haften Lebensweg geht. Zu einer tatsächlichen Personenbestimmung fehlt allerdings
jeglicher Hinweis, insofern ist mit der portraithaften Darstellung wohl eher Lebensnähe,
d.h. Gegenwart gemeint. Sie eröffnet auch hier die Möglichkeit, sich mit dem heiligen
Franziskus und seinem Weg zu dieser Tugend zu identifizieren.[119]

VII.1.3 Gloriosus Franciscus

Der "Erfolg" des von Franziskus eingeschlagenen Weges, der auf den drei anderen Gewölbefeldern als Beispiel für die Ordensbrüder und Dokument des Selbstverständnisses
des Ordens in seinen Hauptsäulen dargestellt wurde, ist auf dem westlichen Gewölbefeld mit der *Verherrlichung des Heiligen* vergegenständlicht.[120] Hier findet kein irdisches
Geschehen statt, keine gebaute Architektur und keine emporwachsenden Felsen geben
Raum vor, der strahlende Goldhimmel ist Ort der Handlung. In der Mittelachse thront
der verklärte Franziskus, bekleidet mit einem golddurchwirkten, weißen Diakonsge-
wand,[121] von zarten Goldstrahlen umgeben, unter dem Baldachin seines cosmatierten
Sitzes. Die Mittelstellung wird noch betont durch das Kreuzesbanner und den darüber
schwebenden Seraph im oberen Zwickel des dreieckigen Bildfeldes. Zwei Gruppen von
jeweils drei Engeln haben vor dem Thron goldene Gurte um ihre Oberkörper gespannt
und ziehen diese kostbare Last gegen die architektonische Wölbung nach vorne und
zugleich nach oben. Engelsscharen – musikalisch die einen und tänzerisch wie eine
Girlande den Thron umgebend die anderen – begleiten das himmlische Gespann vor
dem goldenen Hintergrund.

Während für die Engel auf der Paduaner Darstellung *Prolog im Himmel* der azur-
blaue Bildgrund ihr himmlisches Element ist und sie auf Wolken stehen, schweben oder
in sie eintauchen können, gibt es für die Engel hier nichts als den Goldgrund. Durch
malerische Mittel werden sie in diese strahlende Fläche integriert: Die goldenen Bordüren an den Gewändern und die Nimben lassen die Engelsschar mit dem Stoff des Grun-
des verwoben erscheinen. Sie bilden selbst einen äußeren Glorienschein für Franziskus,
in dessen Gewand und großer Nimbusscheibe sich das Gold sammelt und von ihm ab-
strahlt, als sei der Heilige Ursache dieses Glanzes. Mit den warmen Gewandfarben der
hinteren Engel wird der Braunton des Goldes aufgegriffen, verliert sich nicht bis zu den
vorderen Engeln, deren hell strahlende Gewänder in warmen Tönen changieren, und
erhält seine größte Intensität in dem purpurfarbenen Stoff, der Franziskus hinterfängt.

---

[119] Vgl. oben.

[120] Abb. 241-143 bei Poeschke (1985) u. Abb. 129 bei Mueller von der Haegen (1998).

[121] Das Gewand erscheint durch das Umschlagen der Farbe heute in schwarz-gold.

Die abgestimmte Farbigkeit und das Durchwobensein mit Gold verhindern, daß die Figuren auf dem Goldgrund, aus dem heraus sie zu voller Plastizität modelliert werden, nur appliziert erscheinen.[122] Zudem ermöglichen Farbabstufung und Verringerung des Goldanteils von hinten nach vorne eine räumliche Wirkung, die der der anderen *Vele* vergleichbar ist. In einem weiten, schwingenden Bogen umschließen die tanzenden Engel das Gehäuse des Heiligen. Sie bewegen geschmeidig ihre kräftigen Körper. Diese Himmelsfiguren haben eine plastische Präsenz, die an ihnen zunächst überrascht und besonders sinnfällig wird an der Anstrengung, mit der die vordersten Engel den weißen Marmorthron durch die Luft ziehen.

Die Thronarchitektur erhebt sich auf einem massiven, zweistufigen Unterbau, dessen Kanten farbig abgesetzt und dessen Seiten mit Cosmatenarbeit geschmückt sind – darin gleicht sie den bisher gesehenen Thronen. Auf den Flanken stehen in Sitzhöhe zwei gedrehte Säulen, die in Ellenbogenhöhe noch einmal verbunden werden und den mit einer Art Kreuzblumen besetzten Baldachin tragen. Während sich die Gehäuse der Ognissanti-Madonna und auf der Christus-Seite des Stefaneschi-Altars perspektivisch öffnen und Durchblicke an den Seiten zulassen, ist hier durch die äußerste Knappheit der Verkürzung das Throngehäuse zu den Seiten abgeschlossen, und es entsteht für den Heiligen geradezu eine Kapelle.[123] Wie ein Äquivalent zu der durchlässigen Transparenz der Throne auf den Altarbildern erscheint die breite Geräumigkeit dieses Gehäuses. Sie läßt an den Sitz der Maestà von Simone Martini denken, an die auch der in Wellen geschwungene Baldachin erinnert. Aber anders als dort wird die Breite des Sitzes hier nicht durch die Seiten in die Fläche geklappt, sondern in die Tiefe komprimiert, ebenso wie der die ganze Versammlung überdachende Baldachin hier zu einem bekrönenden Bestandteil der Architektur verdichtet wird. Insofern bleibt diese Gestaltung eher mit der der abschließenden Spitztonne des Florentiner Madonnenthrons als mit dem filigranen Sitz der Sieneser Madonna, aber besonders mit der des Kapitelsaals auf der *Oboedientia-Vele* vergleichbar.

Die Perspektive ist so angelegt, daß der Augenpunkt etwa in Höhe des Heiligengesichts liegt. D.h. der Unterbau ist in leichter Draufsicht gegeben und die Engel ziehen gegen diese Blickrichtung ihre Last nach oben. Da dies auch gegen die Wölbung der Kappe geschieht, wird zugleich deutlich, daß das Fresko wie bei den anderen *Vele* im Wechselspiel mit der architektonischen Vorgabe angelegt ist:

---

[122] Vgl. Dittmann (1987), S. 36-37, zum "Reliefraum", den Giotto durch Farbe bildet.

[123] Gosebruch (1970), S. 236-240, vergleicht die Thronarchitekturen im Giottowerk untereinander und mit der »miniaturist tendency«. Er kommt dabei über die Architekturwiedergabe, ihr Verhältnis zu den umgebenden und thronenden Figuren zu der m.E. einleuchtenden chronologischen Reihenfolge: Ognissanti-Madonna, Stefaneschi-Altar, *Franziskus-Vele*, Bardi-Kapelle.

Jeweils vier mit Chormänteln über den Dalmatiken bekleidete Engel, davon die äußeren mit Musikinstrumenten, führen von beiden Seiten in die fast spiegelsymmetrisch gebaute Szene ein. Dann beginnt, zwei Schritte nach vorne gesetzt – gegen die Wölbung – der Reigen der Tanzenden, die die Hände zierlich heben, um sich gegenseitig anzufassen, und deren Dalmatiken mit der Bewegung schwingen. In einem doppelten Bogen führt der Zug der Engel in die Tiefe des Bildraums – mit der Wölbung – um den Thron des Heiligen herum. Dabei werden vier Musikengel, die sich gegenüberstehen, umtanzt. Dadurch öffnet sich der S-Bogen, der Blick kann auf den Goldgrund und auf die Rücken zweier bzw. eines Engels fallen. Die Räumlichkeit, die hier ohne Architektur und "Bildbühne" gestaltet werden muß, wird so sinnfällig.

Da es weder ein gebautes Fundament noch umgebende Architektur gibt, schaffen sich die Figuren ihren Handlungsraum um den Thron des Heiligen. Dies wurde an den Fresken der Arena-Kapelle gesehen und ist besonders mit den Engeln der dortigen Triumphbogenlünette zu vergleichen. Durch die Farbgestaltung, die Verdichtung der Figurengruppe und durch die Volumina der Engel um Franziskus wird allerdings gegenüber der Paduaner Gestaltung ein kontinuierlicheres Raumgefüge erreicht. So haben die Engel der *Franziskus-Verherrlichung* die Körperlichkeit der Peruzzi-Figuren, greifen z.B. wie die Zuschauer auf dem Erweckungsbild in ihr Gewand und ziehen es quer über den Leib,[124] dabei besitzen sie aber eine größere Beweglichkeit in Hüfte und Oberkörper. Dies scheint thematisch bedingt zu sein, aber die Paduaner Engel und sogar die tanzende Salome der Peruzzi-Kapelle wirken dagegen beinahe statisch. Mit den Möglichkeiten, die für die Figuren in Padua und in der Peruzzi-Kapelle erreicht wurden, wird die Bewegung der Einzelnen hier sehr schwungvoll und kohärent mit der Bewegung der ganzen Gruppe. Zwar begegnet man dieser Sicherheit der Drehung um die Körperachse etwa an der Christusfigur des Paduaner *Noli me tangere* oder, sehr deutlich, an der "Magdalenen-Figur" vor dem Kreuz Petri auf dem Stefaneschi-Altar und auch, umgesetzt in eine Gruppenkonstellation, an der linken Zuschauergruppe der *Himmelfahrt des Evangelisten* in der Peruzzi-Kapelle, aber so konsequent und die Gestaltung des ganzen monumentalen Bildfeldes bestimmend wird diese Möglichkeit erst hier durchgeführt.[125]

Zieht man noch einmal die Sieneser Maestà von Simone Martini zum Vergleich heran, wird die raumgreifende und das Zentrum vorbereitende Ordnung dieser Engelsgruppe besonders deutlich. Auf der Maestà sind die Heiligenfiguren eng gestaffelt, ohne Raum um sich zu haben. Dabei bilden auf beiden Seiten die Figuren, die aus dem Bild herausblicken, in Konkurrenz zur Frontalität des Jesusknaben "Unterzentren". Auch auf der *Franziskus-Vele* gibt es "Unterzentren", aber hier erscheinen sie als "Lichtung", als

---

[124]   Abb. 120 bei Mueller von der Haegen (1998).

[125]   Abb. 95, 107 u. 122 bei Mueller von der Haegen (1998).

freier Platz. Auf diese Weise wird die Präsenz des heiligen Franziskus hervorgehoben. Das "leere Unterzentrum", sinnfällig und besonders betont durch die Rückenfiguren der Engel, wird von den Posaunen überspannt und von der "Girlande" der tanzenden Engel umwunden. Die einen Engel werden durch den Bogen um die "Lichtung" dichter an den Thron gedrängt und anderen wird der Blick auf ihn erst freigegeben. Insofern dient diese Gestaltung bei aller Eigendynamik des Tanzes insgesamt der Steigerung auf den verklärten Franziskus. Anders als auf der Sieneser Maestà, aber genau wie schon auf den anderen Giotto-Werken, ist diese auch in den Gesten, den Körper- und Kopfwendungen sowie in einem von Drängen und Zurücknehmen geprägten Rhythmus durchgeführt. Aufgrund des dichter gedrängten Raums und der kontinuierlichen Bewegung des Engelsreigen erscheint die Hinführung auf das Zentrum hier allerdings stringenter als die um den Paduaner Lünetten-Christus.

Regungslos sitzt Franziskus in seiner "Thronkapelle". Während sich die Körper der Engel unter den leichten, schwingenden Stoffen deutlich abzeichnen, verschwindet der des Heiligen fast unter dem Muster des schweren, steifen Goldbrokats. Der starke Goldanteil bindet ihn in die Sphäre des himmlischen Goldgrundes ein. Ihm gegenüber wirken die Engel kräftiger und lebendiger. In diesem Paradox – die himmlischen Wesen scheinen eher aus Fleisch und Blut als der Mensch – wird die Verwandlung des irdischen Leibs dargestellt. Es ist nicht derselbe Franziskus, der durch Christus mit der heiligen Armut vermählt wird oder der die Vertreter der Orden zur Reinigung vor dem Kastell der *Castitas* empfängt. Eher vergleichbar ist er mit dem Franziskus, der über dem Kapitelsaal der *Oboedientia* von himmlischen Hände am Joch geführt wird. Mit diesem verbindet ihn vor allem der verklärte Gesichtsausdruck.

Alles beherrschend ist das Gesicht des *Gloriosus Franciscus* mit seinen riesigen Augen. Auf dessen unbewegliche Frontalität sind die Blicke der Engel geordnet. Es besitzt die ungeheure Bannkraft des Christusgesichts auf dem Stefaneschi-Altar, auch auf die sehr viel größere Entfernung. Diese Wirkung wird besonders gesteigert und hervorgehoben durch die goldstrahlende Nimbusscheibe, die zusammen mit dem ebenfalls goldenen Dalmatika-Kragen das Haupt konzentrisch umfaßt. Es erscheint dadurch wie ein kostbarer Edelstein in einer Fassung geborgen und noch betont. Zu dieser "Fassung" gehört letztlich die ganze Umgebung: die Engel, die in einem Bogen auf den Thron zuführen, die, die an den Seiten und nach hinten abschließen, und die Architektur selbst, die dieses kostbare Zentrum von den Tanzenden isoliert. Zur Ordnung der "Fassung" gehört der rhythmische Aufbau ebenso wie die Genauigkeit des Maßes, um das die Augenlinie des Heiligen die Engel überragt.

Bekrönt wird Franziskus durch den gold-weißen Baldachin, auf dem eine purpurfarbene Standarte mit einem goldenen Kreuz und sieben Sternen errichtet ist. »Das

Banner des höchsten Königs« verweist auf das Christusbild des Schlußsteins.[126] Darüber noch erscheint ein kleiner Seraph als deutliches Zeichen für das Ereignis, das die Christiformitas des Heiligen sichtbar werden ließ. Mit diesem Hinweis auf die Stigmatisation des Heiligen wird die feierliche Prozession begründet und vollendet. Wie einen Herrscher, eingetaucht in die königlichen Farben Weiß-Purpur-Gold, kündigen Fanfaren und Posaunen den *Poverello* an. Zugleich erinnern diese an das Jüngste Gericht und die Apokalypse. Mit ihrem Klang wird noch einmal der Bogen zum Schlußstein des apokalyptischen Christus geschlagen. Die *Verherrlichung des Heiligen*, die hier fast wie ein "Wappen" des Ordens dargestellt ist, wird so eingebunden in das Gesamtprogramm.

VII.2 Vergleichsbeispiele

Kompositionsprinzip, Maßverhältnisse, Bildung der Figuren und deren Verhältnis zum Raum weisen an den Darstellungen in den Gewölbefeldern die Charakteristika auf, die als Kriterien für die Giotto-Werke erarbeitet worden sind. Um dies zu erhärten, soll zunächst ein Blick auf Werke geworfen werden, die in ganz unterschiedlicher Weise durch die Vierung der Unterkirche beeinflußt worden sind. Um der Frage nach der Autorschaft Giottos sowie dem Verhältnis von Werkstatt und Schule noch genauer nachzugehen, schließen sich Vergleiche mit Darstellungen des nördlichen und südlichen Querarms der Unterkirche an.

VII.2.1 San Francesco in Pistoia

Im Chor der Ordenskirche *S. Francesco in Pistoia* wurden 1343 an den Wänden das Leben des Titularheiligen und im Gewölbe die Ordenstugenden sowie der glorifizierte Franziskus dargestellt.[127] Die Szenen der Franziskus-Legende greifen weitgehend auf die Darstellungen der Oberkirche in Assisi zurück,[128] sind aber durch weitläufige Architekturen, die den erzählerischen Charakter unterstreichen sollen, "angereichert". In dieser Hinsicht am interessantesten erscheint das Lünettenfresko der rechten Wand, auf dem sich die *Austreibung der Teufel aus Arezzo* und die *Vogelpredigt* vor den Toren einer

---

[126] Schiller (1990), S. 283.

[127] Eine Inschrift nennt Datum und Stifter, aber nicht den Künstler [Vgl. Blume (1983), S. 161-162]. Dieser wird von Vasari mit Puccio Capanna [Vasari (Bettarini), Bd. 2, S. 118] und u.a. von Blume (1983), S. 162, mit Dalmasio identifiziert. Vgl. auch Schönau (1983), S. 102-103. Blume (1983), Tafeln 38-41.

[128] Vgl. Blume (1983), S. 75-76.

Stadt ereignen. Die Stadtkulisse ist eine Kompilation aus den Städten im Fresko *Heimkehr nach Nazareth* der Unterkirche in Assisi und der Florentiner Darstellung *Auferweckung der Drusiana*. Das Verhältnis dieses Architekturkomplexes zur Rahmung und zum Bildgefüge wiederum ist aus dem Lünettenfresko der Florentiner Bardi-Kapelle, *Lossagung vom Vater*, herzuleiten.[129] Die Darstellungen im Gewölbe erinnern ebenfalls an die Bardi-Kapelle. Wie dort sind hier die Tugenden und der Ordensgründer als Halbfiguren von Mehrpässen und Tondi umschlossen. Allerdings sind auch hier wie bei den Legendendarstellungen die narrativen Momente gegenüber der Florentiner Auffassung durch einen "Rückblick" auf Assisi verstärkt.[130]

Auf den Gewölbekappen des Kapitelsaals in Pistoia wurden um 1390 die *Auferstehung Christi*, das *Weihnachtswunder von Greccio* aus der Franziskus-Legende, die *Auffindung des Herzens in der Goldkiste* aus der Antonius-Legende und die *Verherrlichung des heiligen Franziskus* dargestellt.[131] Zurecht nimmt Schönau letztere in seinen unter ikonographischen Gesichtspunkten zusammengestellten Katalog der Werke auf, die durch die *Vele* in Assisi beeinflußt wurden.[132] Auch hier thront Franziskus in der Mittelachse des Zwickelfeldes und wird von tanzenden und musizierenden Engeln umgeben, aber deutlich wird ein anderer Weg der Darstellung beschritten als in Assisi: In Assisi findet der Engelsreigen im goldenen Hintergrund seine adäquate Umgebung und bildet einen geschlossenen Raum aus, in dessen Mitte der Thron des Heiligen gegen die Schwerkraft gehalten und gezogen wird – hier knien und stehen die Musikerengel im Vordergrund auf einem Paradiesgärtchen, auf dem auch die vordere Kante des Franziskusthrons aufsetzt. Die übrigen Engel schweben auf Wolkenregistern rechts und links neben dem massiven Thron. Dessen perspektivisch klar gezeichnete, bis an die Spitze des Zwickelfeldes reichende Architektur wird von Franziskus nicht als Raum genutzt, er wirkt eher wie vor den Sitz appliziert. Da kein kontinuierliches Verhältnis von Figur und Raum gesucht und die vorgegebene Form des Bildfeldes mehr über die Fläche als über den Raum organisiert ist, wird die frontale und gewichtige Erscheinung nicht mit der Umgebung in ein gemeinsames Ganzen integriert. Derselbe Unterschied in der Darstellung konnte auch zwischen dem *Seewandel Petri* in S. Maria Novella und dessen Vorbild beobachtet werden.

---

[129] Vgl. zur Bardi-Kapelle das folgende Kapitel.

[130] Vgl. Schönau (1983), S. 102-103; Blume (1983), S. 74, 121-123, Abb. Taf. 40.

[131] Vgl. Blume (1983), S. 160 und 163, bes. Anm. 10; Schönau (1983), S. 103.

[132] Schönau (1983), S. 103-104.

VII.2.2 San Francesco in Pisa

Der Chor von *S. Francesco in Pisa* wurde 1343 von Taddeo Gaddi ausgemalt mit Szenen aus dem Leben des heiligen Franziskus, des Apostels Andreas und des heiligen Nicolaus.[133] In den Gewölbefeldern sind die Gründer aller wichtigen Mönchsorden dargestellt, wobei Franziskus in der östlichen Kappe eine herausragende Stellung zukommt. Hier wird programmatisch nicht der Lebensweg des Heiligen, der zu seiner Verherrlichung führt, dargestellt, sondern eher eine Apotheose, zu der die Gründer der anderen Mönchsorden verehrend versammelt sind.[134] Da die Figuren als Einzelgestalten bzw. Paare ohne Umgebung auftreten, ist die Gestaltung schon ganz anders als in Assisi angelegt. Dennoch kann ein grundsätzlicher Unterschied zur giottesken Darstellungsweise deutlich werden. In der Hauptszene erscheint Franziskus in einer von goldenen Strahlen erfüllten, spitzovalen Mandorla, sitzend auf einem Regenbogen, die Hände erhoben und ein aufgeschlagenes Buch auf Knien. Die theologischen Tugenden *Spes* und *Fides* schweben von den Seiten heran und bringen ihre Attribute, Kreuz bzw. Krone, wie zur Huldigung herbei. Die Spitzen der Mandorla und die aufsteigenden Körper der Tugenden folgen sehr genau der Form der Gewölbekappe. Auch wenn mit dem Kreuz der *Fides* noch ein gegenläufiges Moment aufscheint, sind die Maße doch so gewählt, daß kein Widerstand gegen die Rahmung, keine Raum-Flächenspannung und kein Raumgefüge zwischen den Figuren entstehen kann. Die architektonische Vorgabe wird hier nicht wie im Vierungsgewölbe der Unterkirche und in den Lünettendarstellungen der Peruzzi-Kapelle als integrativer Bestandteil eines durch Spannungen rhythmisch aufgebauten Raumgefüges genutzt, sondern begleitet harmonisch eine dekorative Form. Vergleichbar ist dies mit der Lünettendarstellung in der Magdalenen-Kapelle, *Maria Magdalena im Gespräch mit den Engeln.*[135]

VII.2.3 Santa Chiara in Assisi

Näher mit den *Vele* der Unterkirche verwandt scheinen die Gewölbefresken in der Vierung von *S. Chiara in Assisi*. Nach A. Venturi sollen diese Malereien, die von Scarpellini ins dritte Trecento-Jahrzehnt datiert werden, von dem untergeordneten Schüler

---

[133] Vgl. Schönau (1983), S. 104-105; Blume (1983), S. 75-76, Abb. 171; Longhi (1955), S. 32-36; Donati (1968), S. 67-70.

[134] Zurecht betont Blume, daß Franziskus in diesem Gesamtprogramm deutlich als »alter Christus« dargestellt ist. Vgl. Blume (1983), S. 75.

[135] In ähnlicher Weise trat auch der Unterschied zwischen der "Patmos-Fassung" der Castellani- und der Peruzzi-Kapelle hervor. Vgl. Kapitel zur Peruzzi-Kapelle.

Giottos gemalt worden sein, der in der Unterkirchenvierung für die Dekoration und die Engel der *Franziskus-Vele* verantwortlich sein soll.[136] Dargestellt sind jeweils zwei im Klarissen-Orden besonders verehrte Heilige unter Tabernakeln und umgeben von Engeln. Die Hauptszene kommt der Madonna und der heiligen Clara zu. Zwei identische Architekturen sind symmetrisch um die Mittelachse gebaut. Sie stoßen mit ihren Wimpergen hart gegen die Rahmung des Zwickelfelds und sind aufgrund der perspektivische Anlage im Winkel gegeneinander gekippt. Unter ihren Gehäusen stehen links die Madonna mit dem Kind auf dem Arm und rechts die heilige Clara. Beide Frauen sind durch ihre Körper- und Kopfhaltung zueinander geneigt. Diese Hinwendung über die Mittelachse hinweg bildet das eigentliche Zentrum der *Vele*, zumal die von den Seiten heranknienden Engel nicht eindeutig auf die eine oder andere heilige Figur bezogen sind. Deutlich ist zu erkennen, daß mit den Gesten, der Art des Kniens und den Blickrichtungen ein rhythmisches Gefüge auf ein Zentrum hin gebildet werden soll. Dieser Rhythmus bleibt allerdings unausgewogen, da die Anfangspositionen, sowie vorantreibende und retardierende Elemente, widersprüchlich auftreten. Es entsteht der Eindruck, daß einzelne Gebärden aus der Ognissanti-Madonna, der Christus-Tafel des Stefaneschi-Altars und der *Oboedientia-Vele* kombiniert wurden und in eine vielfältige Reihe gebracht werden sollten; dabei wird aber keine raumgreifende Figurenkonstellation gewonnen. Trotz zahlreicher Giotto-Reminiszenzen fehlt dieser Darstellung die klare Konstruktion, die zwischen Mitte und Seiten unterscheidet, wie es schon die rhythmische Anordnung der Figuren im Raum um ein Zentrum beinhaltet.

Auch dieser Vergleich rückt die *Vele* der Unterkirche sehr eindeutig in das "anerkannte" Giotto-Werk.[137] Denn anders als in S. Chiara werden da die Gewölbefelder nach einem Kompositionsprinzip gestaltet, das dem angewandten in Padua ebenso entspricht wie dem in der Florentiner Kapelle.

VII.3 Fresken der Querarme in der Unterkirche San Francesco in Assisi

Da der Restaurierungsbefund eine fortschreitende Kampagne vom nördlichen über die *Vele* zum südlichen Querschiff bzw. einen Beginn von beiden Querschiffen auf die Vierung zu ergeben hat, stehen die Vierungsfresken zumindest chronologisch den Malereien der Querschiffe am nächsten. Mit diesen bilden sie eine programmatische Einheit; ob sie

---

[136] Vgl. zu S. Chiara: Scarpellini (1982), S. 473-490, zu den dortigen Vierungsfresken bes. S. 478, u. Scarpellini (1978), S. 211-270. A. Venturi (1907), S. 98-102.

[137] Daran ändert auch eine gewisse Vergleichbarkeit im Figurenstil nichts. Denn sicher ist davon auszugehen, daß die Mitarbeiter Giottos ihrerseits in Assisi Werkstätten bildeten oder zumindest Gelerntes weitergaben.

auch eine stilistische bilden, kann nur ein Vergleich klären. Zumindest geht Schönau davon aus, daß die im südlichen Querschiff arbeitende Sienesische Schule Pietro Lorenzettis und die Florentiner Schule, die im anderen Querarm und in den *Vele* arbeitete, einander zugunsten des Gesamtprogramms auch stilistisch angeglichen, möglicherweise in der Vierung sogar gemeinsam gearbeitet hätten.[138]

Im *nördlichen Querschiff*, dem sich die Nicolaus-Kapelle anschließt, wird die Franziskus-Legende der Oberkirche mit der Darstellung einiger Wunder nach dem Tod des Heiligen fortgesetzt und die *Jugendgeschichte Christi* dargestellt. Außerdem befinden sich hier eine offenbar frühere Maestà, die Cimabue schuf, einige Heilige, die Simone Martini zugeschrieben werden, und eine große Kreuzigungsdarstellung, die stilistisch mit der *Jugendgeschichte* verbunden ist.[139]

Die Zuschreibung der *Franziskus-Wunder* und der *Jugendgeschichte Christi* wechselt seit Vasari, der von einer Anwesenheit Giottos ausgeht,[140] ähnlich wie die Zuschreibung der Fresken in der Magdalenen-Kapelle und in der Vierung von Giovanni, Bernardo oder Taddeo Gaddi über Puccio Capanna und Maso di Banco bis zu anonymen Meistern (*Maestro nerastro*, *Maestro dell'infanzia di Cristo* bis *Parente di Giotto* und Giotto-Werkstatt).[141] Im vorliegenden Zusammenhang, der sich um die stilistische Einordnung der *Vele* bemüht, muß die Frage nach einer eindeutigen Zuschreibung der Malereien im nördlichen Querarm offen bleiben. Dennoch können Beziehungen einzelner Fresken zu Darstellungen in der Magdalenen-Kapelle bzw. zu den bisher behandelten Giotto-Werken und zu den Vierungsfresken die Richtung weisen, in der die Antwort liegen könnte. Zugleich wird der stilkritische Befund, der die *Vele* an das Giotto-Werk bindet, erhärtet.

Als Hinweis auf die Autorschaft Giottos bei den Vierungsfresken kann das Kompositionsprinzip der rhythmischen Steigerung durch Gesten und Bewegungen im Wechsel von retardierenden und treibenden Momenten, gemessen an den zäsursetzenden senkrechten

---

[138] Schönau (1985), S. 137.

[139] Eine monographische Arbeit zu diesem Seitenschiff steht immer noch aus. Hier würde dies aber den Rahmen sprengen. Vgl. Scarpellini (1982), S. 304-309; Nessi (1982), S. 226-230; Tantillo-Mignosi (1977), 137-139; Poeschke (1985), S. 101-105; Gosebruch (1979), S. 129-198.

[140] Vasari (Bettarini), Bd. 1, S. 101.

[141] Die Liste der möglichen Künstler ist hiermit noch nicht vollständig. Vgl. Nessi (1982), S. 227. De Selincourt (1905), S. 116f. [Giovanni Gaddi]; Supino (1924), S. 148 [Bernardo Gaddi]; Parronchi (1964), S. 141f. [Taddeo Gaddi]; Mellini (1967), S. 16 [Puccio Capanna]; Toesca (1951), S. 617 [Maso di Banco]; A. Venturi (1906), S. 19 [Maestro nerastro]; Todini (1979), S. 34 [Maestro dell'infanzia di Cristo]; Previtali (1969), S. 100f. [Parente di Giotto]; Poeschke (1985), S. 101 [Giottowerkstatt].

Elementen, ebenso gesehen werden wie die Möglichkeit, unterschiedliche Sphären in eine einheitliche Handlung zu integrieren. Dabei wird, wie bei den Darstellungen der Peruzzi-Kapelle, der *Navicella* und des Stefaneschi-Altars, ein vorgegebener, perspektivisch erschlossener Raum von individuellen Figuren eingenommen. Allerdings wird dieser Raum gerade durch die konsequente Perspektivkonstruktion in einer Weise verknappt und zu einem kohärenteren Verhältnis zwischen Figur und Raum geführt, wie es an den früheren Werken noch nicht gesehen wurde.

Für A. Venturi kristallisieren sich anhand der unterschiedlichen Auffassungen der Gesichter in den Darstellungen der vier Zwickelbilder vor allem zwei verschiedene Meister heraus: So seien die länglichen Gesichter von einem *Maestro oblungo*, dem eigentlichen *Maestro delle Vele*, gemalt und die umschatteten Gesichter von einem *Maestro nerastro*. Letzterer habe den größten Teil des nördlichen Querschiffes mit der *Jugendgeschichte Christi* geschaffen und sei vorher in der Magdalenen-Kapelle aktiv gewesen.[142] Auch Previtali, Scarpellini und andere finden Künstler aus der Magdalenen-Kapelle in diesem Querschiff und der Vierung wieder.[143] Neben der Charakterisierung der Gesichter, die m.E. eher einen unterschiedlichen Grad der Beteiligung der jeweiligen Figuren am Geschehen, möglicherweise auch auf eine mehr oder weniger genaue Befolgung einer Vorlage durch die Mitarbeiter der Werkstatt als auf tatsächlich verifizierbar unterschiedliche Künstlerhände schließen lassen, wird besonders der verdichtete Raum als ungiottesk und ins Dekorative führend empfunden. Darin erkennt z.B. Tantillo-Mignosi stilistische Gemeinsamkeiten zwischen den Malereien in der Magdalenen-Kapelle und denen der *Vele*. Diese Gemeinsamkeiten führen, nach Ansicht der Autorin, zu den Darstellungen des nördlichen Querarms und trennen den ganzen Komplex von den Giotto-Werken.[144]

Um das "Beziehungsgeflecht" zwischen "Giotto-Schule" in der Magdalenen-Kapelle, "Giotto-Werkstatt" im nördlichen Querarm und "Giotto" in der Vierung[145] etwas zu klären und einen möglichen Zusammenhang zwischen *Vele* und *Jugendgeschichte Christi* aufzuzeigen, wird im folgenden an einigen Beispielen auf letztere eingegangen werden. Dabei sollen Rückgriffe auf die besprochenen Giotto-Werke, besonders auf die Paduaner Fresken, die Unterschiede bzw. die Vergleichbarkeiten im Kompositionsprinzip verdeutlichen, um daran die stilistische Nähe zu den Magdalenen-Fresken bzw. zu den *Vele* zu entscheiden.

---

[142] A. Venturi (1906), S. 19.

[143] Vgl. Kapitel zur Magdalenen-Kapelle.

[144] Tantillo-Mignosi (1977), S. 137-139.

[145] Vgl. Poeschke (1985).

Stellt man etwa die *Flucht nach Ägypten* aus der Unterkirche und aus Padua nebeneinander,[146] dann fällt letztlich derselbe Unterschied auf, der schon im Vergleich zwischen den Malereien der Magdalenen- und denen der Arena-Kapelle deutlich wurde.[147] Die *Flucht nach Ägypten* findet in dem Unterkirchen-Fresko vor einer gleichmäßig gestaffelten, mit zahlreichen Pflanzen bewachsenen Felskulisse auf einem schmalen Weg statt. Die Bewegung der Figuren beginnt links mit einer noch beinahe stehenden Wasserträgerin, wird vehement weitergeführt mit der weit ausschreitenden Gebärde des Eseltreibers, über den Esel, der Maria mit dem Jesuskind trägt, bis zu Joseph, der vor dem Anstieg des Weges sich fast zögerlich umdreht. Dieser Figurenzug und die gleichmäßige, dekorative Gestaltung der Landschaft scheinen dem Fortgang der Flucht zu entsprechen und die Darstellungen der "Ereigniszeit" zu betonen. Allerdings werden dem Bewegungsfluß an den Bildrändern durch Architekturen auf den Anhöhen und durch senkrecht emporwachsende Bäume Grenzen gesetzt.

In Padua hingegen erstreckt sich der Bewegungszug über die ganze Bildbreite. Er entwickelt sich durch Rückwendungen und gegenläufige Bewegungen, rhythmisiert von einer stark angeschnittenen Figur, über ein ausschreitendes Paar, den Esel, auf dem die Maria mit ihrem Kind "thront", bis zu dem Eselführer und Joseph, der schon fast wieder aus dem Bild verschwindet. Nicht begleitend wie in Assisi, sondern zunächst kontrapunktisch zu der Figurenbewegung und sie dadurch erfahrbar machend steigen die Felsen schroff fast bis zum oberen Bildrand an, um dann sanft abzufallen. Hier unterstützen sie die Richtung der Figuren und schaffen dem hilfreich wegweisenden Engel Raum.

Auf diesem Fresko wird also "Ereigniszeit" in einem durch das Zusammenspiel von Landschaft und Figuren rhythmisierten Handlungsablauf dargestellt. Im Damensitz hält sich die Madonna sehr aufrecht auf dem Eselsrücken. Sie umfaßt mit beiden Armen den Jesusknaben, der auf ihrem Oberschenkel sitzt und sich an die Mutter schmiegt. Während in Assisi der kleinere Knabe die Mutter ansieht, diese sich vorbeugt, aber über das Kind hinweg ihren Blick auf Joseph richtet, also beide am Fortgang des Geschehens beteiligt sind, werden hier Maria und Jesusknabe aus dem Fluß des Ereignisses herausgehoben. Der sie hinterfangende Felsen befestigt sie in der Mittelachse und isoliert sie zugleich von der Umgebung, aus der sie kein Blick der Handelnden trifft. Verbunden bleibt die Madonna lediglich mit dem Engel, der sie ansieht. Seine Anwesenheit erfordert aber keine äußere Reaktion. Vergleichbar mit Maria auf dem Hochzeitsbild erscheint auch diese Madonna über den Fluß der Handlung erhaben. Wie bei den anderen Paduaner Fresken wird ein Moment der "Überzeitlichkeit" in die Darstellung integriert. In der Madonnengestalt ist die Zeit der Erzählung aufgehoben und in ein Moment des

---

[146] Bellosi (1981), Abb. 75, Poeschke (1985), Abb. 232.

[147] Vgl. Kapitel zu Magdalenen-Kapelle.

"Außer-der-Zeit-Seins" gebracht wie in der Gestalt Christi auf dem Lazarus-Erweckungsbild.

Auf der Darstellung in Assisi hingegen begleitet die Landschaft die Figuren und ponderiert ihre Bewegung zur spannungslosen Gleichmäßigkeit aus. Dies entspricht dem Bildaufbau und den Landschaften, die in der Magdalenen-Kapelle beschrieben wurden, und bedingt die übergänglichen Haltungen der Figuren, durch die die Erzählzeit ausgedrückt werden soll. Aber gerade in der Übergänglichkeit verliert die Madonna ihre Erhabenheit – der Blick Josephs, dem der begleitende Junge als Gegenüber fehlt, trifft sie, und kein Felsen "befestigt" sie und betont so ihren bestimmten Ort.[148] Wie bei den Magdalenen-Fresken wird nicht die Integration eines überzeitlichen Moments in die aktuelle Ereigniszeit gestaltet, sondern mit dekorativer, malerischer Detailfreudigkeit – besonders deutlich an der wassertragenden Frau – eine Geschichte erzählt, in der die Besonderheit der Figuren lediglich durch Zeichen – etwa Nimben – mitgeteilt wird. So wurde die Unberührbarkeit des Christus auf dem *Noli me tangere*-Fresko nicht durch das Verhältnis der Figuren zueinander und die Sammlung seiner Gestalt um die Körperachse, sondern durch das "Zeichen" des Strahlenkranzes dargestellt.[149] Dabei bleiben Haltung und Ausdruck der Figur beinah nebensächlich und können, fast wörtlich, hier im Querhaus bei dem Joseph der *Flucht* wiederverwandt werden können.

Das Fresko des *Kindermords* im nördlichen Querschiff gibt ein Beispiel erzählerischer Detailfreudigkeit, wie sie sich in der Vielzahl von Figuren äußert.[150] Vergleichbar mit der "Personalerhöhung" auf dem Erweckungsbild der Magdalenen- gegenüber dem der Arena-Kapelle, ist auch hier die Anzahl der Figuren gegenüber der Paduaner Darstellung erheblich vermehrt.[151] In Padua charakterisieren zwei hinterfangende Gebäude die unterschiedlichen, sich gegenüber stehenden Gruppen der befehlsausführenden, brutalen Schergen und der angegriffenen, schreienden Frauen. Das Geschehen kulminiert in dem Schergen, der in der Mittelachse über dem Leichenberg der Kinder steht und beide Figurengruppen auf schrecklichste Weise verbindet.[152]

---

[148] Zwar heben die Felsen und die sich neigende Dattelpalme die Madonna als zentrale Gestalt hervor, betonen aber insgesamt die Bewegungsrichtung, den Fortgang der Handlung. Dies deutet einen grundsätzlichen Unterschied zu den Arena-Fresken an, allerdings läßt der Wechsel von Elementen - Blicken, Gesten, mitsprechenden Pflanzen und Felsformationen -, die nach vorne bzw. zurück weisen und so das Geschehen rhythmisieren, deutlich auf eine Schulung an Giotto-Werken bzw. bei Giotto schließen. Allerdings werden die Giotto-Anklänge eher wie auf den Fresken der Magdalenen-Kapelle ins Dekorative gewendet.

[149] Abb. 218 bei Poeschke (1985).

[150] Abb. 233 bei Poeschke (1985).

[151] Abb. 80 bei Mueller von der Haegen (1998).

[152] Der Scherge auf der *Paulusmarter* des Stefaneschi-Altars ist die verdichtete Weiterentwicklung

Die Komposition in Assisi erscheint auf den ersten Blick reicher: Die Geschlossenheit der Tempelansicht, die in Padua die Frauen hinterfängt, wird aufgelöst in einen kleinteiligeren, städtischen Gebäudekomplex. Die Gefühllosigkeit der Soldaten und die Verzweiflung der Mütter wird vehementer ausgedrückt. Die Figurengruppen sind in Assisi nicht so eindeutig voneinander getrennt: so schreien z.B. einige Frauen ihr Leid im "Schutze" des Herodespalastes heraus und auf der anderen Seite sind Soldaten aufmarschiert. Fast gleichgültig bedrängen sie die verzweifelten Frauen von hinten. Dadurch gibt Herodes den Befehl, die Kinder zu töten, nicht mehr, wie in Padua, den Frauen ins Angesicht, sondern spricht seine Soldaten an.

Die Pferde, die Soldaten – das sich gegenseitig Anblicken auch der Schildträger am Bildrand – erinnern ebenso wie die schmalen Frauenköpfe unter den weißen Hauben in den Darstellungen der Wunder nach dem Tod des heiligen Franziskus[153] an die Seitentafeln des Stefaneschi-Altars.[154] Es sind Erinnerungen, Einzelgestalten, aber weder dasselbe Kompositionsprinzip noch dieselbe gestalterische Qualität, die ein Mitarbeiter der römischen Werkstatt Giottos nach Assisi möglicherweise mitgebracht hat. Am Stefaneschi-Altar wurden durch dasselbe Kompositionsprinzip wie auf den Arena-Fresken unterschiedliche Sphären des komplexen Inhalts in eine Gesamthandlung integriert und zu einem allgemeingültigen Ausdruck geführt.[155] Die Darstellung des Geschehens in Assisi hingegen steigert sich nicht auf einen zusammenfassenden, allgemeinen Ausdruck der Tat, sondern verliert sich in der detailierten Schilderung menschlicher Brutalität und leidvoller Reaktion. Diese deutliche Betonung der erzählerischen Momente verbindet die Gestaltung dieses *Kindermord* mit der *Flucht nach Ägypten* ebenso wie mit den Darstellungen der *Erweckung des Lazarus* oder des *Noli me Tangere* in der Magdalenen-Kapelle und unterscheidet sich trotz Aufnahme einzelner Motive prinzipiell von den giottesken Kompositionen der Arena-Fresken, des Stefaneschi-Altars und auch der Vierungsfresken.

Im nördlichen Querarm gibt es allerdings auch Darstellungen, die nicht geprägt sind von der malerisch dekorativen Art dieses Künstlers. So verbinden Kompositionsprinzip und die Verdichtung des Raums die Gestaltung der *Disputa*[156] enger als die zuvor genannten Beispiele mit den Vierungsfresken:

---

dieser Figurenbildung des Paduaner Freskos.

[153] Abb. 237 u. 238 bei Poeschke (1985).

[154] Lisner (1995), S. 98, weist auf diese Verbindung zwischen Altarwerk und Unterkirchenfresken hin.

[155] Vgl. vorangegangenes Kapitel.

[156] Poeschke (1985), Abb. 234.

Der zwölfjährige Jesusknabe diskutiert mit den Schriftgelehrten im Mittelschiff des Tempels. Dem Betrachterblick öffnet sich dieser Sakralraum in einem Längsschnitt vom Seitenschiff über das flachgedeckte Mittelschiff und das hintere, kreuzrippengewölbte Seitenschiff bis an die Außenwand. Die Öffnung nach vorne läßt an die "Innenräume" in Padua z.B. auf der Darstellung des *Pfingstfestes* denken.[157] Dort allerdings wird das Gehäuse, wie auf den Fresken der Peruzzi-Kapelle, schräg in den Bildraum gesetzt, wodurch die Tiefenerstreckung tragender wird. Hier erscheint das Gebäude frontal zum Betrachter, wie auf der *Oboedientia-Vele*, und dadurch mit perspektivisch stark verkürztem Innenraum. Dort sieht der Betrachter von außen auf die Architektur, und die Figuren sitzen in einem für sie nach allen Seiten abgeschlossenen Raum. Hier wird ein Ausschnitt eines an den Seiten weiterführenden Gebäudes dargestellt, das den Betrachter quasi mit einschließt. Schon die *Fluchtlandschaft* in Padua, mehr noch die Stadtarchitektur der Florentiner *Drusiana-Erweckung* vermitteln durch ihren Ausschnittcharakter den Eindruck einer räumlichen Kontinuität. Dies wird hier verbunden mit der Einbeziehung des Betrachters, die mit der Öffnung des Bildraums für den Gläubigen durch die "Rahmenschwelle" bei den Mitteltafeln des Stefaneschi-Altars vorgebildet ist.

Wie auf den Darstellungen der *Flucht nach Ägypten* und der *Auferweckung der Drusiana* der Raumausschnitt durch die Figuren befestigt wird und deren Bewegung auf ein Zentrum steigert, so wird hier der Raum durch die Figurenanordnung begrenzt, um die Gesten, Bewegungen und Blickrichtungen auf den zentralen Christus-Knaben zu konzentrieren. Die Begrenzung schaffen an der einen Schmalseite das hereinkommende Elternpaar und an der anderen eine Reihe von eng gestaffelten Pharisäern – solch enge Reihe findet man an der Seite des "Castitas-Kastells" wieder. Vergleicht man diese *Disputa* mit der Darstellung gleichen Themas in Padua,[158] wird die Raumverknappung, die an der Figurenstaffelung besonders eindringlich ist, als weiterentwickelte, konsequente Figur-Raum-Gestaltung, begründet durch eine klar durchgeführte Perspektive, erkennbar.[159]

Auch wenn bei diesem Paduaner Fresko aufgefallen ist, daß das Gleichgewicht im Verhältnis von architektonischen Elementen und Figuren ausgewogener ist als bei den anderen Innenraum-Darstellungen in der Arena-Kapelle, so wird doch die sich erge-

---

[157] Abb. 96 bei Mueller von der Haegen (1998).

[158] Abb. 81 bei Mueller von der Haegen (1998).

[159] Die Konstruktion der Perspektive über die Diagonale des Quadrats wird an der Kassettendecke in derselben Weise wie am Fußbodenmuster auf der Petrus-Tafel des Stefaneschi-Altars deutlich. Vgl. Gioseffi (1971), S. 222-223 und Abb. 2.

bende Raumtiefe nicht als Handlungsraum genutzt.[160] Dieser wird – wie generell auf den Paduaner Darstellungen – durch die Figurenanordnung und die Figuren selbst geschaffen. Anders als dort umschließt die Architektur in Assisi die Figurengruppe und gibt ihr den Handlungsraum vor. Dies entspricht zunächst dem Verhältnis von Figur und Raum, das die Florentiner Darstellung des *Herodes-Gastmahls* prägt.[161] Wie dort können sich die schwergewichtigen Figuren in dem vorgegebenen Raum auch hier freier und geschmeidiger bewegen als in einem Handlungsraum, den sie sich erst selbst schaffen müssen.

Die Wirkung der Rede des majestätisch im mittleren Joch der Architektur thronenden Christusknaben zeigt sich an den unterschiedlichen Gebärden und Körperhaltungen der Pharisäer. Einige weichen mit dem ganzen Körper erschreckt zurück, andere sind ganz in sich verschlossen oder auch gespannt aufgerichtet, und wieder andere zeigen mit abwägenden Gesten ihre Skepsis. Diese individuell verschiedenen Reaktionen sind gut mit den unterschiedlich dargestellten emotionalen Zuständen der Jünger auf dem römischen Mosaik vergleichbar. Durch sie entsteht ein spannungsgeladener Rhythmus, der auf den zwölfjährigen Knaben konzentriert ist.

In Einheit mit dieser Gruppenkonstellation dient auch die Architektur der Konzentration auf das Zentrum – dies unterschiedet sie von der Konzeption der Hintergrundlandschaft auf der *Flucht nach Ägypten* desselben Zyklus` und gleicht eher der kompositionellen Struktur auf den Mitteltafeln des Stefaneschi-Altars. So wirkt das mittlere Joch durch die Perspektivkonstruktion wie ein eigener Raum, wie ein Throngehäuse für den Christus-Knaben. Hier weichen die Pharisäer zurück und finden Halt an den Arkadenpfeilern bzw. -vorlagen. Auf diese Weise wird der Zwölfjährige deutlich isoliert und die Möglichkeit geschaffen, ihn der Erzählzeit zu entheben.

Die "Kette" der direkten Aufmerksamkeit durch die Pharisäer wird von dem Elternpaar unterbrochen, einer von ihnen dreht sich zu ihm um und verleiht durch seine Gegenwendung der Geste Mariens einen starken Impuls. Die drei an der Schmalseite so eng nebeneinander Sitzenden bilden ein direktes Gegenüber zu den Eingetretenen und schließen dadurch nicht nur den Handlungsraum an der rechten Seite ab, sondern ermessen mit ihren Blicken auch dessen ganze Weite.

Gerade an diesem Gegenüber von Pharisäerreihe und Elternpaar wird eine größere Verdichtung des Bildgefüges als auf den Paduaner Darstellungen erfahrbar. Bildeten dort die Schriftgelehrten gegenüber Maria und Joseph, wie die Frauen auf der *Marienhochzeit*, eine schräggeführte Phalanx als Hinführung auf das Zentrum und zugleich raumschaffendes Element, so sind sie hier eingebunden in einen Gesamtraum und eine

---

[160] Vgl. Kapitel zur Arena-Kapelle.

[161] Vgl. Kapitel zur Peruzzi-Kapelle; Abb. 118 bei Mueller von der Haegen (1998).

darin kontinuierlich ablaufenden Handlung. Auch die Rückenfiguren und die vorderen Architekturelemente unterstützen diese Geschlossenheit. Zieht man das Fresko des *Pfingstfestes* in Padua, auf dem ebenfalls Rückenfiguren und Arkadenpfeiler den Innenraum zum Betrachter hin abschließen, zum Vergleich mit dieser *Disputa* heran, wird deutlich, daß die konsequente perspektivische Raumgestaltung mehr "Luft" zwischen den Reihen der Sitzenden darstellbar werden läßt. Durch diese Konstruktion werden die Figuren weniger eng miteinander verzahnt und haben mehr Handlungsraum zur Verfügung. Dies ist derselbe Unterschied, der schon zwischen der Ognissanti-Tafel und der Petrus-Tafel des Stefaneschi-Altars oder zwischen der Paduaner und der Florentiner *Erweckungs-Szene* aufgefallen ist.

In Padua ist der kindlich gestaltete Jesusknabe zwar durch die ihn hinterfangende Architektur überhöht und isoliert ins Zentrum der Figurenreihen gesetzt, aber durch seine Gebärde und seine Körperhaltung sehr direkt auf die Umgebung, vor allem auf Maria bezogen. Die Schriftgelehrten gleichen die momentane Gebärde des Knaben aus, und die Architektur vermittelt durch ihren Rhythmus in besonderer Weise das allgemeingültige Moment dieser Erzählung. Der Knabe in Assisi hingegen sitzt streng frontal in der Mittelachse, ohne sich aus der Achse zu drehen. Er ist bekleidet mit einem Gewand, das üblicherweise erst dem erwachsenen Herrn zukommt. Sein Sprechgestus wirkt wie ein Segnen und in der linken Hand hält er einen geschlossenen Rotulus. Unterschieden von allen anderen Anwesenden, wird er auf diese Weise erhabenes Zentrum inmitten sehr individuell gestalteter Zuhörer. In der ausgeglichenen, ruhigen Architektur, die der Frontalität des Knaben entspricht, reagieren nur die Pharisäer und das Elternpaar als zeitlich bewegtes Moment – diese Individualität und Zeitlichkeit verbindet die Darstellung mit der *Navicella* und den Peruzzi-Fresken. Wie dort erscheint auch hier gerade darin die wiedererkennbare Alltäglichkeit, in der das Erstaunliche geschieht. Aus ihr und damit aus der aktuellen Erzählzeit wird der Christusknabe um einige Grade entrückt. Auch hier ist seine Erhabenheit nicht attributiv, sondern als ihm körperhaft zugehörig gestaltet.

Innerhalb des Zyklus` der *Jugendgeschichte Christi* in der Unterkirche gibt es also Darstellungen, die eher der dekorativen Art des Künstlers der Magdalenen-Kapelle zuzuordnen sind, wie die *Flucht nach Ägypten*. Es gibt auch Figurenbildungen mit überlängten Proportionen und weniger ausgeprägter Körperlichkeit – Charakteristika, die im Umkreis von Taddeo Gaddi wiederzufinden sind, wie auf der Darstellung *Heimkehr nach Nazareth*. Die Darstellung der *Disputa* aber folgt dem Kompositionsprinzip der Arena- und Peruzzi-Fresken. Hier ist jedes dekorative Detail, jede Bewegung der Körper, jede Geste und die ganze Bildkonstruktion erfunden für die Gestaltung der Integration des Überzeitlichen in eine individualisierte Welt.

Perspektivisch angelegte Räume und wiedererkennbare Dinglichkeit der Umgebung bestimmen auch die Darstellungen des südlichen Querarms, der durch Pietro Lorenzetti mit Szenen der *Passion Christi* ausgemalt wurde.[162] Die meisten Szenen des Passionszykus` sind geprägt durch eine Fülle von Figuren, die in einen gleichmäßigen Erzählfluß eingebunden sind. Dadurch erinnern sie an das Orsini-Triptychon Simone Martinis, zeichnen sich aber durch erheblich dramatisierte und übersteigerte Gesten des Gefühls aus.[163] Die *Geißelung* hingegen scheint schon durch die architektonische Anlage und die zentrale Position Christi anders strukturiert zu sein.[164]

Sie findet in einer offenen, vorspringenden Palasthalle statt. Es ist eine außerordentlich prunkvolle, antikisierende Architektur, deren Tiefe sich durch die Perspektive an Decke und Fußboden erschließt. Vorne links führt ein besonders auffällig und beinah genrehaft dargestellter Soldat in die Szene ein, der auch die festlich bekleideten Juden beiwohnen wollen, die sich diagonal gegenüber drängen. Pilatus, in prächtigem Gewand und mit Lorbeer bekrönt, gewinnt von seinem Thron an der Schmalseite neben dem Soldaten aus den beherrschenden Überblick. Inmitten dieses Prunks und inmitten dieser bis ins Detail reich gezierten Zuschauer ist Christus fast nackt an eine Marmorsäule gebunden und wird von zwei betont schlicht gekleideten Schergen mißhandelt.

Auch wenn den einzelnen Figuren große Plastizität gegeben ist, verlieren sie doch ihre Schwere bei Berührung des Bodens, über den sie eher zu schweben scheinen. Ebenso nutzen sie nicht einen möglichen Raum, sondern bewegen sich entlang der Fläche. Wie wenig raumgreifend hier die Gebärden sind, zeigt sich besonders deutlich bei den gewalttätigen Schergen. Dieses Phänomen wurde schon bei der Beschreibung der *miniaturist tendency* beobachtet.[165] Es verhindert eine mögliche Kohärenz von Figur und Raum und zeigt eine Gesamtstruktur, die nicht die Kraft hat, das Bildgefüge auf eine zentrale Handlung zu konzentrieren. Die Ausdruckskraft dieser Darstellung liegt in dem malerischen, überaus detailfreudigen Kontrast zwischen den die Figuren charakterisierenden Gewändern und dem damit in Gleichklang gebrachten Mienenspiel. In diese reich erzählte "Novelle" ist Christus in derselben Weise wie jeder andere Handelnde eingebunden. Man gewinnt den Eindruck einer historischen Erzählung. Dazu passen die Nebenmotive, die das Obergeschoß des Palastes bestimmen: »In Grisaille gemalte Putten

---

[162] Vgl. Maginnis (1975) und (1982); Scarpellini (1982), S. 328-340; Poeschke (1985), S. 110-115.

[163] Lisner (1995), S. 109-112, vermutet den jungen Pietro Lorenzetti als Mitarbeiter Giottos in dessen römischer Werkstatt. Tatsächlich erinnern besonders in der Darstellung der Kreuzigung [Abb. 266-269 bei Poeschke (1985)] die Trauernden um Maria, aber auch die Soldatengesichter und die Pferde an die Apostelmartyrien des Stefaneschi-Altars, erreichen allerdings nicht die dortigen Gefühlswerte und Geschmeidigkeit der Bewegung.

[164] Abb. 264 bei Poeschke (1985).

[165] Vgl. Kapitel zum Stefaneschi-Altar.

[...] inszenieren hier mit großer Munterkeit eine Hasenjagd, während weiter rechts ein Knäblein, das zusammen mit seiner Mutter im Fenster erscheint, einen Affen, den es an der Leine hält, auf dem Gesims spazieren läßt. In dieser Weise auch das Obergeschoß mit Nebenszenen bzw. Nebenfiguren zu beleben, hat bis in die Malerei der späten zwanziger Jahre keine Parallelen. Erst in den Fresken der Baroncellikapelle gibt es Vergleichbares.«[166]

Sieht man von hier auf das andere Querschiff, dessen Darstellungen nach Tantillo-Mignosi in Kenntnis des Passionszyklus` oder sogar unter Mithilfe der dortigen Werkstatt und, nach Schönau, in stilistischer Angleichung daran gemalt sind,[167] dann springt selbst im Vergleich zu den detailfreudigen Fresken, die den Darstellungen der Magdalenen-Kapelle nahe stehen, ins Auge, daß auch diese eher noch in den Horizont der Malerei Giottos als der Pietro Lorenzettis gehören. In einem solchen Sinn scheinen die Bezeichnungen »Giotto-Schule« für die Magdalenen-Kapelle und »Giotto-Werkstatt« für das nördliche Querschiff durchaus gerechtfertigt.[168]

Wie oben schon ausgeführt, hebt sich das Fresko der *Disputa* aus den anderen Szenen der Jugendgeschichte Christi in besonderer Weise hervor und ist am direktesten an die Malereien der Vierung anzuschließen. Dort und in den *Vele* der drei "Ordens-Tugenden" dient die wiedererkennbare Dinglichkeit wie auf den Tafeln des Stefaneschi-Altars, den Darstellungen in der Peruzzi-Kapelle und auf der *Navicella* der Individualisierung der Figur oder der Konkretisierung des Raums. Sie bleiben dabei aber streng gebunden an die Handlung der gewichtigen Figuren im Raum und damit auch an das Kompositionsprinzip, das durch die Steigerung auf das Zentrum hin und durch die Reflexion desselben die Sphären der Empirie und des Überzeitlichen miteinander verbindet, Gestalt werden läßt, ohne die Unterschiede aufzuheben. Auf den Darstellungen Pietro Lorenzettis hingegen überwiegt die Empirie in den Milieuschilderungen und im dekorativen Zierat an Architektur und Kleidung. In die Buntheit des erzählten Lebens scheinen sich die Gesten der Trauer und die Mienen des Schmerzes wie dunkle graphische Elemente einzuschreiben. Die Handlung sammelt sich nicht um ein Zentrum, in dem ein geistiger Gehalt in der Spanne von empirischer Wirklichkeit und Überzeitlichkeit verkörpert wird, sondern bleibt im Fluß der Augenblickszeit einer narrativen Geschichte. Aus solcher Darstellung können solch weitläufige und liebevoll genaue Schil-

---

[166] Poeschke (1985), S. 113.

[167] Tantillo-Mignosi (1975), S. 129-142; Schönau (1985), S. 137. Lediglich die Darstellung *Der Tod des Jünglings von Sessa* zeigt hinsichtlich der mütterlichen Trauergebärde eine gewisse Vergleichbarkeit zur *Kreuzabnahme* im südl. Querarm. Vgl. zu diesem Fresko Poeschke (1985), S. 44, der eine Nähe zur Franzlegende in der Oberkirche sieht. Dies scheint mir nur teilweise zutreffend, gerade solch körperliche Nähe als Ausdruck von Gefühl gibt es dort nicht.

[168] So unterscheidet z.B. Poeschke (1985).

derungen wie von Ambrogio Lorenzetti in der Darstellung der Wirkung des *Guten und Schlechten Regimes*[169] entspringen, aber nicht die erzählenden und dennoch einer strengen hieratischen Struktur unterworfenen Allegorien der Vierung.

Auf dem Fresko der *Disputa* im nördlichen Querarm erschien der vorgegebene Raum gegenüber den Darstellungen in der Peruzzi-Kapelle oder auf den Seitentafeln des Stefaneschi-Altars durch die Perspektivkonstruktion stärker verdichtet. Auf diese Weise wird die Kohärenz zwischen handelnder Figur und Raum größer. Das gleiche gegenüber der Peruzzi-Kapelle modifizierte Verhältnis von Figur und Raum ist auch an den *Vele* zu beobachten. Figurenbildungen und Malerei sind allerdings mit den Florentiner Darstellungen vergleichbar. Schon bei den Figuren dort ist die malerische gegenüber der eher bildhauerischen Behandlung der Körper und Gewänder in Padua aufgefallen. Dieses Moment tritt hier auf den *Allegorien* noch deutlicher zutage in den weich fallenden Gewändern, ihren durch Farbreflexe changierenden Stoffen, und den zart modellierten Gesichtern oder der golddurchwirkten Farbabstufung, mit der auf der *Franziskus-Vele* Räumlichkeit entsteht. Keinesfalls aber werden dabei Volumen und plastische Präsenz der Figuren negiert. So haben – um nur einige Beispiele zu nennen – die mit Schwung knienden Engel auf der südlichen *Vele* oder die *Oboedientia* selbst, auch der heilige Franziskus auf der *Hochzeits-Vele* oder die dort das Geschehen gespannt verfolgenden, vorderen Engel ebenso wie die Wächter und die Emporsteigenden auf der nördlichen *Vele* eine Körperlichkeit, die der des auferweckenden Johannes oder der herankommenden Musiker in der Peruzzi-Kapelle in nichts nachsteht.

Hier zeigt sich, welch breites Spektrum von Möglichkeiten der Figurenbildung Giotto zu Gebote stand. Anstatt hierin Variationen eines giottesken Grundtypus zu erblicken, hat die bisherige Forschung darauf eher mit der Tendenz zur Abschreibung reagiert. So wurde z.B. schon beim Stefaneschi-Altar der Christus-Tafel eine größere Entfernung von Giotto angesehen als der Petrus-Tafel. Solche Interpretation beruht letztlich in der Tradition Rintelens auf einer Verabsolutierung der einseitig gesehenen Figurensprache der Arena-Kapelle, die weder Entwicklungen noch Modifikationen nach Maßgabe des jeweiligen Gegenstandes zulassen kann.

Für den Stefaneschi-Altar konnte gezeigt werden, daß die Unterschiede der beiden Mitteltafeln vor allem zur Gestaltung ihres unterschiedenen Gehalts kohärent zur Gesamtkonzeption der Seiten erfunden wurden. Auch die Unterschiede der Figurenbildung innerhalb der Darstellungen der Peruzzi-Kapelle, z.B. zwischen dem *Festmahl des Herodes* und der *Auferweckung der Drusiana*, dienen der Verkörperung eines jeweils

---

[169] Allegorie des Guten und Schlechten Regimes, Ambrogio Lorenzetti, Palazzo Pubblico, Siena, Belting (Hrsg.) (1989), II-VI.

anderen Inhalts oder der unterschiedlichen Charakterisierung der Handelnden. In dieser Florentiner Kapelle sind die Frauen – z.B. bei der *Verkündigung an Zacharias*, der *Geburt des Täufers* und der *Himmelfahrt des Evangelisten* – mit schmalerem Oberkörper als die Männer in denselben Darstellungen oder auch als die Frauen auf den Paduaner Fresken dargestellt. Trotzdem geben sie keinen Anlaß zur Händescheidung, sondern sind eher Beispiel für die gegenüber den früheren Fresken erweiterte Möglichkeit zur Individualisierung der Figuren. Auch in den *Vele* findet man Figuren unterschiedlicher Körperlichkeit – dies wurde exemplarisch an der *Paupertas-Vele* aufgezeigt und gilt ebenso für die anderen. So treten etwa die Gestalten der *Humilitas* und der *Prudentia* auch in ihrer plastischen Präsenz als Begleittugenden gegenüber der *Oboedientia* zurück oder erscheinen die Engel, die über dem Kastell der *Castitas* schweben, in zarterer, "himmlischerer" Gestalt als die wehrhaften Wächter.

Gerade aus den Vergleichen innerhalb der Unterkirche, mit der Dekoration in S. Chiara und den genannten Franziskanerkirchen wird sehr deutlich, daß sich die Figurenbildung der *Vele*, aber auch die knappen, gegen den Körper gewinkelten Gesten, die Organisation der Gruppen durch Zu- und Abwenden sowie Anfangs- bzw. Schlußfiguren mit den bisher untersuchten Giotto-Werken verbinden lassen. In allen vier Vierungs-Fresken folgen die Gesamtkompositionen dem Prinzip der rhythmischen Steigerung durch Gebärden der beteiligten und reagierenden Personen sowie durch vorbereitende Handlungen auf ein Zentrum, in dem diese zur Vollendung gebracht werden. Die Hervorhebung der in den Gruppenrhythmus eingebundenen zentralen Figur oder Handlung geschieht durch eben diese rhythmische Steigerung und eine sich daraus entwickelnde Freistellung des Zentrum. Durch die so strukturierte Handlung kann die Augenblickszeit der Erzählung in der Gebärde der zentralen Figur oder in der Spannung über eine "leere Mitte" hinweg zwischen den Figuren angehalten und ein Moment des Immerwährenden evoziert werden. In die erzählende, zeitliche Darstellung wird auf diese Weise eine Sphäre des "Außer-der-Zeit-Seins" und nicht Erzählbaren integriert. Durch die Entwicklung vom Handlungsraum, den die Figuren sich selbst schaffen, zum Handlungsraum, der mit Hilfe stringenterer perspektivischer Darstellung für die Figuren vorgegeben ist, können die Handelnden in ihren emotionalen Reaktionen individueller und, kongruent mit ihnen, die Umgebungen "alltäglicher" gestaltet werden. Die "Wunder" finden so in einer wiedererkennbaren Alltagswelt statt. Die unterschiedlichen Sphären der "Identifikationsfiguren" für den Betrachter und der realen Dinglichkeit einerseits, andererseits der Heiligen und der überzeitlichen Geschehen werden auf den Darstellungen der Peruzzi-Kapelle, auf der *Navicella* und auf dem Stefaneschi-Altar in eine gemeinsame Handlung integriert und nehmen so Gestalt an.

Dies geschieht auch in den Vierungsfresken. Mit klar strukturierter Perspektive, die verglichen werden konnte mit der Petrus-Tafel des Stefaneschi-Altars und der *Dis-*

puta des nördlichen Querschiffes, wird die Zwickelform und die Wölbung der architektonischen Vorgabe genutzt, um einen Raum zu schaffen, der einerseits den Handelnden vorgegeben ist und andererseits in seiner Verdichtung die Integration einer
allegorischen Figur in eine Handlung von individualisierten Personen ermöglicht. Hier
wird nicht ein Begriff personifiziert wie bei den Paduaner Tugenden, auch nicht eine
zwar abstrakte, doch erzählte Vision wie bei *Johannes auf Patmos* dargestellt, sondern
eine Tugend, für die man sich entscheiden muß und die sich im Leben zeigt.[170]

VII.4 Ausblick auf die Bardi-Kapelle in S. Croce zu Florenz

Der erste Hinweis auf eine Beziehung der Vierungsfresken zur Bardi-Kapelle, die der
Florentiner Peruzzi-Kapelle in S. Croce benachbart ist, ergibt sich aus den, allerdings
teilweise zerstörten, Darstellungen der Ordenstugenden und des Ordenstifters am Ka-
pellen-Gewölbe. Deren Anordnung und Ikonographie werden erst durch die *Vele* in
Assisi verständlich[171]: In Ordenskutte und mit umgebundenem Joch sitzt *Oboedientia*,
dargestellt als Halbfigur, auf einem Thron und gebietet Schweigen. Rosen wachsen auch
hier hinter der schmächtigen, mit zerfetztem Kleid gewandeten Halbfigur der *Paupertas*.[172] Sie wird von einem Untier bedrängt und gerät so in eine etwas widersprüchliche
Bewegung. *Castitas* ist im Fenster ihres Turms, wegen des schlechten Erhaltungszu-
stands der Fresken, nur noch ahnbar. Umschlossen von Sechspässen und runder Rahmung erscheinen die Personifikationen von *Oboedientia*, *Castitas* und *Paupertas* wie in
Assisi mit kantigen Nimben beinahe in Form "abstrakter" Verdichtungen aus dem
Handlungszusammenhang der Darstellungen der Vierung.[173] Hieraus kann zumindest ein
chronologisches Verhältnis zwischen beiden Malereien abgeleitet werden.

Gestiftet wurde die Kapelle, die dem heiligen Franziskus geweiht ist, von Ridolfo
de' Bardi, auch Doffus und Dossus genannt.[174] Er erbte nach dem Tod seines Vaters
Bartoldo 1310 zusammen mit seinem Bruder Bankhaus und Handelsgeschäfte, aber auch
»his combined loyalities to the pope, to the House of Anjou, and to the Guelph party, a
powerful amalgamation of piety, politics, and money«[175] und entwickelte diese »lukrative

---

[170] Das Leben, gedeutet unter der Herrschaft einer Tugend, wurde bis dahin hauptsächlich literarisch
bearbeit, nicht aber visionalisiert.

[171] Abb. Blume (1983), Abb. 147-150. Vgl. dazu Schönau (1983), S. 101-102.

[172] Abb. 138 bei Mueller von der Haegen (1998).

[173] Vgl. Schönau (1983), S. 102.

[174] Vgl. Goffen (1988), S. 52. Zur Baugeschichte von S. Croce vgl. Paatz (1955), Bd. 1, S. 505; Blume
(1983), 147-150; Conti (1972), S. 247f.

[175] Goffen (1988), S. 52.

Mischung« bis zum Bankrott 1346 weiter.[176] Von wem, wann und an wen die Fresken in Auftrag gegeben wurden, ist nicht dokumentiert.[177] Zu Beginn der Untersuchung der Peruzzi-Kapelle wurde erwähnt, daß die Bardi-Kapelle in der kunstgeschichtlichen Forschung traditionell in die zwanziger Jahre des Trecento datiert und, mit Vasari, Giotto zugeschrieben wird.[178] Der Zeitrahmen ergibt sich aus der dokumentierten Anwesenheit Giottos ab 1320 in Florenz bzw. einer Darstellung des 1317 kanonisierten heiligen Ludwig von Toulouse und dem Neapolitaner Aufenthalt Giottos ab 1328.[179]

Wie die Darstellungen in der Peruzzi-Kapelle waren die der Bardi-Kapelle im Barock vollständig übertüncht. Sie sind Anfang der fünfziger Jahre des 19. Jahrhunderts wiederentdeckt, freigelegt und gründlich überarbeitet worden.[180] In den Jahren 1958-1959 wurde diese Bearbeitung entfernt und die durch frühere Einbauten entstandenen Fehlstellen als solche gelassen, so daß sich die Ausmalung heute in einem verstümmelten Zustand präsentiert.[181] Die Seitenwände schmücken jeweils drei durch ornamentierte Bänder eingefaßte Szenen aus der Franziskus-Legende, deren "Summe", die *Stigmatisation*, außerhalb des Kapellenraums vom Langhaus aus zu sehen ist.[182] Heilige unter Arkaden an den Fensterlaibungen, Heilige, Propheten in Mehrpässen im Eingangsbogen und die genannten Darstellungen am Gewölbe ergänzen die Ausmalung.[183]

---

[176] Die Zahlungsunfähigkeit der königlichen Schuldner aus Frankreich, England. Sizilien trieb neben dem Bankhaus der Bardi auch das der Peruzzi in den Ruin. Vgl. Goffen (1988), S. 54; Borsook/Tintori (1965), S. 6-10.

[177] Vgl. Goffen (1988), S. 54-56.

[178] Vgl. Gosebruch (1970), S. 100-104; Brandi (1983), S. 135-141, S. 175f. (Literaturbericht); Rave (1984), S. 291-299; Goffen (1988), S. 55-56, bes. Anm. 40; M.V. Schwarz (1993), S. 46-47. Zweifel an der Autorschaft Giottos erhoben: Oertel (1949), S. 216-220, und Hueck (1977b), S. 143-155.

[179] Zur Anwesenheit in Florenz: Borsook/Tintori (1965), S. 10; Gnudi (1958), S. 243-247; zum Aufenthalt in Neapel: Vasari (Milanesi), Bd.1, S. 389-391; Bologna (1969), S. 59-69.

[180] Vgl. Gy.-Wilde (1930), S. 62-63; Anm. 22: 1853, als die Arbeiten im Inneren der Kapelle vollendet waren, erschien der Bericht von Cesare Guasti: Gli affreschi di Giotto nella capella de' Bardi, Firenze Galileiana, S. 40 [Opere di Cesare Guasti, Prato 1997]. Während der Bericht von 1849: Degli affreschi di Giotto nella capella de' Peruzzi in S. Croce, Lo Statuto, Firenze, 17, giugno 1849 - wiederabgedruckt in den Opuscoli, Band IV, Florenz 1874 - diese Kapelle nicht erwähnt.

[181] Vgl. Abb. Bellosi (1981), S. 74-75.

[182] Abb. 140-145 bei Mueller von der Haegen (1998). Vgl. dazu M.V. Schwarz (1993), S. 46; u. das Einleitungskapitel.

[183] Blume (1983), Abb. 138 u. 139.

»Le 'architetture in prospettiva' della Capella Bardi [...] possano rappresentare la fase più matura del pensiero prospettico giottesco.«[184] Gegenüber Padua sei der Sinn für Raum »più dilatato, più naturalistico. Perciò lo 'spaccato' è qui anche più clamoroso: e vale a distinguere lo spazoio 'vero' dallo spazio 'del quadro', benché si tratti [...] di due spazi di natura assai simile. Da ciò la necessità di separare il 'piano sezionatore' dal 'piano del quadro' per mezzo d'una breve cesura, che ci vieti di consideraci in tutto partecipi dello spazio rappresentato e di completare idealmente dietro e intorno a noi l'edificio fittizio. Il quale cosi rimane un 'mezzo-edificio': messo per cosi dire 'in vetrina' e cui è inibito di interferire nella reale cubatura della capella«.[185] Während die Konstruktion der dargestellten Architekturen in der Peruzzi-Kapelle auf einen Standpunkt im Eingang bezogen ist, folgt sie hier einem Blickwinkel vom Inneren der Kapelle. Mit großer Konsequenz verändert sich die Perspektive der Bildarchitekturen – je höher das Register ist, desto stärker wird die Untersicht. Unter diesem Aspekt kann Gioseffi von einer Kohärenz der Innenräume mit dem Außenraum sprechen. Diese Einbeziehung des Betrachterstandpunktes geht über die Anlage in der Peruzzi-Kapelle hinaus. Bedenkt man, daß auf der *Franziskus-Vele* der Thron des Heiligen deutlich sichtbar in die Höhe gezogen wird, daß auf der *Paupertas-Vele* dem im Zwickel erscheinenden himmlischen Wesen auf den Scheitel sehen kann und daß die Wölbung des Bildgrundes in der Komposition genutzt wird, um "Identifikations-Szenen" für den Betrachter mit der zentralen Handlung zu verbinden oder das Zentrum hervorzuheben, dann scheint es deutlich, daß in den *Vele* die Erfahrungen aus der Peruzzi-Kapelle genutzt und eine Grundlage für die klare Organisation der Bardi-Kapelle gelegt worden sind.

Besonders die Verknappung des dargestellten Raums durch die Perspektivkonstruktion fordert zu einem Vergleich mit den Vierungsfresken heraus.[186] Auf dem Lünettenfresko der linken Wand beginnt die Franziskuslegende mit dem *Verzicht auf die Habe*[187]. Schon in der Peruzzi-Kapelle wurde bei der Konzeption der Lünettenfelder auffallend genug mit der Bogenform umgegangen, hier aber schiebt sich der übereck gestellte, kubische Block des väterlichen Palastes aus der Bildtiefe weit in den Vordergrund. Auf diese Weise entsteht zwischen Rahmungsbogen und Architekturkante eine fast aggressive Spannung, die die Atmosphäre der Szene in sich birgt und durch die beiden Figurengruppen ausgetragen wird. Da der nach vorne stoßende Gebäudewinkel nicht in die Mittelachse gesetzt ist, ergibt sich für die Figuren auf der rechten Seite, die

---

[184] Gioseffi (1963a), S. 58.

[185] Gioseffi (1963a), S. 58-59.

[186] U.a. sahen schon Wulff (1904), S. 313-316; Supino (1927), S. 47; Tantillo-Mignosi (1977), S. 137-139; Schönau (1983), S. 101-103, diesen Zusammenhang.

[187] Abb. 152 u. 140 bei Mueller von der Haegen (1998).

von Franziskus "angeführt" werden, etwas weniger, dadurch auch gedrängterer Raum als für die linke Gruppe. Hier beginnt eine Folge emotionsgeladener Figuren mit einem steineschleudernden Kind und seiner Mutter, die es an den Haaren zurückhält; sie wird weitergeführt und rhythmisch gesteigert durch die Gebärden der anwesenden Kaufleute bis zu dem wütend in einem großen Schritt zur Mitte stürmenden Vater – aber auch er wird zurückgehalten. Die Figuren der anderen Seite stehen dichter zusammen und bereiten so das Zentrum vor: Gegen den knapperen Raum wird mit einem gestaffelten Figurenbogen eröffnet, denn auch hier beugt sich eine Mutter zu ihrem aufgeregten, schreienden Kind, um es in die geschlossene und ruhig stehende Klerikergruppe zurückzuholen.[188] Mit runden, vor dem Körper zusammengeführten Gesten wird zur Gebärde des Bischofs, der den heiligen Franziskus mit seinen Kleidern umschließt und so dessen Blöße bedeckt, hingelenkt. Dieser "neue Vater" ist eigens auf einen kleinen Sockel gestellt, damit seine Gestalt die des Franziskus und besonders dessen nimbiertes Haupt nicht bedrängt. Der Heilige steht unabänderlich fest genau an der Architekturkante – an ihm fügen sich die Seiten zusammen.[189] Mit großer Genauigkeit der Maße ist der bloße Oberkörper von Franziskus gegen den ihn hinterfangenden Bischof abgegrenzt, der Heilige ist dadurch isoliert und die zentrale Gebärde seiner betend emporgehobenen Händen betont.

Mit der hier besonders dynamisch eingesetzten Verknappung des vorgegebenen Handlungsraums ist wie mit der zurückspringenden Mauer in der Darstellung der *Auferweckung der Drusiana* die Spannung gesteigert. Auf diese Weise entsteht der Eindruck, der versöhnende Funke reiche von den Händen des Franziskus zum Vater hinüber. Hier wird, wie auf den besprochenen Giotto-Werken häufiger, das Besondere des Inhalts in der "leeren Mitte" "sichtbar". Die Komposition und das Verhältnis von Architektur, Figurengruppen und Raum wirken wie eine Umkehrung der für die Gestaltung ausgenutzten Wölbung in der *Paupertas-Vele* und sind vergleichbar mit dem gedrängten Handlungsraum vor dem Kastell der *Castitas*.

Ähnlich verdichtet sind auch die Innenräume der anderen Fresken: Etwa das Gehäuse der *Regelbestätigung*, deren Figurenkomposition schon mit der Darstellung aus der Oberkirche von Assisi verglichen worden ist.[190] Der architektonische Raum für die *Erscheinung in Arles* gleicht dem Kapitelsaal mit anschließendem Kreuzgang der *Oboedientia*. Allerdings ist die Kohärenz der sitzenden Ordensbrüder mit dem sie umgebenden Raum deutlich stringenter gestaltet als in Assisi.

---

[188] Abb. 139 bei Mueller von der Haegen (1998).

[189] Vgl. dazu auch Gosebruch (1970), S. 101-102.

[190] Vgl. das Einleitungskapitel.

Dieses kohärente, sich gegenseitig ergänzende Verhältnis von Figur und Raum ermöglicht bei gleichem Kompositionsprinzip eine gegenüber den Darstellungen der Peruzzi-Kapelle, aber auch der Unterkirchenvierung noch gesteigerte Beweglichkeit der Figur. Sehr prägnant ist dies auf dem Fresko der *Feuerprobe vor dem Sultan* durchgeführt. In einer planparallel geöffneten, einfachen Palasthalle beginnt mit der gesammelten Gebärde eines Franziskanermönchs an der rechten Bildseite eine Bewegung, die sich über den Sultan, der in der Mittelachse auf einem antikischen Thron sitzt, bis nach links fortsetzt. Beinahe brüsk abgewandt von dem Gefährten, der sich sehr dicht an seinem Rücken befindet, steht Franziskus im Profil vor dem entfachten Feuer und richtet seinen Blick fest auf den Sultan. Der Heilige scheint sich mit einer Hand an den Kopf fassen wollen, signalisiert aber so dem Sultan die Annahme der Feuerprobe.[191] Auf der anderen Seite verschwinden in einer eindrucksvollen Dreierreihe die heidnischen Priester. Während der erste schon halb durch die Tür ist, dreht sich der letzte noch einmal um und hebt die Faust gegen Franziskus. Ein farbiger Diener, der mit einem anderen dicht neben dem Sultansthron steht, verscheucht den wütenden Imam.[192] Er greift dabei in abgewandelter Form die Gebärde des Heiligen wieder auf, allerdings um den heidnischen Priester wegzuschubsen. Durch diese Gebärdenfolge werden die Figuren im Abstoß vom Sultansthron rhythmisiert.

In seinem abgeschlossenem Throngehäuse scheint der Sultan diese gegenläufigen Bewegungen in sich aufzunehmen: Mit Körper und Blick ist er auf die fliehenden Priester bezogen, aber sein rechter Arm weist in die Gegenrichtung, auf das Feuer bzw. auf Franziskus. Diese komplexe Drehbewegung des Sitzenden auf engstem Raum ist dem kontrapostischen Stand des Christus in der Paduaner Darstellung des *Noli me tangere* ähnlich. Auch dort wird die Gegenläufigkeit in einen Augenblick so zusammengefaßt, daß sie beide Bewegungsrichtungen in sich aufnimmt und so eine übergängliche Haltung vermieden wird. Während dies dort Christus allein zukam, werden hier in der Gebärde des Sultans die Richtungen des ganzen Geschehens zusammengefaßt und um die Körperachse in dieser doppelten Verschränkung als raumgreifende Drehung gestaltet – dies geht über die bisher gesehenen Möglichkeiten hinaus.

Taddeo Gaddi nimmt in seiner Darstellung desselben Themas für den Sakristeischrank in S. Croce die Bewegung des Sultans auf.[193] Er bindet sie allerdings nicht an die

---

[191] Vgl. dazu Gosebruch (1970), S. 103.

[192] Zum Bewegungsablauf und dem Verhältnis zwischen den Farbigen und den Imamen sehr einleuchtend: M.V. Schwarz (1993), S. 46-52. Schwarz weist darauf hin, daß diese Farbigen nicht wie in Padua als Exoten typisiert, sondern in besonderer Weise individuell gestaltet sind. Er folgert, diese Farbigen seien Christen und zur Legitimation der Handelsbeziehungen, die die Bardi unterhielten, dargestellt.

[193] Feuerprobe vor dem Sultan, Alte Pinakothek, München; bei Boskovits (1987), Abb. 66.

Mittelachse des Bildes bzw. die Körperachse des Sultans, sondern betont stärker die erzählerischen Möglichkeiten, die die Weiterentwicklung des Raumgefüges mitbringt. Hier beugt sich der Sultan mit dem ganzen Oberkörper zur Seite und schaut vom Thron herunter auf sein Gegenüber, einen mit weit geöffneter Gebärde erklärenden Priester. Zugleich zeigt der Herrscher auf das Feuer, vor dem Franziskus steht, es anschaut und sich dabei fast zweifelnd an den Kopf greift. Die Imame sind anders als bei Giotto gestaltet und die Farbigen fehlen, aber die Gebärden des Sultans und Franziskus` sind sehr dem giottesken Vorbild verhaftet. Gerade in dieser Gegenüberstellung wird die Heftigkeit der Gebärde des Sultans auf dem Fresko, die das Verschwinden seiner Priester rechtfertigt, ebenso deutlich wie die selbstbewußte Haltung des heiligen Franziskus. Von Taddeo Gaddi wird die Geschichte erzählt, wie sie sich in diesem einen Moment ereignet haben mag – in der Bardi-Kapelle hingegen wird über die Ereigniszeit hinaus, die in den lebendigen Reaktionen der Handelnden zum Ausdruck kommt, die weiterreichende Wirkung der Feuerprobe durch das Wechselspiel zwischen Sultan und Franziskus innerhalb des Gesamtgefüges der Komposition verkörpert: In der Gebärde des Sultans kulminiert die Folge der aufeinander antwortenden Gesten und Bewegungen. So entsteht die Spannung, die zwischen dem Herrscher und Franziskus sozusagen das Feuer entfacht; sie wird zusammengefaßt in der Architektur. An deren senkrechter "Rahmung" wird die Sicherheit der Franziskaner und die Verunsicherung der heidnischen Priester deutlich – die einen verschließen die seitliche Tür, die anderen fliehen durch die gegenüberliegende. Der Geschehensablauf ist auf sehr engem Raum verdichtet.

Besonders deutlich kann das Verhältnis von Figur und Raum an dem Sultan und seiner Thronarchitektur gezeigt werden.[194] Während sich die Throne in Padua, auf der Ognissanti-Tafel und auf dem Stefaneschi-Altar mit ihren Flanken öffnen und so den Blick auf die Zentralfigur lenken, sind hier am Sultansthron die Seiten fast senkrecht zur Bildebene zurückgeführt und verschließen optisch das Gehäuse. Diese stringente perspektivische Anlage, die den dargestellten Raum nicht weitet, sondern in den Bildgrund komprimiert,[195] konnte bisher auf dem Unterkirchenfresko der *Disputa* und der *Oboedientia-Vele* sowie am Thron des *Gloriosus Franciscus* beobachtet werden. Bei den zuletzt genannten Beispielen unterstützt diese Raumkonstruktion eine hieratische Struktur – hier auf dem Fresko der Bardi-Kapelle ist sie Moment einer erzählenden Darstellung. Gegen die Verknappung "seines" Raums wird die Energie deutlich, mit der der Sultan den rechten Arm gegen die Körper- und Blickrichtung führt, und die glaubhaft Franziskus erreicht. Trotz dieser heftigen Bewegung sprengt der Sultan in keiner Weise den Raum, den ihm die Tabernakelarchitektur vorgibt. Er bleibt mit ihm vollkommen kohä-

---

[194] Vgl. Gosebruch (1961a), S. 233-251 zur Entwicklung der Thronarchitekturen im Giotto-Werk.

[195] Vgl. Gioseffi (1963a), S. 66.

rent. Gerade im Vergleich zu der Fassung von Taddeo Gaddi wird dies deutlich: Dort sitzt der Sultan nicht in einem Tabernakel, sondern auf einem Thron mit hoher Rückwand. Dieser Thron tritt als Beiwerk gegenüber der Figur vollkommen zurück, gibt so auch keinen Raum vor. In seiner heftigen Bewegung findet der Herrscher keinen Widerstand und gerät in Gefahr, seinen Schwerpunkt zu verlieren. Taddeo Gaddi erzählt die Geschichte in einem klaren, kontinuierlichen Bewegungsablauf. Wie auf dem Tafelbild bewegen sich auch die Figuren des Freskos ohne abrupte Brechungen. Sie werden aber durch die Architektur und in der Komposition der Figurengruppe auf ihre Körperachse zurückgeführt und dadurch in einen Rhythmus von beschleunigenden und retardierenden Momenten gebracht. Dies ist das Kompositionsprinzip, das an den Giotto-Werken erkannt wurde.

In der Entwicklung von der Arena- zur Peruzzi-Kapelle wurde gerade die "flüssigere" Bewegung neben der Individualisierung als Charakteristikum der Figuren im figurumschließenden Raum gesehen. "Römische" Erfahrungen führten an den Peruzzi-Malereien zu individualisierten Figuren in einem sie umschließenden Raum und zur stärker malerischen Behandlung der Figur. In der Bardi-Kapelle scheint der Umgang mit der vorgegebenen Architektur, der die Vierungsfresken der Unterkirche auszeichnet, weiterentwickelt zu sein zu einer stringenten Verdichtung des Raums. Die Figurenbildung wird modifiziert von den Figuren, die den Handlungsraum ausbilden, über Figuren, die im vorgegebenen Raum Volumen und Schwerkraft deutlich behaupten, bis zu diesen Figuren, die sich mit einer gewissen Leichtigkeit vollkommen kohärent zu dem verdichteten Raum verhalten. Auch darin ist in der Bardi-Kapelle noch ein Schritt über die Unterkirchenfresken hinaus getan und bestätigt sich eine Chronologie, die durch Aufnahme der Ordensallegorien in den Gewölbetondi schon nahegelegt wurde.

VII.5 Datierung und Deutung der Vierungsfresken in Assisi

Die restauratorischen Untersuchungen der Tagwerksfolgen ermittelten für die Dekoration im Chorbereich der Unterkirche einen Fortgang der Kampagne ohne längere Unterbrechungen vom nördlichen über die Vierung zum südlichen Querarm.[196] Innerhalb der *Jugendgeschichte Christi* im nördlichen Querarm konnten zwei unterschiedliche Stiltendenzen festgestellt werden: Das Beispiel der *Disputa* zeigte durch das giotteske Kompositionsprinzip und hinsichtlich des Verhältnisses von Figur und Raum eine große Nähe zu den Vierungsfresken. Die Beispiele der *Flucht nach Ägypten* und des *Kindermords* hingegen sind nach einem Prinzip gestaltet, das eher auf malerische Effekte und kompositionellen Gleichklang ausgerichtet ist und von einer direkten Verwandtschaft

---

[196] Siehe oben; vgl. Pagliani (1979), S. 199-210.

mit den Malereien der Magdalenen-Kapelle zeugt. Dort und bei dem Querarmfresko ist es wiederum besonders das Verhältnis von handelnder Figur und Raum, das bei aller motivischen Ähnlichkeit einen deutlichen Unterschied zu den giottesken Bildfindungen dokumentiert.

Der enge stilistische Zusammenhang zwischen den Fresken im nördlichen Querarm und der Magdalenen-Kapelle läßt zumindest auf eine zeitliche Nähe, vielleicht sogar denselben Künstler schließen. Auch die Reminiszenzen an den Stefaneschi-Altar, die sowohl in der Magdalenen-Kapelle als auch am Fresko des *Kindermords*, der *Disputa* und den Vierungsfresken deutlich wurden, sprechen für diese Nähe. Dies wird unterstützt durch die Überlegungen Wieners, der aus der Untersuchung zur Bauskulptur der Unterkirche auf eine einheitliche Ausführung um die Mitte des zweiten Trecento-Jahrzehnts schließt und die Kongruenz von Architektur und Malerei betont.[197] Zurecht nimmt er eine zügige Abfolge der Bau- und Dekorationsmaßnahme schon allein deswegen an, weil die dadurch auftretenden Behinderungen für den Pilgerstrom und den Konvent auf ein Minimum begrenzt werden sollten.[198]

Für die Ausmalung der Magdalenen-Kapelle konnte eine Entstehungszeit nach der *Navicella* bzw. nach den Malereien der Peruzzi-Kapelle aufgezeigt und durch die historischen Zusammenhänge mit einem wahrscheinlichen Anfangsdatum von 1314/15 belegt werden. Nach den stilkritischen Untersuchungen schließt sich die Ausführung der *Jugendgeschichte Christi* hier unmittelbar an. Das bedeutet wiederum für die Vierungsfresken eine Entstehungszeit, die nicht weit von dem Datum der Magdalenen-Kapelle entfernt sein kann. Dies ergibt sich aus der Analyse der Putznähte, aber auch durch die Vergleichbarkeiten innerhalb des Giottowerks, die eine Kontinuität vom Stefaneschi-Altar und den Darstellungen der Peruzzi-Kapelle zu den *Vele* zeigen.

Am Beispiel aus der *Passion Christi* konnte festgestellt werden, daß die Darstellungsweise Pietro Lorenzettis von der in den Vierungsfresken, genauer von der Giottos, trotz einiger Berührungspunkte prinzipiell unterschieden und eher vergleichbar ist mit der sienesischen Tradition. Es läßt sich aber doch durch die Darstellung emotionaler Nähe im Fresko in der *Kreuzabnahme* und des *Unglücks von Sessa* eine Beziehung zum anderen Querarm herstellen, die es nicht erlaubt, einen großen zeitlichen Abstand zwischen beiden anzunehmen. Auch diese Überlegungen treffen mit den Ergebnissen der Restaurierung und den Untersuchungen Wieners zusammen und werden noch gestützt durch die eingehende Analyse Maginnis`, der einen Beginn der Arbeiten am Passionszyklus um 1317 herausarbeitet.[199]

---

[197] Vgl. Wiener (1991), S. 269-270.

[198] Wiener (1991), S. 270.

[199] Vgl. Maginnis (1982), S. 208.

Aus den stilistischen Beziehungen innerhalb der Unterkirche ergibt sich also ein Zusammenhang, der kongruent erscheint mit der Einheitlichkeit des Programms[200] und eine gemeinsame Datierung erfordert. Die Untersuchungen zur Magdalenen-Kapelle, diejenigen von Maginnis zu Pietro Lorenzetti und die stilistische Entwicklung innerhalb des Giotto-Werks machen eine Entstehungszeit der *Vele* ab 1315/1316 wahrscheinlich.

Die Fresken der Bardi-Kapelle erwiesen sich hinsichtlich des Verhältnisses von geschmeidig bewegter Figur und perspektivisch konstruiertem Raum als Fortführung einer Entwicklung zur Kohärenz dieser beiden Momente, die in den Darstellung der *Vele* zuerst beobachtet werden konnte.[201] Bestätigt wird diese Erkenntnis durch die aus Assisi abzuleitende Darstellung der Ordenstugenden am Gewölbe der Florentiner Kapelle. Insofern könnte sich aus der Datierung dieser Kapelle ein Anhaltspunkt zur Eingrenzung des Datierungszeitraums der Unterkirchenfresken ergeben.

Giottos Anwesenheit in Florenz ist von 1310/13 bis 1316 und zwischen 1320 und 1328 durch mehrere Dokumente belegt.[202] Aus nicht näher erläuterten stilkritischen Gründen entscheidet sich Goffen für den früheren Zeitpunkt und schließt sich damit Borsook an.[203] Gegen dieses Datum spricht die Darstellung des heiligen Ludwig von Toulouse, der erst 1317 kanonisiert wurde.[204] Der spätere Zeitraum als Datierungsrahmen der Bardi-Kapelle ergibt sich aber vor allem aus dem stilistischen Befund des Giotto-Werks, der eine Entwicklung von der Arena-Kapelle über die *Navicella* und den Stefaneschi-Altar zur Peruzzi-Kapelle, von dieser über die *Vele* zu der zweiten Florentiner-Kapelle beinhaltet. Da die Peruzzi-Kapelle in der Mitte des zweiten Jahrzehnts ausgeführt wurde, kommt für die Bardi-Kapelle nur der spätere Zeitraum zwischen 1320 und 1328 in Frage.[205] Um einen genaueren Datierungsrahmen zu finden, muß nach möglichen Fixpunkten außerhalb der Stilkritik gesucht werden.

---

[200] Vgl. dazu Schönau (1985), S. 235.

[201] Auch Schönau (1983), S. 106: »Our hypothesis is strengthened by the fact that the 'Vele' were executed before the decoration of the Bardi chapel, and exercised great influence on frescoes in Pisa und Pistoia. This relative order does not oppose recent opinions, suggesting that the 'Vele' were decorated between 1315 and 1321.«

[202] Vgl. Goffen (1988), S. 97.

[203] Vgl. Goffen (1988), S. 57; Borsook/Tintori (1965), S. 10-14.

[204] Goffen geht allerdings davon aus, daß die enge Beziehung zwischen den Familien Bardi und Anjou auch eine frühere, dadurch propagandistische Darstellung Ludwigs als Heiligen möglich machen kann. Vgl. Goffen (1988), S. 55.

[205] Die Darstellungen der Franziskus-Legende in S. Francesco zu Siena durch Ambrogio Lorenzetti könnten aufgrund ihrer Motiv-Übernahmen aus dem Zyklus der Bardi-Kapelle eine genauere Zeitangabe ermöglichen. Vgl. Kapitel III. Péter (1940/1968), S. 3-8, versucht mit Hilfe biogra-

Obwohl es die programmatischen Zusammenhänge nahelegen, wurde die Ausmalung der Apsis nicht zur selben Zeit wie die übrige fertiggestellt.[206] Auch die Malerei des Gurtbogens unterhalb der westlichen *Vele* blieb unvollendet.[207] Es scheint also aus bisher nicht geklärten Gründen zu einem Abbruch der Kampagne gekommen zu sein. Dieses Ende war offenbar unvorhergesehen und führte zu einer langen Unterbrechung, da die Arbeiten erst dreihundert Jahre später wieder aufgenommen wurden. »Was it because the painter died or was not available anymore? Was it because all money had gone? Or was it because the situation had changed and the decoration did not answer the purpose any longer? Was it because the patron had lost interest in his frescoes? Or was it a combination of these?«[208]

Eine historische Legitimation des Abbruchs der Arbeiten kann der Ghibellinenüberfall auf Kirche und Stadt im Jahr 1319 bieten.[209] Die Ghibellinen überfielen unter Führung von Muzio di ser Francesco die papsttreue Guelfenstadt Assisi[210] und bemächtigten sich daraufhin zuerst des auf päpstlichen Befehl eingesammelten Zehnten, dann des gesamten päpstlichen Schatzes, der in der Sakristei von S. Francesco aufbewahrt wurde.[211] Erst 1322 wurde durch ein Heer aus Perugia ihre Herrschaft in der Stadt gebrochen.[212] Möglicherweise wurde das alltägliche Leben im Sacro Convento schon früher wieder aufgenommen. Aber da einer Durchsicht von 1323 und einem Inventar von 1329 zufolge außer Archivalien und einigem Reliquiensilber nichts mehr von Wert vorhanden war, und auch einige Kardinäle, u.a. Napoleone Orsini,[213] ihres in Assisi deponierten

---

phischer Daten Ambrogios dessen Zyklus zu datieren und kommt auf einen *terminus ante quem* für die Florentiner Kapellen.

[206] Zur angefangenen Ausmalung vgl. Pietralunga (Scarpellini), S. 62-64; Scarpellini (1982), S. 288-292.

[207] Darauf weist besonders Schönau (1985), S. 336.

[208] Schönau (1985), S. 336.

[209] Dieser Überfall ist schon im Zusammenhang mit der Magdalenen-Kapelle erwähnt worden. Vgl. S. 106. Vgl. dazu auch Scarpellini (1982), S. 281.

[210] Vgl. A. Cristofani: Le storie di Asisi (1866), Assisi ²1875, Bd. I, S. 174 (Wiederabdruck, Venedig 1959); u. Nessi (1982), S. 36.

[211] Vgl. Ehrle (1885a), S. 239-243. Aus den Dokumenten folgert Ehrle, daß diesem Unterfangen der Schein von Legitimität gegeben wurde, indem mit dem Bischof von Assisi und dem Sacro Convento Verhandlungen geführt wurden, deren Ergebnis die Verpfändung des Papstschatzes war. Vgl. Ehrle (1885a), S. 240-248. Unterstützt wird diese Annahme durch Schreiben Johannes` XXII., die Bischof Pontano persönlich für den Raub verantwortlich machen. S. Kapitel III.

[212] Vgl. Nessi (1982), S. 37; u. Ehrle (1885a), S. 263-266.

[213] Napoleone wurde offenbar 1323 von den Ghibellinen entschädigt. Vgl. Ehrle (185a), S. 252.

Vermögens beraubt waren,[214] bleibt doch zu fragen, wer eventuell noch beschäftigte Künstler hätte bezahlen sollen. Die Rückzahlungsforderungen des Papstes gegenüber Bischof Pontano erloschen mit dessen Tod, die gegenüber der Stadt Assisi wiederholten sich bis in die Mitte des Jahrhunderts, bis eine auf Kompromißbasis ausgehandelte Summe bezahlt und das Interdikt aufgehoben wurde.[215]

Es erscheint sehr wahrscheinlich, daß dieser gewaltsame Eingriff den Abbruch der Arbeiten in der Unterkirche zu Folge hatte, das hieße bis 1319 wären wohl beide Querarme sowie die Vierung mit Ausnahme des einen Gurtbogens fertiggestellt gewesen.[216] Dies würde die Annahme von Palumbo, der Sacro Convento habe die Ausmalung anläßlich des bevorstehenden hundertsten Todestags des heiligen Franziskus veranlaßt, sehr einleuchtend werden lassen.[217] Allerdings sollte eine solche Datierung in Kongruenz stehen zu einem möglichen Stifter und zu der Interpretation der Ausmalung, die wiederum mit der Situation des Ordens zusammenhängt.

Selbst bei Annahme von gleichen Datierungszeiträumen ergibt sich in der Forschung keine einheitliche Vorstellung über den Stifter oder die Interpretation, die dann auf den vorgestellten Auftraggeberwillen Rückschlüsse zulassen würde. Selbstverständlich hängen mögliche Zuschreibung, Datierung, Auftraggeber und Interpretation der Fresken jeweils zusammen. So stützt etwa Supino 1920 die Annahme Vasaris, die Fresken seien unter dem Generalat Giovanni da Murros entstanden, indem er zuerst die stilistische Beziehung zwischen dem römischen Stefaneschi-Altar und den *Vele* betont,[218] die traditionelle Frühdatierung des Altars dann aufgreift und die Personen, die sich zum Gehorsam entscheiden, mit dem vermeintlichen Stifter und Ludwig von Anjou identifiziert.[219]

---

[214] Vgl. Ehrle (1885a), S. 256. Vgl. Abdruck des Inventars 1329 bei: Ehrle (1985a), S. 305-324.

[215] Vgl. Ehrle (1885a), S. 273-286.

[216] U.a. halten auch Maginnis (1982), S. 202; Tantillo-Mignosi (1977), S. 137-139; Scarpellini (1982), S. 283; Schönau (1985), S. 342; und Wiener (1991), S. 270, den Ghibellinen-Überfall für einen zu radikalen Eingriff als daß er nicht Auswirkungen auf den Fortgang bzw. das Ende der Malerei gehabt hätte. Tantillo-Mignosi geht davon aus, daß ab 1322 nach der »parentesi ghibellina« die Arbeit mit den Franziskuswundern im nörd. Querarm und an der Apsis wieder aufgenommen worden seien, während in Poeschkes (1985), S. 40-52, Überlegungen diese Fakten keine Rolle spielen.

[217] Damit wäre 1326 der *terminus ante quem* für die Ausmalung. Vgl. Palumbo (1979), S. XI.

[218] Supino (1920), S. 81.

[219] Supino (1920), S. 60-70. Supino identifiziert den jungen, knienden Mann mit Tonsur mit Giovanni de Murro, der allerdings um 1300 ein älterer Mann gewesen ist. Der vornehme, kniende zweite junge Mann soll der junge, später heilig gesprochene Ludwig von Anjou sein, der zu Weihnachten 1296 in den Orden eintrat. Der Ordensbruder vor *Oboedientia* soll nach Supino den zusammen mit

Supinos drittes Argument geht aus der historischen Situation des Ordens hervor: Er geht davon aus, daß die Betonung der generellen Einhaltung der franziskanischen Gebote und insbesondere der Armut auf der Tagung des Generalats in Genua 1302 bzw. die davor geführte Diskussion um die Gebote des heiligen Franz der gegebene Anlaß gewesen seien, diesen auf den Fresken besonderen Ausdruck zu verleihen.[220] Gegen Giovanni da Murro als Stifter sprechen vor allem die oben ausgeführten stilkritischen Argumente, die eine solche Frühdatierung unmöglich machen.[221] Weitere Argumente nennt Schönau[222]: Zuerst betont dieser, daß Pietralunga keinen Auftraggeber erwähnt, obwohl doch gerade zehn Jahre zuvor Vasari Murro genannt hätte. Dann scheinen ihm die Identifizierungen der Figuren zurecht unzulässig, schon aufgrund der großen Altersunterschiede, die in der Darstellung nicht zum Ausdruck kämen.

Die lebendige Intensität der Darstellung der Knienden, die sich für den Gehorsam entschieden haben, hat auch Gosebruch dazu veranlaßt, zumindest in dem vornehmen jungen Mann ein Stifterportrait zu sehen.[223] Aus der stilistischen Nähe von *Vele* und römischem Altarwerk ergab sich für Gosebruch der Schluß, Kardinal Jacopo Stefaneschi, der wichtige Auftraggeber Giottos, auch hier dargestellt zu finden. Stefaneschi wurde 1334 Kardinal-Protektor des Ordens. Man kann also davon ausgehen, daß es eine engere Beziehung zu Assisi bzw. zum Franziskanerorden gegeben hat und daß er zumindest 1334 Anlaß gehabt hätte, eine größere Stiftung an die Hauptkirche des Ordens zu machen. Den Einwand gegen diese These formuliert Schönau mit dem Argument, das hohe Alter des Stifters bei seiner Wahl zum Kardinalsprotektor widerspräche der Darstellung.[224] Poeschkes Hinweis, daß der Kardinalshut hier fehle, der das Stifterportrait auf dem römischen Altar eindeutig mache, stellt m.E. das entscheidende Argument gegen die Gosebruchsche Portraitthese dar. Da es für eine mögliche Stiftung seitens Stefaneschi vor seiner Wahl zum Kardinals-Protektor keine Anhaltspunkte gibt, stehen gegen die Annahme, er sei der Stifter der Vierungsfresken, – wie bei Giovanni da Murro – die stilkritisch gefundene innere Chronologie der Unterkirchenfresken und darüber hinaus die Lebensdaten Giottos. Dies muß aber keinesfalls gegen den Kardinal als gebildeten Berater oder vielleicht sogar als Dichter der Verse[225] sprechen.

Ludwig von Anjou als über Siebzigjähriger eingetretenen Guido Montefeltre darstellen. Beide nahmen von de Murro die Tunica, deshalb habe dieser sich selbst und die beiden für den Orden überaus wichtigen Männer darstellen lassen.

[220] Supino (1920), S. 81.

[221] Vgl. auch das Kapitel über den Stefaneschi-Altar und über Stefaneschi als Stifter.

[222] Schönau (1985), S. 330-331.

[223] Gosebruch (1979), S. 172.

[224] Schönau (1985), S. 332.

[225] Degenhart (1975), S. 197, kann sich den gebildeten und literarisch ambitionierten Stefaneschi als

Das Schweigen Pietralungas spricht letztlich gegen jeden Versuch, einen Stifter zu nennen, und läßt zunächst auch gegenüber dem Vorschlag Schönaus, in Napoleone Orsini die Stifterpersönlichkeit zu sehen, Skepsis aufkommen, obwohl dafür Pietralunga als wichtigster Zeuge angeführt wird.[226] Denn Ludovico da Pietralunga beschreibt den Fußboden der Basilika im Chorbereich: »Nella tribuna, cioè nel coro, gli è una rosa con quattro foglie fatte circolari in tondo, fatti a mándole, cioè 'nelli, overo in fra li circoli de più sorta di pietre, variati colori dove che dinota esservi gran manifactura; quale sonno bene lustre et brunite. La ditta spesa overo opera e elimosina, da molti è giudicata che sia della nobil et illustre casa degli Ursini, cioè dal cardinale Napolione, et suo fratello il signor Giovanni.«[227] Mit gewissem Recht identifiziert Schönau das beschriebene Boden-muster als Orsini-Wappen. In der Tat erscheint im oberen Teil des Orsini-Wappenschil-des, das sowohl in den Fenstern der Johanneskapelle als auch an der Fensterlaibung der Nicolauskapelle häufiger dargestellt ist, ein Vierpaß, umgeben von mandelförmigen Strahlen und eingeschlossen in einem Kreis. Durchaus kann ein solches Wappendetail als Dekorationselement eingesetzt werden und dennoch, unauffälliger zwar und weniger offensiv, für das Ganze gelten.[228]

Schönau nimmt zu seiner Identifizierung das von Pietralunga erwähnte Urteil »der Vielen« hinzu und folgert, Napoleone, der nach dem Tode Matteo Rossos 1305 Ober-haupt der Familie Orsini war, habe mit dem Wappen sein Siegel in unmittelbarer Nähe des Hauptaltars gesetzt, da er – nach der Nikolauskapelle (als Begräbniskapelle für seinen Bruder Giovanni) – die Johanneskapelle (als Begräbniskapelle für sich selbst) und die Fresken der beiden an die Kapellen anschließenden Querarme sowie der Vie-rung gestiftet habe.[229] Reichtum und Einfluß als Kardinal hätten ihm Mittel und Mög-lichkeit für dieses große Unterfangen gegeben.[230] Zugleich gab es für Napoleone starke Motive für eine so aufwendige Stiftung und ebenso dafür, die Programmatik der Aus-malung voranzutreiben: Das Engagement Napoleones in Assisi, das ja durch die Stiftung der beiden Kapellen belegt ist, setzt eine Familientradition fort, die bis dahin besonders in der Oberkirche zum Tragen kam.[231] Darüber hinaus, so Schönau, strebte er möglicher-weise nach der Stellung als Kardinal-Protektor des Ordens, die sein Onkel Matteo Rosso

---

Autoren der Verse zu den Vierungsbildern vorstellen.

[226] Schönau (1985), S. 326-347.

[227] Scarpellini (1982), S. 29.

[228] So sind die inkrustrierten Segel an der Fassade von S. Maria Novella in Florenz dekorative Elemente und verweisen als Wappenelement eindeutig auf den Stifter.

[229] Schönau (1985), S. 334-340.

[230] Schönau (1985), S. 339. Vgl. zu Napoleone: Huyskens (1902) und Willemsen (1927/1965).

[231] Belting (1977), S. 93-94, geht davon aus, daß die Oberkirchendekoration vom Orsini-Papst Nicolaus initiiert und unter der Supervision Matteo Rossos durchgeführt wurde.

vorher innehatte.[232] Dies kann jedenfalls bis 1320, d.h. bis Napoleone Protektor des Klosters St. Croce in Montefalco wurde, angenommen werden.[233] Familientradition seit Papst Nicolaus III. und eigene Verehrung des heiligen Franziskus verbanden Napoleone also mit der Kommunität der Franziskaner. Vor allem erscheint Schönau die Beziehung des Kardinals zu seinem Schützling und Privat-Geistlichen Ubertino da Casale ein starkes Argument für einen Stifter Napoleone Orsini. In Ubertino, einem der wichtigsten Vertreter der spiritualen Richtung innerhalb des Ordens, möchte Schönau den geistigen Initiator dieses umfangreichen, theologischen Programms sehen.[234]

Gerade die Darstellung der Unterkirchenausmalung als Gesamtprogramm und ihr Zusammenhang mit möglichen Schriftquellen stellt neben der Zuschreibungsdiskussion imgrunde seit Vasari einen zweiten Strang der Forschung zur Unterkirche dar. Wie für die Zuschreibungsdiskussion legt auch hier Vasari in seiner Giotto-Vita einen wichtigen Grundstein, indem er für den verlorenen Apokalypse-Zyklus in Santa Chiara, Neapel, und diese Darstellungen über dem Grab des heiligen Franziskus zusammen Dante als geistigen Entwerfer nennt.[235] Von ihm werden die Apokalypse als Thema und Dante als Inspirator zum erstenmal genannt – beides ist bis heute in der Forschung Gegenstand der Überlegungen. Vor allem den Bezügen zu Dante und der Identifizierung einzelner Figuren auf den Vierungsfresken galt das Interesse – etwa erkannte Angeli in den Wächtern der *Castitas* Kaiser Heinrich II. und Boleslaw, König von Polen,[236] Rossi Scotti nannte die zu Franziskus strebenden Figuren Dante und Giovanni da Murro[237] und Christofani ergänzte diese Reihe durch St. Chiara.[238]

Erst am Ende des 19. Jahrhunderts kristallisierte sich eine zweite Forschungsrichtung heraus[239]: Zuerst erkannte Dobbert 1878 franziskanische Quellen für die mystische Verbindung zwischen Franziskus und *Paupertas*.[240] Dem schließt sich 1885 mit großer Entschiedenheit Thode an.[241] Dabei bleiben ihm die Darstellungen des *Gehorsams* und

---

[232] Schönau (1985), S. 340.

[233] Schönau (1985), 339-340.

[234] Schönau (1985), S. 341-342.

[235] Vasari (Bettarini), S. 108.

[236] Angeli (1704), S. 34.

[237] Rossi Scotti (1863), S. 164.

[238] A. Cristofani: Le storie di Asisi (1866), Assisi ²1875, Bd. I, S. 174 (Wiederabdruck, Venedig 1959), S. 164.

[239] Vgl. Scarpellini (1982), S. 275-278.

[240] Dobbert (1878), S. 10-16.

[241] Thode (1885/1934), S. 501-528.

der *Keuschheit* trocken und fremd,[242] während er auf die *Franziskus-Verklärung* und die *Hochzeit mit der Armut* näher eingeht.[243] Als Quellen nennt Thode Thomas von Celanos zweite Legende, Bonaventuras *Legenda Major* und dessen *Meditationes* sowie verschiedene Canzoni des Jocopo Todi. Thode sieht eine zwar gewisse Nähe zwischen der Darstellung der Armut und dem 11. Gesang des Paradiso aus Dantes *Commedia*, die Bildkraft der franziskanischen Dichtung erscheint ihm aber stärker und für die Darstellungen prägend.[244] 1901 betont dann auch Minocchi die allegorische, franziskanische Dichtung der Jahre 1260-70 als Quelle der Armuts-Allegorie,[245] während im selben Jahr Zenatti in den *Documenti d'Amore* des Francesco Barbarino die literarischen Vorbilder einzelner Gestalten des *Castitas*-Bildfeldes auffindet.[246]

Salvadori erweitert 1911 die möglichen Vergleiche mit Dantes Dichtung um Bezüge zum *Convivio*, indem er das Vorbild der Behausung der *Castitas* mit dem Turm der Herrin der Liebe vergleicht.[247] Auch Bracaloni möchte 1924 diesen Rückgriff auf Dante akzeptieren, sieht aber ebenso franziskanische Literatur als Wurzel dieser Erfindungen: neben Schriften von Celano und Todi besonders den Traktat *Dietae Salutis*, der Bonaventura zugeschrieben ist.[248] In diesem Traktat werden die drei franziskanischen Tugenden beschrieben. Tatsächlich finden sich einzelne Bezüge: etwa die Lilienblätter der *Castitas* und die zwölf Engel vor dem Kastell, die allerdings andere Autoren, z.B. Salvadori, aus der Theologie des Thomas von Aquin erklären.[249] Da Campagnola wiederum bekräftigt 1971 einerseits die Bezüge zu Dantes *Paradiso*, andererseits sieht er im *Sacrum Commercium Sancti Francisci cum Domina Paupertate*, also beim franziskanischem Schrifttum, die Hauptquelle der Armutsdarstellung, die möglicherweise über die Schriften Ubertino da Casales vermittelt sei. Auch die Hauptmotive der gesamten Darstellungen, Franziskus als "alter Christus" und als "alter angelus", ließen auf da Casale schließen.[250]

---

[242] Thode (1885/1934), S. 516-522. »Vor den anderen Allegorien aber bleibt die künstlerische Empfindung ganz aus und stellt sich sogleich die Reflexion ein. Und durch die Reflexion ist man noch nie zu künstlerischer Empfindung durchgedrungen.« Thode (1885/1934), S. 512.

[243] Thode (1885/1934), S. 504-516 u. 522-526.

[244] Thode (1885/1934), S. 508-510 u. 514-516.

[245] Minocchi (1901), S. VII-XXIV.

[246] Zenatti (1901), S. 643, zeigt, daß in den *Documenti* Amor ebenfalls mit Falkenklauen beschrieben wird.

[247] Salvadori (1911), 31-54. Insgesamt seien die *Vele* ein Reflex auf die Komposition des Purgatorio und der "wunderbaren Vision der Verklärung von Beatrice".

[248] Bracaloni (1924), S. 126-147.

[249] Vgl. Salvadori (1911).

[250] Da Campagnola (1971), S. 420f.

Bis heute werden in der Forschung Dante oder die franziskanische Literatur – dabei reicht das Spektrum von Franziskus selbst über Thomas von Celano, Bonaventura, Todi, da Murro bis zu Ubertino da Casale und Michael von Cesena – als geistige oder wörtliche Quellen der Vierungsfresken genannt. Manche Forscher bevorzugen eine Mischung aus beidem, dem Giotto als erfindender Künstler noch beigestellt wird.[251]

Im 11. Gesang des *Paradiso*, dem dritten Teil von Dantes *Commedia*, spricht der Dominikaner Thomas von Aquin zum Lobe des heiligen Franziskus und beschreibt die Hochzeit mit der Armut, ohne unmittelbar den Namen des Heiligen zu nennen. Die Hochzeit, von der bei Dante erzählt wird, findet in Assisi statt mit der Entscheidung, sich von seinem Vater loszusagen.[252] Ruh führt diese Umformung der Franziskus-Legende auf die Einbindung der Allegorie in die Wirklichkeit zurück und trifft damit auch einen Wesenszug der giottesken Darstellung.[253] Gmelin, fußend auf anderen Autoren, geht in seinem Kommentar davon aus, daß Dante den *Arbor Vitae* des Ubertino da Casale als Quelle benutzt habe.[254] Weitere deutliche Quellen seien die erste Franziskusbiographie des Thomas von Celano, auf der die *Legenda major* des Bonaventura beruht, die wiederum als Hauptquelle Dantes anzusehen sei. Allgemein franziskanisches Gedankengut trete hinzu – etwa die Schrift *Sacrum Commercium Sancti Francisci cum Domina Pauperta*, die allerdings Dante nicht vorgelegen habe, sondern in anderer Weise tradiert worden sein müsse.[255]

Man kann also durchaus davon ausgehen, daß den Vierungsfresken in Assisi und dem elften Gesang des *Paradiso* dieselben franziskanischen Quellen zugrunde liegen, wobei es selbstverständlich erscheint, daß die Verantwortlichen in Assisi aus einer eigenen, reichen Tradition und einem breiteren literarischem Angebot schöpfen konnten. Bei der jeweiligen Quellensuche muß unterschieden werden, ob bestimmte Einzelgestalten – etwa der falkenfüßige Amor -, bestimmte Personifikationen – etwa die doppelgesichtige Prudentia –, oder komplexere Zusammenhänge – das Verhältnis des Heiligen zu einer Personifikation wie die *Hochzeit des heiligen Franziskus mit der heiligen Paupertas* – literarischer Tradition folgen.

Weiter gehen die Interpretationen, die versuchen, die Darstellungen insgesamt zu klären. Die *Imitatio Christi* des heiligen Franziskus zusammen mit dem apokalyptischen Grundton der Darstellungen gelten zurecht als die Grundzüge des Programms in den

---

[251] Etwa da Campagnola (1971).

[252] Paradiso, 11, 62. Zurecht weist Schumacher-Wolfgarten (1980), S. 590, darauf hin, daß durch die Anwesenheit des Vaters dieses Ehebild einen juristischen Charakter birgt.

[253] Ruh (1966), S. 82.

[254] Gmelin (Dante), Bd. VI, S. 213-230, bes. S. 222.

[255] Gmelin (Dante), Bd. VI, S. 223-228.

Querschiffen, der Vierung und der Apsis.[256] Kleinschmidt betont vor allem die Seite der Apokalypse und zieht zum Johannestext den *Arbor vitae* des Ubertino da Casale hinzu.[257] Tantillo-Mignosi wiederum stellt die *Imitatio Christi* des heiligen Franziskus, wie sie unter dem Ordensgeneral Michele da Cesena aufgrund älterer franziskanischer Schriften gedacht worden sei, in den Vordergrund ihrer Interpretation.[258] Dem schließt sich Schönau an, der allerdings, wie oben schon erwähnt, die Schrift *Arbor vitae* von Ubertino Casale als Hauptquelle sehen möchte.[259] Ruf wiederum bezieht das Bildprogramm des Chorbereichs und der Querschiffe auf das Grab des Heiligen einerseits und den direkt darüber befindlichen Schlußstein mit dem apokalyptischen Herrscher andererseits.[260] Mit Rückgriffen auf Bonaventura versucht er, die Fresken in der Tradition der Bibel-Exegese nach dem vierfachen Schriftsinn zu lesen.[261] Auf diese Weise verbindet er die *Imitatio Christi* – hier: »sich mit Christus kreuzigen lassen, um dann auch mit ihm erhöht zu werden«[262] – mit der Apokalypse, deren Darstellungen auf die Königsherrschaft Christi wie eine »ins Bild gesetzte Antiphon« ausgelegt seien,[263] zu einer Theologie des Grabes.[264]

Festzuhalten ist, daß das Gesamtprogramm mit dem Umfeld der Apokalypse und der *Christiformitas* auf Grundpfeilern franziskanischen Denkens seit der Mitte des 13. Jahrhunderts beruht.[265] Ein beziehungsvolles und sehr reiches Programm war in Assisi vorgebildet in der Oberkirche,[266] aber ohne Vorbild und in ihrer Gestaltung einzigartig sind die Darstellungen der Vierung. Aus den insgesamt aufeinander bezogenen und den Weg des Heiligen zur triumphalen Nachfolge Christi aufzeigenden Bildern hebt sich die *Vele* der *Paupertas* heraus, weshalb diese auch ausführlich besprochen wurde. Sie ist in einer Achse mit dem glorifizierten Franziskus angeordnet. Aber wichtiger noch ist, daß auf dieser Darstellung Christus selbst erscheint und zugleich die drei von Franziskus

---

[256] Vgl. Scarpellini (1982), S. 275-278; vgl. zur *Imitatio Christi* Rave (1984), der die *Christiformitas* am Beispiel des Sakristeischrankzyklus von Taddeo Gaddi in S. Croce erläutert.

[257] Kleinschmidt (1926), S. 184-206; er interpretiert die acht Figurationen an jeder Gewölberippe als die acht Zeitalter, die Ubertino da Casale beschreibt.

[258] Tantillo-Mignosi (1977), S. 136-137.

[259] Schönau (1983), S. 101-102; u. (1985), S. 342.

[260] Ruf (1981), S. 75-172.

[261] Ruf (1981), S. 70.

[262] Ruf (1981), S. 175.

[263] Ruf (1981), S. 185 u. 161.

[264] Ruf (1981), S. 161-185.

[265] Vgl. dazu Rave (1984).

[266] Vgl. Belting (1977).

ausgehenden Orden direkt angesprochen werden. Schumacher-Wolfgarten zeigt auf, in welcher Weise die Braut »in der Bildsprache als Paupertas, Ecclesia und Fides ausgewiesen« sei, die *Imitatio Christi* also in »verschiedenen Analogien« zu verstehen ist.[267] Dante beschreibt Ecclesia als Braut Christi, zugleich nennt er den Sohn Gottes zu dessen Erdenzeiten auch den ersten Ehemann der *Paupertas*.[268] »Im Weiterreichen der dem Herrn ursprünglich Zugeordneten an den herantretenden Franz kommt der erzählerische Schritt einer zweiten Verlobung der donna povertà behutsam zum Ausdruck.«[269] Seit Paulus gilt die Kirche als Sponsa Christi,[270] deren Schönheit und Jugend seit dem Hohelied zum Topos geworden ist.[271] Auf diese beiden wird in der Darstellung verzichtet, aber nicht auf die Paradiesblüten: »Wie eine Lilie unter Dornen, so ist meine Freundin unter den Töchtern.«[272] Als Freundin unter den Töchtern wird *Paupertas-Ecclesia* durch die Handbewegung zu *Caritas* und *Spes* hin.[273] »In ihrer Eigenschaft als theologische Tugenden finden *Spes* und *Caritas* seit jeher ihre Ergänzung in einer dritten.«[274] Hier wird *Paupertas* zu *Fides*. Da schon in Padua die *Fides*, »gleichfalls auf Felsen und über häretischen Schriften stehend, einen Ornat trägt, dessen Mantel und Tunika zahlreiche Risse und Löcher aufweist«,[275] erscheint der Weg zu dieser Sinnschicht nicht so weit. *Ecclesia-Fides-Paupertas* siegt über Häresie und Ketzerei, die in den Steinschleuderern, dem Hund und dem Dorngestrüpp Gestalt annehmen.[276] »Der Sieg des heiligen Franziskus [...] besteht [...] in seiner Verbindung mit der von Christus geliebten Kirche in der Gestalt der Armut: Durch Franz wurde die ketzerische Bosheit zuschanden und der Glaube der Kirche triumphierte. Er war der Überzeugung, daß bei allem und vor allem der Glaube der Heiligen Römischen Kirche zu erhalten, zu verehren und zu befolgen sei.«[277]

Die hervorragende Stellung der *Paupertas* innerhalb der Darstellung der franziskanischen Tugenden rekurriert auf das Testament des Heiligen und kommt damit einer Forderung der radikaleren Richtung des Ordens innerhalb des sog. theoretischen Ar-

---

[267] Schumacher-Wolfgarten (1980), S. 593; 590-593.

[268] Paradiso 11, 30 u. 64; dazu Schumacher-Wolfgarten (1980), S. 589.

[269] Schumacher-Wolfgarten (1980), S. 590.

[270] Eph. 5, 23.

[271] Schumacher-Wolfgarten (1980), S. 590.

[272] Hohelied 2, 2. In derselben Weise wie die Blumen der *Paupertas* - "Lilie unter Dornen" - sind auch die Blumen geordnet, die der Ognissanti-Madonna gereicht werden.

[273] Schumacher-Wolfgarten (1980), S. 591.

[274] Schumacher-Wolfgarten (1980), S. 591.

[275] Schumacher-Wolfgarten (1980), S. 591.

[276] Schumacher-Wolfgarten (1980), S. 591.

[277] Schumacher-Wolfgarten (1980), S. 592.

mutsstreits entgegen.[278] Diesen Spiritualen mußte aber das aufwendige Dekorations-
vorhaben über dem Grab des *Poverello* zuwider laufen.[279] Auch das »Bekenntnis zur
Versöhnung [...] mit der Papstkirche«[280] konnte nur den Konventualen, die im Konvent
der Hauptkirche des Ordens fest verankert waren, entgegen kommen. Insofern bleibt es
fraglich, ob Ubertino da Casale als wichtigster Sprecher der Spiritualen geistiger Urheber eines solchen Programms sein kann, wie Schönau annimmt.[281]

»The Spiritual-Conventual controversies [...] are not solely concerned with the
practice of poverty. If their starting-point lies in the reaction of the most conscientious
members to the developments in the observance, from the last quarter of the thirteenth
century, the means of expressing that reaction are doctrinal as well as practical. There is
a strong doctrinal element in the dispute. The Spirituals, in search of reform, put forward
a theory of poverty which, despite traditional attachments, amounted to a new development. The Conventuals, in reply, gave a new emphasis to the traditional orthodox view
of the Poverty of Christ. The ultimate outcome of the doctrinal conflict was the condem-
nation of absolute poverty by the Pope [Johannes XXII].«[282] Möglicherweise bietet also
die besondere Betonung der Armut innerhalb der *Imitatio Christi* zusammen mit der
Interpretation dieser *Vele* im Bedeutungsfeld *Paupertas-Ecclesia-Fides* einen Hinweis
auf den Zeitpunkt der Auftragsvergabe dieses Programms.

Zu der Zeit, die durch die stilkritische Analyse und den Gesamtzusammenhang
des Giotto-Werks naheliegt, war der Franziskaner-Orden in einer außerordentlich
schwierigen Situation[283]: Durch die Dekretale *Exiit qui seminat*, die Nicolaus III. 1279
erließ, wurde ausdrücklich die absolute Armut Christi und der Apostel anerkannt und
den Ordensbrüdern die Einhaltung der Regeln des heiligen Franziskus eingeschärft. Der
usus pauper wurde erleichtert, indem Eigentum – gestiftetes oder erwirtschaftetes Gut –
von vornherein nicht dem Orden, sondern dem Apostolischen Stuhl gehörte. Nutzung
und Gebrauch der Dinge sollte der Armut entsprechen, aber dennoch den jeweiligen
Verhältnissen in den Konventen vernünftig Rechnung tragen. Zwischenpersonen sollten
die Geldgeschäfte übernehmen und ein vom Papst eingesetzter Prokurator die eventu-

---

[278] Zum Armutsstreit vgl. Tocco (1910); Lambert (1961), S. 149-246; ders. (1972), S. 123-143.

[279] Vgl. dazu auch den sog. praktischen Armutsstreit, der sich am Bau der Kirche S. Francesco
entzündete und durch Bonaventura vor allem mit seiner *legenda major* geschlichtet wurde. K. B.
Brooke, Early Franciscan Government, From Elias to Bonaventura, Cambridge 1959.

[280] So formulierte Belting (1977), S. 78, die Quintessenz des Oberkirchenprogramms und Schumacher-
Wolfgarten (1980), S. 593, Anm.65, sieht in der *Paupertas-Vele* die dichteste Aussage dessen in der
Unterkirche.

[281] Schönau (1985), S. 341-342. Zu Ubertino vgl. Lambert (1961), S. 184-213.

[282] Lambert (1961), S. 147.

[283] Zur Geschichte des Ordens: Ehrle (1886a); Holzapfel (1909); Lambert (1961); Moormann (1968).

ellen Verkäufe tätigen. Zugleich wurden alle früheren päpstlichen Erklärungen aufgehoben und jede weitere Diskussion über die Armutsfrage untersagt.[284] Was, weitgehend auf der Basis der Schriften Bonaventuras beruhend, als endgültige Befriedung des Streits gedacht war, barg hingegen die Ursache neuer Gegensätze.[285] Die spirituale Richtung kritisierte einerseits die Einmischung des Papstes in die inneren Angelegenheiten des Ordens und die Auslegung von Regel und Testament des heiligen Franziskus,[286] andererseits die Entwicklung des *usus pauper* zu einer offenbar häufiger vorkommenden Anhäufung von Besitz.[287]

Unter dem kurzen Pontifikat Coelestins V. wurde die radikale Bewegung des Ordens bis hin zu vereinzelten Abspaltungen gestärkt, während Bonifaz VIII. diese schärfer verfolgen ließ.[288] Ubertino »denied the legitimacy of Celestine's renunciation, called Boniface VIII. the mystical Antichrist«.[289] Die Konflikte, die der Rücktritt Coelestins und das Pontifikat Bonifaz' VIII. auslösten, sowie die Kontroversen nach dem Tod des Gaetani-Papstes spiegeln sich auch in der Haltung der Kardinäle zu den Spiritualen.[290] So sind beide von Bonifaz geächteten Colonna-Kardinäle und der am Attentat in Anagni gegen den Papst beteiligte Napoleone Orsini Patrone der Spiritualen.[291] Naheliegenderweise verhält sich Clemens V., wie in den Fragen zur Kanonisation Coelestins und Verurteilung Bonifaz',[292] auch in diesem Ordenskonflikt sehr vorsichtig. Erst 1310 im Vorfeld des Konzils von Vienne reagierte Clemens V. auf die Streitigkeiten innerhalb des Ordens und setzte eine Kommission zur Prüfung dieser Fragen ein.[293] »First blood had gone to the Spirituals.«[294] Ubertino da Casale hatte eine Schrift vorgelegt, in der er bezüglich der Armut nicht von der Meinung des Ordensgeneralats abwich, sondern vor allem den Gebrauch der päpstlichen Privilegien scharf kritisierte und vor einer Spaltung des Ordens warnte.[295] Der Effekt war eine Bulle zugunsten der Spiritualen mit

---

[284] Vgl. Holzapfel (1909), S. 46-47; Lambert (1961), S. 141-148. Decretale: Bullarii Franciscani Epitome, ed. C. Eubel, 1908, S. 290-300.

[285] Vgl. Lambert (1961), S. 141-148.

[286] Vor allem Petrus Johannis Olivi und dessen Schüler Ubertino da Casale. Vgl. zu Olivi: Ehrle (1887c), S. 409-552; zu Ubertino und Olivi: Lambert (1961), S. 149-183.

[287] Vgl. Holzapfel (1909), S. 48.

[288] Vgl. Holzapfel (1909), S. 52-53. Zu Coelestin V. und Bonifaz VIII. vgl. S. 202f.

[289] Lambert (1961), S. 176.

[290] Darauf wurde im Zusammenhang mit Kardinal Stefaneschi eingegangen. Vgl. oben.

[291] Vgl. Lambert (1961), S. 182.

[292] Vgl. *Navicella*-Kapitel.

[293] Vgl. Lambert (1961), S. 184-204.

[294] Lambert (1961), S. 189.

[295] Vgl. Lambert (1961), S. 185-189. Die Schriften Ubertinos, auch die zu diesem Anlaß geschriebene -

einer Beschreibung der Situation, d.h. Clemens lobte die Spiritualen öffentlich.[296] Außerdem glaubte er deren Führer der Gefahr von Seiten der Konventualen ausgesetzt und stellte sie deshalb unter den Schutz einzelner Kardinäle.[297] Selbstverständlich mußte sich das Generalat des Ordens dagegen wehren. Dies wurde erleichtert durch eine erneute Schrift Ubertinos, die Gedankengut des außerordentlich umstrittenen Olivis beinhaltete. Er forderte darin die absolute Armut sowie Testament und Regel des Franziskus als alleinige Grundlage für den Orden.[298] Während des Konzils von Vienne wurde daraufhin 1311 eine formale *appellatio* gegen die Spiritualen lanciert mit dem Ziel einer klaren Verurteilung der Lehren Olivis als häretisch, um die Möglichkeit zu gewinnen, Ubertino und andere zumindest aus dem Orden auszuschließen.[299] Der Kommunität gelang es so, die Einsetzung einer Kommission zur Prüfung der Olivi-Schriften auf dem Konzil in Vienne zu erzwingen. »This was a Conventual success.«[300]

1312 folgten zwei Bullen, von denen eine den Fall Olivi behandelte und günstig für die Konventualen war, die andere, *Exivi de paradiso*, sich der Fragen der theoretischen und praktischen Armut annahm.[301] Indem Clemens V. Ordnung und einige Sentenzen aus der Schrift Ubertinos aufnimmt, scheint er mit *Exivi* einen Kompromiß zu suchen, letztlich bleiben aber alle Forderungen der Spiritualen unerfüllt.[302] 1313, also zu einem Zeitpunkt, zu dem auch die Kontroverse um Bonifaz VIII. bzw. Coelestin V. entschieden ist, versucht Clemens anläßlich der Neubesetzung des Ordensgeneralats, eine schärfer gegen die Spiritualen gerichtete Politik durchzusetzen. Durch die 1314 eingetretene Doppelvakanz – Clemens stirbt im April, der neue Generalminister im Oktober – zeitigte diese jedoch keine weiteren Folgen.[303]

Bis 1316 blieben beide wichtigen Stühle unbesetzt.[304] Der Thronwechsel in Frankreich[305] und die Doppelwahl in Deutschland, ebenfalls 1314, trugen erheblich zur weiter-

---

Sanctitas vestra - sind zum größten Teil ediert von Ehrle (1886b), S. 374-416; (1887d), S. 48-49; (1887e), S. 89-137; (1887f), S. 160-195.

[296] Lambert (1961), S. 189.

[297] Vgl. Lambert (1961), S. 189.

[298] Vgl. Lambert (1961), S. 189-192. Ehrle (1887e), S. 89-137.

[299] Vgl. Lambert (1961), S. 195-197. Olivi war zu diesem Zeitpunkt nur "stillgestellt" worden. Zu Olivi: Ehrle (1887c), S. 409-552; Lambert (1961), S. 149-183.

[300] Lambert (1961), S. 198.

[301] Vgl. Lambert (1961), S. 198.

[302] Lambert (1961), S. 199-201.

[303] Vgl. Lambert (1961), S. 204-205.

[304] Vg. Holzapfel (1909), S. 62.

[305] Auch Philipp IV., der Schöne, stirbt 1314. Es folgen die Söhne: Ludwig X. bis 1316, Philipp V. bis 1322 und Karl IV. bis 1328.

en Verunsicherung bei.[306] »All waited on the views of the new Pope. Three ways of resolving the crisis were open to him. He could accept the Spirituals outright; he could accept their way of life as the most perfect observance of the Rule and declare that of the Community to be a secondary, mitigated form. This was Ubertino's solution; [...]. Or there was the way of compromise. The Pope, while refusing to admit the claims of Spirituals in toto, could in practice give them a considerable measure of independence within the body of order, with convents and superiors of their own. This had been Clement's solution; now it had foundered, partly through inherent difficulties, partly through the unlucky chance of a double vacancy in both the Papacy and the generalate.«[307]

1316 wurde Jaques Duèzes Papst Johannes XXII.[308] und Michele da Cesena Generalminister des Ordens.[309] Da Cesena suchte offenbar die Einheit des Ordens wieder herzustellen und letztlich an die Positionen, die Clemens V. geschaffen hatte, aus konventualer Sicht anzuknüpfen. Er erließ als erstes einige Verordnungen, die die Spiritualen zum Gehorsam gegenüber dem Konvent bewegen sollten, und bat den Papst um die Erlaubnis, die nicht autorisierten der Franziskaner zu unterdrücken.[310] »Clement had curbed persecution; John favoured the Inquisition [...], favoured drastic action«[311] und führte dadurch den Orden Schritt für Schritt in eine schwere Krise.[312] Mit der Konstitution *Quorumdam exigit* reagierte Johannes XXII. im Oktober 1317 auf die Bitten des Generalministers, nachdem er wenige Tage zuvor gegen Ubertino da Casale vorgegangen war.[313] Er geht darin positiv auf die grundlegende Bulle *Exiit qui seminat* von Nicolaus III. ein und verschärft zugleich die Position Clemens` V. und dessen Bulle *Exivi de paradiso*.[314] Diese Konstitution kam einem Verbot der Spiritualen gleich und führte zu zahlreichen Häretikerprozessen.[315] Zwei weitere Bullen gegen die Spiritualen folgten: *Sancta Romana* im Dezember 1317 und *Gloriosam ecclesiam* im Januar 1318. Letztere

---

[306] Vgl. S. 328. Zur Vakanz und der Wahl Johannes XXII. vgl. Seppelt (1964), S. 89 f.; Baluze (1927); Duprè Theseider (1939).

[307] Lambert (1961), S. 209.

[308] Zu der Wahl: Finke (1908/1968), S. 212-215 und Finke (1902), S. LXVIII. Zu den Wahlverhandlungen: vgl. Duprè Theseider (1939); Willemsen (1927/1965). Vgl. dazu auch Kapitel VI.

[309] Zu Michele da Cesena vgl. Lambert (1972).

[310] Vgl. Lambert (1961), S. 211; Gratien (1928), S. 489-490.

[311] Lambert (1961), S. 210.

[312] Lambert (1961), S. 123-143.

[313] Vgl. Lambert (1961), S. 211; Ehrle (1887b), S. 554-614.

[314] *Quorumdam exigit*: 7. Oktober 1317. Vgl. Lambert (1961), S. 213-214.

[315] In einem dieser Inquisitionsprozesse sollte auch Stefaneschi 1319 zusammen mit Nicolaus von Prato die Anklagepunkte gegen Bernado Deliziosi prüfen und verhielt sich auch in diesem Fall vorsichtig ausgleichend. Siehe oben. Zu diesem Prozeß: Baluze (1927), II, S. 168 u.181.

war die formale Vernichtung der toskanischen Spiritualen.[316] Noch wichtiger aber erscheint, daß Johannes XXII. dem Dominikaner-Kardinal, Nicholas Albertis, die *Lectura super Apokalipsim* von Olivi zur Überprüfung gab und damit eine neue Diskussion über die Armut Christi einleitete, die jetzt zwischen dominikanischen und franziskanischen Theologen innerhalb einer Kommission geführt wurde.[317] Das bedeutete, daß es hierbei nicht nur um die vermeintliche Häresie der Spiritualen ging, sondern Grundfesten des Franziskaner-Ordens berührt wurden. »The opening of the battle can best be dated from the issue of John's Bull, 'Quia nonnunquam' in March 1322.«[318] Mit dieser Bulle hob Johannes XXII. das Diskussionsverbot auf, das seit der Bulle Nicolaus` III., *Exiit qui seminat* aus dem Jahr 1279, gegolten hatte. Der Orden reagierte auf dem Generalkapitel an Pfingsten in Perugia: In einem Brief wird der Papst gebeten, das Diskussionsverbot wieder einzusetzen und keine weiteren Bullen gegen den Orden zu erlassen. Und in einer Enzyklika wird die Position der Bulle *Exiit qui seminat* noch einmal dargestellt, verteidigt und veröffentlicht – letzteres kann durchaus als Affront gegen den Papst gewertet werden.[319] Beides zielt darauf ab, den Papst zur Rücknahme von *Quia nonnunquam* zu bewegen, meidet aber scheinbar den Dissens mit Johannes XXII.[320] Johannes XXII. antwortete mit der Bulle *Ad conditorem*, einer Replik auf die Enzyklika des Ordens, in der er nicht nur die Position von *Quia nonnunquam* bekräftigte, sondern die Eigentumsregelung, die Nicolaus III. eingeführt hatte, zurückzog.[321] Eine durch den Prokurator Bonagratia aus Bergamo verfaßte Appellationsschrift sollte den Papst zur Rücknahme dieser für den *usus pauper* verheerenden Bulle bewegen, hatte aber die Bestrafung Bonagratias und 1323 die Bulle *Cum inter nonnullos*[322] zur Folge.[323] Diese Bulle war ein Schlag gegen den ganzen Orden, denn Johannes XXII. erklärte in ihr die Ansicht, daß Christus und die Apostel weder einzeln noch gemeinsam Eigentum besessen hätten, als häretisch.[324] Gerade diese Ansicht war aber das wichtigste Moment der *Imitatio Christi* des heiligen Franziskus und stellte sowohl für die Konventualen als auch für die Spiritualen einen theoretischen Grundpfeiler dar.

---

[316] Vgl. Lambert (1961), S. 216-217.

[317] Vgl. Lambert (1961), S. 218; vgl. auch: Ehrle, (1885), S. 509-579 u. (1888b), S. 1-202; Tocco (1910); Holzapfel (1909).

[318] Lambert (1961), S. 227.

[319] Vgl. Holzapfel (1909), S. 68.

[320] Vgl. Lambert (1961), S. 228-230.

[321] Die Bulle weitgegend bei Holzapfel (1909), S. 68-70. Vgl. Lambert (1961), S. 230.

[322] 12. November 1323.

[323] Vgl. Holzapfel (1909), S. 70-71; Lambert (1961), S. 235, dort auch Text der Bulle.

[324] Zumindest wurde der Text so interpretiert. Holzapfel (1909), S. 71, liest ihn eher als Untersagung des begrifflichen Streits.

Der Streit verschärfte sich durch die sog. Sachsenhausener Appellation, die Ludwig der Bayer 1324 gegen den Papst erließ, der darin der Häresie bezichtigt wird.[325] Nachdem Johannes XXII. sich aus dem deutschen Thronstreit weitgehend herausgehalten hatte, nahm er nach dem Sieg des Bayern 1322 Stellung: Indem er das Recht der Appellation für sich in Anspruch nahm und Ludwig zum unrechtmäßigen König erklärte, suchte er sich gegen diesen zu wehren. Denn durch Ludwig sah Johannes XXII. Macht- und Besitzansprüche der Kurie in Italien gefährdet. Zudem fanden zahlreiche Spiritualen nach der Konstitution *Quorumdam exigit* aus dem Jahr 1317 Zuflucht bei Ludwig dem Bayern.[326] Ihnen folgten nach der Bulle *Cum inter nonnullos* auch konventuale Ordensmitglieder.

Die Verquickung machtpolitischer Interessen von Papst und deutschem König mit der theoretischen Auseinandersetzung um den *usus pauper* und der für den Franziskaner-Orden existentiellen Frage der Abgrenzung zum Dominikaner-Orden machten eine Lösung der Krise unmöglich. Im Gegenteil: 1327 sollte sich Michele da Cesena vor dem Papst für die Peruginer Enzyklika verantworten. Da Michele widerstand, suchte Johannes XXII. auf dem Bologneser Generalkapitel 1328 erfolglos einen neuen Generalminister einzusetzen. Inzwischen war der wiedergewählte Ordensgeneral zusammen mit Bonagratia und William of Ockham zu Ludwig dem Bayern geflohen, der seinerseits im selben Jahr einen Gegenpapst aufgestellt hatte. Johannes XXII. exkommunizierte die drei populären Franziskanerführer und ernannte auf dem Generalkapitel 1329 in Paris einen befreundeten Franziskaner zum Generalminister gegen den Willen der meisten Provinziale.[327] Keinesfalls bedeutete dieser formale Akt eine Befriedung der Situation, die erst nach dem Tode Johannes XXII. 1334 geklärt werden konnte.[328]

»The friars who rebelled in 1328 were only repeating in the opinions expressed by the whole body of the order before 1323. To say [...] that these men were Spirituals is to do violence to the facts. The leaders of the rebellion of 1328, so far from being the adherents of Spiritual doctrine, were their determined opponents. Michael of Cesena, the minister-general, had assisted John in the suppressions of 1317-18, and forced the Spirituals to abjure after the issue of 'Quorumdam exigit'. Bonagratia of Bergamo had been the venomous defender of the Community against the rigorists in the Council of Vienne. The third famous figure, William of Ockham, came from a province apparently

---

[325] Vgl. Ehrle (1887c), S. 540. Stellung der Kardinäle zu Ludwig d. Bayern vgl. Kapitel VI.

[326] Zum Verhältnis des Bayern und der Spiritualen vgl. Ehrle (1886a), S. 663-669.

[327] Vgl. Holzapfel (1909), S. 75-80.

[328] Vgl. Lambert (1972), S. 123-143.

untouched by Spirituals; and there is no sign of particularly Spiritual doctrine in any of his writings.«[329]

Einige sehen in dem Programm der Unterkirche gerade eine Dokumentation der Haltung des Generalkapitels von 1322, also eine Antwort auf die harten Eingriffe Johannes' XXII. in die Belange des Ordens.[330] Diese Ansicht ist sicherlich vertretbar. Sie widerspricht nicht den stilkritischen Erkenntnissen. Allerdings unterstellt diese Ansicht dem ganzen Programm einen immens politischen Charakter, der eher auf Konfrontation gegenüber der pontifikalen Kirche als auf Aussöhnung, die durch die Interpretation der *Paupertas-Vele* nahegelegt wird, ausgerichtet ist.

Während eine Auftragsvergabe nach dem Pontifikat Johannes' XXII. den Erkenntnissen der Stilkritik widerspräche, scheint im ganzen eher die bis zu Beginn der zwanziger Jahre auf Ausgleich mit der Kirche gestimmte Politik Michele da Cesenas Grundlage des Programms zu sein. Die notwendige Ausgestaltung im Zuge des Umbaus der Unterkirche und der Errichtung der Seitenkapellen, die von Wiener als zusammenhängende Kampagne ins zweite Trecentojahrzehnt datiert werden, lassen den Neueinsatz 1316 nach der langen Vakanz mit Blick auf die Jahrhundertfeiern 1326 bzw. 1328 als Zeitpunkt der Auftragsvergabe wahrscheinlich werden.

Die oben angesprochene Identifizierung des Stifters mit Napoleone Orsini ermöglicht es Schönau, folgende Faktoren zu einem logischen Netz zu verbinden: Erstens, die zügige Abfolge der Ausmalung, die aus den Restaurierungsergebnissen geschlossen werden kann; zweitens, ihren Abbruch, der sich in der unvollendet gebliebenen Apsis- und Rippendekoration manifestiert; drittens, einen Datierungszeitraum in das zweite Jahrzehnt, der schon u.a. von Gosebruch, Maginnis und Previtali[331] angenommen wurde, ebenso wie die Einheitlichkeit des Programms, die zuletzt Tantillo-Mignosi[332] und Thomas[333] konstatierten; viertens, die franziskanischen Schriften von Bonaventura bis Ubertino da Casale als geistigen Hintergrund dieses Programms. Zwar bedeutet eine Auftragsvergabe unter dem Generalat Michele da Cesenas, daß Ubertino da Casale nicht geistiger Urheber des Programms sein kann, dennoch kann Napoleone, der offenbar sowohl zwischen Johannes XXII. und den Ghibellinen wie auch zwischen den Konventualen und den Spiritualen zu jonglieren wußte,[334] Stifter sein. Es bleibt jedoch die

---

[329] Lambert (1961), S. 244.

[330] U.a. Tantillo-Mignosi (1975), S. 129-142; Schiller (1990), S. 284-285.

[331] Genauer von 1311 (Konzil in Vienne) und 1320 (Überfall der Ghibellinen auf Assisi, Protektorat Napoleones in Montefalco). Gosebruch (1979); Maginnis (1975) u. (1982); Previtali (1974).

[332] Tantillo-Mognosi (1977).

[333] Thomas (1983).

[334] Vgl. Willemsen (1927/1965).

Frage, warum Ludovico da Pietralunga Napoleone ausdrücklich als Stifter der Nikolaus-
und Johanneskapelle erwähnt, über die für den Orden doch um so viel wichtigere Stiftung aber schweigt. Man wird wahrscheinlich annehmen müssen, daß die Initiative zur
Ausmalung des ganzen Chorbereichs vom Ordensgeneralat und Kapitel in San Francesco
ausgegangen ist. Auch Wiener geht davon aus, daß die Einheitlichkeit des Konzepts vom
Konvent getragen und forciert wurde. Dafür seien Geldgeber gesucht worden, die mit
der Konzeption einverstanden waren und keine eigenen Wünsche durchsetzen wollten.[335]
Unter diesem Aspekt erzeugt der Name Napoleone Orsini als Stifter – möglicherweise ja
als großzügiger und wichtigster, aber nicht alleiniger Geldgeber – in der Unterkirche die
geringsten inneren Widersprüche hinsichtlich der schwierigen Ordensgeschichte und
hinsichtlich der stilistischen Erkenntnisse.

Unberührt von der Quellensuche, sei sie nun auf Einzelheiten oder auf die gedankliche
Grundlage des Gesamtprogramms ausgerichtet, und unberührt von einer genauen Datierung bleibt die Grundauffassung der Darstellung von den Pflichten der Franziskaner
als *erzählende Allegorien*. Hier sind ja nicht nur Personifikationen mit bestimmten
Attributen dargestellt oder werden einzelne Elemente aus den Schriften bzw. Legenden
zur Erscheinung gebracht, sondern Handelnde in einer ganzen Handlungsfolge vor Augen geführt. Die Wirkung des Handlungskerns, der die Annahme der jeweiligen Pflicht
erzählt, ist im Positiven wie Negativen an den mithandelnden Personen, die sich für oder
gegen die Pflicht entscheiden, nacherlebbar. Dies geht über die Personifikationen der
Tugenden und Laster in der Arena-Kapelle hinaus. Dort ist der Keim für solch erzählende Darstellung gelegt worden, denn gerade bei *Iustitia* und *Iniustitia* erzählen die
miniaturhaften Randgestalten die Wirkung der Tugend bzw. des Lasters.

In dem Band »Malerei und Stadtkultur der Dantezeit«, der schon zitierten programmatischen Aufsatzsammlung, bezeichnet Belting die Paduaner Allegorien als Anfang einer Entwicklung, deren ersten Höhepunkt die Allegorien in Assisi darstellten, die
vor allem mit den verlorengegangenen Werken von Giotto in Florenz weitergebracht
worden sei und die zu den profanen Allegorien Ambrogio Lorenzettis in Siena ebenso
führe wie zu den rhetorischen Bildern, die Cola di Rienzo in der Mitte des Jahrhunderts
zur politischen Propaganda in Auftrag gab.[336] Belting nennt die allegorischen Figuren in
Padua Bild*begriffe*, während die Sieneser Allegorien Bild*texte* seien und betont damit
die Erweiterung, die in der Entwicklung dieser Bilderfindungen liegt.[337] Die Bindung an
literarische Begriffe ermöglicht Belting, die neuen Erscheinungen in der Wandmalerei

---

[335] Vgl. Wiener (1991), 269-273.

[336] Belting (1989b), S. 44-45.

[337] Belting (1989b), S. 45.

des Trecento in ein sprachliches System zu fassen. Dabei bleibt aber m.E. durch die Gleichsetzung von "allegorischer Fiktion" und argumentativer Rede der Blick einge-schränkt auf den Propagandazweck der Auftraggeber, so daß die Bild*erfindungen* und ihre konstituierenden Mittel nicht bedacht werden. Etwa wird die *Navicella* durch den politisch motivierten Rückgriff Cola di Rienzos auf einige dort dargestellte Bildelemente in einen allegorischen Horizont gerückt. Sie sei noch keine "allegorische Fiktion", aber durch die isolierte Darstellung einer Historie, durch Ort, Größe und Zeitumstände als "argumentum" des Auftraggebers zu betrachten.[338] Nicht erst Cola di Rienzo, nicht erst die "äußeren" Fakten – wie Größe etc. -, sondern die Darstellung selbst, die Spannung zwischen "empirischer Lebendigkeit" einerseits und hieratischem Christus andererseits gibt diesem Mosaik seinen besonderen Gehalt.[339] Blume erwähnt im selben Band die Louvre-Pala,[340] das Altarwerk, auf dem »wohl zum ersten Mal [...] eine szenische Dar-stellung [- die Stigmatisation des heiligen Franziskus -], eine *historia* zum Mittelpunkt eines Altarbildes gemacht worden [ist].«[341] Zurecht betont der Autor das neuartige und außergewöhnliche Programm, das sich um die Legitimität des Franziskaner-Ordens drehe.[342] Ohne die Parallele zur *Navicella* zu ziehen, die sich nachgerade anböte und die ein besonderes Licht auf die Erfindung dieses Altarbildes werfen könnte, betrachtet Blume das Bildwerk allein als Propagandawerk der franziskanischen Opposition gegen-über Papst Johannes XXII. im Pisa der zwanziger Jahre.[343] Auch die Vierungsfresken der Unterkirche werden unter dem Aspekt der »Bildpropaganda«[344] behandelt. Hier »hatte der Orden Künstler zur Verfügung, mit denen sich auch unkonventionelle und neuartige Wege beschreiten ließen. Und so werden hier anscheinend zum ersten Mal allegorische Darstellungen monumentalen Formats zu fiktiven Erzählungen ausgebaut, um theoreti-sche Zusammenhänge ganz anschaulich im Bild erzählen zu können. Ein Bildmodus, der in den folgenden Jahrzehnten eine große Verbreitung finden sollte, wird somit offenbar an einer konkreten Aufgabe, aufgrund einer bestimmten historischen Situation entwi-ckelt und geht [...] aus der Zusammenarbeit zwischen dem gestaltenden Künstler und

---

[338] Vgl. Belting (1989b), S. 40.

[339] S. *Navicella*-Kapitel.

[340] Abb. Bistoletti (1989), S. 56.

[341] Blume (1989), S. 154. Blume weist darauf hin, daß dieses Werk trotz Signatur in der Forschung nur ungern als Giottowerk angesehen werde und datiert - nicht ohne Berechtigung - in die Nähe der Bardi-Fresken [Vgl. S. 156]. Allerdings sind es weniger stilistische als vielmehr politische Motive, die Blume zur einer Datierung der Tafel um 1320 bewegen [Vgl. S. 155/156].

[342] Blume (1989), S. 152.

[343] Blume (1989), S. 154-156.

[344] Blume (1989), S. 153.

dem franziskanischen Programmschreiber hervor.«[345] Über die Erfüllung des Bildmodus wird nichts gesagt. Auch hier konnte ein Zusammensehen der Bilderfindungen von Padua, der *Navicella*, der allegorisch-erzählerischen Patmos-Szene in der Peruzzi-Kapelle und auch deren eigentümlicher Szenenauswahl hilfreich sein, sich die Qualität des Gegenübers, mit dem »der franziskanische Programmschreiber« zu tun hatte, deutlich vorzustellen. Blume schreibt weiter, ihm erscheine »symptomatisch für diese Konstellation [...] das Verhältnis zwischen den Bildern mit den narrativen Elementen und den Inschriften, welche die dargestellten Hauptpersonen benennen und ihre theologische Bedeutung umschreiben, ohne aber das dargestellte Geschehen im einzelnen zu erklären. Text und Bild ergänzen einander; sie vermitteln zwar mit wechselseitigen Verweisen, aber durchaus eigenständig gleiche Gedanken auf jeweils spezifische Weise.«[346]

Die "spezifische Weise" der Darstellungen war Gegenstand der obigen Untersuchung zu den Vierungsfresken. Um das Gemeinsame von franziskanischen Schriften und bildkünstlerischer Erfindung, das besonders befördert werde von den *Meditationes Christi* des Bonaventura, nämlich der dort ausgeführten *similitudo* und *contemplatio*, dem auf Seiten der Bildkunst eine »künstlerische Verzauberung« entspräche, bemüht sich u.a. Thomas.[347] In seinem Aufsatz zu den Vierungsallegorien 1983 identifiziert Thomas das Werk Bonaventuras *De S. Patre nostro Francisco, Sermo IV* als grundlegende Schriftquelle.[348] »Diese Darlegung Bonaventuras lenkt unser Augenmerk bei den entsprechenden drei Bildern der Vierung [...] darauf, daß wir es nicht in allgemeiner Weise mit den Gelübden des Ordens zu tun haben, sondern genauer damit, wie Franziskus diese Eigenschaften in seinem irdischen Leben vollzieht [...].«[349] Es bleibt dann bei einem identifizierenden Abtasten der Bildelemente, da Thomas zwar die Bildkräftigkeit des genannten Sermon oder auch der allegorischen Dichtungen des Alanus ab Insulis herausstellt, die Bilderfindungen aber in eher illustrierender Abhängigkeit sieht.

Mit der in der älteren Literatur häufiger, in dem grundlegenden Aufsatz von Gosebruch[350] und jetzt auch von Belting[351] behandelten Nähe zu Dante erfaßt man wohl am deutlichsten den wesentlichen Zug der Bilderfindungen Giottos. Die Beziehbarkeit der Vierungsfresken und der Göttlichen Komödie ist aber weniger punktuell ikonographisch

---

[345] Blume (1989), S. 154.

[346] Blume (1989), S. 154.

[347] Fast alle oben genannten Interpretationen bemühen sich um die Übereinstimmung.

[348] Thomas (1983), S. 72-80; auch (1979), S. 319-330. Vgl. dazu auch Schiller (1990), S. 279-286, die sich weitgehend auf Thomas stützt.

[349] Thomas (1983), S. 75.

[350] Gosebruch (1961), S. 32-65.

[351] Belting (1989a) u. (1989b).

– in dieser Hinsicht erklären sich, wie oben schon erwähnt, Ähnlichkeiten aus den gleichartigen franziskanischen Quellen –, sondern strukturell aufzufassen.

Hilfreich kann die Unterscheidung zweier Modelle von Allegorie im 12. Jahrhundert sein, die Christel Meier ausführt[352]: Hildegard von Bingen formt die abstrakten Begriffe und den ihnen unterlegten Inhalt in anschauliche Metaphern, die zu Symbolen der Personifikationen dieser Begriffe werden, während Alanus die Personifikationen in symbolischen Handlungen agieren läßt. »Alans Werk ist als fortlaufende, lückenlose Handlung nach dem ordo naturalis angelegt. [...] In der Gesamthandlung, die ein echtes Kontinuum mit logisch und faktisch genauer Folge der Phasen darstellt, enthalten alle [...] Abschnitte einen allegorischen Sinn, indem sie den gemeinten Prozeß mit illustrieren.«[353] Dagegen analysiert Meier für das Werk Hildegards ein anderes Allegorie-Modell: »Das [...] Allegoriemodell ist [...] auf seiner unteren Ebene gekennzeichnet durch die Zusammensetzung ursprünglich disparater Dinge. Doch nicht nur die res, auch die ihnen zugesprochenen bedeutungstragenden Eigenschaften können abweichen von der Empirie. Die Zusammenstellung im Raum und die Verknüpfung in der Zeit wird inkontingent gehalten, logisch einsehbare Konsequenz weitgehend vermieden. Zusammenfügung des Nicht-Zusammengehörigen, Diskontinuität und Inkohärenz sind die Prinzipien.«[354] Eine solche »Allegorie impliziert, um nicht völlig unverständlich zu bleiben, die Notwendigkeit einer beigefügten Auslegung und zugleich die strenge Trennung der literalen und spirituellen Ebene.[355] War bei Hildegard gerade die Unzulänglichkeit der Literalebene die Bedingung zum notwendigen Aufsteigen zur Bedeutungsebene [...], ist im Anticlaudianus [von Alanus] das Fehlen einer derartigen Ebenenschichtung zu konstatieren. Denn die Erzählebene kann weder als Literalebene bezeichnet werden, da sie von Anfang an mit Bedeutungen durchsetzt ist (Namen der Personifikationen usf.); noch ist sie die Bedeutungsebene, weil sie nicht in theoretischen Strukturen ihren geistigen Gehalt darlegt, sondern narrativ angelegt mit allen Merkmalen einer Fabel-narratio und zudem mit manchen konkreten Einzelzügen und -dingen ausgestattet ist, die wie Sinnträger sonst einer echten Deutung bedürfen.«[356]

Wohl eher auf dem Allegorie-Modell des Alanus entwickelt sich vor allem die profane Literatur über den provençalischen Minnesang bis zum qualitativen Sprung Dantes, andererseits aber auch die immer lebendiger und illustrativ werdende Literatur der Heiligenlegenden. Hierbei erscheint es ausschlaggebend, daß mit Franz von Assisi

---

[352] Meier (1979), S. 70-89. Vgl. auch Köhren-Jansen (1993), S. 82-86.

[353] Meier (1979), S. 76.

[354] Meier (1979), S. 78.

[355] Meier (1979), S. 78.

[356] Meier (1979), S. 79-80.

ein ganz neuzeitlicher Heiligentypus auftaucht – ein Heiliger, der verehrt und dargestellt wurde, in einer Zeit, in der noch Menschen lebten, die ihn von Angesicht zu Angesicht gekannt haben mögen, die also "aus dem wirklichen Leben", z.B. von seinen Bruch mit dem Vater und seiner *Heirat mit der Armut*, hätten erzählen können. Dies ist der Boden für die grundsätzlich neue Art von Allegorie: Wenn der lebende Dante, geführt von dem antiken Dichter, durch die scholastische Jenseitsvision wandert, dann begegnen ihm die realen Menschen in miterlebbaren Handlungsabschnitten und dennoch ist das Ganze der Göttlichen Komödie eine »allegorische Fiktion«.[357]

Vergleichbar als allegorische Fiktionen erscheinen da die Darstellungen der Vierung in Assisi – wo der Dichter die Volkssprache benutzt und dem Leser bekannte Akteure auftreten läßt, erscheinen beim Maler portraithafte Typen in für den Betrachter nachvollziehbaren Handlungen. Es werden die »seelischen Beziehungen« zwischen Franziskus, der die Stigmata als Bestätigung seiner *Conformitas* erhielt, und Christus bei der Übergabe der Braut »begreifbar gemacht durch die vermehrte Menschlichkeit allegorischer Figuren und das Malen von Metaphern unter Einbeziehung der Umwelterfahrung bis zu den nur scheinbar spielenden Kindern.«[358] Das vorgegebene Kompositionsschema der Dextrarum iunctio wurde abgewandelt »zugunsten einer völlig neuen und einheitlichen Bildfindung für die Aussage der Überwirklichkeit in sich überlagernden Sinnschichten«.[359] Dieser Aussage sind »alle ikonographischen Details wirklich, wörtlich und zugleich dramatisch zugeordnet. Die unmittelbare Übereinstimmung von theologischem Gedanken und sinnlicher Form, die freie, sichere Komposition und Malweise verraten als Entwerfer und Maler Giotto.«[360]

---

[357] Dante, Convivio II, 1 u. 13; auch Belting (1989b), S. 43.

[358] Schumacher-Wolfgarten (1980), S. 593.

[359] Schumacher-Wolfgarten (1980), S. 593.

[360] Schumacher-Wolfgarten (1980), S. 593.

VIII. SCHLUß

Die Darstellungsweise Giottos ist anhand ihrer konstitutiven Momente – Handlung, Figur und Raum – und gespiegelt an den Aufgaben, die die jeweilige Bildgattung erfordert, für die Werke zwischen den Fresken der Arena-Kapelle in Padua und der Bardi-Kapelle in Florenz durch ausführliche Bildanalysen herausgearbeitet worden. Konstanten und Modifikationen im Verhältnis dieser Momente zueinander erlaubten Rückschlüsse auf eine innere Chronologie des *mittleren Werks*: Wonach die *Navicella* sowie das Stefaneschi-Altarwerk nach den Paduaner Fresken und der Ognissanti-Madonna und vor den Malereien der Peruzzi-Kapelle, danach die Vierungsfresken von San Francesco in Assisi vor der Ausmalung der Bardi-Kapelle entstanden sind.

Es konnte an Figurenbildung und Komposition konkret gezeigt werden, wie Giotto Natürlichkeit <u>und</u> Bedeutung angemessen zur Erscheinung bringt. Darin zeigte sich ein Kriterium für die Autorschaft Giottos jenseits der Bestimmung einzelner Mitarbeiter seiner Werkstatt. Auf dieser Grundlage konnten die oben genannten Werke als eigenhändig, im Gegensatz zur Malerei der Magdalenen-Kapelle und den Fresken im Nordarm des westlichen Querschiffs der Unterkirche von Assisi, bezeichnet werden.

Für die Giotto-Werke ist charakteristisch, daß die handelnden Figuren im Wechselspiel mit der gleichberechtigten Architektur durch Gebärden, Blicke und Körperhaltung auf das Zentrum eines Geschehens, das wiederum von handelnden Figuren gebildet wird, hinführen. Die Bewegung der Figuren, durch welche die Ereigniszeit Gestalt gewinnt, wird so in einen sich steigernden Rhythmus gebracht – erkennbar an den knappen Maßen der skandierenden Senkrechten, an Überschneidungen und Spannungen, wie sie etwa durch das *Fastberühren* erzeugt werden. Die zentralen Figuren vollenden die vorbereitenden Gesten und begründen sie zugleich. Dieses doppelte Verhältnis, das die Zentralfiguren einerseits an die aktuelle Erzählzeit bindet und sie andererseits daraus enthebt, zeigt sich im jeweils entscheidenden Augenblick der Bewegung: Im Augenblick der absoluten Ruhe des Umschlagpunkts einer Bewegung oder in der Spannung über eine *leere Mitte* wird der Kernpunkt des Geschehens zu einem dramatisierten Moment, der in seiner aktuellen Wirkung auf die Umgebung sichtbar, aber selbst dieser Aktualität enthoben ist. Auf diese Art und Weise erscheint das Übernatürliche, das die Figuren des Zentrums von den anderen unterscheidet, nicht zeichenhaft zugefügt, sondern wird an den Figuren selbst körperlich und wie das "unfaßbare" Wunder eingebunden in die irdische Welt an der Handlung zur Anschauung gebracht.

Dieses Kompositionsprinzip wurde am Beispiel der erzählenden Fresken der Arena-Kapelle gezeigt. Da es ebenso an den anderen in der Forschung unbestrittenen

Giotto-Werken, aber nicht an denen des Umkreises gesehen werden konnte, kann es Kriterium für Zu- bzw. Abschreibungen sein.

In den Paduaner Bilderfindungen sind die handelnden Figuren mit großer plastischer Präsenz wie von einem Bildhauer gestaltet. Durch ihr jeweils spezifisches Verhältnis zueinander, das durch die Handlung bestimmt ist, schaffen sie sich ihren Handlungsraum selbst. Bei diesem Verhältnis von Figur und Raum bilden die Figurengruppen geschlossene Blöcke, bei denen nur an den vorderen Figuren individuelle Züge ausgebildet werden. Dabei wird bei aller Feinheit der einzelnen Bewegung ein Staccato-Rhythmus innerhalb der Gruppen entwickelt, der mit harten Anschnitten, kurzen Drehungen sowie abrupten Beugungen auf die Handlung der zentralen Figuren hinführt und ihre Erhabenheit reflektiert.

Im Verlauf der Entwicklung zu den Darstellungen der Peruzzi-Kapelle wird das in Padua angelegte Verhältnis von Figur und Raum modifiziert: Die Betonung verlagert sich von der raumschaffenden Figur zum figurumschließenden Raum. Der Raum wird gebildet durch die kontinuierlichere Perspektive der Architektur und den mit ihr in Korrespondenz tretenden Figurengruppen. In dem so vorgegebenen Raum bewegen sich veränderte, malerischer aufgefaßte Figuren mit flüssigeren Bewegungen. Die Gewänder sind jetzt deutlich über den schweren Körpern spürbar und jede Figur hat ihren erkennbaren Ort innerhalb der Figurengruppe. Mit dem bekannten Kompositionsprinzip der Arena-Fresken, aber dem neu entwickelten Verhältnis von Figur und Raum, wird das nicht erzählbare Geschehen in seiner ganzen Besonderheit innerhalb der irdischen Welt der gebauten, perspektivisch konstruierten Architektur, der Schwerkraft und des individuellen Gefühls erfahrbar. Es wird eine Darstellungsweise gefunden, die in die Dehnung der Erzählzeit im Alltäglichen ein Moment des Überzeitlichen ebenso integrieren kann, wie in die Konzentration der Erzählzeit auf den angehaltenen Augenblick die Vision des Überzeitlichen: Die literarische *Apokalypse des Evangelisten* wird in derselben Weise verkörpert wie die *historia* des Täufers.

Diese Darstellungsweise beruht zwar auf den in Padua entwickelten Möglichkeiten, läßt sich aber nicht direkt daraus ableiten oder daran anschließen. In der römischen Erfahrung durch die Arbeit an dem Mosaik der *Navicella* und der dafür notwendigen Kenntnis der antiken Kunst kann der Anstoß für die gegenüber Padua malerischer gewordene Figurenbildung gesehen werden. Zugleich birgt die Darstellungsweise der allegorisierten Erzählung die Möglichkeit der erzählenden Wiedergabe einer Vision.

Die Gruppe der Jünger, deren kontrastreiche Bewegungen in der Darstellung der *Navicella* in rhythmischer Steigerung auf das Zentrum bezogen sind, erinnert an die Paduaner Figurengruppen. Allerdings werden die Männer in ihrer Angst sehr individuell mit dem Ausdruck expressiver Emotionalität gestaltet, der eher mit der Figurenerfindung in der Peruzzi-Kapelle vergleichbar ist. Auf den vorgegebenen Raum und die darin schwingender rhythmisierten Figuren in Florenz verweisen auch die Weite der Seelandschaft und die gedehnte Anordnung der Jünger. Axialität, Frontalität und der Bezug aller Elemente der ausgewogenen, klaren Komposition auf den Christus der *Navicella* heben diesen aus der bewegten Erzählung hervor und verleihen seiner Anwesenheit eine besondere Bedeutung. Seine Gestalt vereinigt die Erzählzeit ebenso wie die durch den anwesenden Stifter evozierte, unmittelbare Gegenwart auf sich. Sie erzeugt so ein spannungsgeladenes Kraftfeld zu den "realistisch" dargestellten Dingen und Figuren, denen durch die Plastizität und Detailtreue <u>Raum,</u> durch die Gefühlszustände und die rhythmische Folge <u>Zeit</u> gegeben ist. Christus ist diesem Geschehen der verfließenden Zeit enthoben und von immerwährender, ewiger Anwesenheit. Die monumentalisierte und ohne zyklischen Zusammenhang dargestellte Erzählung des *Seewandels Petri* erhält in diesem Christus ein allegorisches Zentrum.

Bei aller Ähnlichkeit mit dem traditionellen Christustypus vergleichbarer Mosaiken, welche die frontale Gestalt des *Navicella*-Christus besitzt, zeigte sich gerade im Gesamtgefüge der Darstellung die Neuartigkeit dieser Figur, die aus dem Gegenüber von individualisiertem Gefühl und "überpersönlicher" Gebärde zu einer Verkörperung des absoluten Herrschens führt. In vergleichbarer Weise hat die formale Gestaltung der Florentiner Maestà in der Proportionierung der Figuren ebenfalls traditionelle Züge. Aber aus der natürlichen Innigkeit von Mutter und Kind in Verbindung mit dem an ihnen Gestalt werdenden Rangunterschied wird eine organische Verschmelzung zwischen Präsentation und Handlung entwickelt, deren Zentrum die Segensgeste des Christusknaben ist. Dies unterscheidet die Madonnentafel von den zeitgenössischen Vergleichsbeispielen.

Der Allegorisierung der erzählenden Darstellung im römischen Mosaik entspricht die Unterscheidung der inhaltlichen Sphären auf den beiden Seiten des Stefaneschi-Altars durch die "Erzähllage", die es ermöglicht, "innere" und "äußere" Seite der Kirche zu verbinden. Wie die Madonnen-Tafel und die *Navicella* zeigen die Mitteltafeln des Altars traditionelle Züge, die zusammen mit ganz neuen Bildungen in eine Handlung eingebunden werden und dadurch eine andere Prägung erhalten. Dabei wird die Nähe zu den Betrachtenden gesucht, ohne die Hierarchie in der dargestellten Handlung zu verletzen.

Die perspektivische Konstruktion des Raums korreliert hier mit dem Bemühen, durch die Portraitdarstellung des Stifters, die freiere Bewegungsfähigkeit der Figuren und durch die präzis ausformulierte Dinglichkeit Augenblickszeit in die hieratische Bilderfindung zu bringen. Zugleich verstärkt sie die Bannkraft, welche die zentralen Figuren über eben diese natürliche Zeitlichkeit der auf sie bezogenen Anwesenden enthebt. Durch den figurumschließenden Raum ergibt sich die Möglichkeit zur Integration der individualisierten Identifikationsfiguren und der dominanten Präsenz des hieratischen Zentrums in eine Handlung, die Heiligkeit und Überzeitlichkeit der Zentralfiguren nicht zeichenhaft dokumentiert, sondern ihnen wesenhaft werden läßt. Figur und Raum sind hier konstitutive Momente einer Bilderfindung, die mit demselben Kompositionsprinzip über die Möglichkeiten des Florentiner Tafelbildes hinausgeht.

Auf den Seitentafeln wird in einem erweiterten Raum die Gleichzeitigkeit des Ungleichzeitigen im Umschlagpunkt der Bewegung erfahrbar. Zeit und Raum treten in Korrespondenz und das Unfaßbare wird konkret als "natürliches" Geschehen zusammen mit der real erzählten Geschichte dargestellt. In einer maßvollen Rhythmisierung, die mit Gesten und Blicken auf das zentrale Geschehen hinführt, sind hier Figuren von beweglicher Körperlichkeit und sehr persönlichem Gefühlsausdruck zu Gruppen geordnet. Gebärden und individuelles Gefühl bleiben dabei jeweils aktuell auf die einzelne Figur konzentriert und folgen nicht zeichenhaft einem allgemeinen "Strom", wie es auf den Orsini-Tafeln Simone Martinis beobachtet wurde. Sie sind gebildet nach dem giottesken Kompositionsprinzip der Arena- und der Peruzzi-Darstellungen, unabhängig von Kategorien der Monumental- oder Miniaturmalerei. All diese Figuren sind individuelle Verkörperungen der inhaltlichen Aussage. Dies unterscheidet sie von den Figuren der Sieneser Maler und denen der »miniaturist tendency«.

Auch das am Stefaneschi-Altar festgestellte Verhältnis von erweitertem Raum und darin frei beweglicher Figur, das in einer Wechselbeziehung zur dargestellten Individualität und konkreter Dinglichkeit steht, sowie die feine Malerei der Tafeln können eine Vorraussetzung für die Integration des Überzeitlichen in die Alltagswelt der individuellen Figuren in dem sie umschließenden Raum der Peruzzi-Bildfelder sein.

Das Sichtbarwerden der Erhabenheit gibt den Zentralfiguren der Paduaner Fresken ihre Besonderheit. Das allegorische Zentrum der *Navicella* konzentriert die unterschiedlichen Ebenen der Bilderzählung auf sich. Die *Vision des Johannes* in der Peruzzi-Kapelle wird einer Geschichte adäquat gestaltet. Vor den Stadttoren von Ephesos wird das Wunderbare in die dingliche Welt, und bei der Darstellung der Apostel-Martern werden verschiedene Zeitabläufe in eine Gesamthandlung integriert. Darauf aufbauend kann in den Vierungsfresken der Unterkirche zu Assisi eine Darstellungsweise gefunden werden, welche die Personifikation eines abstrakten Gehalts als handelnde Figur in die Komposition einer erzählenden Bilderfindung einbindet. Dies korreliert auch hier mit einer weiteren Modifikation des Verhältnisses von Figur und Raum. Nach der Entwicklung von der <u>raumschaffenden Figur</u> in der Arena-Kapelle zum <u>figurumschließenden Raum</u> auf dem Stefaneschi-Altar und in der Peruzzi-Kapelle, wird bei den *Vele der Ordenstugenden* unter Berücksichtigung der Gewölbeform der vorgegebene Raum perspektivisch verknappt und auf diese Weise eine größere <u>Kohärenz zwischen Figur und Raum</u> ermöglicht.

Die Figurenbildung, auch die knappen, auf den Körper konzentrierten Gesten, die Organisation der Gruppen durch Zu- und Abwenden sowie Anfangs- bzw. Schlußfiguren unterscheiden die Vierungsfresken von vergleichbaren Malereien in der Unterkirche, und rücken sie an die Darstellungen der bekannten Giotto-Werke heran. In den Gewölbefeldern folgen die Gesamtkompositionen dem Prinzip der rhythmischen Steigerung durch Gebärden der beteiligten und reagierenden Personen sowie durch vorbereitende Handlungen auf ein Zentrum, in dem diese zur Vollendung gebracht werden.

Die Hervorhebung der in den Gruppenrhythmus eingebundenen zentralen Figur oder Handlung geschieht durch eben diese rhythmische Steigerung und eine sich daraus entwickelnde Freistellung des Zentrums. Durch die so strukturierte Handlung kann die Augenblickszeit der Sphäre der "Identifikationsfiguren" und der realen Dinglichkeit mit der Sphäre des abstrakten Inhalts einer Allegorie verbunden werden. In dieser Darstellungsweise wird die personifizierte Tugend zur lebendigen Gestalt der Handlung einer erzählenden Allegorie.

Mittels der Fresken in der Magdalenen-Kapelle der Unterkirche konnte die innere Chronologie der genannten Werke befestigt werden. Die Veränderung zu mehr Räumlichkeit und einem flüssigeren Gruppenrhythmus, die an den Darstellungen in der Peruzzi- gegenüber denen der Arena-Kapelle sichtbar wurde, wird in den Bildfindungen der Magdalenen-Kapelle aufgegriffen. Hier wird die Dehnung, aber nicht die Rhythmisierung auf ein Zentrum sichtbar. Es wird eine "Weite" der Landschaft erreicht, die unabhängig von der Handlung flächenfüllend und ausgleichend eingesetzt ist. In derselben Art und Weise wirkt die Landschaft auf einigen Darstellungen der *Jugendgeschichte Christi* im nördlichen Querschiff der Unterkirche begleitend zu den Figuren, deren Bewegung sie zur spannungslosen und dekorativen Gleichmäßigkeit ausponderiert. Das giotteske Kompositionsprinzip beruht auf Spannung, und daraus entwickelt sich die Besonderheit des zentralen Geschehens – hier wird gerade der Ausgleich gesucht und die zentralen Figuren in derselben Übergänglichkeit gestaltet wie die Begleitfiguren. Die Ebenen der Zeit sind dieselben, da das Alltägliche und das Wunderbare oder Heilige nicht von einander verschieden durch die Figuren verkörpert oder an der Handlung erfahrbar werden. Im Erzählfluß geraten sie daher nicht in Spannung zueinander. Dagegen werden in der giottesken Darstellungsweise Augenblickszeit und Überzeitlichkeit, Alltäglichkeit und Heiligkeit in eine Handlung integriert.

Die prinzipiellen Unterschiede zu den Paduaner und Florentiner Darstellungen zeigen in aller Deutlichkeit, daß der Maler in der Magdalenen-Kapelle nicht Giotto ist. Sogar die häufig präferierte Bezeichnung *parente di Giotto* suggeriert noch zu große Nähe. Im Vergleich zu sienesischen Künstlern aus dem Umkreis Simone Martinis oder Pietro Lorenzettis wird dieser Künstler allerdings der *Giotto-Schule* zuzuordnen sein.

Der Weg führt von den giottesken Darstellungen der Arena- über die der Peruzzi-Kapelle zu den sie rezipierenden Fresken der Magdalenen-Kapelle. Reminiszenzen an die *Navicella* und das Stefaneschi-Altarwerk stellen klar, daß auch die beiden römischen Werke vor dieser entstanden sind. Zugleich eröffnet die Nähe einiger Fresken der *Jugendgeschichte Christi* zu denen der Magdalenen-Kapelle, die bis zu beinahe "wörtlicher" Wiederholung einzelner Bildungen reicht, die weitere Chronologie. Nach dem Befund der Tagwerksfolgen innerhalb der Ausgestaltung der Unterkirche schließen die Vierungsfresken an die *Jugendgeschichte* an. Die Darstellungen der *Ordensallegorien* und des *Gloriosus Franciscus* sind also nach denen der Peruzzi-Kapelle und nach den römischen Werken entstanden.

Die historischen Ereignisse in der Zeit von Papst Coelestin V. bis Johannes XXII. gemeinsam mit anderen äußeren Faktoren und den Bezügen zu den wenigen datierten Darstellungen ergeben ein Geflecht, das in Kongruenz mit der inneren Chronologie einen festen Datierungsrahmen zumindest sehr wahrscheinlich machen kann:

Die Baumaßnahmen in der Unterkirche im zweiten Jahrzehnt des Trecento und die finanzielle Situation des Stifters der Malereien in der Magdalenen-Kapelle, Teobaldo Pontano, grenzen den Zeitraum einer möglichen Auftragsvergabe so ein, daß sie am ehesten anläßlich seiner Wiederwahl zum Bischof von Assisi 1314 und nicht mehr nach 1320 möglich ist. Aufgrund der durch die Stilkritik gewonnenen Erkenntnisse müssen also die Malereien der Peruzzi-Kapelle, die *Navicella* und der Stefaneschi-Altar bis frühestens 1314/15 und spätestens 1319/20 fertiggestellt und die Fresken der *Jugendgeschichte Christi* sowie die *Vele* in der Unterkirche begonnen worden sein.

Der Nekrolog aus dem *Martyrologium benefactorum* von St. Peter auf Kardinal Jacopo Stefaneschi weist diesen als Stifter der *Navicella* und des römischen Polyptychons aus. Seine diplomatische Haltung gegenüber den Auseinandersetzungen um das Andenken an Bonifaz VIII. und die Kanonisation Coelestin V., auch die Situation, in der sich die Kurie nach dem Tod des Gaetani-Papstes und besonders unter Clemenz V. befand, sowie ein Dokument, das einen längeren Aufenthalt Giottos in Rom vor 1313 belegt, lassen eine Datierung "um 1310" für das Mosaik am glaubwürdigsten erscheinen. In Übereinstimmung mit dem Gehalt der allegorisierten Erzählung präzisiert dieses Datum die stilkritische Untersuchung, welche die *Navicella* als nach den Arena-Fresken, also nach 1305/06, und vor den Darstellungen in der Peruzzi-Kapelle entstanden zeigte.

Die Kanonisation des zurückgetretenen Papstes Coelestin V. als Einsiedler Pietro da Murrone und seine Darstellung auf dem Polyptychon ergibt für dieses den *terminus post quem* 1313. Wiederum sind es die Schriften des Stifterkardinals und sein Verhältnis zu dieser Heiligsprechung sowie die politischen Ereignisse, etwa die Papstvakanz ab 1314, die eine Auftragsvergabe unmittelbar nach diesem *terminus* nahelegen.

Die Situation der Franziskaner im sogenannten theoretischen Armutsstreit bis zum Tod Clemens` V. 1314, dann in der schwierigen Zeit der doppelten Vakanz, die mit der Wahl Michele da Cesenas zum Generalminister und dem Amtsantritts Johannes` XXII. 1316 beendet wird, sowie in der Krise des Ordens unter dem neuen Pontifex gibt den Hintergrund für die Überlegungen zur Datierung der *Vele* ab. Die Vierungsfresken hängen technisch und programmatisch mit der Ausmalung der beiden Querhäuser zusammen. Diese Kampagne wurde zu keinem Zeitpunkt länger unterbrochen, aber zu einem unbestimmten Zeitpunkt abgebrochen. Der Ghibellinenüberfall auf den Konvent 1319/20 könnte zum Stillstand der Arbeiten geführt haben, die dann aufgrund der verschärften Unstimmigkeiten zwischen Papst und Generalkapitel nach dem Erlaß der Bulle *Quia nonnunquam* 1322 nicht mehr zuende geführt worden wären. Andererseits könnte das Programm dieser Malereien als politische Aussage gerade in diesem Streit verstanden werden und erst die Absetzung des Generalministers durch Johannes XXII. 1328/29 das Ende der Arbeiten bedeutet haben.

Die Bauarbeiten in der Unterkirche, der Neuanfang innerhalb des Ordens unter Michele da Cesena, dessen Politik gegenüber der Kurie und die Interpretation der *Paupertas-Vele* sprechen meines Erachtens für eine Datierung ab 1316, die sich auch mit den Überlegungen zu Napoleone Orsini als Geldgeber in Übereinstimmung bringen ließe.

Die Malereien der Peruzzi-Kapelle sind nach den stilkritischen Erkenntnissen vor denen der Magdalenen-Kapelle und nach der *Navicella* entstanden. Da Giotto zwischen 1310 bzw. 1313 und 1316, dann wieder zwischen 1320 und 1328 in Florenz nachweisbar ist, die Fresken der Pontano-Kapelle aber 1320 schon fertig gewesen sein müssen, kommen für diese Florentiner Kapelle die Jahre bis 1316 in Frage.

Der Weg führt von der raumschaffenden Figur zu dem erhabenen Zentrum – integriert in eine erzählende Bilderfindung – zum figurumschließenden Raum und den lebendigen Verkörperungen eines Begriffs – integriert in die Handlung einer erzählenden Allegorie. Von den Paduaner Fresken bis zu den Vierungsfresken in Assisi verläuft er mit den Stationen in Rom – dem allegorischen Zentrum, integriert in eine isolierte erzählende Bildfindung – und in Florenz – der erzählend dargestellten Vision innerhalb eines Zyklus` von 1305/6, dem Ende der Arbeiten in Padua, bis 1319/20, dem Ghibellinenüberfall in Assisi, also dem Abbruch der dortigen Kampagne.

Das Verhältnis von Figur und Raum wird in dieser Zeit mit den unterschiedlichen Aufgaben – repräsentatives Mosaik, Altar in St. Peter, Privatkapelle, Ordensallegorien – modifiziert von der raumbildenden Figur zum figurumschließenden Raum und führt zu der Kohärenz beider in den Darstellungen der Bardi-Kapelle. Diese Modifikationen korrelieren mit der Variation desselben Kompositionsprinzips der Handlung. Dadurch kann eine veränderte Darstellungsweise von der einfachen, erzählenden Bilderfindung bis zur erzählenden Allegorie gefunden werden. Die lebendiger werdende Natürlichkeit mit mehr Raum für Gefühl und Individualität der Figuren, die sich in diesen Werken zeigt, ist gebunden an den bedeutungsmäßigen Gehalt, der sich im Zentrum der Bilderfindung kristallisiert. Ein Traumgeschehen wird erfahrbar in der Spanne der *leeren Mitte*, eine Vision konkretisiert sich in der Beziehung zu dem Menschen, dem sie geschieht, und die Wunder werden sichtbar durch die Wirkung auf die alltägliche Umgebung, in der sie geschehen. Beide Sphären, die irdische und die überzeitliche, werden in eine gemeinsame Handlung integriert, in der die Besonderheit des Überzeitlichen an den Figuren selbst Gestalt annimmt bis hin zur Allegorie, die ins Leben tritt.

»Nel mezzo del cammin di nostra vita« – schon mit diesem Beginn schlägt Dante eine Brücke zwischen Diesseits und Jenseits. Dies entspricht der Integration des Überzeitlichen in eine Welt der mannigfaltigen Erscheinungen, der Schwerkraft und des individuellen Gefühls, die Giotto gestaltet. Dantes »Gestalten [sind] alle auch Zeichen, aber sie sind immer zugleich Einzelmenschen. [...] Der Dichter hat es verstanden, die universalen Dinge konkret, real und bildhaft werden zu lassen.«[1] Mit einem neuen »Gefühl für die Individualität« stellt Dante die Convenienza von Geist und Sinnlichkeit her.[2] So wird die allegorische Fiktion an die alltägliche Lebendigkeit gebunden und erfahrbar wie auf den Vierungsfresken der Unterkirche. Ihren abstrakten Gehalt in der Welt des Tatsächlichen zur sinnlichen Erscheinung zu bringen – dies war die gemeinsame Aufgabe der neuen Art der Allegorie von Dante und Giotto.

---

[1] Gmelin (Dante), Bd. IV, S. 22.

[2] Gmelin (Dante), Bd. IV, S. 22. Vgl. Bartig (1984), S. 108-112.

LITERATURVERZEICHNIS

Bibliographien zur Giotto-Literatur:

Roberto Salvini: Giotto. Bibliografia, vol. I (trecento-1937) (= Istituto Nazionale d'archeologia e storia dell'arte, bibliografie e cataloghi 4), Rom 1938.
Cristina De Benedictis: Giotto. Bibliografia, vol. II (1937-1970) (=Istituto Nazionale d'archeologia e storia dell'arte, bibliografie e cataloghi 4), Rom 1973.

Ergänzend sei auf folgende Bände verwiesen:

Cesare Brandi: Giotto, Mailand 1983.
Sandrina Bistoletti: Giotto, Florenz 1989.

Ackermann, J.S.: (1980) On Early Renaissance Color Theory and Practice, in: Studies in Italian Art and Architecture 15th through 18th Centuries (= Memoirs of the American Academy in Rome XXXV.) hg. von H.A. Millon, Rom 1980, S. 11-40.

Acta Sancta Sanctorum, ed. Paperbroch, Maii IV (1685), 419-461, Paris 1685

Alberti, Leon Battista: (ed. Janitschek) Della Pittura libri tre (1435), in: ders.: [Leon Battista Albertis] kleinere Kunsttheoretische Schriften, hg. von H. Janitschek (= Quellenschriften für Kunstgeschichte, Bd.11), Wien 1877, S. 123.
- : (ed. Lanciano) Della Pittura libri tre, hg. von Lanciano, o.O. 1913.

Albertini, F.: (1510a) Memoriale di molte statue et picture sono inclyta Cipta di Florentia, 1510. Florenz ^{2}1932.
- : (1510b) Opusculum de Mirabilis Novae et veteris Urbis Romae, Rom 1510. In Auszügen wiederabgedruckt in: Francisci Albertini Opusculum de Mirabilis urbis Romae, hg. von A. Schmarsow, Heilbronn 1886.

Alpatoff M.: (1947) The parallelism of Giotto's paduan freskoes, in: The Art Bulletin, vol. 29, no.3 (1947) S. 149-154.

Anonimo Gaddiano, Cod. magliabechiano XVII, 17, 1540, hg. von C. De Fabriczy (= Il Codice dell' Anonimo Gaddiano nella Biblioteca Nazionale di Firenze, in: Estrato dall' Archivio Storico Italiano, S. V. 12 [1893]).

Angeli, F.M.: (1704) collis paradisi amoenitas seu sacri conventus Assisiensis historiae libri II, Montefalisco 1704.

Anonym: S. Pierre Célestin et ses premiers Biographes, hg. v. C. de Smedt (=Analecta Bollandiana, 16 [1897]).

Anonym: Vie et Miracles de S. Pierre Célestin, hg. v. C. de Smedt (=Analecta Bollandiana, 16 [1897]).

Argan, G.C.: (1937) L'Architettura italiana del Duecento e del Trecento, Firenze 1937.

Antal, F.: (1948) Florentine Painting and Its Social Background, London 1948.

Antonic, M.: (1991) Bildfolge, Zeit- und Bewegungspotential im Franzzyklus der Oberkirche San Francesco in Assisi, Frankfurt a. M. 1991

Bacci, O.: (1977) La 'Maestà' di Giotto agli Uffizi, in: Critica d'arte, N.S. 42, (1977), S. 209-210.

Baglione, G.: (1639) Le nove Chiese di Roma, Rom 1639.

Baldinucci, Filippo: (1681) Notizie de' Professori del Disegno da Cimabue in quà, Florenz 1681.

Badt, K.: (1958) Perspektive, Bildthema und Raumkomposition, - Referat auf dem 7. Deutschen Kunsthistorikertag, in: Kunstchronik, 11. Jahrgang, Oktober 1958, Heft 10, S. 306-307.
- : (1963) Raumphantasien und Raumillusion. Wesen der Plastik, Köln 1963.

Bätschmann, O.: Einführung in die kunstgeschichtliche Hermeneutik: Die Auslegung von Bildern,
Darmstadt ^{2}1986.

Baluze, B. u. G. Mollat: (1927) Vitae Paparum Avenionensium, Bd.2, Paris 1927.

Barasch, M.: (1978) Light and Color in the Italian Renaissance Theory of Art, New York 1978.
- : (1967) Der Ausdruck in der italienischen Kunsttheorie der Renaissance, in: Zeitschrift für
Ästhetik und allgemeine Kunstwissenschaft, 12 (1967), S. 33-69.
- : (1987) Giotto and the language of gesture, Cambridge 1987.

da Barberino, F.: (ed. Egidi) Liber Documentorum amoris, 1310, hg. von F. Egidi: I documenti d'amore
die Francesco Barberino secondo i mss. originali, Rom 1905.

Bartig, H.-F.: (1984) Dantes maßgebliche Bestimmung der Katharsis in der Kunst, in: Martin Gosebruch
zu Ehren, Festschrift anläßl. seines 65. Geburtstages am 20. Juni 1984, hg. v. F. Steigerwald,
München 1984, S. 108-112.

Barzon, A.: (1950) Codici miniati - Biblioteca Capitolare della Cattedrale di Padova, Padua 1950.

Basile, Giuseppe: (1991) Interventi sugli affreschi di Giotto a Padova, in: Arte Mediavale, Il Serie, Anno
IV, n. 1, 1991, S. 199-202.

Battisti, E.: (1960a) Giotto, Genf 1960.
- : (1960b) Rinascimento e Barocco, Turin 1960.
- : (1971) Note sulla prospettiva rinascimentale, in: Arte Lombarda, 16 (1971), S. 87-97.

Bauch, Kurt: (1939) Wissenschaftliche Ergebnisse der Giotto-Ausstellung in Florenz (1937), in: Oberrheinische Kunst (1939), S. 193.
- : (1953) Die geschichtliche Bedeutung von Giottos Frühstil, in: Mitteilungen des Kunsthistorischen Instituts in Florenz 7 (1953), S. 43-64.

Baumgarten, P.M.: (1896) Il regesto di Coelestin V., Chieti 1896.

Baxandall, M.: (1971) Giotto and the Orators. Humanist Observers of Painting in Italy and the Discov-
ery of Pictorial Composition 1350-1450, Oxford 1971.
- : (1972) Painting and Experience in Fiftheenth Century Italy. A Primer in the Social History
of Pictorial Style, Oxford 1972; deutsch: Die Wirklichkeit der Bilder. Malerei und Erfahrung
im Italien des 15. Jahrhunderts, Frankfurt a. M. 1977.

Behles, J.: (1978) Giottos Ognissanti-Madonna in Florenz, 2. erw. Auflage, Frankfurt 1978.

Bellinati, C.: (1965) Le dimore di Dante a Padova, in: L'Osservartore Romano, 24. settembre 1965.
- : (1972) Richerche storiche sulla capella degli Scrovegni, in: Patavium, Fasc. II. (1972), S.
57-62.
- : (1974) La Capella di Giotto all'Arena e le miniature dell'Antifonario "giottesca" della
cattedrale (1306), in: G. Grossato (Hg.): Da Giotto al Mategna, Mailand 1974, S. 23-30 u.
Kat.-Nr. 99.

Bellosi, L.: (1977a) u. (1977b) Moda e cronologia - Per la pittura del primo Trecento, in: Prospettiva 10
(1977) S. 21-33 und Prospettiva 11 (1977), S. 12-27.
- : (1980) La barba di San Francesco, Nuove proposte per il problema di Assisi, in: Prospettiva
22 (1980).

- : (1981) Giotto - Das malerische Werk, Florenz 1981.

- : (1985) La Pecora di Giotto, Torino 1985.

Belting, H.: (1977) Die Oberkirche von San Francesco in Assisi. Ihre Dekoration als Aufgabe und Genese einer neuen Wandmalerei, 1977.

- : (1985) The New Role of Narrative in Public Painting of the Trecento: Historia and Allegory, in: Studies in the History of Art, Vol. 16, National Gallery of Art, Washington D.C. 1985, S. 151-168.

- : (Hg.) (1989) Malerei und Stadtkultur in der Dantezeit. Die Argumentation der Bilder, hg. v. Hans Belting und Dieter Blume, München 1989.

- : (1989a) Bilder in der Stadt - Zur Thematik des Bandes, in: Belting (1989), S. 7.

- : (1989b) Das Bild als Text - Wandmalerei und Literatur im Zeitalter Dantes, in: Belting (1989), S. 23-64.

- : (1990) Die Kunst vor der Kunst, München 1990.

Benedictis, C. de: (1976) La vita del Cardinale Pietro Stefaneschi di Sebastiano Vannini, in: Annali della Scuola Normale Superiore di Pisa, Ser. III, Vol. VI 3 (1976), S. 955-1016.

Benton, Janetta Rebold : (1984) Influence of ancient Roman wall-painting on late thirteenth-century Italien painting: a new interpretation of the upper church of San Francesco in Assisi. Ann Arbor, Mich.: Univers. Microfilms, 1984.-IV, 298 S.: 59 III.; Brown Univ., PhD.Diss.1982.

- : (1989) Perspective and the spectator's pattern of circulation in Assisi and Padua, in: Artibus et historie 1989, Heft 19, S. 37-52.

- : (1985) Somme ancient mural motifs in Italian painting around 1300, in: Zeitschrift für Kunstgeschichte 48, 1985, S. 151-176.

Berenson, Bernhard: (1896) Pittura Italiane del Rinascimento, Mailand 1896.

- : (1908) Giotto. Lettera aperta, in: Rassegna d'Arte, VIII. S. 45 (1908).

- : (1932) Italian Pictures of the Renaissance, Oxford 1932.

- : (1936) Pitture Italiane del Rinascimento. Catalogo dei principali artisti e delle loro opere con un indice dei luoghi, Milano 1936.

- : (1938) The Drawings of the Florentine Painters, Chicago 1938.

Berger, Ernst: (1909) Fresko- und Sgraffito- Technik nach älteren und neueren Quellen, München 1909.

Berini, A.: (1971) Per la conoscenza dei medaglioni che accompagnano le storie della vita di Gesú nella Cappella degli Scrovegni, in: De Luca (Hg.) Giotto e il suo tempo, Atti del congresso Internazionale per la celebrazione del VII Centenario della Nascita di Giotto 1967, Rom 1971, S. 143-147.

Berstl, H.: (1920) Das Raumproblem in der altchristlichen Malerei, in: Forschungen zur Formgeschichte der Kunst aller Zeiten und Völker, IV, Bonn/Leipzig 1920.

Bertelli, C.: (1970) Un corale della Badia a Settimo scritto nel 1315, in: Paragone 21, 1970, Heft 249, S. 14-30.

Billi, A.: (ed. Frey) Il libro Antonio Billi esistente in due copie nella Biblioteca Nazionale di Firenze (1530), hg. von C. Frey, Berlin 1892.

Bistoletti, S. B.: (1989) Giotto, Florenz 1989.

Blunt, A.: (1984) Kunsttheorie in Italien. 1450-1600, übers. von Karl Schawlka, München 1984. Englische Ausgabe 1940.

Blume, D.: (1983) Wandmalerei als Ordenspropaganda. Bildprogramme im Chorbereich Franziskanischer Konvente Italiens bis zur Mitte des 14. Jahrhunderts, Heidelberger Kunstgeschichtliche Abhandlungen, Neue Folge, d. 17, Worms 1983.

- : (1989) Ordenskonkurrenz und Bildpolitik. Franziskanische Programme nach dem theoreti-

schen Armutsstreit, in: Malerei und Stadtkultur. Die Argumentation der Bilder, hg. v. H. Belting u. D. Blume, München 1989, S. 149-170.
- : (1989a) Die Argumentation der Bilder - Zur Entstehung einer städtischen Malerei, in: Malerei und Stadtkultur. Die Argumentation der Bilder, hg. v. H. Belting u. D. Blume, München 1989, S. 13-21.

Blumenberg, H.: (1979) Schiffbruch mit Zuschauer. Paradigma einer Daseinsmetapher, Frankfurt 1979.

Boccaccio, G.: Il Decamerone, Giornata VI, novella 5.
Übersetzung: Der Decamerone, Novellen des sechsten Tages, Fünfte Geschichte. Deutsch von Heinrich Conrad, Zürich 1984, S. 143 u. 144.
- : L' Amorosa Visione, IV. Gesang, 5.-6. Terzine.

Boeder, H.: (1980) Topologie der Metaphysik, Freiburg/München 1980.

Bologna, F.: (1962) La pittura italiana delle origini, Rom 1962.
- : (1969) Novità su Giotto. Giotto al tempo della Capella Peruzzi, Turin 1969.
-: (1969a): I pittori alla corte angioina di Napoli 1266-1414 e un riesame dell'arte nell'età fridericiana, Roma 1969.
- : (1971) Un'opera di Giotto nella Gemäldegalerie di Dresda e il Problema del polittico della Capppella Peruzzi, in: De Luca (Hg.): Giotto e il suo tempo. Atti del congresso Internazionale per la celebrazione del VII Centenario della Nascità di Giotto 1967, Rom 1971, S. 265-298.

Bonanni, F.: (1715) Numismata Summorum Pontificum Templi Vaticani fabricam indicantia, Rom 1715, S. 107.
- : (1696) Templi Vaticani Historia, Rom 1696-1700.

Bomford, D. u.a.: (1989) Art in Making, Italian Painting before 1400, National Gallery London, London 1989.

Borinsky, K.: (1914) Die Antike in Poetik und Kunsttheorie vom Ausgang des klassischen Altertums bis auf Goethe und Wilhelm von Humbold, 2 Bde., Leipzig 1914-24, Nachdruck: Darmstadt 1965.

Borsook, E.: (1960) The Mural Painters of Tuscany. From Cimabue to Andrea del Sarto, London 1960.
- : (1961) Notizie su due Capelle di Santa Croce a Firenze, in: Rivista d'Arte 36 (1961-62), S. 89-107.
- : (1961a) Giotto nella Capella Bardi e Peruzzi, in: Rivista d'arte 36 (1961-62), S. 37ff.
- : (1965) Borsook E. u. Tintori L.: Giotto - La Capella Peruzzi, Turin 1965. engl. Ausg.: Giotto - The Peruzzi Chapel, New York 1965.
- : (1966) Giotto nella Capella Bardi e Peruzzi, in: Giotto e giotteschi in S. Croce, Florenz 1966, S. 30-38.
- : (1979) Effects of technical developments on the history of Italian mural painting of the fourteenth and fifteenth centuries, in: La pittura nel XIV e XV secolo il contributo dell'analisi tecnica alla storia dell'arte. Atti del XXIV Congresso C.I.H.A., Bologna 10 al 18 settembre 1979, hg. v. H.W. v. Os u. J.R.J. v. Asperen de Boer, Bologna, o. J. [1979], S. 161-173

Boskovits, M.: (1983) Celebrazioni dell'VIII centenario della nascita di San Francesco. Studi recenti sulla Basilica di Assisi, in: Arte cristiana, N.S. 71 (1983), S. 203-214.
- : (1984) The fourteenth Century. The Painters of the Miniaturist Tendency. Corpus of Florentine Painting. Sec. III., Vol. IX, Florenz 1984.
- : (1987) Frühe italienische Malerei. Gemäldegalerie Berlin-West. Katalog der Gemälde. übers. u. red. v. E. Schleier. Staatliche Museen Preussischer Kulturbesitz, Berlin 1988.

Bottari, G.: (1737) Roma sotterranea, Bd.1, Rom 1737.

Bracaloni L.: (1924) Assisi medievale, Studio storico-topografico, in: Archivum Franciscanum Historicum, 1924.

Brach, A.: (1904) Nicola und Giovanni Pisano und die Plastik des 14. Jahrhunderts in Siena, in: Zur Kunstgeschichte des Auslandes, Heft 16, Straßburg 1904.

Brandi, C.: (1983) Giotto, Mailand 1983.

Brenk, B.: (1983) Das Datum der Franzlegende der Unterkirche zu Assisi, in: Roma anno 1300, Atti della IV. Settimana di Studi di Storia dell'Arte medievale dell' Università di Roma »La Sapienza« 19.-24. Mai 1980; A. M. Romanini (Hg.), Rom 1983, S. 229-234.

Brink, J.: (1983) Napoleone Orsini and Chiara-della-Croce. A note on the monache in Simone Martini's Passions Altarpieces, in: Zeitschrift für Kunstgeschichte XLV (1983) S. 419-424.

Brüschweiler-Moser, V. L.: (1972) Ausgewählte Künstleranekdoten. Eine Quellenuntersuchung, Diss. Zürich 1972.

Burkhart, P.: (1992) Franziskus und die Vollendung der Kirche im siebten Zeitalter. Zum Programm der Langhausfresken in der Oberkirche von San Francesco in Assisi (Diss. Heidelberg 1990), in: Das Münster, Heft 2, 1992, 45. Jahrgang, S. 157-158.

Caetani, G.: (1920) Caietanorum Genealogia, Documenti dell'Archivio Caetani, Perugia 1920f.

Campagnola da, St.: (1971) L'Angelo del sesto sigillo e l'alter Christus. Genesi e sviluppo di due temi francescani nei secoli XIII-XV, Rom 1971.

Cancellieri, F.: (1786) De ecretaris Basilicae Vaticanae veteris ac novae, Bde.1 u.2, Rom 1786.

Carrà, C. (1924) Giotto, Rom 1924

de Carlo: (1905) Scoperta die affreschi Giotteschi all'Abbazia di Sesto al Reghena, Mailand 1905.

Cascioli, G.: (1916) La Navicella di Giotto a San Pietro in Vaticano, in: Bessarione. Rivista di Studi Orientali (1916), S. 118-213.

de Castris, P.: (1989) Simone Martini. Catalogo completo dei dipinti. Florenz 1989.

Cavalcaselle, G. B. und Crowe, J. A.: (1886) Storia della Pittura in Italia, Bd.1, Florenz^2 1886.

Cämmerer-George, M.: (1966) Die Rahmung der toscanischen Altarbilder im Trecento, Straßburg 1966.

Cecchelli, C.: (1927) Note iconografiche su due ampolle bobbiesi, in: Rivista di Archeologia cristiana 4 (1927), S. 115-139.

Cecchi, E.: (1937) Giotto, Milano, o. J. [1937].

Cennini, C.: (1390) Il Libro dell'Arte, 1390.

Chacon, A.: (1630) Vitae et res gestae Pontificum romanorum, Romae 1630.

Chastel, A.: (1985) Cronaca della pittura italiana 1280-1580, Rom 1985.

Chattard, G.P.: (1762) Nuova descrizione del Vaticano, Rom 1762.

Chiapelli, A.: (1923) Nuovi documenti su Giotto, in: L' Arte 16 (1923), S. 132-136.

Ciardi Dupré dal Poggetto, M. G.: (1981) Il Maestro del Codice di San Giorgio e il Cardinale Jacopo Stefaneschi, Florenz 1981.

Chiellini, M.: (1988) Cimabue, Florenz 1988.

Clasen, S.: (1967) Legenda Antiqua S. Francisci. Untersuchung über die nachbonaventurianischen Franziskusquellen, Legenda Trium Sociorum, Speculum Perfectionis, Actus B. Francisci et Sociorum eius und verwandtes Schrifttum, Leiden 1967.

Clausse, G.: (1893) Basiliques et mosaiques chrétiennes Italie-Sicile, Bd. 2, Paris 1893.

Codell, Julie F.: (1988) Giotto's Peruzzi Chapel frescoes: wealth, patronage and Earthly City, in: Renaissance Quarterly 41 (1988), S. 583-613.

Cole, B.: (1976) Taddeo Gaddi, Giotto and Assisi, in: Acta historiae artium Academiae Scientiarum Hungaricae 22 (1976), S. 73-88.

Coletti, L.: (1937) Note giottesche: il Crocifisso di Rimini, in: Bolletino d'Arte, III, 10 (1937), S. 350-361.
- : (1938) La mostra giottescha, in: Bolletino d'Arte, III, 31 (1938), S. 49-72.
- : (1946) I Primitivi, II, I senesi e i giotteschi, Novara 1946-
- : (1949) Gli affreschi della Basilica di Assisi, Bergamo 1949.

Conti, A.: (1972) Pittori in S. Croce 1295-1341, in: Annali della Scuola Normale Superiore di Pisa, Classe di Lettere e Filosofia, Ser. III, Vol. II, 1 (1972), S. 247-263.

Cottier, C.: (1981) "Le Vele" nella Basilika inferiore di Assisi, Florenz 1981.

Curtius, E. R.: (1948/1973) Europäische Literatur und Lateinisches Mittelalter, Bern/München[4] 1973.

Dante Alighieri: La Divina Commedia, Purg. XI, 94-97.
- : (Lana) Commedia di Dante degli Allaghierii, col commento di Jacopo della Lana, nuovissima edizione Luciano Scarabelli, Bologna 1866.
- : (ed. Fraticelli) Opere minore, hg. v. P. Fraticelli, Bd. 3, Florenz 1900.

Davidsohn, R.: (1908) Forschungen zur Geschichte von Florenz, Bd.4, Berlin 1908.

Davis, H. M.: (1971) Gravity in the Paintings of Giotto, in: De Luca (Hg.): Giotto e il suo tempo. Atti del congresso Internazionale per la celebrazione del VII Centenario della Nascita di Giotto 1967, Rom 1971, S. 367-382.

Degani, E.: (1908) L'Abbazia Benedettina di S. Maria di Sesto in Silvis Patria del Friuli, Venedig 1908.

Degenhart, B.: (1968) B. Degenhart u. A. Schmitt: Corpus der italienischen Zeichnungen 1300-1450, Teil I: Süd- und Mittelitalien, 4 Bde., 1968.
- : (1975) Das Marienwunder von Avignon, Simone Martinis Miniaturen für Kardinal Stefaneschi und Petrarca, in: Pantheon, XXXIII (1975), S. 191-203.

Denifle, H. : (1885) Das Evangelium aeternum und die Commission zu Anagni, Archiv für Litteratur- und Kirchengeschichte 1 (1885), S. 49-142.
- : (1886) Die päpstlichen Registerbände des 13. Jhs. und das Inventar derselben vom J. 1339, in: Archiv für Litteratur- und Kirchengeschichte 2 (1886), S. 1-108.
- : (1889) Die Denkschriften der Cardinäle gegen die Colonna, in: Archiv für Litteratur- und Kirchengeschichte des Mittelalters 5 (1889) S. 524.

Digard, G. (Hg.): (Regesten) Registres de Boniface VIII., Paris 1884-1939.

Dittmann, L.: (1987) Farbgestaltung und Farbtheorie in der abendländischen Malerei, Darmstadt 1987.

Dobbert, e. : (1878) Giotto, Leipzig 1878.

Döhlemann, K.: (1940) Zur Frage der sogenannten "umgekehrten Perspektive", in: Repertorium für Kunstwissenschaft 7 (1940), S. 156f.

Donati, P.P.: (1966) Taddeo Gaddi, Florenz 1966.
- : (1968) Aggiunte al 'Maestro degli Ordine', in: Paragone 219 (1968), S. 67-70.

Dresdner, A.: (1915) Die Entstehung der Kunstkritik im Zusammenhang der Geschichte des europäischen Kunstlebens, München 1915, Nachdruck: München 1968.

Drux, R.: (1979) Des Dichters Schiffahrt. Struktur und Poetik einer poetologischen Allegorie, in: Formen und Funktionen der Allegorie. Symposion Wolfenbüttel 1978, hg. v. W. Haug, Stuttgart 1979 (Germanistische Symposien-Berichtsbände - 3), S. 38-51.

Duchesne, L. (Hg.): (1886) Le Liber pontificalis, 2 Bände, Paris 1886 - 1892, Nachdruck, Ergänzungs- und Registerband hg. v. C. Vogel, Paris 1955-57.

Duprè Theseider, E.: (1939) I Papi di Avignone e la questione Romana, Firenze 1939.
- : (1952) Roma del comune di populo alla signoria pontificia (1252-1377), Bologna 1952.

Dvorak, M.: (1921) Friedrich Rintelen, Giotto und die Giotto-Apogryphen, München - Leipzig 1912, in: Kunstgeschichtliche Anzeigen (1921), S. 90-98.
- : (1927) Geschichte der italienischen Kunst im Zeitalter der Renaissance. Akademische Vorlesungen, Bd. 1: Das 14. und 15. Jahrhundert, München 1927.

Dykmans, M.: (1975) Jacques Stefaneschi, élève de Gilles de Rome et cardinal de Saint Georges (vers 1261-1341), in: Revista di storia della Chiesa in Italia 29 (1975), S. 536f.
- : (1981) Le cérémonial papal de la fin du Moyen-Âge à la Renaissance, Bd.II: De Rome en Avignon ou le cérémonial de Jacques Stefaneschi, L'Institut Historique Belge de Rome, Brüssel/Rom 1977, 1981.

Egidi, F. : (1902) Le miniature dei codici barbarini dei "Documenti d'amore", in: L'Arte 5 (1902), S. 14.
- : (1905) Hg. I documenti d'amore di Francesco da Barberino secondo i mss. originali, Rom 1905, Teil I u. II.
- : (1908) Necrologi e Libri affini della provicia romana, in: Fonti per la storia d'Italia, Vol. I, Rom 1908, S. 166.

Ehrle, F.: (1885) Die Spiritualen, ihr Verhältnis zum Franciskanerorden und zu den Franticellen, in: Archiv für Litteratur- und Kirchengeschichte 1 (1885), S. 509-579.
- : (1885a) Zur Geschichte des Schatzes, der Bibliothek und des Archivs der Päpste im vierzehnten Jahrhundert, in: Archiv für Litteratur- und Kirchengeschichte 1 (1885), S. 1-364.
- : (1886) Zur Vorgeschichte des Concils von Vienne, in: Archiv für Litteratur- und Kirchengeschichte 2 (1886), S. 353-417.
- : (1886a) Ludwig der Bayer und die Fraticellen und Ghibellinen von Todi und Amelia im J. 1328 (Schluß), in: Archiv für Litteratur- und Kirchengeschichte 2, Berlin 1886, S. 663-669
- : (1886b) Ubertinos von Casale Verteidigungsschrift des Petrus Johannis Olivi und der Spiritualen, in: Archiv für Litteratur- und Kirchengeschichte 2, Berlin 1886, S. 374-416.
- : (1887) Beilage II. Olivi und der spiritualistische Excurs der Sachsenhausener Appelation Ludwigs des Bayern, in: Archiv für Litteratur- und Kirchengeschichte des Mittelalters 3 (1887), S. 540-553.
- : (1887a) Zur Vorgeschichte des Concils von Vienne (Schluß), in: Archiv für Litteratur- und Kirchengeschichte des Mittelalters 3 (1887), S. 1-160.
- : (1887b) Die Spiritualen, ihr Verhältnis zum Franziskanerorden und zu den Fraticellen, in: Archiv für Litteratur- und Kirchengeschichte des Mittelalters 3 (1887), S. 553-623.
- : (1887c) Petrus Olivi, sein Leben und seine Schriften, in: Archiv für Litteratur- und Kirchengeschichte des Mittelalters 3, Freiburg 1887, S. 409-553.
- : (1887d) Ubertinos von Casale Beantwortung der vier Fragepunkte (Anfang 1310), in: Archiv für Litteratur- und Kirchengeschichte des Mittelalters 3, Freiburg 1887, S. 48-49.
- : (1887e) Die von Ubertino von Casale gegen die Communität aufgestellten Anklageartikel und Raymunds von Fronsac Widerlegung derselben, in: Archiv für Litteratur- und Kirchengeschichte des Mittelalters 3, Freiburg 1887, S. 89-137.
- : (1887f) Die Replik Ubertinos von Casale (c. August 1311), in: Archiv für Litteratur- und Kirchengeschichte des Mittelalters 3, Freiburg 1887, S. 160-195.
- : (1888a) Bruchstück der Acten des Concils von Vienne, in: Archiv für Litteratur- und Kirchengeschichte des Mittelalters 4 (1888), S. 361-464.
- : (1888b) Die Spiritualen, ihr Verhältnis zum Franziskanerorden und zu den Fraticellen

(Schluß), in: Archiv für Litteratur- und Kirchengeschichte des Mittelalters, 4 (1888), S. 1-201.
- : (1889) Zur Geschichte des päpstlichen Hofceremoniells im 14. Jahrhundert, in: Archiv für Litteratur- und Kirchengeschichte des Mittelalters 5 (1889), S. 565.

Eitel, A.: (1907) Der Kirchenstaat unter Klemens V., in: Abhandlungen zur mittleren und neueren Geschichte, Heft 1, Berlin u. Leipzig 1907.

Euler, W.: (1970) Die Architektur als Umgebung des Menschen, in: L. Leonhard (Hg.): Giotto di Bondone. Persönlichkeit und Werk, Band 3, Konstanz 1970, S. 243-252.

Edwards, M. D.: (1987) The holy and the ivy, in: Bolletino del Museo civico di Padova 76 (1987) S. 113-125.

Falk, I.: (1940) Studien zu Andrea Pisano, Hamburg 1940.

Farbre, P. u. L. Duchesne (Hg.): (1905) Le Liber censuum de l'Eglise romaine, Paris 1905-52.

Fasolo, V.: (1939) Architetturs giottesca, in: Atti del secondo Convegno nazionale di Storia dell'architettura, Rom 1939, S. 63-76.

Fea, C.: (1820) Descrizione ragionata della sagrosanta Patriarcal Basilica e Cappella Papale di S. Francesco d'Assisi e delle pitture e sculture di cui va ornato il medesimo tempio, Rom 1820.

Fedele, P.: (1918) Lionello Venturi: La data dell'attività romana di Giotto, in: L'Arte 21, 30 (1918), in: Archivio della Società Romana di storia patria (1918), S. 23.

Federmann, H.: (1967) Jacopone da Todi - Lauden, Köln 1967.

Finke, H.: (1902) Aus den Tagen Bonifaz VIII., Münster i. W. 1902.
- : (1907) Das Papsttum und der Untergang des Templerordens, 2 Bde, Münster i.W. 1907.
- : (1908/1968) Acta Aragonensia Bd.1, Berlin 1908, Aalen [2]1968.

Fisher, A. L.: (1990) Geometry in Giotto's Uffizi "Maestà", in: Source. Notes in History of Art 10 (1990) Heft 1, S. 1-8.

Fiocco, G.: (1937) Giotto e Arnolfo, in: Rivista d'Arte 19 (1937), S. 221-39.

Fornassari, G.: (1556) Il conclave perugino del 1304-1305, in: Rivista di Storia della Chiesa in Italia 10, n. 3, (1956), S. 321.

Fraticelli, P. (Hg.): (1862) Il convito di Dante Alighieri e le epistole. Epistola IX Cardinalibus Italicis, Firenze 1862, S. 487-499.

Frey, C. (Hg.): (1892) Il Codice Magliabecchiano cl. XVII, 17, contenente Notizie sopra l'Arte degli Antichi e quella de' Fiorentini da Cimabue a Michelangelo Buonarotti scritte da Anonimo Fiorentino, hg. u. mit einem Abriß über die Florentinische Kunsthistoriographie bis auf Vasari, Berlin 1892.
- : (1885) Studien zu Giotto, in: Jahrbuch der preussischen Kunstsammlungen 10 (1885), S. 107-140.
- : (1886) Studien zu Giotto, in: Jahrbuch der preussischen Kunstsammlungen 7 (1886), S. 101-118.

Frey, D.: (1946) Der Realitätscharakter des Kunstwerks, in: Wissenschaftliche Grundfragen, 1946, S. 108f.
- : (1952) Giotto und die maniera greca. Bildgesetzlichkeit und psychologische Deutung, in: Wallraf-Richartz-Jahrbuch (1952), S. 74.

Friedberg, E. (Hg.): (1959) Catholic Church. Corpus iuris canonici, II, Graz [2]1959, S. 1224-1236.

Friedrich, H.: (1964) Epochen der italienischen Lyrik, Frankfurt a. M. 1964.

Frommel C. L.: (1976) Die Peterskirche unter Papst Julius II. im Licht neuer Dokumente, in: Römisches Jahrbuch für Kunstgeschichte 16 (1976), S. 57-136.

   - : (1983) Francesco del Borgo: Architekt Pius` II. und Pauls II. - I. Der Petersplatz und weitere römische Bauten Pius` II. Piccolomini, in: Römisches Jahrbuch für Kunstgeschichte 20 (1983), S. 107-154.

   - : (1984) Francesco del Borgo: Architekt Pius` II. und Pauls II. - II. palazzo Venezia, Palazzetto Venezia und San Marco, in: Römisches Jahrbuch für Kunstgeschichte 21 (1984), S. 71-164.

Frugoni, A.: (1948) Riprendendo il "De centesiomo seu Iubelio anno liber" del Cardinale Stefaneschi, in: Bulletino dell'Istituto Storico italiano per il Medio Evo (1948), S. 163-173.

   - : (1950a) La figuara e l'opera del Cardinal Iacopo Stefaneschi, in: Atti dell'Accademia Nazionale dei Lincei, serie 8 (1950) (= Rendiconti classi di Scienze Morali, Storiche e Filologiche 1, fasc. 1-2), S. 397-424.

   - : (1950b) Il Giubelio di Bonifacio VIII., in: Bulletino dell'Istituto storico italiano per il medioevo Fasc. 62 (1950), S. 1-121.

   - : (1954) Celestiniana, in: Studi Storici dell' Istituto Storico italiano per il Medioevo Fasc. 6-7 (1954).

   - : (1969) Dante fra due conclavi. La lettera ai cardinali italiani, in: A. Longo (Hg.): Letture classensi, n. 2, Ravenna 1969, S. 69-91.

Funke, P.: (1891) Papst Benedikt XI - Eine Monographie (= Kirchengeschichtliche Studien, Bd. I. Heft1), Münster i. W. 1891.

Gabrielli, M.: (1981) Giotto e l'origine del realismo, Roma 1981.

Gardner, J.: (1971a) The Early Decoration of Santa Croce in Florence, in: Burlington Magazine 113 (1971), S. 391-392.

   - : (1971b) The Decoration of the Baroncelli Chapel in S. Croce, in: Zeitschrift für Kunstgeschichte 34 (1973), S. 89-114.

   - : (1974): The Stefaneschi Altarpiece: A reconsideration, in: Journal of Warburg and Courtauld Institutes XXXVII (1974), S. 57-103.

   - : (1982) The Louvre Stigmatization and the Problem of the Narrative Altarpiece, in: Zeitschrift für Kunstgeschichte 45 (1982), S. 217-247.

Gaspari-Campani, E.: (1937) Giotto e la basilica francescana di S. Croce in Firenze, in: Miscellanea Francescana, Luglio/Sept. vol. 38, Fasc. III (1937), S. 419-436.

Gerometta, T.: (1964) L'Abbazia Benedettina di S. Maria in Sylvis in Sesto al Reghena, [2]1964.

Ghiberti, L.: (ed. Schlosser) Denkwürdigkeiten, in: J. von Schlosser: [Lorenzo Ghibertis] Denkwürdigkeiten - I Commentarii. Zum ersten Male nach der Handschrift der Biblioteca Nazionale in Florenz vollständig herausgegeben und erläutert von Julius von Schlosser, 2 Bde, Berlin 1912.

Gilbert, Creighton E.: (1968) L`ordine cronologico degli affreschi Bardi e Peruzzi, in: Bolletino d`arte S.V, 53 (1968), S.192-197.

Giglioli, O. H.: (1937) La Mostra Giottesca in Firenze, in: A Giotto, Numero speciale dell'Illustratione Toscana 15, n. 4 (aprile 1937), S. 36-42.

Gioseffi, D.: (1953) La critica delle arti figurative, in: Pagine istriane, Triest 1953.

   - : (1957) Perspectiva artificialis, Triest 1957.

   - :(1963a) Giotto architetto, Mailand 1963.

   - :(1963b) Perspectiva artificialis. Per la storia della prospettiva, Triest 1963.

   - : (1971) Il polittico Stefaneschi nella storia della prospettiva, in: De Luca (Hg.): Giotto e il suo tempo. Atti del congresso Internazionale per la celebrazione del VII Centenario della Nascita di Giotto 1967, Rom 1971, S. 221-231.

   -: (1987) Marginalia giotteschi, in: Antichità viva 26, 1987, Heft 5-6, S. 12-19.

Giovannoni, G.: (1939) I risultati del Convegno di Assisi e l'architettura del tempo di Giotto, in: Atti del secondo Convegno nazionale di Storia dell'architettura, Rom 1939, S. 300-319.

Gmelin H.: (Dante) Dante Alighieri. Die Göttliche Komödie, Bd. V, Kommentar, Zweiter Teil, Der Läuterungsberg, München 1988 (Nachdruck der Ausgabe Stuttgart, 1949.1957)

Gnudi, C.: (1958) Giotto, Mailand 1958.
- : (1959) Capella Bardi in Santa Croce, Mailand 1959.
- : (1959a) Giotto, Mailand 1959 (französische Ausgabe).
- : (1959b) Il passo di Riccobaldo Ferrarese relativo a Giotto e il problema della autenticità, in: Studies in the History of Art dedicated to W. E. Suida on his 80th birthday, London 1959, S. 26-30.
- : (1971) Su gli inizi di Giotto e suoi rapporti col mono gotico, in: De Luca (Hg.): Giotto e il suo tempo. Atti del congresso Internazionale per la celebrazione del VII Centenario della Nascita di Giotto 1967, Rom 1971, S. 3-23.

Goffen, R. : (1988) Spirituality in conflict (Saint Francis and Giotto's Bardi Chapel), Pennsylvania 1988

Gordon, D.: (1989) A dossal by Giotto and his workshop: some problems of attribution, provenance and patronage, in: Burlington Magazin, Vol. 131, 1989, S. 524-531.

Gombrich E. H.: (1988), Gab es ein Dante-Porträt von Giotto?, in: Neues über alte Meister, (Zur Kunst der Renaissance Band IV), übersetzt von Lisbeth Gombrich, Stuttgart 1988, Erstveröffentlichung: Burlington Magazine, CXXI, August 1979, S. 471-481.

Gosebruch, M.: (1958) Giottos römischer Stefaneschi-Altar und die Fresken des sog. "Maestro delle vele" in der Unterkirche S. Francesco zu Assisi,- Referat auf dem 7. Deutschen Kunsthistorikertag, in: Kunstchronik, 11. Jahrgang, Oktober 1958, Heft 10, S. 288-291.
- : (1961) Vom Aufragen der Figuren in Dantes Dichtung und Giottos Malerei, in: ders. (Hg.): Festschrift für Kurt Badt zum siebzigsten Geburtstage, Beiträge aus Kunst- und Geistesgeschichte, Berlin 1961, S. 32-65.
- : (1961a) Giottos Stefaneschi-Altarwerk aus Alt-St. Peter in Rom, in: Misecellanea Bibliothecae Hertzianae (1961), S. 104-130.
- : (1962) Giotto und die Entwicklung des neuzeitlichen Kunstbewußtseins, Köln 1962.
- : (1963) Decio Gioseffi: Giotto Architetto, 1963, in: Kunstchronik (1969) S. 188-203.
- : (1969) G. Previtali: Giotto e la sua bottega, 1967, in: Kunstchronik (1969), S. 261-277.
- : (1970) Figur und Gestus in der Kunst von Giotto, in: L. Leonhard (Hg.): Giotto di Bondone, Persönlichkeit und Werk, Band 3, Konstanz 1970, S. 7-168.
- : (1971) Sulla necessità di colmare la lacuna fra Padova e le capelle di S. Croce nella biografia di Giotto, in: De Luca (Hg.): Giotto e il suo tempo. Atti del congresso Internazionale per la celebrazione del VII Centenario della Nascita di Giotto 1967, Rom 1971, S. 233-281.
- : (1979) Gli affreschi di Giotto nel braccio destro del Transetto e nelle »Vele« centrali della Chiesa Inferiore di San Franceso, in: G. Palumbo (Hg.): Giotto e i giotteschi in Assisi, Assisi [2] 1979 (1. Aufl. 1969), S. 129-198.
- : (1981) Epochenstile - historische Tatsächlichkeit und Wandel des wissenschaftlichen Begriffs, in: Zeitschrift für Kunstgeschichte 44 (1981), S. 9-13.
- : (1984) Giotto und die Buchmalerei der Dantezeit, in: scritti di storia dell' arte in onore di Roberto Salvini, Firenze, 1984, S. 183-189.
- : (1986) Giotto und die »Miniaturist Tendency« in: Europäische Kunst um 1300. Akten des XXV. Internationalen Kongresses für Kunstgeschichte (Wien 1983), Bd. 6, Wien 1986, S. 146-157.

Graf, H.: (1958) Bibliographie zum Problem der Proportionen. Literatur über Proportionen, Mass und Zahl in Architektur, Bildender Kunst und Natur, Teil 1: Von 1800 bis zur Gegenwart (=Pfälzische Arbeiten zum Buch- und Bibliothekswesen und zur Bibliographie, hg. von H. Sauter, Heft 3), Speyer 1958.

Grandjean, Ch.: (Regesten) Registres de Benoît XI., Bibliotheque des écoles franc., Paris 1905.

Grassi, L.: (1971) Il concetto di moderno in rapporto a Giotto nella riflessione del pensiero del Trecento, in: De Luca (Hg.): Giotto e il suo tempo. Atti del congresso Internazionale per la celebrazione del VII Centenario della Nascita di Giotto 1967, Rom 1971, S. 419.

Gratien: (1928) Histoire de la Fondation et de l' Évolution de l'Ordre des Frères Mineurs au XIII. siècle, Paris 1928.

Gregorovius, Ferdinand: (1942) Storia di città di Roma, vol. X., Città di Castello 1942.

Grimaldi, Giacomo: (ed. Niggl) Descrizione della basilica antica di S. Pietro in Vaticano. Codice Barberini latino 2733 (codices e Vaticanis selecti XXXII), hg. von Reto Niggl, Città di Vaticano 1972.
- : (1603) Index Omnium et Singulorum Librorum Bibliothecae Sacrosactae Vaticanae Basilicae (Vat. Bibl,, inv. 405), Rom 1603.
- : Instrumenta autentica translationis sanctorum corporum reliquarum e veteri in novum templum Sancti Petri ecc. Scritta nell'anno del Signore MDCXVIII. Ms. autografo dell'autore nella Biblioteca Vaticana Cod. Barb. lat. 2377 fol. 147 v., 148 r.
- : Liber Canonicorum Sacrosanctae Vaticanae Basilicae Principis Apostolorum, Romae Anno D. N. Jesu XPI, MDCXXII. In festa S. Antonij Patavini XIII. Junij die Lunae, Biblioteca Vaticana, Cod. Vat. lat. 6437.

Guillemain, B.: (1966) La cour Pontifical d'Avignon 1309-76 - Etude d'une Societé, Paris 1966.

Guthmann, J.: (1902) Die Landschaftsmalerei in der toskanischen und umbrischen Kunst von Giotto bis Raffael, Leipzig 1902.

Gy.-Wilde, J.: (1930) Giotto - Studien, in: Wiener Jahrbuch für Kunstgeschichte 7 (1930), S. 45-94.

Hageneder, O.: (1972) Die päpstlichen Register des 13. und 14. Jahrhunderts, in: Annali della scuola Speciale per Archivisti e Bibliotecari dell' Università di Roma 12 (1972) (= Atti del III. Congresso Internazionale di Diplomatica II), S. 59.

Hager, H.: (1962) Die Anfänge des italienischen Altarbildes (Römische Forschungen der Bibliotheca Hertziana, XVII), München 1962.

Hager, W.: (1939) Das geschichtliche Ereignisbild, München 1939.
-: (1955) Ein Spiegelmotiv bei Jan van Eyck, in: Studien zur Kunstform, Münstersche Forschungen 9 (1955), S. 41.
-: (1957) Über Raumbildung in der Architektur und in den bildenden Künsten, in: Studium Generale, Sonderdruck, 10. Jg. Heft 10, 1957.

Haug, W. (Hrg.): (1980) Formen und Funktionen der Allegorie, Stuttgart 1980.

Hausenstein, W.: (1923) Giotto, Berlin o. J. [1923].

Herde, P.: (1981) Cölestin V. (1294). Der Engelspapst (= Päpste und Papsttum Bd. 16), Stuttgart 1981.

Herzog, R.: (1979) Exegese - Erbauung - Delectatio. Beiträge zu einer christlichen Poetik der Spätantike, in: Formen und Funktionen der Allegorie. Symposion Wolfenbüttel 1978, hg. v. W. Haug, Stuttgart 1979 (Germanistische Symposien-Berichtsbände - 3), S. 52-69.

Hetzer, T.: (1981) Giotto, in: ders. Schriften Bd. 1, hg. von G. Berthold, Stuttgart 1981.
- (1941/1981) Giotto, seine Stellung in der europäischen Kunst, Frankfurt a. M., Neuabdruck in: Hetzer (1981), S. 31-204.
- (1947/1981) Betrachtungen zu Giottos Ognissanti-Madonna in Florenz, Godesberg 1947, Neuabdruck in: Hetzer (1981), S. 207-235.

Hibbard H. u. Jaffe I.: (1964) Bernini's Barcaccia, in: The Burlington Magazine, Vol. CVI, April 1964,

S. 159-170.

Hind, C. L.: (1923) Landscape painting from Giotto to the present day, London 1923.

Hösl, I.: (1908) Kardinal Jacobus Gaietani Stefaneschi. Ein Beitrag zur Litteratur- und Kirchengeschichte des beginnenden vierzehnten Jahrhunderts (= Historische Studien, hg. v. E. Ebeling, Heft 61), Berlin 1908.

Hollnsteiner, J.: (1923) Die 'Autobiographie' Coelestin V., in: Römische Quartalsschrift, Bd. 31, Freiburg 1923.

Holzapfel, H.: (1909) Handbuch der Geschichte des Franziskanerorden, Freiburg i.Br. 1909.

Howett, J.: (1968) The Master of the St. George Codex, Chicago 1968,(Diss. Chicago).

Hueck, I.: (1968) Frühe Arbeiten des Simone Martini, in: Münchner Jahrbuch der Bildenden Kunst 19 (1968), S. 32.
- : (1976) Stifter und Patronatsrecht, Dokumente zu zwei Kapellen der Bardi, in: Mitteilungen des Kunsthistorischen Instituts in Florenz 20 (1976), S. 263-270.
- : (1977a) Das Datum des Nekrologs für Kardinal Jacopo Stefaneschi im Matyrologium der Vatikanischen Basilika, in: Mitteilungen des Kunsthistorischen Instituts in Florenz 21 (1977), S. 219-220.
- : (1977b) Giotto und die Proportion, in: Festschrift Wolfgang Braunfels, Tübingen 1977, S. 143-155.
- : (1983), Il cardinale Napoleone Orsini e la capella di S. Nicola nella basilica francescana, in: Roma 1300, hg. v. A. M. Romanini, Rom 1983, S. 187-198.
- : (1984) Ein Dokument zur Magdalenenkapelle der Franziskuskirche von Assisi, in: Scritti di storia dell' Arte in onore di Roberto Salvini, Firenze, 1984, S.191-196.
- : (1984a) Der Lettner der Unterkirche von San Francesco in Assisi, in: Mitteilungen des Kunsthistorischen Instituts in Florenz 28 (1984), S. 173-201.
- : (1986) Die Kapellen der Basilika San Francesco in Assisi. Die Auftraggeber und die Franziskaner, in: Patronage and Public in the Trecento. Proceedings of the St. Lambrecht Symposium, Abtei St. Lambrecht, Styria, 16-19 July, 1984, Florenz 1986, S. 6-103.

Huelsen, C.: (1927) Le chiese di Roma nel medio evo, Florenz 1927.

Hug, W.: (1929) Quellengeschichtliche Studie zur Petrus und Paulus Legende der Legenda Aurea, Historisches Jahrbuch XLIX, 1929.

Huyskens, A.: (1902) Kardinal Napoleone Orsini. Ein Lebensbild aus den kirchlichen und kirchenpolitischen Kämpfen zu Beginn des 14. Jahunderts, I. Teil. Bis zur Wahl Klemens V., Marburg 1902.
- : (1906) Das Kapitel von St. Peter in Rom unter dem Einfluß der Orsini (1276-1342), in: Historisches Jahrbuch 27 (1906), S. 266-290 u. 812-820.

Imdahl, M.: (1973) Über einige narrative Strukturen in den Arenafresken Giottos, in: Geschichtsereignis und Erzählung, hg. v. R. Kosellek u. W.-D. Stempel, München 1973, S. 155-173.
- : (1980) Giotto - Arenafresken, Ikonographie, Ikonologie, Ikonik,(= Theorie und Geschichte der Literatur und der Schönen Künste, hg. v. M. Fuhrmann, Band 60), München 1980.

Imkamp, W.: (1983) Das Kirchenbild Innocenz' III. (1198-1216), Päpste und Papsttum Bd. 22, Stuttgart 1983.

Isermeyer, Ch. A.: (1937) Rahmengliederung und Bildfolge in der Wandmalerei bei Giotto und in der Florentinischen Malerei des 14. Jahrhunderts, Würzburg 1937.

Jacovelli, A.: (1971) La Basilica di San Francesco di Assisi. Capelle maggiori, in: San Francesco patrono d'Italia, (1971), 2, S. 30-39.

Janitschek, H.: (1892) Die Kunstlehre Dantes und Giottos Kunst, Leipzig 1892.

Jantzen, H.: (1938) Über den kunstgeschichtlichen Raumbegriff, in: Sitzungsberichte der Bayerischen Akademie der Wissenschaften, Heft 5, 1938.
- : (1939) Die zeitliche Abfolge der Paduaner Fresken, in: Jahrbuch der Preußischen Kunstsammlungen (1939). wiederabgedruckt (1951) in: Über den gotischen Kirchenraum und andere Aufsätze, Berlin 1951, S. 21-33.

Jaques, R.: (1937) Die Ikonographie der Madonna in Trono in der Malerei des Ducento, in: Mitteilungen des Kunsthistorischen Instituts in Florenz 5 (1937), S. 1-57.

Karrer, O.: (1945) Franz von Assisi, Legenden und Laude, hg. von O. Karrer, Zürich ³1945.

Kauffmann, H.: (1926) Curt H. Weigelt: Giotto, in: Deutsche Literaturzeitung (1926), Sp. 2332-2341.

Keller, H.: (1942) Giovanni Pisano, Wien 1942.

Kemp, M.: (1977) From 'Mimesis' to 'Fantasia': The Quattrocento Vocobulary of Creation, Inspiration and Genius in the Visual Arts, in: Viator, 8 (1977), S. 347-398.

Kemp, W.: (1967) Das Programm von Stefaneschi-Altar und Navicella, in: Zeitschrift für Kunstgeschichte 30 (1967), S. 309-320.
- : (1974) Disegno. Beiträge zur Geschichte des Begriffs zwischen 1547 und 1607, in: Marburger Jahrbuch für Kunstwissenschaft, 19 (1974), S. 219-240.
- : (1989) P. Hills: The Light of Early Italian Painting, in: Frankfurter Allgemeine Zeitung vom 10. 5. 1989.
- : (1996) Die Räume der Maler. Zur Bilderzählung seit Giotto, München 1996.

Kempers B.: (1987/1989) Kunst, Macht und Mäzenatentum. Der Beruf des Malers in der italienischen Renaissance. Titel d. Originalausgabe: Kunst, macht en mecenaat, (1987), Dt. Übersetzung v. B. Opstelten, München 1989.
- : (1989) Gesetz und Kunst, Ambrogio Lorenzettis Fresken im Palazzo Pubblico in Siena, in: Belting (1989), S. 71-84.

Kempers/de Blaauw: (1987) Kempers B. u. Blaauw S.: Jacopo Stefaneschi, Patron und Liturgist. A new hypothesis regarding the date, iconography, autorship and function of his altarpiece for Old Saint Peter's, in: Mededelingen van het Nederlands Instituut te Rome 47, N.S. 12 (1987), S. 83-113.

Kheel, C.: (1986) Letter to the editor: Giotto's Navicella byzantinized, in: The Art Bulletin 68, (1986) S. 484-485.

Kirsch, J. P.: (1895) Die Finanzverwaltung des Kardinalkollegiums im XIII und XIV Jahrhundert (= Kirchenpolitische Studien, Bd. 2, Heft 4), Münster i. W. 1895.

Kirschbaum, E.: (1971) Lexikon der Christlichen Ikonographie, hg. v. E. Kirschbaum, G. Bandmann u.a., Rom, Freiburg, Wien 1971.

Kleiminger, W.: (1948) Figur und Raum. Zur Wesensbestimmung der deutschen Plastik des 13. Jahrhunderts, Kiel 1948.

Kleinschmidt, B.:(1915) Die Basilika S. Francesco in Assisi I: Einleitung. Die Geschichte der Kirche. Architektur und Skulptur. Kunstgewerbe, Berlin 1915.
- : (1926) St. Franziskus in Kunst und Legende, 3 Bde, Mönchengladbach 1926.
- : (1930) Die Wandmalereien der Basilika San Francesco in Assisi, Berlin 1930.

Klesse, B.: (1962) Literaturbericht. Literatur zur Trecentomalerei in Florenz, in: Zeitschrift für Kunstgeschichte 25 (1962), S. 251-276.

Koch, M.: (1965) Die Rückenfigur im Bild. Von der Antike bis zu Giotto (=Münstersche Studien zur

Kunstgeschichte, hg. von W. Hager u. G. Fiensch, Bd. 2), Recklinghausen 1965.

Kocks, D.: (1971) Die Stifterdarstellungen in der italienischen Malerei des 13.-15. Jahrhunderts, Diss. Köln 1971.

Köhren-Jansen, H.: (1993) Giottos Navicella. Bildtradition. Deutung. Rezeptionsgeschichte. Römische Studien der Bibliotheca Hertziana Band 8, Worms 1993.

Körte, W.: (1938) Die Navicella des Giotto, in: Festschrift Wilhelm Pinder, Leipzig 1938, S. 223-263.
- : (1942) Die früheste Wiederholung von Giottos Navicella, in: Oberrheinische Kunst (1942), S. 97-104.

Kraack, E.: (1929) Rom oder Avignon? Die römische Frage unter den Päpsten Clemens V. und Johannes XXII, Marburg 1929.

Kurz, G.: (1988) Metapher, Allegorie, Symbol, Göttingen ²1988.

Kuttner, S.: (1945) Cardinalis: The History of a Canonical Concept, in: Traditio 2 (1945), S. 129-214.

Labande, L.-H.: (1893) Le Cérémonial Romain de Jacques Cajétan, Les données historiques qu'il renferme, in: Bibliothèque de l'école des chartres 54 (1893), S. 45-74.

Laderchi, C.: (1897) Giotto, in: Nuova Antologia VI, 1897, S. 31-62.

Ladis, Andrew: (1986) Antonio Veneziano and the representation of emotions, in: Apollo 124, 1986, Heft 295, S. 154-161.

Ladner, G. B. (1970): Die Papstbildnisse des Altertums und des Mittelalters (Monumenti di Antichità cristiana II) II, Città del Vaticano 1970.

Lambert, M.D.: (1961) Franciscan Poverty. The doctrine of the absolute poverty of Christ and the apostles in the franciscan order 1210-1323, London 1961.
- : (1972) The Franciscan crisis under John XXII, in: Franciscan Studies, XXXII, 1972, S. 123-142.

Lana, J. della: (ed. Scarabelli) Commento alla Divina Commedia, (1323-1328), in: L. Scarabelli (Hg.): Commedia di Dante degli Allighierii col commento di Jacopo della Lana Bolognese, Vol. II, Bologna, 1866-67, S. 130.

Lanzi, L.: (1808) Storia pittorica della Italia, Bassano 1808.

Langhers Y. u. C. Vogel (Hg.): (Regesten) Regestum Clementis papae V. ex Vaticanis archetypis sanctissimi domini nostri Leonis XIII, Pontificis Maximi, jussu et munificentia nunc editum cura et studio monachorum Ordinis S. Benedicti, 8 Bände und Appendices, Rom 1884-92 und Paris 1948-57.

Langlois, M. E. (Hg.): (Regesten) Les registres de Nicolaus IV papa, recueil des bulles (= Biblioteque d l'écoles francaises d'Athène et Rome, s. 2, vol. V, 1 - 9, n. 6359, n. 6360, n. 6962, n. 7151, n. 7343), Paris 1886-1905.

Léonard, É.G.: (1954) Les Augevines de Naples, Paris 1954.

Liberati, G.: S. Pietro Ispano ed il Comune di Bauco, Siena 1888.

Lisner, M. : (1985) Farbgebung und Farbikonographie in Giottos Arenafresken, in: Mitteilungen des Kunsthistorischen Institutes in Florenz XXIX., 1 (1985), S. 1-77.
- : (1990) Die Gewandfarben der Apostel in Giottos Arenafresken. Farbgebung und Farbikonographie, in: Zeitschrift für Kunstgeschichte (1990), S. 309-375.
- : (1994) Giotto und die Aufträge des Kardinals Jacopo Stefaneschi für Alt-St. Peter, I., Das Mosaik der Navicella in der Kopie des Francesco Berretta - Zur Entwicklung der Gewandfar-

ben Christi und der Apostel im römischen Mosaik vom 4. Jahrhundert bis zum Beginn des Trecento, in: Römisches Jahrbuch für Kunstgeschichte der Bibliotheca Hertziana, 29 (1994) S. 45-95.
- : (1995) Giotto und die Aufträge des Kardinals Jacopo Stefaneschi für Alt-St. Peter, II., Der Stefaneschi-Altar - Giotto und seine Werkstatt in Rom. Das Altarwerk und der verlorene Christuszyklus in der Petersapsis, in: Römisches Jahrbuch für Kunstgeschichte der Bibliotheca Hertziana, 30 (1995) S. 59-133.

Longhi, R.: (1948) Giudizio sul Duecento, in: Proporzioni, 2, 1948, S. 5-54.
- : (1952) Giotto spazioso, in: Paragone 31 (1952), S. 18-24.
- : (1955) Il 'Maestro degli Ordine', in: Paragone 6 (1955), S. 32-36.

Lorenzo, D. F.: (1773) Sacrarum Vaticanae Basilicae Cryplarum Monumenta, Romae 1773.

Luzzato, G. L.: (1928) L'Arte di Giotto, Bologna 1928.
- : (1971) Giotto: da primitivo a classico nel giudizio critico degli ultimi anni, in: De Luca (Hg.): Giotto e il suo tempo. Atti del congresso Internazionale per la celebrazione del VII Centenario della Nascita di Giotto 1967, Rom 1971, S. 329.

Maddalo, S.: (1983) Bonifacio VIII. e Jacopo Stefaneschi. Ipotesi di lettura dell'affresco della loggia Lateranense, in: Studi Romani, XXXI (1983), S. 129-150.

Maffei, R.: (1506) Commentariorum rerum Urbanum libri XXXVIII, Roma 1506.

Maginnis, H.B.J.: (1975) Assisi revisted: Notes on recent observation, in: The Burlington Magazine CXVII, 1975, S. 511-517.
- : (1976) The Passion Cycle in the Lower Church of San Francesco in Assisi, in: Zeitschrift für Kunstgeschichte, 39 (1976), S. 193-208.
- : (1982) Pietro Lorenzetti and the Assisi Passion Cycle, Princeton University PH.D. 1975, University Microfilm Michigan Int., London 1982.

Maier, A.: (1967) Handschriftliches zum 'Opus Metricum' Stefaneschis, in: Italia Medievale e Umanistica 10 (1967), S. 111-141.

Mancini, G. C.: Ragguaglio della vita di alcuni pittori, Biblioteca Vaticana, Barb. lat. 4315.
- : (ed. Schudt) Viaggio per Roma per vedere le pitture che si trovano in essa, Bibl. Marciana, Venezia, Ms. it. 5571 (1626), in: L. Schudt (Hg.): ders.: Viaggio per Roma per vedere le pitture che si trovano in essa. Kritische Ausgabe, Leipzig, 1923.

Mandelli, E.: (1983) Lettura di un disegno: La pergamena di Siena, in: Studi e documenti di architettura 11, 1983, S. 99-134.

Marchetti-Longhi, G.: (1954) Gli Stefaneschi (=Le grandi famiglie Romane Bd. 9), Rom 1954.

Marinangeli, B.: (1937) Giotto nella Basilica di Assisi, in: Miscellanea Franciscana 37, 1937, S. 353-411.

Marle R. van: (1920) Récherches sur l'iconographie de Giotto et de Duccio, Straßburg 1920.
- : (1924) The Development of the Italians Schools of Painting, Bd. III, Den Haag 1924.

Martindale, A. (1988) Simone Martini, Oxford 1988.

Martinelli, V.: (1971) Contributo alla conoscenza dell'ultimo Giotto, in: De Luca (Hg.): Giotto e il suo tempo. Atti del congresso Internazionale per la celebrazione del VII Centenario della Nascita di Giotto 1967, Rom 1971, S. 383-399.
- : (1973) Un documento per Giotto ad Assisi, in: Storia dell'Arte, 19 (1973), S. 193-208.

Martinetti, A.: (1750) Della Sacrosanta Basilica di S. Pietro in Vaticano, Roma 1750.

Matthiae, G.: (1967a) Pittura del Medioevo, Band II, Rom 1967.

- : (1967b) Mosaici delle Chiese di Roma, Band I, Rom 1967.

Meier, C.: (1979) Zwei Modelle von Allegorie im 12. Jahrhundert: Das allegorische Verfahren Hildegards von Bingen und Alans von Lille, in: Formen und Funktionen der Allegorie. Symposion Wolfenbüttel 1978, hg. v. W. Haug, Stuttgart 1979 (Germanistische Symposien-Berichtsbände - 3), S. 70-89.

Mellini, G.L.: (1967) Temi di analisi per il Trecento, I, Maestri del Trecento in Toscana, Florenz 1967.

Meoli Toulmin, R.: (1971) L'ornamento nella pittura di Giotto con particulare riferimento alla Cappella degli Scrovegni, in: De Luca (Hg.): Giotto e il suo tempo. Atti del congresso Internazionale per la celebrazione del VII Centenario della Nascita di Giotto 1967, Rom 1971, S. 177-189.

Mestica, G.: San Francesco, Dante e Giotto, in: Nuova antologia di lettere, arti e scienze XXVIII (1981), S. 38-64.

Michalsky, E.: (1932) Die Bedeutung der ästhetischen Grenze für die Methode der Kunstgeschichte, Berlin 1932.

Mieth, S.: (1992) Giotto. Das mnemotechnische Programm der Arenakapelle in Padua, in: Das Münster, Heft 3, 1992, 45. Jahrgang, S. 244.
- : (1992a) Giotto. Das mnemotechnische Programm der Arenakapelle in Padua, in: Tübinger Studien zur Archäologie und Kunstgeschichte, Bd. 13, Tübingen 1992.

Miller, Julia I.: (1985) Symbolic light in Giotto and the early Quattrocento Florence, in: Source. Notes in the History of Art 5, 1, 1985, S. 7-13.

Minocchi, S.: (1901) Le mistiche nozze di San Francesco e Madonna Povertà, Florenz 1901.

Mohler, L.: (1916) Die Kardinäle Jacob und Peter Colonna, (= Quellen und Forschungen aus der Geschichte, herausgegeben von der Görresgesellschaft, Bd. 17), Paderborn 1916.

Moormann, J.: (1968) A History of the Franciscan Order from its Origins to the Year 1517, Oxford 1968.

Moretti, L.: (1937) Giotto architetto, in: Quadrivio, 7. März 1937.

Morghen, R.: (1923) Il cardinale Mattheo Rosso Orsini, in: Archivio della R. Società Romana di Storia Patria 46 (1923), S. 271-372.
- : (1931) Il cardinale Iacopo Gaetano Stefaneschi e l'edizione del suo 'Opus metricum', in: Bulletino dell'Istituto Storico Italiano per il Mediaoevo 46 (1931), S. 1-39.
- : (1956) La Lettera di Dante ai Cardinali italiani, in: Bulletino dell'Istituto Storico Italiano per il Mediaoevo 68 (1956), S. 1-31.

Mueller v.d. Haegen, A.: (1987) Dädalus - Erfinder und Künstler in einer Darstellung am Campanile des Giotto, in: Bezirksamt Tempelhof (Hg.): Der Traum vom Fliegen: Faszination zwischen Kunst und Technik, Berlin 1987, S. 68-72.
- : (1998) Giotto, Köln 1998.

Muñoz, A.: (1911) Un angelo di Giotto a Boville Ernica, in: Bolletino d'Arte, Ministero della Pubblico Istruzione (1911), S. 161-182.
- : (1924/25) I restauri della Navicella di Giotto e la scoperta di un angelo in musaico nelle Grotte Vaticane, in: Bolletino d'Arte, s. II 4 (1924-25), S. 432-442.

Muratori, L. A.: (1748/70) Rerum italicarum Scriptores ab anno aereae christianae 500 ad 1500, 28. Bände, Mailand 1723-51. fortgesetzt von Tartini, 1748-70, und von Ch. Mittarelli, 1771; Neuausgabe von G. Carducci und V. Fiorini, Città di Castello, 1900f.

Murray, P.: (1953) Notes on some early Giotto sources, in: Journal of the Warburg and Courtald Institutes 16 (1953), S. 58-80.

Müntz, E.: (1881) Études sur l'histoire des arts à Rome pendant le Moyen Âge I, Boniface VIII et Giotto (= Mélanges d'Archéologie et d' Histoire, École Française de Rome, I.) 1881, S. 111-137.
- u. A. L. Frothingham: (1883) Il tesoro della Basilica di S. Pietro in Vaticano dal XIII al XV secolo (=Archivio della Società Romana di Storia Patria 6), 1883.

Navone, G.: (1878) Di un mosaico di Pietro Cavallini in S. Maria Transtiberiana e degli Stefaneschi di Trastevere, in: Archivio della Societa romana di storia patria 1 (1878), S. 219-239.

Nessi, S.: (1982) La Basilica di S. Francesco in Assisi e la sua Documentazione Storica, Assisi 1982.

de Nicola, G.: (1906) L'affresco di Simone Martini ad Avignone, in: L'Arte, IX (1906), S. 336-344.
- : (1908) opere del miniatore del Codice di San Giorgio, in L'Arte, XI (1908), S. 385-386.

Niggl, R.: (1971) Giacomo Grimaldi (1568-1623), Diss.Ms. München 1971.
: (1972) Giacomo Grimaldi. Descrizione della basilica antica di S. Pietro in Vaticano. Codice Barberini latino 2733 (codices e Vaticanis selecti XXXII), Città di Vaticano 1972.

Oertel, R.: (1937) Wandmalerei und Zeichnung in Italien, in: Mitteilungen des Kunsthistorischen Instituts in Florenz 5 (Dez. 1937-Juli 1940) S. 217-313.
- : (1937a) Giotto-Ausstellung in Florenz, in: Zeitschrift für Kunstgeschichte 6 (1937), S. 218-238.
- : (1943) Wende der Giottoforschungen, in: Zeitschrift der Kunstgeschichte 11 (1943), S.1-27.
- : (1949) Die nachpaduanischen Werke Giottos, - Referat auf dem 2. Deutschen Kunsthistorikertag, in: Kunstchronik, 2. Jahrgang, Oktober 1949, Heft 10, S. 216-220.
- : (1953) Die Frühzeit der Italienischen Malerei, Köln/Stuttgart 1953, Stuttgart ^{2}1966.
- : (1965) Giotto, München 1965.

Offner, R.: (1927) A Great Madonna by the St. Cecilia Master, in: Burlington Magazin 50 (1927), S. 91-104.
- : (1930-1962) A critical and historical Corpus of Florentine Painting, New York, Berlin 1930-1962.
- : (1939) Giotto, non - Gioto, in: The Burlington Magazine 74 (1939) Reprint 1968, S. 259-268 u. 75 (1939) Reprint 1968, S. 96-113.

Orbaan, J.: (1919) Der Abbruch Alt-Sankt Peters 1605-1615, in: Jahrbuch der Königlich Preussischen Kunstsammlungen, Beiheft zum 39. Bd., Berlin 1919.

Ottley, W. Y.: (1823) The Italian School of Design, being a series of facsimiles of Original Drawings by the most eminent Painters and Sculptors of Italy, London 1823.

Otto, H.: (1937 Der Altar von St. Peter und die Wiederherstellungsarbeiten an der alten Basilika unter Johannes XXII. und Benedikt XII., in: Mitteilungen des östereichischen Instituts für Geschichtsforschung LI (1937), S. 470-490.

Paatz, W.: (1937) Werden und Wesen der Trecento-Architektur in der Toscana, Burg b. M. 1937.
- : (1941) Italien und die künstlerischen Bewegungen der Gotik und der Renaissance, in: Römisches Jahrbuch für Kunstgeschichte, Fünfter Band (1941), Leipzig, Veröffentlichung des Kaiser-Wilhelm-Instituts für Kunstwissenschaft im Palazzo Zuccari in Rom, hg. v. L. Bruhns, S. 165-222.
- u. E. Paatz: (1955) Die Kirchen von Florenz, Bd. 1 u. 4, Florenz 1955.

Paeseler, W.: (1941) Giottos Navicella und ihr spätantikes Vorbild, in: Römisches Jahrbuch für Kunstgeschichte, 5 (1941), S. 49-162.
- : (1971) Cavallini e Giotto: aspetti cronologici, in: De Luca (Hg.): Giotto e il suo tempo. Atti del congresso Internazionale per la celebrazione del VII Centenario della Nascita di Giotto 1967, Rom 1971, S. 35-43.

Pagliani, E.: (1979) Note sui restauri degli affreschi Giotteschi nella Chiesa Inferiore di S. Francesco, in:

G. Palumbo (Hg.): Giotto e i giotteschi in Assisi, Assisi ^{2}1979 (1. Aufl. 1969), S. 199-209.

Palumbo, G.: (1979) (Hg.) Giotto e i giotteschi in Assisi, Assisi ^{2}1979 (1. Aufl. 1969), Introduzione, S. VII-XII

Panofsky, E.: (1915) Das perspektivische Verfahren Leone Battista Albertis, in: Kunstchronik, N. F. 26 (1915), S. 504-516.
- : (1920) Der Begriff des Kunstwollens, in: Zeitschrift für Ästhetik und Allgemeine Kunstwissenschaft 14 (1920), S. 321-339. Wiederabgedruckt in: ders.: Aufsätze zu Grundfragen der Kunstwissenschaft, hg. von H. Oberer u. E. Verheyen, Berlin 1964, S. 33-49.
- : (1921) Die Entwicklung der Proportionslehre als Abbild der Stilentwicklung, in: Monatshefte für Kunstwissenschaft 14 (1921), S. 188-219. Wiederabgedruckt in: ders.: Aufsätze zu Grundfragen der Kunstwissenschaft, hg. von H. Oberer u. E. Verheyen, Berlin 1964, S. 169-204.
- : (1925a) Die Erfindung der verschiedenen Distanzkonstruktionen in der malerischen Perspektive, in: Repertorium für Kunstwissenschaft 45 (1925), S. 84-86.
- : (1925b) Über das Verhältnis der Kunstgeschichte zur Kunsttheorie: ein beitrag zu der Erörterung über die Möglichkeit 'kunstwissenschaftlicher Grundbegriffe', in: Zeitschrift für Ästhetik und Allgmeine Kunstwissenschaft 18 (1925), S. 129-161. Wiederabgedruckt in: ders.: Aufsätze zu Grundfragen der Kunstwissenschaft, hg. von H. Oberer u. E. Verheyen, Berlin 1964, S. 49-77.
- : (1927) Die Perspektive als 'symbolischc Form', in: Vorträge der Bibliothek Warburg 1924/25, Leipzig, Berlin 1927, S. 258-330. Wiederabgedruckt in: ders.: Aufsätze zu Grundfragen der Kunstwissenschaft, hg. von H. Oberer u. E. Verheyen, Berlin 1964, S. 99-169.
- : (1931) Stellungnahme zu: E. Cassirer. Mythischer, ästhetischer und theoretischer Raum (Vortrag), in: Vierter Kongreß für Ästhetik und allgemeine Kunstwissenschaft, Hamburg 1930. Bericht, Hg. von H. Noack. Beilageheft zur Zeitschrift für Ästhetik und Allgemeine Kunstwissenschaft 25 (1931), S. 53-54.
- : (1941) Giotto and Maimonides in Avignon, in: Journal of the Walters Gallery 6 (1941), S. 26-44.
- : (1942) Giotto and Maimonides in Avignon: a Postscript, in: Journal of the Walters Gallery 5 (1942), S. 124-127.
- : (1951/1989) Gotische Architektur und Scholastik. Zur Analogie von Kunst, Philosophie und Theologie im Mittelalter, Latrobe 1951, dt. Ausgabe Köln 1989.
- : (1960) Idea. Ein Beitrag zur Begriffsgeschichte der älteren Kunsttheorie, zweite verbesserte Aufl.: Berlin 1960; zit.: Berlin ^{4}1982.

Parronchi, A.: (1964) Studi sulla dolce prospettiva, Mailand 1964.

Passavant, J. D.: (1820) Ansichten über die bildenden Künste und Darstellung des Ganges derselben in der Toscana; zur Bestimmung des Gesichtpunctes, aus welchem die neudeutsche Malerschule zu betrachten ist, von einem deutschen Künstler in Rom, Heidelberg und Speyer 1820.

Péter, A.: (1933) Contributi alla conoscenza die Pietro Lorenzetti e della sua scuola, in: La Diana (1933), S. 164-190.
: -(1940/1968) Giotto and Ambrogio Lorenzetti, in The Burlington Magazin, Jan.-Juni, 1940, Vol. LXXVI, Reprint 1968, S. 3-8.

Petrarca, F.: (ed.Rossi) Familiarum Rerum Libri, (1349-1361), in: V. Rossi: [ders.] Familiarum Rerum Libri. kritische Edition, vol. II, Florenz 1933, S. 39.

Pesina, J.: (1945) Spazio tettonico e architettura, in: Giotto, Prag 1945.

Da Pietralunga, L.: (Scarpellini) Descrizione della Basilica di San Francesco e di altri santuari di Assisi; Introduzione, note al testo e commentario critico di Pietro Scarpellini, Treviso 1982.

Pilz W.: (1970) Das Triptychon als Kompositions- und Erzählform, München 1970.

Piur, P.: (1925) Petrarcas 'Buch ohne Namen' und die päpstliche Kurie, Halle 1925.

Platina, B.: (1479) Liber de vita Christi ac Pontificium omnium, Venetiis 1479.

Pochat, G.: (1973) Figur und Landschaft. Eine historische Interpretation der Landschaftsmalerei von der Antike bis zur Renaissance, Berlin 1973.

Poeschke, J.: (1971) Artikel 'Navicella', in: Lexikon für christliche Ikonographie, hg. von E. Kirschbaum, Bd. 3, Rom 1971, Sp. 320-321.
- : (1983) Per la datazione dei mosaici di Cavallini in S. Maria in Trastevere, in: Roma anno 1300, Atti della IV. Settimana di Studi di Storia dell'Arte medievale dell' Università di Roma »La Sapienza« 19.-24. Mai 1980; A. M. Romanini (Hg.), Rom 1983, S. 423-428.
- : (1985) Die Kirche San Francesco in Assisi und ihre Wandmalereien, München 1985.

Prandi, A.: (1971) Spunti per lo studio della prospettiva di Giotto, in: De Luca (Hg.): Giotto e il suo tempo. Atti del congresso Internazionale per la celebrazione del VII Centenario della Nascita di Giotto 1967, Rom 1971, S. 149-159.

Petrocchi, G.: (1975) La »Pace« in S. Caterina da Siena, in: La Pace nel Pensiero, nella Politica, negli Ideali del Trecenti (Convegni del Centro do Studi sulla Spiritualità Medievale XV; 13-16 ottobre 1974), Todi 1975, S. 9-26.

Previtali, G.: (1967/1974) Giotto e la sua bottega, Mailand 1967, zit. Mailand ^{2}1974.
- : (1969) Giotto: Gli affreschi di Assisi, Mailand o. J. [1969].
- : (1979) Le capelle di San Nicola e di S. Maria Maddalena nella Chiesa Inferiore di San Francesco, in: G. Palumbo (Hg.): Giotto e i giotteschi in Assisi, Assisi ^{2}1979, S. 93-128.

Procacci, U.: (1937) Relazione dei lavori eseguiti affreschi di Giotto nelle cappelle Bardi e Peruzzi in S. Croce, in: Rivista d'Arte 19 (1937), S. 377-388.

Prunetti, M.: (1786) Saggio pittorico, Roma 1786.
- : (1808) L'ossevatore della Belle Arti in Roma, vol. I, Roma 1808, S. 229.

Quattrocchi, Sac. D.: (1900) L'Anno santo del 1300. Storie e bolle pontificie da un cod. del sec. XIV del card. Stefaneschi, in: Bessarione, vol. VII 4 (1900), S. 291-317.

Raff, T.: (1978/79) Die Ikonographie der mittelalterlichen Windpersonifikationen, in: Aachener Kunstblätter des Museumsvereins 48 (1978-1979), S. 71-218.

Ragghianti, C.L.: (1939/1951) L'arte e la critica, Florenz 1951.
- : (1971) u. P. L. Zovatto: Musei d'Italia, Bd. 5, Bologna 1971.

Ragionieri, G.: (1983) Ipotesi per uno scriptorium: Codici miniati a Roma per il Cardinale Jacopo Stefaneschi, in: Roma anno 1300, Atti della IV. Settimana di Studi di Storia dell'Arte medievale dell' Università di Roma »La Sapienza« 19.-24. Mai 1980; A. M. Romanini (Hg.)Hg., Rom 1983, S. 393-397.

Rahner, H.: (1964) Symbole der Kirche, Salzburg 1964.

Rambaldi, P. L.: (1937a) 'Vignone' da un codice dell'Ottimo al Vasari, in: Rivista d'Arte (numero speciale del Centenario Giottesco) 19 n.3-4 (1937), S. 357-369.
- : (1937b) Dante e Giotto nella letteratura artistica fino al Vasari, in: Rivista d'Arte (numero speciale del Centenario Giottesco) 19, n. 3-4 (1937), S. 286-348.
- : (1937c) Postilla al passo di Riccobaldo, in: Rivista d'Arte (numero speciale del Centenario Giottesco) 19, n. 3-4 (1937), S. 349-356.

Rasmo, N.: (1974) Note sulla pittura giottescha padovana nella regione atesima, in: G. Grossato (Hg.): Da Giotto al Mantegna, Mailand 1974.

Raspi Serra J.: (1969): Nuove ipotesi per le 'Vele' di Assisi, in: Commentari, N.S. 20 (1969), S. 20-36.

Rave, A. B.: (1984) Christiformitas, Studien zur franziskanischen Ikonographie des florentinischen Trecentos am Beispiel des ehemaligen Sakristeischrankzyklus von Taddeo Gaddi in S. Croce, Worms 1984 (Diss. Münster 1979), S. 211-215.
- : (1986) Fronleichnam in Siena - Die Maestà von Simone Martini in der Sala del Mappamondo, Worms 1986.

Reeves M.: (1969) The influence of prophecy in the later middle age. A study in Joachism, Oxford 1969.

Redig de Campos, D.: (1932) Quadri nuovi nella Pinacoteca, in: L'Illustrazione Vaticana III (1932), S. 1063.
- : (1973) Restauro del Trittico Stefaneschi di Giotto, in Mitteilungen des Kunsthistorischen Institutes XVII (1973), S. 325-346

Riccobaldo Ferrariensis: (Muratori) Compilatio Chronologia, 1312/13. Hg. von L. A. Muratori, Rerum italicarum Scriptores T. IX. MDCCXXVI.

Richa, G.: (1754) Notizie istoriche delle chiese fiorentine, divise ne'suoi quartieri, Florenz 1754.

Richardson, R.: (1722) An account of some of the Statues, Bas-reliefs, Drawings and Pictures in Italy, with Remarks, London 1722.

Rio, A. F.: (1861) L'Art Chrétien, Paris 1861.

Rintelen, F.: (1905) Das Altarwerk in der Sakristei von St. Peter in Rom, Beilage zur Allgemeinen Zeitung, Jg. 1905, München, 13. Sept., Nr. 287, S. 482-485.
- : (1912/1923) Giotto und die Giotto - Apokryphen, München 1912, zit. nach der zweiten verbesserten Auflage Basel 1923.

Rocca, L.: (1891) Di alcuni Commenti della Divina Commedia composti nei primi anni dopo la morte di Dante, Florenz 1891.

Romanini, A. M.: (1987) Gli occhi di Isacco. Classicismo e curiosità scientifica tra Arnolfo di Cambio e Giotto, in: Arte medievale, Il Serie, Anno I, nn.1 e 2 (1987), S. 1-56.

Romdahl, A.: Stil und Chronologie der Arenafresken Giottos, in: Jahrbuch der Königlich Preuszischen Kunstsammlungen 32 (1911), S. 3-18.

Ronchi, O.: (1935/36) Un documento inedito del 9 gennaio 1305 intorno alla Capella degli Scrovegni, in: Atti e Memorie dell'Accademia di Scienza. Lettere ed Arti in Padova, n.s. 52 (1935-1936), S. 205-211.

Rosenthal, E.: (1924) Giotto in der mittelalterlichen Geistesentwicklung, Augsburg 1924.

Rosini, G.: (1859) Storia della pittura italiana esposta coi monumenti, Bd. 1, Pisa 1859, S. 6-7 u. 225-246.

Rossi, F.: (1937) Giotto e la Scultura, in: A Giotto, Numero speciale dell'Illustratione Toscana 15, n. 4 (1937), S. 24-28.

Rotondi, P.: (1968) Giotto nella capella della Maddalena in assisi, in: L'Arte, 1968 n.1, S. 75-97.

Ruf, G.: (1981) Das Grab des hl. Franziskus, Freiburg-Basel-Wien 1981.

Ruh, K.: (1966) Dantes Göttliche Komödie und das Franziskanertum, in: Dante Alighieri. Persönlichkeit und Werk 2, Würzburg 1966.

Rumohr, C. F.: (1827) Italienische Forschungen. Zweiter Teil, Berlin und Stettin 1827.

Salmi, M.: (1937a) Giotto pittore, in: A Giotto, Numero speciale dell'Illustratione Toscana 15 n. 4 (1937), S. 1-21.
- : (1937b) La mostra giottesca, in: Emporium 43 (1937), S. 349.

- : (1937c) Le origini dell'arte di Giotto, in: Rivista d'Arte (numero speciale del Centenario Giottesco) 19, n. 3-4 (1937), S. 193-220.

Salomoni, J.: (1702) Urbis Patavinae Inscriptiones, Padua 1702.

Salvadori, G.: (19119 Le »Vele« di Assisi e la poesia di Dante, in: Rassegna Contemporanea luglio 11, S. 31-54.

Salvini, R.: (1935) Medioevo e Rinascimento nell'Arte di Giotto, in: Civilità Moderna 7 (1935), S. 355-369.
- : (1937) Giotto Architetto, in: A Giotto, Numero speciale dell'Illustratione Toscana 15, n. 4 (1937), S. 33-35.
- : (1962) Tutta la pittura di Giotto, Mailand 1962.
- : (1970) Bemerkungen über Giottos Frühwerke in Assisi, in: L. Leonhard (Hg.): Giotto di Bondone, Persönlichkeit und Werk Bd 3, Konstanz 1970, S. 169-208.
- : (1971) Giotto a Rimini, in: De Luca (Hg.): Giotto e il suo tempo. Atti del congresso Internazionale per la celebrazione del VII Centenario della Nascita di Giotto 1967, Rom 1971, S. 93-104.
- : (1983) Noterelle su Giotto a Roma, in: Roma anno 1300, Atti della IV. Settimana di Studi di Storia dell'Arte medievale dell' Università di Roma »La Sapienza« 19.-24. Mai 1980; A. M. Romanini (Hg.), Rom 1983, S. 175-181.
- : (1984) Rezension zu: Max Imdahl: Giotto. Arenafresken. Ikonographie-Ikonologie-Ikonik, München 1980, in: Zeitschrift für Kunstgeschichte 47, 1 (1984), S. 126-131.

Sandkühler, B.: (1967) Die frühen Dantekommentare, München 1967.

Scarpellini, P.: (1971) Un capolavoro del Trecento umbro, in: Paragone 279 (1973), S. 3-31.
- : (1978) Assisi e i suoi monumenti nella pittura dei secoli XIII-XIV, in: Assisi ai tempi di San Francesco, Assisi 1978, S. 73-121.
-: (1982) Ludovico da Pietralunga: La Basilica di San Francesco d'Assisi. Indroduzione, note e commentario di P. Scarpellini, Treviso 1982.

Schenkluhn, W.: (1991) San Francesco in Assisi. Ecclesia Specialis, Darmstadt 1991.

Schiller, G.: (1990) Ikonographie der christlichen Kunst, Band 5, Gütersloh 1990, S. 279 - 286.

Schimmelpfennig, B.: (1973) Die Zeremonienbücher der römischen Kurie im Mittelalter, Tübingen 1973.
- : (1984) Das Papsttum. Grundzüge seiner Geschichte von der Antike bis zur Renaissance, Darmstadt 1984.

Schlegel, U.: (1957) Zum Bildprogramm der Arena-Kapelle, in: Zeitschrift für Kunstgeschichte 20 (1957), S. 127-146.
- : (1971) Un collaboratore di Giotto a Padova. Osservazioni sul Maestro Figline, in: De Luca (Hg.): Giotto e il suo tempo. Atti del congresso Internazionale per la celebrazione del VII Centenario della Nascita di Giotto 1967, Rom 1971, S. 161.

von Schlosser, J.: (1910) Lorenzo Ghibertis Denkwürdigkeiten, Prolegomena zu einer künftigen Ausgabe, in: Kunstgeschichtliches Jahrbuch der Königlich Kaiserlichen Zentral-Komission 4 (1910), S. 105-211.
- : (1912) Lorenzo Ghiberti: Denkwürdigkeiten (I Commentari), Berlin 1912.
- : (1964) Die Kunstliteratur, Wien ^{3}1964.

Schmarsow, A.: (1915) Kompositionsgesetze in der Kunst des Mittelalters, in: Forschungen zur Formgeschichte der deutschen Kunst, III, 1915-1922.
- : (1918) Kompositionsgesetze der Franzlegende in der Oberkirche zu Assisi, Leipzig 1918.

Schmeidler, B.: (1909) Italienische Geschichtsschreiber des XXII. und XIII. Jahrhunderts (= Leipziger

Historische Abhandlungen, hg. von E. Brandenburg Heft 11), Leipzig 1909.

Schmersahl, F.: (1970) Die Architektur in Giottos Bildern, betrachtet von einem Architekten, in: L. Leonhard (Hg.): Giotto di Bondone, Persönlichkeit und Werk Bd 3, Konstanz 1970, S. 253-285

Schmidt, G.: (1979) Giotto und die gotische Skulptur. Neue Überlegungen zu einem alten Thema, in: Römische Historische Mitteilungen, hg. v. Österreichischen Kulturinstitut in Rom u. d. Österreichischen Akademie d. Wissenschaften, geleitet v. H. Schmidinger u. A. Wandruszka, Heft 21, Rom-Wien 1979, S. 127-144.

Schneider, Laurie: (1972) The iconography of the Peruzzi Chapel, in: L`Arte, Heft 18-20 (1972), S. 91-104.
- : (1974) Giotto in Perspective, Engelwood Cliffs, N. J. 1974.

Schönau, D.W. : (1983) The 'Vele' of Assisi: their position and influence, in: Mededelingen van het Nederlands Instituut te rome. N.S. 9/10 1983, S. 99-109.
- : (1985) A new hypothesis on the Vel in the lower church of San Francesco in Assisi, in: Franziskanische Studien, 67, Werl 1985, S. 326-347.

Schüling, H.: (1973) Theorien der malerischen Linearperspektive vor 1601, Diss. Giessen 1973.

Schüller-Piroli, S.: (1950) 2000 Jahre St- Peter. Die Weltkirche von den Anfängen bis zur Gegenwart, Olten 1950.

Schumacher-Wolfgarten, R.: (1980) »Dextrarum iunctio« bei Giotto, in: Pietas. Festschrift für Bernhard Kötting, hg. v. e. Dassmann u. K. S. Frank, Jahrbuch für Antike und Christentum, Ergänzungsband 8, Münster i. W. 1980, S. 584-593.
- : (1984): »Infidelitas« in der Arena-Kapelle, in: Martin Gosebruch zu Ehren, Festschrift anl. seines 65. Geburtstages am 20. Juni 1984, hg. v. F. Steigerwald, München 1984, S. 113-125.

Schwartz, L. C.: (1980) The Fresco Decoration of the Magdalen Chapel in the Basilica of St. Francis at Assisi, Indiana University 1980, University Microfilm International, Ann Arbor, Michigan 1985.
- : (1991), Patronage and Franciscan iconography in the Magdalen Chapel at Assisi, in: The Burlington Magazin, January 1991, Vol. CXXXIII, No. 1054, S. 32-35.

Schwarz, B.: (1973) Die Organisation kurialer Schreiberkollegien, Tübingen 1972

Schwarz, M.V.: (1993) Ephesos in der Peruzzi-, Kairo in der Bardi-Kapelle, in: Römisches Jahrbuch der Bibliotheca Hertziana Bd. 27/28 (1991/1992), Tübingen 1993, S. 23-57.
- : (1993a) Zerstört und wiederhergestellt. Die Ausmalung der Unterkirche von San Francesco in Assisi, in: Mitteilungen des Kunsthistorischen Instituts in Florenz 37,1 (1993), S. 1-28.

Schweitzer, B.: (1953) Vom Sinn der Perspektive (=Die Gestalt. Abhandlungen zu einer allgemeinen Morphologie Heft 24, hg. von F.K. Schumann, W. Troll u. K. L. Wolf), Tübingen 1953.

Seidel, Max: (1986) Ikonographie und Historiographie: "Conservatio angelorum in silvis". Eremitenbilder von Simone Martini und P. Lorenzetti. in: Städel-Jahrbuch, N.F., 10 (1986), S.77-142.

De Selincourt: (1905) Giotto, London 1905.

Seppelt, F.: (1911) Studien zum Pontifikat Coelestins V. (= Abhandlungen zur mittleren und neueren Geschichte, hg. v. V. Below), Berlin 1911.
- (Hg.): (1921) Monumenta Coelestiniana, Quellen zur Geschichte des Papstes Coelestin V. (= Quellen und Forschungen aus dem Gebiet der Geschichte, hg. v. der Görres-Gesellschaft Bd. 19), Paderborn 1921.
- : (1951) Das Papsttum im Spätmittelalter und in der Zeit der Renaissance, Bd. 4 (1294-1534), Leipzig 1951.

- u. Schwaiger, G. (Hg.): (1956) Geschichte der Päpste von den Anfängen bis zur Gegenwart, Bd. 3 (Coelestin V.), München 1956.
- : (1964) Geschichte der Päpste von den Anfängen bis zur Gegenwart, Bd. 4 (Clemens V.) München 1964.

Serafini, A.: (1924) Scoperta d'un opera originale. Frammento musivo di Giotto in San Pietro, in: Il Massergero, 23. Dezember 1924.
- : (1925) Frammento musivo di Giotto in S. Pietro, in: L'Arte 27 (1925), S. 59-62.

Serrani, A. M.: (1575) De septem urbis ecclesiis, Rom 1575.

Severano, G.: (1630) Memorie sacre delle sette chiese di Roma, vol. I, Roma 1630.

Severi, S.: (1981) La figura di Frate Francesco nell'interpretazione di Dante e Giotto, in: Michelangelo 10 (1981), Heft 36-37, S. 11-15.

Siebenhüner, H.: (1935) Über den Kolorismus der Frührenaissance, Leipzig 1935.

Simi Varanelli, E.: (1989) Dal maestro d'Isacco a Giotto. Contributo alla storia della " perspektiva communis" medievale, in Arte medievale, Il serie, Anno III, N. 2 (1989), S. 115-143.

Simon, R.: (1976): Towards a relative chronologiy of the frescos in the Lower Church of San Francesco at Assisi, in: The Burlington Magazine CXVIII, 1976, S. 361-366.

von Simson, O.: (1970) Über Giottos Einzelgestalten, in: L. Leonhard (Hg.): Giotto di Bondone, Persönlichkeit und Werk, Bd 3, Konstanz 1970, S. 229-242.

Sirén, O.: (1906) Giotto, Stockholm 1906.
- : (1917) Giotto and some of his Followers, English Translation by Frederic Schenk, London 1917.

Smart, A.: (1963) Ghiberti`s "Quasi tutta la parte di sotto" and Vasari's attributions to Giotto at Assisi, in: Renaissance and Modern Studies, VII, Nottingham 1963, S. 5-24.
- : (1971): The Assisi Problem and the Art of Giotto, Oxford 1971.
- : (1971a) »Quasi tutta la parte di sotto« del Ghiberti e le attribuzioni del Vasari a Giotto degli affreschi d'Assisi, in: De Luca (Hg): Giotto e il suo tempo, Atti del congresso Internazionale per la celebrazione del VII Centenario della Nascita di Giotto 1967, Rom 1971, S. 79-91.
- : (1978) The Dawn of Italien Painting 1250-1400, Oxford 1978.

Souchon, M.: (1888) Die Papstwahlen von Bonifaz VIII. bis Urban VI. und die Entstehung des Schismas 1378, Braunschweig 1888.

Sperlich, M.: (1955) Die Stellung der Fresken der Franzlegende in der Oberkirche von San Francesco in der Geschichte der Perspektive, Diss. Hamburg 1955.

Stamm, K.: (1974) Probleme des Bildes und der Dekoration in mittelalterlichen Freskenzyklen der Zeit um 1300 bis in die Mitte des Quattrocento. Diss. Bonn 1974.

Stefaneschi, J. G.: Codice di San Giorgio, Città del Vaticano, Biblioteca Apostolica Vaticana, ms. Archivio di San Pietro C. 129.
C. Ms. apposta alla prima C. del Codice di San Giorgio. Archivio Capitolare di San Pietro in Vaticano, Roma 1601.
- : De Centesimo seu Iubileo anno liber, Biblioteca Apostolica Vaticana, ms. Archivio di San Pietro G.3.
- : Liber de Centesimo, Città del Vaticano, Biblioteca Vaticana, ms. Archivio di San Pietro G. 3.
- : Opus Metricum (ed. Seppelt), Città del Vaticano, Biblioteca Apostolica Vaticana, ms. Lat. 4932 und 4933 in: F. Seppelt (Hg.): Monumenta Coelestiniana, Quellen zur Geschichte des Papstes Coelestin V. (= Quellen und Forschungen aus dem Gebiet der Geschichte, hg. v. der

Görres-Gesellschaft Bd. 19), Paderborn 1921.

Stevenson, E.: (1887) Topografia e monumenti di Roma nelle pitture a fresco di Sisto V. della Biblioteca Vaticana, Roma 1887.

Strauss, E.: (1972) Überlegungen zur Farbe bei Giotto, in: Festschrift L. Dussler, Studien zur Archäologie und Kunstgeschichte, München 1972, S. 113-130.
- : (1983) Koloritgeschichtliche Untersuchungen zur Malerei seit Giotto und andere Studien, Kunstwissenschaftliche Studien, Bd. 47, hg. v. L. Dittmann, 2. erw. Aufl., München 1983.

Stubblebine, J.: (1969) Giotto. The Arena Chapel Frescoes, London 1969.
- : (1985) Assisi and the Rise of Vernacular Art, New York 1985.

Suarez, J.M.: Notitia musivo expressae opere naviculae in Basilica S. Petri, Biblioteca Apostolica Vaticana, Cod. Barb. Lat. 3084, fol. r-9v, Rom 1675.

Suida, W.: (1924) Aus dem Kreise Giottos, in: Belvedere 5 (1924) S. 126-131.

Supino, I.B.: (1920) Giotto, Florenz 1920
- : (1924) La Basilica di San Francesco d`Assisi, Bologna 1924.

Tantillo-Mignosi, A.: (1975) Restauri alla Basilica Inferiore di Assisi, Osservazioni sul transetto destro, in: Bolletino d'Arte s. 5. 60 (1975), S. 129-142 u. S. 217-223.

Thode, H.: (1885/1934) Franz von Assisi und die Anfänge der Kunst der Renaissance in Italien, Wien [4]1934.
- : (1899) Giotto. Bielefeld/Leipzig 1899.

Thomas, H. M.: (1975) Der Erlösungsgedanke im theologischen Programm der Arena-Kapelle, in: Franziskanische Studien 57 (1975) S. 47-96.
- : (1979) Zur Rolle der Meditationes vitae Christi innerhalb der europäischen Bildentwicklung der Giottozeit, in: Miscellanea codicologica, F. Masai dicata, hg. von Pierre Cockslaw u. a., Genf 1979, S. 319-330.
- : (1983) Giottos Ordensallegorien in der Basilika S. Francesco in Assisi - zu religionsgeschichtlichem Zusammenhang und theologischer Quelle, in: Zeitschrift für Religions- und Geisteswissenschaft, Band 35, 1 (1983), S. 72-80.
- : (1984) Documenti di identità francescana. Per la datazione e le fonti delle allegorie di Giotto nel quadrato della Chiesa inferiore di San Francesco ad Assisi in: Libri e documenti, 10, 1 (1984), S. 1-13.
- : (1989) Franziskanische Geschichtsvision und europäische Bildentfaltung, Wiesbaden 1989.
- : (1991) Giottos "Ratschluß der Erlösung" in der Arenakapelle von Padua, in: Franziskanische Studien 73 (1991), S. 1-14.

Tintori L.: Borsook/Tintori (1965): Borsook E. u. Tintori L.: Giotto - La Capella Peruzzi, Turin 1965.

Tocco, F.: (1910) La Quistione della Povertà nel secolo XIV secondo nuovi documenti, Neapel 1910.

Todini, F.: Contributo alla pittura del Trecento ad Assisi: Puccio Capanna e i suoi seguaci, in: Esercizi arte musica spettacolo, 2, Perugia 1979, S. 33-42.
- : (1980) La Pinacoteca Comunale di Assisi, Florenz 1980.
- : (1980a) Una nuova traccia per Giotto ad Assisi, in: Storia dell'Arte, 38-40 (1980), S. 125-129.

Toesca, P.: (1927) Storia dell'Arte italiana. Il Medioevo, Turin 1927.
- : (1929) La pittura fiorentina del Trecento, Verona 1929.
- : (1929a) Die florentinische Malerei des 14. Jahrhunderts, Florenz und München 1929.
- : (1931) Una lezione su Giotto, in: Anali dell'Istruzione Madia (1931), S. 212-220.
- : (1941) Giotto, Turin 1941.
-: (1951) Il Trecento, Turin 1951.

Torrigio, F. M.: (1618) Le sacre grotte vaticane, Viterbo 1618.
- : (1639) Le Sacre Grotte Vaticane, Rom ²1639.

Torriti, P.: (1991) Simone Martini, Florenz 1991.

Totti, P.: (1638) Ritratto di Roma moderna, Roma 1638.

Ugonio, P.: (1588) Historia delle stationi di Roma, Roma 1588.

Vannini, S.: (1642) Vita del Cardinale Pietro Stefaneschi, 1642, Biblioteca Vaticana, Cod. Barb. lat. 4875, 1642.

Vasari, G.: (ed. Bettarini) Le vite de'più eccellenti pittori scultori e architettori nelle radzioni del 1550 e 1568, a cura di R. Bettarini und P. Barocchi, Bd. 2, Florenz 1967.
- : (ed. Milanesi) Le vite....1568. Le opere di Giorgio Vasari con nuovo amotazioni e commentari di Gaetano Milanesi, Florenz 1973.

Vasi, M.: (1816) Itenario istruttivo di Roma antica e moderna, Roma 1816.

Venturi, A.: (1890) Musaici cristiani in Roma, Roma 1890.
- : (1906) Le Vele d'Assisi, in: L'Arte IX (1906), S. 19-34.
- : (1907) Storia dell'Arte Italiana, Bd. 4. La pittura del Trecento e le origini, Milano 1907.
- : (1908) La Basilika di Assisi, Roma 1908.

Venturi, L.: (1917) La critica d'arte in Italia durante i secoli XIV e XV, in: L'Arte 20 (1917).
- : (1918) La data dell'attività romana di Giotto, in: L'Arte 21 (1918), S. 229-235.
- : (1919) Introduzione a l'arte di Giotto, in: L'Arte 22 (1919), S. 49-56.
- : (1922) La "Navicella" di Giotto, in: L'Arte 25 (1922), S. 49-69.
- : (1926) Il gusto dei Primitivi, Bologna 1926.
- : (1936) History of Art Critism, New York 1936; deutsch: Geschichte der Kunstkritik, München 1972.

Venturoli P.: (1969): Giotto, in: Storia dell' arte I, 1969, S. 142-158.

Vergerio, P. P.: (1934) Epistolario, hg. von L. Smith, Roma 1934.

Villani, F.: (ed. Frey) De origine civitatis Florentiae et eiusdam famosis civibus, in: C. Frey (Hg.): Il libro di Antonio Billi, neuabgedruckt im Anhang des Libro di Antonio Billi, Berlin 1892.
- : (ed. Schlosser) De origine ..., in: von J. von Schlosser (Hg.): Quellenschriften zur Kunstgeschichte, Wien 1896, S. 370-371.
- : (ed. Schneider) De origine..., übers. von J. Adams, in: J. Schneider: Giotto in Perspective, Englewood Cliffs, N.J. 1974, S. 37-38.

Villani, G.: (1340) Cronica, 1340, Libro XI, cap. 12 zum 18. Juli 1334.

Graf Vitzthum, G.: (1924) Die Malerei und Plastik des Mittelalters in Italien, Potsdam 1924.
- : (1929) Zu Giottos Navicella. Italienische Studien, in: 'Schubring Festschrift', Leipzig 1929, S. 144-155.

Volbach, W.F.: (1979) Catalogo della Pinacoteca Vaticana, Vol. I: I dipinti dal X secolo fino al Giotto, Vatikan Stadt 1979.

Waetzoldt, S.: (1964) Die Kopien des 17. Jahrhunderts nach Mosaiken und Wandmalereien in Rom, Römische Forschungen der Bibliotheca Hertziana 18, Wien, München 1964.

Weber, A.: (1997) Duccio, Köln 1997.

Weigelt, K.: (1925) Giotto. Des Meisters Gemälde. Stuttgart 1925.

Wenck, K.: (1882) Clemens V. und Heinrich VII. Die Anfänge des französischen Papsttumes. Ein

Beitrag zur Kirchengeschichte des 14. Jahrhunderts, Halle 1882.
- : (1906) Aus den Tagen der Zusammenkunft Papst Klemens` V. und König Philipps des Schönen zu Lyon (= Zeitschrift für Kirchengeschichte, Bd. 27), Gotha 1906.

White, J.: (1957) The Birth and Rebirth of Pictorial Space, London 1957.

Wiener, J.: (1991) San Francesco in Assisi: Architekturplastik und Baugeschichte, in: Franziskanische Forschungen, Band 35, Werl 1991.

Willemsen, C.A.: (1927/1965) Napoleone Orsini (= Historische Schriften fasc. 172, hg. von E. Eberling [1927]), Nachdruck Vaduz 1965.

Wollesen, J.T.: (1977) Die Fresken von S. Piero a Grado bei Pisa, Bad Oeynhausen 1977.

Wulff, O.: (1907) Die umgekehrte Perspektive und die Niedersicht. Kunstwissenschaftliche Beiträge A. Schmarsow gewidmet, in: Kunstgeschichtliche Monographien, 1. Beiheft, 1907, S. 1f.

Wundram, M.: (1981) M. Imdahl: Giotto - Arenafresken, in: Neue Züricher Zeitung 1981, 229, S. 65.
- : Jan van Eyck und der Genter Altar. Zum 550. Todestag von Jan van Eyck. in: Neue Züricher Zeitung, Freitag, den 19.7.1991, Fernausgabe 164, S.27.

Zanardi B.: (1978) Da Stefano Fiorentino a Puccio Capanna, in: Storia dell' arte XXII, 1978, S. 115-127.

Zaunschirm, Th.: (1973) Zeit und Raum als Determinanten kunstwissenschaftlicher Methodologie, Masch.-Schr. Diss., Salzburg 1973.

Zimmermann, M.: (1899) Giotto und die Kunst Italiens im Mittelalters, Leipzig 1899.

Zocca, E.: (1936) Assisi, Catalogo delle Cose d'Arte e di Antichità d'Italia Bd. 9, Roma 1936.

Zucker, Mark J.: (1982) Figure and frame in the paintings of Giotto, in: Source. Notes in the History of Art 1, 4 (1982), S. 1-5.

Zuliani, Fulvio: (1970) Per la diffusione del giottismo nelle Venezie e in Friuli: Gli affreschi dell'Abbazia di Sesto al Reghena, in: Arte veneta, 24 (1970), S. 9-25.